| 전면 3개정판 |

현대사회와
미디어커뮤니케이션

한국언론정보학회 엮음

한울
아카데미

전면 3개정판을 내면서

전면 2개정판이 나온 지 10년이 지나, 한울출판사로부터 다시금 전면 개정판이 필요하지 않겠느냐는 연락을 받았다. 그로부터 시작된 작업이 물경 2년이 흘렀다. 일이 지체된 배경에는 '코로나19 팬데믹'의 영향이 컸다. 사람이 함께 모일 수 없는 환경에서 공동 작업을 진행하기란 거의 불가능했다. 그러나 비대면 회의 수단이 등장하면서 물꼬가 트이기 시작했고, 백신의 등장으로 위드with 코로나 상황도 가능해졌다.

일을 벌이면서 가장 먼저, 기존 집필자들에게 맡겼던 장chapter에서의 변화 양상을 좇아 새롭게 저술해 줄 수 있겠느냐는 청탁을 드렸다. 아뿔싸, 기존 필진의 상당수가 은퇴했거나 은퇴를 앞둔 상태였다. 기꺼이 승낙하신 분도 있었지만 대부분이 저어했다. 첫 번째 난관이었다. 새로운 집필자를 구하는 게 급선무였다. 땜빵으로 빈자리를 메우고 싶진 않았다. 최고의 저자를 모시기 위해 삼고초려한 경우가 다반사였다. 필진 구성을 마치면 일이 일사천리로 풀릴 줄 알았다. 그런데 뛰어난 동량일수록 바쁘다는 게 함정이었다. 하루 24시간이 모자란 이들이 다수였다. 원고 마감이 차일피일 미뤄졌다. 두 번째 난관이었다. 최후통첩을 몇 번이나 날렸는지 모른다. 종국에는 책(교과서)의 모양새가 틀어지더라도 원고를 내지 않으면 해당 장을 빼겠다고 엄포를 놓았다. 그제야 계획했던 원고를 다 모을 수 있었다.

애초에 필자들에게 대략적인 원고 분량을 제시했고, 분량에 상관없이 원고비는 더 줄 수도 없고, 줄 형편도 아니라고 했다. 1차 조판을 마치고 출판사에서 긴급 SOS 요청이 왔다. 장마다 분량이 달라서 교재로서의 형평성(?)이 떨어진다는 하소연이었다. 몇몇 필자들에게 이것도 빼고, 저것도 자르고, 요것도 이렇게 등등의 요청을 했다. 최고의 필자들답게 자신의 원고에 칼을 대려거든 아예 자신의 원고를 통으로 빼라는, 조선시대 선비 같은 결기를 보인 필자가 더러 있었다. 세 번째 난관이었다. 어떻게든 학기 초에 출판하고자 하는 출판사와 고집을 굽히지 않는 일부 필자의 팽팽한 기 싸움 속에 결단을 내려야만 했다. "일단 출판합시다. 독자들의 반응이 있으면 필자도 수긍하지 않겠어요?" 그래서 교과서라고 하면 다소 기형적이지만, 각각의 장들만 놓고 보면 더할 수 없이 훌륭한 책이 나오게 됐다. 독자 여러분들의 질정이 이어진다면 수정판을 곧이어 내놓겠다는 약속을 드린다.

무엇보다 이 책이 전면 3개정판인 이유는 제목의 변화에서도 드러난다. 기존의 『현대사회와 매스커뮤니케이션』이 『현대사회와 미디어커뮤니케이션』으로 바뀌었다. 지난 세기는 분명, 신문과 방송으로 대표되는 매스커뮤니케이션(대중매체)의 시대였다. 그러나 현 세기에 신문과 방송은 그 기반부터 흔들리고 있다. 독자와 시청자들이 포털, SNS, 숏폼 short-form 동영상, OTT 등으로 대거 이탈 혹은 분산되었기 때문이다. 그 이면에는 콘텐츠의 생산, 유통, 소비가 아날로그에서 디지털로 완전히 탈바꿈 digital transformation한 것이 원동력이었다.

디지털로의 대전환은 밀레니엄급 전환이라고 해도 무방하다. 대학의 심장으로 일컬어졌던 도서관은 지식의 보고寶庫에서 종이책(아날로그) 창고에 불과해졌다. 늘어나는 장서로 심장비대증을 걱정해야 할 지경이다. 전면 개정 3판의 서문을 쓰고 있는 지금, 지식인 사회에서는 챗GPT(디지털)가 단연 화젯거리로 부상했다. 인공지능이 단순한 정보 제공에 그치지 않고, 보다 전문적이고 심층적인 지식까지 제공함으로써 대학 수강생들의 리포트, 시험은 물론 교수들의 강의 영역까지 침범하지 않을까 우려하고 있다. 이런 추세가 지속된다면 진리의 전당이었던 대학도 그 지위를 인공지능 관련 빅테크 기업에게 빼앗길 가능성이 크다.

　상징적으로 전국의 '신문방송학과'들이 거의 대부분 '미디어커뮤니케이션학과' 등으로 명칭을 변경했다. 정명正名, 곧 명칭과 역할 등이 일치해야만 제대로 된 학술적 논의가 시작될 수 있기 때문이다. 그래서 이번 전면 3개정판에서도 '매스미디어'는 '미디어'로 '매스커뮤니케이션'은 '커뮤니케이션'으로 명칭을 바꾸었다. 매스mass라는 접두어가 사라진 만큼 이 책이 다루어야 할 미디어·커뮤니케이션 현상은 더욱 광범위해졌다고 할 수 있다.

　디지털 기술이 하루가 다르게 우리 일상생활 곳곳에 모세혈관처럼 뻗어나가는 상황에서 우리 인간들은, 또 인간들의 모임인 사회는 어떻게 대응해나가야 할 것인가? 이 책의 영문 제목Critical Approaches to Media & Communication에서 '비판적 접근'을 고집하는 이유가 여기에 있다. 기계에 많은 것을 맡기면서 인간의 주요 활동도 점점 변할 것이다. 예컨대 자율주행차는 출퇴근에 빼앗긴 시간을 운전자에게 되돌려줄 수 있다. 그 시간을 어떻게 활용하게 될까? 자율주행차가 사고를 일으키면 그 책임은 차량 소유자에게 있을까 혹은 차량 제조사에 있을까? 미래는 이미 우리 곁에 있지만 모두에게 알려지지 않았거나, 아직 실생활에 적용되지 않았을 뿐이다. 이 책에서도 일부에게는 이미 닥쳤지만 다른 일부에게는 잘 와닿지 않을 현재이자 미래의 미디어모습도 다루고 있다. 지금 이 책으로 미래를 대비하는 젊은 독자들이 어떻게 준비하고 대처하느냐에 따라 미디어는 물론 한국사회의 모습도 좀 더 긍정적으로 혹은 좀 더 부정적으로 바뀌어갈 것이다.

　이 책을 기획한 (사)한국언론정보학회는 정보통신기술ICT의 발전으로 미디어 관련 국내외 환경이 급격하게 변화하는 현실에 탄력적으로 대응하고, 우리 사회의 미디어 환경을 민주적·참여적으로 재구성하는 데 기여하기 위해 구성된 학술단체다. 따라서 미디어 환경의 변화(제1부)와 함께 상호작용할 수밖에 없는 사회(제2부)와 문화(제3부)의 문제도 함께 다루고자 했다. 그러므로 1~3부는 인문사회과학적인 학문 배경 속에서 미디어의 문제를 고찰한다. 관련 배경 지식이 없는 학생들의 경우 다소 어렵게 느껴질 수 있다. 그러므로 각 장마다 〈더 읽어볼 책〉들을 제시하여 학생들이 스스로 배경 지식을 연마시킬 수 있도록 길안내를 하고자 했다. 각 장과 〈더 읽어볼 책〉을 모두 섭렵한 후에 〈연구문제〉를 들여다보면 독자 나름의 통찰력으로 미디어와 사회현상에 접근할 수 있을 것이다. 여기에 묘미를 느끼는 학생들은 학문탐구의 세계에 발을 들여놓아도 좋을 것이다.

제4부는 대표적인 미디어 콘텐츠인 뉴스, 광고, 영상, 게임 등을 다루었다. 보다 포괄적으로 다루고자 통으로 묶었지만, 세부적으로 들어가면 디지털 콘텐츠는 무궁무진하다. 이들 콘텐츠를 주체적이고 비판적으로 바라보는 안목과 함께, 향후 그러한 콘텐츠 생산과 유통에 기여할 독자 제위들이 새롭게 채워나가야 할 부분이기도 하다.

한국사회와 미디어는 변방에서 점점 세계 중심부로 나아가고 있다. 개발도상국에서 선진국의 지위를 획득한 유일한 나라일 뿐만 아니라, K-콘텐츠(K-pop, 영화, 드라마 등)와 K-컬처(김치, 응원문화, 촛불집회 등)가 한류 붐을 일으키고 있는 중이다. 부모 세대가 물려준 산업화와 민주화는 선진국을 모방하는 단계였지만, 디지털 시대에 태어난 MZ 이후 세대인 여러분은 세계를 선도할 첫 번째 주역일 가능성이 크다. 이 책이 새로운 길을 개척하는 바로 직전 단계의 베이스캠프 역할을 할 수 있다면 더할 수 없이 고맙겠다.

독자들의 맹활약을 기대하며
2023년 1월
편집위원 일동

전면 2개정판을 내면서

1980년대는 그동안의 학문 종속성에 대해 반성하고 우리 현실에 기반을 둔 학문체계를 정립하고자 했던 젊은 인문사회학 연구자들이 실천을 위해 모여 논의하고 대안을 모색하는 움직임이 활발했던 시기다. 당시 열악한 정치 환경에 대한 반발로 자연스럽게 일어난 결과였으리라. 신문방송학 분야에서도 미국 주류패러다임의 한계를 극복하고, 억압적인 우리 현실을 극복할 수 있는 대안을 제시하고자 노력해 왔던 젊은 연구자들이 1988년 한국사회언론연구회(한언연)를 결성했다. 한언연은 학문적 실천의 일환으로 신문방송학 입문자들이 신문방송 현상 전반을 올바른 패러다임에 따라 이해할 수 있게 돕는 교재를 출판하기로 결정했다. 민주주의사회의 존속과 유지를 위해 올바른 커뮤니케이션 체제의 정립은 필수적이며, 장차 신문방송 분야에서 일할 인재들이 입문 초기부터 올바른 패러다임으로 현상을 인식하는 것이 필요하다고 판단했기 때문이다.

한언연 구성원들의 집단적 작업의 결과 1990년 8월 『현대사회와 매스커뮤니케이션』이 탄생했다. 이 책은 당시까지 서구에 종속되어 있던 학문 패러다임을 어떻게 교정하는가 하는 문제에 초점을 맞춰 사회변혁과 대안적 패러다임이라는 지향성을 강조했다. 당시 이러한 시도는 그 지향성에서 높은 평가를 받고 호응이 컸지만, 초심자가 보기에 어렵다는 비판도 존재했다. 이후 5~6년에 한 번씩 사회적 조건, 커뮤니케이션 상황, 연구 분야 등의 변화를 반영하고 독자의 요구를 고려해 개정판을 발행해 왔다.

초판은 이전 패러다임에 대한 반성과 새로운 패러다임 모색이라는 측면에서 많은 기여를 했다. 하지만 이론적인 경향이 강하고, 현실의 이해를 돕기 위한 다양한 설명이 부족했다는 지적이 있었다. 이를 고려해 연구회는 1996년 구체적인 현실에 대한 설명을 강화한 제1개정판을 냈다. 당시는 언론 산업의 급격한 변화와 더불어 권언유착이 사회적 문제로 대두하던 시기로 이론적 측면 못지않게 이런 현실을 설명하는 것도 매우 중요했기 때문이다.

연구회는 1998년 연구 역량을 강화하고 학문 영역 전반에 걸쳐 연구회가 품었던 초심을 확산하고자 학회로 전환했다. 한국언론정보학회가 탄생한 것이다. 이 시기는 권언유착이라는 어두운 한국 언론 현실이 극복되지 못한 상태였지만, 동시에 인터넷, 신세대 문화, 시민운동, 미디어 교육 등 새로운 가능성이 열린 시기였다. 한국언론정보학회는 2000년 8월 이러한 현실의 변화를 반영한 제2개정판을 냈다. 한편 이 시기는 적어도 겉으로 보기에 언론이 정치적으로 자유를 획득하고 산업적으로 성장하면서 언론에 대한 세상의 관심이 날로 증대하던 때였다. 이에 발맞추어 언론에 관한 다양하고도 많은 교재와 교양서가 등장했다. 이처럼 많은 책 중에서 『현대사회와 매스커뮤니케이션』은 그 지향성과 비판 정신에서 일정 부분 차별성을 지닌 것이었다.

하지만 다양한 현실을 담아내려는 노력에 비해 책 전반에 걸쳐 일관된 비판 정신을 관철하지는 못한 것이 아니냐는 아쉬움이 있었다. 이를 개선하는 동시에 새로운 변화에 맞춰 분야, 내용 등에서 개선할 필요성이 생겼다. 이에 따라 2006년 7월 전면 개정판을 냈다. 개정의 핵심은 다양한 분야에 대한 비판적 관점의 적용이었다. 책이 지향하는 관점을 제1부에서 명확히 드러내고, 이를 바탕으로 이어지는 장에서는 제도적인 접근, 시민사회와 풀뿌리 언론, 문화 등을 분야와 층위별로 다양하게 다루려고 노력했다.

이렇게 지금까지 개정은 학문적 지향성과 새로운 분야의 수용, 변화된 내용의 반영, 독자의 욕구 반영 등을 고려하면서 이루어졌다. 2006년 전면 개정판을 냈지만 5년여가 지난 지금 다시 같은 이유로 개정의 필요성이 대두했다. 이에 한국언론정보학회는 정재철(단국대학교)을 개정위원장, 김서중(성공회대학교), 박용규(상지대학교), 우형진(한양대학교)을 위원으로 하여 개정위원회를 구성하고 네 번째 개정판(전면 2개정판)의 기획과 진행을 일임했다. 기획 과정에서 개정위원들은 학회의 기본 이념인 비판 정신을 구현한다는 취지하에 변화하는 다양한 현실을 담아내고 독자의 이해에 도움이 되도록 편제와 서술 방식의 변화를 꾀해야 한다는 결론을 내렸다.

이를 위해 이 책은 4부로 구성했다. 제1부 '미디어의 이해'에서는 커뮤니케이션 현상을 이해하기 위한 인식의 틀과 기초 지식을 점검하고, 제2부 '미디어의 유형과 특성'에서는 주요 매체별 특성에 주목하여 기본적인 사항을 서술했다. 제3부 '미디어와 사회'에서는 미디어와 사회의 관련성을 이해하기 위한 정치적·경제적·법적 요인과 미디어 조직을 고찰했고, 제4부 '미디어, 문화, 시민사회'에서는 언론과 관련된 다양한 현상을 다루었다.

좀 더 자세한 내용은 다음과 같다. 우선 커뮤니케이션의 주요한 두 패러다임을 논한 제1장에서는 책 전반의 논의를 관통하는 관점을 명확히 할 필요성이 있었다. 이론적 논의를 다루어 불가피하게 어려워진 측면이 있기는 하지만, 독자층을 고려해 최대한 쉽게 서술하려고 노력했다. 물론 이러한 노력은 책 전반에 걸쳐 이루어졌다.

이번 개정에서는 비판적 관점 제시 못지않게 실증적 패러다임에서 이루어지는 논의를 비판적으로 검토하는 것에도 많은 신경을 썼다. 제3장에서 매스미디어의 기능과 효과를 다루는 것이 대표적이다. 제4장부터 제6장까지 인쇄미디어, 영상미디어, 멀티미디어로 나누어 살펴보는 것도 그러한 의도를 반영한 것이다. 또한 매체별 접근을 통해 매체를 보는 다양한 관점을 통합적으로 서술하고자 했다. 물론 매체별로 장을 나누어 서술한 데는 주제별 접근이 지닌 한계를 극복하고, 복잡해지는 매체 환경을 일목요연하게 구분하여 독자의 이해를 도우려는 의도도 있었다.

제2장 '미디어의 발달과 사회의 변화'에서는 이전 판과 달리 사회적 측면과 기술적 측면을 통합해 종합적으로 서술하려고 했다. 분리된 서술은 매스미디어 역사에서 기술의 중요성을 명확히 하는 장점이 있지만, 사회적 요인과 기술적 요인의 유기적 연관성을 잘 드러내기 어려운 단점도 있다. 따라서 이러한 단점을 극복하기 위해 구성을 달리한 것이었다.

제7장부터 제10장까지는 기존 판과 마찬가지로 미디어와 사회의 관련성을 설명하는 정치적·산업적·제도적 요인을 살펴보고, 실제 매스미디어 현장에서 이루어지는 생산과정을 고찰했다. 큰 틀은 바뀌지 않았지만 내용은 어느 정도 개정이 불가피했다. 언론 상황이 최근 들어 급격히 변화하고 있기 때문이다. 이명박 정부의 언론 정책은 산업적 이해利害를 최우선으로 고려하는 것으로서, 이전 정권과는 질적·양적 측면에서 현격한 차이가 있고, 언론의 점진적 변화가 아니라 급격한 변동을 야기할 정책을 사회적 반대를 무릅쓰고 관철하고 있다. 이 때문에 언론권력의 독과점화, 경제권력과 언론권력의 통합 등을 둘러싼 문제가 대두했다. 이번 개정판에서는 이러한 현실의 변화와 이를 이해하는 관점을 반영하는 것이 필요했다.

제11장부터 제15장까지는 광의에서 언론 현상의 일부이지만 언론이라는 틀로 다 설명할 수 없는 중요한 현상들을 점검했다. 제11장에서는 사회 구성원의 삶과 의식을 구성하는 문화, 그중에서도 대중문화의 역사와 현실을 다루었다. 대중문화를 부정적으로 인식하는 경향이 뚜렷한 상황에서도 대중문화에 극복의 지점, 즉 문화민주주의 가능성이 내재해 있음을 고찰했다. 제12장에서는 산업의 필수불가결한 부분인 동시에 중요한 문화 현상으로 등장하고 있는 광고의 발전과 그 속성을 살펴보고, 언론 현상에서 중요한 자리를 점하고 있는 광고의 의미를 알아보았다. 제13장에서는 점차 시장 논리가 지배하는 언론 현

실에서 배제되는 다양한 소수문화와 소수자의 현실을 점검했다. 더 나아가 지배문화에서 벗어난 이들 소수문화와 소수자의 존재가 지닌 변혁의 가능성도 검토했다. 제14장에서는 커뮤니케이션 과정의 중요한 주체이면서도 수동적 대상으로 전락해온 수용자의 능동적 역할의 가능성을 탐색하고, 이러한 가능성을 실현하기 위한 시민언론운동 및 대안미디어의 현실과 전망을 고찰했다. 끝으로 제15장에서는 전통적 미디어의 한계를 극복할 잠재력을 지닌 인터넷을 중심으로 커뮤니케이션의 민주화, 즉 숙의민주주의와 사이버 액티비즘의 현실과 가능성을 검토했다. 제4부의 각 장에서 대안적 가능성을 모색한 것은 비판적 인식의 연장선상에서 이루어진 것이다. 단순히 비판이 아니라 이를 기반으로 새로운 가능성을 모색해보는 것은 비판적 패러다임에 내재된 실천적 사고의 구현이라 하겠다.

이 책이 비판패러다임을 바탕으로 주제별, 분야별 다양한 층위의 역사, 현실, 전망을 살펴보고자 했던 애초의 기획의도를 잘 담아냈는지는 독자가 판단해주리라 믿는다. 그러한 평가에 앞서 여기서는 오직 우리 사회에 매스커뮤니케이션에 대한 제대로 된 이해가 필요하다는 취지로 참여해 기획의도에 맞춰 옥고를 써주신 필자들에게 감사드린다. 혹시라도 독자들이 부족하다고 느끼는 부분이 있다면 개정위원들이 좀 더 세밀하게 기획하고 의사를 제대로 전달하지 못한 결과일 것이다. 지난 20여 년 동안 『현대사회와 매스커뮤니케이션』은 물론 한국언론정보학회를 물심양면으로 지원해준 도서출판 한울의 김종수 대표, 개정위원회를 전적으로 믿고 지원해준 김철훈 이사, 원고를 꼼꼼히 살펴 좋은 의견으로 좋은 책 만들기에 최선을 다해준 최규선 씨를 비롯한 한울 편집진에게도 깊이 감사드린다.

2011년 2월
개정위원 일동

전면 개정판 서문

미국의 학문체계를 주류패러다임으로 받아들인 학문적 편향성을 극복하기 위해 노력하며 1980년대를 보낸 젊은 연구자들이 모여 한국사회언론연구회(한언연, 1988)를 결성하고 최우선 사업으로 정한 것이 대안적 패러다임을 연구·제시하자는 것이었다. 그리고 새로운 패러다임을 사회로 확산시키는 것이 중요하다는 인식 아래, 이를 위해 교재를 출판한다는, 당시로서는 매우 어려운 결정을 내리게 된다. 교재는 커뮤니케이션학의 주요 영역을 대안적 패러다임으로 다시 조망했을 때 주류의 그것과 어떻게 다를 수 있는지를 일관되게 보여 줄 수 있기 때문이다. 이렇게 탄생한 것이 『현대사회와 매스커뮤니케이션』이다. 이때 우리가 염두에 둔 대상은 새롭게 커뮤니케이션이라는 학문 분야에 입문하는 언론 관련 학과(당시는 신문방송학)의 신입생들이었으며, 그 목적은 커뮤니케이션이 삶의 일부분이자 어쩌면 전부이기도 한 현대사회에서 이에 대한 올바른 이해를 필요로 하는 이들 젊은 세대에게 새로운 인식틀을 제공한다는 것이었다.

드디어 1990년 8월 초판이 나왔고, 이제 네 번째 판을 내게 되니 5년마다 개정판을 발행한 셈이다. 5년은 짧다면 짧은 시간이지만 미디어 기술과 그에 따른 미디어 환경 변화, 그리고 마치 만화경처럼 급변하는 한국사회의 변화 추세에 비추어보면 결코 짧은 시간은 아니다. 사회적 현실 조건, 커뮤니케이션 상황, 연구 영역의 세분화와 변천, 연구자들의 역량 등 모든 요인의 변화들이 매번 개정판에 반영되었고, 따라서 각 판은 시대를 반영하는 역사성과 독자성을 지니고 있다.

초판은 시대적 요구에 맞추어 개론서로서 보편적 내용을 담기보다는 새로운 대안적 패러다임과 이론, 한언연의 사회변혁의 지향성을 앞세운 측면이 있었다. 그래서 약간 어렵고 현학적이라는 평가를 받기도 했다. 그 당시 대학에서보다는 집단 연구와 (독학하듯이) 책이나 논문으로 새로운 시각을 익히던 젊은 연구자들의 학문적 역량과 경력이 부족해 새로운 분야를 제대로 소화해내지 못한 탓도 있었으리라고 본다. 하지만 다른 한편에서 보면 미국 중심주의 학문 풍토에 젖어 있었던 탓에 대안적 개념과 이론 자체가 생경하게 느껴졌을 수도 있다. 그럼에도 많은 호응이 있었다. 한국사회라는 우리의 현실과 맥락 안에 발을 딛고 언론 현상을 비판적·대안적으로 분석하고 천착하려는 시도 자체를 높게 평가한 때문이리라.

첫 번째 개정판이 나온 1990년대 중반은 전 세계적으로는 물론이고 국내적으로도 이념적 공황기라고 할 수 있었다. 1987년 이후 개량적 민주화가 가속도를 내면서 미디어 산업 또한 급속도로 기업화·거대화하고, 기술 변화도 심한 시기였다. 이와 함께 거대한 언론권력이 가시화되면서 주요 보수 언론의 주도하에 작동하는 권언유착 문제가 사회적 이슈로 전면에 등장하기도 했다. 이러한 새로운 현상을 설명하기 위해서는 언론학계도 새로운 이론적 전환을 시도할 필요가 있었다. 강단에서 고착된 이론보다는 현상과 현실에서 출발하는, 현실에 대한 설명력을 지닌 이론에 대한 요구가 증대했던 것이다. 『현대사회와 매스커뮤니케이션』은 입문서로서 특히 이러한 변화를 담아내는 것이 중요하다는 현실 인식의 공감대를 얻어갔다. 교과서로서 주제의 일관성은 조금 양보하더라도 이론적이기보다는 현실 분석과 설명을 늘리는 방식을 취하되 각 주제의 집필을 담당한 연구자들에게 자율적 판단과 재량권을 줌으로써 시대 요구에 부응하는 개정판을 내기로 한 것이다.

두 번째 개정판은 한언연이 사회 변화에 부응하여 오늘의 '한국언론정보학회'로 전환하고 나서 발행했다. 기술 발전은 하루가 다르게 급변했고, 이에 따른 미디어 환경의 변화는 다양한 전공의 연구자들의 역량을 총체적으로 집결할 필요를 일깨웠다. 이는 학회로 전환하면 초심을 잃을지도 모른다는 우려에도 불구하고 결단을 단행한 이유였다. 연구회는 학회로 전환하면서 많은 연구자들을 흡수할 수 있었고, 현실과 소통도 더 자주, 그리고 더 많이 하게 되었다. 제2개정판은 이러한 변화를 반영한 것이었다. 가능하면 각 필자의 자율성을 유지하면서도 개정 의도에 맞게 커뮤니케이션 영역을 두루 아우를 수 있도록 범주화하고 각 범주별 주제의 특징을 부각했다. 덧붙여 아직 완숙되지는 않았어도 새롭게 등장하는 미디어 현상을 가능하면 많이 포괄할 수 있도록 인터넷, 사이버 문화, 신세대 문화, 팬덤과 스타덤, 미디어 교육, 시민미디어 등에 관한 장을 신설했다. 이러한 변화는 기성세대와 문화나 생활방식이 다른 젊은 세대의 부상을 함의하는 것이었다. 그래서 판형의 변화도 시도했고, 읽는 사람의 편의를 고려해 편집과 레이아웃에 신경을 썼다.

　　이른바 문화의 시대와 정보의 시대라는 변화 속에서 커뮤니케이션과 미디어의 중요성은 날로 커져갔고, 이에 따라 언론학과 커뮤니케이션학 교과서, 교양서들도 매년 미처 챙기지 못할 정도로 증가일로에 있다. 다시 말해 유사한 주제와 목적을 가진 다양한 저술이 쏟아지면서 독자를 향한 전공서의 경쟁도 심해지고 있지만, 그래도 『현대사회와 매스커뮤니케이션』은 한언연의 비판정신을 담은 특별한 책으로 독자의 사랑을 받아왔다고 감히 말할 수 있다. 하지만 현실 설명력을 높이며 고착화된 강단 이론에서 벗어나려는 분명한 목적과 의도, 그리고 그 목적에 내포된 시대적 의의와 사명 의식이 중요했다고 할지라도, 그 때문에 잃는 것도 있었을 것이라는 평가를 하지 않을 수 없다. 군사독재, 반민주적이고 권위주의적인 사회체제, 자본주의 확대, 글로벌리제이션과 신자유주의의 확산 상황에서 비판적 현실 분석에 의미를 둔 것이 문제가 있었다기보다는 그에 비해 상대적으로 보편적 이론에 대한 탐구, 그리고 현실 분석을 이론화하려는 고민과 노력은 그만큼 경주되지 못했다는 아쉬움을 떨치기 어려운 것이다.

이런 의문을 가질 무렵, 제2개정판을 낸 이후 또다시 다섯 해를 넘기게 되었음을 깨닫게 되었다. 또 많은 변화가 이루어진 현시점에서 보니 일부 주제 영역에서는 감히 '옛날 자료'라고 간주해도 무방할 만한 '오래됨'이 눈에 들어왔다. 이는 매해 신학기마다 이 책을 구입해서 읽는 독자들과 학생들에 대한 도리와 의무를 다하지 못하고 있다는 자괴감으로 다가왔다. 그래서 한국언론정보학회는 유선영(한국언론재단)을 위원장으로 하여, 김서중(성공회대), 문종대(동의대), 이상길(연세대) 4인으로 교과서개정위원회를 구성하고 3차 개정판의 기획을 일임했다.

새로 구성된 개정위원들이 우선 많은 토론이나 논의 없이 쉽게 합의했던 3차 개정판의 기본 정신은 하나였다. 제3개정판은 무엇보다도 사회 변화를 재해석하는 데 한언연 시절의 초심을 담아내는 기획이 필요하다는 것이었다. 물론 현실의 변화를 담아낸다는 기획 의도는 그 이전의 것들과 다르다고 할 수 없었다. 그런데도 현시점에서 그 점을 다시 강조한 데는 다른 의미가 있었다. 즉, 그간 현실 분석에 의미를 부여함으로써 개정판들이 '현실 변화'를 일정 부분 반영하는 성과는 거두었으나, 그 과정에서 1990년 당시의 비판 패러다임의 초심, 즉 정신 또한 일정 부분 유실되었음을 깨닫게 된 것이다. 이론의 중요성은 그래서 다시 확인되었다. 현실과 이론은 어느 한 쪽이 기울면 안 된다는 평범하고 소박한 진리를 깨달은 것이다. 현실이 이론을 제치게 되면 자연히 이론에 내재된 학문적 지향성과 입지도 약화되거나 유실된다는 것을 말이다. 이에 더해 변화하는 현실의 단편들, 표상들, 현상들이 전면화되면서 정작 현실을 바라보는 이론적 지향점 또는 학문적 정향성은 상대적으로 위축되었다는 사실을 인식했다.

그래서 개정위원회는 그 어느 때보다 다시 초심을 복원하는 것이 중요하다는 데 너나 할 것 없이 공감했다. 다양한 교양 교재 속에서도 언론정보학회가 펴낸 교재는 분명한 지향점의 차별, 즉 학문적 정체성이 있어야 하며, 그것이 현 시대 상황에서 사회적·학문적으로 무엇보다 중요한 기여를 할 수 있다고 판단한 것이다. 새로운 변화도 중요하지만 더 중요한 것은 변화를 해석하고 바라보는 비판적 문제의식과 시각이며, 그 지향점은 각각의 주제를 관통하는 '의식'이어야 한다는 것이었다. 그리고 이를 위해 가능하면 현실의 현상들에서 주제 영역을 잡기보다 우선 커뮤니케이션학의 근간이 되는 영역을 망라해서 분류하고 그것을 우리 현실에 맞게 배치하는 방식으로 하는 것이 바람직하다고 의견을 모았다.

이러한 원칙에 기반을 두고 책은 4개의 큰 틀(부)을 정하고 이들 각 부에서 꼭 다루어야 한다고 판단되는 주요 주제를 배치했다. 제1부 '미디어의 이해'는 미디어에 대한 기초적 이해를 도모하는 데 목적을 두었고, 이를 위해 커뮤니케이션학의 주요 패러다임, 역사, 기술 발전을 개관하기로 했다. 제2부 '미디어와 사회'는 미디어를 사회체계의 주요 구성 층위들인 정치·경제·제도 관점에서 조망하고, 제3부 '시민사회와 미디어'는 풀뿌리 시민사회의 관점에서 미디어의 기능과 실천 양태들을 고찰하는 데 중점을 두었다. 그리고 제4부 '미디어와 문화'에서는 미디어와 커뮤니케이션이 매개하고 구성하는 문화적 현상의 본질을 이해하고 이에 대한 비판적 시각을 도모하는 데 의미를 두었다.

즉, 제1부는 언론정보학회가 지향하는 관점에서 언론학의 의미를 고찰하고, 이 전제 위에 미디어의 변천사를 사회사적 측면과 기술사적 측면으로 나눠 고찰했다. 제2부는 미디어와 제반 권력의 관계가 민주주의에 미치는 영향, 미디어 산업의 경제적·조직적 특성, 그리고 이를 뒷받침하는 법적 권리 주체들 간의 충돌 양상을 다루었다. 제3부는 언론이 지니는 사회적 가치를 공론장의 관점에서 재구성했고, 21세기의 새로운 화두인 시민들의 미디어 접근권의 확대와 참여운동, 인터넷을 매개로 활성화되고 있는 참여민주주의 또는 숙의민주주의의 가능성을 주체적 수용자·시민의 관점에서 부각했다. 이는 비판적 초심과 상통하는 것이기도 한데, 비판적 학문은 주체적 시민의 능동성과 행동, 참여를 고무하는 데 궁극적 의미를 부여하기 때문이다. 제4부에서는 미디어를 통해 이루어지는 다양한 커뮤니케이션 현상을 대중문화의 역사, 디지털 문화의 본질과 속성, 광고의 기호정치학, 사회적 소수자의 관점에서 바라본 미디어의 보수성, 그리고 커뮤니케이션학의 새로운 갈래를 형성하면서 이론적 영감을 주는 페미니즘 시각에서 미디어의 문제점을 조망했다.

이번 개정판의 주제, 논의 수준, 제기하는 논점이 애초 의도하고 기대했던 목표에 도달했는지의 여부는 독자들이 판단해줄 부분이다. 개정위원들과 교과서 집필에 기꺼이 참여해준 필자들은 무엇보다 독자에게 유익하고 필요한 책을 만들려고 노력했으나, 다른 많은 요인들 때문에 그 의지가, 그 꿈과 바람이 온전히 그리고 제대로 구현되지 않았을 수도 있기 때문이다. 그런 미진함이 있다면 그것은 순전히 개정위원들의 책임이다. 책을 발행하게 된 시점에서 학회를 위해 개정위원회와 뜻을 같이하고 귀한 옥고를 내준 필자들에게 감사할 따름이다. 더불어 한국언론정보학회가 세상을 향해 목소리를 낼 수 있도록 지원을 아끼지 않는 도서출판 한울의 김종수 대표께도 그 고마움을 전하고 싶다. 애초 개정판을 기획하고 나서 출판을 약속했던 기한을 많이 넘겨 1년하고도 반년의 시간이 흘렀는데도 묵묵히 기다리며 지켜봐주신 이재연 이사, 난삽한 원고를 손보면서 책을 책답게 만들어 세상에 내놓아 준 도서출판 한울 편집진에게도 감사를 드린다.

2006년 7월
개정위원 일동

제2개정판 서문

한국사회언론연구회(한언연) 시절 '현대사회와 매스커뮤니케이션'이라는 이름
으로 처음 개론서를 낸 것이 지금부터 꼭 10년 전인 1990년 8월의 일이다. 한
국사회언론연구회는 1988년 우리 사회의 민주화와 아울러 특히 언론의 민주
화에 관심을 갖고 있는 젊은 연구자를 중심으로 출발했다. 초창기 활동 과정
에서 우리는 한국 언론 현실에 대한 천착의 필요성과 '비판적'이라고 지칭되던
일군의 서구 이론가의 시각이 한국 언론 현상에 대한 분석과 설명에도 적절한
것인지 체계적으로 검증하려 했고 그 결과로 이 책이 나오게 되었다. 그런 이
유로 이 책의 초판은 매스커뮤니케이션과 언론학에 대해 친절하고 평이하게
설명해주는 개론서로서의 미덕보다는 한국사회언론연구회의 지향점을 정리
하는 데 치중한 측면이 강했다. 이에 대한 평가도 두 갈래로 엇갈렸다. 정제되
지 않은 생경한 표현과 이론주의적 서술 때문에 교양서로서 지나치게 난해하
다는 지적과 한국사회의 입장에서 언론 현상을 분석하고 천착하려는 시도가
바람직하다는 견해가 그것이었다.

초판을 내고 5년이 지난 1996년 우리는 몇 가지 이유로 제1개정판을 내게
되었다. 1990년대는 미디어와 관련해 정치적·사회적으로나 산업적·기술적으
로나 엄청난 변화의 시기였다. 당연하게 변화의 내용을 담아야 한다는 문제와
내용과 형식에 있어 교양서로서의 최소 요건을 갖추는 문제, 나아가 거대 권력
화된 언론에 대한 추상적 비판뿐 아니라 건강한 대안도 제시해야 한다는 문제

에 답해야 했기 때문이다. 우리는 "한국 언론 현실에 대한 천착에 집중한다. 전체적으로 수미일관성을 유지한다"라는 초판의 정신을 살리면서도 형식과 내용에서 개별 필자의 자율성 존중, 지나치게 난해하거나 사회적 필요성이 약해진 부분의 과감한 삭제, 개설서로서의 대중성과 평이성 확보, 강의하기에 적합한 내용과 형식의 유지라는 원칙하에 첫 개정판을 내게 되었다.

다양성과 교양서로서의 편의성을 강화한 개정판은 때로는 과분한 평가를 받으며 언론학과 관련된 폭넓은 사람들의 사랑을 받는 책이 되었다. 1998년 한국사회언론연구회는 중요한 전환점에 서게 된다. 정보통신 기술의 발전으로 미디어 관련 국내외 환경이 급격하게 변화하는 현실에 탄력적으로 대응하고, 정보화·세계화라는 환경 속에서 우리 사회에서 필요한 미디어 환경을 민주적으로 재구성하는 데 기여하기 위해 기존의 연구회를 언론정보학회로 확대·재편하게 된 것이다. 기존의 소모임 중심으로 운영되었던 한국사회언론연구회가 언론정보학회로 재편되면서, 한편으로는 연구의 폭을 미디어 일반과 정보통신 영역으로 확대했고, 다른 한편으로는 더욱 체계적이고 전문성과 경쟁력이 있는 연구를 추구하게 되었다.

이번 제2개정판은 연구회에서 학회로의 재편과 5년여의 시간 속에서 변화된 미디어 현실을 적극적으로 담아내기 위한 시도다. 이를 위해 한국언론정보학회는 김남석 교수(경남대), 문종대 교수(동의대), 전규찬 교수(강원대), 최영묵박사(방송진흥원)로 제2개정판 편집위원회를 구성했고, 편집위원회는 수차례 논의를 거쳐 새로운 틀을 마련하고 필자를 선정해 제2개정판을 내게 되었다.

우선 개정판의 경우 총 16개 장의 자율성을 유지하면서 일관된 순서에 따라 배열하는 형식을 취했으나 제2개정판에서는 전체 내용을 매스미디어의 이해, 매스미디어와 사회, 뉴미디어와 정보사회, 미디어와 문화 등 크게 네 영역으로 구분해 영역별로 특징을 살리려고 했다. 내용상 특히 강조하려 했던 것은, 첫번째 개정판에서 아쉬운 부분으로 지적되었던 뉴미디어 각론과 영상문화·하위문화 영역을 보완했다는 점이다. 상대적으로 관련 영역의 비중이 줄었거나 강의하는 데 어려움이 있는 몇몇 주제는 삭제하고 시민사회의 성장과 함께 새롭게 각광을 받고 있는 인터넷, 사이버 문화, 신세대 문화, 팬덤과 스타덤, 미디어 교육, 시민미디어 영역을 추가해 변화하는 현실을 적극 반영하려 했다. 형식상으로도 새롭게 등장한 영상 세대에 맞게 판형을 확대하고 기존의 글 중심의 편집도 다양한 도표와 관계 사진 등을 확대하여, 읽는 책으로서만이 아니라 보는 책으로서의 성격도 강화했다.

이 책이 나오기까지 많은 이들이 물심양면으로 도움을 주었다. 먼저 고료를 충분히 지불하지 못했는데도 원고 마감 시간에 맞추어 훌륭한 글을 보내주신 필자 여러분께 감사드린다. 다음으로 한언연 창립 시절부터 지금까지 '한 번 동지는 영원한 동지'라는 자세로 언제나 우리의 성과물을 묵묵히 출판해주신 도서출판 한울의 김종수 사장님께 큰 감사를 드린다. 도서출판 한울 소재두 실장의 쉼 없는 관심과 채근이 아니었다면 이번 개정판 작업은 훨씬 더 늦어졌을 것이다. 또한 짧은 기간이었는데도 예쁘고 읽기 편하게 책을 만들어준 최혜란 씨와 책의 구성에 관해 조언해주신 주창윤 박사님께도 감사드린다.

모쪼록 이 책이 디지털 기술과 인터넷 일상화로 변화의 와중에 있는 미디어와 정보통신, 그리고 이를 둘러싼 현실을 이해하는 데 친구와 같은 '길라잡이'가 되었으면 한다. 뜨거운 관심과 매서운 질책을 기대한다.

2000년 8월
개정판 편집위원 일동

제1개정판 서문

벌써 다섯 해 전인 1990년 8월에 이 책이 세상에 첫선을 보였을 때 독자의 반응은 우리에게 두 가지 면에서 당혹감을 주었다. 첫째는 이 책의 내용과 형식상의 불일치 문제에 대한 지적이었다. 준비의 미흡 탓이었겠지만 당초에 의도했던 바와 달리, 교양서에 어울리는 내용상의 친절함이 결여되었고 사회적으로 합의되지 않은 표현이나 개념이 사용되었다. 예상하지 못한 일은 아니었지만 그 질책은 대단히 따가웠다. 둘째는 한국의 현실에 기초해 비로소 외국의 것이 아닌 우리의 것을 분석하며 천착하려고 시도했다는 것에 대한 고무적인 격려였다. 이러한 분에 넘친 칭찬은 비단 필자인 우리뿐 아니라 많은 연구자들에게 이 학문에서 한국의 현실에 대한 독자적이면서 설명력 높은 이론을 찾으려는 노력이 광범위하게 요구되고 있음을 느낄 수 있게 해주었다.

당시 우리가 가졌던 입장은 대체로 다음의 두 가지였다. 첫째는 한국의 현실에 기초한 개설서를 구성해보려고 했다는 점이다. 비록 오랜 기간은 아니었지만 우리는 강의 중에 선진 외국의 현상이나 이론을 가르치면서 우리의 현실은 어떤가, 오히려 외국의 상황과 전혀 다르지는 않을까 하는 의문을 많이 느꼈다. 물론 연구를 통해 이러한 의문은 부분적으로 해결되었지만, 이 결과를 여러 사람과 공유하고 학생들의 의문도 풀어줘야 한다는 의무감 또한 가지고 있었다. 둘째, 비교적 수미일관된 입장을 표명하려고 했다. 우리는 이러한 입장을 포괄적 의미의 '사회적·경제적 시각'이라 명명했고, 현상 분석과 대안이 모두 포괄될 수 있는 체제를 꾸미려고 '의도'했다. 따라서 이 책은 이름이나 용도에 걸맞지 않게 다소 어려워질 수밖에 없었고, 또 충분히 검증된 체계에 의해 뒷받침되지 못했다는 비판을 감수하지 않으면 안 되었다. 이러한 '사회적·경제적 시각'은 '비판적 연구'라는 이름으로 서구에서 진행된 여러 이론의 한국적 적용과 적실성의 검토였다. 충분하지는 않았지만 우리는 이 포괄적인 체계가 우리 사회의 언론을 설명하는 이론으로서는 가장 적절한 것으로 봤다. 그러나 포괄성이 지닌 여러 약점 탓에 때로는 일관성을 해칠 수밖에 없었고, 과도한 단순화나 생경한 표현도 거르지 못했던 것이 사실이다.

그간 5년의 세월이 흘렀다. 주지하다시피 이 시간은 물리적 크기보다는 상대적 '밀도'의 의미가 훨씬 더 무겁게 다가온 시간이었다. 또 우리도 막연한 비판뿐 아니라 건강한 대안도 겸비할 줄 아는 성숙한 모습을 보여주지 않으면 안 되었다. 변명에 지나지 않겠지만 이 점은 바로 이 책의 개정판이 나오기까지 길고 어려운 여정을 거쳐야 했던 이유였다.

지난 2년간 이 책의 개정판을 준비하면서 우리가 중점을 두었던 부분은 대체로 다음의 네 가지로 정리해볼 수 있다.

첫째, 초판에서 보여주었던 특정 입장의 일관성에 우선을 두는 방식보다는 좀 더 큰 범위의 통일성만을 유지하는 선에서 필자 개개인의 시각을 충분히 살리려고 했다는 점이다. 우리는 현재의 사회가 이러한 다원성을 고취하면서 다소 느슨하지만 전체적 방향은 크게 흔들리지 않는 쪽으로 발전하고 있다고 본다. 따라서 우리는 이러한 집필방식이 사회 전체의 방향성에 부응하는 것으로 여긴다. 둘째, 변화된 사회에 맞추어 새로운 내용을 일부 추가하면서 낡았거나 불필요하다고 여긴 주제는 과감하게 삭제했다. 이는 기존 제2판의 체제를 일부 손질하는 정도로는 사회 변화의 부피와 강도를 제대로 담아내기 어렵다고 판단했고, 이론적 연구로 뒷받침된 충실한 설명을 실으려고 했기 때문이다. 셋째, 좀 더 개설서에 가까운 입장을 취했다는 점이다. 쉬운 용어와 길지 않은 문장, 비교적 명확한 논리 구조 등 지엽적 문제부터 전체 구성 문제에 이르기까지 섬세하게 배려하려고 했다. 또 초판의 강점이었던 한국사회에 대한 구체적 분석은 계속 유지하면서 더욱 피부에 와 닿는 설명을 하려고 노력했다. 넷째, 강의용으로 적합한 구성과 논리를 취하려고 했다. 강의용이라고 무조건 쉬운 것이 능사가 아니다. 교수와 학생이 적절하게 역할을 분담해 한 학기를 알차게 구성할 수 있는 체제가 되어야 한다. 그래서 이 책은 이후의 고급 과정에 필요한 이론과 개념을 적절히 배치했으며, 상용화된 일부 전문용어를 굳이 쉬운 용어로 바꾸려 하지 않았다.

이렇게 꾸며놓고 보니 사실 이 책은 다소 경직되기는 했지만 순수했던 초판에 비해 많은 부분이 달라진 개정판이 되었다. 그러나 이 또한 하나의 사회적 산물이라 생각하니 이 책만 봐도 우리 사회의 변화를 감지할 수 있는 것이 아닌가 생각된다.

모든 일이 다 그렇듯이 당초의 계획이 이만한 모양새로 나오게 되기까지에는 많은 이들의 땀과 노고가 배어 있다. 도서출판 한울의 김종수 사장은 불평 한마디 없이 게으른 우리들을 오랫동안 기다려주었다. 또한 소재두 부장의 추진력이 아니었다면 이 책은 아직까지도 막연한 부담으로만 남아 있었을지도 모르겠다. 후배라는 죄로 마무리 작업의 어려움을 감내했던 최영묵 선생에게도 이 자리를 빌려 심심한 사의를 표한다.

초판에 많은 성원을 보내주었던 독자들에게 이 책이 우리의 발전으로 읽혔으면 하는 마음이 간절하다. 21세기를 눈앞에 둔 지금 모든 사회과학이론이 그렇듯이 이 책도 과도기적 현상이며 한시적 대응에 지나지 않는다. 또 그런 만큼 비판에 대해서도 충분히 열려 있다. 많은 질책과 비판을 기대한다.

1996년 2월
한국사회언론연구회

초판 서문

현대사회에서 매스커뮤니케이션은 전통적으로 언론이 담당해 왔던 정치적 역할뿐 아니라 경제, 문화 등 사회 전반에 걸쳐 날이 갈수록 그 영향력이 증대하고 있다. 자본주의사회에서 대중매체의 활동은 상품을 생산하는 경제활동으로서의 성격이 점점 더 뚜렷해지고 있는 데다, 이 활동은 오늘날 문화생활의 거의 전 영역을 지배하게 되었다. 그래서 우리가 여러 사회집단들의 정치적·사회적·문화적 활동을 이해하는 데 매스커뮤니케이션은 빼놓을 수 없는 부분이 되어버렸다.

한국사회에서도 그동안 정치적·사회적 변혁과 더불어 매스커뮤니케이션 영역에서 많은 변화가 있었다. 국가권력이 언론을 장악하려는 시도가 점점 더 교묘하게 진행되었는가 하면, 언론도 상업적 속성이 강화되었으며, 신문 및 방송 산업의 거대화, 광고시장의 팽창, 잡지·출판·영화·공연예술 등 문화시장의 확대를 통해 자본주의적 매스커뮤니케이션 산업이 사회의 기간 구조로 정착되는 점 등이 그것이다.

이렇듯 매스커뮤니케이션이 포괄하는 영역의 확장은 그 올바른 이해를 위해 좀 더 광범위한 사회적·경제적 시각을 필요로 하게 되었다. 매스커뮤니케이션에 대한 기존의 연구와 이해의 시각은 이러한 변화를 해석하고 설명하는 데 역부족이기 때문이다. 게다가 이른바 제도언론이 지배이데올로기 재생산의 주요 기제가 되고 있는 현실에서 그 현실을 이해하고 변혁하려는 노력은 이론과 실천 양면에서 많은 한계를 지닐 수밖에 없다.

이러한 한국의 매스커뮤니케이션 현상에 대한 이론적이고 실천적인 측면 모두에서의 자기반성은 진보적 연구자들과 언론사 노동조합을 중심으로 최근 몇 년 동안 다양하게 추진되어 왔다. 특히 한국사회언론연구회 성원들은 이러한 제반 현실을 연구 대상으로 하여 이론적 점검을 하는 과정에서, 또한 강단에서 매스커뮤니케이션 관련 과목을 강의하면서 한국의 매스커뮤니케이션 현상을 제대로 설명해 낼 수 있는 교양서의 필요성을 절감했던바, 그 실천의 일환으로서 공동 연구 사업으로 이 책을 기획하게 되었다.

한국사회언론연구회는 그동안 매스커뮤니케이션에 대한 '비판적 연구'라고 지칭되던 일군의 서구 이론가들의 시각이 한국사회의 매스커뮤니케이션 현상의 설명에도 적절한 것인지 그 토착 가능성 여부를 과학적으로 검증하려고 많은 노력을 기울였고, 이 책은 그러한 노력의 결과로 만들어진 것이다.

공동 집필 과정에서 항목 설정에 대해 여러 차례의 논의를 거친 결과, 큰 주제로는 '매스커뮤니케이션 현상과 그 연구 시각', '매스커뮤니케이션의 역사', '매스커뮤니케이션의 성격과 구조', '정보화 사회의 이해', '사회변혁과 매스커뮤니케이션'으로 압축하여 현실 개혁 의지가 반영되는 쪽으로 그 논의를 정리했다. 또한 대학에서 학기당 수업 단위가 16주인 것을 고려해 전체 16장으로 구성했다.

제1부 서론에서는 다양한 커뮤니케이션 현상을 두루 소개하는 동시에 그 연구 시각을 정리·평가했는데, 이는 인식론적 편중성을 극복함으로써 매스커뮤니케이션의 실천적 함의와 연결시키려고 한 것이다.

제2부 매스커뮤니케이션의 역사에서는 대중매체의 기원과 역사를 매체 발달사, 매체 존재의 사회적 기반 등을 중심으로 살폈다.

제3부의 각 장들은 매스커뮤니케이션의 성격과 구조를 이해하는 데 그 초점을 두고 있다. 그중 제4장 언론과 국가권력, 제5장 자본주의와 매스커뮤니케

이션 산업에서는, 자본주의사회에서의 매스커뮤니케이션과 국가권력 및 경제 일반과의 구조적 관계를 경제·계급·사회발전 등과 관련지어 그 이론을 확립함 으로써 한국사회의 매스커뮤니케이션 현상을 분석하는 기준을 제시하려고 했 다.

제6장 대중언론의 이데올로기는 매스미디어가 행사하는 이데올로기 내용 들을 유형화했으며, 제7장 매스커뮤니케이션과 사회발전에서는 종속적 자본 주의 사회인 한국에서 매스커뮤니케이션이 제국주의적 선진 자본주의에 종속 되는 과정과 그 구조를 해명하고 있다. 그리고 제8장 대중문화의 의미와 기능, 제9장 한국의 대중문화는 매스커뮤니케이션이 문화의 여러 영역들과 관련하 는 방식 및 그 활동의 결과에 대한 분석을 그 내용으로 하고 있는데, 이상 네 개의 장에서는 매스커뮤니케이션 구조가 사회의 여러 측면들과 관련하는 방 식에 대해 분석하는 것을 목표로 했다.

제10장 매스미디어의 효과와 기능, 제11장 매스미디어의 수용자와 수용과 정에서는 전통적인 매스미디어 수용자에 대한 접근 시각에서 연구되어 온 여 러 이론을 비판적으로 수용해 재해석하는 데 중점을 두었다.

제4부 정보화 사회의 이해는 현대사회에서 가속화되고 있는 기술 발전 – 특히 전자, 통신 및 컴퓨터 산업 등 매스커뮤니케이션 관련 기술의 발전 – 으로 초래 되는 매스커뮤니케이션 구조의 변화를 올바르게 규명해 보려고 했다.

제5부 사회변혁과 매스커뮤니케이션에서는 매스커뮤니케이션과 사회변혁 을 추구하는 여러 세력들의 운동의 현실적 기초와 그 결과를 분석하고, 아울러 현실 개혁을 지향하는 새로운 형태의 매스커뮤니케이션 구조의 가능성을 이 론적으로 확인했다. 이러한 과제하의 접근은 지금까지의 정태적이고 이데올 로기적이며 산업화되었던 매스커뮤니케이션 현상에 대한 일면적 분석에서 벗 어나, 매스커뮤니케이션을 사회 여러 세력과의 역학관계 속에서 파악함으로 써 독자들로 하여금 매스커뮤니케이션의 성격과 구조를 새롭게 이해할 수 있

도록 했다.

　이상과 같은 주제와 집필 방향을 전제로 그동안의 연구 내용을 정리해 한국의 현실과 관련한 매스커뮤니케이션에 대해 좀 더 올바른 이해의 지평을 열 수 있는 교양서로서 이 책의 성격을 규정했다. 교양서라는 성격 때문에 각주는 피하고 독자들이 비교적 손쉽게 접할 수 있는 참고문헌만 제시하는 정도에서 그 논의 근거를 밝혔다. 이러한 편집 형식 때문에 선학들의 존함이 빠질 수밖에 없었던바 그들에게 이 지면을 빌려 용서를 빌며 아울러 감사를 드린다.

　내용 또한 필자들의 일천한 연구 경력과 이해의 부족 탓에 생경한 느낌을 주는 부분이 상당히 있다는 점도 자인하지 않을 수 없다. 또 한편으로 충분한 사전 토의가 부족해 각 장이 담고 있는 내용과 문제의식 모두에서 적잖은 편차를 안고 있고, 주제가 현상 전반을 포괄하지 못하고 있는 점도 이 책의 한계다. 이후 이런 부분을 보완하는 작업이 지속적으로 진행되어 더욱더 우리 현실의 이해에 적합하고 사회변혁을 위한 실천에 보탬이 될 수 있는 성과물로 완성하고자 노력해 나갈 것이다. 이를 위해 강호 제현의 채찍질과 질타를 거듭 부탁드린다.

　어려운 여건에도 출판을 허락해주신 도서출판 한울의 김종수 사장과 무더위 속에서도 비지땀을 흘리며 제작에 열성을 다해주신 편집진에게 심심한 사의를 표한다.

1990년 8월
한국사회언론연구회

차례

제1부 미디어의 이해

1 배경으로서의 미디어, 전경으로서의 미디어: 의미, 구조, 변동 34
정준희

2 미디어와 인간 66
김예란

3 근현대 한국사회의 미디어정경 98
윤상길

제1부
미디어의 이해

01

배경으로서의 미디어, 전경으로서의 미디어
의미, 구조, 변동

M E D I A C O M M U N I C A T I O N

1. 미디어의 의미

『현대사회와 미디어커뮤니케이션』의 처음을 여는 장이니만큼, '자, 우선 미디어가 무언지 정의해 보자'라는 낡아빠진, 그러나 매우 필요하기는 한 학술적 구문으로 시작해 볼까 했다. 그러다 문득, 세간의 우스갯소리가 떠올랐다. '정의'라는 단어를 접했을 때 문과생은 정의正義: justice를 이과생은 정의定義: definition를 가장 먼저 연상하게 된다는 이야기. 이 또한 스스로 흔히 문과로 분류되는 학문을 하는 자의 습속, 혹은 직업적 고질병인지는 모르겠지만, 이게 단지 우스갯소리로만 치부될 일만은 아니라는 생각이 찾아들었다. 언어는 우리 인간 존재를 담는 그릇이며 개념은 우리가 세상을 포착하는 그물인 까닭에, 이와 같은 연상작용association 사례 속에서도, 이후의 논의를 풀어가기 위한, 여러 함의가 발굴되고 또 파생될 수 있겠다 싶었다.

1) 연상(聯想)

'정의'라는 동음이의어를 적용하는 주된 현상에서 이른바 '문과생'과 '이과생' 사이에 확연한 차이가 나타난다는 건, 물론 이런 구분법 자체가 상당 부분 자의적이고 관습적인 이항대립에 가깝다는 건 일단 차치하고, 이들이 현실이라는 '동일한 대상'으로 전제되는 것에 접근하는 태도, 나아가 그런 현실을 인지하고 사유하는 방식도 꽤 다를 수 있다는 걸 함의한다. 일찍이 스노C. P. Snow가 문예 지식인과 자연과학자들이 각각 구성해 온 두 개의 다른 문화two cultures에 대해 설파했던 것을 굳이 상기시키지 않더라도, 우리는 서로 다른 언어로 세상을 바라보는 여러 집단 사이의 때로는 넘기 어려운 간극을 수시로 실감한다.

인문사회과학적으로 훈련된 이들에게 언어language는 세상을 반영하는 미디어인 동시에 창조의 수단이며 세상을 바꾸는 매개체이기도 하다. 예컨대 1956년 대통령 선거에서 이승만 독재에 대한 민중의 불만을 정확히 요약하고 그에 대한 정치적 대안을 제시했던 신익희의 "못 살겠다 갈아보자!"라든가, 1992년 미국 대통령 선거에서 변방의 후보 빌 클린턴을 일약 세련되고 자신감 넘치는 주류적 대안으로 부상시킨 "바보야, 문제는 경제야It's the economy, stupid!"처럼 잘 만들어진 구호catchphrase는 실제로 현실에 대한 사회 구성원의 태도를 바꾸고 그로써 세상을 변화로 이끈다.

반면에 수학적 기호에서부터 물리학 개념과 공식, 그리고 코딩언어에 이르기까지 자연과학과 공학에 바탕을 두어 훈련된 이들이 사용하는 언어는 그와는 꽤 다르다. 개별 문화권을 넘어 인류 보편적으로 (그렇다고 인간 모두가 알아들을 수 있다는 이야기는 전혀 아니지만) 통용될 수 있고, 심지어 인간을 넘어 (이런 종류의 인간-동물-기계를 포괄하는 소통을 사이버네틱스cybernetics라고 하는데,

공학적으로는 '자동제어'라고 부르지만 근본적으로는 인간과 생물, 기계 내부에서 제어가 작동하는 공통 원리를 추출해 이들 서로 다른 존재 사이의 정보 교환을 가능하게 하는 것이 목적이다) 기계와도 소통할 수 있도록 하기 위해서는, 감성을 배제한 형식적 논리회로가 중요하다. 이를 위해서 이들의 언어는 수학적 명료성에 토대를 두어, 시poetry적 언어가 추구하는 것과는 정반대인, 의미의 중첩과 잉여redundancy를 가급적 허용하지 않는 방식으로 세상과 정확히 조응하려 한다.

그럼에도, 즉 이와 같은 차이에도 불구하고, 이들은 근본적으로 언어라는 동일한 장치를 사용한다. 게다가 이 장치의 동일성, 즉 미디어의 물리적·논리적 동일성은 차이보다 더 큰 공유성commonality의 토대가 된다. 예를 들어, '옳고 바른 도리'를 뜻하는 정의正義와 '어떤 말이나 사물의 뜻을 명백히 하는 일'을 뜻하는 정의定義가 서로 무척 멀리 떨어져 있는 것 같지만, 동일한 한자말인 '의義'를 통해 연결되어 있다. 이 '의'는 여느 한자가 그러하듯 음만 같을 뿐 뜻은 큰 제약 없이 상이하게 뻗을 것 같으나, '어떤 것의 본질'이라는 원천을 공유하며 이로부터 파생된 다른 것들을 규정하는, 인문학적으로 말하자면 의미의 자유도를 제약하는 의미론적 규정력을, 그리고 자연과학적으로 표현하자면 형태적 변화의 가능성을 제약하는 위상학적 규정력을 발휘한다. 그리고 실천적으로 보아서도, 뜻을 올바르게 정하는 과학적 작업은, 뜻을 올바르게 세우고 펼치는 도덕적 작업과 실은 그리 다르지 않다.

미디어라는 단어의 의미를 탐색해보기 위해 좀 먼 길을 돌아왔다. 그렇다면 이 책을 읽는 여러분은 '미디어'라는 말과 함께 무엇을 떠올리는가? 굳이 라틴어-영어로부터 나온 외래어보다는 매체媒體라는 (그러나 역설적으로 더 어렵고 낯설게 느껴지게 된) 고유어를 놓고 떠올려 봐도 좋다. 신문, 방송 등과 같은 '대중매체'가 먼저 생각난다면, 당신은 필경 30~40대 이상이거나 적어도 그 세대의 영향을 받은 사람일 가능성이 높다. 유튜브, 카카오톡, 페이스북, 트위터, 인스타그램, 틱톡 등이 연상된다면 그보다는 낮은 연령대에 속해 있을 것이다.

만약 '매스미디어mass media'나 '소셜미디어social media'를 떠올렸다면 연령대의 높낮음과 상관없이 해당 분야의 전공자이거나 적어도 관련 산업의 종사자일 가능성이 높다.

사실 미디어라는 말은, 그리고 한국어의 매체라는 한자어 역시, 대중들 사이에서 아주 일상적으로 쓰이는 단어는 아니다. 물론 전통적인 매스미디어를 넘어 엄청나게 다양한 미디어 유형과 산업이 등장하고 활성화되어 있는 지금은 미디어나 매체라는 말이 일반 대중들에게도 아주 낯선 단어로 느껴지지만은 않을 것이다. 하지만 2000년대 전후까지만 해도 미디어나 매체라는 말 대신, 그냥 신문 언론과 방송 매체 등을 통틀어 '매스컴'이라 약칭하거나, 신문, 방송, 텔레비전, 라디오 등의 구체적인 매체 형태를 직접 지칭하는 게 더 일반적이었다. 미디어나 매체는 좀 더 특수한 영역에 속하는 이들이 쓰는 전문용어에 가까웠다. 커뮤니케이션 전공자들은 이들 단어를 주로 대중문화 산업에 연관된 의미로 사용했지만, 기타 전문 영역에서는, 앞선 문과-이과 사례와 크게 다르지 않게, 분야마다 사뭇 다른 대상을 가리키곤 했다. 가령 미술 분야 종사자에게 미디어는 그림을 그리거나 조각을 만드는 데 사용되는 염료, 화폭, 금속 등 매우 구체적인 재료를 떠올리게 했고, 주로 (유럽어권에 국한되는 일이겠지만) 단수형인 미디엄medium이 쓰였다. 반면 생물학 전공자에게 미디어는 (이 경우도 역시 단수형인 미디엄이 주로 사용되는데) 무언가를 성장시키거나 드러나게 해주는 성분을 떠올리게 했다. 세포를 키우는 배양액 등이 대표적이다. 또 컴퓨터나 정보통신 분야에 종사하는 사람에게 미디어는 자기 테이프와 하드 디스크 등의 물리적 데이터 저장장치를 연상시켰다.

2) 미디어 혹은 매체 개념의 기원과 역사

이렇게 미디어 혹은 매체라는 단어는 시대에 따라 그리고 각자가 선 위치에 따라 일차적으로는 서로 다른 대상과 의미를 연상시킨다. 음만 같을 뿐 어의 자체도 다르고 기원도 상이한 '정의' 개념의 경우에서도 한자어권에 한정해 '공유성'을 도출해 낸 바 있는데, 미디어와 매체 개념 역시 각각의 무수한 용례와 연상聯想(서로 연결된 관념이나 이미지)이 있음에도 이들 가운데 일정한 의미 바탕으로서의 공통성을 찾아내는 것은 그리 어려운 일이 아니다. 각각의 미디어 용례는 '중간' 혹은 '사이'라는 뜻을 가진 라틴어 어원에서 유래되었고, 매체에 관련된 용례의 경우에는 결혼 상대자를 연결해 주는 중신어미를 가리키던 매媒의 의미를 공유하고 있다. 또 유럽어권에서의 미디어 관련 용례와 한자어권에서의 매체 관련 용례 역시 '중간자'로서의 공통 의미 기반을 갖고 있다.

재밌게도 이 가장 골자를 이루는 '중간자'로서의 의미는 라틴어와 한자어 전통이 시대와 사회를 넘어 서로 연결되는 모습을 보여준다. 매媒는 결혼 상대자를 이어주는 중신어미를 가리키기도 하지만 우리말로는 술밑이라고도 하는, 누룩을 섞어 버무린 지에밥, 즉 술이라는 최종 생산물을 만들어내기 위한 밑바탕으로서 누룩을 섞은 밥을 지칭하는 데에도 쓰인다. 영단어 미디어에도 서로 다른 성분 사이의 화학적 작용을 도와주는 촉매觸媒라는 의미의 용례가 있으니 이 역시 흥미롭다. 또, 눈에 보이지 않고 귀에 들리지도 않는 영혼을 자신의 몸으로 받아들여 비로소 보이고 들리게 만들어주는 영매靈媒의 경우도 마찬가지이다. 이젠 여러분들도 짐작할 수 있듯, 유럽어권에서도 이런 무당을 가리키는 단어로 미디어를 사용하는 경우가 있다. 그렇다. 미디어는 그리고 매체는 무엇과 무엇 사이를 연결해 주는 중간자라는 의미를 간직한 채, 시대와 분야를 넘어, 서로 다른 사회를 넘어, 유사한 언어적·개념적 진화와 분화의 양상을 보여주고 있다. 그리고 모든 성공한 진화가 그러하듯 공통의 뿌리에 토대를 두어 상당한 종적 다양성(즉, 동일한 단어로 여러 다르지만 서로 연결된 대상을 가리키는 사례)과 서식 분포의 광범위함(즉, 이들 단어에 연계된 분야와 대상의 다채로움)을 획득했음을 확인케 해준다.

다른 한편, 의미의 본질이란 측면에서, 미디어 혹은 매체는 꾸준히 '중간'의 자리를 차지하면서, 그 스스로는 '주연'이 아닌 일종의 '조역'에 가까운 뜻을 담고 있다는 점도 빼놓을 수 없다. 예컨대 정보통신 분야에서 쓰이는 하드 디스크라는 저장 장치로서의 미디어는 그 안에 담긴 데이터라는 '알맹이'를 불러내어 특정한 정보, 기능의 형태로 구체화하기 위한 '조력자'이다. 또 생물학 분야에서 미디어로 지칭되는 배양접시 안에 담긴 영양 성분은 그것이 특정 세포를 길러내는 데 쓰임으로써 효용을 지닌다. 여기서 주연은 세포이지 배양액이 아니다. 미술 분야에서도 그렇다. 우리가 주목하는 것은 '기름에 녹인 염료'라는 미디어가 아니라 그것이 형상화시킨 유채화이다. 누룩과 밥이 어우러진 술밑은 향기로운 술을 빚어냄으로써 소명을 다한다. 남은 술지게미를 민초들이 먹었던 건 배고픔을 해결하는 '밥'의 기능보다는 상전들이 즐기는 술의 작용을 원했기 때문이었다. 무당이 제 아무리 열심히 방울을 흔들고 칼 위에서 춤을 춘들 그 자체는 본연의 역할이 아니다. 그가 비로소 영매로서 우뚝 서는 것은 그 힘든 과정을 다 거치고 난 후 드디어 (귀)신의 음성을 전할 때부터이다. 무당이 추는 춤이 우리의 이목을 끄는 무형문화재가 된 것은 그 알맹이인 영혼과 신이 실재하지 않거나 적어도 주목할 값어치가 없는 것으로 판정된 근·현대 이후의 일이다.

　이 모든 순간에서 미디어와 매체는 그들 스스로가 아니라 자신을 통해 연결 혹은 전달될 무언가를 눈에 띄게 하고 귀에 들리게 하는, 하지만 그 자체는 눈에 띄거나 귀에 들리지 않음으로써 자신의 역할을 다하는 그런 존재이다. 그 스스로 존재하지만, 마치 존재하지 않는 듯한 방식으로 다른 존재를 부각시키고, 한 존재(즉, 인식 주체)를 또 다른 존재(즉, 인식 대상)와 연결해 주는 존재, 그것이 미디어이고 매체이다.

3) 형상과 질료, 형태와 매체

미디어의 이런 유구한 속성은 존재에 대한 가장 근원적인 고찰을 시작했던 아리스토텔레스에게서도 철학적으로 확인된다. 미디어의 어원이 된 라틴어 미디엄medium은 아리스토텔레스가 감각 인지론을 세우면서 처음 사용했던 단어인 그리스어 메타쿠metaxu를 번역한 것인데, 감각을 통해 사물을 인지하는 주체와 그에 의해 인지되는 대상 사이에 존재하는 제3자를 가리키기 위해 임시로 사용했던 (다시 말해, 그의 본래 목표였던 철학적 사유의 대상으로서는 사실 중요도가 덜했던) 개념이다. 주지하듯 아리스토텔레스가 존재를 규명하기 위해 역점을 뒀던 개념은 형상形相(영어로는 form, 그리스어로는 eidos 혹은 morphē)과 질료質料(영어로는 matter, 그리스어로는 hylē)였다. 형상은 우리가 인지할 수 있는 존재이다. 그에 반해 질료는 물리적 속성(질)을 지닌 재료로서, 어떤 형상으로 구현됨으로써만 의미를 지니게 된다. 예를 들어 목재라는 질료는 오두막집이라는 형상이 될 수도 있고, 탁자라는 형상으로 구현될 수도 있다. 여기서 오두막집과 탁자는 플라톤이 말하는 목재의 이데아Idea(완성태, 목적물)인 셈인데, 우리는 이들 형상인 오두막집과 탁자를 감각적으로 인지할 뿐 그것들의 질료인 목재를 (적어도 우선적으로는) 인지하지는 않는다.

그런데 어떤 목수는 오두막집에 주목하기보다 그것의 질료로서 쓰인 목재를 형상으로서 인지할 수도 있다. "흠… 이 집을 지을 때 이런 소나무보다는 떡갈나무를 썼어야 하는데 말이지."라면서 말이다. 탁자의 경우에도 마찬가지이다. 어떤 목수의 눈에는 탁자라는 최종적 형상보다 오히려 향나무나 마호가니 원목이라는 질료 즉 목재의 차이가 더 관심이 갈 수도 있다. 그렇다면, 오두막집을 구성하는 소나무와 탁자를 만들어낸 향나무는 형상인가 질료인가? 최종적 인지의 대상으로서 존재하는 것이 형상이라고 한다면, 이들 목재는 단순한 질료이기보다는 형상이다. 그렇다면 그 형상을 구성하는 질료는 이를테면 섬유질이나 건조된 세포벽이라 할 수 있다. 이 목재의 질료인 섬유질과 세포벽을 자연과학자가 인지의 대상으로 삼는다면 다시 섬유질이나 세포벽이 형상이 되고 그것을 구성하는 질료는 탄소, 질소 등의 원소가 될 것이다. 이렇게 인지 주체에 따라서 형상과 질료는 다른 의미를 지닐 수 있다.

아리스토텔레스 역시 형상과 질료를 고정된 개념으로 사용하지 않았다. 이들의 관계는 상대적인 것으로서 어떤 것의 질료였던 것이 다른 것의 형상일 수도 있다. 그러나 아리스토텔레스에게 중간자metaxu는 형상도 아니고 질료도 아니다. 감각 주체에게 인지되는 것은 (그 자체로는 보이지 않거나 우선시 되지 않는) 질료에 바탕을 두어 구현된 형상일 뿐이다. 그리고 질료는 그런 형상으로부터 철학적으로 사유될 수 있을 따름이다. 여기서 감각 주체인 인간과 감각 대상인 형상을 연결해 주는 메타쿠는, 분명히 서로 떨어져 있는 감각 주체와 감각 대상을 종국적으로 만나게 해주는, 그 자체로는 감각되지 않는 무언가 (빛이든 공기이든, 혹은 빛의 파동을 전하는 매질로서 상상되던 에테르ether이든)로서 '가정'되거나 추론되었을 뿐이다.

커뮤니케이션을 화두로 삼았던 독일 사회학자 루만N. Luhmann은 아리스토텔레스와는 달리 미디엄의 '존재성'에 초점을 맞춘다. 이를 위해 그는 아리스토텔레스의 형상/질료 관계를 형태/매체 관계로 재편한다. 엄밀히 말하자면 형상/질료의 철학적 개념 쌍을 형태/매체 개념 쌍으로 대체한 것이 아니라, 즉 아리스토텔레스의 질료 개념이 실상은 매체 개념으로 재정의되어야 한다고 주장한 게 아니라, 매체 개념을 정립하는 이론적 작업을 위해 아리스토텔레스의 형상 개념을 가져온 것이다. 커뮤니케이션에서 응축된 의미condensed meaning을 가진 개념의 중요성을 강조했던 그는 모든 개념이 이항 대립binary opposition (X/~X의 관계에서처럼 '무언가'와 '그 무엇과는 반대되는 무언가' 사이의 대립성)에 기초를 두어 정립된다고 보았다. 이에 따라 매체 개념과 대립 쌍을 이루는 것으로 가장 적합한 후보가 형상 (혹은 형태) 개념이라고 제안하고 있는 것이다.

모래밭 위에 남은 발자국

루만에 따르면, 모든 인지되는 것을 '형상(혹은 형태)'라고 부를 때 그것이 인지될 수 있도록 구축해 주는 배후가 '매체'이다. 루만은 모래사장 위에 찍힌 발자국의 예를 든다. 발자국이라는 형태는 누군가의 '발'이 그곳을 걸어갔음을 알려주는 '자국'인데 그 발이 사라지고 난 다음에도 그 형태를 인지할 수 있게 해주는 건 모래라는 매체가 그 형태를 품고 있기 때문이다. 가장 단순한 형태/매체의 예를 또 하나 들어보자. 하얀색 한지 위에 먹물로 그려진 난초를 떠올려보라. 우리는 그 먹물을 먹물로서 인지하기보다 그것이 그려낸 굵고 가는 선의 조합을 난초라고 인지(!)하고 그것의 고아함에 빠져든다. 여기서 우리가 인지하되 인지하지 않는 먹물은 매체이고 미적 감상의 대상으로서 인지되는 난초는 형상(혹은 형태)이다.

이 형태/매체 개념 쌍을 살짝 바꾸어 전경前景/배경背景 개념 쌍을 통해 더 심층적으로 사유해보자. 먹물도 미디어이지만, 이 먹물은 다시 하얀 한지를 미디어로 삼지 않고서는 난초의 미디어로서 작동할 수 없기 때문이다. 우리의 인지가 향하는 전경은 우리의 인지가 의식적이거나 무의식적으로 배제하는 배경 없이는 부각되지 않는다. 여기서 새하얀 한지는 배경-미디어이고 검은 난초는 전경-형태이다. 그런데, 아무 것도 그려지지 않은 한지를 배'경'이라 부르는 것이 마땅할까? 여기에는 이유가 있다. 앞서 오두막집과 탁자에 대해서 이야기할 때처럼, 질료라고 해서 형상이 될 수 없는 게 아니고 매체라고 해서 형태로서 인지될 수 없는 게 아니다. 매체의 존재를 인지하려면 그 매체는 매체이기를 멈추고 형태로서 부각되어야 한다. 그것이 경景: -scape의 의미이다.

작가의 의도와는 달리, 난초 뒤의 먹물이나 종이에 주목하는, 즉 그것을 독자적인 '경'으로 인지하는 주체도 있을 수 있다. 예컨대 아무 것도 그려져 있지 않은 한지 역시 그것이 먹물을 품고 난초를 전경으로서 부상시켜 줄 때에는 하나의 배경-매체에 그치지만, 가령 어떤 장인이 만든 기가 막힌 한지는 군자들의 표상하고자 했던 난초의 이데아를 가장 잘 부각해 주는 명품 미디엄으로서 회자되며 하나의 전경으로서 취급될 수도 있다. 게다가 매끈하고 하얀 한지와 같이 형태가 없어 보이는 배경이 아니라 울퉁불퉁하고 누르스름한 종이처럼 더 눈에 잘 띄는 형태를 갖춘 배경-미디어라면 난초라는 전경-형태를 부각시키는 데 실패한 채 스스로 (보는 이의 눈에 거슬리는 방식으로) 전경-형태가 되고 만다.

4) 배경에서 전경으로 부상한 미디어

형태와 매체 사이의 기존 관계가 인지 주체에 의해 역전되는(즉, 인지 주체가 주목하는 먹물이나 종이가 전경이 되면, 그것을 통해 표현됐던 난초나 기타 등속은 주목에서 배제되어 배경으로 물러나는) 현상에 다시 '주목'하면, 아리스토텔레스가 대충 던져놓기만 했던 '중간자'로서의 매체 의미에서 매체 자체를 독자적 사유의 대상으로 삼는 통찰의 계기가 만들어진다. 앞서 이야기한 바와 같이, 아리스토텔레스는 감각 주체와 감각 대상 사이에서 '감각되지 않는 무언가'가 있음을 언급하긴 했지만, '그 무언가'를 제대로 감각해 보려 하거나 본격적 사유의 대상으로 삼으려 하지는 않았다. 매체가 미학과 철학, 그리고 사회과학과 공학의 주요 소재로 등장한 건 그것의 물리력과 영향력을 만끽하게 한 매스미디어의 시대가 오고 나서도 꽤 시간이 흐른 시점에서였다. 아리스토텔레스 이후 두 번의 밀레니엄이 지나고 나서 등장한 캐나다 영문학자 매클루언M. McLuhan은 그간 배경으로만 덮여 있던 매체를 전경으로 부각해 본격적으로 사유해 낸 최초의 가장 중요한 이론가라고 할 수 있다.

그가 남긴 가장 대표적인, 대단히 도발적이면서도 상당히 아리송한 문구, "미디엄이 바로 메시지이다The medium is the message"가 바로 그 시발점이다. 그 당시까지만 해도 대부분의 우리는 전달되는 의미, 즉 메시지를 우리가 포착해야 할 본질로서 간주해 왔는데, 정작 중요한 건 그 메시지를 전달하는 매체이며 우리의 지각perception을 형성하는 데에서 더 큰 영향을 미치는 건 내용이 아니라 매체라고, 그는 설파했다. 물론 이건 전략적인 발언이다. 수많은 사람들이 내용이라는 전경에만 집중할 때 그 배경이 되는 매체를 가리키며, "여기가 로도스다!"라고 외친 셈이다.[1] 물론 매클루언이 이런 충격을 던진 이후로도, 여전히 주류 학문 안에서는 내용-content을 중시하고 매체(즉 형식form)는 경시하는 경향이 지배적이긴 했다. 심지어 매클루언이 불을 붙인 매체이론과 매체철학을 조악한 기술결정론 쯤으로만 치부하는 분위기도 없지는 않았다. 여기에는 내용 중심주의자들의 지적 태만의 문제도 있지만, 매클루언의 담론 '전략'에 지나치게 흥분했던 매체중심주의자들의 지적 오만의 문제도 결코 적지 않다. 우리에게 필요한 것은 배경에 머물러 있던 매체를 전경으로 부각해 합당한 사유의 대상으로 삼는 일이지, 마치 매체가 우리가 주목해야 할 '모든 형태이자 모든 풍경'인 양 호들갑을 떠는 일은 아니다. 요컨대 매체를 단순히 내용(이데올로기 등 문화적 텍스트가 구현하고자 하는 바와 그 효과)에 종속시키는 우를 반복하지는 않되, 반대로 매체가 모든 것의 알파이자 오메가인 것처럼 취급하는 과잉 규정의 오류 역시 경계할 필요가 있다.

매클루언은 매체를 '인간 감각기관의 확장extension'이라고 보았다. 이와 같

---

1 이솝우화에 나오는 이야기이다. 올림픽의 발상지인 고대 그리스에서는 자신의 운동 실력을 뽐내는 사람들이 많았던 듯하다. 로도스섬에 가서 자신이 올림픽 선수 못지않게 멀리뛰기를 하고 왔다고, 자신이 얼마나 멀리 뛰었는지 궁금하다면 로도스섬에 갈 때 그곳 주민들한테 꼭 물어보라고 허풍을 떨던 한 인물에게 다른 한 사람이 시쳇말로 '뼈 때리는' 말을 건넨다. "자네가 로도스섬에서 그렇게 잘 뛰었다면, 군이 우리가 거기까지 가서 물어볼 필요가 있겠나? 여기가 로도스섬이라고 생각하고 한 번 뛰어 보시게."

은 정의는 '기술은 인간 신체의 확장'이라고 본 더 상위의 명제에 논리적으로 뒤따르는 것이다. 그는 매체를 감각에 연계된, 물리적이거나 생리적인 기술 장치(즉, 감각 정보의 처리를 위한 하드웨어와 소프트웨어의 총체)로서, 인간 역량의 시공간적 확장을 가능하게 하는 '강화'의 관점에서 바라본 것이다. 앞선 루만의 경우와 마찬가지로 매클루언의 매체 정의는 매체를 지나치게 당대의 현상으로만 좁혀서 바라보는 논의의 한계를 극복하는 중요한 단초를 제공한다. 매클루언의 시대에도 매체가 마치 대중매체mass media와 같은 전자매체에만 국한된 현상인 것처럼 받아들이는 분위기가 있었고, 지금 역시 이른바 디지털 뉴미디어가 매체에 관한 모든 깊이 있는 논의를 집어삼키는 블랙홀이 되고 있다.

매클루언에서 시작된 매체이론, 매체철학, 매체미학 등은 당대의 지배적 미디어 기술 형태에 매몰되기보다, 시대와 조건을 뛰어넘는 보편적 사유를 가능하게 하는 장점이 있다. 그러나 우리가 이 책을 통해 하고자 하는 것은, 매체이론과 매체철학 등을 포괄적으로 그리고 집중적으로 학습하는 것은 아니다. 『현대사회와 미디어커뮤니케이션』이라는 제목이 알려주듯, 이 책의 목표는 다양한 미디어 기술·장치technology and device와 그와 연관된 현상을 사회와의 관계 속에서 맥락화하여 입체적이고 다면적으로 이해하는 계기와 수단을 제공하는 데 있다. 이를 위해서는, 사회적 커뮤니케이션을 가능하게 하는 기술적·장치적 수단으로서의 매체 개념과 그에 결합된 다양한 사회관계와 내용물(미디어 산업, 조직, 제도, 장르 등)에 주목하는 것이 필요하다. 매클루언 및 그와 문제의식을 함께하는 일련의 매체이론가들은 그것을 미디어 매트릭스media matrix(한 가지 혹은 여러 미디엄이 종합적으로 형성하는 기술적·장치적 차원의 커뮤니케이션 환경)라고 불렀고, 사회적 정보처리 관점에서는 정보체계information system의 형성과 운용, 변화에 주목하면서 이러한 사회 현상의 핵심 요소 혹은 결정적 계기 가운데 하나로 매체 문제를 다뤄내고자 한다.

우리는 이 책의 도입부에서 이른바 우리 사회의 '미디어정경media-scapes'을 둘러싼 구조와 행위자 그리고 그것의 시대적 변천이라는 측면에서 다면적으로 개괄하려 한다. 여기서 미디어정경이란 아파두라이A. Appadurai가 글로벌화globalization(사람, 물자, 화폐, 정보 등이 국경을 넘어 전 지구적으로 이동하는 현상)라는 '역사적 장면'을 특징짓는 다섯 가지 정경情景: scapes 혹은 흐름에 대해서 언급할 때 사용했던 개념 가운데 하나이다. 과거에는 국경 안으로 제한돼 있던 인간들의 이동 양상을 가리키는 민족정경ethnoscapes, 실시간으로 지구 전역을 이동하는 돈의 흐름을 나타내는 금융정경finance-scapes, 민주주의나 파시즘과 같은 사상의 전파 그리고 다양한 이미지와 상징, 이야기의 전 지구적 확산을 가리키는 사상정경ideoscapes, 이런 초국적 이동을 가능케 하고 이를 가속화하는 테크놀로지에 초점을 맞춘 기술정경technoscapes 등과 함께 뉴스와 정보의 전 지구적 전파를 촉진하는 국제적 미디어의 힘에 주목하는 게 바로 미디어정경 개념이다.

비록 아파두라이의 개념은 글로벌화를 가능케 하는 현대적 전자 미디어 시대에 초점을 맞추고는 있지만, 현대 이전에도 당대의 사회적 커뮤니케이션을 촉진하고 또 제약했던 지배적 미디엄 혹은 미디어 복합체의 구조와 행위자, 그리고 이들 사이의 상호관계에 주목하는 개념으로도 활용될 수 있다. 특히 미디어를 배경이 아닌 하나의 전경으로 부각해, 이를 계기로 하여 해당 사회의 커뮤니케이션이 어떻게 매개되고 조율됐는가, 그리고 이런 양상 혹은 정경이 어떻게 역사를 거쳐 변천해 왔는가를 들여다보기 위한 개념적 수단으로서 적절히 쓰일 수 있다. 그리고 이 1장은 이런 미디어정경의 물리적이고 제도적인 구성, 즉 구조의 문제에 대해 집중해 본다.

2. 미디어의 구조, 미디어와 사회구조

미디어를 구조의 관점에서 살핀다는 것은 세 가지 차원을 포괄한다. '미디어 구조 차원', 그것이 유발하거나 인도하는 혹은 반대로 그것을 촉진·제약·맥락화하는 '사회구조 차원', 그리고 이들 사이의 다양한 접합 가능성이 구체적으로 현실화된 '사회제도로서의 미디어' 혹은 '미디어 체제 차원'이 그것이다.

1) 미디어 구조

첫 번째 차원은 일단 미디어 자체의 구조에 주목한다. 즉 미디어의 '구조'란 미디어를 형태적으로 지탱하는 외적 구조이기도 하지만, 무엇보다도 내적 구조, 요컨대 미디어에 내재한 어떤 의미-정보처리 메커니즘, 즉 기계적 작동양식을 가리킨다.

이것은 수학에서 말하는 함수와도 같은 것이다. '함수函數'에서 함函은 상자를 뜻한다. 그런데 그 상자는 외부 관찰자의 입장에서는 내부를 들여다볼 수 없기 때문에 (물론 그 매체를 설계한 이는 해당 매체가 자신이 의도한 함수에 따라 작동할 것을 알고 있겠지만, 나중에 더 구체적으로 설명할 바처럼, 매체와 같은 기계 장치는 설계자의 의도대로만 처음부터 정확히 작동하지는 않기 때문에라도) 이른바 블랙박스blackbox(기능은 알고 있으나 내부 구조는 모르는 기계 전자 장치)이다. 외부 관찰자는 그 안에 무언가를 집어넣은input 다음 그로부터 나오는output 것을 보고 그 상자의 작동양식을 유추한다. 예를 들어 보자. 일단 1을 넣었더니 3이 나왔다. 2를 넣었더니 이번엔 4가 나왔다. 그렇다면 그 상자는 필경 +2라는 메커니즘을 갖고 있을 것으로 짐작된다.

우리말 '함수'의 영어 단어는 'function'이다. 이것은 우연이 아닌데, 기능의 수학적 표현이 함수이기 때문이다. 이 기능, 즉 함수는 위에서 말한 기계적 작

그림 1-1 블랙박스와 함수

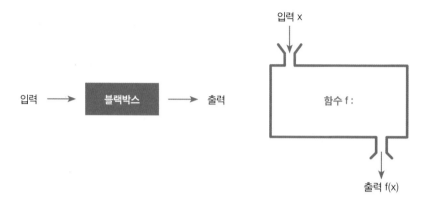

동양식 즉 메커니즘과 같고, 우리말에서는 이 둘을 다른 단어로 표현하지만 영어에서는 같은 단어로 포괄한다. 상자기계는 투입물에 일정한 작용을 가하여 산출물의 형태로 변형한다. 여기서 그 상자기계의 구조는 투입물 x를 특정 산출물로 변형하는 패턴화된 작동양식(위의 사례에서는 x+2)을 유발하는데 그것이 바로 기능 f(x)이다. 이즈음에서 다시 매체로 돌아가 보자. 매체는 개인적 차원에서는 인지 대상과 인지 주체 사이를 연결하는 기능을 한다. 또 사회적 차원에서는 개인과 개인, 개인과 집단, 집단과 집단 사이의 커뮤니케이션, 즉 사회적 의사소통을 가능케 하는 '기능'을 수행한다. 개인의 머릿속에 있는 의미는 다른 개인의 머릿속에 있는 다른 의미와 매체를 통해 교섭한다. 매체는 개인과 개인의 머릿속을 연결하는 기능을 수행한다. 사회 '전반'을 연결하는 건 대중매체의 기능이다. 특정 현실을 사회 전반이 인지해야 하는 사회적 현실로서 구성하는social construction of reality(인식론 측면에서 실재론과 구성주의 사이에 위치한 이른바 '현실의 사회적 구성') 기능이 그것이다.

아무 것도 하지 않는 함수는 함수가 아니다. 함수는 기능이고, 투입물과 산출물을 동일하게 유지하는 건 기능이 아니다. 우리는 투명하고 공정한 매체를 상상하지만, 본질적으로 매체는 결코 투명하지 않고 공정하지도 않다. 다시 말해 매체는 투명하지 않은 블랙박스이고 공정하지 않은 편향bias에 의해 작동하는 기계장치machine이다. 마찬가지로 매체가 매개하는 커뮤니케이션은 '갑'이라는 현실 혹은 의미를 그대로 전달하거나 반영하지 않는다. 그것이 커뮤니케이션인 한, 그리고 필연적으로 매체에 의해 매개될 수밖에 없는 한, '갑'이라는 현실 혹은 의미는 매체를 거쳐 '을'이라는 현실 혹은 의미로 변형되거나 재현representation된다. 거꾸로 말하자면 매체가 그런 변형을 수행하기 때문에 소통이라는 불가능한 현실이 가능한 현실로 바뀌는 것이다. 예컨대 내 머리는 다른 이의 머리와 직접 연결되지 않는다. 내 머릿속ego의 의미는 언어, 문자, 책이라는 매체를 거쳐야만 소통 가능한 의미로 바뀌며, 다른 이의 머릿속alter ego은 그 매체에 접속한 이후에야 자신의 머릿속에 (실은 새로운) 의미를 형성한다. 여기서 '기계적'이라는 건 빤하고 예측가능하다는 뜻이라기보다는, 투입물과 산출물 사이의 관계가 일정한 (즉 마냥 우연적이지 않은) 패턴을 갖고 있다는 것이고 그것이 그 상자기계의 구조에 의해 제약을 받는다는 것을 뜻한다.

전술했다시피 매클루언은 매체를 '인간 감각기관의 확장'이라고 보았다. 여기서 확장은 위에서 말한 상자기계로서의 매체의 기능에 의해서 발생하는데, 인간 감각기관에 주어진 역량을 특정 방향으로 '강화'한다는 것이지 단순히 키운다magnifying는 양적 증가의 의미로 국한되지는 않는다. 만약 키우는 것만이 매체의 기능이라면 볼록렌즈만 매체이고 오목렌즈는 매체가 될 수 없을 것이다. 돋보기magnifier는 볼록렌즈라는 물리적 구조를 통해 대상을 확대해 주는 방식으로 인간의 시각을 강화하지만, 졸보기용 오목렌즈concave lens는 그 반대로 대상을 축소시킴으로써 근시안을 가진 이들의 초점을 보완해 주는 방식으로 시력을 강화한다. 시각뿐 아니라 청각에서도 마찬가지이다. 대표적 음성매체인 마이크로폰과 스피커는 단순히 '확성기'가 아니라 '흡음기'이기도 하고 '집음기'이기도 하다. 또 이 과정에서 잡음을 제거해 특정 음성이나 음향에만 초점을 맞출 수 있도록 일정한 처리를 가한다. 이들은 음성적 현실을 그대로

그림 1-2 현실, 함수, 미디어

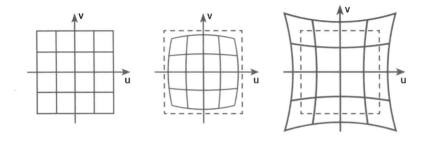

반영하기는커녕 특정 방향으로의 확대와 축소, 그리고 단순화 메커니즘을 통해 현실을 편향적으로 '굴절'시키거나 생략함으로써 그 기능을 달성한다. 그런 의미에서 매체는 특정 기능을 구조화시킨 상자이며, 사회적 의사소통수단으로서의 커뮤니케이션 미디어는 일종의 '현실 매개 함수'인 셈이다.

매체의 구조적 본질 가운데 하나인 이 '편향'에 주목한 사람이 바로 이니스 H. Innis이다. 대표적 매체유물론자인 그는 미디어라는 의사소통수단의 물질성과 기술적 특성, 즉 매체구조가 당대의 사회구조를 결정한다고 보기까지 했다. 매체의 편향은 감각적인 차원에서도 작동하고 시공간적인 차원에서도 작동한다. 시각매체는 당연히도 시각 편향을 통해 세상과 그에 관련된 의사소통을 재구성하고, 청각매체는 청각 편향을 통해 그와 같은 기능을 수행한다. 또 시간 편향적 매체는 오래 지속되고, 공간 편향적 매체는 멀리 퍼진다. 예컨대 시각매체인 상형문자가 청각에만 의존해 오던 원시적 공동체의 사회구조를 추상적 사고가 가능해진 고대 국가로 바꾸었다고 가정해 보자. 그런데 이 상형문자가 시간 편향적 매체에 의존했느냐 아니면 공간 편향적인 매체에 의존했느냐에 따라서도 서로 다른 사회구조, 즉 서로 다른 종류의 고대 왕국이 형성된다. 고인돌이나 비석처럼 시간적으로 오래 지속되는 시간 편향적 매체에 의존했던 사회는 작지만 오래 지속되는 고대 왕국을 구성했다. 반면 파피루스처럼 시간적으로는 오래 버티지 못하지만 공간적으로는 이동성이 강한 공간 편향적 매체에 의존했던 사회는 거대한 제국을 이룰 수 있었던 반면 시간의 마모를 견딜 수는 없었다는 식이다.

2) 미디어 구조 대 사회구조

이와 같은 문제의식은 자연스레 '미디어 구조'의 두 번째 차원과 연결된다. 이니스의 주장에서 가장 극명하게 표현되었듯, 일정한 물리적 특성에 토대를 두어 형성된 미디어 구조는 그에 내재된 특정한 의미생성 및 정보처리 메커니즘을 통해 특정한 사회구조를 촉진하거나 적어도 그것과 일정한 상호성을 맺게 된다는 가정이다.

대표적으로 옹W. Ong은 구술성orality과 문자성literacy이라는 개념을 통해 미디어와 인간 사회의 역사를 아우르는 거시사를 제시한 바 있다. 먼저 휘발성, 가변성, 구상성 등을 내부 구조로 삼는 구술성은 인간이 의사소통을 위해 오로지 자신들의 신체에만 의존해야 했던 시대의 미디어 구조로서, 구술사회로 지칭되는 특정한 사회구조를 형성한다. 구술성에 토대를 둔 미디어 구조는 구어, 즉 입으로 하는 말과 이 음성언어를 수용하는 귀의 상호작용에 의해 형성된다. 의사소통의 대부분인 말은 결국 입으로 내는 음성언어였고 그 음성이 귀로 들리는 공간적 범위 안에서만 의사소통이 진행될 수 있었기 때문에, 당대 사회는 발화자와 수신자가 물리적으로 대면하지 않으면 안 되는 소규모의 폐쇄적 구조를 지닐 수밖에 없었다. 오감을 입체적으로 활용하는 연설과 연기, 노래처럼 신체수행적performative 커뮤니케이션이 효과적이었고, 기억하고 회상하는 일에 많은 에너지를 집중해야 사회의 존속이 가능했기 때문에 새것보다는 과거의 것을 보존하고 전승하는 것에 치중하는 사회구조를 낳았다. 이런 구술사회 그리고 그것의 집단적 표현형으로서의 부족사회는, 단순히 '과거의 것'이라는 의미에서가 아니라 '과거로부터 이어져 내려오는 것'이라는 의미에서 '전통적傳統的: traditional' 사회구조를 갖고 있었다. 과거에는 지배적인 양상으로서 존재했고, 지금도 여전히 부분적으로는 잔존하고 있는 이런 사회구조는 구전口傳되는 기존 세대의 유산을 기억하여 고스란히 후세대에 전달함으로써 사회적 줄기統를 유지하는 데 초점을 맞춘다.[2]

지속성, 추상성, 논리성을 내부 구조로 삼는 문자의 발명은 이와 같은 소규모 전통사회를 뒤흔드는 결과를 낳았다. 자의적이고 가변적인 그리고 시공간적 제약에 갇힌 미디어 구조인 구술성에 도전하여, 표준화되고 정제된 기록이 시공간을 뛰어넘는 의사소통과 사회적 결속을 가능하게 해주는 미디어 구조인 문자성이 등장하면서, 그와 연동되어 있던 기존 사회구조에도 일대 충격이 가해지지 않을 수 없었던 셈이다. 운율과 가락을 부여해 기억과 집단적 회상을 용이하게 했던 지배적 미디어 형식인 시가詩歌는 논리적이고 추상적이면서도 시간에 따른 의미 손실이 매우 적은 산문으로 대체되었다. 이로부터 형성된 방대한 기록을 기반으로 복잡한 사고의 누적과 교류가 가능해졌기 때문에 지적 가능성과 집단적 실천 역량이 대폭 증대되었다. 소규모일 수밖에 없고 소규모 안에서만 작동이 가능했던 구어적 사고 양식에 토대를 두어 유지된 부족사회가 문자성에 토대를 둔 대규모의 강력하고 효율적인 사회구조를 지닌 고대 국가에 의해서 속절없이 무너졌다. 이렇게 탄생한 사회구조는 기존에 비해 더욱 위계적인 성격을 띠었다. 부족사회 자체는 더 크고 조직적이고 강대한 고대 국가에 의해 패망하거나 흡수되었지만, 구술성은 문자성에 의해 사라진 것이 아니라 문자성과 병존하되 그 아래에 놓이게 되었기 때문이다. 이런 이중적 미디어 구조는 고대 국가 안의 이중적 사회구조로 복제되었다. 요컨대

2 영어의 'tradition' 역시 전달한다는 뜻의 라틴어 traditio(n-)에서 유래했는데, 이 라틴어는 가로질러(trans-) 준다(dare)는 두 개의 어근이 조합된 단어이다.

그림 1-3 미디어 구조와 사회구조의 연계

1차적 구어성	문자성		2차적 구어성
부족사회	필사단계 고대-중세 국가	인쇄단계 근대 국가	지구촌사회

 →  →  →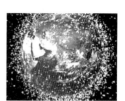

'문자를 활용할 수 있는 계급'과 여전히 '구어성에 의해서만 결속되어 있는 계급' 사이의 지식 격차와 그에 따르는 권력 불균형을 가속화함으로써 위계적 사회구조를 유발하거나 더 공고히 했다는 것이다.

그러나 문자성에 토대를 둔 미디어 구조가 등장했다고 해도 그것의 작동양식이 전면적으로 구현되는 데에는 더 많은 시간과 더 고도화된 기술적·사회적 환경이 요구됐다. 달리 말하자면 문자성에 의해 새롭게 특성화되었던(체계성, 추상성, 논리성, 지속성 등의 기능을 내포한) 미디어 구조가 이른바 '식자층識字層: literate stratum'을 넘어 전사회적으로 확산되기 위해서는 단순히 글자를 적어내는 신체화된 기술과 도구 이상의 것, 그리고 그것을 생산하고 널리 보급시킬 수 있는 사회 환경이 필요했다는 것이다. 문자성의 기계화와 상업화, 즉 인쇄문화의 등장이 그것이다. 필사하는 이의 신체적 한계와 더불어 명확한 계급적·경제적 제약 속에 놓여 있던 초기 문자성은 르네상스 이후에 등장한 기계적 복제기술과 상업 행위가 결합된 인쇄문화와 만나서야 비로소 대중의 것으로 확장될 수 있었다. 그리고 이는 고정된 계급 피라미드에 토대를 두고 있던 위계적 사회구조를 탈계급적 대중이 주도하는 덜 위계적인 사회구조로 변모시켰다. 까막눈 가난뱅이 신민臣民으로 구성된 왕국이 아닌, 문해력을 갖춘 시민市民 혹은 공중公衆으로 구성된 국민국가nation-state에 구매력을 지닌 소비자로 구성된 국민경제national economy가 결합되어 탄생한 근대적 사회구조가 부상한 것이다.

그러나 신문과 도서에 토대를 둔 문자성이 구술성에 완벽한 승리를 거둠으로써 역사적으로 종착역에 도달한 것만 같았던 이 미디어-사회구조는 유무선 통신 기술에 바탕을 둔 TV, 라디오의 등장으로 인해, 그리고 가장 최근에는 인터넷 테크놀로지와 모바일 기계장치의 확산으로 인해 또 다른 국면을 맞게 되었다. 이른바 글로벌 전자매체 시대는 문자성에 의해 위축되어 있던 구술성을 다시 역사의 주 무대로 복귀시키는 미디어 매트릭스를 창출했고, 그로써 국민국가-국민경제의 형태로 구축되었던 기존의 사회구조 역시 새로운 변형 압력에 노출되었다. 앞서 언급한 글로벌 '미디어정경'이 바로 그 새로운 미디어 구조를 반영하고 있다. 정보와 뉴스는 유무선 통신망을 타고, 그것도 실황 동영상의 형태로 전 지구적 차원에서 공유된다. 문자성으로 무장한 논리적 설득가보다는 구술성을 최대한도로 끌어올린 역동적이고 매력적인 선동가가 이 무대를 이끌 적임자가 된다. 그와 동시에 사상정경ideoscapes 역시 지극히 구어적인 (그러나 이를 전파시키는 모바일, 동영상, 소셜미디어에 적합한 형식으로 변형된 2차적 구어성의) 형태를 띠고 확장되면서, 테러와 포퓰리즘, 그리고 합리주의에 대항하는 각종 언설이 과거에 비해 더 많은 영향력을 차지하게 되었다. 정보사회, 네트워크사회, 위험사회, 탈근대사회, 포스트민주주의 등 이 새로운 사회구조를 지칭하는 다양한 언술이 명멸해 왔는데, 그 어느 것이 올바른 규정이건, 적어도 많은 것을 (국적, 성별, 계급 등의 생물학적·지리적·정치적·사회적 경계와 정체성 안에) 고정시킬 수 있을 것 보였던 사회구조가 바우만 Z. Bauman이 말한 유동적liquid 사회구조로 나아가고 있는 것만큼은 분명해 보인다.

3) 사회구조 속 미디어 체제: 미디어-사회체제 혹은 사회제도로서의 미디어

이런 방식으로 미디어 구조와 사회구조 사이의 인과적 결정성 혹은 적어도 밀접한 연동성을 그려내는 건 미디어와 사회의 관계를 파악하고자 하는 이들에게는 대단히 매력적으로 비친다. 그러나 현실은 이런 매끈한 그림과는 꽤 다르거나 때로 상충하기도 하는 모습을 보여준다. 인쇄매체에 내재된 메커니즘이 민주주의-시장경제-민족국가를 '결정'하거나 최소한 인도하는 힘을 지니고 있다면, 왜 아직도 세계 속에는 인쇄매체의 미디어 구조와 상응하지 않는 전근대적이거나 비민주적·비시장경제적인 사회구조가 병존하고 있을까? 또 우리 사회의 많은 것을 글로벌화하는 힘을 내포하고 있다고 주장되는 전자매체의 미디어 구조는 한때 세상의 모든 것을 단일한 세속적 사회구조로 탈바꿈시키는 구심력을 가질 것처럼 보였지만, 왜 세계는 끊임없는 탈지구화의 길항력은 물론, 심지어 탈세속화 및 재부족화再部族化 retribalization, 즉 세계 각 지역에서 발흥하고 있는 종교적 원리주의, 민족주의, 분리주의는 물론 LGBTQ의 성소수자 운동처럼 다양한 종류와 기준의 소집단적 정체성을 추구하는 원심력과 마주하고 있을까?

이와 같은 문제의식은 미디어를 구조의 시각에서 파악함에 있어서 마땅히 고려되어야 하는 세 번째 차원으로 이어진다. 미디어 구조와 사회구조 사이의 관계를 구체적이고 잠정적인 접합articulation(서로 다른 기원이나 메커니즘을 갖는 단위가 연결되어 함께 작동되는 양상)의 형태로 파악하는 차원이다. 즉 미디어 구조와 사회구조는 시대에 따라 개별 사회에 따라 제각각 특징적이며 이 두 구조가 조합되어 하나의 복합체, 즉 국면적 체제regime를 형성하는 양상 역시 개별적일 수 있음을 인정하는 것이다. 요컨대 한 시대에도 제각각 다른 종류의 미디어-사회체제, 혹은 더 단순한 지칭으로는 미디어 체제media regimes가 병존할 수 있으며, 한 시대의 한 사회 속에서도 다시 다양한 종류의 미디어-사회체제가 함께 할 수 있다. 그럼에도 불구하고 특정 시대 특정 사회에서, 특정한 미디어 집합이 해당 시점의 해당 사회에 의해 맥락화된 미디어-사회체제 혹은 미디어 사회제도의 형태로 패턴화된다는 점 자체는 바뀌지 않는다.

특정 시기와 사회 속의 미디어는 단일한 미디엄으로만 구성되거나 지배적 미디엄에 의해서만 온전히 결정되지는 않는 복합체complex이며, 언제나 매트릭스matrix(행과 열로 배치되어 복합적 효과를 발산하는 집합체) 혹은 별무리 constellation(각각의 별은 독자적이지만 인력에 의해 일정한 묶음을 구성하거나, 그것을 인지하는 이들에 의해 하나의 모양을 형성하고 있다고 판단되는 집합)의 형태를 띠고 있다. 심지어 가장 시초적인 매체랄 수 있는 인간 신체조차도 각종 감각 기관과 정보처리장치를 내장한 채 결코 단일하지 않은 미디어 매트릭스를 구성하고 있다. 또 인간 신체에 주로 의존하지 않을 수 없었던 과거에도, 그것이 놓였던 기타의 자연환경과 사회환경에 따라 제각각 다른, 대단히 구체적이고 특수한 형태의 복합적 미디어 매트릭스를 형성했다. 따라서 신체-기술·장치-사회가 상호 연결된 미디어-사회체제 각각의 특수성과 복잡성을 인정할 필요가 있다. 그럼에도 불구하고 이를 이론적으로 단순화하고 유형화하기 위한 노력을 회피할 이유는 없다.

링컨과 처칠과 심술이는 조금씩 다르게 생긴 개들이지만 불독이라는 (다분히 자의적인) 품종breed으로 묶이고, 다시 불독과 진돗개와 셰퍼드는 제각각 확연히 다른 형태를 갖고 있지만 개라는 생물학적 종species의 이름으로 묶인다.[3] 물론 미디어 매트릭스와 사회의 특정 묶음에 특정 미디어-사회체제의 이름을 붙이는 작업은 생물학적 유형분류학과는 다른 것이어서, 현대 생물학이 교배와 유전을 토대로 구축해 낸 유형학에 상응하는, 구조론적인 미디어-사회체제

---

3 그런데 흥미롭게도 개과(科)-개족(族)-개속(屬) 아래에 속하는 가장 기초적인 생물분류학적 단위로서의 이 종(種)의 이름은 '개'종이 아니라 '회색늑대'종이다!

유형학이 가능할지는 여전히 미지수이다. 후속하는 절과 여타 장에서 짧게나마 다루어질 (미셸 푸코의 논의로부터 영향을 받은) 미디어 고고학과 계보학이 그와 비슷한 문제의식에 토대를 두고 일정한 성과를 내고 있기는 하지만 말이다.[4] 어찌 되었건 특정 시대 특정 사회에서 형성되는 개별 미디어 매트릭스는 언제나 특수하고 또 복잡하며, 그것이 마주하며 영향을 주고받는 사회구조 역시 언제나 특수하고 또 복잡하다. 그럼에도 이들은 흔히 미디어 체계systems 혹은 미디어 제도institutions, 또는 미디어 체제regimes 등의 용어로 지칭되며 역사적·지역적으로 서로 비교 가능한 사회적 단위로 간주된다.[5]

'미디어 체제' 개념은 "테크놀로지, 규제, 직업규범이 특정 방식으로 결합된 시대적 조합으로서, 마치 자연스럽게 주어진 것처럼 보이지만 실상은 고도로 정치적이며 치열한 투쟁의 결과물"로서 이해된다. 예컨대 현대의 대표적인 미디어 체제는, 주로 발달된 민주주의, 자본주의 사회에서 나타나는, 규제된 방송과 사적 소유 중심의 비규제 신문의 혼합으로 형성된 체제이다. 이 개념은 매우 유용하고 또 구체적이지만 카르피니와 윌리엄스M. X. Carpini and B. A. Williams의 논의 이후로 주로 제2차 세계대전 이후에서 최근의 뉴미디어 시대 사이의 역사적 국면에 제한적으로 적용되는 경향이 있다. 주로 미디어와 현대 정치의 관계에 초점을 맞춘 이런 구체적인 단위에 대한 소개와 간략한 논의는

---

4 대표적으로 독일의 매체미학자 키틀러(F. Kittler)는 푸코(M. Foucault)의 담론이론과 매클루언의 매체이론 등을 결합하여, 특정 기술매체와 사회구조가 조응하여 구성하는 '담론 네트워크(discourse network, 독일어 원어로는 기록체계를 의미하는 Aufschreibesysteme)' 개념을 창안했고, 이에 입각해서 현대사를 기록매체-정보-담론 구성체의 형성과 교체 과정으로 재구성했다.

5 권위주의, 자유주의, 사회적 책임이론, 공산주의 등을 구별하여 미디어 체제의 유형을 분류하는 작업에 강력한 유산을 남긴 바 있는 시버트(F. Siebert) 등의 '언론의 4이론(4 Theories of the Press)'이 대표적이다. 제목과는 달리 그다지 '이론적'인 정교함을 갖추지는 못한 시도였지만, 인쇄매체로서의 신문과 그 조직의 운용 방식, 정치체제가 어떻게 연결되어 일정한 체제를 구성하는가를 가늠하게 해줌으로써 후대에 막대한 영향을 미쳤다.

3절로 미루고, 이보다 좀 더 거시적인 사회구조와 그것의 변동에 초점을 맞춘 논의에 집중해 보도록 하자.

먼저, '생산력과 생산관계의 특정한 결합 양식'을 의미하는 사회구성체social formation 개념을 통해 역사유물론적 사회구조론과 사회변동론을 창안한 마르크스K. Marx에 대해 주목해 보자. 그는 원시 공산제 → 고대 노예제 → 중세 봉건제 → 근대 자본주의, 그리고 (미래의) 사회주의 및 공산주의라는, 역사적으로 특수한 단계에 나타나는 사회구조와 그것의 변동 법칙을 설파했다. 그러나 서구의 특수한 역사적 경험을 과잉 일반화하는 문제와 함께, 헤겔식 역사철학에 내재돼 있던 목적론적teleological(사회변동이 특정한 목표, 더 완성된 단계를 향해 나아간다는) 설명을 탈피하지 못했다. 탈산업사회론, 정보혁명론, 지식사회론 등 그 뒤로 등장했던 각종 사회변동론은 명시적으로든 묵시적으로든 마르크스의 유산과 지적 자장 안에서 명멸했다.

한편 마르크스와 다를 바 없는 거시이론적인 풍모를 간직하면서도, 목적론을 제거한 진화이론을 통해 구조와 변동의 도식을 최대한 단순화한 루만의 사회체계이론은 사회구조와 변동에 관련된, 적어도 외견상으로는, 담백하고 명료한 기술description로서 주목할 만하다. 사회체계이론은 체계system로 지칭될 수 있는 모든 것을 포괄하는 일반체계이론으로부터 형성된 특수이론이다. 체계의 일종으로서 사회는, 다른 모든 체계가 그러하듯, 내적 요소들elements 사이의 안정화된 상호연결을 의미하는 '구조'를 갖게 되며, 그 구조를 통해 '외부 환경에 대한 대응'과 '구조의 재생산'이라는 두 가지 핵심 기능을 산출한다. 모든 체계는 환경으로부터 가해지는 압력에 대응하여 그 구조가 복잡화되거나 거꾸로 단순화되는 방향으로 변화하는데 이를 진화라고 부른다. 복잡화는 내적 분화internal differentiation를, 단순화는 기존의 분화가 역행de-differentiation(혹은 퇴화)되는 것을 가리킨다. 그는 역사 속에 실존했던 이들 사회체계의 구조 양상을 이런 분화differentiation의 관점에서 가능한 한 일반적인 형태로 기술하는 데, 이는 네 가지 사회구조적 분화 유형, 즉 사회구조의 분절적segmented, 중심-주변적centre-periphery, 계층적stratified, 기능적functional 형태로 대별된다.

① 분절적 사회구조는 고대 국가 탄생 이전의 부족사회처럼 (역할, 기능, 계층 등의) 내적 분화가 거의 일어나지 않은 채 고립적으로 존재하면서 여타 외부 사회와의 교류나 일상적 접촉이 없는 상태를 가리킨다. ② 중심-주변 사회구조는 고대 그리스의 도시국가와 이들 외곽에 있던 농촌 혹은 야만처럼 중심부와 주변부로 분화되어 있는 상태로서, 중심부는 내적으로 많이 분화되어 있지만 주변부는 분화의 양상이 뚜렷하지 않은 사회이다. ③ 계층적 사회구조는 권력과 자원을 독점하는 최상층으로부터 이에 대한 접근권을 거의 지니지 못하는 최하층에 이르기까지 위계적으로 분화되어 있는데, 같은 계층 안에서의 교류와 커뮤니케이션은 활발한 반면 계층 간에는 커뮤니케이션이 매우 제한적인 특성을 보여준다. 마지막으로 ④ 기능적으로 분화된 사회구조는 정치, 경제, 종교, 의료, 학문 등과 같이 자신만의 고유한 커뮤니케이션 규칙을 갖고 있는 사회 영역이 분화되어 있으면서 전체 사회에 대해서 독자적이고 대체할 수 없는 기능(예컨대 정치는 집단적 의사결정, 경제는 자원의 생산과 유통, 의료는 건강의 확보 등)을 수행하는, 현대에 와서 지배적인 형태로 등장한 사회 작동양식을 가리킨다.

여기서 눈여겨보아야 할 지점은 불평등성inequality의 문제이다. 일반적으로는, 분화된 개별 단위 '속'에서는 구성원들이 서로 비교적 평등하게 커뮤니케이션과 사회적 과정에 참여하지만 서로 다른 분화 단위 '사이'에서는 권력이나 자원 접근성 측면에서 불평등함이 작동할 수 있다. 예를 들어, 분절된 사회구조는 집단의 분화 정도가 가장 약하기 때문에 불평등이 초래될 가능성이 가장 적다. 다른 사회구조에 비해 집단 내/간 불평등성이 두드러지는 사회구조는 중앙-주변부 사회구조와 계층적 사회구조인데 주변은 중앙에 비해, 그리고 계층의 하층은 상층에 비해 불평등한 지위에 놓인다. 다른 한편 현대적 사회구

그림 1-4 역사적으로 존재했거나 현재 존재하는 사회구조: 사회분화 양상을 기준으로

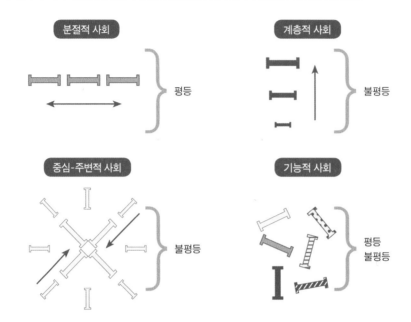

자료: Echeverría(2020: 104).

조의 지배적 형태를 보여주는 기능적 사회구조는 상이한 기능집단 사이에서 일정한 불평등이 존재하지만 계층적 사회나 중앙-주변 사회처럼 언제나 특정 집단이 다른 집단에 비해 절대적으로 우월한 위치에 있는 것은 아니다. 예컨 대 정치는 여타 사회부문에 강압적인 권력을 행사할 수 있지만, 그렇다고 해서 경제나 종교 같은 것을 언제나 자기 멋대로 휘두를 수 있지는 않다. 또 개별 사 회 부문 안에서는 동일한 커뮤니케이션 코드가 작동한다는 점에서 평등하지 만, 해당 커뮤니케이션 코드의 작동을 매개하는 (경제에서는 화폐, 정치에서는 권력 등) 상징적 미디어의 보유 여부나 많고 적음에 따라 커뮤니케이션 과정에 대한 참여 측면에서 자유도의 차이가 발생한다.

루만이 명시적으로 사회구조와 특정 미디어 구조가 연계된 일종의 결정 관계나 상응 관계를 밝힌 적은 없지만, 이들 가운데 분절된 사회구조는 전반적으로 구어성에 기초를 두어 형성된 미디어 매트릭스와의 '친화성'이 높고, 중심-주변 사회구조나 계층적 사회구조는 구어성과 문자성이 병존하면서 두 가지에 모두 걸친 미디어 매트릭스를 가진 집단과 구어성에만 국한된 미디어 매트릭스를 가진 집단으로 나뉘어져 있는 조건과 대략적으로 '상응'한다. 반면 인쇄문화에 의해 문자성이 극대화된 시점에서부터 전자매체에 의해 2차적 구어성이 다시 부상하는 시점, 그리고 급기야 다양한 '소셜'미디어가 폭발하는 현재로 이동해 온 복합적 근대, 즉 '장기' 근대성long modernity에 의해 포괄되는 시대 안에서는[6] 기능적 분화를 지배적 특징으로 하는 사회구조 아래에 분절적, 중앙-주변적, 계층적 사회구조가 병존하는 복합적 양상을 띠고 있으리라 짐작된다.

사실 루만의 사회체계이론에서 (권력이나 화폐처럼 상징적으로 일반화된 미디어나 언어와 같은 보편적 미디어가 아닌) 이 책이 초점을 맞추는 기술·장치로서의 미디어에 부여된 독자적 위치는 그리 두드러지지 않다. 마치 인간 사회의 역사 전반에 걸쳐 개별 기술매체가 당대의 사회구조를 '결정'해 온 것처럼 이론화하는 경향이 있는 매클루언, 옹, 이니스 등의 매체이론가와는 달리, 루만은 기술매체를 사회구조 형성의 주된 동인으로 간주하지 않는다. 기술매체가

---

6 근대(modern)는 본래 당대의 새롭고 세련돼 보이는 풍조를 의미하는 말이었다. 서구 중세의 신(神) 중심적이고 위계적인 사회와는 다른 분위기를 꿈꾸기 시작한 14~16세기 르네상스에서 시작하여 17~18세기 절대왕정기에 이은 18~19세기 프랑스혁명을 통해 완성됐다. 그러나 이렇게 형성된 근대가 아직까지 이어지고 있는지 아니면 지금은 근대와는 다른 성격의 시대로 이동했는지에 대해서는 여전히 논쟁이 지속되고 있다. 1917년 러시아혁명 이후 1989년 베를린 장벽 붕괴까지를 근대와 구별하여 '현대'라고 부르는 역사가도 있지만, 이때의 현대(contemporary)는 애초의 근대가 그랬듯 '당대'를 가리키는 일반어에 불과하다. 전기 근대와 구별하여 후기 근대(the late modern)라고 지칭하는 경우도 있고, 한때 유행했던 개념인 탈근대(post-modern)라는 명명법도 있지만, 모두 그 단계가 기존의 근대와는 본질적으로 어떤 차이를 갖고 있는지에 대해서는 일관되고 뚜렷한 특질을 제시하고 있지는 못하다. 따라서 이들은 각각 '장기' 근대 안에서 어느 정도 구별되는 '단기' 국면을 잠정적으로 지칭하고 있다고 보는 편이 적합하다.

사회 구성과 작동 그리고 변동의 좀 더 본격적인 계기로 작동하면서 급기야 스스로 하나의 사회제도, 정확히 말하면 기능적으로 분화된 사회적 하위체계, 즉 별도의 미디어 제도 혹은 미디어 체제를 형성하는 요인이 된 것은 대중매체 등장 이후의 일이다. 그에 따르면 이런 미디어는 대량복제 기술에 토대를 두고 있으며, 이를 통해 '발화자'와 '수신자'가 대면하지 않고서도 일상적인 커뮤니케이션을 연결해 나갈 수 있는 가능성이 생겨났다. 인쇄매체인 신문으로부터 시작하여, 전자매체인 라디오와 텔레비전에서 정점을 이룬 이 대중매체 기술·장치는 정치, 경제, 교육, 과학 등 다양한 사회적 기능체계가 분화해 나아가는 out-differentiate 도정의 가장 최근 산물들 가운데 하나로서, '사회적 현실을 대중적으로 구축하는' 독자적 기능체계, 즉 '매스미디어 사회체계'를 형성시키는 촉진자가 되었다. 요컨대 사회구조와 사회현상의 배경에서 작동하던 커뮤니케이션 기술·장치로서의 미디어는 이 시기에 이르러서야 비로소 의미 있는 사회학적 관찰 대상이 되는 전경으로 부상하게 된 셈이다.

그렇다면 대량복제기술에 기초를 둔 매스미디어 구조와 기능 분화적 사회구조가 맞물려 현대의 기능 분화적 사회구조 속 하위체계로 분화한 미디어 제도, 즉 대중매체 체계는 최초 분화의 시점부터 현재 시점에 이르기까지 동일한 양상으로 스스로를 재생산하고 있을까, 아니면 다른 양상으로 진화했을까, 또 아니면 동일 구조 안에서 다양한 국면적 양태를 보이는 미디어 체제'들'로의 추가 분화를 이루었을까? 그에 대한 확정적 답을 주기보다는 이를 유추하거나 관찰해볼 힌트를 제공한다는 의도에서, 다음 절을 통해 간략히 다뤄보겠다.

3. 현대 사회구조 속 미디어 체제의 변이

먼저 기능적으로 분화된 사회구조가, 혹은 흔히 시장경제와 민주정치의 결

합으로 이해되는 '자유주의적 정치경제 시스템' 또는 '자본주의적 사회구성체'
가 기본적으로 지배적 지위를 유지되고 있다는 전제하에서, 해당 구조에 속한
미디어-사회체제의 지역적·시대적 다양성을 사회 시스템으로서의 대중매체
가 시점과 지역에 따라 사뭇 다른 양상을 나타냄을 설득력 있게 보여준 사례
는 핼린과 만치니D. Hallin and P. Mancini 의 미디어 시스템 유형화 연구가 대표적
이다.

이들은 서구와 북미의 18개국 미디어 시스템을 국가와 시장과의 관계 속에
서 분석한 결과 북대서양 자유주의 모형, 북부유럽 민주적 조합주의 모형, 남
부유럽 분극적 다원주의 모형의 3대 유형으로 구별할 수 있음을 보여주었다.
그리고 이에 호응하여 다양한 비유럽권 미디어 시스템을 그와 유사하거나 차

그림 1-5 서구와 북미의 미디어 시스템 유형과 국가별 분포

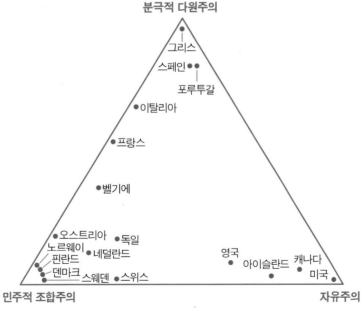

자료: 핼린·만치니(2009: 108).

이가 나타나는 모형으로 분류하는 무수한 후속 연구가 쏟아졌다. 이 가운데에는 미디어 시스템의 지역적 변이regional variations 뿐 아니라 시간적 변이도 가늠케 해주는 연구도 있었는데, 이에 따르면 민주적 조합주의 모형이 점차 자유주의 모형에 가까워지는 반면, 오히려 자유주의 모형은 분극적 다원주의 모형에 근접해지는 변동 양상을 보여주고 있다고 한다. 이와 같은 미디어 시스템 유형화 방식은 대중매체 시스템의 하위 요소 가운데 저널리즘 차원만을 집중적으로 고려했다는 한계가 있기는 하나, 같은 대중매체 시스템이라고 하더라도 어느 사회, 문화권, 시점에 놓이느냐에 따라, 특히 해당 시점과 공간에 배치되어 있는 정치, 경제 시스템 등과의 상호작용에 의해, 꽤 다른 모습을 띠게 된다는 점을 실증했다는 점에서 의미가 크다.

이렇게 의미와 정보처리를 위한 기술·장치로서의 협의의 미디어가 그것을 둘러싼 사회적 환경, 혹은 사회적 맥락과 상호작용하면서 특정한 종류의 미디어 체제를 형성하고 시간에 따라 변화하는 양상은 좀 더 구체적인 사례를 통해 이해될 필요가 있다. 그 계기 가운데 하나는 주로 인간으로 대표되는 행위자 actor 혹은 작인作因: agent이고, 다른 하나는 특정한 시간과 공간이라는 맥락이다. 기술·장치 미디어는 인간이라는 생물학적이고 사회학적인 존재와의 상호작용을 통해 그 스스로도 인간화·사회화된다. 대량복제기술로서의 인쇄매체, 방송매체 등이 출판사나 방송사를 형성하고 그것이 다시 언론기구와 광범위 미디어 시장, 나아가 법제도와 문화(직업규범, 수용자 문화 등)로 연계되면서 복합적인 미디어 체제의 형식을 띠게 되는 것이다. 그리고 그 형식과 상호작용 메커니즘은 구체적인 시점에서 구체적인 지리적 공간을 통해 실재화되고 맥락화된다. 예컨대 1980년대 한국의 미디어 체제는 1980년대 미국의 미디어 체제와 같거나 다르고, 1890년대 구한말 미디어 체제와도 같거나 다르다. 이어지는 2장과 3장의 논의가 그로 향하는 구체적 사유와 학습의 길을 제공할 것이다.

1 당신은 미디어 혹은 매체라는 말을 들을 때 가장 먼저 떠올리는 것은 무엇인가? 그러한 연상의 결과가 함의하는 바는 무엇인가?
2 내가 놓인 미디어 환경을 구성하는 요소들을 구체적으로 적어보자. 그 환경 안에서 나는 어떤 현실과 주로 만나고 어떤 관계를 형성하고 있는가?
3 미디어를 더 많이 갖고 있거나 미디어에 더 많이 접근할 수 있는 개인 혹은 집단과 그렇지 못한 개인 혹은 집단을 대비해 보라. 미디어에 대한 소유와 접근의 차이는 무엇으로 인해 발생하고 있는가? 이와 같은 차이로 인해 유발되는 다른 차이는 무엇일까?
4 당신은 구어성에 더 많이 의존하는가 문자성에 더 많이 의존하는가? 그 결과로 당신의 사회적 위치는 어떻게 달라지는가?
5 여러분이 직접적으로 경험했거나 간접적으로 비교 가능한 우리 사회의 미디어 시스템과 여타 시대, 여타 사회의 미디어 시스템 사이에서 어떤 동일성과 차별성을 발견할 수 있는가?

더 읽 어 볼 책

매체이론 디터 메르쉬 지음, 문화학연구회 옮김, 2009, 연세대출판부
  매체미학과 매체철학 관점에서 매체 개념을 집중적으로 다루는 학술서이다.

매체의 역사 읽기: 동굴벽화에서 가상현실까지 안드레아스 뵌, 안드레아스 자이들러 지음, 이상훈·황승환 옮김, 2020, 문학과지성사
  다양한 매체 개념을 주제 영역과 역사를 통해 소개하는 교과서이다.

자연과 미디어: 고래에서 클라우드까지, 원소 미디어의 철학을 향해 존 더럼 피터스 저, 이희은 번역, 2018, 컬처룩
  매체 개념을 가장 포괄적으로 이해하고 적용했을 때 어떤 사유가 가능한지를 보여준다.

기록시스템 1800-1900 프리드리히 키틀러 저, 윤원화 번역, 2015, 문학동네
  매체의 물질적 특성과 당대의 사고방식 및 행위양식이 결합하면서 하나의 거대한 시스템을 형성하는 양상을 깊이 있게 탐구한다.

02

미디어와 인간

1. 미디어를 바라보기 위한 다섯 단면과 그 너머

이른바 미디어란 무엇일까? 무엇을 미디어라 할까? 입장과 시각에 따라 미디어의 뜻과 성격은 다양해진다. 예를 들어 하나의 '툭'하는 소리가 날 때, 대부분의 경우 생활 속의 잡음이나 자연적인 소리로 여기거나, 혹은 아예 관심조차 두지 않은 채 흘려버리기 일쑤이지만, 구체적인 맥락이나 상황에 따라 중요한 의미를 품어 전하는 '미디어'로 다루어질 수 있다. 가령 새의 날갯짓하는 소리로 자연의 아름다움을 표현하는 예술로 느껴질 수도 있고 가뭄이 심할 때 해갈을 암시하는 반가운 '신호'가 될 수 있다. 혼자 집을 지키는 꼬마에게 정체를 알 수 없는 '툭' 소리는 위험한 인물이나 사고의 가능성을 연상토록 하는 '정보'가 될 수 있다. 요컨대 미디어에 대한 이해에는 구체적인 맥락과 그로부터 형성되는 의미가 중요한 것이다.

반드시 우연적인 사건으로만 이런 일이 발생하는 건 아니다. 종종 어떤 요소들이 어떤 의미를 만들어 전하는 특성들을 매력적으로 활용하는 기예가 특정 콘텐츠의 예술적인 요소가 되기도 한다. 음악을 좋아하는 이라면, 기타를 두드리는 '툭툭' 소리에서 어떤 오케스트라의 합연보다도 멋진 감동을 느낄 것이다. 또한 흔히 '잡음'이라고 느껴지는 LP 레코드 음반의 지직거리는 '툭' 소리가 오히려 과거의 향수나 환상을 불러일으키는 요소로 최근 들어 다시 각광을 받기도 한다. 영화 〈기생충〉(2019, 봉준호 감독)에서 지하실에 갇힌 채 사물들을 두들겨서 소리를 발생시켜 모르스 신호로 활용함으로써 외부 세계와 소통을 하는 지하 인간들은 현대사회에서 소외된 인간의 절박한 소통 욕망을 표현한다. 더욱 적극적으로는 한 청년이 드러머로 성장하는 과정을 그린 영화 〈위플래쉬〉(2014, Damien Chazelle 감독)는 드럼의 강렬한 타악기 리듬 자체를 영화의 주요 테마로 활용한다.

나아가 디지털 환경은 첨단 테크놀로지를 활용하여 세상의 모든 것을 미디어 콘텐츠로 변환하고 가공하는 데에 뛰어나다. 수년 전부터 특히 젊은 세대 이용자들에게 인기를 끌었던 ASMR은 인간의 감각 경험을 디지털화하여 쾌락으로 전환시키는 기술을 활용한다. 여기에서는 빗소리, 파도소리 같은 자연의 소리뿐 아니라 어느 때라면 흘려 넘기거나 오히려 신경을 건드린다고 여겼을 일상의 소음까지도 '백색 소음'이라는 멋진 이름으로 둔갑한다.

자연의 현상이 첨단의 테크놀로지와 만나 다양한 미디어 콘텐츠로 변신하는 사례들은 우리의 일상생활에서 무수히 찾을 수 있다. 유튜브를 열어보면, '비오는 날 들으면 좋은 음악'이라는 제목을 가진 음악 묶음들을 쉽게 찾을 수 있는데, 그러한 음악들의 특성 또한 제각각으로 자유롭다. 누구는 도시 힙합을, 누구는 발라드를, 누구는 이전 세대의 유행가를, 누구는 쿨 재즈를, 누구는 웅장한 클래식을 비와 잘 어울리는 음악으로 선택한다. 이와 같은 사례들은 자연음인 빗소리가 특정한 미디엄 플랫폼을 거쳐 고유한 장르로 형성되며 미디어 콘텐츠의 하나로 향유되는 과정을 잘 보여준다.

이처럼 자연의 현상과 인간의 문화, 사물과 미디어, 물질과 기계를 구분하는 경계란 복잡하고도 유동적이다. 하나의 빗소리지만 구체적인 상황과 맥락에 따라 지각이 되거나 되지 않기도 하고, 듣는 사람의 기분에 따라 그 느낌과 의미가 달라진다. 나아가 자연과 미디어 테크놀로지가 흔히 대비되는 것으로 여겨지지만(예를 들어 스마트폰을 끄고 자연의 숲을 느끼다 같은 표현들), 실제로 미디어 테크놀로지는 자연을 적극적으로 수용하여 가공하며 활용할 뿐 아니라 어떤 점에서는 무한히 자연과 같아지기를 추구하기조차 한다. 예를 들어, 발전한 테크놀로지가 이룩한 첨단 콘텐츠에 대해서일수록, 우리는 미디어에 의해 매개되지 않는 현실이라는 의미의 '리얼real'이란 단어를 붙인다. 동시에 특정 신호와 기호에 대해 의미를 부여하는 방식은 개인적으로 이뤄지기도 하지만, 사회적 흐름이나 미디어 산업의 전략적인 의도에 따라 조형되며 끊임없이 변화하기도 한다. 예를 들어 앞에서 제시된 것처럼, 인터넷의 ASMR이나 소셜미디어의 이미지와 동영상은 자연의 아름다운 이미지를 디지털 콘텐츠로 다시 매개하며 어떤 세대나 취향 집단에게 공유되는 유행으로 가공된다.

'툭'이라는 소리에 대한 여러 사례들로부터 이미 짐작했듯이, 미디어를 알기 위한 접근에는 여러 가지가 가능하고 각기 그 유용성 역시 서로 다르다. 미디어의 이해가 의미와 구체적인 맥락을 떼어놓고는 불가능함을 시사한다. 의미는 미디어 독립적으로 형성되는 것이 아니라 미디어가 인간과 만나는 순간 그 접점과 관계 안에서 형성된다.

이 장에선, 미디어 자체의 기술적 특성이나, 미디어가 사회 안에서 추상적인 틀로 구조화되는 측면보다는 미디어가 인간과 만나면서 형성되는 관계적 측면에 주목한다. 구체적으로 인간이 미디어를 지각하게 되는 ① '감각', 이 경험에서 느끼게 되는 ② '감정과 정동', 이로부터 논리적이고 합리적으로 작동하는 ③ '이성과 논리' 작용, 그 과정에서 생성되고 사회적으로 공유되는 ④ '기호와 의미', 이 같은 의미들을 공유하거나 그로부터 소외되는 과정에서 형성되는 인간 집합으로서 ⑤ '관계와 네트워크', 마지막으로 이 모든 감각적, 정서적, 이성적, 의미적, 관계적 요소들을 포괄하는 세계를 현재와 미래의 커뮤니케이션 관점에서 조망할 수 있는 시각을 제안한다.

이 장의 목적은 미디어와 인간이 만나는 접점에 주목하여 관찰하고, 그 사건적 찰나의 특성과 의미를 해석하는 다양한 관점을 학습하고, 그 고유한 방식을 스스로 구성할 수 있는 창의력을 키우는 데에 있다. 이 장을 읽는 동안 잊지 말아야 할 점은 하나의 사건적 찰나를 바라보는 시각은 하나가 아니라는 점, 다수일 뿐 아니라 때로는 충돌적인 시각들이 존재하며, 이같이 하나로 통합되지 않는 다양한 시각들이 때로는 조화롭지만 때로는 진지하게 겨루는 공간이 학문 세계라는 사실이다. 흔히 바람직한 학문의 자세로 묘사되는 '입체성'은 이 같은 다수 시각들의 공존 상태를 포용적으로 이해하는 열린 태도를 의미한다. 또한 성찰적인 학문의 자세로 손꼽히는 '비판성'은 각 시각들의 장단점을 자신의 근본적인 문제 제기와 검토를 통해 정확하게 파악하고, 이들을 창의적으로 결합하거나 이들로부터 설명되지 못한 빈 부분을 채울 수 있는 독자적인 시각을 가질 줄 아는 능력을 의미한다.

이 글을 읽는 독자들은 이어지는 다섯 개 항목들을 보면서, 종종 상충하는 점들을 발견할 테고 현명한 독자라면 이 항목들에 관한 서술들에서 충분히 설명되지 않는 빈 지점들까지도 발견할 것이다. 이처럼 눈썰미 좋은 독자들을 위해 각 항목들을 주제로 삼은 장마다, 이 주제를 깊이 탐구하기를 목적으로 한 학문 분야 혹은 이론 영역들을 소개한다. 만약 여러분 각자가 특별히 끌리는 관점, 주장, 개념, 심지어 작은 하나의 단어라도 있다면 앞으로 미디어와 사회를 공부하는 과정에서 이들을 주된 요소로 삼는 이론 분야에 특히 천착해 보기를 권한다. 어쩌면 그 작은 단어 하나가, 앞으로 우리가 세상과 소통하면서 가장 중요하게 의지할 수 있는 커뮤니케이션의 근본 가치를 이끌어내는 귀중한 실마리가 될 수 있다.

2. 나의 작은 감각에서부터 드넓은 지구 행성으로까지

이제 하나씩 미디어와 인간의 관계 맺는 지점을 탐색해 보자. 탐색의 여로는 가장 세밀하고 찰나적인 경험에서부터 출발해서 점차 확장된 범위로 퍼져가는 방식을 택한다.

1) 감각

내가 무엇을 처음 접하는 (시간적) 순간 혹은 (공간적) 접점은 '감각'을 통해 시작되고 이후의 과정, 이를테면 생각, 연상, 행동 등의 단계들로 발전한다. 감각은 생물체를 설명하는 중요한 요소이다. 또한 생물체의 유형에 따라 감각의 형식과 작동 방식이 다르게 편성되었으며 동일한 생물체라도 생애 주기에 따라 감각의 형식과 작동은 달라진다. 감각은 여러 방식으로 존재하고 움직이는 구체적인 신체 부위이고 능력이기도 하며 그로부터 나타난 효과를 가리키기도 한다. 구체적인 신체의 한 부위인 '눈'은 '보다'라는 감각 작용을 하고, 그 결과 '시각 이미지'라는 효과가 우리의 보는 경험의 결과로 나타난다. 이 모든 작용들의 결과 세상을 볼 수 있는 '역량'을 지닌 한 생물체가 가능해진다.

감각이 미디어 경험의 기초가 된다는 점은 쉽게 이해할 수 있다. 나아가 특정한 미디엄마다 중요하게 활용되는 감각이 있다. 또한 미디어의 종류에 따라 단일한 감각이 동원되는 경우도 있지만 어떤 미디어는 복합적인 감각이 활용되며, 특히 '디지털', '뉴', '융합' 등, 첨단디지털 테크놀로지로 구성된 미디어라면 이에 동반될 감각은 중첩되고 복잡화될 가능성이 크다. 미디어 생태학은 미디어와 인간의 관계를 감각으로부터 의미, 상호작용, 환경의 관점에서 연구하는 학문 분야다. 미디어를 인간 감각의 확장으로 정의하고, 미디어 경험을 감각의 마사지에 비유한 마샬 맥클루언Marshall McLuhan, 존재와 환경의 상호작용관계로 미디어를 설명한 그레고리 베이트슨Gregory Bateson은 미디어 생태와 인간의 감각 작용에 대한 이론적 기초를 이룬 학자들이다.

단지 미디어의 기술적인 차원에서뿐 아니라, 사회적인 관계에서 또 문화적인 경험에서도 '감각'에 대한 인식은 자주 드러난다. 우리는 '시대적인 감각', '감각에 뒤떨어져 있다' 혹은 '감각이 세련되어 있다' 등의 말들을 흔히 주고받는다. 여기서 감각이란 생물체의 자연적인 기능이기보다는, 사회 안에서 흐름과 방향을 인지하고 표현하는 미학적이고 문화적인 능력을 가리킨다. 타인과 사회의 목소리에 귀를 막은 채 자기 고집만 내세우는 이들을 '꼰대'라며 조롱하곤 하는데, 여기서 꼰대는 감각이 막혀 그로부터 가능했을 성찰, 사고, 배려를 포함하는 생각의 능력조차 정지된 인물을 뜻한다. 감각sense이 현명한 사고력 및 감수성sensibility과 연결되는 이유는, 감각이 커뮤니케이션의 시작이기 때문이다. 따라서 감각은 단지 생물적인 기능 작용이 아니라 사회적으로 형성되고 그 표현의 양식 역시 문화 속에서 생성되며 역사의 흐름에 따라 변화한다.

미디어로 포화되어 이들에 의해 매개된 경험을 풍부하게 하는 현대사회에서 감각의 역할은 더욱 중요해지고 있다. 미디어가 포화를 이룬다는 관찰은, 사회 전반이 미디어의 논리에 따라 재편되고 작동한다는 구조적인 인식, 미디어가 전달하는 콘텐츠가 많아지고 복잡화함에 따라 그에 의해 작동하는 감각의 유형과 세기 역시 변화한다는 인식, 그들에 의해 표현되는 정보와 의미가 양질적으로 변동한다는 인식이 모두 포함된다. 이 현상에 관해서 여러 진단이 가능할 것이다. 가장 일반적인 지적은, "요즘의 미디어는 감각만을 자극하는 데에 몰두한 나머지 내용과 의미는 빈약하다"라는 부정적 시각에서 나타난다.

그런가 하면, 미디어 포화 현상에 대해 혁신으로 보는 긍정적인 평가도 가능하다. 인간의 감각을 새롭게 다각화하고 더욱더 화려한 감각의 대상을 제공하는 방식으로 뉴미디어 테크놀로지 산업은 나날이 발달해 왔고, 이에 더욱더 큰 수익을 기대하는 투자와 소비가 증대해 왔다. 대중들이 열광적으로 향유하는 자극에 대한 경이attraction라는 감각은 현재 미디어 환경의 핵심적인 요소다.

미디어 감각 경험에 대해서는 사회적인 평가가 부여된다. 책과 신문 등의 인쇄미디어가 종종 진지하고 어려운 올드 미디어로 간주되지만 내용과 의미의 차원에서는 여전히 인간 지식의 보고로 숭앙되곤 한다. 그 반대쪽에는 컴퓨터 게임이 자리 잡고 있다. 컴퓨터 게임은 종종 이용자 청소년들의 심리와 정서의 폭력성을 높이는 등, 좋지 않은 방향으로 오도하고 정신적이고 신체적인 부작용을 야기하는 미디어로 비난받는다. 그럼에도 디지털 미학의 관점에서 보면, 컴퓨터 게임은 이전의 선형적인 미디어 내러티브로서는 불가능했던 미디어 경험, 예를 들어 양방향적인 인터랙션을 강화하고, 네트워크화된 집합의 행동 양식을 계발하며(실시간 접속으로 이뤄지는 온라인 게임), 규칙을 준수하며 공동의 목적을 위해 협력하는 공동체감을 배울 수 있는 새로운 영역으로 인정된다. 또한 기존의 미디어에서 읽기를 통해 사고와 성찰이 깊어지는 로고스의 기능이 강조되었다면, 게임은 '놀이하는 인간'의 창의력을 자극하고 증진시키는 새로운 형식의 문화물로서 주목받기도 한다. 요컨대 동일한 미디어와 감각 체험에 대해 관점에 따라 상반되는 평가가 주어지는 것이다.

동일한 미디어 형식에 대해 평가가 상반되는 현상은, 각 입장의 옳고 그름을 판정하기에 앞서, 감각에 대한 이해 방식은 하나가 아니며 다양하다는 것, 그리고 그 다양성이 단지 개인적 선호도에 따른 주관적인 평가 결과라기보다는 사회적 조건과 문화적 맥락, 그리고 교육적, 산업적, 정치적 요소들이 어떻게 맞물리는가에 따라 달라진다는 점을 시사한다.

지금까지 감각을 생물학적, 사회적, 문화적, 미학적, 산업적 요소로서 이해했다면, 마지막으로 감각을 인간 윤리의 근본 요소로 이해할 수 있다. 우리가 세상을 만난다는 것, 그 누군가를 알아보고 그럼으로써 인정한다는 것, 나와 같지 않은 타자를 포용하거나 배척한다는 것, 이 같은 커뮤니케이션 윤리는 원천적으로 감각의 작용에 바탕을 둔다. 흔히 "무시당하다"라는 경험을 "투명인간 취급한다"는 식으로 말하곤 한다. 이는 존재하되 시각적으로 지각되지 않는 정도로 그 인간적 중요성이 존중되지 않음을 뜻한다. 다시 말해 감각은 사회정치적인 함의를 지니는 개념으로 심화되는데, 보고 안다는 것, 말할 수 있고 들려질 수 있음을 뜻하는 감각활동이 구성원으로서 해당 사회에서 '인정 recognition'을 받으며 포용되고 존중받음을 의미하기 때문이다.

누구 또는 무엇을 느낀다는 것은, 그것을 제대로 볼 수 있는 감각의 태도와 역량을 갖추었을 때만이 가능하다. 따라서 존엄이나 평등처럼 매우 어렵게 느껴지는 추상적인 가치의 근본은, 자신과 타인, 그리고 세계를 열린 눈과 귀, 피부로 느낄 줄 알고, 자신 역시 느껴지고 있음을 스스로 인지하는 감각 활동에서부터 출발한다.

2) 감정과 정동

인간이 무엇인가를 감각으로 지각했다면, 이는 그에게 감정과 생각을 불러일으킨다. 기쁨, 분노, 슬픔 등등, 그 감정의 폭은 다양할 뿐 아니라 한 순간에도 여러 감정이 공존할 수도 있다. 무심하거나 아예 아무 것도 느낄 수 없을 때도 있지만, 이는 대부분 그의 마음이 이미 다른 지배적인 감정에 의해 압도되었을 때다("너무 슬퍼서 아무 생각도 떠오르지 않았다"라는 식).

커뮤니케이션은 감정을 바탕으로 한다. 커뮤니케이션의 가능과 불가능의 갈림길은 많은 경우에 감정에 의존한다. 서로 합의에 이른 경우, 상대방에 대해 좋아하는 감정이 주요하며 그 반대엔 싫어하거나 두려워하는 감정이 크다.

설득 커뮤니케이션은 이성적이고 합리적인 논증 외에, 감정 그리고 감정에 근거를 둔 신념이나 이념에 호소하기도 한다. 이처럼 실제 커뮤니케이션에서 감정의 역할은 매우 크고 중요함에도, 근대 학문, 그리고 현대 커뮤니케이션 이론에서 감정은 그다지 중요하지 않거나 심지어 불순하고 위험한 것으로 간주되었다. 이 흐름에서 20세기 전반에 발전한 초기 커뮤니케이션 이론들은 인간의 이성 작용을 전제로, 사회 전체의 합리성을 도모하기를 추구했고 감정적인 요소들은 이같이 합리적인 사고를 해치는 잡음으로 여겼다.

그러나 이 같은 학계의 분위기에서도 인간의 비이성 작용, 느낌, 감정, 그리고 정동 등에 대한 관심이 끊길 수는 없었는데, 이 요소들이 인간의 본질을 이루는 핵심 영역 중 하나이기 때문이다. 문화연구는 인간의 느낌, 감정, 정동에 주목한 주요 학술 분야 중 하나다. 예를 들어 레이먼드 윌리엄스라는 문화연구의 선구적인 연구자는, 한 사회에는 동시대인들이 공유하는 '느낌의 구조 structures of feeling'가 형성되고 작동한다고 설명한다. 이 개념은 특히 어떤 문화 요소(예를 들어 특정한 문학, 드라마, 영화, 음악 작품, 유행어와 패션을 비롯한 대중 문화물)가 동시대 사람들 사이에서 향유되고 그중 일부는 획기적인 공감을 일으키게 되는 현상을 이해하는 데에 활용된다. 가장 피상적이고 내밀한 것이라고 볼 수 있는 '느낌'을 사회적인 차원으로 확장하고 '구조'라는 형태로 체계화시킨 데서 이 개념의 독창성을 느낄 수 있다(Williams, 1977).

이를테면 한 시대를 풍미하는 하나의 영화, 예컨대 마블 시리즈를 예로 들어 보자. 기성세대에게 마블 시리즈의 영화들은 아이언 맨, 헐크, 토르, 캡틴 아메리카, 그리고 어벤져스에 이르기까지 다수의 시리즈들은 서로 구분도 잘 되지 않으며, 시각 이미지와 음향만 거대할 뿐 내용은 보잘것없는 오락물로 무시된다. 이와 달리 오늘날 10대, 20대 젊은 영화팬들에게 마블 시리즈는 경이로운 세계 그 자체로 존재한다. 심오한 내용은 드물지라도 첨단 디지털 테크놀로지가 융합적으로 빚어내는 복합적인 감각 작용 자체가 멋질 뿐 아니라, 명쾌한 선악 구조는 복잡하고 혼란스러운 현실과 달리 가치판단의 명료함과 그것이 지닌 성공의 가능성을 보여주기 때문이다. 심지어 완벽한 영웅의 완전한 성공을 단순하게 그리던 과거의 영웅물과 달리 지금의 마블 주인공들은 각자 나름의 고통과 약점을 가지고 고뇌하는 내면을 품고 있어 보는 이로 하여금 인간적인 동질감까지 느끼게 한다. 더욱이 충성스러운 팬들을 적극 활용하고자 하는 마블의 시리즈화 전략까지 젊은 팬들 사이에 공유되는 느낌의 구조를 장기적으로 형성하는 데에 한몫했다. 이들에게 마블 시리즈란 한 번에 끝나지 않고 계속됨으로써 유아기에서부터 청소년기에 이르기까지 오랜 시간 즐거움을 안겨 준 성장 과정의 동반자였던 것이다. 마블 시리즈의 시각 미학은 컴퓨터 게임이나 인터넷 그리고 소셜미디어를 통해 형성된 새로운 세대들의 디지털 감각과 훌륭하게 결합할 수 있다. 특정 세대마다 고유한 문화적 감각과 사회적 감정이 형성되고 공유되며 문화 형식이 이에 상응한다는 점에서 마블 시리즈를 둘러싸고 형성된 젊은 세대의 느낌의 구조의 실체를 알 수 있다.

그러나 문화적인 정서가 반드시 집단마다 충돌하지는 않는다. 포용적이고 다양화된 문화 환경일수록 서로 다른 문화적인 정서가 상호 존중된다. 문화적 정서, 감정, 느낌은 항상 변화할 뿐 아니라 시간이 흐르면서 서로 다른 것들과 섞인다. 지금 디지털 세대, MZ 세대 등으로 불리는 10대, 20대 젊은이들이 오히려 오래된 문화물에 감동을 받으며 즐기는 일도 잦으며, 이 같은 과거에 대해 향수 어린 문화 취향이 새로운 문화적 흐름으로 변신하기도 한다. 한국사회에서 2020년을 전후해서 트로트 가요의 열풍이 불고, 과거의 인테리어 양식과 패션 스타일이 유행하면서 '뉴트로'라는 신조어가 유행했던 사례를 상기할 수 있다. 옛날 문화의 현대적 가공을 통한, 이 새로운 문화적 결합 형태에 대해 기성세대들은 지나간 것을 다시 누리는 애틋한 그리움의 감정으로, 반면 젊은 세대들은 신기한 것을 새로 접하는 호기심의 감정으로 반응했다. 이같이 느낌의 성격은 달랐지만 뉴트로라는 현상에서 상이한 문화적 정서와 느낌이 만나고 대화했다는 점이 중요하다. 느낌은 결코 개인의 사적이고 비밀스러운 소유물이 아니라는 점, 집단적인 형태로 형성되고 공유되며, 서로 다른 집단들 사이에서 혼합되면서 새로운 문화적 형태로 재탄생하는 역동적인 과정에 있음을 알 수 있다.

느낌, 정서, 감정이 일상적으로 사용되는 어휘인 데에 비해, 정동은 다소 낯설다. 정동情動은 서구의 '어펙트affect' 개념의 번역으로서 역동적이고 관계적인 차원을 강조하는 개념으로 유용하다. 개념이 가리키는 대상의 내용으로서는 기쁨, 슬픔, 분노 등으로 감정, 정서, 정동은 거의 같지만, 그것을 해석하는 관점에 따라 구분된다. 감정이 한 사람 안에 고유한 속성이자 상태로 개인적인 관점을 취하고(현재 당신의 심리는 이러저러하다라는 식의 개인적 측정, 분석, 평가 대상으로서 감정), 개인 또는 집합의 정적인 상태로 본질화되면서 고정하는 성격으로 이해되는 경향이 강하다. 예를 들어, "한민족의 정서는 한"이라고 할 때, 한민족이라는 집합의 불변의 속성으로 한이 설정된다. 이에 비해 정동은 개인, 집단, 사회를 움직이고 그 안에서 변화하는 역동적인 요소로 설명된다. 그리고 정동은 그 형성과 작용이 한 개인 안에 고정된 것이 아니라, 주체와 대상 사이에서 만들어 움직이는 관계성이 중요시되는 개념이다(김예란, 2020).

프랑스의 저명한 현대철학자인 질 들뢰즈가 정동에 대해 설명한 사례는 명쾌하다. 햇볕이 따뜻하게 내리 쬐면 기쁘고 싫어하는 사람을 만나면 기분이 언짢다. 또한 기쁨은 인간의 생기를 드높이고 슬픔은 생기를 낮춘다. 이 같은 단순한 명제들이 지닌 함의는 심대하다. 느낌은 개인이 고립된 상태에서 느껴지는 것이 아니라, 항상 관계 안에서 형성되고 작동한다는 점이다. 태양과 나, 내가 좋아하거나 싫어하는 자와 나 사이에서 관계가 작용하는 식이다. 그렇다면 외로움이란 정동은 어떠한가, 이것은 나 혼자만의 경험이기에 생기는 문제이기에 관계로부터 떨어져나와 있지 않은가? 이런 반문도 가능하다. 이에 대해서, 외로움이란 정동은 내가 나와 맺게 되는 관계의 문제이며, 내가 나를 생각하고 대하는 방식의 문제라고 설명할 수 있다.

관계적임에 이은 또 하나의 함의로서, 정동은 무엇에 의해 만들어진 수동적인 산물이 아니라, 반대로 무엇인가를 움직이고 발생시키는 능동적인 힘으로 이해된다. 방금 기쁨이 사람을 활달하게 만드는 힘이고 슬픔은 가라앉도록 만드는 힘이라고 말했다. 이 이해는 단지 개인의 일시적인 상태가 아니라 사회 차원으로까지 적용될 수 있다. 즉 어떤 정국에서 구성원들 사이에서 어떤 정동이 발동하는지에 따라 이후에 열릴 정치 상황이 달라질 수 있다. 예를 들어 폭압적인 정치권력에 의해 '두려움'을 느낀 시민들이 침묵에 빠져드는지, 아니면 억압적인 정치권력의 부당함에 대한 '분노'에 힘입어 저항적인 항쟁을 벌이는지의 갈래가 나뉜다. 다르게 말하면, 주체들이 자신이 맺은 관계를 어떻게 받아들이고 행하는지에 따라, 두렵게 느끼는지 분노로 표출하고자 하는지에 따라, 마치 톱니바퀴가 물리는 방식이 변경되듯이, 변화의 가능성이 다르게 작동하며 다른 미래가 만들어질 수 있다.

느낌, 정서, 정동에 관한 접근은 현재의 정치적, 문화적, 사회적인 역동을 설명하는 하나의 유용한 관점으로 활용되고 있다. 우리가 국내외 미디어 보도를 통해 접하는 다양한 현상들이 정동의 관점에서 해석될 수 있다. 소셜미디어 활동을 매개로 전개되는 시민운동, 서로 다른 사람들 사이의 연대와 협동 같은 긍정적인 방식뿐 아니라, 온라인에서 격렬하게 벌어지는 혐오, 차별, 공포의 문화 같은 부정적인 현상에 대한 진단의 사례들이 이에 속한다.

3) 이성과 합리성

앞에서 감각, 감정, 정동에 관련된 논의를 하였기에, 이성과 합리성, 그리고 인간의 논리적인 커뮤니케이션 활동에 대해 자칫 그 중요성이 간과될 수 있다. 그러나 인간의 '감각 - 감정과 정동 - 이성과 합리성'의 작용들은 구분되거나 분리되어 대립하는 요소들이 아니다. 오히려 성찰적이며 조화로운 인간은 이 요소들을 골고루 갖추고 이들을 융합하고자 한다. 감각과 감정, 정동이 가변적이며 다양하고 다채로운 요소들로서 의미가 있다면, 이 같은 다름들을 조정하고 결합하기 위한 합리적이며 규범적인 작용이 다수의 인간들이 함께 살아가는 사회에서는 반드시 필요하다.

사회는 한 개인만으로 자유롭게 살 수 있는 세계가 아니다. 서로 다른 존재들이, 달리 말하면 다양한 감각, 감정, 정동의 성향을 지닌 사람들이 어울려 사는 공간이다. 그래서 이처럼 다양한 존재들이 자율적 또는 상호적으로 조율되어야 할 어느 정도의 공통적인 근거가 필요하다. 또한 구성원들은 합의된 기준과 규칙을 준수하는 합리성을 가져야 하며 이를 위해서는 이성작용이 필수적이다. 서로 의견이 충돌할 때 논리적이고 합리적인 커뮤니케이션을 통해 토의, 토론, 논쟁을 거치고 이에 근거한 최선의 결론을 도출하여 합의를 구축함으로써 자유롭고 평등한 공동의 삶이 가능하기 때문이다. 이 같은 공존과 대화의 민주성을 위해 사회에는 다수의 인간들이 협력적으로 탐구한 최선의 (인문, 사회, 자연과학, 공학 등) 기준, 그리고 사회구성원들에게는 이에 근거한 규범과 규칙을 학습하고 수행하는 커뮤니케이션 이성과 합리성을 갖추는 일이 중요하다. 특히 커뮤니케이션의 합리성은 특정한 소수가 권력을 독점하지 않고 상호 평등하며 투명한 커뮤니케이션 활동을 할 때 충족될 수 있는 덕목이자 가치다.

독일의 이론가 위르겐 하버마스에 따르면, 사회구성원들 사이에서 형성된 추상적인 커뮤니케이션 공간을 '공론장public sphere, 公論場'으로 이해할 수 있다. 사회 안에는 각자의 역할에 따라 정치의 장, 경제의 장, 교육의 장 등 다양한 목적을 가진 영역이 형성되고 이에 참여하는 행위자들이 활동하게 되는데, 공론장은 사회 구성원들이 커뮤니케이션 활동을 공유하고 나누는 영역을 가리킨다. 공론장에서는 소수가 커뮤니케이션을 독점하지 않아야 하며, 다수의 구성원들이 공평하게 접근할 수 있고 말하기와 듣기의 역할이 공정하게 분배되어야 한다. 즉 (누가 일방적으로 말하고 다른 이들은 수동적으로 듣는 식이 아니라) 평등하고 상호작용적인 듣기와 말하기, 나아가 들려지기의 커뮤니케이션이 진행되어야 한다(Habermas, 1962).

공론장에서는 참여자들 간 합의된 규칙과 규범에 따라 수행되는 자유롭고 평등한 커뮤니케이션 활동이 요청된다. 공론장 내적으로 민주적인 커뮤니케이션 규범이 형성되어야 한다. 또한 공론장은 커뮤니케이션 외적인 권력에 대해 독립성이 지켜져야 한다. 이를테면 정치의 장에서 강력한 정치 조직이나 정치인이, 또는 경제의 장에서 권력이 강한 거대기업이 공론장을 침해하여, 모든 시민사회의 구성원들이 평등한 커뮤니케이션을 한다는 공론장의 원칙을 무너뜨리고 자신의 정치적-경제적 영향력을 고집해서는 안 된다는 뜻이다. 공론장은 모든 시민들이 평등하게 참여하고 자유롭게 활동하는 자율적인 공간으로서, 정보의 생산, 유통, 소비뿐 아니라 주장과 의견의 발언 및 청취가 투명하게 열린 방식으로 이뤄져야 한다. 저명한 정치철학자 한나 아렌트는 시민들이 사회적인 공간에서 위치하고 상호작용하는 모습을 원형 테이블에 모여 앉은 사람들에 비유했다. 원형 테이블에서는 참여자 각자가 자신의 고유한 공간을 확보하고 있되, 누구에게도 권력이 집중하거나 누구도 소외되지 않는다. 개인의 권리 존중과 평등한 참여 및 자유로운 교류를 통해 원형 테이블의 회합 같은 공론장을 만들 수 있다.

공론장의 주체는 기본적으로 시민이며 공론장에 소속되어 활동하는 시민에 대해서, 공공의 소통의 중요성을 부과하는 관점에서 특별히 '공중publics'이라고 부른다. 그리고 물론 공중이 성찰과 대화를 지속하기 위한 자원으로서, 필요하고 좋은 정보를 생산하여 전달하고 이에 대한 공중의 여론을 담아 공유하는 미디어의 역할이 중요하다. 여기에 정보의 품질, 그리고 특정한 이해관계의 영향을 받아 정보의 왜곡이 일어나지 않도록 지키는 미디어의 독립성과 자율성, 그리고 커뮤니케이션의 과정이 평등하고 자유로우며 합리적으로 전개되도록 하는 민주성이 필수적이다. 이같이 자신을 둘러싼 이해관계에 편승하지 않고 공론장의 민주적인 형성과 작용을 위해 활동하는 미디어를 공공 미디어public media라고 할 수 있다.

사회변화에 따라 공론장의 성격과 기능, 그리고 미디어와 시민의 역할, 따라서 정치와 공론장의 관계가 변화한다. 방금 서술한 미디어의 역할, 즉 정보를 생산하고 유통하는 역할을 담당하는 역할을 전문적으로 수행하는 미디어는 주로 근대부터 20세기까지 발전했던 매스미디어의 성격에 가깝다. 이 시기는 소수 엘리트 집단에게 한정된 고등교육, 민족국가 발전기, 부르주아 시민계층이 주도하는 근대 자본주의 경제체제, 그리고 가장 직접적으로는 인쇄 및 전기미디어를 중심으로 하는 미디어 테크놀로지 환경이었기에, 거대 조직과 자본을 갖춘 소수 미디어 조직들, 그리고 전문가 집단이 여론 주도자 역할을 했다. 그 외 대부분의 시민들은 수용자 혹은 잠재적인 여론 형성 집단의 일원으로 역할을 할 뿐이었다.

이에 비해 현재에는 인구 대부분의 교육 수준이 높으며 이전 세기에는 한 국가에 한 대 있을까말까 했던 수준의 수퍼컴퓨터 기능보다 훨씬 우수한 디지털 기기, 대표적으로 스마트폰을 거의 모든 인구가 각자 소유한 상태다. 미디어 네트워크 역시 대중적인 서비스로 확장함에 따라, 소셜미디어의 이용이 적어도 기술적으로는 누구에게나 접속 가능해졌다. 마음만 먹으면, 모든 이들이 이전처럼 수용자 역할은 물론이고, 각자 뉴스 생산 및 유통의 주체로 활동하는 일이 가능하다.

오늘날 '디지털 변혁digital disruption'은 다양한 현상을 함축하지만, 그중 하나는 미디어 생산자와 소비자라는 과거에는 명확했던 구분이 흐려지면서, 엄청나게 많은 변용들이 생겨났다는 점이다. 생산자와 소비자의 경계가 흐려지고 융합이 일어나는 현실에서, 이전처럼 합리성의 규범이 절대적인 원칙으로 고

수되기는 어려운 상황이다. 소수의 전문가가 정확한 사실과 지식에 근거한 과학적인 정보를 제공한다는 규범이 약화되고 나름의 특징과 매력을 지닌 누구라도 개성적인 콘텐츠를 제작할 수 있고 대중의 감각과 감정에 효과적으로 호소하며 큰 인기를 얻을 수 있기 때문이다. 일정한 수준의 이성 능력을 지닌 추상적인 시민집단을 전제하기도 어렵다. 대신 다양한 취향과 가치를 지닌, 더 이상 정치적 시민이 아닌 정보 '소비자'의 눈에 띄고 선택되어 호감을 얻어 '좋아요'와 '구독'을 획득하는 것으로 미디어 콘텐츠의 성과가 평가된다. 정보 대신 허구가, 사실 대신 감정과 의견이, 논증 대신 유행어가, 진지한 심층 분석 대신 기분을 달래고 욕망을 자극하는 오락이, 거시적 사회변화의 영향력을 형성하는 대신 일시 유행에 성공하는 것이 거대 상업화된 미디어 체제의 현실이다.

이 같은 변화가 전적으로 나쁜 것만은 아닐 수 있다. 이상적인 인간, 즉 이성의 합리성으로 단단하게 무장해서 역사의 진보를 성취하는 절대적 인간이라는 환상적 틀로부터 스스로 해방되고, 자유롭고 독창적인 인간의 상상력을 발휘할 수 있기 때문이다. 그리고 앞에서 살펴보았듯 근대 이후 무시되어 왔던 감정과 정동, 느낌의 요소들이 사회적인 공간에서 활발히 개진될 수도 있다. 그러나 이 같은 낭만적인 사고는 무책임하고 폭력적인 미디어 현상을 간과할 수 있다. 진실에 대한 미디어의 책임이 방기되고 대중적 인기와 여론에 편승하는 "거짓말하는 기계"(Howard, 2020)로 변질될 수 있기 때문이다. 또한 민주주의, 이념, 갈등, 전쟁, 빈곤과 불평등처럼 본질적인 정치 사안들을 집합적으로 숙의하는 인내와 노력이 중요한데, 이 같이 중요한 정치문화는 차차 소실되면서 쾌락과 욕망을 무한 생성하고 자극하는 소비주의적인 자본주의 문화만 번성할 수 있다.

따라서 인간의 다양한 미디어 경험에서 하나만 강조되는 것은 불가능할 뿐 아니라 바람직하지 않다. 감각이나 감정, 정동 같은 자발적인 다양성의 표현이 중시되는 영역뿐 아니라, 이성적 합리성과 규범처럼 다양한 구성원들이 조화롭게 공존하기 위한 규준과 원칙도 중요하다.

이성의 합리성, 민족국가, 시민의 협력과 연대, 이념적 단합 또는 대결 등의 어휘가 이성의 보편성을 강조하는 근대 '모더니즘'의 특성으로 이해된다면, 감성의 다양성, 지구화, 개인화, 감각의 다양성과 혼종이 현대의 '포스트모더니즘'의 특성으로 간주되는 근거도 이 흐름에서 파악할 수 있다.

4) 기호와 의미

앞에서 살펴보았듯이 감각, 감정, 이성은 모두 주체가 타자, 혹은 자아와 맺는 관계 안에서 작용하는 것인데 커뮤니케이션, 특히 언어 커뮤니케이션은 인간의 관계 맺기와 상호작용의 가장 정교한 형태라고 할 수 있다. 기호는 미디어에 담긴 메시지를 구성하는 상징들로서, 말, 문자, 이미지 등 해당 미디어가 포용할 수 있는 감각이 활용되어 다양한 기호들이 구성된다. 이들을 일정한 방식으로 선별, 배치, 결합함으로써 메시지가 만들어진다. 우리는 기호를 통해 표현된 내용과 형식의 의미를 해석하고(메시지 수용자의 입장), 또한 어떤 의미를 표현하기 위해 기호들을 특정한 내용과 형식으로 선택, 배열, 조직한다 (메시지 생산자의 입장).

기호의 사회적 삶을 연구하는 학문이 기호학이다. 기호학의 관점에서 기호는 기표와 기의로 구성된다. 그 단어 자체에서 짐작할 수 있듯이, 기표는 의미를 표시하기 위한 형태물이고 기의는 그것으로 발생하는 의미다. 이를테면 "마 카 롱"이라는 사회에서 약속된 한글의 기호들로 만들어져, 보고 읽고 발음할 수 있는 영역이 기표에 해당한다. 반면 "✧ ☆ ✿" 같은 도형들은 우리가 시각적으로 감각할 수는 있지만 읽을 수는 없다. 한글이라는 기호 체계에 속하지 않기 때문이다. 새로운 명명이 이뤄지지 않는 한 이 도형을 부를 도리는 없다. 또한 '마 카 롱'이라고 읽고 들은 그것이 향기로우며 달콤한 서양과자를 가리킨다는 뜻을 이해하고 동시적으로 그 색색까지 둥근 형태를 마음속에 연상한다면 이는 기의의 영역에 해당한다. 만일 마카롱이 지금처럼 우리에게 알려지기 이전의 300년 전의 조선 시대였다면, 마카롱이라는 단어를 읽고 말할 수 있되 그 뜻은 무엇인지 전혀 파악할 수 없었을 것이다. 이는 기호가 본질적으로 사회적이고 역사적인 산물임을 알려준다.

아울러 하나의 기표에 대한 기의는 하나가 아니라 여럿이고, 그 갈래는 맥락에 따라 무한히 변화할 수 있다. "빨강"이라는 기표를 예로 든다면, 그 일차적인 의미는 우리가 색 지각에 제약이 없는 사람이라면 경험적으로 아는 그 붉은 색깔이다. 보다 체계적인 학문적 기의로는 우리가 사전을 찾아보면 풀이되어 있듯이, "기본색의 하나. 먼셀 표색계에서는 7.5R 4/14에 해당"한다는 미술학의 정의가, "스펙트럼의 파장이 630~700나노미터nm에 달하는 가시광선의 하나"라는 물리학의 정의가 있다. 이처럼 과학적인 의미는 사전을 비롯한 체계화된 지식에 준거해서 파악, 활용되는 사전적 의미다. 경험적인 의미와 사전적인 의미가 경우마다 약간씩 달라질 순 있지만 대체로 사회마다 합의된 동질적인 의미를 지닌다고 할 수 있다.

한편 기의의 범위는 사전적인 차원을 넘어 사회적으로 확장하며 변용될 수 있다. 인간이 일상에서 실제로 더 자주 사용되는 의미는 사전적 의미보다는 이 같은 2차적 의미일 때가 더 많다. 예를 들어 우리는 빨강이 무엇인지 잘 알지만 위에서 제시한 미술학이나 물리학 정의에 대해선 거의 무지하다. 이에 비해 문화적인 영역에서 주로 활용되는 의미로, 빨강은 열정이라는 긍정적인 의미로 사용될 있고 관능과 유혹이라는 의미를 함축하기도 하며, 혈액을 연상시키면서 폭력과 재난을 암시하는 의미로 사용되기도 한다. 이 같은 비유적 사용이 우리에겐 훨씬 더 익숙하며 말, 문자, 이미지 등에서 커뮤니케이션 메시지를 디자인할 때 응용될 범위도 더 크다. 더욱이 한국 현대사에서 빨강은 사회주의, 공산주의, 좌파, 북한 등을 상징하며 이념적 대립을 연상시키는 정치적 상징이기도 하다. 이렇게 본다면 "빨강"이라는 하나의 기표에 다양한 기의가 존재하고 사용될 뿐 아니라 그 의미들이 일관성이 없을 뿐 아니라 상충되기도 한다. 다시 말해 우리의 커뮤니케이션 활동에서는 사전적 의미 못지않게 사회문화적으로 심화된 2차적 의미가 강력하기에, 기의의 형성과 수용은 개인적인 선호 못지않게 사회적, 정치적, 역사적, 문화적인 맥락에 의존한다.

외면적으로 비교적 단일하게 형성되는 사전적 의미를 1차적 의미(혹은 외연적 의미)라고 한다면 시공간적인 맥락성에 따라 형성되는 의미를 2차적 의미(혹은 함축적 의미)라고 한다. 원활한 커뮤니케이션을 위해서 기표와 기의를 잘 파악하고 활용하는 능력과 태도가 중요하지만, 고차원적인 커뮤니케이션일수록 대체로 기의의 함축적 의미가 관건이 된다. 사회적인 논쟁이나 문화적인 갈등에서 다뤄지는 측면 역시 기호의 심층적 기의들과 연관될 때가 많다. 기호를 만든 사람과 해석하는 사람들 간에 의미의 차이가 발생하는 이유 역시 하나의 기호, 그리고 기호들이 결합된 텍스트에 단일한 의미가 아닌 복수의 의미가 내재하기 때문이다.

기호와 의미가 어떻게 구성, 선택, 배열, 조직되는지는 문화, 사회, 정치, 경제, 기술의 맥락성에 긴밀하게 연관된 복잡한 문제다. 우선 개인들 간의 일상적인 상호작용에서 "답답하니 창문 열어"라는 명령형과 "우리 창문 열고 상쾌한 공기를 쐴까?"라는 권유하는 듯한 의문형은 말하는 이와 듣는 이의 관계, 서로 간에 교류되는 의미와 감정, 이후 수반될 실행 효과에 큰 차이를 낳는다. 똑같이 창문 열기를 요청한다는 사전적 의미를 전달하지만, 전자는 일방적인 상하 관계를 전제한다면, 후자는 친밀한 수평관계를 느끼도록 한다. 이후에 일어나는 효과에도 차이가 있으리라는 점을 예상할 수 있다. 명령을 들은 청자가 자신을 무시하는 듯한 모멸감을 지니게 되거나 쾅 열어젖히는 난폭한 행동을 하는 데 비해, 부드러운 권유를 들은 청자는 경쾌한 행동으로 상쾌한 공기를 함께 즐기게 된 변화를 고마워할 것이다.

사회적으로 문제시되는 폭력과 갈등의 많은 부분이, 문제의 원인에서부터 해결에 이르기까지, 커뮤니케이션 문화와 기호의 의미작용의 영향을 받는다. 그래서 기호와 의미는 중요하고 까다로운 정치적인 사안이 된다. 우선 하나의 어휘와 문장에 하나의 의미만 있는 것은 아니며, 다수의 기의, 특히 함축적 의미들이 있기 때문이다. 미디어 활용 과정에서 때로는 의도적으로, 때로는 무의식적으로 특정한 기호가 선택되며 그 안에 담긴 함의에 따라 화자의 입장이 넌지시 드러나게 된다. 일례로, 시민의 집회를 '항쟁'과 '난동' 중에서 어떤 단어를 사용함에 따라 그 집회에 대해 긍정적이거나 부정적인 화자의 평가가 포함된다. 심지어 기표나 외연적 의미와는 상반된 함축적 의미가 발생하는 역설의 효과가 만들어지기도 한다. 억울한 죽음을 기리는 보도에서 그의 묘지에 흩뿌려진 헌화의 이미지가 실렸다고 할 때, 화사한 꽃들은 '예쁨'의 1차적 기의 안에 '허망함'과 '고통' 같은 상반된 기의를 품고 있다. 또한 화자와 청자 사이에 서로 다른 함축적 의미가 발동함으로써 오해나 분쟁으로 이어지기도 한다. 생산자와 수용자 간에 현상에 대한 기호, 그리고 기호에 대한 의미를 둘러싼 갈등이 심화될 때 미디어에 대한 비판과 불신이 심화된다.

미디어 활동을 할 때 제공되는 기표가 의도한 함축적 의미를 잘 담도록 구성하는 것, 동시에 제공되는 기표에 담긴 정확한 함의를 잘 독해하는 것이 중요하다. 커뮤니케이션에서 말을 하고 타인의 말을 이해하는 일련의 능력과 활동을 미디어 리터러시라고 부르는데 진실에 투명하게 다가가려는 노력이 미디어를 바르게 지각하고, 느끼고, 이해하고, 표현하는 '비판적' 미디어 리터러시의 윤리적 바탕을 이룬다.

5) 관계와 네트워크

인간의 관계와 네트워크는 전적으로 커뮤니케이션 활동을 통해서 이뤄지고 변화하며 발전하거나 사멸한다. 일반적으로, 물리적 힘의 상호작용, 혹은 일방적인 발동을 통해서도 관계나 네트워크가 형성될 수도 있지만, 이는 대체로 폭력이나 전쟁처럼 비민주적인 관계와 네트워크로 변질될 가능성이 크며 광의의 커뮤니케이션의 관점에서 보면 이 같은 물리적 상호작용 역시 커뮤니케이션에 속한다고 볼 수 있다.

더욱이 현대사회에서 관계와 네트워크에 관한 커뮤니케이션의 역할과 의미가 커지는 이유는, 현대사회에서는 단지 커뮤니케이션 영역뿐 아니라 그것을 둘러싼 사회 전반이 미디어화되었기 때문이다. 미디어화 상황에서는 과거에는 물리적인 상호작용을 통해 진행되었거나 아예 관계와 네트워크 자체가 형성되지 않았을 많은 영역들에서도 커뮤니케이션 활동을 통해 관계로 맺어지고 네트워크가 확장하면서 해당 업무가 진행되는 정도가 급격하게 증가한다. 이를테면 과거에 기업의 목표를 수익창출이라는 경제적 가치로 명시했던 데에 비해 오늘날은 '소비자와 소통하고 공유한다'는 관계와 소통에 관한 표현을 핵심 가치로 내세우는 일이 일반적이다. 정치 영역도 마찬가지다. 과거에는 국가의 명령에 국민이 따른다는 일방적인 질서가 당연시되었던 데에 반해, 오늘날에는 시민과 소통하고 나누는 정부의 태도가 중요시된다.

조금 더 깊게 생각해 본다면, 우선 발생의 차원에서 관계가 커뮤니케이션의 '산물'이기보다는 커뮤니케이션 자체가 본래 '관계적relational'이라고 이해하는 편이 옳다. 커뮤니케이션은 관계 안에서 시작되고 개진되며 커뮤니케이션이 중단된 상태라 할지라도 냉담, 주저, 갈등이라는 관계는 침묵이라는 독특한 커뮤니케이션의 형태로 발현되고 있다. 관계를 생성하거나 변화시키기 위한 목표가 있다면 커뮤니케이션 활동이 개시될 것이다. 독백이나 일기같이 혼자 하는 커뮤니케이션은 내가 자신과 맺는 관계에 해당되고, 대화는 상호적인 관계에, 매스미디어나 소셜미디어를 통해 공개 발언하는 커뮤니케이션은 나와 대중과의 관계에 해당한다. 한 소설가의 표현인 "우리는 외로울 수는 있지만 혼자일 수는 없다"는 인간 존재에 우선하는 관계의 근원성을 알려준다. 이처럼 현존하거나 부재하는 존재와 맺어지는 모든 관계에 대해서 침묵, 독백, 대화, 주장 같은 다양한 커뮤니케이션 활동이 진행된다.

네트워크는 관계들이 그물처럼 복잡하게 연결된 관계망을 가리킨다. 사회 안에서 누구나 크거나 작은, 혹은 강하거나 약한 네트워크에 속해 있다. 자신이 중심이 되는 네트워크도 있으며, 자신이 주변부의 한 구성원으로 속하는 네트워크도 있기에, 우리 각자가 경험하는 네트워크의 형태는 사람마다 다양하며, 동일한 사람이라고 할지라도 해당 네트워크에 따라 상이한 관계 맺기와 커뮤니케이션을 한다. 네트워크의 유형 역시 다양해서, 규모에 따라 크고 작은 네트워크, 밀도에 따라 친밀하거나 소원한 네트워크, 강도에 따라 강하거나 느슨한 네트워크 등으로 구분될 수 있다. 또한 네트워크를 구성하는 사람들의 특성과 관계의 형태에 따라, 이질적인 사람들이 포괄적으로 소속된 네트워크는 다양성과 개방성이 크다고 볼 수 있지만, 비슷한 속성(계층과 계급, 학력, 성별, 연령 등)을 지닌 사람들로만 구성되는, 따라서 이질적인 사람들은 배척하는 경향이 강한 네트워크는 동질성과 폐쇄성이 크다. 구성원들의 이동 자유도에 따라서도 네트워크 유형을 분류할 수 있는데, 이동 가능성이 큰 역동적인 네트워크가 있는가 하면, 그렇지 못한 고착적인 네트워크가 있다.

네트워크의 성격이 해당 사회의 본성을 구성하고 표현하기도 한다. 우리 사회에서 '금수저', '은수저', '흙수저'로 특정 계층을 부르거나, '캐슬', '그들만의 세계'로 상위층을 일컫는 표현을 쉽게 접하는데, 이는 계층 간 이동이 어렵고, 하나의 계층이 동질적인 사람들에 한정되어 있으며 서로 다른 계층 간 교류가 끊긴 형태의 위계적 네트워크가 과잉 발달된 한국사회를 비판하는 단어다. 민주적인 사회일수록 인간들의 관계가 수평적이고 상호 호혜적이며 다양성, 개방성, 이동성이 큰 네트워크들로 형성되어 있다. 반대로 '신분 사다리'라고 비유되듯이, 수직적이고 폐쇄적이며 일방적인 관계와 위계적 네트워크가 강할 때 비민주적인 사회일 가능성이 높다.

인간은 기본적으로 어떤 네트워크를 만들고 속하는데, 디지털미디어 테크놀로지는 아날로그 사회에서보다 훨씬 더 넓고 다양한 네트워크를 쉽고 빠르게 만드는 일이 가능하도록 이끌었다. 현대 디지털 사회를 '네트워크 사회'(Castells, 2000)라고 부르는 이유는 물리적인 접촉을 초월하는 광범한 네트워크가 지구적으로 형성되었고 작동하기 때문이다. 지금까지 살펴보았듯이 인간들이 있는 한, 관계와 네트워크는 존재하기 마련인데 특히 지금의 사회를 네트워크 사회라고 불리는 이유는, 항상 존재하되 보이지는 관계와 네트워크가 현대에 이르러 양적으로 급증했기 때문이다. 활동의 강도 역시 거세지고 활발해짐에 따라, 단지 인간들의 사적인 사귐과 모임뿐 아니라 정치, 경제, 교육, 사회, 문화에 이르는 전반이 이러한 네트워크들의 촘촘한 망으로 형성, 작동하는 정도가 엄청나게 증가했다. 이는 다름 아닌 디지털미디어 테크놀로지의 발달에 힘입은 바 크다.

우리 생활에서 일상화된 소셜미디어social media나 소셜 네트워크 서비스SNS라는 외래어에 담긴 '소셜'의 의미는 '사회'보다는 '관계, 교호'에 가깝다. 과거엔 매스미디어에 의해 익명화된 모래알처럼 존재했던 개인이, 마침내 소셜미디어를 통해 각자 자신이 중심이 되는 인간 네트워크들을, 적어도 기술적으로는 무한히 만들 수 있게 되었기 때문이다. 소셜미디어와 소셜 네트워크를 통해서 내가 원하는 누군가와 연결될 수 있으며 그 역도 마찬가지로 가능해졌다. 내가 사랑하는 한 뮤지션에 대해 과거 미디어 환경에서라면 매스미디어의 매개를 통해서나 콘서트처럼 희귀한 경우에만 제한적으로 접할 수 있었겠지만, 이젠 내가 그의 소셜미디어 계정을 팔로잉following함으로써 직접 연결될 수 있는 식이다. 그 실제적인 빈도나 친밀도는 차치하고서라도 적어도 기술적으로 나는 그 뮤지션에 연결되어 관계를 맺고 있으며 그의 네트워크를 구성하는 일원인 것이다.

일상에서 우리가 소셜미디어를 통해 네트워크를 만드는 일은 무척 손쉬워져서 특별한 일로 여겨지지 않을 정도다. 새로운 과제팀을 만들기 위해, 급하게 모임과 회의를 조직하기 위해 '단톡방'이라는 형태로 다양한 네트워크를 하루에도 몇 개씩이나 만들고 있으며, 정보나 취미 활동을 통해 특정 페이스북, 인스타그램, 틱톡, 유튜브의 계정을 구독하는 일도 스스럼없이 한다.

이렇게 보면 우리는 점차 더욱 더 능동적이며 자율적인 네트워크 주체로 자리 잡고 있는 듯하다. 그러나 현실은 그렇게 전적으로 긍정적이지만은 않으며, 이른바 네트워크 사회의 어두운 문제점을 이해하는 일은 그 밝은 가능성을 탐색하는 일만큼이나 중요하다. 우선 미디어 학자인 파파차리시(Papacharissi, 2014)의 지적처럼 기술적인 '연결성connectivity'이 반드시 유의미한 '관계'나 '집합성collectivity'은 아니라는 사실이다. 가령, 우리 각자는 디지털 테크놀로지가 이뤄 놓은 관계의 폭증 안에서 외로움과 우울이 더 짙어지는 현대사회의 풍경을 익히 체험하고 있다.

코로나19의 상황에서 방역을 위한 사회적인 거리두기가 강화되고 많은 국가들은 거의 모든 물리적 접촉을 금하는 '록 다운Lock down'을 시행했다. 소셜미디어를 활용하는 인간관계 활동, 교육, 노동의 대부분이 온라인의 줌 서비스를 통해 이뤄지는 '줌화zoomification'가 급격하게 진행되었다. 오락활동에서도 사교모임이나 극장과 놀이동산처럼 시민들이 공개된 여흥 공간에 모이는 대신 개인적으로 온라인 플랫폼 콘텐츠를 구독하는 '뉴노멀'이 형성되었다. 이같은 몇 년 동안의 경험을 계기로 앞으로 인간관계와 네트워크가 온라인으로 전환하는 거대한 변화가 개진되리라는 전망도 나오고 있다. 그럼에도 불구하고 이같이 소셜미디어의 홍수 속에서도 우리가 겪은 감정의 대부분은 신나고 즐거운 충족감보다는 외롭고 절망적인 '코로나 블루'로 묘사된다. 많은 사람들이 코로나19의 상황이 안정되기만 한다면 친구들과 도시를 맘껏 거니고 시끌벅적 모여서 즐기는 열망에 시달렸다. 심지어 슬픈 역설로서, 코로나와도 관계를 맺는 식으로 지구인들의 관계에 대한 열정은 강해진 듯한데, 그 대표적인 표현이 코로나와 관계 맺음을 뜻하는 '위드 코로나'다(반대로 방역은 '안티 코로나'로서 배척과 제거의 관계성에 관련된다).

둘째, 팬데믹 같은 예외적인 상황이 아니었더라도 디지털 테크놀로지에 의해 촘촘하고 막강하게 건설된 네트워크 사회는 이미 충분히 문제적이었다. 과잉 연결로 인한 피로가 개인적인 심리의 차원이라면, 보다 구조적인 차원에서 가족과 친지를 포함한 인간관계, 노동, 소비를 포함한 인간의 모든 외적 행위뿐 아니라, 개인의 생체, 감정, 생각, 지식, 취향 등 인간 주체를 이루는 모든 요소가 디지털 테크놀로지에 의해 관찰되고 통제되는 감시 체계surveillance가 강력하게 구축되었기 때문이다. 대표적인 소셜미디어 페이스북이 인간관계 본연의 가장 고유한 요소인 '친구'와 맺는 '우정'을 '좋아요'의 횟수로 계량화quantification하면서 그의 평판을 데이터화하고, 그의 취향과 관심을 파악하여 광고업자에게 판매하는 상업화 기술을 발명한 이래 이같이 한 인간의 내면, 외형, 행위를 계량, 측정, 분석하여 수익 창출을 위한 광고 데이터로 활용하는(혹은 착취하는) 기술은 나날이 발달하고 있다. 이 같은 디지털 체계는 인간에게 편리함을 가져다주지만, 인간 각자의 모든 것이 기술에 의해 지배되는 새로운 형태의 "감시 자본주의"(Zuboff, 2020)의 확장을 낳고 있다. 어느새 우리는 "나보다 나를 더 잘 안다"는 검색 서비스의 능력을 아무런 저항 없이 수용할 뿐 아니라 고마워할 정도로 감시 자본주의 체제에 익숙하게 길들여져 있다. 검색 앱이 나보다 나를 더 잘 아는 이유는, 그것이 가족이나 친구처럼 나에게 세심한 애정이 있어서가 아니라 경제적 수익 창출이라는 목적을 가지고 나를 끊임없이 그리고 철저하게 감시하기 때문이다.

마지막으로 네트워크 사회가 지닌 정치적 위험을 인지해야 한다. 소셜미디어의 대중화는 누구나 마음만 먹으면 미디어 생산자가 되도록 하는 가능성을 열었다. 미디어 활동의 민주화라고 할 수 있는 상황이지만, 질과 목표를 올바르게 갖추지 못한 콘텐츠의 범람은 사회적 혼란을 낳을 수 있다. 허위조작정보misinformation가 사실을 왜곡하고 필터 버블 같은 장치들이 편향된 이념 작용을 강화하고, 이로부터 혐오를 포함하는 상징적, 물리적 폭력이 야기될 수 있다. 보다 넓은 다양성과 개방성이라는 네트워크 이상과는 달리 현실 네트워크는 동질적인 사람들로 더욱 촘촘하게 형성되는 모습을 보이기도 한다. 이들이 집합적으로 형성한 편향된 정보 생산 및 소비 활동은 정치적 양극화와 사회적 갈등, 공개적 망신 주기, 배척과 폭력의 폐해를 낳는다. 이 같은 행위는 주로 강력한 주류집단이 취약한 소수집단을 향해 발동함으로써, 사회적 불평등과 대립 질서가 악화되고 있다. 건강한 갈등과 논쟁은 민주주의 사회를 유지, 발전시키는 동력이지만 편향되고 폐쇄적인 네트워크에 전적으로 의존하는 다툼은 무지와 폭력의 증폭으로 이어질 뿐이다.

마지막으로 가까운 미래에 열릴, 보다 강력한 네트워크 사회에 대한 완전히 새롭고 창의적인 관계의 윤리가 발명되어야 한다. 디지털 테크놀로지는 나날이 새로운 기술을 창출해내고 있다. 사물인터넷IoT은 디지털 네트워크로 인간과 사물, 모든 환경이 연결되는 시스템을 말한다. 즉 인간이 관계를 맺고 커뮤니케이션하는 대상에 인간뿐 아니라 생활세계를 구성하는 모든 사물과 공간이 포함됨을 뜻한다. 사고하는 능력이 인간의 고유 역량으로 이해되어 왔지만, 이제 AI는 학습, 계산, 결정 능력을 가진 기계로서 우리 생활 곳곳에 파고들었고 '감정 AIemotional AI' 역시 인간과 감정적 활동을 함께 할 반려자로 등장하고 있다. 챗봇과 대화형 AI는 대화하는 인간의 능력을, 메타버스는 문명을 꾸리는 인간의 노력을 대신하고 있으며, 이미 생산 환경에 대거 적용되고 있는 노동 로봇까지 생각해 보면, 우리는 이미 수많은 기계, 그리고 그러한 기계를 장착한 자연세계와 관계를 만들고 네트워킹하고 있다. 이 상황에서, 우려점을 내세워 이 모든 기술 환경을 부인하기란 더 이상 가능하지 않을 것이다. 그렇다면 어떤 타협점이 가능할까?

하나의 노력으로, 과거 인간만이 존재하며 인간만이 중요하다는 편견 위에, 세상의 중심인 인간의 눈으로 세계를 정복하려는 문명이 지배적이었다면, 이 같은 독단을 '인류세'로 개념화하며, 미래에는 보다 다른 비인간 존재들과 호혜적인 공생을 추구하는 학문적, 사회적 움직임이 존재한다. 또한 이미 엄청나게 거대할 뿐 아니라 잠시도 끊임없이 혁신되어야 한다는 '업데이트' 강박에 시달리는 현재의 자본주의적 테크놀로지 시스템이 유지되기 위해서는 역시 엄청나게 거대한 에너지가 필요하며, 그것을 제공하기 위해 지구 생태계는 더욱 심각한 환경 위기에 빠져들고 있다. 이에 대해 지구 행성자 모두의 지속가능한 삶을 위해 정보 과잉과 정보 결핍의 극단적인 위험을 방지하고 좋은 정보와 지식을 공유함으로써 지혜로운 균형과 조화를 이루도록 노력해야 한다.

마지막으로 사물과 환경 모두가 인간의 관계 네트워크 안에 흡수된다고 하더라도, 인간관계의 중요함은 여전히 본질적일 것이다. 디지털 네트워크의 정치화로 인해 전에 없던 형태의 혐오와 폭력이 증가하고 있지만, 또 다른 한편에서는 이전 환경에서는 불가능했던 돌봄과 연대의 관계망들이 생성되고 있다. 사회적으로 인정되거나 상업적으로 활용되지 않는, 그러나 어떤 점에선 더욱 귀중하고 독창적인 관계들이 소수성의 문화로 싹트기도 한다. 소수성은 한편으론 취약하지만 다른 한편으론 실험적이고 도전적인 독창성을 지닌다. 성소수자, 소수 인종처럼 사회적으로 '정상'이라고 인지되지 않는 관계 안에 있는 이들이 사이버 공간에서 고유한 관계 네트워크를 만들어 생활하며, 인디 문화 장르는 거대 주류 미디어 시장의 게이트키핑 권력으로부터 상대적으로 자유롭게, 그들과 생각과 취향을 같이 하는 사람들을 만나는 가상공간의 가능성을 열어나간다.

네트워크 사회에서는 누구나 그 안에 뿌리 깊게 내재한 문제들을 비판적으로 인지하면서 새로운 삶의 가능성을 발명해야 할 책임이 있다. 이 어렵고도 복잡한 일들을 선하고 아름답게 일궈 나가기 위해선, 단순히 많거나 빠른 기술적인 의미에서의 네트워크의 효능이 아니라, 그것의 가치와 실천의 문제를 성찰하는 관계의 윤리가 필요하다.

3. 우리는 매일 '미래'를 살아간다

미래를 현재로부터 머나 먼, 지금과는 완전히 다른 어떤 세상일 것이라고 상상하지만, 실제로 미래未來는 그 말뜻 그대로 "아직 오지 않은 시간"이다. 이렇게 본다면 우리는 매일, 혹은 매순간, 바로 전날 혹은 직전에는 몰랐던 새로운 시간을 사는 셈이다. 다시 말해 우리는 언제나 미래를 살고 있다.

현대사회에서 미래를 상상함에 있어 그 주요한 동력은 미디어와 연관됨을 알 수 있다. 여기서 미디어가 스마트폰이나 OTT 같은 개별 대상들에 한정되지 않음은 물론이다. 지금까지 서술되었듯이, 감각, 감정과 정동, 이성과 합리성, 관계와 네트워크가 모두 미디어와 연관되며, 사회의 미디어화 경향이 더욱 가속화하고 있다는 점에서 그러하다. 20세기 이후에 본격적으로 전개된 현대의 큰 특징 중 하나가 테크놀로지가 단지 어떠한 목표를 달성하기 위해 필요한 '도구'로서가 아니라, 그 자체가 세계가 변화하도록 하는 '동인'과 '동력'으로 작동한다는 점이다. 미디어는 중요 테크놀로지의 하나로서, 커뮤니케이션과 사회가 변화하도록 하는 주요 동인과 동력으로 작용하고 있다.

미래의 미디어에는 밝은 면도 어두운 면도, 그조차 판단하기 어려운 모호한 면도 있을 것이다. 미래에 대한 낙관적 또는 비관적 극단론에 빠지기보다는 현재를 비판적으로 이해함으로써 보다 나은 미래를 상상하고 만들 수 있다. 미디어에 대한 폭넓은 이해, 즉 감각, 정동, 의미, 관계, 세계를 아우르는 주요 사항을 바탕으로, 향후 심층적으로 파고들 수 있는 문제 영역과 그것을 탐구하는 입체적인 경로의 일부를 어휘 수준에서 소개하는 것으로 본 장을 마무리하겠다.

　우선 미디어 테크놀로지는 발전을 거듭할 테고, 그것이 낳을 편리와 재미, 그리고 위험과 부작용은 더욱 심화될 것이다. 개인화가 심화되면서, 디지털미디어로 매개된 관계와 네트워크 형태는 더욱 강화될 것이고, 일부 공상과학영화에서 그리듯이 첨단 디지털 프로그램이나 기계와 연인이 되는 상황까지 가능해질지도 모른다. 보다 똑똑해진 AI, 감정이 풍부해진 감정 AI, 정확해진 로봇이 노약자나 장애인의 삶을 돕는 돌봄 노동자로 활용될 수 있고 인간이 하기 어려운 거친 일을 대신 해주는 생산 노동자로 활약할 수도 있다.

　흥미진진한 미래세계에 대해, 보다 현실적이고 비판적인 분석도 가능하다. 알고리즘은 마치 블랙박스처럼 인간이 알지 못하는 자동화의 원리에 따라 자동화 작용을 한다. 세계를 데이터화하여 수집, 체계화, 분석하여 결과를 제시함으로써 그에 대해 인간이 특정한 방식으로 행위하도록 미리 결정하는 '선제 preemption'의 효과를 낳는다. 그것이 인간이 선하게 이끌든 악하게 끌어당기든 간에, 이미-인간을 통제한다는 점에서 디지털미디어 테크놀로지는 거대한 권력이다.

　실제 그 양상들은 때로는 편리하게, 때로는 위태롭게 우리의 일상에서 나타나고 있다. 우리 사회에서 취약한 노동 형태로 온라인 배달 노동이 자주 지적되는데, 이뿐 아니라 디지털 플랫폼에 근거를 둔 노동 일반을 '플랫폼 노동'이라고 한다. 그러나 자주 부각되는 몇몇 직종뿐 아니라, 우리의 생활세계 전부는, 몸과 감각, 관계, 생각과 감정, 노동-소비, 현실과 꿈, 삶과 죽음, 모두 플랫폼에 의존하고 있다고 해도 지나친 말이 아니다. 우리가 디지털 플랫폼에 전면적으로 얽혀 있을수록, 플랫폼 기업은 전례 없는 성공을 거두면서 가장 강력한 자본주의 기업으로 고도 발전하고 있다. 이들은 지구적인 차원에서 거대한 수익을 창출하면서, 팬데믹 같은 위기에서 오히려 자신은 더욱 부유해지는 기이한 역설을 낳고 있다. 이처럼 플랫폼이 지배하는 지구적 자본주의 체제를

'플랫폼 자본주의'라고 하며, 이에 활용 또는 착취되는 인간의 역량의 특성에 따라, 디지털과 인간의 육체가 결합하는 '디지털 노동' 등의 개념이 활용된다. 또한 이처럼 역량이 활성화되고 역동적인 사회가 실제로는 기술권력에 의해 조정되고 추진되는 사회를 '통제사회'라고 개념화하기도 한다.

알고리즘을 포함한 디지털 자동화 프로그램의 영향은 사회정치적으로도 중대하다. 그 효과 역시 복합적이다. 긍정적이고 역동적인 측면으로서, 인터넷과 SNS를 통한 정보의 생산, 유통, 소비 구조에서 이전에는 불가능했던 정치 커뮤니케이션 질서가 새롭게 만들어지고 있다. 정부나 유력 정치인이 시민들에게 정보를 차단하거나 은폐하는 식의 독점이 불가능해지면서, 이러한 커뮤니케이션 네트워크가 대중화된 2010년 이후 지구상의 많은 사회, 특히 권위주의적인 사회들에서 정치적인 혁명과 항쟁이 거세게 일어난 사건들이 그 일례다. 반면 이러한 정보 실천의 대량화 및 대중화는 사실에 근거한 정확한 정보뿐 아니라, 사적 의견과 왜곡과 뒤섞인 오염된 정보들까지도 마치 사실인 것처럼 확산되도록 한다. 어떤 점에서는 대중들이 사실인지 아닌지, 신뢰할 만한 의견인지 아닌지를 구분하는 일조차 하지 않은 채 "사실이라고 믿고 싶은 felt-truth"(Bösel and Wiemer, 2020) 내용을 진실이라고 맹신하며, 그에 대해 다른 입장을 가진 이들을 공격하는 "문화 전쟁"또는 "감정 전쟁"을 야기하고 있다. 더욱이 다른 사회적 범주(대표적으로 인종, 젠더, 지역, 계층과 계급 등)에 속한다고 생각하는 타자를 공격하는 경향이 심화되고 있다.

커뮤니케이션이 권력적인 관계, 작용, 효과라는 사실은 우리에게 많은 깨달음을 준다. 누구도 권력으로부터 벗어날 수 없으며, 크고 작은 권력을 행사한다. 미디어는 그러한 면모들을 적나라하게 드러내는 장치다. 따라서 지금처럼 미디어로 포화된 사회에서는 누구나 바라건 바라지 않건 간에, 자신이 커뮤니케이션 주체로서 어떻게 미디어를 이용하고 그를 통해 어떤 권력관계에 포함되고 수행해야 하는지를 성찰하고 실천할 책무를 가진다. 그 책임의 무게와 자유의 조화로운 향유가 올바른 커뮤니케이션의 지향점이 될 것이다.

커뮤니케이션은, 마치 미래처럼, 타자라는 절대적 존재에 다가가려는 인간의 끊임없는 노력이라고 할 수 있다. 내가 결코 알지 못하는 미래를 향해 오늘을 살아가듯이, 언제나, 나로서는 알지 못하는 타인의 진실을 이해하고 공유하는 성실하고 도전적인 몸짓인 것이다. 그래서 인간의 미디어 경험에는 항상 고난, 혼란과 함께 기쁨, 희망이 공존한다.

1 미디어마다 활용하는 인간 감각이 다양하다면, 오늘날 스마트 미디어에서는 어떤 감각들이 활용되고 있을까? 스마트폰으로 조직된 일상에서 나의 감정과 관계는 어떤 특성을 지녔을까?

2 자동화된 프로그램인 알고리즘을 활용하면서, 인간은 더 지혜롭고 능동적이 될까, 혹은 오로지 알고리즘에만 의존하는 둔하고 수동적인 존재가 될까?

3 현대 네트워크 사회에서 내가 자신, 타인, 공동체, 사회와 맺는 관계는 어떤 특성이 있으며 어떠한 장단점을 가지는가?

더 읽어 볼 책

문화, 이데올로기, 정체성 - 스튜어트 홀 선집 스튜어트 홀 지음, 임영호 옮김, 2015, 컬처룩

미디어 문화연구와 사회학, 정치이론에 중요한 기여를 한 영국의 학자 스튜어트 홀의 중요 저작들을 직접 접할 수 있다. 감각, 감정, 이념, 관계, 사회, 정치 작용의 복잡성을 명료하고 심층적으로 설명한다.

감시 자본주의 시대 - 권력의 새로운 개척지에서 벌어지는 인류의 미래를 위한 투쟁 소샤나 주보프 지음, 김보영 옮김, 2021, 문학사상사

디지털 사회에서 편리와 자유, 감시와 구속을 동시에 경험하게 되는 정치, 경제적 구조를 설명한다. 하버드대 교수 소샤나 주보프의 이 저작은 현대 플랫폼 사회의 본질을 이해하기 위해 필수적으로 읽어야 하는 책으로 간주된다.

03

근현대 한국사회의 미디어정경

1. 한국 미디어 역사서술의 시각과 전략

'역사歷史, history'를 '과거와 현재의 끊임없는 대화'라는 명제로 정의내린 영국의 역사학자 에드워드 카Edward H. Carr의 『역사란 무엇인가』 저작을 굳이 거론하지 않더라도, 우리는 과거의 일이 현재에 영향을 미치고 또 현재의 상황이 과거를 기억하고 기록하는 데 영향을 준다는 사실을 여러 경험을 통해 어느 정도 깨닫고 있다. 디지털미디어가 발달된 최근의 경우엔 일부 보수 유튜버들이 과거의 중요한 역사적 사실을 왜곡하여 과거의 기록과 기억에 영향을 주려는 시도가 빈번히 관찰되고 있을 정도로, 역사서술의 문제는 점차 대중화되고 있는 상황이다.

이처럼 역사란 그저 과거에 발생했던 '무색무취한' 일에 불과한 것이 아니다. 역사는 과거의 일에 대한, (소위 사관史觀이라 일컫는) 주로 현재적 시점에서 내려진 해석과 평가까지도 포함하기 때문이다. E. H. 카가 역사를 '과거와 현재의 끊임없는 대화'로 정리한 내용의 구체적인 의미도 바로 이것이다. 이러한 측면에서 볼 때, 역사서술historiography은 (문자 발명 이후 역사가 쓰여 지기 시작한 이래 전 지구적 범위에서 굉장히 오랜 시간에 걸쳐 축적된) 수없이 많은 과거 중의 일부가 선택되어 그 의미가 부여되는 과정이라 할 수 있다. 여기서 특히 중요한 것은 '선택과 배제', 그리고 '의미부여'의 근거가 되는 관점과 시각이다. 유념해야 할 것은 미디어 역사서술에는 하나의 역사서술만이 존재하는 것은 아니라는 점이다. 동일한 사안에 대한 해석과 평가가 매우 다양한 것처럼, 미디어 역사서술의 관점과 시각도 매우 다양하다.

그렇다면 우리는 미디어의 역사를 서술하고 이해하는 데 있어서 미디어 역사서술의 다양한 관점과 시각 중에서 어떠한 것을 채택할 것인가? 이와 관련해 또 한 가지 고려해야 할 점은, 시공간적 범위로는 지구상에 존재했던 원시사회로부터 고도화된 현대 자본주의 사회에 이르기까지, 그리고 대상적 범위로는 그림과 문자로부터 현재의 디지털미디어에 이르기까지, 미디어 역사서술의 폭과 범위가 매우 다양하다는 점이다. 이 점을 감안하여 3장에서는 다음과 같은 역사서술의 전략을 채택하고자 한다.

첫째, 미디어 역사서술의 시각이라는 측면에서 우선 제1부의 1장과 2장에서 다뤄진 주요 개념과 문제의식을 상당 부분 계승하고자 한다. 1장의 주요 내용인, 질료, 기기, 기술, 문화적 형태, 사회적 체계societal system로서의 다층적인 형태들이 일정한 커뮤니케이션 체제communicative regime를 형성하면서 사회적·역사적으로 변동해 온 일종의 '미디어 거시사grand history of media'와 그 주요 개념으로 제시된 '미디어정경mediascape', 그리고 2장의 주요 내용인 '미디어와 인간의 관계맺기'에 대한 '경험'적 차원들을 다룬 다양한 이론적 시각들은 미디어 역사를 풍부하게 이해하는 중요한 자양분이라 할 수 있다.

둘째, 미디어 역사에 대한 앎知이 디지털 시대의 한국사회에서 삶을 영위하는 젊은 학도들에게 의미 있게 다가가기 위해서는 무엇보다 한국사회가 처한 역사적 조건을 고려한 역사서술 전략이 필요하다는 문제의식을 먼저 제시하고자 한다. 미디어 역사서술의 시기적/대상적 범위를 좁히기 위한 불가피한 선택이지만 궁극적으로는 현재와 미래의 미디어를 심도 깊게 이해하기 위해선 '인문학'의 지혜가 필요하다는 판단 때문이다.

마지막으로, 앞선 이 두 가지 문제의식에 근거해 3장에서 서술될 미디어 역사의 주요 내용들은 근현대 한국사의 맥락 위에 배치되도록 구성하고자 한다. 이는 '미디어의 구조적 측면'(1장)과 '미디어와 인간의 관계맺기'(2장)를 종합한 미디어 경험/체제의 구체적인 전개 과정을 한국사회가 처한 역사적 맥락 속에서 이해하기 위한 것이다.

이 장에서는 먼저 1990년대 초에 한국에 소개된 이후 비판언론학의 한 축으로 자리 잡은 포스트식민주의 이론과 그 이론에 입각한 역사서술의 문제의식을 간략히 소개하고, 이후 한국 근현대사의 주요한 국면 속에서 전개된 '미디어정경'을 구체적으로 맥락화한다.

2. 포스트식민주의적 역사서술: 서구 중심주의의 극복

21세기 디지털 시대에 과연 미디어 역사에 대한 지식은 정말 우리가 알 필요가 있는 것일까? 만약 그렇지 않다면, 미디어 역사에 대한 지식이 쓸모가 있는 지식이 되기 위해선 어떠한 시각의 전환이 필요한가?

1) 미디어 역사서술 경향의 변화: 서술 시각과 대상의 다변화

역사서술 경향성의 변화라는 측면에 보면, 미디어 역사서술의 시각과 대상은 점차 다변화되고 있는 상황이다. 우선 미디어 역사서술의 기존 경향성과 그 변화 과정은 미디어를 이해하는 매우 기초적인 '관점'이라 할 수 있는 미디어 개념의 세 차원을 기준으로 쉽게 확인할 수 있다.

일반적으로 '미디어'라고 하면 신문, 텔레비전, 라디오 등을 떠올리기 십상이지만, 여기서 '텔레비전', '라디오', '신문'은 구체적으로 무엇을 지칭하는 것인가? 일단 가장 상식적인 의미에서 보면, 이들은 물건(사물의 사용가치)이다. 나의 방 혹은 거실에 놓여 있어서 학교에 다녀와서 오락이나 정보를 위해 사용하는 물리적인 차원의 물건이다. 또한 이들은 언론사나 방송사가 이익창출을 위해 만든 상품(사물의 교환가치)이기도 하다. 또 이는 기술자나 발명가의 입장에서 보면 일련의 기술적 발명품이기도 하다. 또 이들은 자신만의 개성과 정체성을 드러내는 상징(사물의 기호가치)이기도 하다. 그 밖에 이들은 신문사, 방송사와 같이 특정한 사회제도를 지칭하는 말이기도 하다. 이처럼 우리가 일반적으로 사용하는 일단의 개념들이 실제로 무엇을 의미할 수 있는지를 생각하다 보면, 우리는 그 개념에 더 많은 의미가 내포되어 있음을 읽어낼 수 있을 것이다. 이를 통해 도출할 수 있는 미디어의 세 가지 차원은 테크놀로지와 사회관계들(제도들), 그리고 문화형식이다(Grossberg, Wartella and Whitney, 1988).

이 미디어의 세 차원을 기준으로 했을 때, 과거 미디어 역사서술의 지배적인 패러다임은 법과 조직, 규범에 초점을 둔 제도의 역사였다. 역사서술자의 관점이 작용한 결과라는 점을 감안했을 때, 제도사 위주의 서술이 지배적이었던 주요한 이유는 그 미디어 제도를 만든 엘리트의 입장과 권력자의 입장이 반영된 결과였다고 할 수 있다. 이에 미국의 저명한 미디어 역사가인 캐럴린 마

빈Carolyn Marvin은 "커뮤니케이션에 있어 가장 중심적으로 중요한 문제에 대한 연구는 언론학 외부에서 오히려 활기를 띠는 데 반해, 주류 역사학의 사상과 작업으로부터 이탈되어 그것에는 거의 기여를 하지 못했다"고 개탄하고 있을 정도였다. 또한 연구주제 역시 무엇이 중요한 것인가에 대한 직업적 관념을 중심으로 조직되어 있어서, 주로 전문적인 매스미디어의 역사에 국한되어 있다. 심지어 이렇게 좁게 설정된 영역 내에서조차, 인쇄미디어의 역사에 대해서만 배타적인 관심을 보이고 다양한 미디어 역사연구의 대상은 간과되어 있었다. 그가 제시했던 간과된 미디어 역사에는, 전화의 역사, 전신의 역사, 박물관의 역사, 도서관의 역사, 퍼레이드의 역사, 페스티발의 역사, 서신의 역사, 문해력literacy의 역사, 낙서의 역사, 패션과 에티켓의 역사, 사운드 레코딩과 영상 레코딩의 역사, 댄스의 역사, 지도의 역사, 가십과 터부의 역사, 기도의 역사, 지식조직의 역사, 사전의 역사, 철자법의 역사 등이 포함된다(Marvin, 1989).

그의 지적이 1989년 미국의 학풍을 배경으로 해 이뤄졌다는 점을 감안하면, 그 이후 그가 제시한 '간과된 미디어 역사'의 상당수는 해명되어 왔다고 할 수 있다. 이러한 변화는 정치사 중심의 서술 경향에 대한 비판으로 등장했던 사회사, 문화사, 미시사 등의 새로운 역사서술의 경향이 등장했던 배경과 무관치 않다. 서구 사회에서 처음 근대적인 역사학이 등장했던 무렵이었던 19세기 후반에 서양에서 가장 존경받는 역사가는 랑케Leopold von Ranke였다. 랑케가 연구하려는 일차적인 대상은 국가였고, 그 때문에 각 국가의 정치와 외교의 역사가 가장 중요한 연구대상으로 부상했다. 그러나 랑케주의적 역사학의 정통성에 의문을 품는 19세기 말 역사가인 람프레히트Karl Lamprecht가 정치사의 독점을 깨뜨리려 시도함으로써 비로소 사회사가 출현하기 시작했다. 기존의 정치사에 대한 사회사의 문제제기는 정치사의 영웅 중심적이고 지배자 중심적인 역사서술에 의문을 제기하는 것이었다. 따라서 사회사는 역사 속에서 발언권을 얻지 못했던 잊힌 민중들의 정당한 몫을 찾아준다는 목적을 갖고 있었고, '밑으로부터의 역사'를 표방했다. 역사학에 있어서 '사회학적인 것'을 향한 움직임은 마르크시즘과 아날학파라는 두 개의 주도적인 설명 패러다임에 의해 고무되었다(조한욱, 2000). 한편, 문화사/미시사는 이와 같은 사회사를 비롯한 기존의 역사서술이 지니고 있는 목적론 지향성과 '전체적 역사' 지향성에 대한 도전으로서 등장했다. 미시/문화사는 망원경을 이용하여 사회적 삶을 12층 높이에서 바라보면서 수백만의 생활을 다루거나 전반적인 추세의 분석에 집중하기보다는, 대신 사회를 마치 현미경으로 보듯이 구체적이고 세밀하게 관찰하고 그 결과를 두껍게 묘사하는 방법을 채택했다(곽차섭, 2000).

이와 같은 서구의 '새로운 역사학'은 국내에도 영향을 미쳤고, 그에 영향을 받은 역사 연구들이 특히 1990년대 이래 활발하게 이루어졌다. 그렇지만 커뮤니케이션 역사에서 '새로운 역사학'의 영향은 아직까지 상대적으로 미미하다는 학계의 성찰이 2000년대 중반부터 이뤄지기 시작했다(이상길, 2005). 그리고 이러한 문제의식은 '미디어의 사회문화사'가 기획되어야 한다는 주장으로 이어져, 2000년대 말 『한국의 미디어사회문화사』라는 결과물로 이어졌고, 2010년대에 들어 두 권의 '한국 방송의 사회문화사' 기획시리즈[『한국 방송의 사회문화사』(2011, 한국방송학회), 『관점이 있는 한국 방송의 사회문화사』(2012, 한국방송학회)]와 한 권의 『한국 신문의 사회문화사』(2013, 한국언론진흥재단)가 출간되기도 했다. 그렇지만 그간의 성과들이 2000년대 중반 제기되었던 핵심적 문제의식, 즉 과거에 대한 회상이나 인정, 혹은 과거와 현재의 연속성을 전제하거나 진리와 지식으로서 역사를 바라볼 것이 아니라, 현재를 상대화하고 문제화하며 현재의 제도와 실천의 자연스러움을 파괴하고 거기에 내재하는 근본적인 한계와 위험성, 그리고 변화가능성을 알려주는 미디어 역사서술이 필요하다는 문제의식을 제대로 받아들여 실천하고 있는지는 분명치 않다(이상길 외, 2020).

그렇다면 디지털 시대 OTT의 등장으로 인해 기존 미디어(방송) 개념의 재정립이 화두인 현 시기의 현재적 쟁점을 이해하고 해결하는 데 있어, 과연 지금까지 살펴본 새로운 미디어 역사서술의 경향과 그 성과들은 도움이 되는가? 궁극적으로 디지털미디어의 등장으로 인해 지식과 정보가 넘쳐나는 시대에 미디어 역사에 대한 지식이 사회적으로 효용이 있기 위해선 어떠한 관점에서 미디어 역사를 서술해야 하는 것일까?

2) 포스트식민주의와 포스트식민주의적 역사서술

미국을 비롯한 서구국가의 기술 패권하에서 지구적 규모로 진행되고 있는, 소위 '제4차 산업혁명'으로 일컬어지는 디지털 혁명이 현대인의 일상적 삶을 급속히 변화시키고 있음을 한 번이라도 실감해 본 사람이라면, 인간 사회의 역사적 전개가 '이미 정해진' 목적지로 향하고 있다고 착각하기 십상이다. 그러나 이와 같은 역사 '발전'의 시나리오를 조금 더 유심히 들여다보면, 이 시나리오에 기술중심주의(혹은 기술결정론적 시각)와 함께 서구 중심적인 역사인식의 틀이 자리 잡고 있다는 사실을 어렵지 않게 이해할 수 있다.

아르헨티나 출신의 문화인류학자인 월터 미뇰로Walter D. Mignolo는 두 시점에서의 세계 질서를 비교한 바 있는데, 그의 논의는 서구 중심적인 역사인식의 기원이 어디에 있는지를 잘 보여준다. 그에 따르면, 1500년경의 세계는 몇 개의 공존하는 문명들이 존재하는 다多중심적이고 비자본주의적 세계였지만 16세기 이후 대항해 시대, 르네상스, 과학혁명, 제국주의 시대 등을 거치면서 21세기 초의 세계는 단일한 유형의 경제(자본주의)에 의해 서로 연결되는 세계로 변모되었다. 그리고 이 두 시점 사이에 '근대성'이라는 관념이 등장했고, 서구 문명의 역사가 르네상스와 계몽주의 사이의 시대에 착상되어 계몽주의 시기에 강화되었다는 것이다(Mignolo, 2011/2018). 여기서 주목할 점은 세 가지이다. 첫째는 '서구적 근대성'이 인류가 출현한 이후 등장했던 문명들의 수많은 역사에 첨가된 또 하나의 역사라는 점이다. 현 시대의 세계 질서는 '이미 정해진' 목적지로 향하는, 보편적인 인류역사의 경로가 아니기 때문에 충분히 '상대화'할 여지가 있다는 것이다. 둘째는 이러한 서구적 근대성의 관념이 이중의 식민화, 즉 시간과 공간의 식민화로 나타났다는 점이다. 공간의 식민화가 신세계의 식민화와 정복에 의해 창조되었다면, 시간의 식민화는 '중세의 발명'과 '아메리카의 발명'으로 이어졌다. 그리고 이 식민화 과정에서 유럽은 전 지구적 역사의 준거점으로 설정되었다. 셋째는 서구적 근대성에 의해 지탱되는 식민적 권력과 세계 질서가 식민화의 논리에 의해 긴밀하게 짜여 있다는 점이다. 이 중 역사적 지식은 서구적 근대성의 식민적 권력을 지탱하는 중요한 언술구조 중의 하나이다.

이러한 측면에서 보자면, 우리가 현재 보편적인 것으로 받아들이고 있는 서구 중심적 자본주의 질서는 '근대성의 어두운 이면'이라 할 수 있는 식민성(즉, 서구 식민주의의 기저에 깔린 논리)에 근거해 있다고 해도 과언이 아니다. 그렇다면 우리는 어떻게 이와 같은 서구 중심적인 자본주의 원리에 입각해 작동되고 있는 현재의 미디어체계를 상대화하고 문제화할 수 있는가? 이에 대한 답은 여러 가지 대안적인 이론 틀을 통해 내려질 수 있겠으나, 무엇보다 식민성의 문제에 대해 전면적으로 이의제기하는 학문분야인 포스트식민주의post-colonialism가 유효한 대답일 수 있다.

포스트식민주의 이론은 간단히 말하자면(마치 비판언론학의 한 분야인 문화연구cultural studies가 문화를 '이미 거기에 존재하며 고유한 내용을 포함한 것'으로 여겼던 지적 풍토를 문제화하면서 등장했던 것과 마찬가지로) 식민화의 논리에 따라 만들어진 서구 중심적 지식생산 구조를 문제화한 학문 분야이다. 한국의 인문사회학계 비판패러다임에서도 1990년대 후반 들어 탈근대성과 탈식민성 개념이 핵심 키워드로 자리했다. 주지하다시피 한국은 일제강점 36년의 식민 지배하에서 근대적 제도와 문화에 대한 경험이 시작되었고, 광복 이후 미국 중심의 세계체제에서 대미 종속적 관계를 유지해 왔다. 또한 장기간의 군사독재와 개발독재 체제에서 고도경제성장을 이루었다. 한국 근현대사에 대한 이런 상황인식을 토대로 1990년대 초 소개되기 시작한 포스트식민주의의 식민성과 탈근대주의의 근대성 및 탈근대성 개념이 또 다른 비판의 축으로 부상했다. 한국 근현대 사회문화의 여러 양상을 분석하고 설명하는 데 포스트식민주의 및 탈식민성과 탈근대주의·근대성·식민지근대성의 개념이 영감을 주었던 것이다(유선영, 2011).

포스트식민주의 이론의 입장에 선 대부분의 학자들이 공유하는 인식론적 전제는 보편적 관념들이란 것이 결코 완전히 보편적이거나 순수한 개념들일 수 없다는 인식이다. 왜냐하면 특정한 개념들의 정식화에 사용된 언어와 그 개념들이 정식화될 때의 상황들은 단독적이고 독특한 기존 역사들을 그 개념들 안에 들여 놓았던 게 분명하다고 보기 때문이다. 이에 포스트식민주의가 핵심적으로 제기했던 것은 특정 개념과 사상이 장소와 어떻게 관계를 맺었는가를 질문하는 것이었다(Chakrabarty, 2000/2014). 가령, 앞서 인용했던 월터 미

근대성의 다양한 경로

근대로 향하는 경로는 단일하지 않다. 이 경로는 대체로 네 가지이다. 이 네 가지 유형은 역사적 궤도에 실제로 존재할 뿐만 아니라 베버적 의미의 이념형으로도 간주될 수 있다.

유럽의 경우, 근대성의 경로는 내적이고 토착적이었다. 이것이 내부혁명, 시민전쟁이나 정교한 독트린적 '주의'(입헌주의와 절대주의부터 사회주의와 공산주의에 이르기까지)의 유럽적 패턴을 이끌었다. 이 내적 균열은 계급 갈등으로부터 유래되거나 중첩되었다. 계급은 내적 분화의 개념이라 할 수 있는데, 계급은 부분적으로 근대성을 찬성하거나 반대하는 유럽의 내적 균열을 이끌었고, 혈연관계를 상대적으로 약하게 했다. 그 이후에 산업자본주의와 노동의 양극화가 나타나게 되면서, 계급은 더욱 독특한 중요성을 갖게 되었다.

또 다른 유형이 신세계(미국 등), 즉 유럽 근대성의 후기에 바다를 건넌 이민자가 창출한 것인데, 여기서 근대성의 반대자는 주로 바다 건너편(미국의 경우는 영국, 라틴 아메리카의 경우는 이베리아 반도)에 있었다. 여기서 근대성의 주요 주제는 권리에 대한 근대적 담론의 효과적인 적용과 누가 인민인가라는 인종 문제였다. 이후의 정치적 균열은 이데올로기적으로 실용적이거나 혼합적이었고 사회경제적으로는 비결정적이었다. 성(性)과 세대와 관련된 투쟁도 유럽에 비해 덜 원칙적이고 덜 엄격했다.

세 번째는 식민지 유형이다. 식민지에서 근대성은 외부로부터 도래한 것이며 강제적이었고, 반면 근대성에 대한 저항은 국내적이고 파국적이었다. 후에 식민지적 근대성(colonial modernities)은 식민지 피통치자들이 대중주권, 자치 등의 식민지 통치자 특유의 이상(理想)을 배우고 통치자들에게 저항하는 부분적인 문화변용을 포함했다. 이로부터 깊은 문화적 트라우마, 사회적 분절 및 민족주의가 뒤따랐다.

마지막으로, 외부로부터 근대화가 유도되었고 새로운 제국주의적 권력에 의해 위협, 도전받았으며, 그곳의 지배 엘리트의 일부가 선택적으로 식민지적 종속을 피하기 위해 위협하는 정치체의 특징 중 일부를 도입한 경우가 있다. 이 경우 기업과 행정의 개념만큼이나 시민권리 역시 위로부터 도입되었다. 일본이 가장 성공적인 사례이다. 근대성이 도입되는 과정에서 보수적인 전(前)근대 엘리트는 특히 중요한 역할을 했으며, 강한 대중적 복종과 성공 그러나 낮은 국내적 관습과 보편적으로 경쟁적인 제도의 지속적 혼합이 수반되었다(Therbon, 1995).

놀로가 분석한 사례를 소개하자면, 16세기 이후 서구인들은 식민지 정복 과정에서 '자연'을 '문화'와 구별해 인식하는 서구식의 '자연' 개념을 이식하고, '자연'과 '문화' 사이를 구별하지 않았던 식민지인의 개념을 제외시켰다. 더 나아가 산업혁명을 거치면서 유럽은 '자연'을 산업혁명의 기계들에 연료를 보급하는 천연자원의 공급원을 지칭하는 개념으로 이해함으로써, 식민화된 '자연'개념을 발전시킨 바 있었다(Mignolo, 2011/2018).

이러한 측면에서 보자면, 포스트식민주의의 핵심적인 문제의식은 '장소의식을 박탈하는 사유양식'에 의구심을 제기하는 것이라 할 수 있다. 그리고 이러한 문제의식은 우리로 하여금 근대성 관념에 내장된 개념들을 다시 생각할 수 있도록 이끄는데, 이 중 하나가 바로 '역사주의'이다. 역사주의는 어떤 것을 이해하기 위해서는 이것을 하나의 통일체이자 역사적으로 '발전'하는 것으로 보아야 한다는 관념이고, 역사적 시간을 '발전서사developmental narrative'와 '이행서사transitional narrative'로 구성해 낸다. 이 역사주의 개념에 의구심을 제기해야 하는 가장 중요한 이유는, 이 개념이 근대성 또는 자본주의가 글로벌한 것으로 보이도록 할 뿐만 아니라 한 장소(유럽)에 기원을 두고 이어서 그 장소 바깥으로 퍼져 가면서 시간을 따라 글로벌하게 된 '어떤 것'으로 보이도록 만드는 '사유양식思惟樣式'이기 때문이다. 이 역사주의의 사유양식을 자연스럽게 받아들게 될 경우, 우리는 역사 자체를 일종의 '대기실'과 같은 것으로 여기게 된다. 즉, 우리는 모두 같은 목적지를 향해 가지만 어떤 사람들이 다른 사람들보다 먼저 도착하기 마련이라고 믿게 되는 셈이다. 이러한 사유양식은 식민 지배의 불평등한 유산들이 실제로 오늘의 글로벌화 과정들을 어떻게 굴절시켰는지에 대한 문제뿐만 아니라, 글로벌화가 야기하는 상실들에 대한 문제들에 대해 눈감아 버리게 만든다(Chakrabarty, 2000/2014: 서론).

이제 왜 이 장이 포스트식민주의의 문제의식에서 한국의 미디어 역사를 살펴보고자 하는지가 어느 정도 분명해 졌을 것이다. 첫째는 서구적 근대성이라는 준거를 상정하여 한국 미디어의 역사를 어떤 '결여', 어떤 '부재', 어떤 '미완'이라는 관점에서 이해하는 과오를 범하지 않기 위해서이다. 미디어의 역사는 '보편'으로서의 미디어의 역사가 일방적이고 동일하게 한국사회에 발현되는 과정이 아니다. 왜냐하면 한국사회가 처한 역사적·문화적 조건에 따라 변용되는 과정을 거치기 때문이다.

둘째는 한국사회의 미디어 현실에서 출발하되, 그 현실이 세계사와의 어떠한 연쇄구조와 단절구조를 가지는지를 파악하려는 시각이 필요하기 때문이다. 앞서 잠시 살펴보았듯이 식민지 근대의 역사에서 배태된 사회적·문화적 모순은 광복 이후까지 이어졌고, 심지어 민주화와 경제성장이라는 열매에도 한국사회의 구조적이고 역사적인 문제점이 잠복해 있다. 그렇기 때문에, 한국 사회가 처한 역사적·문화적 상황에서 출발하지 않고선 문제 해결의 실마리를 찾기가 쉽지 않다. 따라서 우리는 외부적 시각에서 사유하는 것이 아니라 스스로 사유할 권리를 발휘해야만 오늘날 우리가 직면한 미디어 문제를 주체적으로 해결하는 데 도움이 되는, '쓸모 있는' 역사적 지식을 만들어낼 수 있다.

이러한 문제의식으로부터 3절부터 6절에서는 한국사회가 서구적 근대성을 근간으로 성립된 자본주의적인 세계 질서에 편입되었던 19세기 말 이후 현재까지의 시기를 네 개의 역사적 국면으로 구분하고, 각 시기별로 개별 미디어의 역사가 아니라 여러 미디어들의 조합인 '미디어정경'에 초점을 두어 한국 미디어의 역사를 살펴본다.

3. 근대전환기와 일제강점기 한국의 미디어정경

한국사회가 서구적 근대성을 기반으로 한 자본주의 질서에 편입되는 시기는 대체로 19세기 후반기이다. 역사적 시야에서 보자면, 19세기는 서구에서 발현했던 자본주의적 양식이 비서구 지역으로 급속히 확대되면서 명실상부한 세계적 규모의 자본주의 체제의 기본 골격이 형성되었던 한 세기였다. 이 한 세기 동안 역사적 변동의 경로 속에서 세계 대부분 지역은 자본주의라는 동일한 경제 양식으로 통합되었다. 이 시기를 거치면서 세계자본주의 체제의 불평등 구조의 기본 틀이 완성되었고, 이 기간 동안 세계자본주의 체제의 주변부로 편입되었던 지역들은 저발전의 질곡 속으로 역사적 발전 과정이 심각하게 왜곡되었다(김기정, 2003: 63). 바로 서구 열강의 제국주의가 발현되는 역사적 시기를 배경으로 근대적 미디어들이 한국사회에 점차 도입되기 시작했다.

1) 근대전환기: 역동적 시기였던 '1900년대'의 미디어정경

한국사회의 근대전환기를 통칭하는 시기인 '1900년대'[1]는 최초의 민간신문
인 ≪독립신문≫이 발간된 1896년부터 한일 강제병합이 이루어지면서 대부분
의 인쇄매체가 폐간된 1910년까지의 시기로서, 기존의 전통적인 미디어뿐만
아니라 근대적 미디어가 유례없을 만큼 활발한 역동성을 보였던 시기였다.

10여 년에 이르는 이 짧은 시기 동안 한국은 앞 시대와 확연한 단절을 보이
면서 놀라운 속도로 변모를 거듭해 나갔다. 새로운 지식과 상상력을 왕성하게
흡수하고 세계의 상像과 자기 자리를 다시 짜는가 하면, 자기 부정을 거듭 감
행하기도 했다. 세계는 나날이 다른 모습을 갖추었고 '1900년대'의 지적 생산
력 역시 쉼 없이 여기에 대응해 갔다. 곳곳에 학회와 기타 단체가 생겼고, 10
여 종의 신문과 40여 종의 잡지가 나왔으며, 근 400종에 이르는 단행본이 출간
되고 숱한 외국 서적이 수입[2]되었다(권보드래, 2000: 17~20). 바야흐로 이와 같
은 역동적 시기를 거치면서, 한국사회는 구두사회口頭, oral에서 문자사회로 변
화하게 되었다.

(1) 근대 신문의 등장과 중심적 미디어로서의 연설회
개화기, 구한말, 세기말 한국사회의 미디어정경을 이해하고자 할 때, 가장

---

1 '1900년대'라는 용어는 권보드래(2000)가 한국의 (글쓰기 양식으로서의) 근대적 문학·소설
   이 형성되어 가는 과정을 살펴보기 위해 사용한 시기구분 용어이다. 그가 기존 역사·사회학
   계에서 제안되어 흔히 사용되고 있는 '개화기', '애국 계몽기', '개항기'라는 용어에서 벗어나
   고자 했던 이유는, 당대를 지배했던 '인식의 일반적인 틀'에 초점을 두어 그 시기를 가능한 한
   '있는 그대로' 복원해 보는 데 더 적절하다고 판단했기 때문이다.
2 1900년대의 출판 상황에 대해서는 김근수(1973)와 강명관(1999)의 글을 참고할 수 있다.

≪독립신문≫ 창간호 1면. ≪독립신문≫은 언론의 중요성을
인식시키고 공개성을 확대하는 데 크게 이바지했다
자료: 박용규(2011: 106).

먼저 고려해야 할 점은 당시 한국사회에서 중심이 되는 미디어가 무엇인가 하는 것이다.

우선 서구적 근대성에 자극받아, 근대적인 의미에서의 신문이 등장하고 있었다. 한국 최초의 근대 신문인 ≪한성순보≫(1883)는 공개성의 영역을 어느 정도 확대했다는 점에서 역사적 의의를 지닌다. 그렇지만 ≪한성순보≫는 당시 사회의 보수적 분위기와 제반 여건의 미성숙 속에서 근본적인 한계를 지니고 있었다. 기본적으로 관보官報인데다가, 한문만 사용했으며, 제한된 범위 내에서 배포되었고, 10일 간격으로 발행되었다. 물론 이러한 한계를 극복하고자 1886년 1월 25일 ≪한성주보≫가 발간되어 발행 간격을 1주일로 줄이고 발행 면수도 다소 늘렸으며, 특히 국한문을 혼용하고 한글을 부분적으로 도입함으로써, 계몽적 역할에서 진일보한 측면을 보여주었다(박용규, 2011: 103~104). 그렇지만 기본적으로 이 최초의 근대 신문은 점증하는 일반 대중의 욕구에 부응한 것이었다기보다는 당시 약육강식의 제국주의 질서에 대응하기 위한 엘리트의 민족적 사명감의 발로였다고 할 수 있다. ≪한성순보≫와 ≪한성주보≫의 서구 근대적 통상通商과 과학기술 지식에 대한 계몽적 태도는 민족적 사명감으로 점철되었고, 초기 ≪한성순보≫와 ≪한성주보≫의 내용 중 절반 이상은 서양의 과학과 법, 제도, 사상의 소개에 치중하고 있었다(유선영, 1992: 161).

이런 측면에서 볼 때, 1896년 ≪독립신문≫의 창간은 이후 신문이라는 매체가 삶의 감각을 크게 바꾸어 놓는 데 있어서 그 첫 출발점이었다는 점에서 그 의의가 있다. 초기에 유길준을 중심으로 한 개화파 관료들이 주도하던 창간 작업은 1895년 말에 서재필이 귀국한 이후에는 그를 중심으로 급진전되기 시작하여, 마침내 1896년 4월 7일 한국 최초의 민간지라고 할 수 있는 ≪독립신문≫이 창간되었다. 특히 ≪독립신문≫은 순 한글로 발행되어 독자층이 크게 확대될 수 있었고, 발행 간격도 격일에서 나중에는 일간이 되어 속보성이 한층 강화되었다. 여러 가지 한계점[3]에도 불구하고, ≪독립신문≫은 언론의 중요성을 우리 사회에 널리 인식시키고 공개성을 확대하는 데 크게 이바지했고, 독립협회 운동과 연결되면서 이 운동의 대중적 기반을 확대하는 데도 많은 기여를 했다. 나아가 ≪독립신문≫은 이후 여러 신문이 창간되는 데 영향을 주기도 했다(박용규, 2011: 105).

그렇지만, 민족사회의 소통과 여론의 흐름을 주도한 것은 독립협회(1896.7~1898.12)가 주도한 각종 연설회, 토론회, 애국가 등의 창가였다고 할 수 있다. 근대 정치운동의 정점을 이룬 만민공동회(1898.3~1898.12)는 전통사회의 음성(말과 소리)에 기반한 사회적 소통의 위력을 과시한 사건이었다. 말, 토론, 연설, 애국가, 창가로 국권 상실의 울분과 절박함, 위기의식을 공유했고 전달했으며 독립의 의지를 분출했다. 그러나 만민공동회의 급진성을 위험시한 정부는 1904년까지 정치적 연설을 금지했고 일본의 보호통치하에서 1906년까지 단체결성, 1907년까지 대중연설이 금지되었다. 일제 통감부는 일진회 등 친일

---

3 ≪독립신문≫은 국민을 계몽하고 때로는 정부를 비판하기도 하는 등 적극적인 활동을 펼쳤다. 그러나 제국주의에 대한 비판적 인식이 부족하고 의병 활동에 다소 부정적인 관점을 드러내는 등의 한계를 보이기도 했다. 이러한 한계는 열강의 침략이 강화되던 정세 속에서 개화를 조속히 추진하려던 ≪독립신문≫ 발행 주체의 의식을 드러내고 있었다(박용규, 2011: 105).

단체의 연설 등 선전활동을 허용했으나 조선인에게는 학술 내지 비정치적 논제의 강연회와 강론만 허용했다. 모든 강연회는 경찰이 임석臨席했고 강연회는 언제든 중단, 해산하는 식으로 정치적 연설, 집회, 공론을 원천 차단했다. 이러한 측면에서 보자면, 개화기, 구한말, 세기말의 대한제국은 말 그대로 구두―음성사회였다고 할 수 있다(유선영, 2016: 207).

(2) 신문의 계몽적 성격과 '언어적 근대', 그리고 문자사회로의 전환

이와 같이 만민공동회를 중심으로 이뤄지던 대중연설이 공식적으로 금지되자, 이제 종래의 말, 연설, 집회를 대신해서 신문과 출판과 독서가 급격하게 중요해 지게 되었다. 서구적 근대성을 기축으로 재편되는 세계 질서에 대응하기 위해서라도, 근대사회로의 전환에 필요한 지식의 사회적 확산이 필요했기 때문이다. 즉, 지식은 국가와 민족을 부성케 하는 힘이므로 깊은 지식이 아닌 '보통지식'이라도 필요했고, 이를 위해 신문잡지, 새 서책, 선진국의 물질과 정신을 알아야 했던 것이다(유선영, 2016: 208).

이에 ≪독립신문≫의 영향을 받아, 1898년 무렵에 이르면 소위 '언론계'가 형성되었다. 1895년 갑오개혁에서 시작된 일련의 근대적 제 개혁은 주체적 역량의 부족과 외국 열강의 침략적 간섭으로 충분한 성과를 거둘 수는 없었지만, 한국사회에 큰 전환을 가져왔다. 특히 독립협회 운동의 결과, 국문·국한 혼용문의 각종 신문들이 간행된 것은 지식인의 의식변화에 크게 이바지했다. 실제로 이 시기에 ≪독립신문≫에 버금가는 ≪협성회회보≫ 및 이것의 이름을 바꾼 ≪매일신문≫에 덧붙여 몇 개의 신문이 출현했던 것 외에도, 1898년 8월에는 ≪제국신문≫이, 같은 해 9월에는 ≪황성신문≫이 창간되어 조선의 개화를 추구하는 활발한 주장이 전개되었다. 이들 신문의 잇따른 창간은 독립협회 운동의 치열한 싸움 속에서 단련된 개화지식인에 의해 이루어진 것이었다. 더욱이 이러한 신문이 자국어로 발간된 것은 갑오개혁 이래의 각종 교육사업의 성과를 밑거름으로 한 것이다(윤건차, 1987: 216).

이와 같이 1898년을 기점으로 근대 신문이 활발히 발행되기 시작하자, 신문이라는 매체는 삶의 감각을 크게 바꾸어놓았다. 비록 1899년 당시 신문의 발행부수를 모두 합해도 3000밖에 되지 않았지만, 전 국민을 잠재적인 독자로하고 전국의 사정을 다루는 매체가 생겨나 매일 동시에 여러 사람이 읽게 되었다는 사실 자체가 가져온 파장은 만만치 않았다(권보드래, 2000: 205~206). 또한독서행위 자체가 국가의 운명과 연관된 실천적 행위로 간주되었고 독서를 통해 신체 강건과 마음의 활발活潑을 이룰 수 있어야 한다는 독서론에 전 민족사회가 부응했다(김종철, 2003). 지방의 읍 단위 지역에서도 서포書鋪가 생겨나는 등 출판문화라고 할 만한 현상이 전개되었다(김봉희, 1994). 그리고 도서관을대신하여 전국에서 신문잡지종람소縱覽所가 우후죽순 설치되었다. 단체나 개인들이 자비를 들여 설치했고 외국 및 국내 신문과 잡지, 서적을 구비하고 무료로 일반이 열람하게 했다(유선영, 2016: 208).

그러나 1898년을 기점으로 신문과 출판을 중심으로 활발히 진행되었던 이러한 '1900년대' 서구지향적 미디어 활동은 기본적으로 서구적 근대성에 토대를 둔 지식을 전파하는 데 초점을 두고 있었을 뿐이었고 일반 대중의 정보 욕구를 충족시키는 데 있어서는 분명한 한계점을 가지고 있었다. 여기서 '1900년대' 신문의 계몽적 성격과 관련하여, 결코 가볍게 여겨서는 안 되는 근대전환기 미디어정경상의 변화가 있었다. 그것은 바로 미디어정경의 가장 근저에있는 미디어라고 할 수 있는 '국문國文'의 '근대적 변화'이다. '국어'에 대한 현재와 같은 인식은 근대사회에 와서 만들어진 매우 특수한 것으로, 근대에 나타난언어에 대한 새로운 인식은 소위 '근대어의 탄생'으로 이어졌다(이연숙, 1996). '말과 글을 일치시켜야 한다'(언문일치)는 생각 자체가 근대 이전에는 없었던새로운 의식의 발로發露였으며, 더욱이 이때에 상정되었던 '말'이라는 것이 우리가 상식적으로 생각하는 그 입말(구어)이 아니라 근대에 들어 비로소 나타난 새로운 '언어' 인식과 관계된 것이라고 할 때, ≪독립신문≫ 국문판의 편집과 제작을 담당했던 주시경이 ≪독립신문≫ 사설을 통해 '언문일치'의 문제를 제기하고 '언어적 근대'의 문제에 몰두했던 것은 일제강점기에 진행되었던 한글의 표준화 과정에 중요한 출발점을 제공해 주었다고 평가할 수 있다(김병문, 2012).

(3) 글로벌 전신네트워크와의 연결과 그 의미

지금까지 살펴보았던 근대전환기 미디어정경 변화의 핵심은 음성 중심의 구두사회가 근대적 인쇄미디어의 등장을 계기로 점차 서구지향적 문자사회로 변환되고 있었다는 데 있다. 이 서구지향적인 지식의 계몽을 중심으로 한 문자사회로의 변환 과정을 이해하는 데 있어서 놓쳐서는 안 될 것은 그 변환의 이면裏面이다.

우선, 근대적인 우편망의 완성은 1898년 무렵 ≪독립신문≫의 영향을 받아 '언론계'가 형성되는 데 있어 중요한 계기로 작용했다. 1884년 갑신정변의 실패 이후 중단되었던 근대적 우편사업은 갑오개혁기인 1895년에 재개되어 1898년에 와서 전국 각지에 협업기관인 우편소가 전국적으로 설치되는 것으로 어느 정도 일단락되었다. 우편사업의 재개 이후에 ≪독립신문≫(1896년 4월)이 발행되었고, 잇따른 민간지들의 등장으로 사실상의 근대적 언론이 성립되었던 시기였던 1898년이 전국적 우편네트워크의 정비와 때를 같이하고 있다는 점에서 보자면, 한국 근대언론의 성립은 근대적 우편제도와 긴밀한 관계를 유지하면서 이뤄진 것이라 할 수 있다(윤상길, 2007: 109~110).

그렇지만, 근대언론과 근대적 우편제도 간의 연관관계는 더 넓은 시야에서 이해할 필요가 있다. 사회 내의 효율적인 통신 네트워크의 구성을 위해 전신電信, telegraph 네트워크의 도입에 앞서 먼저 근대적인 우편 네트워크를 구축·운영했던 서구사회의 경로와 달리, 근대전환기 한국에서 근대적인 통신미디어

도입과 발전은 다소 뒤집힌 형태로 이뤄졌기 때문이다.

한국의 경우 좀 더 최신 형태의 통신미디어라 할 수 있는 전신의 도입은 근대적 우편제도의 도입보다 10여 년 빨랐다는 특이성을 가졌고, 이 특이성은 제국주의 열강의 동기가 작동한 결과였다. 19세기 말 구미 자본주의 열강으로부터의 외압과 중국 및 일본으로부터의 외압이 동시에 작용하는 '이중적 외압'의 역사적 상황에서, 한국의 전기통신 네트워크는 1882년 일본의 필요에 의해 한일해저케이블이 건설되는 것으로부터 시발되었다. 그리고 중국의 정치적 필요에 의해 자국의 전신 네트워크와 연접連接시킬 목적으로 중국 기술자에 의해 건설되고 운용되었던 '서로전선'(의주-평양-서울-인천, 1885년)은 집권 이후 줄곧 강대국 편승전략

1890년대 초 한국의 전신네트워크
자료: 윤상길(2007: 112).

을 구사해 온 고종이 영국의 불법적인 거문도 점령을 철회시키기 위해 국제공론을 일으킬 방편으로 한반도와 국제사회를 연결하는 전신선 가설에 주목한 정치적 의도가 작용한 결과이기도 했다(최덕규, 2017: 121). 이러한 측면에서 보자면, 거문도를 둘러싼 영국과 러시아 간의 패권 대결이라는 글로벌 위기는 한반도가 한국 최초의 육상전신선인 서로전선의 가설을 통해 '국제전신망으로 접속'됨으로써 본격적으로 글로벌한 세계 체제의 일부로 편입되게 되는 역사적 계기였다고 할 수 있다(윤상길, 2019c: 111).

이와 같이 19세기 후반기 동안 비서구사회가 세계자본주의 체제의 주변부로 편입되는 세계사적 흐름 속에서 한국사회의 글로벌 통신네트워크로의 편

입이 수반되었다는 점을 고려한다면, '1900년대' 서구지향적인 지식의 계몽을 중심으로 한 문자사회로의 변환은 한반도 내의 정보가 외부로 유출되는 '글로벌 통신네트워크로의 편입'을 대가로 하여 이뤄진 것이라 할 수 있다.

2) 일제강점기:
언어를 기준으로 이원화된 미디어정경과 시각미디어의 패권적 우위

간디(Gandhi, 1998: 29~30)에 의하면, 근대 식민주의는 서구 자본주의 확장의 일환으로 '서구'가 '비서구'의 문화적 가치와 차이를 체계적으로 폐기하거나 부정하려고 시도하는 역사적 과정의 시발점, 즉 일종의 결정적인 역사적 접합점이다. 그리고 근대의 식민주의는 두 식민 당사자들―서구와 비서구, 식민자와 피식민자, 자아와 타자, 문명과 야만, 주인과 노예―간의 만남에서 비롯된다. 각각의 자아는 자신 앞에 또 하나의 자아(즉, 타자)와 대면함으로써 자신의 정체성을 확보하게 되는데, 처음에는 서로 대면하고 있는 이 두 자아 사이에는 적대와 적의가 존재하며 각각은 타자의 폐기나 죽음, 그리고 파괴를 목표로 한다. 따라서 일시적으로는 한쪽만 인정받고 다른 쪽은 인정해 주는 상황이 야기된다.

이러한 견지에서 보자면, 일제에 의한 식민지배가 이뤄지던 시기의 미디어정경mediascape을 이해하는 데 있어 핵심적으로 고려해야 할 사항은 일제강점기 한국사회가 처한 식민지적 조건이다. 특히 무엇보다 두 식민당사자들이 대면한 결과로 피식민자의 문화적 가치나 차이를 폐기 내지 부정하는 식민지배의 메커니즘이 미디어정경에 작용하는 양상을 이해하는 것이 가장 중요한 것이다.

(1) 이중어의 문화적 상황과 그에 따른 미디어정경의 분화
'담론적 연결의 장'으로서의 '공공영역public sphere' 개념에 입각한 접근 방식은 사회 내 존재하는 다수의, 중첩되는 또는 다투는 공론장들 간의 관계를 건축학적으로 파악할 수 있게 한다는 점에서 그 의의가 있다(Nerone, 2006: 258). 그렇다면 식민지 조선에서 '하나의 식민지 공공영역a colonial public sphere'의 성립에 필수불가결한 요건인 '공통의 이해'(즉, 공공성4=공공적 가치)가 생성될 수 있는 문화적 맥락은 존재했는가?

강제병합 직후의 매체적 상황과 문화적 상황은 '공통의 이해'를 생성시키기에는 사회 내 문화적 이질성의 정도가 매우 높았다. 특히 이는 '미디어정경'의 근저에 위치해 있는 매체인 언어의 이질성으로부터 비롯된 바가 컸다. 즉 식민지배자의 언어인 일본어와 피식민자의 언어인 조선어가 공존하는 '이중어적인bi-lingual' 문화 상황은 공론장의 구조뿐만 아니라 당대의 모든 '사회구성social formations'을 계기 지웠던 조건이었다. 말하자면, 이중어 상황은 일제강점기 한국사회에서 일상적 삶을 살고 있는 사람들이 흔히 접하게 되는 '공중의 공기空氣'와도 같은 문화적 조건이었다고 볼 수 있다. 미디어와 사회와의 관련성을 거시적인 관점에서 역사적으로 조망하고자 했던 머레이와 벤그라프(Murray and Wengraf, 1970: 185~186)에 의하면, 보통 근대사회에 있어서 직접적인 '구술발화oral speech'는 일반적으로 지배적인 커뮤니케이션 양식이 될 수 없지만, 이중어적인 사회구성과 분리된 엘리트 언어의 존재는 '불균형적인asymmetrical' 발화 관계를 확증하는 강력한 수단이 될 수 있다.

4 근대적 공공성의 중요한 의미는 크게 세 가지로 구분해 볼 수 있다. 첫째는 국가에 관계된 공적인(official) 것이라는 의미로서, 이 의미에서의 공공성은 강제·권력·의무라는 울림을 가진다. 둘째는 특정한 누군가가 아니라 모든 사람들과 관계된 공통적인 것(common)이라는 의미로서, 이 의미에서의 공공성은 공통의 이익·재산, 공통적으로 타당한 규범, 공통의 관심사 같은 것을 가리킨다. 세 번째는 누구에게나 열려 있다(open)는 의미로서, 이 의미에서의 공공성은 누구의 접근도 거부하지 않는 공간이나 정보 같은 것을 가리킨다(齊藤純一, 2000/2009: 18~19). 이 글에서 사용하는 '공공성'의 의미는 공통의 이익과 관계된 것이라는 두 번째 의미에 초점을 맞춘 것이다.

이처럼 강제병합 직후 연출된 이중어적인 문화 상황에서 구술발화적인 양식이 지배적인 커뮤니케이션 양식으로 부상하게 됨에 따라, 강제병합 직후의 '미디어정경' 구조 또한 언어를 중심으로 재편되게 되었다. 따라서 일본인에 의해 발행되었던 일본어 신문과 잡지들은 지배적 공론장으로서의 위상을 점하게 되었다. 강제병합 이전 시기, 경성에는 일본인이 경영하던 일본어 신문으로 ≪京城日報≫, ≪京城新報≫, ≪大韓日報≫, ≪朝鮮日日≫ 등 5개의 신문이 있었지만, 병합 직후 조선총독부는 이 가운데 ≪京城日報≫만을 남기고 나머지는 모두 약간의 폐간료를 주고 폐간시켰다(박용규, 2006: 40; 박찬승, 2009: 19~20). 이와 같은 병합 직후 조선총독부의 일본어신문에 대한 강제적인 통폐합 조치는 총독부 기관지였던 ≪京城日報≫에 우월적 지위를 부여함으로써 이를 중심으로 지배적 공론장을 관리하기 위한 차원에서 취해졌다.

더 나아가 조선총독부는 통감부 치하에서 항일 언론의 선봉에 섰던 ≪대한매일신보≫를 인수하여 지령을 이어 받고 제호를 ≪매일신보≫로 바꾸어 한글로 발행하여, ≪경성일보≫의 일본어 기관지, ≪서울프레스≫의 영어 기관지와 함께 3대 기관지 중의 하나로 삼았다. 이를 통해 일제는 자신들의 식민정책을 선전하고 제국주의적 이익을 대내외적으로 대변시키고자 했다.

반면, 조선 문자의 신문발행은 허가하지 않음으로써 조선인의 정치적 발언의 길은 원천 봉쇄되었다. 1910년 이후 신문지법에 의한 조선인의 출판활동이 허가된 일은 전무했고 대대적인 금서禁書 조치가 보여주듯 단행본 출판의 자유 역시 철저하다시피 제약 당했다. 단행본 출판 규칙에 따라 발행된 정기간행물의 존재 역시 찾아보기 힘들다(권보드래, 2010: 21). 더구나 병합 직후 조선총독부는 조선인의 결사·정치적 집회를 금지함으로써, 면대면 접촉에 의한 언론활동까지도 통제하고자 했다. 따라서 조선어를 매개로 한 저항적 공론장들은 주변부화되어 비밀결사체나 소문과 같은 형태로 음성화되게 되었다.

(2) 3·1운동과 저항미디어로서의 소문과 항일지하신문

주목할 사실은 조선총독부의 언론통제술이 생각보다 훨씬 더 교묘했다는 점이다. 우선 한문의 문화적 위치를 재조정하는 작업을 통해 유림 세력을 포섭하려고 했다. 1910년대의 (문자)언어 상황은 한글과 일본어라는 두 개 항을 넘어 보다 복잡했다. 『서유견문』과 ≪독립신문≫ 이래의 어문 혁신에도 불구하고 한문의 문화적 위치에 대한 재조정 작업이 완결되지 않은 상황에서 ≪매일신보≫는 한문의 문화적 가치를 재조정하는 작업에 착수했다. 조선총독부는 1910년대 초부터 한국인들을 지도하고 대표할 집단으로 '조선귀족'과 중앙 및 지방의 유림을 지목하고 이들이 한국인들 사이에서 헤게모니를 행사할 수 있도록 다양한 담론적 지원을 했다. 조선총독부의 이러한 정책방향에 따라 ≪매일신보≫는 제 1, 2면에 한학 지식인의 만필漫筆이나 한시를 위한 난을 상설화하고 현상 문예를 통해 한시를 공모하는가 하면, 유학과 한문학 관련 행사가 있을 때마다 홍보자의 역할을 자임했다. 그뿐만 아니라, 조선총독부는 1912년 지면 개편을 통해, 사회면에 해당하는 ≪매일신보≫ 3면 전체에 한국인의 일상생활 영역 안에서 일어나는 각종 사건사고를 보도하는 기사를 집중 배치함으로써 한국인 독자들이 자신들의 '사회'를 '치안'의 관점에서 바라보도록 만들었다. 즉, 무질서한 도덕적 타락을 일소하는 데 식민권력이 기여했음을 보여줌으로써 통치 정당성을 부여받고자 한 것이었다(윤상길, 2011a).

그러나 이와 같은 일제의 의도적인 의식 조작이 모든 한국인들의 의식까지 뒤흔든 것은 아니었다. 정보관리 체제 중의 하나인 신문과 같은 매스미디어가 주위 환경변화에 대한 정보를 제대로 민중들에게 전달해 주지 못하여, 이를테면 민중들이 정보의 빈곤 상태 혹은 '정보에 대한 굶주림 상태'에 놓여 있을 때, 혹은 "주위환경에 대해서 충분한 정의가 이뤄지지 않았을 때"에는, '소문'이라고 하는 대안미디어가 재등장하기 마련이기 때문이다. 이에 피식민지인들의 식민지배 상황에 대한 집합적 해석의 노력으로서, 이들의 저항적 의지의 발로

언로(言路)의 차단과 소문(所聞, rumour)

기본적으로 인간 생활에서 있어서 가장 원초적인 요소라 할 수 있는 구술성(즉, 목소리)에 의거한 미디어인 소문은 항상 인류의 역사와 동행했다. 특히 과거 특정 시기에는 대다수 사람들이 소문에 의지하여 주위 환경 변화에 대한 정보를 획득함으로써, 소문은 매스미디어로서의 전성시대를 누리고 있었을 뿐만 아니라 일반 민중들로부터 일정 정도의 권위를 인정받고 있었다. 때로 사람들은 그 소문이 정확하지 않을 수도 있다는 점을 알고 있지만 그것을 대체할 만한 것이 마땅치 않은 상황은 소문에 대한 권위 부여로 이어지는 것이 일반적이었다.

소문이 가진 미디어적 성격과 그 사회적 위력에 대하여 사람들이 관심을 가지고 사회적으로 활용하기 시작했던 것은 대체로 인류의 역사가 극단의 시대로 접어들던 20세기 초에 들어서이다. 20세기 전반기 인류가 경험했던 두 번의 전쟁과 파시즘, 냉전은 소문이 가진 매스미디어적 성격을 여러모로 실험했던 장인 동시에 그것이 가진 정치사회적 위력을 실감했던 장이기도 했다. 특히 전쟁 수행 과정에서 유럽 열강들 사이에서 벌어졌던 정보전과 심리전은 실질적으로 소문을 주인공으로 한 전투이기도 했다.

정보관리 체제 중의 하나인 매스미디어가 주위 환경 변화에 대한 정보를 제대로 민중들에게 전달해 주지 못하여, 이를테면, 민중들이 정보의 빈곤 상태 혹은 '정보에 대한 굶주림 상태'에 놓여 있을 때, 혹은 "주위 환경에 대해서 충분한 정의가 이뤄지지 않았을 때"(원우현 편, 1982: 8), 소문은 민중들이 (거의 맹신에 가까울 정도로) 의지할 수 있었던 대안적인 미디어로 재등장하게 되는 것이 일반적인 양상이다. 더구나 통상적으로 기존 매스미디어의 기능 정지가 주로 자연적 재앙, 즉 천재지변으로 인한 두절(杜絕)과 사회적인 강제, 즉 당국의 명령이나 사회 혼란에 의한 금지로 인해 이뤄진다는 점에서 보면, 민중들의 입에서 입으로 전해지면서 민중들의 희망과 열망, 불만들이 사회적으로 분출되는 통로로서 소문이 가진 파괴력은 지배세력의 입장에서 보면 거의 시한폭탄과 같았을 것이다. 그리고 지배세력이 가진 민중들에 대한 두려움은 거의 공포 수준이다. 더구나 그들의 심정 상태를 정확히 알 수 없다는 측면에서 보면, 그 공포는 미지(未知)에 대한 공포이다. 특히 특정 사회 내에 식민 모순이나 계급 모순과 같은 모순들이 존재할 경우엔 그 모순들이 자연적 재앙이나 사회적 혼란 속에서 폭발할 수 있기 때문에, 지배세력은 거의 강박증적으로 한편으로는 소문을 적극적으로 통제하고 다른 한편으로는 소문에 대한 보고체계를 정비하고자 했다.

과거 권위주의적 정치체제하에 있었던 한국사회 또한 이러한 소문 통제의 역사를 가지고 있다. 정치권력에 의해 매스미디어의 기능이 사실상 왜곡되었던 때로서, 시기적으로 보면 식민지 시기로부터 군사통치의 시기에 해당된다(윤상길, 2008.4.9).

이자 억압된 커뮤니케이션 욕구가 분출된 '저항적 공론장counter publics'으로 소문은 유사-언론이자 유사-네트워크로서의 역할을 담당했다.

이런 측면에서 보자면, 한국 민족의 독립 의지와 역량을 집약적으로 표출한 '광장의 아우성'인 3·1운동은 소문의 유사-네트워크로서의 역할이 확장된 결과물이자 그 자체로 하나의 언론 활동이었다. 그뿐만 아니라 3·1운동은 한국

3·1운동기 발행되었던 대표적인 항일(필사판) 신문이었던 ≪조선독립신문≫ 32호 자료: 독립기념관 홈페이지.

인의 언론활동을 좀 더 조직화시키는 계기를 마련해 주었다. 3·1운동을 계기로 하여, 그간 억눌렸던 의사 표현의 욕구가 폭발하며 다양한 매체들이 쏟아져 나왔던 것이다. 이런 매체들은 같은 제호로 연속 발행하며 어느 정도 신문 체재를 갖추었던 '항일지하신문'[5]과 단순히 일회성으로 배포된 선언문, 격문, 경

---

5 '항일지하신문'이라는 용어는 그간 학계에서 많이 사용되어 오던 '지하신문'이라는 개념에 '저항'의 의미를 덧붙이고자 만든 개념이다. 그러나 최근 3·1운동기에 발행되었던 신문 형식의 간행물들을 '지하신문'이라고 규정하는 학계의 평가가 정당하지 못하다는 지적이 제기되었다. 즉, 3·1운동기에 발행된 간행물들을 지하신문이라고 평가하는 배경에 일제의 법적 절차를 밟지 않았다는 사실과 제한된 여건에서 급조되어 형식적으로 미비했다는 사실에 기인해 있기에, 일본의 입장일 뿐이라는 주장이다(채백 외, 2021). 그러나 이 글은 '지하신문'이라는

고문 등의 '전단'으로 나누어볼 수 있다. 지하신문이 만세 시위 상황을 널리 알리는 역할을 주로 수행했다면, 전단들은 독립 의지를 밝히거나 만세 시위를 촉구하는 내용을 주로 담았다(윤상길, 2019.2.27).

(3) 신문의 '사실성' 매체로의 분화와 언론통제, 그리고 라디오 방송의 등장

근대의 '사실'이란 객관적 실재라기보다 '사실'로서 해석된 경험이다. '사실'은 사건의 온갖 세부 사항, 사건을 둘러싼 소문과 여러 해석에서 비합리적이거나 모호한 요소를 제거해 낸 후의 결과이다. 이러한 견지에서 보자면, 1900년대에는 '사실'의 근거가 아직 확립되지 않은 상황이었다. 1900년대에 신문 필진과 신소설 작가가 모두 스스로를 '기자記者'라 불렀지만, 1900년대의 신문 기사를 소설과 분명하게 구별하기란 쉽지 않을 정도로 신문과 소설 사이의 거리는 매우 불분명했다(권보드래, 2000: 213~218). 이렇듯 1900년대의 신문은 사실을 전달하는 매체로 정착되지 않았다.

그러나 1910년대에 들어 1900년대 정론政論과 계몽의 입지가 축소되면서, 신문은 다양한 방면에 관심을 분산시키기 시작했고 신문의 독자적 영역을 '사실 보도'에서 찾기 시작했다. 신문에서 사진이 활용되고 기사의 단수段數, column 구분이 나타나는 등, 현재의 신문 편집 체계가 틀을 갖추게 되었는데, 이는 역설적이게도 1910년대 중반 조선총독부 기관지 ≪매일신보≫를 통해서였다. 특히 1900년대에는 혼재해 있었던 정치와 사회 기사가 분화되면서, 별 비중을 차지하지 못했던 사회 기사는 크게 늘어났다. 이와 같이 1910년대에 들어 신문이 '사실성의 매체'로 분화됨에 따라 이와 함께 소설은 '허구'의 글쓰기로 분명하게 자리 잡게 되었다(권보드래, 2000: 219~226).

용어가 저항성을 표현해 줄 수 있다는 점에 주목하여, '항일지하신문'이라는 용어를 사용하기로 했다.

3·1운동으로 일제는 탄압 일변도의 식민지정책을 일부나마 수정해 다소 유화적이면서도 기만적인 이른바 '문화정치'를 실시했다. 문화정치가 실시되면서 일제는 종래의 방침을 바꾸어 1920년에 한국인에게 《조선일보》, 《동아일보》, 《시사신문》 등 3개 신문의 창간을 허용했다. 그러나 일제는 신문 창간을 허용해 격앙된 민심을 완화하는 동시에 민심의 동향을 파악하려고 했을 뿐, 결코 민족의 이익을 제대로 대변할 수 있는 언론 활동을 허용한 것이 아니었다(박용규, 2011: 108). 조선총독부는 취재 과정을 통제했을 뿐만 아니라 기자들이 보도할 만한 내용에 대해서도 '행정처분의 가능성'을 미리 공지함으로써 보도를 미리 차단하고자 했다(이민주, 2020: 50~52).

그렇지만 일제의 취재 통제가 일상화되고 뉴스의 취재 영역이 사회면으로 제한된 식민지적 조건 속에서 나타난 주요 현상은, 개인적이고 인간적인 문제들에 대해 과도하게 관심을 가지면서 "대중생활의 이해와 흥미, 호기, 눈물과 웃음, 흥분, 경악, 전율"에 초점을 두는 '정의적情義的' 보도 양식과 사실에 입각한 객관 보도를 중시하는 경향 사이의 갈등이었다. 1930년대 이후 사실 보도 위주의 저널리즘은 신문의 상품화와 기업화 추세에 따라 상당 부분 관행화되어 있었다(유선영, 1995: 105~107). 1930년대에 들어 이윤 추구에만 집착하게 된 《동아일보》와 《조선일보》는 제한된 판매 시장과 광고 시장을 둘러싸고 치열한 경쟁을 벌이고 있던 상황이었고, 이러한 가운데 두 신문의 지면에서는 비판적 논조가 사라지는 한편, 선정적 보도와 흥미 위주의 문예물로 지면을 채우는 등 대중지의 성격을 보이기까지 했다(박용규, 2011: 111).

한편, 1920년대 이후 일제강점기 미디어정경에서 특기할 만한 것은 바로 라디오 방송이 도입되었다는 점이다. 1926년 11월에 경성방송국이 설립되어 이듬해인 1927년 2월 16일부터 JODK라는 호출부호로 방송이 시작되었다. 경성방송국은 일본 내 세 개 방송국에 이어 네 번째로 생긴 방송국이었다. 일제하의 방송은 조선총독부 관장하에 주로 식민지 지배 수단으로 이용되었다. 즉,

일제하의 방송은 일본 국내 뉴스를 신속하게 외지에 전파하고, 한국에 거주하는 일본인들에게 오락거리를 제공하며, 중국과 소련에 대항하는 사상전 수행상의 전진기지로서 기능하고, 한국 민중에 대한 선전기관으로서의 역할을 하는 것 등을 목적으로 출발했던 것이다. 비록 선전도구로 기능했지만 경성방송국은 사단법인으로서 청취료를 징수해 운영했다. 특히 일제강점기 라디오 방송과 관련해 주목할 점은 언어에 따른 채널 분화가 이뤄졌다는 점인데, 1933년부터 JODK는 '이중어 방송'을 시작했다. 즉, 한국 내에 거주하는 일본인을 주 대상으로 했던 초기의 방송은 1933년부터 한국어 방송을 독립시켜 한국인을 상대로 하는 방송을 강화했다. 한국어 방송의 실시와 함께 1932년 말 2만여 대에 지나지 않던 라디오 수신기 대수가 1937년 3월에는 7만 대를 넘어설 정도로 급증했다. 특히 1937년 7월에 중일전쟁이 발발하자 전파 매체인 라디오에 대한 사회적 인식이 높아지면서 수신기 보급 대수가 14만 대를 넘어설 정도가 되었다(박용규, 2011: 110~111).

(4) 시각미디어의 패권적 우위 확립

말과 문자에 대한 검열이 일상화된 식민지 조선에서, 서구로부터 도입된 영화와 같은 시각미디어는 서구사회와 다른 역사의 궤적을 거쳤을 뿐만 아니라 미디어정경 내에서도 그 의미가 남달랐다. 우선, 한국사회에서 시각미디어의 도입은 압축적으로 진행되었다. 한국사회가 그림과 사진 등 이미지를 스크린에 영사하는 시각기술을 처음 접하게 된 것은 20세기 전환기였는데, 사진, 환등幻燈, magic landern과 영화가 거의 동시적으로 도입되었다는 특이성을 가졌다. 일례를 들자면, 서구와 일본의 19세기에, 1세기 또는 2세기에 걸쳐 '환등의 시대'가 전개되었던 데 반해, 식민지 조선의 경우엔 1900년대 무렵 도입되어 1920년대 초까지 미디어정경의 한 축을 차지할 정도로, 약 10여 년 이라는 짧고 압축적인 '환등의 시대'를 영위했다(유선영, 2016: 194).

또한 서구사회의 미디어정경과 뚜렷이 구별되는 특징 중 하나는 서구사회의 시각미디어 배치가 순차적으로 상호연계를 가지고 진행되었던 반해, 한국사회의 경우 사진, 환등, 영화 같은 시각기술이 식민지 맥락에서 개연성 없이 존재한 고립된 기술이었다는 점이다(유선영, 2013). 1923년 할리우드 장편서사 영화가 처음 상영되고 이후 무성영화 시대에 진입하는 등 결과적으로 미디어의 대체가 일어난 조건 속에서 1920년대 초 한국사회의 짧은 '환등의 전성기'가 막을 내리게 되었다는 사실은 이 특징을 잘 보여준다.

강제병합 이전 1900년대 환등은 말을 통한 사회적 소통이 제한되고 그 제한을 극복하기 위해 문자에 기반한 출판인쇄운동이 도모되는 정세와 국면에서 교육, 계몽, 정보, 지식 계발의 미디어로 부상했다. 그리고 강제병합 이후 식민지배 기간 내내 환등은 병합 전의 추세를 거의 그대로 이어가고 있었다. 범민족적 독립운동이었던 3·1운동 직후 조선민족의 웅대함을 시각적으로 확인하고 정서적으로 공유하기 위한 차원에서 ≪동아일보≫ 주도로 백두산 사진을 담은 기사가 연재되었고 백두산 환등 강연회가 1921년 말에서 1922년 말까지 개최된 바 있었다. 이와 같이, 식민지조선의 맥락 속에서 서구사회에서 영화에 밀려 이미 쇠락해 버린 환등의 시각 테크놀로지가 미디어정경 안에서 매우 패권적인 우위를 확립하고 있었음을 쉽게 이해할 수 있을 것이다.

4. 냉전과 권위주의 시대 한국의 미디어정경

국권 상실이라는 시대적 상황 속에서 근대적 미디어들은 점차 사회 내에서 제도적으로 정착되어 갔지만, 식민지적 조건 속에 놓여 있었기 때문에 일종의 질곡을 겪을 수밖에 없었다. 따라서 광복은 식민지배에 따른 질곡으로부터 벗어날 수 있는 계기였음은 분명하다. 그렇지만 탈식민이 바로 독립을 의미하는 것은 아니었다. 왜냐하면 강대국들의 이해관계에 따른 결정에 의해 한반도는 바로 미국과 소련의 분할 통치에 들어갔고, 점차 편제되기 시작했던 세계의 냉전 체제가 이후 남북분단과 중국내전, 그리고 6·25전쟁을 거치면서 그 중심축을 사실상 아시아와 한반도로 이전시켰기 때문이다(백원담·강성현 편, 2017: 9).

또한 이승만 정권에서부터 전두환 정권까지 광복 이후 등장한 권위주의 정권은 반공주의와 개발주의라는 미명하에 미디어를 엄격히 통제함으로써 미디어를 정권 홍보의 도구나 경제개발의 도구로 삼고자 했다. 이 과정에서 미디어 기업의 이윤추구적 욕구나 정보수용자의 욕구는 억압 받을 수밖에 없었고, 그 억압된 욕구는 소문과 같은 구술발화적 커뮤니케이션 양식으로 표출되거나 음성적인 미디어 유통의 통로를 모색하는 수용자 행동으로 이어졌다.

이와 같이 제2차 세계대전 이후 미국과 소련을 중심으로 구축된 냉전질서, 그리고 그 냉전질서를 배경으로 집권한 권위주의 정권의 언론 통제는 이후 한국 미디어정경의 내부와 외부를 규정짓는 결정적 계기였다.

1) 광복 이후 1950년대까지: 또 하나의 '역동성의 시대' 개막과 폐쇄

광복 이후 1950년대까지의 시기는 1900년대와 같은, 또 하나의 '역동성의 시대'였다. 광복 직후 미군정기를 거치면서 일제강점기 동안 억압되어 온 커뮤니케이션 욕구가 폭발했다는 점에서 그러하고, 분단과 6·25전쟁을 거치면서 유입된 미국식 자유민주주의과 대중문화에 영향을 받아 그간 '민족해방'과 같은 구호에 억눌렸던 개인주의적 열망이 폭발했다는 점에서 그러하다. 그렇지만, 이 시기는 미국과 소련을 중심으로 구축된 냉전질서가 한국의 미디어정경을 냉전적으로 재편되게 하는 주요한 계기로 작동되었던 시기이기도 했다.

(1) 미군정기의 미디어정경

1945년 8월 15일의 '해방'은 일제에 의해 억눌려 있던 국내 정치 공간을 그야말로 해방시켰다. 일제하에서 독립 투쟁 노선을 둘러싸고 이미 분열과 갈등을 경험한 바 있던 여러 정치 세력들은 이제 다양한 근대국가 건설의 전망을 놓고 서로 경쟁하며 이합집산했다. 무정부주의에서 전제주의에 이르기까지 다양한 정치사상들이 난무했고, 게다가 미국과 소련의 한반도 진주에 따른 38선 획정과 국토 분단, 강대국들에 의한 신탁통치안 등의 요인은 근대국가 건설에 대한 구상을 더욱 복잡하고 어렵게 만들었다(문지영, 2009: 128).

이와 같은 정치적 조건을 배경으로 하여, 해방 직후에는 사회적·경제적 조건이나 인쇄시설 및 용지 등의 제작 여건이 그다지 좋지 못했음에도 불구하고, 식민지하에서 억압되어온 커뮤니케이션 욕구가 분출하면서 정치적·이념적 지향을 달리하는 여러 집단과 단체에 의해 각종 주의·주장이 담긴 다양한 신문과 잡지가 갑자기 많이 발간되었다. 정론지적 특성을 지녔던 이러한 신문들은 해방 이후 한동안 치열한 정치적·이념적 대립과 투쟁의 수단이 되었다(박용규, 2011: 113).

해방 직후의 정국과 언론계에서는 좌익이 주도하며 활발한 활동을 전개했으나, 1945년 말 이승만의 귀국 등으로 인해 우익 세력이 확장하기 시작하면서 언론에서도 좌우익의 이데올로기 대립이 나타났다. 특히 1945년 12월 신탁통치안에 대한 모스크바 3상회의의 공식적인 결정이 이루지기 하루 직전, 각 언론들은 오보誤報를 양산했고 이에 의해 촉발된 친탁/반탁 논란을 계기로 우익과 좌익은 극단적인 대립양상을 보여주었다. 여기에 언론도 이념성향에 따라 우익지들은 '반탁', 좌익지들은 '찬탁'으로 갈리며 치열한 정론 투쟁을 벌였다(채백, 2015: 262~266).

이와 같은 대립 양상은 미군정의 정책에 의해 서서히 정리되어 갔다. 냉전체제의 구도 속에서, 미국은 남한에 대해 그들의 전략적 이익을 실현시키기 위한 정책, 즉 자유민주주의의 이식이라는 명분하에 소련에 대항하는 반공의 전진 기지를 구축하려는 대한對韓 정책 속에서 언론정책을 펼쳤고, 결국 미군정의 강력한 탄압과 분단정부의 수립으로 보수 우익 신문만 살아남게 되면서, 철저하게 반공과 친미 이데올로기를 중심으로 하는 언론 구조가 형성되었다(박용규, 2011: 113).

한편, 제2차 세계대전 무렵부터 전개되었던, 라디오를 통한 전파전과 심리전을 배경으로 시작되었던 미국의 VOA Voice of America 한국어 방송6뿐만 아니라, 주한미군을 대상으로 한 방송인 WVTP와 심지어 일본의 NHK 방송도 한반도 상공을 뒤덮고 있는 상황이었다. 특히 1950년대 말까지도 한국인이 쉽게 접할 수 있었던 VOA 한국어 방송은 서울중앙방송국네트워크를 통해서 중파로 전국에 중계됨으로써 많은 한국인에게 친숙한 방송이었다(윤상길·이정훈, 2019). 반면 일제하에서는 형식적이나마 사단법인이었던 방송이 사실상 국영제도로 운영되게 되었다. 다만 미국식 상업방송의 편성 방식이나 일부 오락 프로그램 형식이 도입되는 등의 변화가 있기도 했다. 이처럼 미군정기에 국영으로 운영되었던 한국 방송은 결국 정부 수립 이후에도 그대로 국영제도로 정착되었다(박용규, 2011: 113).

그뿐만 아니라, 미군정은 미국 및 점령 당국의 정책 타당성을 남한 대중에게 주지시키기 위한 노력의 일환으로 대민공보활동을 강화하는 한편, 자국의 '진실한 모습'을 본격적으로 알리기 위한 별도의 기구로서 1947년 7월 '주한미국공보원'을 설치하여 다양한 대한선전활동을 벌였다. 미공보원은 주간으로 ≪세계신보≫와 ≪농민주보≫를, 월간으로 ≪문화·풍속Culture and Customs≫을 발간했고, 이밖에 미국 잡지 번역 기사, 성인 교육용 기사 등을 작성해 배포

6 해방이 될 때까지 VOA 한국어 방송은 일본의 후방을 교란하고 독립운동을 전개하도록 한반도를 비롯한 아시아 각지의 한국인을 선동했고, 이승만 등 재미독립운동가도 방송에 출연하여 태평양전쟁 상황과 일본 패망의 소식을 전했다(장영민, 2009: 201~202).

했다. 또 전시회와 보도 영화도 중요한 문화 전파 수단으로 삼았다. 인쇄 책자들은 미군이 직접 배포하거나 군정 조직을 통해 신문사, 각 학교, 연구자, 심지어 형무소까지 배포하기도 했다. 특히 미공보원은 문맹 퇴치와 같은 성인 대상 계몽 교육에 대한 개입을 통해 한국사회에 대한 영향력을 확대하고자 했다(허은, 2008: 2장).

(2) 6.25전쟁이 낳은 심성(心性) 변화와 상업주의적 미디어의 등장

1920년대 이후 독립운동 세력 간의 이념 대결은 결국 남북 분단정권의 수립으로 이어졌고, 이는 급기야 1950년 6월 25일 동족상잔의 전쟁으로 비화되었다. 베트남전쟁과 함께 세계적 냉전 체제의 대표적인 대리전으로 손꼽히는 6·25전쟁은 가장 급격한 사회변동을 가져왔다. 전쟁은 모든 제도, 문화용어, 습관, 어느 것을 막론하고 변동을 가져오지 않은 것이 없었다. 전쟁으로 인해 생활 터전은 폐허로 변하고, 특히 어느 목사의 회고처럼 바로 눈앞에서 사람들이 죽어나가는 것을 목격한 사람들 역시 마음과 감정이 모두 부서져 내린 듯 돌처럼 굳어진 모습으로 원초적인 생존본능에 따라 동물처럼 움직이는 것 같았다(김행선, 2009: 1장). 시인 고은이 "모든 것이 끝났다. 모든 것이 다시 시작하지 않으면 안 되었다"라고 한 1950년대의 모습이 어떠했으리라는 것을 짐작하기란 어렵지 않다. 당시 서울은 공장도 시가지도 모두 파괴된 폐허의 거리였다. 당연히 일자리는 없었고 실업자가 거리를 메웠다(오영숙, 2007: 16).

하지만 언제나 마지막은 새로운 시작을 의미한다. 그리고 혼란과 결핍을 온몸으로 체험하며 자라온 사람들에게 '폐허'라는 사실보다는 '새로운 출발'이라는 의미가 더 강렬했을 것이라 생각하기란 어렵지 않다. 1950년대는 폐허의 시대였지만 동시에 그 안에서 새로운 출발을 모색하던 '거대한 에너지 분출의 시대'이기도 했던 것이다(오영숙, 2007: 17). 전쟁을 겪은 후의 폐허와 가난, 절망을 애써 잊고 싶어 하는 이러한 대중의 심성변화는 1950년대 미디어정경을 규정하는 주요 계기였다.

　6·25전쟁 직후 등장한 가장 주목할 만한 문화적 상황은 바로 집단의 압력으로부터 해방된 개인주의와 사사화私事化, privatization 경향이다. 즉, 일제강점기의 억압이나 해방 공간의 치열한 정치적 공방과는 거리가 멀었던 1950년대는 이전 시대와 비교할 때 상대적으로 역사적 무게와 집단적 책임의식에서 벗어날 여지가 많았던 시대였고, 게다가 미국을 통해 유입된 민주주의 개념은 '비정치화'의 성격을 지니고 있었다. 다시 말해 민주주의는 특정의 지배질서나 정치체제가 아니라 미국식 생활태도나 문화, 관습 등으로 전치轉置되었다(박찬표, 1997: 315).

　이렇게 전쟁 직후 등장하기 시작한 개인주의 의식은 대중저널리즘의 엄청난 약진을 통해 표출되었다. 해방 이후 교육의 민주화로 인한 '한글세대'의 출현은 신문과 주간지·월간지 등의 대중 저널 독자층을 급격히 증가시켰다. ≪사상계≫(1953.4)를 비롯하여, ≪신시대≫나 ≪희망≫·≪주간희망≫·≪아리랑≫·≪명랑≫·≪야담≫·≪만화춘추≫ 같은 대중잡지가 이 시기에 창간되었고, 해방 직후부터 발행되기 시작한 여성지도 이 시기 새롭게 창간되었다. 이들 여성지들은 사랑과 성·결혼과 같은 사적인 사안들을 부지런히 이슈화했다. 그뿐만 아니라 전쟁의 경험 이후 정신적 사랑 혹은 관념적 사랑을 경멸시하면서 육체적 사랑과 관능을 주저 없이 내세우는 사회 풍조와 미국 대중영화의 유입은 개방적인 성 담론이 만개하는 데 일조했다. 전쟁을 거치고 분단이 고착되는 현실을 보며 이념의 환멸을 경험했을 때, 몸은 최소한 개인들에게 마지막 피난처처럼 보이는 실체를 제공해 주었으며, 1950년대 ≪영화세계≫와 ≪신영화≫·≪영화잡지≫·≪국제영화≫ 등의 월간 영화잡지들은 헐리웃 영화 속 배우의 육체적 면모와 매력 등을 빈번히 다룸으로써 이 경향성을 가속화시켰다(오영숙, 2007: 76/93).

　6·25전쟁 직후의 이러한 문화적 상황과 관련해 무엇보다 주목해야 할 점은,

전쟁 이후 1950년대를 거치면서 주요 미디어들이 공통적으로 상업주의적인 면모를 보이기 시작했다는 점이다. 영화의 경우, 민간 영화계에서는 영화를 계몽의 도구보다는 자본제적 산업의 하나로 간주하는 경향성이 컸고, 〈춘향전〉의 흥행 성공으로 민간의 영화제작은 활발해졌다(이순진, 2014: 128~133). 한편, 언론계에서도 상업주의가 움트기 시작했는데, "신문의 질적 향상이란 또한 기업적 활동으로서 이루어진다는 신념을 새롭게 하고자 한다"고 하면서 1954년에 공식적으로 '상업신문'임을 표방하는 ≪한국일보≫는 물론, 상업주의를 경시하던 신문들도 내적으로는 시장 기능의 중요성을 인식하고 있었다(오영숙, 2007: 52). 방송계 또한 1950년대 중반까지는 기존의 국영제도를 유지하다가, 1954년에 최초의 민간방송인 기독교방송, 1957년에는 한국복음주의방송(극동방송의 전신)이 생겼고, 1959년에는 최초의 상업방송인 부산문화방송이 개국함으로써 기존의 국영 단일 체제가 무너졌다. 이에 국영 단일 체제가 무너진 이후인 1956년 KBS의 라디오드라마 〈청실홍실〉이 대히트를 치면서 1950년대의 라디오 방송은 대중화되었다(이성민·윤상길, 2020).

(3) 미국과 냉전적 미디어환경의 구축

6·25전쟁이 끝난 이후부터 한국에서는 본격적으로 미국의 원조하에 냉전적 성격의 미디어정경이 형성되었다. 기본적으로는 미국의 전반적인 대한정책의 변화가 미디어에 대한 원조를 가능하게 한 요인이었다. 6·25전쟁 이전까지 미국의 대한정책은 대한원조 책임기관인 경제협력처ECA를 통한 원조를 제외하면, 소극적인 경제·심리적 봉쇄정책으로 일관했었다. 즉, 원조가 없을 경우 한국정부가 외부로부터의 위협보다는 정권 자체의 불안정으로 인해 자체 붕괴할 가능성이 있다는 인식으로부터, 유럽에서 실시되었던 부흥정책을 그대로 적용하는 '아시아판 마셜플랜'을 실시하고자 했다. 그러나 1949년 중국의 공산혁명과 소련의 핵실험 성공은 미국이 한반도를 더 이상 포기할 수 없는 지역으

로 바라보게 했다(박태균, 2006: 84~115).

이와 같이 미국의 대한정책이 변화하게 됨에 따라, 전쟁으로 파괴된 방송시설의 복구는 물론, 전파전의 효율적 실행을 위해 필요한 대전력 송신기의 설치에 이르기까지 방송의 물적 토대 구축에 미국의 원조자금이 투여될 수 있었다. 그뿐만 아니라, 1950년대에 냉전이 심화되면서 미국이 전 세계를 대상으로 펼쳤던 공보 및 문화 교류, 혹은 공공외교public diplomacy 활동 가운데 가장 심혈을 기울인 몇 가지 사업 중의 하나가 바로 인적 교류exchange of persons 사업이었는데, 특히 언론인들은 여론 형성에 핵심적인 역할을 수행하는 언론 매체를 다룬다는 점에서 인적 교류 사업의 주요 대상으로 부각되었다(차재영, 2014: 220~222).

또한 1950년대 후반기에 미국은 '기술 정보 개선Improvement of Technical Information Services' 프로젝트를 실행시킴으로써, 시청각미디어를 '반공주의를 교육하고 자유민주주의를 선전하는 수단'으로 활용할 수 있는 기술적 기반을 한국에 이식하는 데 주력했다. 1956년부터 시작된 '기술정보개선사업'은 한국이 근대적 국가에 걸 맞는 커뮤니케이션 기반시설을 갖추고 공보실의 공보 능력을 길러준다는 취지의 사업이었다. 핵심은 체신부의 우편 및 유무선 전화사업, 공중위생 정보와 농업기술을 전파하는 시청각 매체의 보급, 시범 시청각교육원의 설립과 운영, 인쇄공장의 건설이었고, (상대적으로 작은 규모지만) 방송의 기술적 운용도 중요했다(장영민, 2020: 380~381). 이 사업의 결과로 1950년대 말 계몽적 성격의 정부 영화를 제작하는 영화제작소가 설립되었고(이순진, 2014: 144) 1960년대 전반에 이르러 한국 방송은 일반적인 수준에서는 기술적으로 자립했다(장영민, 2020: 395). 이와 같이 향상된 정부기관의 매체 생산과 운영 능력은 이승만 정권의 선거운동에 불법적으로 전용되기도 했지만, 이후 반공과 경제개발, 정권 강화를 위한 군사정부의 공보 활동에 적극적으로 활용되었다.

2) 박정희 정권기 전체주의적 미디어체계의 구축: 1961~1979

1961년 5월 16일의 군사쿠데타는 4·19혁명으로 시작된 민주화에 찬물을 끼었고 군부독재의 시대를 열었다. 군사정권은 '정상적인 법 제정의 절차를 거치지 않는 법'[7]을 통해 미디어에 대한 '당근과 채찍'식의 권위주의적 통제를 가함으로써, 일반 수용자의 다양한 욕구를 억압했다. 다른 한편, 군사정권은 일반 수용자들의 총체적 관점 변화를 유도하기 위한 방편으로 총체적인 선전공보 체제를 구축했고, 또 경제개발을 위한 미디어의 효율적 활용이라는 '발전커뮤니케이션의 비전'을 가슴 품에 안음으로써 다변화된 방송 미디어정경이 다양한 콘텐츠에 대한 일반 수용자들의 욕구를 충족시키는 방향으로 작동되지 못하게 했다.

(1) 1960년대 총체적인 선전공보 체제의 구축

1950년대 반공주의적 동원을 계승하면서 그것을 근대주의적 개발주의와 결합하는 방식으로 '동의에 기반한 지배'를 확충하기 위한 전략을 구사하고자 했던 박정희 정부는 1960년대 전 시기에 걸쳐 '발전주의와 개발주의의 결합'이라는 총체적 관점의 변화를 유도하기 위해 총체적인 선전공보 체제를 구축하고자 했다.

1960년대 초 군사정부에 의해 구상되었던 공보선전정책은 매스미디어의 보급이 저조한 한국적 특성을 고려하여 매스미디어에 의한 수직적 선전 형태와

---

7 1964년 1월에 공포된 방송법이 정상적인 법 제정의 절차를 따르지 않은 문제(국가재건최고회의 통과)를 안고 있었던 것과 마찬가지로 1973년의 개정 역시 정식 국회가 아닌 비상 국무회의를 통해 이루어졌다. 이와 같이 한국의 방송 관련법은 대부분 민주화 이전에는 정상적으로 국회를 통과한 경우가 없다. 이는 방송과 국가의 권위주의적 지배 사이의 관련성을 증언해 주는 실례이다.

인간조직에 의한 수평적 선전 형태를 혼합하는 것이었다. 그리고 이를 통해 어느 정도 '총체적인 공보선전의 네트워크' 구축할 것을 구상했다. 그러나 전쟁으로 인한 '뿌리뽑힘'과 초기 대중사회로의 진입에 따른 '뿌리뽑힘'이 중복됨에 따라 한국의 사회구조는 도시를 중심으로 한 '뿌리뽑힌 자'의 세계와 농촌을 중심으로 한 '뿌리뽑히지 않은 농부들의 세계'로 양분되어 있는 상황이었고, 중간계층도 부재한 상황이었다. 이러한 사회적 조건에 대응하여 제기된 방안은 매스미디어 수단과 원시적인 구두형식이 절충된 선전공보방식이었다(윤상길, 2017: 165).

1960년대 공보선전매체 체계는 3대 공보매체인 방송매체(서울중앙방송)와 출판물(주간새나라), 영화매체(대한뉴스)로 구성되었고, 대체로 후반기로 갈수록 시청각 매체에 대한 활용도를 높이는 방향으로 변모되었다. 그리고 공보선전활동에 가장 효과적인 주요 매체로는 매스미디어의 핵심인 신문의 발행 또는, 유선라디오의 활용과 순회 영화, 각종 간행물 발간, 그리고 '오피니언 리더'로서의 이장里長과 동장洞長을 통한 PR활동 등이었는데, 대체로 도시민과 농어민에 대해 서로 다른 선전 방식을 채택한 결과로 도시와 농촌지역의 공보선전매체의 효과는 상이한 양상을 보였다(공보부 조사국, 1964: 21).

(2) '채찍과 당근'식의 언론 통제와 신문의 기업화, 그리고 언론운동

쿠데타 직후부터 검열을 실시했던 군사정권은 이후 언론 통제를 강화하기 위해 법적·제도적 장치를 정비하는 한편, 언론에 금융·세제상의 특혜를 제공하기도 하는 등 탄압과 회유의 양면적 정책을 폈다. 단순히 통제에만 치중했던 이승만 정권보다 더욱 효율적으로 언론을 장악하고 동원하고자 했던 것인데, 양면적 정책이란 강압적 수단을 동원하여 언론을 탄압하면서 다른 한편으로는 언론 기업에 경제적 혜택을 제공하는 이른바 '채찍과 당근'을 의미하는 것이었다(채백, 2015: 335).

우선 군사정권은 '언론기관 정비'라는 명분을 내세워 많은 신문을 없애 자연스럽게 신문의 과점寡占 체제를 구축했다. 또한 고성능 윤전기 등의 시설을 갖추어야 등록할 수 있게 하는 등 시설 기준을 마련해 새로운 신문의 창간을 어렵게 했다. 또 1964년에는 자율규제를 가장한 강력한 언론 탄압 법률인 '언론윤리위원회법'을 제정하려 했지만, 언론계와 야당의 격렬한 반대로 시행이 보류되었다. 그러나 이 사건을 계기로 신문들은 서서히 군사정권에 굴복하기 시작했다. ≪경향신문≫은 1966년에 강제 경매 처분 형식으로 친여 인사에게 넘어갔고, ≪조선일보≫는 1967년 호텔 건설을 위한 현금 차관이라는 특혜를 받으며 변화되었으며, 마지막 남은 ≪동아일보≫는 1968년에 정부가 일부 기사를 문제 삼아 '반공법' 위반으로 몰아가자 결국 굴복하고 말았다(박용규, 2011: 116). 군사정권은 1971년에도 다시 언론계를 대폭 수술했는데, 1971년 12월 17일 각 언론사들이 자율 결의하는 형식으로 '언론 자율 정화에 관한 결정 사항'을 발표했다. 프레스카드제를 도입하여 기자들의 숫자를 대폭 줄이는 것과 함께 지방 신문의 취재와 보급 활동을 대폭 제한하는 조치가 포함되었다. 이로 인해 수백 명의 기자가 해고되었고, 지역신문의 경영난이 더욱 가중되었다. 결국 이러한 상황은 지역신문 통폐합의 분위기로 이어지면서 주요 지역신문들의 통폐합이 이뤄졌다(채백, 2015: 350~355).

한편 군사정부의 '당근' 정책은 언론을 건전한 기업으로 육성한다는 명분하에 갖가지 경제적 혜택을 제공함으로써 신문의 기업화와 상업주의 경향을 가져왔다. 1960년대에 신문들은 정부의 특혜와 경제성장에 힘입어 경제성장률의 2배가 넘는 평균 20% 정도의 놀라운 성장률을 보이며 기업으로서의 기반을 다져나갔다. 또한 1965년에 창간된 ≪신아일보≫와 ≪중앙일보≫가 처음부터 상업주의를 표방하고 나서면서, 신문의 판매와 광고 유치를 둘러싼 경쟁도 더 치열해졌다. 이에 따라 연예·오락물에 치중하는 상업주의 경향이 심화되는 동시에 비판적 논조가 약화되었으며, 정권에 불리한 사건에 대해서는 사

10월 유신 이후 권력에 종속된 신문들이 본연의 역할을 도외시한 채 이윤 추구에만 몰두하자 이를 비판하는 목소리가 커졌다('자유언론실천선언' 장면)
자료: 박용규(2011: 117).

실보도조차 제대로 할 수 없게 되었다. 이러한 경향은 1970년대에 들어서 더욱더 강화되었다. 경제성장에 따라 신문 판매가 더욱 늘어나고 광고 시장도 확대되면서 신문 기업은 더욱 급격히 성장했고 많은 이윤을 남기기까지 했다. 또한 신문들은 출판 사업 등을 더욱 확대했고 방송·광고 등 다른 분야에도 눈을 돌려 다각경영 체제가 본격화되었다. 특히 이 시기에는 언론과 직접 관련이 없던 대기업이 언론을 소유하는 복합기업화가 활발하게 이루어졌다(박용규, 2011: 116~117).

이렇듯 언론이 본연의 역할을 도외시한 채 이윤 추구에만 몰두하자 언론에 대해 비판적 여론의 목소리가 커졌다. 1960년대 말 대학생들은 선정적인 주간지를 규탄하는 매스컴 화형식을 벌이기도 했고, 1970년에 터진 언론계의 불미스러운 추문을 규탄하는 대학생들의 성명서가 발표되기도 했고, 급기야 대학생들의 언론 규탄은 1971년 언론 화형식을 벌이는 사태로까지 이어졌다. 그야말로 언론의 위신은 땅에 떨어지고 언론에 대한 불만을 넘어서 불신의 골이 더욱 깊어졌다(채백, 2015: 370~374).

이에 자극을 받아 언론인의 언론 자유 수호 활동도 활발해졌다. 1971년부터 간헐적으로 벌어진 이러한 활동은 1974년 10월 ≪동아일보≫에서 있었던 '자유언론실천선언'으로 본격화되었다. 일선 기자들이 정권의 부당한 간섭과 탄압에 맞서 언론 자유를 되찾겠다는 단호한 의지를 표명한 것이었다. 그러나 군사정권이 압력을 가해 광고를 해약하도록 하는 등 탄압을 강화했고, 이러한 탄압에 경영진이 굴복하면서 결국 언론자유 수호운동은 막을 내리고 기자들이 대량 해직되는 사태를 맞았다. 따라서 이 시기 신문들은 비판적 논조가 사라진 것은 물론, 유신 체제의 정당성을 적극 홍보하기까지 했다(박용규, 2011: 117~118).

(3) 다양한 방송 미디어의 공존과 콘텐츠의 빈곤, 그리고 그 틈새

1950년대 후반부에 진행되었던 미국의 '기술정보개선사업'으로 인해 한국의 인적·기술적·운용적 방송 역량은 1962년 당시 원조기관이 "한국은 자체 인력이 큰 차질 없이 방송을 운용할 수 있는 실력을 갖추었다"고 볼 정도로까지 향상되었다(장영민, 2020: 395). 우연의 일치일지는 모르나, 1960년대 초 한국의 방송 생태계에는 세 개의 상업라디오 방송['문화방송', 1961년 ; '동아방송', 1963년 ; '라디오서울'(후에 '동양방송')]이 등장했다. 그리고 1961년에 KBS, 1964년에 TBC, 1969년에는 MBC 등 세 개의 텔레비전방송국이 개국했다. 이 시기에는 국영방송과 상업방송이 모두 광고방송을 했고 시청률을 의식한 상업적 편성 패턴을 유지했다. 특히 텔레비전 3사의 상업주의적 경쟁은 저급한 드라마를 양산하고 외국 프로그램을 무분별하게 도입했다는 비판을 불러일으켰다(박용규, 2011: 118). 1970년대에 들면 정부의 개입으로 인해 1960년대 가장 인기를 끌었던 외화의 비중이 줄어들었고, 1971년 6월에는 외래外來 문화의 무분별한 도입을 막고 민족 문화의 전승, 발전을 도모하며 연예, 오락 프로그램의 저속화를 방지한다는 명분으로 '방송정화 11개항'을 발표하여 편성에 직접 개입했다. 특히 유신 정권 시절의 방송은 새마을 방송을 통해 당시 정부가 추진하던 새마을 운동의 홍보에도 앞장섰다(채백, 2015: 405).

이러한 지상파 방송의 생태계와 함께, 1950년대 말부터는 농촌을 중심으로 초창기 유선라디오방송이 발전하고 있었다. 이승만 정부 시절 공보부 실장이었던 오재경의 발상으로 1957년 11월 유선라디오 마을사업('앰프촌'사업)으로 시작된 유선방송이 라디오 전파의 직접 수신이 아니라, ('앰프촌'이라는 이름이 말해주듯이) '국영라디오방송국의 전파 → 시골 마을 단위로 설치된 전파증폭 기amplifier, 앰프 → 가정집의 스피커'식의 중계 내지는 재송신 방식을 채택했다 (윤상길, 2011b). 4·19혁명 이후 성황을 이루었던 '민영앰프촌'은 5·16군사쿠데타 이후 잠시 철폐될 위기가 있었으나, 기존 마을 단위의 유선라디오방송이 가진 공보적公報的 활용 가능성을 인식한 군사정권에 의해 '기사회생'하여 이후 도시지역으로도 확산되어 운영되었다(윤상길, 2011b: 194~195). 더 나아가 1960년대 중반기에 이르면 경제개발을 위한 미디어의 효율적 활용이라는 '발전커뮤니케이션의 비전' 아래, 유선라디오방송은 '유선방송 일원화사업'을 통해 정부의 공보방송망에 편입되었다(윤상길, 2019a: 51~52). 그리고 1970년대에 들면 유선방송의 기술적 기반이 라디오에서 텔레비전으로 전환됨에 따라, 공동안테나 방식에 의한 민간 중계유선TV방송이 성황을 이루었다(윤상길, 2019b: 8).

이와 같이 1960, 1970년대 한국 미디어정경에서는 라디오, TV, 그리고 "1960년대 중반까지도 '방송'의 범주에 들지 않는 것으로 인식"(Fredrick, 1963: 278)되었던 유선라디오와 중계유선TV 등 다양한 형태의 방송미디어들이 등장했지만, 일부 오락프로그램과 외화프로그램, 음악프로그램을 제외하곤 시청취자에게 풍부한 방송콘텐츠를 제공해 주지는 못했다. 홍보에 역점을 둔 공보방송망에 편입되었던 농촌지역과 난시청지역의 방송은 더더욱 그러했다. TV방송의 경우, 비록 1969년 MBC-TV의 개국으로 인해 시청자가 시청할 수 있는 채널 수가 세 개로 늘어남으로써 어느 정도 시청자의 채널선택권이 높아지긴 했지만, 1970년대 텔레비전 방송의 편성이 종일편성이 아니었던 탓에 당시 시청자들은 방송국이 정해놓은 시간대에만 TV프로그램을 시청할 수 있는 상황이었다. 이 때문에, 충족되지 못한 시청자들의 다양한 TV프로그램에 대한 욕구는 (1960년대 이후 꾸준히 방송시간을 늘리고 가시청권을 넓힘으로써 사실상 전국망을 갖춘 TV방송국이었던) AFKN-TV와 남한 국경을 넘어서 유입되는 일본TV 방송을 통해 해소되었다. 특히 일본 열도와 가까운 부산 등지의 남해안은 1960년대 초반기부터 일본TV방송이 선명하게 수신되는 사실상 일본TV방송의 방송권역이나 다를 바 없었다(김성민, 2017: 85~91). 1960, 1970년대 권위주의적 정치체제에 의해 계기 지워진 전체주의적인 한국 미디어정경은 전파월경越境이라는 틈새로부터 균열을 보이고 있었다.

3) 전체주의적 미디어체계의 균열: 1980~1987년

1979년 '10·26사태'로 박정희 정권이 붕괴하자 민주화에 대한 요구가 급격히 터져 나왔다. 이른바 '서울의 봄'이었다. 하지만 신군부는 이러한 민주화 요구를 짓밟고 5·18민주화운동을 무력으로 진압하며 또다시 군사정권을 등장시켰다. 이렇게 등장한 전두환 정권은 치명적 약점인 정당성의 공백을 메우고자 이전보다 더욱 강력하게 언론을 통제하고 이용하려는 정책을 실시했다(박용규, 2011: 119; 채백, 2015: 415). 그렇지만 각 국가들 간의 '연결'이 강화되는 세계화의 징후가 한국사회를 압박하고 수용자의 저항의식이 성숙되게 됨에 따라, 20여 년간 지속되어 온 전체주의적인 미디어체계에는 점차 균열이 가기 시작했다.

(1) 신군부의 언론 장악과 통제

1980년 5월 광주 5·18민주화운동을 통해 집권의 계기를 마련한 신군부는 이미 그해 3월경부터 보안사 언론대책반이 준비한 이른바 'K공작'을 토대로 언론에 대한 정비에 착수했다. 그리고 전두환 정권의 언론 장악은 언론인 강제 해직으로부터 시작되었다. 언론인 대량 해직으로 언론계 내의 현재적 및 잠재적 저항 세력을 제거한 신군부 세력은 뒤이어 통제 구조를 단순화하기 위해 대대적인 (신문사/방송사/통신사의) 언론 통폐합을 추진했다. 언론 통폐합의 기본적인 목적은 언론의 체질을 '저항 체질'에서 '순응 체질'로 바꾸기 위한 것이었다. 통폐합 결과, 신문의 경우 중앙지는 일종의 과점 체제를, 지방지는 독점 체제를 누리게 되었다. 또 방송의 경우 1980년의 언론사 통폐합으로 동양방송과 동아방송이 KBS에 흡수되었고 기독교방송은 보도 기능을 상실했다. 비대해진 KBS는 공영방송을 표방하면서도 왜곡·편파 보도를 일삼다가 결국 시청료거부운동에 직면했다. 특히 9시를 알리는 '땡' 소리와 함께 전두환 대통령에 관한 홍보성 기사가 서두를 장식하는 것을 풍자해 '땡전뉴스'라는 표현까지 나왔을 정도로 보도 프로그램에 대한 신뢰성이 크게 상실되어 있었다(박용규, 2011: 120; 채백, 2015: 425~427).

뒤이어 강력한 언론 통제를 제도화하기 위해 전두환 정권은 '언론기본법'을 제정했다. 전두환 정권은 이후에도 이른바 '보도지침'을 통해서 특정 사안에 대해 보도 여부나 방향을 강요하는 등 강력한 언론 통제를 계속 시행했다. 한편 전두환 정권은 이전 시기보다 신문에 대한 특혜를 더욱 확대한 것은 물론, 언론인에 대한 특혜도 본격적으로 제공하기 시작했다. 즉, 임금과 후생복지 등 근로조건을 향상시키고 세제상의 혜택이나 국외연수 기회를 제공하는 등 각종 특혜를 주어 언론인을 회유하기도 했다. 채찍과 당근을 앞세운 이러한 통제정책에 언론은 순종 내지 협조하는 자세를 보였다. 신문은 더욱 과점화된 체제 속에서 크게 확대된 특혜까지 받으며 급격히 성장했고, 잡지·출판 등 다양한 사업 분야에 본격적으로 참여하기도 했다. 특히 주요 중앙 일간지는 1980년에서 1987년 사이에 자산과 매출액이 2~4배 늘어날 정도로 크게 성장했고 이에 따라 순이익도 적지 않게 남겼다(박용규, 2011: 119).

이렇게 1980년대 언론들이 전두환 정권의 강압적 언론 정책에 '순응'하게 됨에 따라, 언론의 비판 기능은 축소되었다. 이에 대학가와 노동계의 시위에서 언론은 거의 빠짐없이 규탄의 대상으로 등장했고, 일반 신문 독자들도 침묵 속에서 신문에 대한 불만과 비판 의식을 축적해 갔다. 또 KBS의 왜곡 보도에 대한 불만은 1986년 전국적인 'KBS 시청료 거부 운동'으로 표출되었다. 더 나아가 노동 현장과 대학가를 중심으로 대안 언론을 모색하는 움직임이 생겨나기도 했고, 1980년의 해직 기자들이 1970년대의 해직 기자들과 함께 민중언론의 주요 세력으로 성장함에 따라 1988년 ≪한겨레신문≫이라는 새로운 유형의 신문이 창간될 수 있었다(채백, 2015: 441~449; 박용규, 2011: 120).

(2) 균열의 징후: 국가의 인식과 수용자의 경험

전두환 정권은 언론 통폐합 등의 강압적 언론 정책을 통해 기존의 전체주의적 미디어 체제를 더욱 공고히 하려 했으나, 지난 20여 년간 지탱되어 온 전체주의적인 미디어체계는 한국사회 안팎으로부터의 도전으로 인해 서서히 균열의 징후를 보이고 있었다. 특히 (민주화 이후 본격화된) 신자유주의적 미디어체계로 전환되고 있음을 보여주는 징후가 미디어정경의 중심부와 주변부 양쪽에서 모두 나타났다.

앞서 살펴본 1980년대 미디어정경의 중심부에서 이뤄졌던 언론 통폐합은 사실 미디어정경의 모든 영역을 포괄한 것이 아니었다. 특히 '방송의 공영화'를 추진한다는 미명하에 추진된 방송사의 통폐합은 지상파 방송만을 대상으로 했을 뿐, 1970년대부터 활성화되기 시작했던 중계유선TV방송을 포함하지 않은 조치였다. 이에 정부는 언론 통폐합의 기세를 몰아 기존의 유선방송 관런법이었던 '유선방송수신관리법'의 개정 작업에 착수하여 1986년 12월 '유선방송관리법'을 제정함으로써 '방송의 공영화'를 뒤늦게 완성했다. '유선방송의 공영화'가 약 5년에 가까운 시일이 소요된 까닭은, 세계적인 차원에서 진행되기 시작했던 '시장 통합과 개방의 흐름'에 상응하여 방송·통신·영상 산업의 국제경쟁력을 제고하고자 하는 인식이 모순적으로 작용했기 때문이었다[8](윤상길, 2020a).

   미디어정경에 대한 국가의 권위주의적 통제에 대한 도전은 'KBS 시청료 거부 운동'과 같은 수용자들의 조직적 저항을 통해 가시화되기도 했지만, 사실 대다수 침묵하는 수용자의 일상적인 문화적 실천은 미디어정경이 변화하는 균열의 근원적 시작점이다. 이런 측면에서, 1960, 1970년대부터 일본 방송을 일상적으로 소비해 왔던 남해안 지역 주민들의 1980년대 전파월경 경험은 전체주의적 미디어체계가 균열되는 징후적 시작점이었다. 신군부 등장 직후인 1980년 12월 1일 KBS의 시험 방송을 필두로 1981년 1월에 KBS와 MBC 정규 TV 방송이 컬러로 방영되기 시작했지만(채백, 2015: 451~453), 남해안 지역은 컬러TV의 방송전파가 제대로 도달되지 않은 주변부 지역이었다(윤상길, 2011c). 여기서 일본TV방송의 전파월경으로 비롯된 부산민의 경계적 경험은 새로운 인식이 탄생하는 원천이었다. 일본TV방송의 전파 월경에 항시적으로 노출되었던 부산이라는 주변의 '경계적 공간' 안에서, 부산민들은 일종의 대체재代替財나 보완재補完財로서 컬러화된 일본TV방송 콘텐츠를 일상적으로 소비할 수 있었고, 이를 통해 다른 지역의 사람들이 겪지 못하는 지역적으로 특수하고 다양한 경험을 했다. 그리고 그러한 경험은 정부와 주류 언론의 '왜색문화의 온상'이라는 '도덕적 낙인찍기'를 의문시하고 기존의 사고틀에서 벗어나

8 언론 통폐합이 단행되던 무렵, 당시 정부에서는 통신 사업의 공사화를 통해 정보 산업/전자 산업의 육성을 꾀하는 상호 모순되는 정책을 입안하고 있는 상황이었다(윤상길, 2020b).

한국 방송콘텐츠의 질적 제고가 필요하다는 대안적 인식의 가능성을 열어주었다(윤상길, 2020b: 475).

(3) VCR과 카세트테이프가 가져온 균열

1980년대부터 본격화되기 시작한 전 세계적인 시장통합과 개방의 흐름은 문화시장에도 예외는 아니었다. 특히 일본에 의해 개발되어 1980년대 말까지 활발하게 세계시장에 수출되었던 새로운 소비자용 매체기술(비디오 기기, 워크맨, 가라오케, 디지털카메라, 비디오테이프 등)의 탄생은 미디어 텍스트를 소비하는 시공간을 확장하고 이동하면서 다양한 정보와 이미지가 국경을 넘어 유통되는 것을 촉진함으로써 커뮤니케이션 공간의 자본화를 가속화시키고 있었다(아와부치 고이치, 2004, 1/2장). 비록 민주화 이전시기 한국사회가 이 '문화적 세계화'의 흐름에 편입된 것은 아니지만, '문화적 세계화'를 이끄는 핵심적 미디어 테크놀로지인 VCRVideo Cassette Recorder과 카세트테이프의 영향으로부터 자유롭지 못했다. 특히 1970년대 중후반 한국사회에 도입된 VCR과 뮤직카세트테이프MC는 권위주의 정권의 통제를 받는 중앙집권적 매스미디어 체제에 서서히 균열을 내기 시작했다.

1970년대 말 1980년대 초 VCR이 기존 방송미디어에 가져온 '균열 효과'는 전방위적이었다. 왜냐하면 VCR은 그 대표적인 기능인 '시간변이time shift'을 통해 좀 더 많은 시청자들의 다양한 TV프로그램에 대한 욕구를 해소시킬 수 있는 기술적 잠재력을 가지고 있는 테크놀로지이기 때문이다. 그뿐만 아니라, 일반적인 서구의 미디어 역사에 있어 VCR은 컬러TV방송 다음에 등장하는 테크놀로지였기 때문에 VCR을 통해 재생되는 영상은 대부분 컬러 영상이었고, 따라서 컬러TV방송이 본격화되기 이전인 1970년대에 VCR을 통해 영상을 접했던 한국인들이 느꼈을 전율과 경외심은 계속적인 시청 욕구와 호기심을 촉발시키는 기제로 작용했다. 이에 따라 VCR은 해외여행자 및 미군부대 등의 복잡한 루트를 통해 음성적으로 도입되었고, 1980년 무렵에는 고급호텔과 고급유흥주점, 다방 등 유흥업소를 중심으로 'VCR을 통한 비디오 상영행위'가 일반화되었다. 그뿐만 아니라, 주로 난시청 지역에서 지상파 방송을 중계했던 중계유선TV방송 위주의 유선방송 시장도 점차 VCR을 이용한 '유선비디오' 방송 위주로 재편되었다. 또 지상파 방송사를 제외하면 자체 프로그램을 제작, 공급하는 프로덕션도 변변치 않았던 조건 속에서 손쉽게 비디오그램 videogram[9]을 얻을 수 있는 방법은 또다시 음성적 루트에 의존하는 방법 밖에 없었다. 미군부대와 해외여행객의 반입, 그리고 밀수꾼을 통한 수급과 전파월경된 일본의 컬러TV방송 프로그램의 녹화 등이 이에 해당한다(윤상길, 2020c: 50~51).

한편, 1970년대 중반 도입된 뮤직카세트테이프는 1970년대 후반기부터 본격적으로 양산되어 1990년대에 이르기까지 한국 대중음악 유통의 중심에 있었다. 왜냐하면, 제작, 보관 및 배포의 모든 면에서 카세트는 매우 편리했기 때문이다. 이에 따라 카세트용 녹음 및 재생 하드웨어의 혁신은 매우 소규모로 제작된 해적판海賊版들이 전국적으로 범람할 수 있도록 만들었고, 1970년대 레코드LP 시대와는 달리 이제부터는 동네 레코드가게도 해적판 제작에 직접 가담하기 시작했다. 손님이 요청하는 노래들을 카세트에 편집 녹음해서 판매하는 영업 형태가 매장마다 매우 성행했다. 1980년대 해적판 테이프의 번영은 '길보드'[10]라는 새로운 거리 음악 문화를 탄생시키기도 했다(김병오, 2012: 67~69).

권위주의 정권의 입장에서 보자면, VCR과 카세트테이프의 도입 이후 1980년대 한국사회에서 '미디어해적media piracy'이 점차 일반화되는 현상은 기존 미

---

9 비디오테이프나 비디오디스크에 녹화되어 있는 영상 내용 또는 영상 제품.
10 주지하다시피 노점상이 위치한 '길'거리와 세계적으로 유명한 음악순위차트인 빌'보드'를 합성한 말이다.

디어체계를 위협하는 것으로서 결코 좌시할 수 없었다. 특히 텔레비전을 정권 홍보 매체로 활용하려고 했던 정권의 입장에서 검열을 거치지 않은 외국영화 및 퇴폐·저속한 내용을 수록한 비디오테이프와 이 불법 테이프를 방영하는 '유선비디오' 방송은 정권의 정치적 정당성을 해치는 것이었다. 이에 따라, 정부는 기존 '음반音盤' 개념에 비디오테이프를 포함시켜 모든 비디오테이프의 제작과 복사, 그리고 판매등록의 의무화를 핵심 골자로 하여 1981년 '음반법'을 개정했고, 1984년 이후 붐을 이루었던 '유선비디오'방송에 대해서는 앞서 언급한 '유선방송관리법'을 통해 규제하고자 했다.

5. 글로벌화와 민주화 이후 한국의 미디어정경

1987년 범국민적인 6월 항쟁과 그에 이은 6·29 민주화선언 이후 한국사회는 정치적 민주화라는 새로운 전환점을 맞게 되었다. 민주화는 자유주의의 기반을 확대하는 간접적인 성과를 낳았고, 민주화가 야기한 시민사회의 확장은 다양한 의제들을 시민사회 내로 들여오면서 동시에 의제 선택이 아래로부터 시민사회에 의해 자율적으로 선택될 여지를 넓혀주었다. 그렇지만 민주화 이후 한국의 미디어정경 변화를 규정짓는 또 하나의 주요한 계기는 신자유주의적 세계화 질서로의 편입이다. '시장 자유주의'라 부를 수 있는 신자유주의는 최대한의 경제적 자유 허용과 사유재산권의 절대성, 정부의 경제 개입 및 통제 금지·완화를 지향하는 정치경제적 흐름으로(문지영, 2009: 169), 이 흐름은 국가의 역할에 대한 범위를 재편성하는 것으로 귀결되었다. 그 결과, 문화가 국경을 넘어 흐르는 '문화의 세계화' 국면으로 진입하게 되었다.

1) 정치적 민주화와 미디어의 폭발적 성장, 그리고 새로운 글로벌 통제시스템: 1987년 이후

한국의 신자유주의는 박정희 정권 말기 중화학공업의 과잉 투자에 의한 공황과 제2차 오일쇼크의 경제 위기 극복을 위해 잠시 첫선을 보인 뒤, 전두환 정권에 의해 도입되기 시작했고 노태우·김영삼 정권으로 이어지면서 더욱 심화되어 김영삼 정권의 세계화 전략으로 집약된 바 있다. 그렇지만 1980년대 이후 신자유주의가 한국 자본주의의 지배적인 틀로서 자리 잡기 시작한 것은 1997년 IMF 위기 이후, 특히 김대중 정권의 출범 이후이다(손호철, 2003: 508~509). 이러한 변화와 1987년 정치적 민주화를 배경으로 하여, 한국의 미디어정경에서도 많은 변화들이 야기되었다.

(1) 언론 자유의 확대와 언론의 권력화, 그리고 시장경쟁체제의 도래

1987년 '6·29 민주화선언' 이후, 한국 언론의 변화는 크게 세 가지 집약된다. 첫째는 국가 개입이 감소하고 언론의 자유와 자율성이 증대되었고, 둘째로는 시장의 개방으로 언론 매체가 양적으로 팽창하고 이로 인해 경쟁이 심화되었으며, 셋째는 시민사회의 활성화에 따라 언론노조와 시민단체를 중심으로 언론 민주화를 위한 사회적 노력이 증대되었다(채백, 2015: 463).

전두환 정권 시기 언론 통제의 상징이자 핵심적 메커니즘이었던 '언론기본법'이 1987년 11월 23일 폐지됨에 따라 언론 자유의 폭도 비교적 넓어졌다(박용규, 2011: 121; 채백, 2015: 464~465). 그러나 민주화 이후 언론에서 가장 큰 변화는 과거 언론에 대해 막강한 영향력을 행사하던 정치권력의 위상이 변화, 축소되는 대신 그 자리를 자본이 차지하게 되었다는 사실이다. 6월 항쟁 이후 시장의 개방으로 언론 매체가 양적으로 급증했다. 군부 독재 체제에서 법적, 제도적 장치를 통해 미디어 시장의 신규 진입을 차단해 오다가 이것이 풀리면서 새로운 신문매체가 등장하고 과거 강제로 폐간 당했던 매체의 복간 붐이 일었다. 정기간행물 전체 종수는 1987년 2421종에서 2013년 1만 6042종으로 26년 만에 6.6배로 대폭 증가했고, 특히 일간신문은 1987년의 30종에서 1년 만에 65종, 2013년에는 363종이 되었다. 또한 방송계의 경우는, 1988년에 기독교방송이 보도방송을 재개했다. 그리고 1990년의 방송 구조 개편을 통해, 민간상업방송이 신설되어 1991년에는 서울방송 SBS-TV가, 그 이후 1990년에 들어 평화방송, 불교방송, 교통방송 등의 특수방송들이 출현했다. 이러한 방송제도의 변화는 공영을 토대로 하던 제도를 상업방송을 허용하는 구조로 전환시킴으로써 방송사 간에 치열한 경쟁을 유발했다(채백, 2015: 475~488). 한편 1990년대 이후부터는 일부 신문이 권언 유착을 뛰어넘어 스스로 권력의 형성과 행사에 앞장서는 이른바 '언론의 권력화' 현상이 나타나기도 했다(박용규, 2011: 121).

민주화 이후 한국 미디어정경 변화에서 1990년대 중반은 주요한 전환기의 시작점이었다. 미국이나 일본 등지에서는 1980년대 이후 케이블방송이나 위성방송 같은 새로운 미디어가 급격히 성장해 그 지위를 확고히 했다. 또한 1990년대 들어서는 컴퓨터와 통신 기술의 발전과 융합에 힘입어 새로운 미디어가 등장했는데, 이러한 미디어는 정보의 양과 질, 전달 방식 측면에서 획기적인 전환점을 만들어냈다. 특히 1990년대 이후 인터넷을 이용한 다양한 미디어가 대거 등장하면서 정보의 다양성·전문성·선택성이 확대되고, 실시간성이 강화되며, 정보의 쌍방향 유통이 가능해졌다. 또한 2010년에는 모바일미디어가 등장하면서 미디어의 통합성이 강화되고 휴대성도 향상되는 경향을 보인다. 이와 같은 테크놀로지의 발전에 따라, 한국의 미디어정경은 1990년대 중반 이후 '다매체 다채널 시대'로 진입했다. 1995년에는 케이블방송이, 2002년에는 위성방송이 시작되었다. 1994년에는 전국 4대 광역시에 지역 민방이 출범함으로써 지역 주민의 다양한 문화적 욕구를 충족시키는 계기가 되었다. 또한 1990년대 중반 이후 각 신문사들이 인터넷신문을 내놓기 시작하더니, 곧이어 인터넷방송·웹진 등 인터넷을 이용한 다양한 미디어도 계속해서 등장했다. 나아가 2010년을 전후로 하여, 방송과 통신이 융합하면서 다양한 기능을 갖춘 DMB나 IPTV 같은 새로운 미디어가 속속 등장했다(박용규, 2011: 122; 채백, 2015: 487~490).

또한 민주화 이후 시민사회의 활성화에 따라 언론노조와 시민단체를 중심으로 언론 민주화를 위한 사회적 노력이 증대되었다. 6·29 민주화선언 이후 언론계에는 노조 결성이라는 큰 변화가 나타나기도 했다. 1987년 말부터 노조가 결성되기 시작하여 1988년 11월에는 연맹으로 발전했다. 언론사 노조들은 공정보도를 실현하고 직업적 권익을 보장받기 위해 다양한 활동을 전개했다. 그러나 언론사 간의 경쟁이 심화되고 자사이기주의 풍토가 확산되면서 그 활동이 다소 위축되었다는 지적을 받기도 했다. 한편 신문과 방송에 대한 감시와 참여를 위한 독자나 시청자의 활동도 조직화되기 시작했다(박용규, 2011: 121).

(2) 글로벌한 통제 패러다임으로의 편입: 저작권 시장개방과 새로운 문화적 힘

민주화 이후 한국의 미디어정경 변화를 규정짓는 주요한 계기는 신자유주의적 세계화 질서로의 편입이다. 최근 세계화에 대한 논의에서 가장 근본적인 관심사 중 하나는 글로벌 시스템의 파워가 증가하고 있다는 것이다. 글로벌 통제의 새로운 체계는 서로 다른 국가의 시민들이 새로운 글로벌 질서의 규칙을 준수하도록 만드는 글로벌과 국민국가의 공생共生에 바탕을 둔 것인데(Sassen, 1996: 5), 이 중 대표적인 것이 저작권 법률 체제이다.

지난 50여 년에 걸쳐 융합하는 미디어 테크놀로지들은 ('근대적 기준'으로 설정되었던 재산권이라는 지배적 논리에 의해 기술, 미디어, 상품, 아이디어의 글로벌한 흐름에 접근하는 것이 어려웠던) 복잡한 새로운 형태의 문화 생산, 유통, 수용을 촉진해 왔다. 물론 이 기준은 그 자체로 보편적인 것이 아니라, 유럽의 역사

적 경험과 법률 모델에 기반을 둔 것이다. 역사적으로 보더라도 인쇄의 해적 판은 이미 서구적 근대성에서 널리 퍼져 있었고, '미디어해적'은 더 특권화된 사회집단과 덜 특권화된 사회집단 간의 지식 이전을 부채질함과 동시에 [1886년 베른조약과 1994년 TRIPS(무역관련 지식재산권에 관한 협정)에 이르기까지] 저작권 통제를 정당화하는 데 기여했다. 본래 서구유럽 인쇄문화의 장구한 역사에 기초한 '재산권 체제the property regime'는 강력한 글로벌 교리doctrine로 신성화되었던 것이다.

이 교리를 포스트식민주의적인 문제의식에서 면밀히 검토한, 아프리카와 인도의 학자들을 중심으로 활발히 논의가 이뤄지고 있는 분야인 '포스트식민적 해적 연구postcolonial piracy studies'는 바로 이 저작권이라는 범주를 깨뜨리고자 한다. 이들은 '복사 문화cultures of the copy'가 서구 선진국이 구사해 온 기술적 개입의 기능이기는 하지만 그동안 '근대성의 상상'에서 배제되었던 사람들을 이 네트워크에 편입할 수 있는 접근 통로라고 본다. 그리고 1970년대 카세트테이프와 1980년대 비디오테이프와 같은 새로운 접근 통로들은 사용자의 소비, 생산, 공유, 재생산까지 허용하고 그것의 확산을 제약하는 시도를 점차 어렵게 만듦으로써 미디어콘텐츠의 확산 속도를 가속화시킨다고 평가한다 (Eckstein, 2016: 162~163). 결국 포스트식민주의적 관점에서는 매우 이질적인 문화적 실천이라 할 수 있는 '미디어해적'이 글로벌 자본주의의 논리에 필수적으로 연결되었단 점을 인정하면서도, 그러한 실천이 로컬한 역사와 인식 틀에 의해 언제나 잠재적 타협으로 굴절될 수 있다는 점을 인식하고자 한다 (Chakrabarty, 2000/2014: 136).

이런 측면에서 보자면, 1987년에 이뤄진 저작권 시장개방은 한국의 미디어 체계가 글로벌 자본주의에 공식적으로 편입되었음을 의미한다. 이렇듯 1987년에 동시적으로 진행된 두 계기, 즉 국내적으로는 정치적 민주화, 대외적으로는 저작권 시장개방은 미디어체계에 대한 국가의 대응방식을 크게 변화시켰다. 그동안 권위주의 정권에 의해 시행되었던, 규제를 목적으로 했던 문화정책은 육성 목적의 산업정책으로 변화하기 시작했다. 보편적인 권한으로서 문화를 생산하고 즐길 수 있는 문화 민주주의에 대한 관심이 높아지기 시작하고, 1993년 우루과이라운드UR에서 서비스 교역에 관한 일반협정GATT이 타결되는 등 문화시장 개방이 확대되면서 산업으로서의 문화에 대한 정책이념이 형성된 것이다. 그리고 1997년 외환위기는 문화산업 정책이념, 제도, 정책을 획기적으로 전환시킨 역사적 계기로 작동했다(윤대협·김기훈, 2016: 167).

포스트식민주의적 관점에서 보자면, 1980년대 이전 한국사회의 대중문화 영역에서 광범위하게 진행되었던 '미디어해적'과 1980년대 VCR과 카세트테이프가 가져온 균열 양상은 글로벌 자본주의가 로컬한 역사와 인식틀에 의해 잠재적 타협으로 굴절된 결과였다고 할 수 있다.[11] 그리고 이 굴절의 역사는 한국 드라마 콘텐츠가 일본 시장에 진출함으로써 본격적인 경제적 성과를 창출하는 한편 한국저작권위원회가 출범하는 2007년 무렵까지도 지속되었다. 저

---

11 1970년대 말까지 다양한 형태의 미디어해적에 대한 한국 정부의 통제는 '거의 방치하거나', 혹은 '국민들에게 도덕적으로 훈계'하는 방식으로 그 통제의 합법성을 획득했다. 이는 파르타 차테르지(Partha Chatterjee)가 주장한 바와 같이 (대부분의 제3세계 국가들이 여기에 해당되는)'후기식민적(postcolonial)' 국민국가에서 전형적으로 나타는 현상이었다. 그가 주장한 바에 따르면, 대부분의 후기식민적 국민국가에서는 정치의 장(場)이 그가 "합법적으로 행사될 수 있는 권리들에 대한 상호 인정을 통해 시민들이 국가와 관련되는 영역"이라 언급하는 '시민사회'와 '정치사회'라는 더 넓은 영역으로 효율적으로 분리가 된다. 그리고 정치사회에서 정부는 시민(citizens)이 아니라 주로 인구(population)를 다루게 된다(Chatterjee, 2011: 13~14). 그리고 정치사회에서 다루는 인구의 변덕스러운 구조와 복합적인 비공식적 교환들은 만약 그것들이 탈식민적 국가의 이해관계에 부합된다면 용인되는 경향성을 가진다. 이때 문화적 실천의 만연된 '불법성'이 근본적으로 기존 법질서를 동요시키지 않기 위해서, 이 불법성은 '제대로 된' 시민들의 권리들로 이뤄지는 질서 상에서 나타나는 일종의 예외로 설명된다. 반면 정치사회의 인구는 법에 호소하기보다는 도덕공동체를 만드는 데 애씀으로써 이러한 논리에 반응한다(Eckstein, 2016: 174). 이러한 시각에서 보자면, 후기식민적 조건 속에 놓여 있었던 한국 정부는 '미디어해적'의 문제를 일종의 예외로 간주하고 있었다고 할 수 있다(윤상길, 2021).

작권 시장개방으로 한국시장에 진출했던 20세기폭스사 등의 세계적인 직배사들이 불법 동영상 유통을 이유로 2006년 말 한국 DVD시장에서 철수한 것이다(≪경향신문, 2007.3.12≫). 그렇지만 한류의 부상으로, 한국이 점점 더 문화콘텐츠의 주요 생산자와 수출업자로 변모되어 가기 시작하자, 한국은 몇 년 만에 엄격한 법률을 제정하여 저작권 보호에 있어서 가장 억압적인 국가 중의 하나가 되었다(Thevénet, 2011). 어찌 보면, 21세기 전 세계적인 한류 붐의 원동력은 (포스트식민주의적 조건 속에서 글로벌 자본주의가 로컬한 역사와 인식틀에 의해 잠재적 타협으로 굴절되어 가는 과정에서 보였던) '미디어해적'의 문화적 힘이 저작권법의 강화를 계기로 억압적으로 전환된 결과일지도 모른다.

2) 21세기 디지털미디어 시대의 본격화와 기존 미디어 개념/역할의 재조정

최근의 디지털 혁명의 본질을 이해하는 핵심은 디지털 기술이 지금까지의 전통적인 '기술-매체-텍스트 형식'이라는 수직적 관계를 한꺼번에 허무는 파괴력을 지니고 있다는 점이다. 방송을 비롯한 문화적 텍스트의 모든 구성 형식, 가령 소리나 그림, 글자, 영상은 0과 1이라는 디지털 기호로 분해되어 모든 미디어를 통해서 어떤 단말기에든 전송시킬 수 있게 되었다. 이에 디지털 기술은 과거 전송기술과 매체에 묶여 있던 문화적 텍스트들을 해방시켜 자유롭게 이동시킬 수 있다는 측면에서 가히 혁명적이라고 할 수 있다(장일·윤상길, 2021: 71~72). 특히 방송과 통신의 융합으로 인해, 최근 등장한 유튜브, 넷플릭스 등의 OTTOver the Top는 미디어콘텐츠 유통에서 새로운 모멘텀을 얻고 있다. 더 나아가 기존 '방송', '영화' 등의 개념/역할이 재조정되기를 요구받고 있는 상황이다. 가령, 비선형 동영상 플랫폼 OTT의 등장이 기존 방송의 범주를 변화시키고 있는 경향의 근저에는 디지털 기술의 발전이 자리 잡고 있다. 또한 디지털 기술의 발전으로 인해 섣부르게 '종이의 죽음'을 공표하는 과장된

어조가 있지만, 종이 인쇄물의 역할은 디지털화된 미디어정경 안에서 새롭게 정의 내려야 할 때라는 지적도 이어지고 있다(Ludovico, 2017: 13)

　그렇다면, 점차 고도화되고 있는 디지털 시대에 우리가 일상적으로 즐기는 방송은 어떠한 모습으로 진화할 것인가? 흔히 우리가 '디지털로의 수렴'이라는 시나리오를 상정하기 십상이지만, 실제 미디어의 역사를 살펴보면 미디어는 그것의 제도적인 역사, 합법적인 구조, 사회적 실천에서 아주 다른 것이었다. 영화는 연쇄 사진에서 기원했는데, 이것은 직물 기계의 전송 메커니즘의 완성과 셀룰로이드 생산의 진보에 힘입은 것이었다. 인구통계학적으로 영화는 뮤직 홀과 보드빌 하우스와 접목되었고, 미학적으로는 환등기magic lantern과 대중 오락인 스테레오스코프에 의존했다. 텔레비전은 음극선관의 발전에 기인한 것이었다. 이것은 라디오와 대부분의 제도적인 역사를 공유하며, 그것이 '안락의자 극장'인지 아니면 전자적인 버라이어티 프로그램인지, 혹은 국가 통제의 정치적인 합의 시스템인지를 결정하는 데 꽤 많은 시간이 걸렸다. 비디오는 기술적으로 오디오테이프의 연장이며, 전쟁 중에 발명된 것이었다. 반면 인터넷은 컴퓨터와 전화의 조합을 활용한 것이었다. 그리고 멀티미디어, 가상현실, 원격 현존, 그리고 디지털 사운드는 개별적으로 발전된 것으로 각각의 도약의 역사를 지니고 있다. 그래서 함께 속하는 것으로, 그리고 공통의 혁명적인 단계를 공유하는 것으로 이러한 매체들을 이해하기 위해서는 종합적인 상상력이 필요하다. 우리가 그것이 '자연적으로' 연결되어 있다고 생각하게 되는 것은 사실 '정보혁명'의 효과라고 볼 수 있다(Elsaesser, 1988/2002: 14~15). 그렇다면 우리는 디지털 시대의 미디어를 어떻게 사유해야 할 것인가?

6. 디지털의 미디어고고학을 향하여

미디어의 역사는 '보편'으로서의 미디어의 역사가 일방적이고 동일하게 한국사회에 발현되는 과정이 아니다. 마찬가지로 현 시대 우리가 겪고 있는 디지털 혁명의 경로 또한 일방통행로가 아니다. 한국사회가 처한 역사적·문화적 조건에 따라 변용變容되는 과정을 거치기 때문이다. 단순화해서 얘기하자면, 향후 펼쳐질 한국의 미디어정경이 기본적으로 글로벌 자본주의의 논리에 필수적으로 연결되었다는 점을 인정하면서도, 한국사회의 로컬한 역사와 인식틀이 글로벌 자본주의와의 잠재적 타협을 거침으로써 굴곡을 겪게 될 것이라는 역사의 지혜를 머릿속에 되새겨야 할 때이다. 그뿐만 아니라 2절에서 제기했던 바와 같이, "기존 서구 중심적 역사주의의 사유양식에 근거한 '서구 따라잡기'식 사유에 벗어나, 글로벌화가 야기하는 상실들에 대한 문제들에 대해 눈감아버리지 않으면서 우리 스스로 사유할 권리를 발휘"하기 위해선, 새로운 사유의 틀로 '미디어고고학media archaeology'이 한 대안일 수 있음을 염두에 둘 필요가 있다.

엘새서(Elsaesser, 1988/2002)가 지적하듯, 미디어고고학은 현재와 미래의 디지털을 새로운 방식으로 사유하는 도구로 활용하는 데 도움이 된다. 특히 디지털화로 인해 기존 미디어 범주가 변화하는 시점에서는 더더욱 그러하다. 미디어고고학은 미디어의 교체사交替史나 흥망사興亡史가 아니라 오래전부터 있었던 미디어에 새로운 미디어가 중층화重層化되고 있는 과정과 서로 얽히고 설키는 상태를 분석하고자 하고(有山輝雄, 2004), 근현대의 지배적인 미디어들에 대한 비판적인 연구와 주류 미디어역사에 가려져서 잊힌 오래된 미디어들을 재고찰함으로써 새롭게 떠오르는 미디어 혹은 미디어 전반에 대한 이해를 지평을 구하고자 하는 분야라고 할 수 있다. 말하자면 기존의 미디어이론으로부터 거절되었던 역사를 재발견하는 노력이라 할 수 있다(이원곤, 2019: 348).

디지털 기술의 발달로 인해 기존 방송개념의 재정립과 조정이 이뤄지고 있는 현 시기의 국면에서, 현재와 미래의 디지털을 기존 미디어를 만들기 위한 도구가 아닌, 새로운 방식으로 사유하는 도구로 활용하고자 하는 미디어고고학의 기본적인 문제의식은, 더 장기적인 시각에서 현재의 방송을 상대화/문제화하며 현재의 미디어 제도와 실천이 가정하고 있는 '자연스러움'을 파괴하고 거기에 내재하는 근본적인 한계와 위험성, 그리고 변화가능성을 알려주고자 하는 미디어 역사서술에 하나의 이정표를 제시해 주고 있다고 할 수 있다.

1 포스트식민주의의 문제의식에서 한국의 미디어 역사를 이해해야 하는 이유에 관해
  설명해 보자.
2 근대전환기 한국 미디어정경의 핵심적 변화를 설명해 보자.
3 일제강점기 미디어정경이 구성되는 핵심적인 계기에 관해 설명해 보자.
4 광복 직후 구축된 전 세계적 냉전 질서가 한국의 미디어정경에 끼친 영향에 관해 설
  명해 보자.
5 1987년 저작권 시장개방이 한국 미디어정경의 변화에 끼친 영향에 관해 설명해
  보자.

더 읽 어 볼 책

매스커뮤니케이션의 역사 어빙 팽 지음, 심길중 옮김, 2002, 한울엠플러스

문자 발명, 인쇄술 발명, 대중매체 등장, 오락적 성격 강화, 가정용 매체 발달, 인터
넷 등장으로 이어지는 매스커뮤니케이션의 역사가 체계적으로 잘 정리되어 있다.
오늘날의 새로운 매체들을 역사적 맥락 속에서 이해하는 데 큰 도움이 된다.

뉴스의 역사 (3판) 미첼 스티븐스 지음, 이광재·이인희 옮김, 2010, 황금가지

전근대부터 최근에 이르기까지 뉴스의 발달 과정을 체계적으로 살펴본 책이다. 대
중매체보다는 뉴스의 역사를 중심으로 서술한 점이 독특하다. 저널리즘의 역사에
관심 있는 독자라면 꼭 읽어볼 책이다.

한국언론사(개정2판) 김민환 지음, 2005, 나남

언어의 기원부터 최근의 대중매체까지 한국의 언론을 통사적으로 다룬 대표적인 책
이다. 신문이나 방송뿐 아니라 영화, 광고 등 광범위한 분야를 아우른다. 한국 언론
을 전체적으로 살펴보는 데 큰 도움이 된다.

한국언론사 채백 지음, 2015, 컬처룩

개화기부터 현재까지의 한국 언론을 비판적 시각에서 깊이 있게 다룬 책이다. 당대의 시대적 맥락 속에서 언론의 위상이 어떠했는지를 체계적으로 이해하기 위해서는 꼭 읽어야 할 책이다.

한국의 미디어 사회문화사 유선영 외 지음, 2007, 한국언론재단

사회문화사라는 새로운 시각에서 한국의 미디어 역사를 다룬 책이다. 주요 매체별 (통신, 신문, 영화, 라디오, 음향미디어, 텔레비전, 인터넷)로 무거운 방식의 서술보다는 일화 중심으로 서술되고 있어 쉽게 읽을 수 있는 장점을 지녔다.

제2부
미디어와 사회

04

민주주의와 미디어

1. 미디어의 목적: 민주주의

민주주의와 미디어의 관계, 이것은 거의 모든 미디어나 저널리즘 교과서가 빼놓지 않고 다루는 친숙한 주제이다. 한 연구자(Curran, 2005: 122)의 비유를 빌리면, "목재(같은 큰 것) 운반용 밴이 필요할" 만큼 관련 연구의 양이 많다. '대의적 시민 자치representative self-government'의 형태를 띠는 현대 민주주의의 특성으로 미루어 정보를 전달해 주는 미디어란 필수불가결한 존재임에 틀림 없다. 특히 정당, 후보자, 공약에 대한 정보는 선거를 가장 중요한 정치 행위로 삼는 대의제의 특성상 '민주'의 성패가 걸린 일이라 해도 과언이 아니다. 미디어는 특정 민주주의가 아닌 민주주의 일반에 필수적인 것이다(Hofmann, 2019).

그러나 마치 '당연한 것', '그저 주어진 것'으로 보이는 이 관계가 지금 들어 상당히 어려워졌다. 여기에는 여러 이유가 있지만, 무엇보다 정치(민주주의)와 미디어(신문)의 생성과 발전이 그렇게 밀접한 연관하에 일관되게 이루어진 것이 아니라는 점을 들 수 있다. 이는 지금도 미디어가 민주주의 자체의 제도적 얼개와는 별 연관 없이 존재하는 것만 보아도 알 수 있는 일이다. '언론의 자유' 정도를 제외하고 법제에서 언론을 배려한 것은 거의 없다. 검열이나 통제도 있지만 이는 오히려 민주 체제라면 금기시할 일이다. 참으로 희한하게도 민주주의는 공적인 정보를 전달하는 가장 중요한 일을 시장과 사기업(미디어)에 맡겨 놓고 있는 것이다. 이를 개념적으로 설명하면, 민주주의와 미디어 사이의 이른바 '조건적 배치contingent constellation'(Hofmann, 2019)이다. 서로 다른 경로로 발전했지만 같이 조건화시키는 것처럼 배치되게 되었다는 뜻이다.

　그러나 여기에서 또 다른 문제가 등장한다. 과연 이런 배치가 모든 나라의 민주주의에서 같이 생겨났느냐 하는 것이다. 주지하다시피 그저 자유만 보장된다고 해서 (미디어가)시장이나 기업으로도 융성할 수 있는 건 아니다. 앞선 논의의 무대가 된 서구에서도 '민주주의의 태동과 보편화'와 '미디어의 생성과 발전'은 아주 크게는 몰라도 세부에서는 각 나라마다 큰 차이가 있다. 특히 민주주의의 또 다른 쌍이었던 자유주의와 자본주의적 교역이 지체된 나라나 사회에서는 이렇게 미디어가 발전하지 못했다. 근대의 산물인 과학과 객관주의 역시 정보를 위주로 한 미디어의 또 다른 토양이 되면서 민간 미디어, 대중 미디어는 서구의 전유물이 되었다.

　지금까지 연구된 바에 따르면, 이런 미디어는 다른 나라, 문화권에서는 거의 발견되지 않는다. 지금 보여주는 그들의 미디어 상황과 언론 규범은 이미 형성된, 미국을 비롯한 서구의 것을 수입하거나 본 뜬 것이 대부분이다.[1] 물론

1　이 점에서 핀란드 학자 니에미넨(Nieminen, 2016)이 '민주주의와 미디어'의 관계를 사전(옥

그렇게 발전할 수 있었던 발명이 없지는 않았다. 세계 최초라는 한국의 금속활자 역시 그런 예 중 하나이다. 구텐베르크의 활판인쇄술이 유럽에서는 책과 신문을 만들고 마침내 근대와 독서 공중이라는 새로운 시대와 주체를 창출한 데 비해 한국의 것은 전근대를 벗어나지 못했다. 이는 민주주의와도 비교되는 대목이다. 민주주의의 기원 역시 그리스로마 시대로 거슬러 올라가지만, 센(Sen, 2009/2019)에 따르면 민주주의나 숙의(이성적 논의를 통한 결정)의 단초는 인도나 이란, 박트리아, 일본 등 비서구세계에서도 발견되는 현상이다. 미디어만큼은 좀 더 서구적 현상인 것이다.

민주주의와 미디어의 관계가 과연 서로 도움만을 주고받는 정기능적인가에 대해서도 많은 반론이 제기될 수 있다. 가장 가까운 반례가 제2차 세계대전 당시 히틀러와 독일 미디어의 관계이다. 히틀러의 나치즘체제는 당시 새로운 미디어였던 방송(라디오)을 대중 조작에 효과적으로 활용했다. 독일 국민은 라디오 청취를 강요당함으로써 전쟁과 (유태인) 학살에 대대적으로 동원되었다. 스탈린의 소비에트 체제 역시 이와 대동소이하게 미디어를 자신의 프로파간다로 활용해 지배를 공고히 하였다. 이외에도 수많은 권위주의 체제들이 미디어를 활용했고, 미디어는 이들 비민주주의 또는 반민주주의와도 협조적 관계를 맺었다. 물론 반대로 많은 미디어와 언론인이 반권위주의나 반파시즘 투쟁에 나서 수없이 희생을 당한 점 역시 얼마든지 거론될 수 있는 것이다. 민주주의와 언론의 자유가 흔들릴 수 없는 대세가 된 지금에도 비판적 언론에 대한 공식·비공식적 탄압은 자행되고 있다.

그러나 민주주의 체제에서도 미디어가 반드시 민주주의와 협조적 관계를 맺는다고 단언하기 어렵다는 지적이 나온다. 자유를 가진 미디어가 자신의 필요 이상으로 민주주의를 위해 일하지 않기 때문이다. 대부분의 민주주의사회

스포드)에서 설명하면서 지역(유럽)을 한정해 고찰한 것은 충분히 이해가 가는 일이다.

에서 미디어는 제도에 기초한 공식적 기구가 아니라 시장에서 활동하는 상업적 기업이다. 미디어는 민주주의를 구성하는 정부나 정치를 대상이자 원료로 삼아 일부 공적 기능을 수행할 뿐이다. 반대로 민주주의 역시 "저널리즘이 도산을 당하지 않을지에 대한 조건 같은 것에 아무런 관심이 없다"(Zelizer, 2012: 469). 많은 학자들과 비평가들이 이런 미디어의 상업성과 민주주의의 무정책을 비판하지만, 지금 체제에서 이 관계가 획기적으로 바뀔 가능성은 사실 크지 않다.[2] 민주주의 또는 정치제제와 미디어의 관계는 그렇게 단순하거나 자명하지 않은 것이다.

한편 논자에 따라 약간의 차이가 있지만 대체로 언론의 자유는 민주주의의 요건 중 하나로 인정받는다. 반권위주의, 반파시즘 투쟁에서 언론이 효과적으로 활용되었기 때문이다. 이는 비밀에 반대되는 공표 또는 공시성publicity 을 대표적인 근대의 산물로 만들었다. 물론 언론의 자유가 그 자체로 민주주의를 구성하는 내재적 요건이냐 아니면 다른 자유나 가치를 진작하기 위한 도구적인 요건이냐에 대해서는 이견이 있을 수 있다. 언론의 자유는 내재적 요건에 가까운 '표현의 자유'의 연장선에 있고, 올바른 정보(언론)를 통해서만 민주의 의미가 구현된다는 점(특히 선거)에서 도구적 성격도 상당히 지니고 있다. 그렇다면 도구냐 아니냐보다 무엇을 위한 도구인지, 그 내부에서 민주주의적 타당성을 유지하려는 장치들이 얼마나 잘 가동되고 있는 지가 중요하다. 이 점과 관련해 미국의 미디어사회학자 셧슨은 다음과 같이 단언한다.

저널리즘의 자율성(언론의 자유)은 결코 그것만으로는 가치가 될 수 없다. 저널리즘은 많은 것을 할 수 있지만, 그것의 역사, 전통, 최고의 가치, 때로 법적 허가

2 그래서 심지어 언론의 자유가 민주주의에 필요한 미디어 개혁을 방해하는 장애물(Tambini, 2012)이란 지적이 나온다. 본연의 언론 자유를 위해 현실 언론을 제어해야 하는 역설이 성립하는 상황인 것이다.

에 따라 반드시 해야 하는 것은 민주주의에 기여하는 일이다(Schudson, 2005: 222. 괄호 안은 인용자).

이 점은 미디어가 그저 권력과 가까운 거리에 있다는 점을 기화로 자신의 기능(여론에 대한 영향력)을 남용해서는 안 되며, 단지 경쟁력이나 성장 전망 같은 기업적 가치가 아니라 저널리즘으로서의 정당성을 확립해야 한다는 점을 일깨운다. 여기서의 정당성은 "그 존재의 행위가 사회적으로 구성된 규범이나 가치, 믿음, 그리고 정의定意에 비추어 바람직하거나 적절하거나 어울린다는 보편화된 인식과 가정"(Suchman; van Dalen, 2019: 3에서 재인용)이다. 정부의 권위가 공식적 제도나 법에서 나온다면, 저널리즘의 권위는 사회적으로 구성된 규범이나 가치, 믿음, 그리고 정의에서 나오는 것이다. 이런 규범이나 가치에서 민주주의를 핵심적인 것으로 본다면, 적어도 미디어는 민주주의의 규범이나 가치, 믿음과 정의에 어울리거나 적어도 갈등하지 않아야 한다. 그래야 민주주의도 살고 미디어도 의미를 갖는다. 가짜뉴스 추문을 몰고 온 미국의 트럼피즘이나 영국의 브렉시트 등이 역설적으로 환기한 대로 지금 시대에 제대로 된 뉴스나 정보에 대한 필요나 가치는 오히려 더 커졌다.

이 글의 목적은 민주주의와 미디어 사이가 규범과 어떤 관계에 있는지를 알아보는 데 있다. 이를 위해 다음 장에서는 논리와 역사, 비교연구를 통해 민주주의와 미디어의 관계를 개관한다. 서론에서 언급한 '조건적 배치'를 좀 더 자세하게 살펴본다. 3장에서는 민주주의가 기대하는 미디어의 기능들을 찾아본다. 현실에서 미디어는 이를 통해 민주주의에 기여도 하지만, 때로는 남용되거나 무용되어 민주주의를 훼손하기도 한다. 4장에서는 다양한 민주주의중 대표적인 것을 돌아보고 각각에 좀 더 어울리는 미디어의 기능을 설정해본다. 마지막 5장에서는 최근 경향인 디지털화와 민주주의의 관계를 살펴본다. 미디어·사회의 디지털화는 민주주의에 약점과 강점을 골고루 제공하는 양가적 특성ambivalence을 지닌다. 마지막 결론 부분에서는 이런 조건적 관계를 한국 민주화의 주요 사건에 적용해 본다.

끝으로 이 글의 용어 사용에 대해 간단히 부연한다. 나는 이 글에서 미디어와 언론, 저널리즘 등을 병용한다. '미디어'는 일상과 관련된 커뮤니케이션을 수행 또는 매개하는 존재 전반을 통칭한다. 신문과 방송을 중심으로 하는 이전의 레거시 미디어부터 개인을 중심으로 한 지금의 네트워크 미디어SNS를 망라한다. '언론'은 뉴스나 논평을 중심으로 하는 미디어로 신문-온라인 등이 가장 중심이 된다. '저널리즘'은 일반적으로는 언론과 크게 다르지 않으나 여기서는 하나의 '주의ism'로서 규범성을 강조하는 뜻으로 쓰고자 한다.

2. 민주주의와 미디어의 관계

민주주의와 미디어의 관계가 '당연한 것', '주어진 것'이 된 데에는 이전의 언론이 효과적으로 반권위주의 투쟁을 벌인 데 있을 것이다. 새로운 시민계급은 권위주의의 검열과 통제에 맞서 사상의 자유 시장을 외쳤고, 이는 언론 자유의 원천이 되었다. 이후 체제의 구성 요건으로 승격한 언론 자유를 통해 공표와 개방은 근대의 새로운 시대정신, 권력의 새로운 존재 조건이 된다. 의회의 논의와 법의 제개정 과정은 모두 공개되었고, 대중은 이에 대한 의견(여론)을 형성해 권력을 창출하기도 견제하기도 하였다.

이런 과정이 벌어진 지리적 시공간은 유럽과 미국이고, 언론이 더 융성하기로는 봉건시대의 잔재가 없었던 미국이 앞설 것이다. 일찍이 19세기 중반에 미국을 여행하면서 프랑스 학자 토크빌은 다음과 같이 주장해 민주주의와 언론이 맺는 호혜적 관계를 정립시켰다.

(미국의) 언론은 광대한 영토의 곳곳에 정치 생활이 이루어지도록 한다. 언론의 눈은 비밀에 쌓인 정치적 전략의 원인을 파헤치고, 여론이 모든 정당의 지도자들을 차례대로 제재할 수 있도록 이끈다. 언론은 원칙을 중심으로 공동체의 이익을 집결시키고 모든 정당의 강령을 만든다. 왜냐하면 언론은 직접적인 접촉이 없이도 화자와 청중들 사이를 서로 연계시켜 주기 때문이다(Tocqueville; Graber, 2003: 203에서 재인용).

당시 토크빌은 신문이 직접적인 접촉 없이도 정치와 정당에 대해 자세히 알림으로써 사람들 사이를 정치적으로 연계시키고, 사람들은 참여와 같은 민주적인 행동을 통해 정당의 지도자들을 통제하고 강령 또한 만들 수 있게 되었다고 보았다.

그러나 이러한 신문을 당시 자료를 통해 실증적으로 분석한 섯슨(Schudson, 2008)에 따르면, 신문이 중점을 둔 것은 민주적인 이유가 아니라 상업적인 이유였다. 주로 정당이 신문에 재정적 후원을 했으므로 후원 정당에 대한 편파성 또한 강하게 띠었다. 언론인들은 반은 정치인이었고, 새로운 대통령이 워싱턴에 입성할 때마다 많은 수의 언론인들이 정치에 참여했다(사실상 엽관제spoil system에 가까웠다). 이외의 다른 신문들은 자기 고장, 특히 서부의 미개척 지역을 동부에 알리는 일종의 선전 광고 역할boosterism을 했다. 신문이나 학교, 큰 호텔의 존재는 이민자를 끌어들이는 중요 요소였다. 이런 신문에는 지역 정부의 지원금이나 광고까지 주어졌다. 실상이 이렇다면 미디어는 민주주의의 전도사라기보다는 상업적 홍보지에 가까운 것이다.

토크빌과 섯슨은 상반된 주장을 통해 민주주의와 미디어가 맺는 관계가 상당히 복합적이라는 점을 보여준다. 언론인들은 각종 기념일 등에서 의례적 발언으로 '민주주의에 대한 미디어의 기여'를 당연시하면서 이 복합성을 논의하는 걸 피해왔다. 그러나 사실 이 문제를 따져보면, 둘 사이에 "어떤 즉각적인 또는 절대적인 관계는 없다"(Nieminen, 2016: 2)고 보는 게 맞다. 서론에서도 잠시 본대로 미디어가 없다면 민주주의도 있을 수 없다거나 민주주의가 없다면 미디어도 없다는 그런 주장은 반증의 사례도 많은 것이다. 더 분석적으로 보면, "뉴스 미디어와 민주주의의 성공이나 실패의 상관관계는 (각 나라나 사회의) 문화마다 하위문화마다 그리고 다양한 역사적 시기마다 달리해 왔다"(Graber, 2003: 141)고 해야 한다. 시공간적 조건에 따라 미디어와 민주주의 관계는 다양한 면모를 띨 수 있다는 것이다.

민주주의와 미디어의 관계가 조화로운 사례는 단연 20세기 초 '진보주의시대progressive era'의 미국일 것이다. 이 시대에 미국은 19세기에 성행했던 정당 간 담합을 약화시키고 시민을 정치의 주체로 확립했다. 이에 영향을 받아 정립되기 시작한 미국 언론의 엠블럼, 곧 객관주의는 미디어와 민주주의를 매우 긴밀한 관계로 만들었다(Kaplan, 2010). 객관주의는 의견이나 주장보다 사실을 중시하고, 정치적으로는 중립을 지키는 것이다. 그러나 한때, 뭇 나라의 부러움을 사고 여러 나라로 수출까지 된 이 모델은 지금은 '어리석은 규범화'(Nerone, 2012)나 '골동품 애호주의antiquarianism'(Waisbord, 2012)로 되어버렸다. 그 이유를 조세피(Josephi, 2013a)는 다음처럼 정리한다.

저널리즘과 민주주의(를 연계시키는) 패러다임은 매우 특징적인 시간과 공간의 산물이다. 바로 19세기 후반과 20세기 초반의 미국이다. 태어난 시간과 장소의 특징이 강하게 배어 있음에도 불구하고 이 모델은 글로벌하게 수출되었다. 물론 (다른 나라의 사정에는) 잘 맞지 않은 데도 그렇다는 말이다. 학술 문헌들은 이 패러다임보다 (각 나라의) 현실에 기초해 상황을 비판하는 것을 좋아한다. 여기 (이 저널의 특집에서)의 저자들도 저널리즘과 민주주의의 패러다임이 노후화되었고, 21세기의 저널리즘을 너무 제한하거나 왜곡시킬 수조차 있다고 하면서 이를 비판적으로 평가한다"(p.445; 괄호 안은 인용자).

미국 사례가 시의에 맞지 않고 다른 나라에도 어울리지 않는다면 모델을 바꿔야 하는데, 유럽의 경우에 보편적인 것은 미국의 객관성과 대조적인 정치 병행성political parallelism이다. 객관성이 경쟁하는 정당이나 후보자에 대해 중립적이고 관점이나 주장보다 사실 전달을 앞세운다면, 병행성은 정당과 언론이 이념이나 논조에서 공동 보조(병행)를 취하는 일종의 정치-언론 연합coalition 현상이다(Artero, 2015). 보기에 따라 과거의 정론지partisan paper와 상당히 유사하다.[3] 글로벌 차원에서 비교연구를 주로 해왔던 볼트머(Voltmer, 2013)에 따르면 전 세계에서 가장 많으면서 또 가장 성공했던 모델은 객관성이 아니라 바로 이 병행성이다.

그 외 지역에서는 크리스티안스 등(Christians et al, 2009)의 다음과 같은 술회대로 미디어에 대한 규범이나 모델이 발견되지 않았다. "아시아, 아프리카, 그리고 라틴아메리카는 나름의 특징적이면서 풍부한 문화적·철학적 전통에도 불구하고 규범적 미디어이론에서는 중요한 혁신을 이루어내지 못했다"(2009: 13). 오히려 이들은 새로운 언론 강령이나 지침을 제정하면서 서구의 지침을 모방했다(Ward, 2019). 그렇다면 미국을 제외하고, 현실에서 성행하는 것은 언론이 자신의 정치적 또는 이데올로기적(진보/보수) 입장을 정하고 이를 전파하는 데서 의의를 찾는 유형이라 할 수 있다.

크리스티안스 등의 이런 주장이 반드시 그들이 '서구 중심주의'에 빠졌기 때문으로 보이지는 않는다. 그보다는 오히려 민주주의라는 체제 자체가 가진 서구성, 또 미디어가 가진 기술적 성격의 첨단성과 도구성, 지금껏 인류가 이런 민주주의나 미디어보다 보다 더 나은 정치-미디어 체제를 찾지 못했다는 의미에서 최선성 등에 비추어 아직은 서구의 경험, 곧 미국의 객관성과 유럽의 (공

---

3 물론 소유나 재원 차원에서 구조적으로 제휴했던 과거와 달리 지금의 병행성은 주로 시장 전략 차원에서 다변화와 분점을 노린 이슈나 논조, 소유나 대표 언론인의 정치적 신념, 주 소비자층의 지지 정당·이념과 연계된 공조를 한다(Artero, 2015; Mancini, 2012).

영방송이 더해진) 정치 병행성, 또는 양자의 절충형 등이 대세를 이룬다고 봐야 하는 게 맞다.

　유럽에서 병행성이 성행한다고 해서 다 같은 성격인 것은 아니다. 핼린과 만치니의 비교연구(Hallin and Mancini, 2004)에서 보는 바대로 독일이나 스웨덴, 네덜란드 같은 '민주적 코포라티즘[4]' 유형과 이탈리아나 스페인, 그리스 같은 '극단적 다원주의' 유형은 병행의 정도가 크게 다르다. '극단적 다원주의'에서는 경쟁하는 세력 사이에 교집합 또는 중간지대가 거의 없어 세력 간 갈등이 최대화된다. 논의와 협상, 그리고 선거가 기본 체계인 민주주의를 감안해 볼 때, 이렇게 중간이 없으면 결정의 지지력과 정당성이 크게 약해진다. 이에 비해 사회를 구성하는 다양한 세력 또는 부문 사이에 대의체계가 잘 보장되어 있는 '민주적 코포라티즘'에서는 갈등 정도가 약하다. 이에 따라 미디어 또한 다른 행태를 보인다. 이런 나뉨에는 정치체제의 특성 외에도 언론시장의 구조, 전문직주의, 국가 개입 정도, 후견주의clientelism[5] 등도 작용한다.

　민주주의와 미디어에 대한 역사연구나 비교연구는 '민주주의는 미디어를 필요로 하지만, 미디어는 민주주의를 필요로 하지 않는다'는 비대칭 관계, 또는 조건적 관계를 밝혀냈다(Josephi, 2013a; Voltmer & Sorensen, 2016). 좋은 민주주의에 좋은 미디어는 확실한 필요조건이지만, 미디어는 민주주의 아닌 권위주의나 파시즘 체제에서도 얼마든지 자신의 생존과 번성을 도모할 수 있었다. 그러나 미디어가 좋아지려면 반드시 활동의 자유와 사회적 정당성이 필요

4　코포라티즘은 여러 뜻을 갖지만, 여기에서는 경제, 노동, 종교 등 사회를 구성하는 다양한 세력 또는 부문 사이에 대표체계가 잘 보장되어 있고, 정치적 결정이 합의를 지향하는 체제를 말한다.

5　보통 '정치적'이라는 수식어를 앞에 붙여 '정치적 후견주의'로 부른다. 뜻은 "경제적 이익이나 정치적 참여·동원을 위한 기회가 정치적 충성과 종속에 대한 대가로 권력에 의해 제공되는 관계"(Hallin, 2000: 98)다. 후견주의에서는 정치가 후견인이 되고 미디어는 피후견인이 되어 정치적 충성과 특혜를 교환한다.

하고, 이는 자유주의를 매개로 한 민주주의('자유민주의'[6])에서 가장 최적으로 달성될 수 있다는 점에 이론異論의 여지가 있지는 않다. 또 이는 적어도 지금까지는 서구 역사에서만 증명이 되었다. 민주주의-미디어-서구 사이에는 일종의 '선택적 친화성elective affinity'이 있었던 셈이다.

많은 나라들이 이런 서구를 모방하고 있지만, 민주주의가 그렇고 또 (자본주의 시장)경제가 그렇듯이 미디어 역시 나름의 사정이나 조건에 맞는 최적의 모델을 찾아야 한다. 여기에서 민주주의는 미디어가 제대로 기능할 수 있게 조건과 저변을 마련해줘야 하고, 미디어는 전문직으로서 책임과 절제를 다할 수 있어야 한다. 이는 민주주의와 미디어 사이에 끊임없는 상호 대화와 상호 경계가 있어야야 한다는 의미이기도 하다.

3. 미디어의 기능

민주주의 입장에서는 미디어가 자신만을 위해 역할해 주기를 바란다. 그러나 앞서 언급한 대로 정체polity에는 민주주의만 있는 것도 아니고, 미디어에 정치만 중요한 것도 아니다(Hanitzsch and Vos, 2018). 민주주의도 개인주의적인 서구와 달리 좀 더 공동체와 책임을 강조하는 형태로 전개되기도 한다. 또 후진국일수록 내세우는 이념과 실제의 실천 사이의 괴리가 크므로 이념보다 실천에 주목해서 미디어의 역할을 평가해야 한다. 미디어의 주요 기능을 열거해

---

6   자유주의와 민주주의의 관계는 수많은 논쟁이 보여주는 바대로 조화로운 측면 못지않게 갈등적 측면이 많다. 법치나 인권 보장은 양자가 조화를 이룬 사례이다. 그러나 공평한 절차나 실질적 평등(민주주의)은 재산권을 비롯한 여러 권리들(자유주의)과 갈등할 수 있다. 이런 조화와 갈등이 서로를 경계하게 해 오히려 좋은 결과를 낳기도 한다. 역사적 차원에서 보아도 둘은 근원이 같고, 진화도 같이 하고 있다(Green, 2015).

보면 대체로 다음과 같다(Schudson, 2007; 2014).

• 정보 기능: 미디어는 시민의 정치적 선택을 돕기 위해 공정하고도 충분한 정보를 제공해야 한다. 미디어의 기능에서 '상대적으로 접근 가능하고, 다양하며, 적절하고, 시의적이면서 독립적으로 생산된 정보'를 전달하는 것보다 더 기본적이면서 중요한 것은 없다(Nielsen, 2017). 민주주의자들은 미디어에 여러 기능을 거론하면서 때로 현실에 맞지 않는 것까지 요구하지만, 정보야말로 실제 미디어가 '할 수 있고'(능력), '하고 있고'(현실), 앞으로도 계속 '하려 하는'(의지) 부분으로 미디어가 민주주의에 가장 크게 기여하는 영역이다. 실제 미국의 워터게이트 사건이나 한국의 박종철 고문치사 사건, 대통령 탄핵을 불러온 국정농단 사건 등을 비롯해 미디어역사에서 중요한 특종들은 대개 이렇게 정확한 정보를 전달한 데서 비롯된 경우가 많다.

• 조사 기능: 권력, 특히 집중되기 쉬운 정부권력의 남용은 미디어가 조사해서 밝혀야 하는 영역이다. 이런 조사에는 사실 상당한 인력과 자금이 소요된다. 경쟁이 심해지면서 각 미디어들은 이런 탐사보도보다는 서로 공방을 벌이는 정당 간 논쟁을 피상적으로 중계하는 데 집중하기 쉽다. 미디어에 대한 많은 신화가 이런 조사기능을 통해 얻어졌지만, 사실 따져 보면 이의 시초는 내부 고발자의 제보나 정보 유출에 따른 경우가 많다.

• 분석 기능: 일종의 해석 기능이다. 복잡한 세계를 알기 쉽게 이해하도록 정보의 의미를 찾아주고, 가능하다면 갈등도 해결해 준다. 앞서의 조사 기능과 더불어 권력을 감시하는 기능, 곧 감시견 기능watchdog function과 사회적 구성요소 사이의 유기적 결합을 돕는 상관 조정 기능correlation이 모두 이와 밀접한 관련이 있다. 꼭 전문지식이나 대단한 사명감이 필요하지도 않다. 시민의

눈높이에서 상식과 대화적 지혜만 갖추면 얼마든지 가능하고, 의외로 많은 사람들에게 영향을 미친다. 특히 '범람'으로 불러도 전혀 과언이 아닐 정도로 미디어가 급증한 지금에 이르러 이러한 분석 기능의 양질적 비중은 유럽뿐만 아니라 미국에서도 계속 커지고 있다(Esser & Umbricht, 2014; Fink & Schudson, 2014).

• 사회적 공감social empathy : 제대로 권리를 행사하지 못하는 소외집단에 대해 공감과 동정을 불러일으키는 기능이다. 철학자 라즈는 이를 두고 '공분의 인印'이라고 했다(J. Raz; Schudson, 2014: 4에서 재인용). 정의와 인권을 추구하는 제대로 된 민주주의 사회라면 이런 공분이 반드시 있고, 미디어가 이를 북돋는 것 역시 일종의 필수 사항이다. 권력 감시에 충실한 탐사보도는 '공적 양심의 수호자'로 불린다(Ettema & Glasser, 1998). 이런 공분을 위한 미디어는 사실 위주의 일반적인 객관저널리즘보다는 의견이난 논평을 제시하는 주창 저널리즘[7] advocacy journalism 의 형태를 띨 수 있다.

• 공적 포럼: 시민들 사이에 대화와 토론을 촉진하는 기능이다. 미디어는 사회에 존재하는 다양한 의견과 관점을 공평하게 옮겨야 한다(이른바, common carrier). 미디어가 일종의 공론의 장이 되어 적절하게 의사가 결정되도록 돕는다. 현대 민주주의의 방향을 '숙의deliberation'[8]에 두는 철학자들(하버마스나 아렌트 등)은 이런 포럼 기능을 중시한다. 흥미로운 것은 중국이나 인도 같은 사회

---

7 저널리즘의 모범으로 객관 저널리즘이 많이 논의되지만 사실 이 저널리즘 또한 또 다른 민주적 모범이 될 수 있다. 단편적 팩트보다 의견과 논평을 중시하는 이 저널리즘은 오히려 민주주의와 사회정의가 약한 곳에서 규범적으로 더 요구되는 것이기도 하다(Cáceres, 2019). 물론 모든 저널리즘은 기아나 공포, 부패 같은 명백한 사회악을 거부한다.
8 '논의'나 '토의', '토론', '심의'로도 번역될 수 있다.

주의 또는 미성숙 민주 체제에서도 정확한 정보는 생산되지만 이런 포럼은 별반 눈에 띠지 않는다는 점이다(Josephi, 2013b). 그러고 보면 '공론장public sphere'으로 부를 수 있는 이 기능은 민주 체제에 특화되어 있는 것으로 볼 수 있다.

● 동원: 미디어는 특정 정치적 관점이나 견해, 특정 정당을 지지할 수 있고, 이를 통해 사람도 동원할 수 있다. 물론 현대 미디어들이 정당이나 정치세력으로부터 대부분 독립하고 이를 스스로의 존립 가치로도 삼는 만큼 이런 동원이 모두에 해당되지는 않는다. 그러나 앞서 본 대로 유럽 대부분에서는 미디어, 특히 신문과 정당이 논조와 내용에서 서로 연계를 맺는 '정치 병행성'이 성행한다(Hallin & Mancini, 2004). 중립과 객관을 강조하는 미국에서도 최근에는 당파성을 가진 미디어가 늘어나면서 양극화까지 조장되고 있다(Nechushtai, 2018). 주장과 동원을 앞세우다 보면 자칫 사실과 분석이 약화되기 쉽고 갈등 또한 조장할 수 있다.

● 민주적 교육: 민주 정체에 대한 교육을 말한다. 셧슨은 이 항에서 민주 정체가 시민적 자유와 인권 보호, 법치와 더불어 자유롭고 공정한 선거를 통한 견제와 균형의 체제임을 강조하면서 이에 의하지 않은 추상적 '인민의 의지'란 없다고 주장한다. 대중의 표현과 주장은 이런 법과 제도의 한계 내에서 작동할 때, 정당성을 얻을 수 있다.

이런 기능들을 과연 미디어들이 잘 수행하고 있는지에 대해서는 의견이 엇갈린다. 아르헨티나 출신의 미디어사회학자 웨이스보드(Waisbord, 2017)는 워터게이트 사건을 비롯해 그간 있었던 미디어의 빛나는 사례들을 거론하며, 많은 비판에도 불구하고 미디어가 아직은 장점이 있다고 본다. "의외로 민주주의는 비판가들이 몹시 싫어하는 저널리즘의 특성, 즉 이벤트 중심성이나 갈등,

아이러니, 냉소주의로부터 혜택을 받는다. 저널리즘은 지칠 줄 모르게 민주주의를 위해 일하기 때문이라기보다는 오히려 자신의 이익을 추구함으로써 공공선에 기여한다"(2017: 1227). 정치학자 그레이버 역시 "타블로이드 신문쯤을 제외하면 대부분의 인쇄 방송 뉴스 미디어들은 …… 네 가지 기본적인 기능을 수행했다"(Graber, 2003: 154)고 간주한다. 이 네 가지 기능은 앞서 본 다양하면서 갈등하는 견해들의 '포럼,' '여론 형성,' 시민을 대신한 '정보 수집,' 공석 '감시견' 등이다.

물론 비판적인 의견도 많다. 이스라엘 출신의 BBC 경력 연구자 젤리저(Zelizer, 2018)가 대표적인 예라고 할 수 있다. 그는 지금의 미국 언론의 문제를 1950년대 냉전과 매카시즘 보도에서 찾는다. 레드 콤플렉스에 사로잡혀 무작정 음해성 허위 정보를 퍼뜨렸던 "매카시에 대응해 미국의 언론인들은 '왜 그것이 중대한지' 묻는 것은 잊어버리고, '어떻게 언론이 보일지'에 치중해 뉴스만 기계적으로 중계하는 데 신경 썼다"(2018: 145. 강조는 원저자, 괄호 안은 인용자). 그 뉴스의 상당 내용이 허위이므로 미국 언론은 매카시의 공범이 되면서 저널리즘의 권위를 스스로 퇴락시켜 버렸다. 트럼프가 기성 저널리즘을 비판하고 가짜 뉴스 논란을 조장할 때, 미국 언론이 보여준 것은 정의로운 거부 같은 민주주의 정신이 아니라 공식적 권력에 약한 잘못된 관행, 곧 친권력성을 내용으로 하는 객관성이었다(그래서 트럼프를 충실히 보도했다).

이외에도 특정 정파에 유리하게 정보를 조작하는 '정파화', 사안의 내용보다 개인에 대한 이미지를 중심으로 하는 '의인화personification', 구조적 맥락을 무시하고 사건을 일회성으로 만드는 '사소화trivialization', 논리를 무시하면서 극단으로 치닫게 하는 '감정주의', 원인이나 배경이 결여된 '단순화', 선거 보도 시에 자주 나타나는 (누가 여론조사에서 앞서느냐 식의) '경마식 보도', 기존의 관행적 보도를 벗어나지 않는 '목록화indexicalization' 등을 민주주의에 장애가 되는 구조적 병폐로 들 수 있다.

이렇게 옹호와 비판이 교차하지만, 미디어가 갖는 '정확한 정보-심층적 논평-바람직한 여론 형성' 기능이 민주주의에 상당히 '결정적'이라는 점을 감안하면 비판이 좀 더 중요해 보인다. 그러나 미디어가 사기업이고, 활동영역이 대부분 언론의 자유로 보장받는다는 점 때문에 민주주의(정부)의 개입이 쉽지는 않다. 그 점에서 언론평의회, 심의위원회 같은 자율규제 제도가 필요한데 저널리즘의 역사가 일천한 곳에서는 이마저도 의의를 살리지 못하는 경우가 많다.

4. 민주주의의 유형별 주요 기능

민주주의는 개념 특성상 '본질적으로 경합적인 것essentially contested concept'이다. 구성 요소들이 서로 일관되게 어울리지 못하고 모순적으로 공존한다. 이런 개념은 종류가 매우 다양해 자신의 쓰임을 잘 설명하지 않으면 '귀머거리 간의 대화'가 되기 일쑤다. 심지어 권위주의 체제까지 스스로를 민주주의로 부르기도 하기 때문이다. 물론 시민의 '자기 통치self-government'를 기초로 한 기본 요건까지 민주주의에 없지는 않다. 무릇 민주주의라면 갖춰야 하는 요소가 있는 것이다.[9] 그러나 이를 감안하더라도 민주주의의 정의는 고정되기 어렵다.

드레일(Drale, 2004)에 따르면, 민주주의는 크게 다음의 세 가지 기준에 따라 분류할 수 있다. 첫째는 정당성을 기준으로 '과정의 정당성'과 '결과의 정당성'의 두 가지 형태로 나누는 것이다. 과정의 정당성은 정해진 절차를 통한 결과

---

9 민주주의에 어울리는 요건들이 여럿 있지만, 각 나라마다 실천적 정도가 같지는 않다. 더구나 최근에는 '비자유적 민주주의'나 '결손민주주의', '선거권위주의'나 '경쟁적 권위주의' 등 민주주의와 비민주주의 사이의 회색지대가 늘어나고 있다. 선거가 있지만 장기집권이 계속되고, 민주 체제를 표방하지만 기본적 자유가 제한되는 체제들이다. 그런 점에서 '민주주의냐 아니냐가 아니라 '민주주의의 질이 중요하다'는 지적(Strömbäck, 2010)은 의미가 있다.

는 필연적으로 옳다는 가정을 앞세워 결정 과정 자체를 강조한다. 그러나 결과의 정당성은 그 결과가 절차와는 관계없이 미리 설정된 기준을 충족시킬 수 있느냐를 요구한다. 공동체의 행복이나 공공선의 증진, 사회적 약자의 보호, 경제적 불평등의 완화 같은 것이 기준이 된다. 민주주의를 하는 궁극적인 이유는 이것 ― 링컨의 '국민을 위한for the people'이다 ― 에 있으므로 형식(과정)만을 강조하다 보면 자칫 실질(결과)을 도외시할 수도 있다. 그러나 실질을 앞세우다 보면 절차를 경시할 우려가 있다. 선거를 비롯한 민주적 제도들은 대체로 절차를 중심으로 되어 있다. 절차민주주의자들은 절차가 어느 정도 실질을 보장한다고 주장한다(Saffon and Urbinati, 2014). 절차가 실질로 이어지는 데는 해당 나라나 사회의 정치나 경제, 교육수준 등이 매개 변수로 작용한다.

둘째는 단순한 투표에서 복잡한 숙의에 이르는 시민의 정치 참여 수준에 따라 나누는 것이다. '대의민주주의'와 '직접(참여)민주주의'는 참여의 양적 정도나 중요성, '시장민주주의'와 '숙의민주주의'의 구분은 참여의 질을 적용해 분류한 것이다. 대표를 뽑아 정치를 대리하게 하는 대의민주주의는 아무래도 직접민주주의에 비해 참여의 양이 적으므로 민주의 의미가 상대적으로 약하다. 물론 대의민주주의가 이것에만 그치는 것은 아니다. 대표자들이 자신이 대표하는 집단의 이익 외에 공공선을 위한 나름의 자율성을 상당히 가지기 때문이다. 대의제와 민주제의 엇갈림이야말로 현대 민주주의 체제의 근본적인 긴장 중 하나다. 현실의 측면에서 대표자의 선택권(투표)을 중시하는 시장민주주의는 '엘리트민주주의'로 바꿔 쓸 수도 있을 것이다. 이런 엘리트들이 사회 내 다양한 균열을 대표할 수 있다면 '다원주의' 형태를 띠게 된다.

숙의민주주의는 시민들이 충분한 숙고와 논의를 통해 스스로 결정하는 체제이다. 숙의가 이루어지는 장을 보통 '공론장public sphere'으로 부르는데, 이에는 의회 같은 공식적 장이 있고, 미디어를 비롯한 비공식적 장이 있다. 숙의를 잘 할 수 있게 되면, 민주주의는 앞서 나온 실질의 결과를 얻기 쉬워진다. 미디

표 4-1 민주주의의 유형별 주요 얼개들

구분	주요 행위자들	시민의 역할	정치 양식	미디어의 역할
엘리트 민주주의	사회적 엘리트집단(정치, 경제, 문화), 전문가	비적극적 투표자	엘리트 사이의 협상	• 정보의 수동적 (운반)용기
다원주의 민주주의	선출된 대표자	식견 있는 선택을 하는 식견 있는 시민	경쟁적	• 정보가 유용하고 해석적(객관적) • '감시견' 역할 • 설명 책임accountability 요구
참여 민주주의	조직화된 시민 (이익-기초적 조직)	시민조직에 적극적인 참여자	참여적	• 주창성 • 사회적 이슈에 대해 비판적으로 논의하는 조직자
숙의 민주주의	식견이 있고 적극적인 시민들	공적 숙의의 참여자	절차적 (합의적)	• 공통 이슈에 대해 공적으로 숙의하는 (공론)장의 촉진자
급진적 민주주의	조직화된 시민 (권리-기초적 조직)	권력자에 대항해 이익/권리에 기초한 요구를 주장	경합적 (agonistic)	• 갈등하는 사회적 세력들 사이에서 공적 경쟁을 위한 플랫폼의 조직자

자료: 니에미넨(Nieminen, 2016: 12).

어에 이상적인 역할을 요구하게 되면 민주주의 역시 이런 숙의의 형태를 띠어야 한다. 숙의(행위: 민주적 주체)와 장(공간: 미디어) 사이가 잘 어울리기 때문이다.

셋째 기준은 민주주의 사회에서의 규제 수준이다. 이 규제는 최소한의 헌법적 제한에서 부터 전반적인 도덕적 의무까지를 포괄한다. 이 기준에서 민주주의는 사적 자율성을 바탕으로 개별 이익의 협상과 타협이 정치의 주요 내용인 '자유주의'와 공적 정치 의지의 형성을 목표로 윤리적 공동체를 전제하는 '공화주의'로 구분할 수 있다. 현대 민주주의는 양자를 겸비하는 경우가 많으므로 '복합민주주의'로 불리기도 한다(Baker, 2002). 자유주의는 앞의 엘리트·다원주의와, 공화주의는 뒤의 참여·숙의주의와 가깝다.

각각의 민주주의는 주요 행위자들, 시민의 역할, 정치양식이 다르고 그에 따라 강조되는 미디어의 역할도 다르다. 여기에서는 〈표 4-1〉처럼 민주주의를 '엘리트민주주의', '다원주의민주주의', '참여민주주의', '숙의민주주의', '급진적 민주주의' 등 다섯 개로 유형화하였다. 이 중 앞서 설명이 없었던 급진적 민주주의는 조직화된 시민이 권력자에 대항해 자신의 이익/권리에 기초한 요구를 주장하는 것이다. 이 민주주의에서는 갈등하는 사회 세력들 사이에서 벌어지는 공적 경쟁이 중요하다(그래서 경합적agonistic이다). 지금의 민주주의는 이런 여러 민주주의의 유형별 양상이 같이 나타난다는 면에서 복합민수수의라 할 수 있을 것이다.

가장 낮은 단계, 흔히 최소민주주의로 볼 수 있는 '엘리트민주주의'에서 미디어는 정보의 수동적 용기에 불과하다. 이 민주주의에서 중요한 것은 엘리트들이므로 대중에 전파되는 정보는 질이 높거나 어려울 필요가 없다. 미디어가 상업적 동기에 치우치면 정보의 수준 역시 이 단계를 벗어나지 못할 것이다. '다원주의민주주의'에서는 식견 있는informed 시민의 비중이 커져 권력에 대해 책임을 요구하므로 상대적으로 풍부한 정보와 그 정보에 대한 적절한 해석이 필요해진다. 이 민주주의부터 미디어는 공적 기능을 상당히 수행하지 않으면 안된다. 체제 역시 그에 맞게 공적으로 운영되는 공영방송의 도입을 비롯해 필요한 제도적 구상을 할 수 있다.

'참여민주주의'에서는 이익에 기초한 시민과 그들의 조직이 중심이 되므로 미디어는 정보 외에 특정한 이념과 주장을 개진하는 주창성도 띠게 된다. 사회적 이슈에 대한 논의가 활발해져 엘리트 위주로 움직였던 기존 정치사회는 비판의 대상이 될 수 있다. 최근 들어 급증한 (디지털) 미디어들은 이런 분위기를 조성하는 데 일조한다. '숙의민주주의'는 식견이 있는데다 공적 이슈에 대한 논의까지 활발하게 전개하는 적극적인 시민이 위주가 된다. 숙고와 토론은 이들에게 제도를 지키는 절차이자 때로 합의에까지 이르게 하는 필수적 과정이다. 미디어는 공론(장)의 촉진자facilitator가 되며, 정보의 질이나 미디어의 기능 역시 지금까지의 민주주의들 중에서 가장 높은 수준이라고 할 수 있다.

마지막 조직화된 시민이 확실하게 자신의 권리를 주장하는 '급진적 민주주의'에서는 기본적으로 갈등이 사회화된다. 미디어는 이들의 대변자가 되어 이념이나 주장을 개진하는 장(플랫폼)이 된다. 정치 병행성은 이런 민주주의에서 전형적으로 나타나는 현상이다. 다만 이 장이 민주적이기 위해서는 갈등이 '적대antagonistic'가 아닌 '경합agonistic' 수준으로 조절될 수 있어야 하며, 장의 규칙이나 관행이 의견의 동등성을 보장해 줄 수 있어야 한다.

현실의 대의제민주주의는 엘리트주의를 중심으로 다원-참여-숙의-급진이 복합되어 움직인다. 행정부-의회 결정을 놓고 다양한 개인·집단들이 정당-시민조직-인간관계 등을 통해 미디어에 압력을 가하고 스스로도 영향을 받으면서 여론을 형성한다. 이 여론의 질은 미디어가 제공하는 정보와 포럼 능력에 상당 부분 달려 있다고 해도 과언이 아닌 것이다. 물론 이들의 관계는 어느 한쪽이 다른 한 쪽을 일방적으로 리드하는 것은 결코 아니다. 수용자 전반의 교육 수준, 공공 이익에 충실하면서 효율적인 결정체계를 가진 정치 문화, 정보의 질과 여론에 민감한 저널리즘 문화 등이 어울리면서 내는 상호 효과가 민주주의-미디어의 관계이다.

5. 디지털 민주주의

디지털 민주주의는 좁게는 디지털 기술이 민주주의에 준 영향을 가리키지만, 넓게는 21세기 들어 달라진 민주주의의 면모를 폭넓게 아우른다. 앞서도 꾸준히 지적한 대로 민주주의에서 올바른 정보와 그에 기초한 논의, 이를 통해 형성되는 여론은 그 자체로 정치이자 권력의 지향점이었다. 그러나 몇 개 안 되는 인자가 시장을 과점했던 이전 대중 시대 때 미디어는 이른바 게이트키퍼gate-keeper로서 정치적 의제를 지배했다. 자원(주파수)의 제한을 받았던 방송은 이런 경향을 더욱 부추겼다. 이 시절에 이미 '원격민주주의tele-democracy', '전자민주주의e-democracy', '가상민주주의virtual democracy'처럼 기술(미디어)과 민주주의를 결합한 용어는 등장했다. 미디어-기술이 그만큼 기존의 민주주의 정치구도에 영향을 주고 있다는 방증이다. 이런 현상을 두고 이탈리아의 정치학자 마졸레니와 슐츠(Mazzoleni & Schulz, 1999)는 다음의 진술처럼 미디어가 권력 균형의 고전적 법칙을 해치고 있다고 까지 말한 바 있다.

> 정당이 유권자들에게 자신의 정책에 관한 책무를 느끼는 반면, 어떤 법령도 미디어가 자신의 행위에 대해 책무를 느껴야 한다고 하지는 않는다. 미디어에 책무성이 결여된 것은 민주주의에 대해 심각한 위험이 발생할 수 있음을 함축한다. 왜냐하면 그것이 미디어(제4부다)를 대중적 의지의 제재로부터 보호받을 수 있는, 영향력이 있으면서도 통제받지 않는 힘으로 만듦으로써 민주주의의 게임에서 권력 균형의 고전적 법칙을 해치기 때문이다(248).

그러나 디지털 시대 들어 미디어는 대중 패러다임을 '유산(레거시)'으로 만들면서 시장을 획기적으로 변화시켰다. '생산-소비자prosumer'나 '제작-이용자pro-dusage', '시민저널리즘'(여기서 시민은 아마추어라는 뜻이 강하다)이라는 신조어에서 볼 수 있는 것처럼 시장 장벽이 크게 낮아져 누구나 미디어를 운영할 수 있고, 누구나 메시지를 제작·배포할 수 있게 되었다. 또 이전의 '미디어 → 수용자'의 단방향은 '미디어 ⇌ 수용자' 형태의 쌍방향으로 바뀌었다. 이른바 웹 2.0의 시대가 열린 것이다. 이런 변화에 발맞춰 정치 역시 진보나 보수 같은 거시적 이데올로기에서가 아니라 미시적 일상사를 중시하는 '생활 정치every-day politics'가 되고 있다.

이 과정에 대해 먼저 짚어야 하는 것은 디지털 민주주의나 디지털 공론장, 또는 디지털 정치처럼 '디지털 —'이 단순히 기술 변화만의 문제가 아니라는 것이다. 이 '디지털−'은 기술을 비롯해 정치·경제·사회·문화 등이 서로 보조를 맞추면서 상호 변화를 도모하는 일종의 '조건화된 복합적 배치'이다. 물론 이 글에서 이 배치 전체를 살펴보는 것은 무리이다. 여기에서는 디지털 미디어 시대의 특징을 살펴보는 것으로 충분하다.

디지털 민주주의-미디어는 기술의 행동유도성affordances이 장점과 약점을 동시에 발생시키는 양가적 특성ambivalence을 가진다. 장점에 경도되면 기술-낙관론에, 후자에 너무 치우치면 기술-비관론에 빠지기 쉽다. 디지털 기술은 이전에 비해 미디어의 수를 획기적으로 증가시킨다. 이에 따라 참여와 표현 기회가 넓어지므로 과거 같은 스타일의 검열이나 통제는 거의 불가능해진다. 자유주의자들의 바람대로 사상의 시장은 완전히 공개·자유화된다. 그러나 상대적으로 듣는 능력, 곧 수요는 이런 공급에 따라 커지지 않는다. 인간의 시간과 자원은 여전히 유한하다. 많은 메시지들이 쏟아지지만, 들을 수 있고 즐길 수 있는 기회는 늘어나지 않는 것이다.

주변부 소외계층이 목소리를 낼 수 있는 기회가 이전에 비해 훨씬 증가하는 점은 디지털시대의 가장 큰 장점이다. 그러나 시장에서 외면받기는 이전에 비해 크게 달라진 게 없다. 경쟁이 더욱 치열해지면서 '대중(적 선정)성'이 더욱 판을 치기 때문이다. 엘리트 지배는 줄지만, 시장논리의 지배가 늘어나는 것은 역설paradox이다. 구글이나 애플, 페이스북, 네이버처럼 정보·콘텐츠의 인프라가 되는 플랫폼 기업이 극단적으로 소수화되는 점도 그러하다. 디지털화의 기본 논리인 기술 합리성이 사회 전체를 지배하면서 경제적 불평등이 오히려 더 커져 소외층의 목소리가 지닌 파급효과를 이전보다 더 쉽게 차단시키는 점도 중요하다. 요컨대 목소리는 늘어나고 다양화되지만, 듣는 능력이 동반되어야 하는 쌍방향의 커뮤니케이션은 오히려 줄어든다.[10]

10 일례로, 2004년 이라크 전쟁 당시 미국의 국내 언론은 전쟁 찬성 주장만 압도적으로 내왔

둘째, 또 다른 양과 질의 반비례를 들 수 있다. 목소리가 크게 늘어나지만 금지된 것도 같이 늘어난다. 자기표현의 증가에 비례해 금기를 비롯한 기존의 경계도 파괴되는 것이다. 뉴스의 형식을 빌리지만 뉴스가 아닌 '가짜뉴스', 사익을 목적으로 허위임을 알면서도 의도적으로 퍼뜨리는 반정보disinformation, 사실과 객관보다 주관적 느낌과 신념 등을 앞세우는 탈진실post-truth, 익명을 이용해 댓글 등에서 만언하는 각종 혐오 표현, 정당성이 없는 각종 극난석 시민 저항 등은 이런 파괴의 대표적 사례들이다. 다양성이 증가하면서 단단했던 이전의 중심이 해체되지만, 시민의 공통적 이슈 또한 파편화되기 쉽다. 중심성과 공통성이 맞바꿔지는 셈이다. 공론장의 철학자 하버마스는 이를 지금의 가장 큰 문제로 꼽기도 한다(Habermas; Czingon et al, 2020).

셋째, 비밀이 없어지고 세상이 투명해지지만, 상대적으로 검열과 감시가 늘어나는 점 또한 디지털화의 효과다. 잘 알려져 있다시피 과거와는 비교할 수 없는 수많은 정보와 데이터가 집적되고 엄청난 속도로 처리된다. 알고리즘 등을 통해 정보의 목표지향성이 강해져 개개인에 대한 맞춤형 마케팅이 가능해진다. 한편으로는 온갖 정보가 공개되고 그 정보에 대한 악세스권 또한 높아지지만, 다른 한편으로는 감시 가능성이 높아지고 프라이버시가 침해된다. 투명성이 높아지는 대신 검열과 침해 가능성 또한 같이 높아진다. 공적인 것과 사적인 것의 구분도 거의 사라진다(Splichal, 2020).

넷째, 수용자의 능동성이 이전 매스 시대에 비해 크게 높아지지만, 수용자의 정치적 부담이나 경제적 비용 또한 크게 늘어난다. 먼저 정치적 부담 면에서 수용자는 선거 등에 임해 필요한 정보를 스스로 획득해야 한다. 가짜와 진

다. 반대의 목소리는 주로 외국의 것(이라크 국민, 심지어는 사담 후세인)이었고, 네트워크뉴스에서는 단지 4%만이 국내 것이었다(Hayes & Guardino, 2010). 지금에 이르러서는 반대 주장 역시 크게 늘어났다. 그러나 미디어창구 자체가 너무 늘어나 이런 상대적 비중치 같은 것을 추정하기가 불가능해졌다.

짜를 구별해야 하고, 알고리즘에도 (때로는 즐기겠지만) 때로는 저항해야 하며, 필요한 정보를 위해 시간을 투자해야 한다. '주어지는 정보' 시대가 끝나면서 '스스로 선택하는 정보'로 자기 통치를 감당하지 않으면 안된다. 소셜미디어를 중심으로 '에코챔버echo chamber'나 '필터 버블filter bubble' 같은 현상11이 발생하면서 '같은 편'끼리의 배타적 집단화, 나아가서는 양극적 진영화 현상 같은 것에도 대비해야 한다. 이런 양극적 진영화는 경쟁·갈등하는 세력 간 합의나 협상의 가능성에 기초하는 민주주의에 가장 우려스러운 현상이나 에코챔버나 필터 버블의 경험적 증거는 아직은 그렇게 뚜렷하지 않다(미국과 영국 대상; Arquedas et al, 2022; Bruns, 2019).

또 스마트폰이나 OTT 등을 통해 유료 서비스 시대가 보편화되면서 수용자는 높은 경제적 비용을 지불해야 한다. 이에 따라 디지털화로 발생되는 격차 곧 '디지털 디바이드'가 사회적 문제로 등장할 수 있다. 정보 역시 미디어별로 계층화와 파편화가 동시에 발생한다stratementation(Bennett and Iyengar, 2008). 특히 노년-저교육층 등 인구의 일부는 디지털 독해 능력literacy이 낮아 가짜뉴스나 프로파간다 공격에 취약하다. 이런 차등적 상황 때문에 투명하게 정보가 공개되는 상황이 민주주의에 반드시 도움이 되지 않는다는 진단이 나온다.

다섯째, 정치적 참여의 기회가 늘어나지만, 참여의 성격이 달라진다는 점도 중요한 변화이다. 스마트폰 보급이 거의 포화되면서 국민 개개인의 의견조사 또한 용이해진다. 이에 따라 정당을 비롯한 기존 대의제의 장치들도 변화를 겪는다. 후보자를 뽑는 데 당원뿐 아니라 국민참여제를 통해 일반 유권자의

---

11 이 두 개념은 같은 '동종 선호(homophily)'라는 점에서 자주 혼용되나 구별은 필요하다. 브런스(Bruns, 2019)에 따르면, 에코 챔버는 다른 편을 배제하면서 같은 편끼리 뭉칠 때 발생하며(페이스북과 트위터에서 '친구하기'), 주로 '선택적 노출'을 비롯한 심리학적 기제 등을 통해 발현된다. 필터 버블은 같은 편끼리만 서로 커뮤니케이션할 때 발생한다(페이스북이나 트위터에서 '코멘트'). 알고리즘 같은 기계적 필터링을 통해서도 작동한다.

의사도 반영한다. 이 의사가 그때그때의 이슈에서 간단한 찬반 형태로 표현되므로 실제 국민이 진지하게 숙고해서 결정한 것인지에 대해서는 의문이 제기될 수 있다. '집단행동collective action'도 '접속행동connective action'으로 형태가 바뀐다(Bennett and Segerberg, 2012). 집단행동의 중심이 목표와 특정한 행동 패턴을 결정하는 조직과 지도부라면, 접속 행동에서는 개개인의 판단과 이를 연결시키는 네트워크SNS의 비중이 훨씬 거시나.[12] 십난행동에서 네트워크는 중개 역할에 머무른다.

물론 이런 가능성은 기존 미디어들이 아직은 건재함으로써 만들어지는 '혼합hybrid' 상황으로 인해 적어도 가까운 미래에는 그렇게 심화될 것 같지는 않다. 그러나 문화적·정서적 측면에서 계속 강해지고 있는 양극화 현상만큼은 미래를 상당히 우려스럽게 한다. 이런 양극화와 소셜미디어의 행동 유도성 사이에 친화성이 드러나면서 이 우려는 더욱 커지고 있다. 그러나 이를 강조하면서 자칫 빠질 수 있는 '기술 비관론'은 경계해야 한다. 양극화를 조장하는 근본적인 이유는 결국 그 사회의 정치문화와 시민의식에 있기 때문이다(Cohen and Fung, 2021).

6. 미디어가 민주주의에 기여하게 하려면?

민주화 과정에서 언론·미디어의 역할은 중요했다. 여러 대륙, 여러 문화권, 여러 시점에서 벌어졌던 다양한 형태의 민주 혁명에서 언론·미디어는 전통적 형태의 신문에서부터 첨단의 소셜미디어에 이르기까지 나름의 기여를 해왔

---

12 예를 들어 대통령 탄핵을 낳은 2016년과 2017년 사이의 촛불시위에서도 대중이 거리에 나서게 된 경로는 역시 소셜미디어를 통한 접속 행동이었다(이지호 외, 2017).

다. 특히 인간의 기본 자유를 위협하는 '기아'나 '공포'에 대해서는 일관된 투쟁을 벌여왔다. 한국에서도 '박종철 고문치사사건'과 6·10항쟁 등 민주화의 기폭제가 된 계기들에서 언론의 역할은 아무리 강조해도 지나치지 않는다. 그런 이유로 언론의 자유는 민주주의 체제의 필수적 구성 요건이 된다. 그러나 그렇다고 언론의 생존조건과 민주주의 사이의 근본적 비대칭성까지 해소된 건 아니다.[13]

민주화 이후의 한국사회도 이를 잘 보여준다. 먼저 언론 개혁이 지속적인 정치 이슈이었음이 가장 이를 증명한다. 지식인 중심으로 특정 신문을 반대하는 운동('안티조선운동')이 벌어지기도 했고, 김대중 정부 말미에는 정부의 세무조사에 주류 신문들이 저항해 정부와 신문이 맞부딪힌 '세무조사 정국'이 조성되기도 하였다. 언론 개혁을 기치로 건 노무현 정부 당시 신문법은 집권 기간 내내 '뜨거운 감자'였다. 이와 유사한 법 논쟁('언론중재 및 피해구제에 관한 법률' 개정)은 문재인 정부까지 이어졌다. 공영방송의 후견주의는 번갈은 여야 집권에도 근절되지 못해 노조의 파업을 다반사로 만들었다. 한때, 인증샷 돌풍을 불러오면서 주변을 흥분시켰던 소셜미디어의 해방적 잠재성은 정치 세력의 도구화 공세(댓글을 조작한 '국정원 댓글공작'과 '드루킹' 사건 등)나 가짜뉴스 혼란 등에 휘말리면서 '찻잔 속의 태풍'으로 끝났다. 이에 반해 마지막까지 진실을 지킨 PD수첩의 '황우석 사건', 재벌(삼성)과 언론(중앙일보) 사이의 유착관계를 폭로한 'X-파일 사건', 대규모 촛불 시위를 낳고 대통령까지 탄핵시켰던 '국정농단 사건' 또한 모두 언론에 의한 것이었다.[14] 촛불시위 당시 소셜미디어는 대중 사이를 연계시킨 훌륭한 경로였다.

민주주의와 미디어 사이는 자동적이거나 주어진 관계가 아니라 조건적이면

___

13 유신과 5공 때, 살아남은 언론사들이 오히려 경제적으로 더 성장을 구가했다는 역설이 이를 예증한다. 그러나 그 과정에서 언론자유 수호를 위해 투쟁했던 많은 기자들은 희생되어야 했다.
14 이에 대한 자세한 것은 조항제(2020)을 참조하라. 이 사건 모두 중대한 정치적 사건이었다.

서 우연적 관계라는 점은 한국에서도 충분히 입증되는 것이다. 특히 정치가 언론(개혁)을 정쟁의 대상으로 삼아 스스로 언론-정치가 되고, 언론이 정국을 만들어 스스로 정치-언론이 되는 현상은 한국만의 특수한 현상이라 해도 과언이 아닐 것이다. 어쩌면 이것이 한국의 민주주의와 언론이 관계 맺는 조건화의 양상일 수도 있다. 이런 양상이 '무한 경쟁'이란 표현이 조금도 과언이 아닌 디지털 시대에 들어 어떻게 변할지 알기 어렵지만, 적어도 상당 기간은 기존이 유지될 것으로 보인다.

자유주의는 정부에 권력이 집중되는 것을 우려한다. 여기에 민주주의는 민간 부문의 권력 집중까지도 우려한다. 특히 미디어의 활동 무대는 대중적 관심과 영향력을 다루는 '여론 시장'이므로 정부나 민간 권력 모두에 직간접으로 연관된다. 정부가 권력이라면 미디어 역시 권력인 것이고, 정부가 문제라면 미디어 역시 문제인 것이다. 이렇게 분산된 권력이 시민의 주권됨을 실현하기 위해 노력하는 체제가 민주주의라면, 민주주의와 미디어는 선순환 관계를 정립하기 위해 같이 노력을 기울여야 한다. 민주주의와 미디어의 관계가 조건적이라는 점은 이를 일깨우기 위한 전제에 불과하다.

1 오늘날 민주주의에 정보가 중요하다는 점에서 언론·미디어는 매우 필수적인 요소임에 틀림없다. 그러나 둘 사이의 관계는 원활하지 않은 때가 많다. 그 이유를 알아보자.
2 여러 대륙, 문화권, 세대에 걸친 민주화 투쟁 기간 동안 언론·미디어가 나름의 역할을 하지만, 민주화 이후에는 그런 역할이 약화된다는 지적이 많다. 그런 양상에는 어떤 것이 있을까?
3 우리가 민주주의, 민주주의 하지만 사실 민주주의는 매우 다양하고 심지어는 규범적 모델조차 여러 개다. 이들 민주주의는 언론·미디어에 각각 다른 기능을 요구하기도 한다. 이를 한번 정리해 보고, 한국사회는 어떠한지 살펴보자.
4 언론·미디어의 디지털화가 민주주의에 초래한 변화는 무엇일까? 지나친 낙관론과 비관론을 배제하고 디지털화의 성적표를 구상해 보자.

더 읽 어 볼 책

한국의 민주주의와 언론 조항제 지음, 2020, 컬처룩
　민주화 이후 한국의 정치과정에서 언론의 영향을 분석한 연구서. 조금 어렵지만 한국 특유의 정치-언론/언론-정치를 이해하려면 피해갈 수 없다.

미디어와 민주주의 제임스 커런 지음, 이봉현 옮김, 2011/2014, 한울아카데미.
　영국의 대표적인 비판연구자 커런교수의 연구서. 미디어가 민주주의와 맺는 복합적 관계를 알기 위해서는 꼭 읽어야 한다.

미디어 시스템 형성과 진화 다니엘 D. 헬린·파올로 만치니 지음, 김수정 외 옮김, 2004/2009, 한국언론재단.
　수없이 인용된 대표적인 정치-미디어체제 비교연구서. 유럽과 미국을 대상으로 미디어와 정치가 어떻게 연계맺는지를 연구했다.

정치적 소통과 SNS 한국언론학회 엮음, 나남
　한국정치에서 SNS의 의의를 분석한 연구모음집. 과연 민주주의에 디지털은 축복일까? 저주일까?

05

미디어와 플랫폼 산업의 이해

1. 시장, 기술, 정책

하나의 산업을 이해하기 위해서는 경제학이라는 학문의 도움이 유용하다. 경제학을 한 마디로 규정하기는 힘들지만 선택과 관련된 학문으로 볼 수 있다. 즉 개인이나 기업 혹은 국가가 주어진 선택 조건 속에서 희소한 자원을 최선의 방법으로 활용하는 방안을 찾는 작업이다. 이런 맥락에서 좁은 의미로 미디어 경제학을 규정한다면 미디어 재화와 관련된 개인, 미디어 기업 및 국가(정부와 규제기관 혹은 진흥기관)가 최선의 선택 대안을 찾는 작업을 다루는 영역이라고 할 수 있다.

우리의 일상생활은 선택의 연속이기에 경제학적 사고는 많은 시사점을 준다. 아침에 일어나서 무엇을 먹을지 혹은 굶고 나갈지, 입고 나갈 옷은 어떤 걸고를지, 교통수단으로 무엇을 이용할 것이며, 날씨가 흐려 보이는데 우산을 가지고 가야 하나 빈손으로 가도 되려나 하는 고민들이 모두 선택과 관련한 문제다. 아울러 선택은 기존의 선택 결과가 영향을 미치는 경우가 많다. 예컨대 냉장고에 가득 채워진 음식은 가까운 시기에 장을 본 결과이며, 빈 냉장고는 장을 보지 못했거나, 이미 좋아하는 음식들을 다 먹어치웠다는 의미다. 옷도 마찬가지다. 옷장에 유행이 지난 옷들을 버리지 못해 가득 찬 경우도 있고, 최신 유행의 옷이나 유행을 타지 않는 옷 위주로 단출한 옷장도 있을 것이다. 교통수단의 선택에도 자동차의 소유 여부는 물론, 도로 정체 등을 고려한 시간 비용, 기름 값 동향 등이 영향을 미칠 수 있다.

경제학은 이와 같이 다양한 선택 대안 중에 최선의 선택이 무엇인지를 규명하고자 한다. 즉, "다른 모든 조건이 동일하다ceteris paribus"는 가정하에, 합리적인 선택rational choice을 규명하고자 한다.[1] 또한 소비자나 공급자를 비롯한 경제주체 모두가 완전한 정보를 갖고 있는 것을 가정한다. 수많은 정보들 중에서 가장 기본이 되는 것은 가격이다. 일반적으로 가격이 오르면 수요가 줄고 공급이 늘어나며, 반대로 가격이 내리면 수요는 늘어나지만 공급이 감소하

---

1 경제학은 규범적인 접근(normative approach)으로도 알려져 있는 데, 여기에서의 규범은 도덕적인 의미가 아니라 경제주체들이 선택 상황에 놓이면 언제나 가장 최선(best of best)의 대안을 선택해야만 한다는 것을 의미한다. 만약 이런 전제가 무너진다면 경제학에서 설명하는 '합리적 선택'의 결과물인 '효용 극대화' 및 '이윤 극대화'는 성립할 수 없다. 허버트 사이먼(Herbert Simon) 등 행동 경제학(혹은 실험 경제학)에서는 전통적인 경제학이 기본 가정으로 삼고 있는 합리성 공리를 완화시킬 필요가 있다고 주장한다. 이들이 보건대 인간은 어떤 상황에 직면하여 전체 상황을 인지할 수 없고 단지 전체의 한 부분으로서, 상황적으로 중요하고 의미 있는 것만을 인지한다는 것이다. 즉, 개인의 합리성은 제한적(bounded rationality)일 수밖에 없다고 본다. 따라서 사이먼 등은 소비자의 합리적인 선택 행위를 효용의 '극대화(maximization)'보다 '만족화(satisfaction)'의 수준으로 완화시킬 것을 주장한다. 왜냐하면 효용의 극대화란 어려운 것이 아니라 본질적으로 불가능하다는 것이다. 실제 소비자들은 효용을 극대화시켜 주는 '최선의 대안'을 선택하기보다는 '만족스러운 대안'을 선택하는 경우가 더 많다.

리라고 본다. 이런 까닭에 경제학자들은 가격 시스템을 공급자와 소비자 간에 정보를 주고받는 커뮤니케이션 과정으로 이해한다. 이런 점에서 경제학은 가격에 근거한 수요와 공급의 법칙을 설명하는 것이라고 해도 무방할 것이다.

경제학의 전통에서는 정부 혹은 국가의 역할이 축소되고, 앞서 언급한 가격 원리에 따라 경제주체들의 자발적인 시장 행위가 이루어지는 것이 가장 바람직하다고 본다. 그러나 현실 경제에서 정부의 역할을 전혀 무시할 수 없다. 우리나라만 하더라도 국가예산이 1년에 500조 원에 달하고, 많은 정부정책들이 경제행위에 직·간접적인 영향을 미친다. 최근의 부동산 정책은 물론, 비트코인과 같은 가상 자산에 대한 규제, 금리 인상 혹은 인하, 최저임금 및 근로시간 조정 등은 우리의 삶에 직접적으로 영향을 미치는 정부의 시장 개입 행위다. 특히 독점이나 과점으로 형성되어진 시장은 완전경쟁 시장2에서와 같이 가격 시스템이 제대로 작동하지 않을 가능성이 높다고 보아 공정거래위원회 등에서 시장 지배적 사업자들의 불공정한 시장 행위를 감시하고, 경우에 따라 적절한 시정조치를 내리기도 한다. 결국 경제와 관련한 정부정책은 '보이지 않는 손invisible hand'을 명확히 보이게끔 하는 정책이라고 할 수 있다.

그런데 경제학의 관점에서 본다면 미디어 산업은 '시장 실패market failure' 산업의 전형이다. 시장 실패라는 말은 시장 - 특히 가격 시스템 - 이 제대로 작동하지 못함으로써 완전경쟁 시장과 같은 자원의 효율적 배분이 이루어지지 않는 상태를 의미한다. 경제학자들은 시장 실패가 다음과 같은 경우에 발생한다고 본다. 즉, 공공재public goods, 자연독점natural monopoly, 외부성externality, 불

---

2   경제학 교과서에서 주로 설명하는 완전경쟁 시장은 이념형(ideal type)에 가깝다. 이상적인 완전경쟁 시장은 다음의 네 가지 조건을 갖추어야 한다. 첫째, 시장에 참여하는 공급자와 수요자의 수가 많아서 어떤 경제주체도 상품의 가격에 영향을 줄 수 없다. 둘째, 시장에서 공급되는 모든 상품은 질이 동일하다. 셋째, 모든 경제적 자원은 자유롭게 이동될 수 있다. 넷째, 경제주체들은 경제행위와 관계되는 모든 경제적, 기술적 정보는 물론 가격정보도 알고 있다. 이런 네 가지 조건을 모두 완비하는 것은 거의 불가능하다.

완전 정보uncertain information의 상황에서는 자원 분배가 효율적으로 이루어지지 않는다는 것이다. 시장 실패 상황에서는 정부의 개입이 불가피한 측면도 있다. 이 때문에 미디어 산업은 정부 규제와 밀접한 연관을 맺고 있다.

먼저, 공공재란 비배제성과 비경합성, 비소모성, 무임승차 등으로 특징지어지는 재화다. 가장 전형적인 공공재의 사례는 국가방위나 국립공원 등을 들 수 있다. 한국에서 국방의 의무는 성인 남자라면 누구나 피할 수 없다(비배제성). 그리고 국가방위와 대체될 수 있는 재화란 존재하지 않는다(비경합성). 또 많은 사람들이 국립공원을 방문하지만 아름다운 자연 경관은 늘 그대로 있다(비소모성). 이러한 공공재는 무임승차의 욕구가 상존한다. 즉 비용을 지불하지 않고서 재화의 혜택을 누리고자 하는 얌체들이 있기 마련이다. 자식을 군대를 보내지 않으려고 해외에 원정 출산을 가거나, 몸을 훼손해서라도 병역을 면제받으려고 하는 연예인이나 운동선수들이 적지 않다.

이런 이유 등으로 일부 국가에서는 징병제보다 모병제를 도입하고 있다. 전자는 법이, 후자는 경제적 어려움이 강제한다는 차이가 있다. 실제로 징병제에서 모병제로 전환한 미국에서는 현역 사병 가운데 저소득층에서 중간 소득층 출신 젊은이가 차지하는 비율이 가장 높다. 그리고 소득 수준이 하위 10%에 해당하는 계층(이들 중 상당수는 교육과 기술에서 자격 요건에 미달한다)과 상위 20%에 해당하는 계층 출신 젊은이가 가장 적다. 루소는 ≪사회계약론≫에서 "공공서비스가 시민의 으뜸 관심사에서 멀어지는 순간, 그것을 사람이 아닌 돈으로 해결하려 하는 순간, 국가의 몰락이 가까워온다(1762/1973, chap. 15; Sandel, 2009/2010: 125에서 재인용)"라고 했다. 이와 같이 공공재, 특히 국가방위는 국가에서 관리하든 시장에서 관리하든 많은 난제를 안고 있다.

미디어 상품도 공공재의 속성을 지니고 있다. 예를 들어 지상파에서 방송되는 특정 프로그램을 한 가정이 시청한다고 하여 다른 가정의 시청을 방해하지 않는다(비배제성). 또한 시청률이 높든지 낮든지 그 날 방송하기로 약속된 프로그램은 천재지변이 없는 한 어김없이 방송되어야 한다(비경합성). 아울러 한 번 방송한 프로그램은 재방송을 하거나, 외국에도 수출한다(비소모성). 한편 지상파 중 국가기간 방송인 KBS를 보기 위해 우리는 매월 2500원의 수신료를 납부하고 있다. 그런데 이 가격은 40여 년 동안 변동이 없었다. 가능하면 수신료를 인상하지 말았으면 하는 일반 시청자들의 무임승차 욕구도 적지 않게 작용하고 있다고 볼 수 있다.

다음으로 자연독점은 시장 전체 수요를 여러 생산자보다 하나의 생산자가 더 적은 비용으로 생산·공급하는 시장조건이다. 상·하수도, 전기, 전화, 도로, 철도 등 네트워크 산업은 대부분이 자연독점 산업이다. 예컨대 각 가정에 수돗물을 공급하려면 공급자는 우선 마을 구석구석에 송수관을 설치해야 한다. 만약 다수의 공급자가 수돗물을 공급하고자 한다면 이들은 독자적인 송수관을 각기 따로 설치해야만 할 것이다. 사회 전체적으로 보았을 때 이는 중복투자overbuilt에 의한 자원의 손실이 더 크다. 따라서 수돗물을 공급하는 것은 하나의 사업자가 존재하는 것이 비용효율 측면에서 더 낫다. 자연독점 기업이 지배하고 있는 시장은 경쟁기업들이 진입하기에 그다지 매력적이지 않다. 왜냐하면 기본설비에 들어가는 비용이 상당히 높을 뿐더러 그 비용을 회수하는 기간도 오래 걸리기 때문이다. 후발 경쟁자들은 기존의 독점기업에 비해 더 많은 양을 생산하지 않는 한 평균생산비용도 더 높기 마련이다. 결국 자연독점 산업은 시장진입 장벽이 자연스럽게 형성된다는 점에서 생긴 용어다.

케이블 방송도 전송망 설비의 중복투자를 방지하기 위해 지역독점monoply franchise을 허용하고 있다. 이와 같이 시장진입 장벽의 유무로만 판정한다면 대부분의 미디어는 독점 혹은 과점으로 귀결될 가능성이 높다. 예컨대 방송통신위원회는 종합편성채널 사업자 선정기준으로 초기 자본금 규모를 3000억 원으로 제시했다. 이는 방송 서비스의 성격에 기반을 둔 것이다. 즉 방송사에서 사용하는 카메라는 3000만 원에서부터 1억 원에 이르는 고가의 장비다. 뉴스를 보도하고, 드라마나 쇼 등을 방영하기 위해서는 적어도 100여 대 이상의 카메라를 갖추어야 한다. 동시에 방송 프로그램을 녹화하기 위해서는 2개 이상의 스튜디오가 반드시 필요한 데 여기에 들어가는 기자재의 비용만 해도 몇 십억 원에 이른다. 아울러 방송 프로그램의 제작에는 다수의 인력이 요구될 뿐만 아니라, 인기 연예인들의 출연료 역시 적지 않기 때문에 방송사를 운영하고자 하는 사람은 그만한 자본금을 직접 갖고 있거나 금융권 등에서 대출받을 수 있는 능력을 갖추어야 한다.

방송보다 상대적으로 고정비용이 적게 들어가는 신문(종합일간지)조차도 진입 장벽이 높다. 신문사는 초고속 인쇄기인 윤전기를 필수 설비로 보유하고 있어야 한다. 그런데 윤전기는 100억 원을 호가하는 고가의 장비일 뿐만 아니라, 크기도 커서 적어도 2층 정도의 건물이어야 수용이 가능하다. 동시에 기자들이나 여타 인력들이 거주하는 공간까지 감안한다면 신문사 건물은 적어도 3~5층 정도의 빌딩이 필요하다. 아울러 취재와 관련된 비용(자동차, 노트북, 카메라 등)과 인건비 등을 감안하면 초기 자본금이 300억 원 이상 든다.

IT 기반의 벤처 기업과 비교하자면 미디어 산업의 시장진입 장벽을 실감할 수 있다. 벤처 기업은 허름한 창고나 임대 사무실에서 대개 몇 천만 원에서 1억 원 정도의 자본금으로도 사업을 수행할 수 있다. 이들은 자본금보다 기술력과 아이디어로 창업을 하는 것이 일반적이다. 자본금만 놓고 본다면 하나의 미디어 기업은 몇 백, 몇 천 개의 벤처 기업과 맞먹는다고 할 수 있다. 그리고 벤처 기업은 자본이 적게 들기 때문에 쉽게 시장에 진입할 수 있고, 시장 퇴출에 따른 비용도 기존에 투자한 자본금과 인건비 정도에 불과하다. 그러나 미디어 기업을 경영하기 위해서는 시장 진입도 어려울 뿐만 아니라 사업에서 성공하지 못할 경우 엄청난 자본 손실을 감당해야 한다. 이 때문에 언론의 자유는 헌법이 보장하는 기본권이지만 언론을 실제로 운영할 수 있는 사람은 제한될 수밖에 없다. 일부 미디어 비평가들이 언론의 자유를 '소유자의 자유'라고 비꼬는 이유도 결코 빈말은 아니다.

다음으로 외부성은 공급자들 및 소비자들 간의 상호연관성 속에서 발생한다. 외부성 혹은 외부효과라는 것은 거래 당사자들이 그들과 무관한 제3자에게 비용을 부담시키는 경우를 지칭한다. 미디어 상품의 외부성은 광고라는 메커니즘을 통해 쉽게 확인할 수 있다. 즉 신문이나 방송은 실제 해당 상품을 소비하는 수용자가 돈을 지불(구독료, 수신료)하기도 하지만 그보다는 광고 수익이 더 큰 비중을 차지하고 있다. KBS(수신료 비중이 40% 정도 차지함)를 제외한 대부분의 민영 방송사들은 수익의 80% 이상을 방송 광고를 통해 얻고 있다. 나머지 수익은 방송 프로그램과 관련한 부대사업이나 문화사업 등에서 발생한다. 우리나라의 신문사들도 구독료 수익과 광고 수익이 2 대 8 정도로 광고에 대한 의존도가 높다.

이와 같이 광고가 미디어 기업의 주된 수익이기 때문에 미디어 기업은 언제나 대중의 인기에 영합한 다수 취향의 상품을 양산하고자 하는 유인을 갖는다. 다시 말해 선정적이거나 폭력적인 오락물이 범람할 가능성이 높다. 이로 말미암아 모방 범죄와 같이 사회적으로 물의를 일으키는 사건이 빈번히 발생하는 것도 넓은 의미에서 (부정적인) 외부효과라고 할 수 있다.

참고로 〈그림 5-1〉을 보자. 여기에는 '뉴스/교양 프로그램'과 같이 소비에 있어서 긍정적 외부효과가 발생하는 재화와 '오락 프로그램'과 같이 소비에 있어서 부정적 외부효과가 있는 재화의 시장균형을 나타내고 있다. '뉴스/교양 프로그램'의 경우 사회적 편익을 나타내는 선이 사적 편익의 수요곡선 위에 위치하고 있다. 즉 사회적 최적optimality인 Q_O는 시장market 균형 생산량인 Q_M보다 크다는 것을 보여준다. 이와 같이 긍정적 외부효과가 있는 생산 및 소비활동은 사회적 최적에 비해 적은 것이 일반적이다. 반대로 '오락 프로그램'의 사회적 가치를 나타내는 선은 사적 편익의 수요곡선 아래에 위치하고 있다. 즉 사회적 최적인 Q_O는 시장균형 생산량인 Q_M보다 작음을 보여준다. 이와 같이

그림 5-1 소비의 외부효과가 발생하는 재화의 시장균형과 사회적 최적

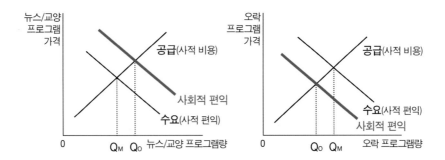

부정적 외부효과가 있는 생산 및 소비활동은 대개 사회적 최적에 비해 과다하게 이루어진다. 다시 말해 사회적으로 가치 있다고 평가하는 프로그램은 오히려 적게 공급되고, 사회적으로 가치 없다고 평가하는 프로그램은 필요 이상으로 더 많이 공급된다. 이것은 '악화가 양화를 구축하는 것'과 유사한 현상이다.

끝으로 불확실한 정보에 의한 시장 실패는 경제주체 간의 정보 격차에 의해 발생하는 문제다. 일반적으로 생산자 및 판매자는 소비자보다 더 많은 정보를 보유하고 있다(정보의 비대칭성). 그런데 만약 생산자나 판매자가 하자가 있는 제품에 대해 정확한 정보를 제공하지 않고 소비자에게 물건을 판다면, 결과적으로 소비자들이 생산자나 판매자를 불신하게끔 만들고 나아가 시장에서의 거래를 혼탁하게 만들 수 있다. 따라서 동일한 제품이라도 소비자들이 재래시장보다 백화점이나 대형 마트를 선호하는 이유도 이러한 정보의 불완전성에 기인하는 바가 크다. 즉 재래시장에서 유통되는 상품이 가짜이거나 하자가 있을 수 있다는 불신 때문에 소비자들은 훨씬 비싼 가격을 지불하면서도 백화점이나 대형 마트를 선호하는 것이다. 특히 가격이 낮고 반복적으로 소비되는 일용 잡화나 식료품보다 가격이 높고 비반복적 소비가 이루어지는 내구적 소비재일 경우 백화점이나 대형 마트를 이용하는 경향성이 더 크다.

그림 5-2-1 세대별 미디어 소비행태의 변화

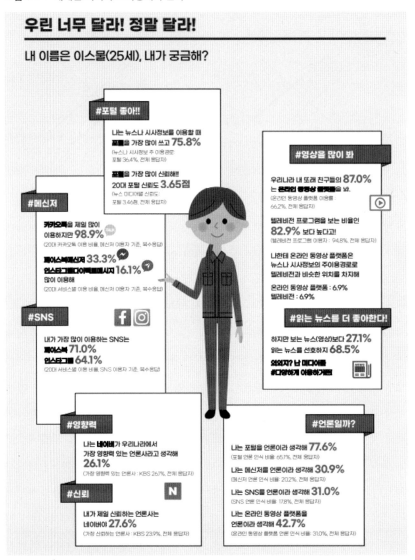

자료: 한국언론진흥재단(2020). 「언론수용자조사」.
      https://www.kpf.or.kr/front/research/consumerDetail.do?

그림 5-2-2 세대별 미디어 소비행태의 변화

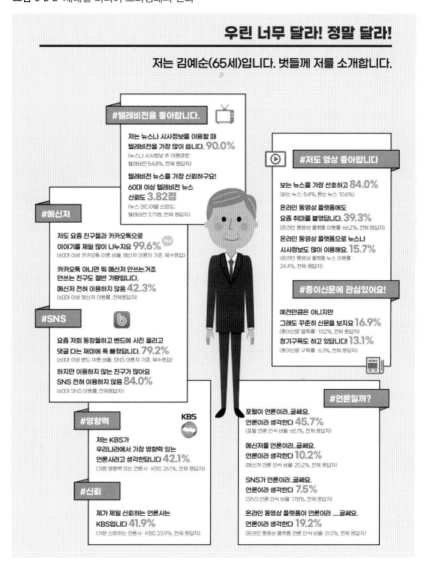

자료: 한국언론진흥재단(2020). 「언론수용자조사」.
　　　https://www.kpf.or.kr/front/research/consumerDetail.do?

미디어 상품에서 불확실한 정보가 근절되지 않는 주된 이유는 이 상품이 내재적으로 안고 있는 경험재experience goods적 속성 때문이기도 하다. 예컨대 영화는 자신이 직접 보지 않으면 영화 관람료가 아까운지 아닌지 제대로 판단할 수 없다. 그래서 박스 오피스box office의 순위를 따져서 관람하거나, 혹은 자신이 좋아하는 배우가 출연했거나, 작품성이나 흥행성이 검증된 감독의 영화를 선호하게 된다. 이러한 선택 행위는 나른 사람들의 판단에 의존하거나 혹은 과거에 자신을 실망시키지 않았던 경험에 의한 선택이다. 이러한 이유로 영화를 비롯해, 연예인들이 주로 활약하는 시장에서는 스타 시스템star system이 가동된다. 웬만한 사람의 일 년 연봉보다 많은 출연료나 계약금을 받는 연예인들은 그만큼 선호하는 층이 많다는 방증이다.

이상과 같은 경제적 속성들은 미디어 산업에 여전히 유효하게 작동하고 있지만, 21세기에 접어들면서 미디어 산업은 급격한 변동 상황에 직면해 있다. 무엇보다 '디지털 기술'과 '스마트 미디어'의 영향력을 언급하지 않을 수 없다. 20세기까지만 하더라도 미디어 산업은 매체별로 구분된 (아날로그) 시장이었다고 할 수 있다. 그러나 모든 콘텐츠의 생산이 디지털 기반으로 전환digital transformation하면서 매체 간 경계가 무의미해지고 있다. 예를 들어 과거에는 뉴스를 보려면 '종이신문'이나 '텔레비전 수상기'가 필요했다. 하지만 MZ 세대들은 전통적인 신문이나 방송보다 포털을 통해 뉴스를 본다. 동영상 서비스 역시 텔레비전에서 온라인 동영상 플랫폼(유튜브, 릴스/Live, 틱톡, 넷플릭스, 왓챠, Tving, WAVVE 등)으로 옮겨가는 추세다.

미디어의 소비행태도 바뀌고 있다. 우선 뉴스 콘텐츠에 대한 실시간 소비가 가능할 정도로 속보성이 강화되었다. 과거에는 주요 뉴스를 언론사가 취재·보도하는 과정에서 불가피하게 시간이 소요되었다. 하지만 트위터나 각종 소셜 네트워크 서비스(SNS: 카카오톡, 페이스북, 인스타그램 등)를 통해 실시간 중계나 주요 뉴스 인물이 언론사를 통하지 않고 이용자들에게 메시지를 바로 전송하는 일이 일상화되고 있다. 방송 프로그램의 경우에도 과거에는 보고 싶은 프로그램을 보기 위해 '본방사수'가 불가피했다. 방송사의 편성 시간에 따라 자신의 생활시간을 맞출 수밖에 없었던 것이다. 그러나 이제는 자기가 보고 싶은 때에 방송이나 각종 영상 프로그램을 볼 수 있는 기회가 늘어나고 있다. 영상을 보는 수단도 스마트 텔레비전이나 PC, 노트북, 패드, 스마트폰 등으로 다양해졌다.

온라인 플랫폼은 지리적 시장 경계도 점점 무너뜨리고 있다. 세계 경제는 1980년대부터 신자유주의 경제 질서를 받아들여 자유무역을 표방하는 세계화를 추구하고 있다. 그러나 자본의 자유로운 흐름만큼 인적, 물적 자원의 흐름은 활발하지 못한 것이 사실이다. 인적 자원의 교류는 언어와 문화의 장벽 때문에, 물적 자원의 교류는 자국 내 필수 보호 산업 등이 존재하기 때문이다. 또한 세계 공용의 단일 화폐가 존재하지 않아 환율 변동이 거래의 걸림돌이 되기도 한다. 세율도 나라마다 달라 관세가 무역 품목에 따라 달리 적용된다. 이런 점에서 단일시장 경제로의 세계화는 넘어야 할 난관이 많고, 국제정세의 변동에 따라 자국 우선주의가 득세하는 경우도 있다.[3] 그렇지만 플랫폼 제국으로도 일컫는 구글, 아마존, 페이스북, 애플 등은 세계화의 흐름을 타고 중국 등 일부 국가를 제외하고 전 세계 곳곳에 진출할 수 있었다. 여기에는 현지화 전략 및 번역 서비스의 발달도 상당한 역할을 했다.

2021년 10월, 글로벌 기업들은 본사가 있는 자국뿐만 아니라 해외지사 등 재화를 수출하고 있는 국가에서도 세금을 내야 한다는 '디지털세'가 채택되었다. 경제협력개발기구OECD와 주요 20개국G20은 글로벌 기업들이 실제 매출이 발생한 국가에서도 통상이익(매출의 10%)을 초과하는 이익의 25%에 대해

---

3 미국의 트럼프 대통령 당선(America First)과 영국의 EU 탈퇴(Brexit)가 대표적인 사례다. 프랑스와 독일 등에서도 무슬림 난민 유입을 반대하는 극우 정당이 의회에 진출하는 계기가 되기도 했다.

세금을 지불하게끔 협약을 맺었다. '디지털세'라는 명칭이 상징하는 바와 같이, 이 세금은 애초에 플랫폼 기업을 겨냥한 것이다. 그렇지만 조세 형평성에 입각하여 글로벌 매출이 200억 유로 이상인 기업으로까지 그 대상을 확대시켰다. 특히, 유럽은 2차 산업인 제조업 기반이 강했던 까닭(비교우위)에 4차 산업으로 일컬어지는 플랫폼 기업의 육성과 성장에 소홀했다. 디지털 강국인 우리나라는 네이버와 나음카카오와 같은 플랫폼 기업이 글로벌 플랫폼 기업과 국내 시장에서 경쟁하고 있지만, 유럽은 포털이나 인터넷 검색 분야에서 구글에 거의 점령당하시피 했다. 스마트폰에서도 핀란드의 노키아가 몰락한 것처럼 애플과 삼성과 같은 제품을 만들지 못하고 있다. 거기에다 아마존과 페이스북(인스타그램) 등도 지리적 근접성 및 영어를 공용어로 채택하는 유럽에 쉽게 진출할 수 있었다. 유럽은 뒤늦게 문제의 심각성을 깨달았지만 산업 차원에서의 대응이 여의치 않아 개인정보 보호 정책GDPR, 조세 정책(디지털세) 등으로 미국을 견제하고자 하는 것이다. 이와 같이 기술의 변화(아날로그→디지털)는 시장의 변화(미디어→플랫폼)를 야기하고, 각종 정책(디지털세)에도 영향을 미친다. 특히, 미디어 시장은 기존의 수직적 규제(매체별로 서로 다른 규제체계를 적용)를 수평적 규제(디지털 융합에 따라 매체와 상관없이 동일한 규제체계를 적용)로 전환시켜야 하는 과제를 안고 있다.

2. 플랫폼 기업의 성장 배경

플랫폼 기업의 재화는 흔히 양면시장two-sided market, 혹은 O2OOnline to Offline 서비스로 분류한다(Evans and Schmalensee, 2007). 이 시장의 가장 주요한 특징은 '네트워크 외부성' 혹은 '소비의 외부성'으로 설명할 수 있다. 이는 상호 의존적인 수요interdependent demand가 이루어지는 재화인 경우, 한 행위자의

그림 5-3 양면시장과 네트워크 효과

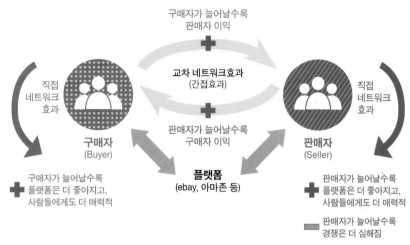

자료: https://linkedstarsblog.com/2019/03/15/network-theory-and-network-effects

시장 행위가 다른 행위자에게도 직·간접적인 영향을 미치는 것을 의미한다. 예를 들어 전화를 나 혼자 소유하면 아무런 효용가치가 없다. 전화 이용자가 늘어나면 늘어날수록 효용이 증대된다. 마찬가지로 미디어 상품도 나 홀로 소비하고자 한다면 생산에 들어가는 모든 비용을 감당해야 할 만큼 엄청난 가격을 지불해야 한다. 다른 많은 사람들이 동일한 시기에 소비하기에 싼 가격에 콘텐츠를 이용할 수 있는 것이다. 특히, 소비자의 규모가 CMcritical mass[4]을 넘어서게 되면 시장은 안정적인 상태가 지속되거나, 성장 가능성이 점증하게 된다.

예컨대 〈그림 5-4〉에서 Nccritical mass number 지점이 필수 생산기반(하나의

---

4 'critical mass'라는 개념은 본래 물리화학에서 유래한 개념이다. 즉 이 개념은 임계량·임계 상태·임계 압력·임계 온도 등과 같이 임계점(threshold point)이라는 용어의 경제적 적용이라고 볼 수 있다. 임계점은 물질의 상태 변화(고체 ↔ 액체 ↔ 기체)가 이루어지는 경계 지점으로서 이 지점을 넘어서게 되면 물질의 성질이 변화될 뿐만 아니라 다양한 화학작용과 연쇄 반응이 일어날 수도 있다. 이와 같이 'critical mass'는 서비스 상품의 질과 성격 자체를 바꾸어 놓을 수 있는 임계 규모를 지칭하며, 대략 표적 시장에서 15~20% 정도의 규모로 보고 있다.

네트워크라고 가정)을 구축하는 데 드
는 고정 비용과 가입자들이 지불하
는 총요금이 균형을 이루는 지점이
라고 한다면, 이 지점 이후의 추가적
인 가입자는 공급자의 입장에서나
기존 소비자의 입상에서 공히 핀익
benefit을 제공한다.[5] 이미 네트워크
를 구축하는 데 드는 고정 비용을 거
의 투입한 상태이므로 추가적인 가

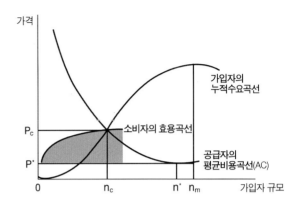

그림 5-4 네트워크 상품의 가입자 규모와 시장 가격과의 상관관계

입자에게 요구되는 시설비(한계비용)는 거의 0에 가까울 것이다. 그러므로 추
가적인 가입자가 지불하는 이용 요금은 공급자에게 부수적인 이윤을 발생시
킨다. 따라서 네트워크 사업자는 이러한 이윤을 기초로 서비스의 질을 향상시
키는 재투자가 가능하다. 이러한 경우 추가적인 가입자를 유인할 가능성이 더
욱 높아지게 될 것이며, 더불어 광고비 상승 등과 같은 부수적인 이윤마저 기
대될 수 있다. 이러한 경우 기존의 가입자는 동일한 이용 요금을 지불하고서

5 초기의 네트워크 공급자 입장에서는 가격 설정이 결코 쉽지 않다. 즉, 공급자가 초기 손실을
   감수하고 P_c의 가격으로 네트워크 상품을 공급할지라도 소비자수가 적정 수준(n_c)에 이르지
   못한다면 막대한 손실을 입을 것이기 때문이다. 따라서 합리적인 공급자는 가능한 P_c 이상의
   가격을 초기 가격으로 설정하고자 하는 유인을 갖게 된다. 그러나 가격이 P_c 이상으로 설정
   되면 개별 소비자가 체감하는 가격은 크게 느껴질 것이고, 그에 따라 소비자들의 네트워크
   상품 소비가 지지부진할 수 있다. 그러므로 네트워크 상품의 초기 공급 시에는 거품 솎음
   (cream skimming: 거품을 걷어내듯이 처음에는 비싼 가격으로 재화를 공급하다가, 소비자
   규모가 늘어나면 가격을 인하하는 행위) 가격 전략을 취하거나, 정부기관의 정책 지원이나
   보조금(subsidy)을 요구하기도 한다. 네트워크를 최초로 건설하는 데 있어 정부나 공기업이
   주로 개입하는 것도 사업 초기에 일반 사기업들이 진출하기 어려운 현실을 방증한다. 그렇지
   만 어느 정도 네트워크 기반이 갖추어진 상황에서는 빠른 시간에 고객 수를 임계점 이상으로
   확보하기 위해 초기부터 이윤극대화 가격보다 훨씬 낮은 가격을 설정하는 도입 가격(intro-
   ductory pricing) 전략을 추구하는 경우도 많다.

도 훨씬 양질의 서비스를 제공받음으로써 더 큰 만족감을 얻게 된다.

이와 같이 네트워크 서비스는 적정 규모의 가입자가 형성된 이후에는 가입자의 증대가 소비자에게나 공급자에게 공히 수확체증을 유발할 수 있다. 이와 같이 '네트워크 외부성' 혹은 '소비의 외부성'은 네트워크에서 거래를 하는 모든 상품 시장의 성패를 결정하는 주요한 개념 중의 하나이다(Antonelli, 1992). 일반적으로 네트워크 산업network industry(전기, 수도, 철도, 방송, 통신, 인터넷, 플랫폼 등)은 생산 및 분배에 있어 일정한 규모를 지나면 수익이 체증하게 되는데(규모의 경제),[6] 이는 네트워크 산업의 구조적 특성에 기인한다. 왜냐하면 모든 네트워크 산업은 네트워크를 설치하는 초기에만 엄청난 투자비용이 요구될 뿐 한계적인 소비자를 확보하는 데 들어가는 비용은 거의 들지 않기 때문이다. 그리고 네트워크를 설치하는 데 들어가는 모든 설비 비용을 소비자가 동일하게 분담하는 구조라고 한다면 개별 소비자가 네트워크 시스템으로부터 얻게 되는 편익은 동일 네트워크에 접근할 수 있는 다른 소비자 수의 크기에

---

6 규모의 경제(economy of scale)란 생산규모가 커질수록 단위당 생산비가 낮아지는 현상을 말한다. 예컨대 한 신문사의 발행부수가 100만 부라고 하자. 이 경우 처음으로 찍어낸 신문(원판: first copy)을 제외한 나머지 99만 9999부는 엄격한 의미에서 복제품이라고 할 수 있다. 신문 한 부가 1000원이라는 아주 낮은 가격에 판매될 수 있는 이유도 이러한 규모의 경제 효과로 볼 수 있다. 어떤 기업이 매우 큰 생산범위까지 이러한 규모의 경제를 누릴 수 있고 동시에 시장수요가 크지 않다면 그 시장에는 적은 수의 대규모 기업만 필요할 것이고, 시장 집중률은 매우 높아질 것이다. 그러므로 규모의 경제가 어느 생산범위까지 가능할 수 있느냐에 따라 시장구조는 달라질 수 있다. 최근 미디어 기업의 수직적 결합, 수평적 결합, M&A 등을 통한 복합기업화(conglomerate)가 가속화되고 있는 이유도 규모의 경제 효과를 극대화시키기 위한 시도로 볼 수 있다. 특히 미디어 상품이 디지털화됨으로 인해, 하나의 상품을 배급 창구를 달리 하여 부가가치를 극대화시키는 것이 더욱 용이하게 되었다(one source-multi use). 다시 말해 웹툰(webtoon)이 드라마나 영화로 변형되고, 게임이나 캐릭터 상품으로까지 확장될 수 있다. 과거 아날로그 시대에는 이들 각각의 상품을 개별 기업(출판, 방송, 영화, 게임 등)이 따로 생산하였지만 이제는 보다 큰 기획에 의해 이러한 파생 상품까지도 염두에 두고 원작을 만드는 경우가 일반화되었다.

절대적인 영향을 받게 된다. 다시 말해 소비자 수가 많아지면 많아질수록 개별 소비자가 부담해야 할 비용이 줄어든다.

한편, 유무선 인터넷망이 완비된 상황에서 플랫폼 기업들이 아예 무료로 서비스를 제공하는 상황을 목격할 수 있다. 다시 말해 포털에 가입하거나 SNS를 이용하는 데 있어 돈을 요구하지 않는다. 어떻게 이런 일이 벌어질 수 있을까? 데이터 기반의 디지털 경제는 비트bit로 이루어진 정보재가 주된 상품이나. 이 상품의 중요한 속성은 '무료free'와 '완전성perfect'이다. 일단 무언가가 디지털화하면, 그 복사본은 공짜로 만들 수 있다. 디지털 복사본은 어느 모로 봐도 디지털 원본과 똑같다는 것이 완전성이다. 또한 정보재는 네트워크를 이용할 수 있게 되면 그 가치가 증가한다. 이것이 곧 '즉시성instant'인 데, 네트워크를 통해 무료이면서 완전한 정보재(복사본)를 거의 즉시, 한 곳에서 여러 곳으로 유통할 수 있다(McAfee and Brynjolfsson, 2017/2018: 170~171).

디지털 경제에서는 특정 재화를 사용하는 사람들이 더 늘어날수록 각 사용자에게 더욱 큰 가치(호환성)를 지니게 된다. 수요가 늘어난다고 해서 여기에 따른 공급자의 비용이 점증하는 것도 아니다. 오히려 평균 비용이 감소하여 공급에서도 규모의 경제를 실현하는 더할 나위 없는 조건을 구축할 수 있다. 그렇기에 전자상거래에서 세계 1위 기업인 아마존은 성장을 거듭할수록 매번 O2O 시스템을 통합시키고자 매진했다. 다시 말해 모든 주요 데이터베이스와 응용 프로그램에 동일한 방식으로 접근할 수 있도록 하고, 어느 누구도 이 방식을 우회하여 지름길을 택할 수 없도록 했다. 그 결과 도입된 서비스가 아마존웹서비스AWS다. 초기에는 AWS가 데이터를 저장하고, 클라우딩 컴퓨팅을 하는 정도에 그쳤다. 그렇지만 AWS를 도입한지 18개월도 지나지 않아, 해당 서비스를 이용하는 개발자만 29만 명을 넘어섰다. AWS는 시간이 흐를수록 도구와 자원을 계속 추가했고, 강화된 인터페이스를 유지하며 급성장했다.

이와 같이 플랫폼(O2O 시스템)은 접근, 복제, 유통에 있어 한계비용이 거의 0인 디지털 경제의 핵심 영역이다. 아이폰의 개발자인 애플은 초기에 운영체계iOS를 개방하지 않았다. 이것은 매킨토시PC에서부터 이어져왔던 애플의 기본적인 사업전략이었다. 스티브 잡스는 아이폰의 앱Application 역시 자사의 것만이 사용되기를 바랐고, 다른 사업자들이 뛰어들어 혼탁해지기를 원치 않았다. 그러나 아이폰이 위력을 발휘할 수 있었던 것은 앱을 개방한 이후였다. 애플 홀로 이끌어낼 수 있는 것보다 훨씬 더 많은 다양한 기여, 동기, 혁신을 가져다준 것이다.

플랫폼이 개방되면 플랫폼 소유자는 두 가지 혜택을 누릴 수 있다(McAfee and Brynjolfsson, 2017/2018: 203~204). 첫째, 그들은 데이터를 얻는다.[7] 어떤 종류의 앱이 인기가 있는지, 이 인기가 시간이 흐르면서 어떻게 변하는지, 플랫폼 회원들의 선호도와 행동은 어떠한지 등을 알려준다. 이 데이터는 문제를 해결하고, 플랫폼 회원별로 맞춤 추천을 하고, 어느 사업을 추진할지 결정을 내리는 등 다양한 목적으로 활용할 수 있다. 둘째, 개방형 플랫폼은 새로운 수익 기회를 창출한다. 구글의 안드로이드는 애초부터 개방형 플랫폼을 지향했다. 구글은 안드로이드를 2005년 5000만 달러에 인수했는데, 2010년 구글의 기업 발전 담당 부사장인 데이비드 로위David Lawee는 구글이 "당시까지 한 최고의 거래"였다고 평가했다. 그런데 안드로이드의 개발자인 앤디 루빈Andy Rubin은 구글에게 자사를 매각하기 몇 주 전에 한국의 삼성에게 매각 의사를 먼저 타진한 것으로 알려져 있다. 결과적으로 삼성은 굴러온 복을 차버렸던 셈이다. 주지하다시피 안드로이드는 세계에서 가장 인기 있는 모바일 운영체

---

7 미국의 소비자보호위원이었던 쿠네바(Kuneva)는 2009년 3월 31일 '온라인 데이터 수집, 표적화, 프로파일링'이라는 라운드테이블에서 데이터를 21세기의 '새로운 원유(the new oil), 새로운 화폐(the new currency)'라고 지칭했다. 원유를 가공하여 휘발유, 경유, 등유, 아스팔트 등을 만드는 것처럼 소비자 데이터를 분석하여 공급 부문의 재화 생산자에게 정보를 제공하면 이들은 이 정보를 기반으로 다양한 (고객 맞춤/편의성) 서비스나 제품을 개발할 수 있다. 또한 신종 서비스 사업(각종 스타트업)을 개발할 수도 있다.

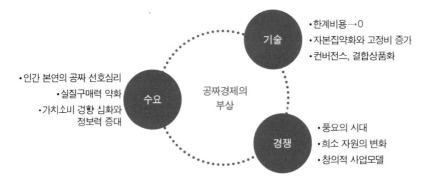

그림 5-5 공짜경제의 부상

• 한계비용→0
• 자본집약화와 고정비 증가
• 컨버전스, 결합상품화

기술

• 인간 본연의 공짜 선호심리
• 실질구매력 약화
• 가치소비 경향 심화와
  정보력 증대

수요

공짜경제의
부상

경쟁

• 풍요의 시대
• 희소 자원의 변화
• 창의적 사업모델

자료: 나준호(2009: 132).

계의 하나로 자리 잡았다.

개방과 더불어 성공한 플랫폼 사업자들은 '사용자 인터페이스'와 '사용자 경험'을 개선하기 위해 강박적으로 애를 쓴다. 사용자 경험UX: user experience은 한 제품을 사용할 때 얼마나 즐겁고 효과를 발휘하는지를 포함하는 폭넓은 개념이다. 페이스북은 사용자 인터페이스와 사용자 경험이 양호하였기에 소셜미디어의 1위 자리를 차지할 수 있었다. 반면, 마이스페이스MySpace, 한국의 싸이월드Cyworld 등과 같이 페이스북 이전에 있었던 유사 플랫폼은 잊힌 존재가 되었다.

그런데 타계한 유명 경제학자인 밀턴 프리드먼Milton Friedman은 "세상에 공짜 점심은 없다"는 경구를 남긴 바 있다. 그렇다면 무료 서비스를 어떻게 이해해야 할까? 크리스 앤더슨(Chris Anderson, 2009)은 공짜 서비스의 유형을 공짜할증free+premium= freemium, 광고후원ad-sponsored, 교차보조cross subsidies, 한계비용 제로zero marginal cost, 노동 교환labor exchange, 선물경제gift economy 등으로 분류했다. 인터넷 기반의 플랫폼 사업자들은 '광고후원(구글, 페이스북)' 및 '한계비용 제로(애플 및 안드로이드의 무료 앱 서비스)'를 통해 소비자들에게 무료 서비스를 제공할 수 있다고 했다. 엄격한 의미에서 소비자에겐 공짜지만 광고비를 지불하거나 앱 수수료를 지불해야 하는 공급자들에겐 공짜가 아닌 셈이다. 또한 아마존도 프라임 서비스 가입자들에게 연회비($119 및 다양한 할인 가격)를 받고 있기에 공짜는 아니지만 이용횟수에 상관없이 동일한 가격을 받고 있다는 점에서 공짜에 가깝다고 할 수 있다. 즉, 이용횟수가 연회비를 상회할 경우, 그 때부터는 무료라고 봐도 무방하다. 이처럼 아마존은 가입자들이 아마존 서비스에 묶이는 것lock-in을 추구하면서, 당장의 '수익'보다 '시장 지배력' 확대를 주요한 기업 목표로 삼고 있다.

3. 독점과 경합시장 논리

세계적인 플랫폼 기업들은 유독 미국 서부 해안가(실리콘 밸리)에 밀집해 있다. 미국은 산업 전 분야에서 네거티브 규제negative regulation를 표방하고 있는데, 새로운 기술이나 서비스인 경우 기존 법률이나 정책에서 금지된 것이 아니면 모두 허용하는 체계다. 이런 사회 시스템에 의하여 미국은 새로운 ICT 기술의 개발과 적용에서 세계적인 선도 국가로 올라설 수 있었다. 여기에는 세계의 학문 세계를 지배하고 있는 우수 인력의 공급이 수월한 것도 뒷받침 되었다. 반면, 우리나라는 포지티브 규제positive regulation 국가이기에 법률과 정책에서 허용되는 것들이 먼저 입안되어야 하고, 이외의 것들은 허용하지 않는다. 이러한 규제 시스템이 새로운 혁신 기술을 사업화하는 데 많은 장애 요소가 되고 있다. 예컨대 '우버'와 같은 차량 공유 시스템이 정착할 수 없었던 것도 이 때문이다. 과거 기술의 발달 속도가 더딜 때는 규제 시스템의 차이가 별 의미가 없었다. 더욱이 우리나라는 후발 산업 국가였기에 선진국의 기술을 추종하는 것이 전략적으로 많은 도움이 되었다. 시행착오를 줄일 수 있었던 것이다.

그러나 디지털 기술은 '무어의 법칙'처럼 2년(혹은 18개월)마다 두 배씩 향상되는 경향을 보인다. 인공지능 분야는 그보다 일곱 배가 더 빠르다고 한다. 이토록 빠른 디지털 기술의 발달 속도로 인하여 규제 시스템을 속히 개선해야 한다는 의견이 커지고 있다(구태언, 2018).

표 5-1 '아마존드' 충격에 휩싸인 미국 유통 업체

업체(업종)	주요 내용
시어스(백화점)	2017년 매장 350여 개 폐점
메이시스(백화점)	2017년 매장 65개 폐점, 1만 명 감원
더 리미티드(여성의류)	오프라인 판매 사업 철수
토이저러스(장난감)	파산보호 신청
페이리스슈소스(신발)	파산보호 신청

자료: 블룸버그통신; 구태언(2018: 31)에서 재인용

특정 영역(검색, 전자상거래, 검색, 시스템 운영체계, SNS 등)에서 시장 지배적인 위치를 점한 플랫폼 기업들은 관련 서비스 기술을 자체적으로 개발하기도 하지만, 신종 벤처기업을 인수·합병M&A하는 전략을 취하는 경우도 많다. 인터넷 서점의 영업 노하우를 축적한 아마존은 전자상거래 시장으로 사업 영역을 확장시켰다. 여기에서는 단순히 소비자와 생산자를 연결시키는 데 국한하지 않고, 유통(특히, 빠른 배송) 혁신을 도모했고 결과적으로 아마존 효과Amazon Effect, to be Amzoned를 창출했다. 이는 아마존의 사업 확장이 관련 업계에 미치는 효과를 이르는 말로, 아마존이 해당 분야에 진출한다는 소식만 들려도 해당 산업에 속한 기업들의 주가가 하락하고 투자자들이 패닉에 빠지는 현상을 뜻하는 말이다(〈표 5-1〉 참조). 결과적으로 유통 혁신으로 물가를 낮추고, 고용 인력을 감소시켜, 일국의 경제 성장률마저 하락시킬 수 있는 것으로 드러났다.

이렇게 시장의 경계를 허물며 사업 영역을 확장하고 있지만, 아마존의 이윤은 형편없이 낮다. 아마존의 지배가 이룩된 시장 영역에서도 아마존은 계속해서 (생산) 비용보다 낮은 (소비자) 가격을 유지하고, 이러한 가격 정책에 기반해서 더욱 성장하고 있다. 이윤보다 성장을 중요시하는 것은 아마존의 전략이기도 하다. 아마존의 성장 전략은 투자자들에게 매력적이다. 그러면 소비자들에게는 어떠한 영향을 미칠까? 〈표 5-2〉는 플랫폼 기업과 관련한 합병에 대한 세

표 5-2 플랫폼 관련 기업의 합병과 경쟁 관련 이슈

사례	판결	서비스 유형	경쟁 이슈
Google/ DoubleClick	2008.3.11	온라인 광고	시장봉쇄(유효한 경쟁에 방해되는 중대한 결과) 효과 없음.
Microsoft/ Yahoo	2010.2.18	인터넷 검색과 광고	합병이 인터넷 검색 및 광고에서 경쟁을 증대시키리라 기대됨. MS가 구글에 강력한 경쟁자가 될 것을 기대함.
Telefonica UK/ Vodafone UK/ Everything Everywhere	2012.9.4	데이터 분석	기업결합이 유효한 경쟁에 중대한 영향을 미치지 않음. 그러므로 더 다양한 기업들이 데이터에 접근함으로써, 데이터 분석 서비스에 경쟁을 유발할 수 있을 것임.
Publicis/ Omnicom	2014.1.9		'빅 데이터'를 통해 광고주가 온라인 고객에게 보다 밀접한 서비스를 제공할 수 있을 것임. 빅 데이터를 분석하는 대안적인 공급자가 충분히 많은 상태임.
Facebook/ WhatsApp*	2014.10.3	소비자 커뮤니케이션, 사회 네트워킹, 온라인 광고	WhatsApp 이용자 정보를 통해 페이스북이 타겟 광고에 보다 유용한 데이터를 수집할 수 있을 것임. 또한 합병이 경쟁과 관련한 논란을 야기시키지 않을 것임. 왜냐하면 광고를 목적으로 인터넷 이용자 데이터를 수집하는 업체들이 매우 많기 때문임.
Microsoft/ LinkedIn	2016.12.6	PC운영체계, 생산 소프트웨어, CRM, 소프트웨어 솔루션, 전문적인 사회 네트워크, 온라인 커뮤니케이션, 온라인 광고	두 기업의 데이터 결합이 경쟁 관련 논란을 야기하지 않을 것임. ① 두 기업은 합병 이전에 제3자에게 데이터를 제공할 면허를 갖고 있지 않았음. ② 데이터의 결합이 진입 장벽 이슈를 야기할 것으로 보이지 않음. ③ 두 기업은 온라인 광고 시장 및 해당 시장 점유율에 있어 작은 기업(small market player)에 불과함.
Verizon/Yahoo	2016.12.21	일반 검색, 온라인 광고, 데이터 분석, 소비자 커뮤니케이션	데이터 결합이 경쟁 관련 논란을 야기하지 않을 것임. 왜냐하면 관련 데이터들이 독특하고 유일한 성격의 것이 아니기 때문임.

* 2017년 5월 유럽위원회(European Commission)를 속인 죄로 1억 1000만 유로(약 1378억 원)의 벌금형 판결. "페이스북과 왓츠앱 계정을 통해 동일 사용자를 안정적으로 매치시키는 것이 불가능하다"고 말했던 것이 거짓으로 판명되었기 때문이다. 이 때문에 합병 승인이 취소되지는 않았지만, 2018년 5월에 발효된 개인정보보호지침(GDPR)에 의하면, 두 사업자 데이터가 결합하여 특정인을 정확하게 인식할 수 있으면 2000만 유로 또는 전 세계 매출의 4%에 해당되는 벌금을 내야 한다.

자료: Graef, I.(2018: 83~84).

계 주요 법원의 판결 요지다.

법원의 이러한 판결 배경에는 1980년대부터 '신자유주의'를 내세우며, 노벨 경제학상 등을 휩쓸다시피 한 시카고학파의 논리가 주효했다고 볼 수 있다. 그전까지만 하더라도 독점anti-trust에 대한 정책은 하버드학파가 주도했다. 그런데 시카고학파는 연계 판매tie-in sales, 재판매가격유지resale price maintenance, 배타적 지역분할exclusive territories, 약탈 가격predatory price, 수직적 통합vertical integration 등에 대해 하버드학파와 대조적인 관점을 제시했다. 즉, 하버드학파는 이러한 요소들이 독점 또는 과점을 유지하거나 독점력을 이전leverage하는 수단이기 때문에 정부가 적극적으로 개입해야 한다는 입장을 보였다. 반면 시카고학파는 이런 요인들이 부정적으로 보이는 측면이 있어도 효율적이라면 금지시킬 필요가 없다는 입장이다. 또한 하버드학파는 정부의 도움 없이도 한 기업이나 산업이 독점력을 획득할 수 있으며, 이들의 시장 집중도를 낮추도록 정부가 적극 개입할 것을 요구했다. 반면 시카고학파는 정부의 적극적인 도움 없이는 한 기업이나 산업이 독점력을 창출할 수 없다는 점을 강조하고, 정부의 보호 없이 독점력이 장기간 유지된다면 그것은 효율에 의한 것이므로, 시장 집중에 관해 특별한 경우를 제외하고는 정부가 기업이나 산업의 경제 행위에 대한 간섭을 최소화할 것을 요구했다. 상징적으로 1977년 미 연방대법원은 GTE 실베니아GTE Sylvania 판결에서 시카고학파의 입장을 받아들임으로써 이후의 미국 정부 정책도 규제 완화로 돌아섰다. 1980년대의 레이거노믹스, 대처리즘과 같이 작은 정부를 신봉하는 신자유주의 정책이 지금껏 유지되고 있다.

시카고학파는 경쟁 정책의 목적을 '소비자 후생의 극대화'라고 단정한다. 소비자 후생의 극대화는 '경제적 효율성의 극대화'이기도 하다. 즉, 생산비를 절감하는 것을 포함한 소비자의 후생을 증가시키는 모든 경제 행위는 효율성으로 여겨진다. 규모의 경제, 기능의 전문화, 경영기술, 자본획득 능력 등은 생산 부문에서 효율의 원천이다. 또한 생산비 절감과 같은 정태적 효율뿐만 아니라,

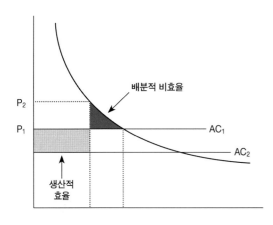

그림 5-6 배분적 비효율과 생산적 효율의 상충관계

혁신과 같은 동태적 효율도 있다. 시장의 확장, 신제품개발, 기술개발, 새로운 창업 기회 창출을 유발하는 혁신은 단기적으로는 비용을 증가시킬 수 있지만 시간이 지남에 따라 생산적 효율을 증대시키거나, 배분적 효율을 제고시키는 형태로 나타날 수 있다. 따라서 기업행위가 경쟁을 통한 비용 최소화에 역행하는 측면이 있다 할지라도 동태적 효율을 높이는 경우에는 그 행위가 금지되어서는 안 된다는 것이 시카고학파의 일관된 입장이다.

윌리엄슨Williamson은 '생산적 효율'과 '배분적 비효율'이 서로 상충trade-off 하는 기업결합을 〈그림 5-6〉으로 설명했다. 이러한 상충관계가 언제나 존재하는 것은 아니며, 대부분의 독점은 가격 하락으로 생산적 효율의 증대가 주로 나타날 뿐, 산출량의 감소가 없기 때문에 배분적 비효율은 잘 발생하지 않는다고 본다. 시카고학파는 더 나아가 자원의 이동이 자유롭다면(인위적인 시장 진입 장벽이 없다면), 비록 독점일지라도 자원배분 상태는 완전경쟁과 다르지 않다고 한다. 시카고학파는 효율이라는 가치의 증진은 기업 수와 같은 시장구조보다 생산의 전 과정을 살펴봐야 한다고 주장했다.

이러한 견해는 시장집중market concentration에도 그대로 적용된다. 산업의 집중은 탁월한 기술과 효율성에 의해 결정되므로, 산업집중과 이윤율 사이에 양의 관계가 존재한다면 효율성이 높다고 본다. 그러므로 규제에 의해 산업구조의 집중도를 낮추는 것은 효율적인 기업을 해체하고 그 사회적 비용을 증가시킴으로써 오히려 소비자에게 해를 준다는 것이다. 또한 독점 기업이 높은 이윤을 유지하는 것은 독점적인 가격보다 효율성 우위에 따른 것으로 본다. 따라서 현존하는 기업이 독점에 의한 독점 가격을 제시할지라도 그 가격은 경쟁 가격보다 낮은 가격일 수 있다는 것이다.

어떤 시장구조(완전경쟁, 과점, 독점)에서건 효율성 우위의 기업 이윤이 더 높다는 것이 시카고학파의 정설이다. 시카고학파는 기업의 수익률이 시장집중보다 기업의 규모와 더 밀접한 관계가 있음을 밝혔다. 그러므로 시장집중도를 낮추기 위해 정부의 개입을 요구하기보다 진입 장벽을 제거하는 것이 더 바람직하다고 했다. 시카고학파는 시장 진입 장벽을 '잠재적인 진입자에 비해 기존의 공급자가 누리고 있는 모든 종류의 이점들'로 규정했다. 만약 기존 기업들이 설비와 기술면에서 우월하여 신규 기업의 진입이 어렵다면 이것을 진입 장벽으로 봐야 하는지는 두고 볼 필요가 있다고도 했다.

흔히 진입 장벽에 대한 규제는 제품차별화, 광고와 판촉, 자본의 과다 사용, 판매대리점 제도 등에서 나타난다. 제품차별화는 신규 기업들의 진입을 용이하게 하는 측면(차별화된 상품으로 시장 진입)이 있으므로 논외로 한다. 광고와 판촉에는 비용이 들게 마련이고, 이것을 회수하기 위해서는 가격을 높일 수밖에 없다. 그렇지만 광고를 통해 소비자의 수요가 증가하고, 또 높은 가격으로도 소비가 줄어들지 않는다면 그것은 소비자의 선택에 맡길 사안이라고 본다. 예컨대 명품에 대한 소비를 자원의 효율적 배분 측면에서 정부가 인위적으로 규제할 필요가 있는가라는 의문을 제기한다. 또한 광고의 증가는 진입 장벽이 아니라 진입을 촉진하는 기능을 수행할 수도 있다. 실제로 새로운 브랜드의 등장은 광고가 활발할 때 이루어진다. 자본 장벽으로도 일컬어지는 자본의 과도한 사용은 독점기업이 잠재 기업의 진입을 억제하기 위한 것일 수도 있지만 미래 위험에 대한 투자인 측면도 강해 부정적으로만 볼 수 없다고 한다. 또한 자본 투입은 점점 개별 기업의 문제라기보다 금융권 전체 시스템의 문제로 넘어간 상태다. 판매대리점 제도dealership system는 애초에 자동차 산업에 적용되는 사례였지만 월마트, 아마존 등에서도 시사점을 얻을 수 있다. 시카고학파는 상품을 더 많이 파는 제조업자가 좋은 소매판매점을 가지게 될 것이며, 좋은 소매판매점을 많이 가지고 있는 것은 다시금 공급에 유리하다고 본다. 다만 신규 기업이 기존의 대형 유통망(월마트 혹은 아마존)에 진입할 수 없는 것이 입증될 경우에는 시장 봉쇄market foreclosure로 볼 수 있고 정부 개입의 당위성을 찾을 수 있다. 그렇지만 신규 제조업자들은 오히려 초기의 손해를 감수하고서라도 이들 대형 유통망을 활용하려는 경향이 일반적이다.

이밖에 배제적인 거래계약exclusive dealing contract은 한 기업이 다른 하나의 기업에서만 구매하기로 동의하는 것이며, 소요량 구매계약requirements contract은 판매자가 구매자의 특정 제품에 대한 소요량을 모두 공급하기로 하는 것이다. 이 둘은 모두 수직적 결합[8]의 한 형태로서 효율을 창출하고 산출량 제한을 가져오지 않는다. 그럼에도 불구하고 법원에서는 특히, 배제적인 거래계약 행위를 경쟁제한으로 인식하고 있다.

한편, 수평적 결합에 대해 대부분의 경제학자들이 부정적인 견해를 갖고 있지만, 시카고학파의 일부 경제학자들은 이마저도 기업 내부의 역량에 의해 기업의 크기가 확대되는 내부 성장internal growth과 다를 바 없다고 주장한다. 즉, 기업은 비용이 적게 드는 쪽을 택해서 수평적 결합을 통한 확장을 하거나 또는

---

8 시카고학파는 수직적 결합에 대해 상당히 관대하다. 즉, 수직적 결합은 어떤 경로로 이루어지든 생산적 효율의 실현으로 본다. 첫째, 수직통합은 기술적인 이유 때문이다. 둘째, 수직통합을 통해 생산요소나 반제품의 품질을 통제하거나 필요한 시간에 적정한 양의 생산요소나 반제품을 공급함으로써 비용을 줄일 수 있다. 셋째, 정부의 규제나 통제로 인한 비용을 줄일 수 있다. 넷째, 수직 통합은 산업의 각 단계 간에 정보의 흐름을 원활하게 하여 판매 및 유통 비용을 절약할 수 있게 한다. 다섯째, 수요 독점(monopsony)이 있는 경우에 수직 통합은 효율 창출적이다. 여섯째, 수직 통합은 경영상의 규모의 경제를 달성할 수도 있다. 수직 통합의 목적이 독점을 이전하거나, 독점력을 증대시키는 것이 아니라면, 비용 절감이라는 목적이 주가 된다. 특히, 생산요소의 비율이 고정적일 때, 수직 통합은 비용 절약에 크게 도움이 된다. 물론 수직적 결합이 시장 봉쇄, 가격 차별, 가격 압착(price squeeze) 등과 결부되면 경쟁을 제한하거나 자원 배분을 왜곡한다고 보는 입장도 있다.

내부 성장을 통해 시장점유율을 늘린다는 것이다. 따라서 수평적 결합을 무조건 경쟁 위반으로 판단하기보다 자중 손실deadweight loss과 효율 증대를 비교하여, 그 상대적 크기에 따라 수평적 결합을 허용 혹은 금지해야 한다고 주장한다.

미디어 기업 및 플랫폼 기업은 복합기업conglomerate의 형태인 경우가 많다. 대표적으로 디즈니Disney는 애니메이션, 영화, 방송, 게임, 스포츠, 테마파크 등을 공동 경영한다. 아마존이나 구글(알파벳) 등도 인터넷서점과 검색 서비스에만 머물지 않고, 우주산업, 자율주행차 등 다양한 신규 사업 분야로 진출했다. 이를 통해 데이터 이용 체제나 더 효율적인 재무관리 체제의 확립을 통해 경영 효율을 제고하고, 산업 간 기술 및 마케팅 노하우를 이전하고, 연구 또는 유통을 조절하며, 경기변동을 타고 넘을 수 있는 능력을 향상시키며, 성공적인 중소규모 기업의 소유자들에게 기업을 팔 수 있는 기회도 제공한다. 이런 점에서 복합기업도 시장의 불안정성을 극복하려는 여러 수단들 중의 하나로 보는 입장이 강하다.

이상의 논리를 집약하면 무료로 제공하는 서비스 가격(약탈 가격)조차 약탈자에게 더 많은 비용을 부담시키기 때문에 '약탈'이라고 비난하기보다 오히려 경쟁적인 행위로 봐야 하며, 그것이 소비자에게 오히려 득이 된다는 것이 시카고학파의 요지다. 이런 점에서 연계tie-in 판매도 시카고학파에서는 효율적이며, 판매자와 소비자 모두에게 이득을 주는 길이라고 주장한다. 그럼에도 불구하고 미국의 연방대법원은 연계 판매가 경쟁을 억압하는 수단이라는 입장이 강하다. 특히, 연계 판매에 의한 독점력 이전을 우려한다. 즉, 연계 판매를 통해 주상품tying product이 원래 가지고 있었던 시장 지배력이 종상품tied product에 이전 또는 확대되는 것을 엄격히 규제한다. 그런데 마이크로소프트의 익스플로러 연계 판매, 애플과 구글의 앱 연계 판매에 대해 법원의 판결은 일관성을 보이지 못했고, 정권 및 대법원 판사의 교체에 따라 기존 판결이 뒤집히는 경우도 종종 나타났다.

무엇보다 시카고학파는 시장 집중보다는 정부가 만든 진입 장벽이 경쟁을 방해하고 인위적으로 시장의 효율성을 감소시키기 때문에, 정부(규제)에 의한 진입 장벽을 제거하는 일에 주안점을 뒀다. 또한 시장 집중은 대부분 효율에 의해 만들어지기 때문에 그것의 인위적 완화는 득보다 실이 크다고 보았다. 반면 하버드학파는 한 산업의 구조가 그 산업 내 기업들의 행동양태를 결정하고, 나아가 그것이 산업의 성과를 결정한다고 하였다. 산업의 구조란 산업 내 기업의 수, 기업의 크기와 분산상태, 산업수요의 가격 탄력성, 진입 장벽의 존재 유무 등이다. 정부는 소비자 후생을 증가시키기 위하여 시장에 개입할 수 있고, 기업 간 담합을 막고, 경쟁을 촉진시켜야 하며, 그 결과 산업의 집중이 완화될 수 있고, 소비자 후생이 증가한다는 것이다.

결과적으로 시카고학파나 하버드학파는 공히 '소비자 후생consumer welfare'의 증가가 경쟁 정책의 중심이 되어야 한다는 점에서는 동일한 입장이다. 그것을 어떻게 구현하는 것이 더 나은지에 대한 인식의 차이가 있을 뿐이다. 그러므로 이제 모든 경쟁 정책의 유일한 기준으로 '소비자 후생'이 제시되고 있다. 소비자 후생을 제외한 어떤 다른 기준도 법의 일관성과 예측가능성을 파괴한다고 본다. 소비자 후생의 증진을 위하여 기업 생산 활동의 효율(배분적 효율/생산적 효율)을 강조하고, 소비자 후생을 가장 잘 돌볼 수 있는 제도를 각국 정부가 추구하고 있다. 정부는 기업의 자유로운 활동을 보장하고 예외적인 경우[9]에만 시장에 간섭하여야 하며, 그 또한 소비자 후생을 높이는 목적이어야 한다는 게 일반적인 원칙으로 자리 잡았다. 그런데 소비자 후생 증진이라는

---

9 ① 경쟁자들 또는 잠재적 경쟁자들이 가격을 고정하거나 또는 시장을 분할하기로 하는, 수평적 약정에 의한 경쟁 억압, ② 매우 큰 시장 점유율을 갖게 되는 수평결합, ③ 경쟁자를 시장에서 몰아내고, 경쟁자의 진입을 막거나 지연시키며, 기존 경쟁자를 징벌하려고 하는 계획적 약탈.

커다란 정책 목표에 비해 실제 법원에서의 반독점 판단은 주로 '소비자 가격'에 집중하는 경향이 있다. 따라서 〈표 5-2〉에서 나타난 바와 같이 미디어 기업 혹은 플랫폼 기업이 무료에 가까운 가격으로 서비스를 제공하는 한 규제의 명분이 설득력을 얻을 수 없다.

여기에 반기를 들고 나온 이가 리나 칸Lina Khan이다. 그녀는 예일대학교에서 법학박사 학위를 받기 전에 「아마존의 반독점 역설Amazon's Antitrust Paradox」이라는 논문으로 세계적인 주목을 받았다. 이 논문은 아마존의 시장구조, 아마존의 시장 행위, 아마존의 성과를 분석하면서, '소비자가 아니라 투자자에게서 보상받는' 구조를 가진 아마존의 시장 지배력이 중장기적으로 타 경쟁자 또는 타 시장 행위자의 행위와 성과를 규정할 수 있는 '구조적 힘'을 가지고 있음을 주장했다. 이 구조적 힘은 이윤보다 성장을 중시하기 때문에 시장의 지속 가능성을 위협할 수 있다고 보았다. 즉, '가격'이 아닌 '시장 구조'를 매개로 아마존의 규제 필요성을 역설했다.

그런데 '시장구조-행위-성과'에 초점을 맞추는 입장은 산업조직론 모델로서, 디지털 경제가 확산되기 시작한 1990년대부터 폐기되다시피 한 이론이다. 왜냐하면 디지털로 인해 기존의 산업 간 경계가 허물어졌고, 아울러 세계화의 영향으로 국내시장과 해외시장의 구분조차 모호한 상태에 빠졌기 때문이다. 또한 플랫폼 기업은 미래의 사업 가치를 인정받아 많은 투자 자금을 끌어모을 수 있지만, 상당 기간 적자를 감수하기 때문에 사업 초기에는 규제를 통한 제재가 명분도 없을뿐더러 실효성도 없다. 또 기업이 어느 정도 성장한 이후에는 수많은 수요 기반을 확보하고 있을 뿐만 아니라, 그 사업 기반이 국경을 넘어 세계시장에 뻗어 있는 관계(인터넷을 기반으로 한 IT 시스템이기에)로 특정 국가의 규제 체계로 시장 행위를 시정하기도 어렵다.

그럼에도 불구하고, 리나 칸은 바이든 행정부에서 연방거래위원회FTC의 위원장으로 임명되었다. 앞서 소개한 논문의 명성에 힘입어 그녀는 '빅테크 저격 수'로 불리는데, 아마존을 비롯한 플랫폼 기업들에 대해 어떤 규제 정책을 내어놓을지 세계가 지켜보고 있다.

4. 개인정보의 활용과 주권, 데이터 경제

플랫폼 기업이 득세하고 있는 현 상황에서, 소비자가 실제로 지불하는 비용이 0이든 아니든 간에 소비자의 개인정보가 중요한 자산인 것만큼은 분명하다 (Fraunhofer, 2016). 개인은 '정보이용 제공 동의서' 등의 프라이버시 보호 차원에서 마련된 규제 시스템을 믿고 '(비)자발적으로' 개인정보(성별, 나이, 주소, 직업 등)를 제공할 뿐만 아니라, 서비스 이용 과정에서 적극적으로 정보(위치정보, '좋아요' 등의 태도 표명, 맛집 등에 대한 평가)를 제공하는 측면도 있다. 그밖에도 금융정보라든지 신용카드 사용실태 등 개인이 인지하지 못하는 과정에서 개인의 정보/데이터가 플랫폼 기업에게 제공된다. 이런 데이터가 플랫폼 기업의 성장을 좌우하고, 기존 산업의 효율성을 높이면서 사회 전반에서 가치를 창출하는 데이터 경제를 실현하고 있다. 이러한 상황에서 개인은 자신의 데이터를 관리하는 권리를 가지고, 데이터 활용에서 자기결정권을 확대하기 위해 데이터 주권data sovereignty 을 향유할 필요가 있다. 세계 각국은 자국 기업과 국민의 데이터를 보호하는 동시에 이를 활용하는 방안을 모색하기 위해 노력중이다. 〈표 5-3〉에서 보는 바와 같이 우리의 일상생활은 오밀조밀 데이터와 밀접히 결부돼있다.

이런 측면에서 미국은 개인에게 정보 권리를 부여하는 '데이터 뉴딜' 정책을 제안했다. 정보(데이터)의 수집 대상이 되는 개인에게 유리한 방향으로 정보 소유권의 균형을 맞추고, 신체·재산의 권리처럼 개인에게 정보 권리를 부여해 시민·기업·정부 모두에게 이익이 돌아가도록 하는 정책이다. 무엇보다 불투

표 5-3 데이터와 관련된 EU의 법적 체계

데이터 공유 의무	운송		• Intelligent Transport System(ITS) Directive 2010/40/EU
	공간(위성)		• INSPIRE Directive 2007/2/EC
	금융		• PRIIPs Regulation No 1286/2014 • Solvency II Directive 2009/138/EC • MiFID II Directive 2014/65/EU • MiFIR Regulation (EU) No 600/2014
	생명 과학	환경	• Plant Protection Products Directive 2003/4/EC • Public Access to Environmental Information Directive 2003/4/EC
		제약	• Medical Products Directive 2001/83/EC
		화학 물질	• REACH Regulation (EC) No 107/2006
	에너지 and 전력		• Directive for Internal Market in Electricity 2009/72/EC • Directive for Internal Market in Natural Gas 2009/73/EC • Energy Labelling Directive 2010/30/EU • Energy Efficiency Directive 2012/27/EU
	자동차		• Vehicles Emissions Regulation (EC) No 715/2007 • Car Labelling Directive 1999/94/EC
	음식		• Food Information to Consumers Regulation (EU) No 1169/2011
	항공		• Advance Passenger Information Directive 2004/82/EC • Passenger Name Record Directive (EU) 2016/681
	공공부문		• Article 15 of the TFEU (on transparency) • Re-Use Directive 2003/98/EC
경쟁 권리와 의무	지배 and 필수설비		• Article 102 TFEU • Essential facilities doctrine and case law of the CJEU
	M&A		• Merger Regulation (EC) No 139/2004
	사업자들간 협약		• Article 101 TFEU • Regulation on Licensing agreements for the transfer of technology (EU) No 316/2014
개인적 권리	소비자 권리		• Proposal for a Directive on contracts for the supply of digital content
	Privacy	e-Privacy	• e-Privacy Directive 2002/58/EC
		GDPR	• General Data Protection Regulation (EU) 2016/679
소유권 관련 권리	영업 기밀		• Trade Secrets Directive (EU) 2016/943
	지적 재산권	DB권리	• Database Directive 96/9/EC
		저작권	• InfoSoc Directive 2001/29/EC

자료: Bird & Bird LLP(2017: 16).

명한 정보 활용이나 남용의 우려를 불식시키고, 어떤 정보가 수집·활용되는지 통지해 소비자에게 알권리를 부여하는 것이 핵심이다. 데이터 뉴딜 정책은 소비자 신뢰를 쌓는 일이기 때문에 장기적으로는 기업에도 커다란 가치를 부여할 것이다. 이런 전제가 미국 '소비자 프라이버시 권리장전'이나 EU의 'GDPR'의 바탕이 됐다(한국정보화진흥원, 2018).

한국은 상대적으로 공공데이터(보건의료·금융·행정·통신 등)가 매우 잘 축적된 나라인데, 이를 활용하여 디지털 경제의 마중물로 사용해야 한다. 데이터 분석 시스템은 초기 구축 비용이 높지만, 분석을 위한 한계비용은 낮고, 데이터 수집량이 많을수록 정확한 분석이 가능하다. 최근 디지털 경제 분야에서 중국이 급성장한 배경에도 엄청난 인구수가 한몫을 했다. 유럽연합이 디지털 단일 시장Digital Single Market을 구축하고, 회원국들 간에 정보를 자유롭게 거래하고자 하는 이유도 데이터의 축적을 위한 목적이 숨어 있다.

이용자들의 기본적인 개인정보를 기반으로 각종 검색 기록, 온라인 쇼핑, 인터넷 브라우징, 쿠키 정보 등을 기반으로 하는 디지털 경제에서는 네트워크 외부효과로 말미암아 승자 독식winner-take-all의 시장구조가 형성되는 경향을 보여왔다. 검색 엔진에서의 구글Google, 사회 관계망 서비스의 페이스북Facebook, 온라인 쇼핑의 아마존Amazon 등이 대표적인 사례다. 이들 플랫폼 사업자들은 양면 시장에서 이용자 그룹과 판매자 그룹을 오랫동안 붙잡아 두기 위해(되도록이면 Single Homing Platform[10]이 되기 위해) 다양한 관련 기술과 서비스 기업을 인수·합병하면서 그 영향력을 확대시키고 있다. 인터넷이 세계로 연결된 만큼 이러한 영향력market power은 국내 시장을 넘어 세계 시장으로까지 확대되고 있다.

---

10 Single Homing Platform은 차별화된 서비스로 거의 독점적 지위를 누리는 것을 의미한다. 반면 Multi Homing Platform은 비슷한 플랫폼을 이용자들이 동시에 사용하는 경쟁적인 현상을 말한다.

그런데 개인정보가 원치 않게 누출되거나 브로커broker, 제3자third party 등에 의해 부당하게 거래되고 있는 경우가 종종 발생한다. 따라서 이용자, 플랫폼 사업자, 데이터 이용 사업자 간의 관계에서 소비자 보호consumer protection (개인 정보 비식별화/익명화), 데이터 보호data protection(영업기밀 보호, 알고리즘 존중, 정확한 정보, 정보의 투명성 등), 경쟁competition(독점/집중 규제, 관련시장 획정, 독점석 기업의 시상 지배력 남용 금지, 부낭 거래 방지, 인수합병에 대한 싼난) 등의 3대 정책 이슈가 도출될 수 있다. 크게 보아 공적 영역(안보, 보건 등)과 사적 영역(지적 재산권, 사생활보호권리, 소비자 권리, 기업간 거래)으로 나눌 수 있고, 데이터 공유data sharing(금융, 교통, 생명과학, 우주개발, 에너지, 자동차, 식품, 항공서비스)와 같이 공公과 사私가 혼재된 영역도 존재한다. 또한 비정형 데이터non structured data; big data의 비중이 점점 커지고 있는데, 이를 처리하기 위한 기술로서의 인공 지능AI이 주목받고 있다. 데이터 서비스가 주로 '무료'로 제공된다는 점에서 기존의 경쟁법 혹은 소비자보호법이 갖고 있는 한계(무료 서비스에 대한 규제의 실효성)를 인식해야 한다. 특히, 미디어와 관련한 플랫폼 분야에서 수용자가 수동적인 정보 소비자, 불특정 다수로서의 대중, 산업사회의 소비자가 아니라 적극적인 정보 이용자, 미디어 내용과 형식을 스스로 창출하는 창조적 위치를 점하는 노력이 경주될 필요가 있다.

5. 시장논리를 넘어

미디어와 플랫폼 산업은 그 내재적 특성으로 인해 정부규제와 밀접한 관련을 맺고 있다. 이러한 점에서 해당 산업에 대한 접근은 정치경제학적political economy 시각이 더 적절할 수 있다(이상기, 2009). 애초 경제학이 출현했을 때 대부분의 교과서는 정치경제학이라는 꼬리표를 달고 있었다. 그렇지만 학문이 세분화되면서 경제학과 정치학은 점차 독자적으로 발전해 왔고, 최근에는 정치경제학 하면 좌파의 경제학인 것처럼 여겨지고 있다. 그러나 앞서 살펴본 바와 같이 미디어 및 플랫폼 산업은 정치와 경제를 따로 떼어놓고 설명할 수 없다. 특히, 한국의 미디어 산업은 경제적 동인보다 정치적 결정이 더 중요하게 여겨졌다. 대륙법의 전통이 남아 있는 한국사회에서 모든 사업은 법의 테두리 내에서만 수행된다. 다시 말해 법이 마련되지 않으면 기술과 사업 아이디어가 있어도 일을 진척시키지 못하는 경우가 비일비재했다. 법을 제정하는 의회가 정치적 이해관계에 따라 이합집산 하는 것은 대의민주주의 국가가 공통적으로 직면한 문제다.

뉴스와 결부된 플랫폼, 보다 좁게 미디어 시장은 '사상의 자유시장'과 떼려야 뗄 수 없는 관계다. 해당 산업이 활성화되고, 창조적 지성인의 고용이 증대하고, 국내 콘텐츠의 국제 경쟁력이 강화되고, 더 나아가 세계적인 미디어/플랫폼 기업이 국내에서 출현하는 것은 누구나 바라는 바일 것이다. 그러나 이러한 와중에 사회적 약자의 목소리가 외면되고, 지역의 언론이 와해되고, 여론의 독점에 의한 민주주의가 소멸한다면 오히려 한국사회는 더 큰 것을 잃게 될지도 모른다.

분명 미디어와 플랫폼 산업은 21세기에도 성장을 거듭할 것이다. 창조적이면서, 무수히 다양한 부가가치를 창출함으로써 지속성장이 가능한 분야이기 때문이다. 그렇지만 미디어와 플랫폼 산업이 자본과 이윤의 노예로 전락하면, 우리의 정신은 더욱 황폐해질 것이다. 이런 점에서 아마존이 ≪워싱턴포스트≫를 인수(엄밀히 말하자면 제프 베조스의 사비로 인수)한 배경과 성과에 주목할 필요가 있다. 미국 재계에서는 ≪워싱턴포스트≫가 제프 베조스를 통해 거듭날 것이라고 믿고 있다. 20세기 지식·정보의 총아였던 신문이 아마존의 기술 및 서비스 능력으로 21세기형 형태로 변모할 것이라 기대한다.

베조스는 '독자' 대신 '고객'이란 단어를 사용하게 했고, '기사'의 개념도 문자

형식에서 인포그래픽, 동영상 등 넓은 의미의 콘텐츠로 확장했다. 기자 중심이었던 조직도 IT 기술개발자 주도 조직으로 바꾸었다. 기술개발자, 기자, 그래픽디자이너 등이 협업하는 통합 뉴스룸 환경을 조성했다. 콘텐츠 관리 시스템CMS인 ARC를 통해 고객 반응이 더 나은 콘텐츠가 무엇인지 실험을 거듭했다. 더 나아가 구독자들의 뉴스 소비 특징과 관심사에 따라 맞춤형 기사를 제공해 주는 알고리슴을 구축했다. 그 결과 2018년 3월 현재 ≪워싱턴포스트≫ 디지털 구독자는 9000만 명을 넘어섰다. ≪워싱턴포스트≫는 이제 플랫폼 기업으로 봐도 무방할 것이다. 그런데 베조스는 ≪워싱턴포스트≫ 매입 직후 직원들에게 다음과 같은 내용의 이메일을 보냈다고 한다. "진실이 어디에 있는지, 진실을 끝까지 추적해서 과오를 저지르지 않도록 최선을 다합시다. 잘못된 결과를 낳을 경우 신속하고도 완벽하게 잘못을 인정합시다". 이제 워싱턴포스트의 경쟁 상대는 신문이라기보다 페이스북, 유튜브와 같은 플랫폼이다. 그러나 페이스북, 유튜브 등이 가짜뉴스, 집단 극화 등으로 홍역을 치를 때 워싱턴포스트가 이런 시비에 휘말린 적은 없다. 코로나19의 팬데믹 속에 신뢰할 수 있는 매체로서의 지위는 더욱 굳건해졌다.

인간은 이상理想을 추구한다. "어제보다 나은 내일"을 꿈꾼다면 내일이 곧 이상인 셈이다. 그렇지만 오늘이라는 현실에서 무엇을, 어떻게 하느냐에 따라 꿈꾸었던 내일의 모습이 좌우된다. 한때 세계 최고의 부자에도 등극했던 베조스는 이제 우주 개발에까지 발을 들여놓았다. 디지털 대전환digital transformation 시대에 지금 우리는 무엇을 추구하고 있는가?

1 미디어 시장은 '시장 실패' 요인에 의해 '정부 규제'가 불가피한 측면이 있다고 했다. 그런데 '정부 규제' 역시 그 효과를 제대로 얻지 못하는 '정부 실패'의 문제를 안고 있다. 이런 점에서 미디어 산업과 관련한 다양한 규제제도를 조사해 보고 그 성과에 대해 검토해 보자.

2 플랫폼 기업의 핵심은 개인정보에 기반한 알고리즘의 구축이라고 할 수 있다. 과연 알고리즘은 민주적일까 아니면 이윤 추구에만 급급한 것일까? '알고리즘 통치성'에 대해 살펴보도록 하자.

3 플랫폼 기업은 O2O 시스템에서 소비자와 공급자를 중개하는 역할에 불과할까? 최근, 가짜 뉴스 등의 사회적 병폐를 두고 플랫폼 기업은 콘텐츠를 유통만 할 뿐, 생산은 하지 않았다며 자신들의 책임을 회피하는 경향이 있다. 여기에 대해 어떻게 생각하는가?

4 법조인들은 법률적 절차 및 관심 있는 사안에 대한 전문가일 뿐이다. 따라서 법원의 판결에는 법조인들보다 해당 분야 전문가들의 조언과 논리가 많은 영향을 끼친다. '시카고학파'와 '하버드학파'는 소비자 후생이라는 목적에는 일치하지만, 그것을 달성하는 수단에 대해서는 상반된 입장을 가지고 있다. '시카고학파'와 '하버드학파'의 논리에 대해 좀 더 깊이 있게 파고들어 보자. 각각 한쪽의 입장을 옹호하면서 상호 논쟁을 해보면 각 논리의 장단점을 보다 잘 이해할 수 있을 것이다.

5 미디어와 플랫폼 산업은 독점으로 귀결될 경향이 높다. 특히, 디지털 기술 우위에 의한 독점의 가능성은 더욱 높아질 것이다. 그런데 리눅스Linux와 같이 원천 기술을 개별 기업이 소유기보다 공개하자는 움직임도 있다open source. 지적재산권은 독점 허용이 바람직할까? 아니면 공유되는 것이 바람직할까?

미래는 규제할 수 없다 구태언 지음, 2018, 클라우드나인
신기술의 등장은 기존 기술을 기반으로 한 사업자들에게 위협일 수 있다. 이를 세대의 관점으로 확대시키면 미래 세대를 위해 기성세대의 기득권을 포기해야 한다는 것이다. 디지털 기술의 새로운 경제 생태계를 위해 과거 아날로그에 기반한 규제가 아닌 새로운 규칙이 필요하다. 그러한 규칙을 만들기 위해 우리 사회가 무엇을 바꾸어나가야 할지를 다양한 컨설팅 경험을 바탕으로 피부에 와 닿는 조언을 한다.

빅데이터가 만드는 제4차 산업혁명 김진호 지음, 2016, 북카라반

빅데이터는 거의 모든 산업과 경영의 기능을 변화시키고 있다. 변화된 기술과 환경을 새로운 혁신의 기회로 삼아야 한다. 데이터를 분석적으로 경영한다는 것이 무엇인지를 설명한다. 즉, 데이터를 체계적으로 수집해 다양한 분석 모델을 통해 통찰력을 끄집어내고, 이를 경영전략 수립 및 의사 결정에 적극적으로 활용하는 방안에 대해 소개하고 있다.

프리: 비트 경제와 공짜 가격이 만드는 혁명적 미래 크리스 앤더슨 지음, 정준희 옮김, 2009, 랜덤하우스.

디지털 배급 시스템이 거의 0에 가까운 한계비용 덕분에 웹(플랫폼)의 기적이 일어났다고 주장한다. 공짜경제의 배후에 깔린 데이터(개인정보) 문제는 다루지 않았지만 O2O 서비스의 핵심을 '공짜'로 보았다는 점에서 시사하는 바가 크다. 저자는 기술이 문화, 경제, 정치에 미치는 영향을 주로 다루는 ≪와이어드Wired≫의 편집인으로 명성을 드높였지만, 이 책에서의 구상을 바탕으로 자신의 사업을 일구는 사업자로 변모했다.

넷플릭스 세계화의 비밀: 넷플릭스식 OTT 플랫폼의 원리 라몬 로바토 지음, 안세라 옮김, 2020, 유엑스 리뷰

넷플릭스로 대표되는 OTT 서비스는 텔레비전 시청의 패러다임을 송두리째 바꾸었다. 방송사의 편성에 따라 수동적으로 텔레비전을 시청하던 데서, 이제 소비자들은 자신이 원하는 시간에 자신이 있는 곳에서 다양한 디바이스로 영상을 시청할 수 있다. 이러한 서비스가 가능한 이유는 무선 인터넷과 스마트 미디어의 보급률 때문이겠지만, 이것만으로는 넷플릭스가 전 세계에 진출한 것에 대해 설명하기 힘들다. 저자는 그것이 바로 데이터 분석을 기반으로 한 플랫폼 비즈니스였기에 가능했다는 것을 실증적으로 보여준다. 덧붙여 호주 출신의 저자이기에 문화제국주의의 위험도 함께 살핀다.

머신, 플랫폼, 크라우드 맥아피·브린욜프슨 지음, 이한음 옮김, 2018, 청림출판

　MIT 슬론경영대학원 교수인 두 저자는 '세계 최고의 경영 사상가 50인', 미국 정치 전문매체 ≪폴리티코Politico≫가 뽑은 '미국 정책을 변화시키는 인물 50'에 동시 선정될 정도로 정보기술이 경제와 사회를 어떻게 변화시키는지에 관해 통찰력을 제공하고 있다. 제목 그대로 기계(학습), 플랫폼, 집단지성의 실제적인 힘을 구체적인 사례를 통해 재미있고, 설득력 있게 제시한다.

플랫폼 레볼루션 밴 앨스타인·초더리·파커 지음, 이현경 옮김, 2017, 부키

　'4차 산업혁명 시대를 지배할 플랫폼 비즈니스의 모든 것'이라는 부제와 같이 플랫폼이 무엇이며, 어떻게 작동하는지, 비즈니스와 경제적 측면에서 어떤 의미를 갖는지 등 플랫폼에 대한 개념적 통찰은 물론 실질적 조언을 풍부하게 제시한다.

06

미디어와 법

1. 미디어와 법을 어떻게 봐야 할까?

사람은 표현하는 존재다. 표현하기 위해 말이나 글을 활용한다. 몸짓을 이용하기도 한다. 말이나 글, 몸짓이 아니라 다른 수단이나 도구를 이용해 자신의 생각을 표현하기도 한다. 방법이야 어떻든 공동체가 유지되려면 각 구성원 간의 의사소통이 필수적이다. 자신의 생각을 외부로 표현해야 하고 다른 구성원의 표현을 수용해야 한다. 그렇다면 구성원들끼리 어떤 내용을 어떻게 표현하든 괜찮을까? 아무런 문제가 없을까?

그렇지는 않다. '밉다'거나 '싫다'는 뜻을 드러내기 위해 흉기로 상대방을 가격하는 방식은 허용되는 표현 방식이 아니다. 공공의 회의장에서 '반대한다'는 생각을 밝히려고 책상을 뒤엎는 표현 행위도 용납하기 어려울 것이다. 각 공동체는 어떤 표현의 방식이나 내용을 법으로 금지하거나 제한하고 있다. 법으로 정하지는 않았지만 구성원들이 공유하는 윤리적 규범으로 어떤 표현들은 억제되고 있기도 하다. 다음 몇 가지 사례를 보자.

한강에서 의대생이 사망했다. 죽음에 대해 의혹을 제기하는 자료들이 인터넷에 잇따라 게시되었다. A씨는 사망한 의대생의 친구에게 거친 욕을 퍼붓는 댓글을 여러 차례 달았다. B씨는 상당한 액수의 돈을 빌려 간 친구가 돈을 갚지 않자 동창회 카톡 방에 "그 친구가 전에도 여러 번 내 돈을 떼먹은 적이 있다. 그 친구를 조심하라"는 글을 썼다. B씨가 그 친구에게 돈을 빌려준 것은 이번이 처음이었다. C씨는 오랫동안 교제해 온 직장 동호회의 이성 친구로부터 헤어지자는 말을 들었다. 그는 이성 친구와 함께 찍은 은밀한 비공개 사진들을 동호회 사이트에 공개했다. D씨는 시청 고위공무원 가족이 직접 운영하는 가구공장의 불법 폐수 방류 장면을 촬영했다. 그 영상을 인터넷에 게시했다.

위 사례는 일상에서 자주 벌어지는 일이다. A는 '댓글'로 자신의 생각을 솔직하게 표현했다. B는 길지 않은 글을 썼다. 친구들이 피해를 입지 않았으면 좋겠다는 마음도 글에 담았다. C가 공개한 사진에는 자신의 모습도 담겼다. D는 불법 방류 현장을 고발하기 위해 상당한 액수의 금전과 시간을 투자했다. A, B, C, D 모두 자신의 뜻을 외부로 적극적으로 표현했다. 법적으로 아무 문제가 없을까?

E씨는 필요한 물품을 구매하려고 백화점에 들렀다. 한 방송사는 "스트레스를 풀기 위한 쇼핑객들로 백화점이 붐볐다"라는 내용의 뉴스를 보도하면서 그의 얼굴을 내보냈다. 그는 방송사 기자가 촬영한다는 것을 모르고 있었다. F씨는 학창 시절 동급생과 후배들을 갈취하고 폭력을 행사한 '학폭' 행사자로 신문에 사진이

보도되었다. 이름이 같은 다른 동급생의 사진 대신 잘못 보도가 된 것이었다. G씨는 소비자들의 신뢰가 큰 기업의 상품이라고 소개한 한 언론사의 뉴스를 보고 상품권을 구매했으나 이미 거래가 정지된 상태였다. 그 언론사 기자의 이름으로 작성된 뉴스가 분명했으나 실제는 해당 기업이 제공한 광고정보였다. 유기농 국산 농산물을 판매하는 H씨는 한 언론사의 허위 보도로 상점 문을 닫았다. 언론사는 그가 수입 농산물을 판매한다고 허위 보도했다. 유기농 국산 농산물임을 확인한 행정기관의 확인서류를 언론사에 전달하고 허위보도를 항의했다. 그 언론사는 그 후에도 여러 차례에 걸쳐 H씨가 수입한 농산물을 국산 유기농 상품으로 속여 판매한다는 보도를 했다.

위 사례는 다소 황당할 수 있다. E는 방송사 기자와 아무 접촉을 한 적이 없었다. 자신이 백화점에 간 이유가 엉뚱하게 왜곡이 되었다. F는 동창생과 이름이 같다는 이유로 난데없이 피해를 입었다. G는 언론이 제공한 뉴스를 곧이곧대로 믿고 상품을 구매했다가 화를 당했다. H는 유기농 국산 농산물을 판매하고 있으나 언론의 반복된 허위보도가 계속되자 결국 가게 문을 닫았다. E, F, G, H는 기자나 언론사를 상대로 법적인 대응을 할 수 있을까? 자신들이 입은 피해를 구제받을 수 있을까?

1) 법이 어렵다는 생각

법이 어렵다는 것은 편견이 아닐 것이다. 판사나 변호사처럼 누구보다 법을 잘 알고 있는 법조인들도 사기범에게 피해를 당한다. 수사기관이 법률조항을 그릇되게 적용했다는 뉴스도 가끔 접한다. 대법원 판결문을 보면 판사들이 법률 규정을 잘못 적용했거나 법률의 해석을 잘못했다고 결론을 내리는 경우도 숱하다. 법률의 최고 전문가들조차 '법'이 지긋지긋하거나 '법' 때문에 머리가 지끈거릴지 모른다. 법률을 전문적으로 공부할 기회가 없었던 일반인들이 '법은 어렵다'고 생각하는 것은 '편견'이 아니라 '상식'에 가깝다.

우리의 일상생활에 필요한 몇 가지 '법적인 상식' 혹은 '법에 관한 원칙'은 어려운 지식이 아니다. 이미 우리가 익히 알고 있는 것들이기도 하다. 예를 들어 아무리 억울한 일을 당하더라도 '주먹 대신 법'을 써야 한다는 사실은 상식이다. 법에 호소하지 않고 자신의 주먹으로 당장의 문제를 해결했다면 '법의 주먹'을 감당해야 한다. 법치주의 국가에서 사적인 보복이나 응징은 원칙적으로 허용되지 않는다. 법을 몰랐다고 해서 법적인 책임까지 없어지는 것은 아니라는 것도 상식이다.

표현의 자유와 관련한 영역에서 자주 문제가 되는 것 중에 명예훼손죄와 모욕죄가 있다. 욕을 하면 안 된다는 것쯤은 누구나 알지만, 자칫 모욕죄로 처벌될 수 있다는 사실에 깜짝 놀라는 사람들이 많다. 200만 원 이하의 벌금형 처벌을 받거나 심하면 1년 이하의 징역을 살아야 한다. 진실한 사실을 말했더라도 면책되지 않으면 2년 이하의 징역이나 500만 원 이하의 벌금을 물어야 한다. 인터넷에서 다른 사람의 명예를 훼손하는 잘못을 저지르면 5000만 원 이하의 벌금을 물거나 7년 이하의 징역을 살게 될지 모른다. 쉽게 받아들이지 못하겠지만 '한국의 현재 법'이 그렇다. 더욱이 2021년 2월 한국의 헌법재판소는 진실을 말해도 명예훼손죄가 된다는 법률조항이 '헌법에 위배되지 않는다'고 확인했다. 명예훼손죄나 모욕죄 법 규정의 존재를 모르고 있었더라도 그 죄에 따른 법적 책임을 져야 한다.

표현하는 존재인 사람의 입과 손, 몸짓에는 늘 명예훼손과 모욕과 같은 법률 조항이 붙어 다닌다. 저작권 침해라고 하는 법적인 책임도 따라 붙는다. '표현에는 법적인 책임이 따른다'는 명제는 법적인 편견이 아니라 '법적인 상식'이다. 어느 나라의 헌법이든 표현의 자유라는 기본권을 대단히 중요한 기본권으로 보장을 한다. 표현의 자유를 '기본권 중의 기본권'이라고 부르는데 큰 이견은 없다. 그러나 표현의 자유를 '절대적 기본권'으로 삼아 어떤 기본권보다 절대 우위에 있다고 단정하는 나라는 없다. 공동체가 유지되기 위해서는 그렇게 해서도 안 된다. 표현의 자유는 다른 자유들보다 더 중시되긴 하지만, 다른 사람의 기본권을 침해하지 않은 범위 내에서 허용된다. 또 국가의 안전이나 사회 질서를 유지하기 위해 표현의 자유를 제한할 수도 있다. 물론 국가권력이라도 마구잡이로 시민의 표현의 자유를 틀어막아서는 안 된다. 반드시 국회가 만든 법률에 제한할 수 있는 근거가 있어야 한다. 이쪽으로 봐도 '법'이고 저편으로 봐도 '법'이다. 법률 지식을 쌓는 것은 쉽지 않지만, 법을 모르고 아무렇게나 살아가기도 어려운 일이다.

2) '미디어와 법'을 알아야 할 필요

미디어와 관련된 법을 공부해야 할 이유는 많다. 몇 가지만 소개하면 다음과 같다. 첫째, 자기 자신을 지키기 위해 법을 알아야 한다. 여러 사람들 앞에서, 혹은 온라인에서 공공연하게 인격적으로 모욕을 당했을 때 어떻게 대응할 것인가? 못들은 척, 보지 못한 듯 넘어갈 수 있다. 같은 사람이 반복적으로 모욕을 한다면 그 때는 어떻게 할 것인가? 누군가 자신의 명예를 훼손하는 행위를 한다면 어떻게 대응할 것인가? 지극히 사적인 내용을 인터넷이나 언론에 폭로한다면 어떻게 할 것인가? 언론을 통해 자신이 피해를 입었을 때 '언론중재법'을 알고 있다면, 대응하는 데 상당한 도움을 받을 수 있다. 법적인 대응을 할 수 있는 시간이 제한돼 있으므로 사전에 관련 지식을 알아두면 도움이 될 것이다. 문제는 '언론'이 아니면 '언론중재법'의 도움을 받을 수 없다. 전혀 방법이 없는 것은 아니다. 인터넷에서 사생활이 침해되거나 모욕, 명예훼손의 피해를 입었다면 '정보통신망법'에 따라 사업자에게 '임시조치'를 요구하거나 정부기관에 '명예훼손 분쟁' 조정을 신청할 수도 있다. 상황에 따라 가해자를 형사처벌하거나 민사상 손해배상을 청구할 수도 있다. 실제로 법적인 대응을 하지 않더라도 그와 같은 법적 대응을 할 수 있다는 점을 상대에게 예고해 줌으로써 가해자의 반복적인 침해행위를 멈추게 할 수도 있다.

예링이라는 독일 법학자에 따르면 인격적 모욕을 당했을 때 그냥 지나치는 것은 도덕적 자살행위다. 명예훼손도 마찬가지다. 굴욕감을 주고 불법적으로 명예에 손상을 가하는 다른 사람의 행위에 굳세게 맞서야 한다. 자신의 권리 침해에 저항하는 것은 피해를 당한 사람의 의무다. 구성원으로서 사회 공동체에 대한 의무이기도 하다. 『권리를 위한 투쟁』이라는 책을 쓴 사람 예링의 말이다. 그에 따르면 사람은 육체적으로 생존할 뿐만 아니라 도덕적으로 생존해야 하는 존재다. 한 사회의 정의와 법은 경찰이나 검찰과 같은 수사기관과 재판하는 법관만으로 유지될 수 없다. 시민들 각자가 불법에 저항하는 자기의 권리를 제대로 행사할 때 가능하다. "이마에 땀을 흘리는 자만이 빵을 먹을 수 있다"는 명제를 떠올린다면, 자신의 재산이나 생명, 인권이 불법적으로 손상됐을 때 적절한 법적 대응을 하기 위해 우리는 법을 공부해야 한다.

법을 알아야 할 두 번째 이유는 법적인 처벌을 피하기 위해서다. "법이 없어도 살 사람"이라는 말을 들으며 선하게 살더라도 법적인 처벌을 받는 경우도 적지 않다. 법을 몰랐다는 사실만으로 법적인 책임을 벗어나기 어렵다. 그런 사례는 우리 주변에 비일비재하다. 인터넷에 떠도는 사진이나 그림을 가져다가 자기 글을 쓸 때 사용하는 경우가 많다. 동영상을 만드는 데 사용하기도 한다. 온라인에서 얻은 음원을 작품에 쓸 수도 있다. 그러다 어느 날 갑자기 저작권을 침해했으니 처벌하겠다는 연락을 받을 수 있다. "전과자가 되지 않으려면 돈 내라"라는 식의 무시무시한 말을 들을 수 있다. 외상으로 술을 마신 손님의 직장 앞에서 '아무개는 술값을 갚으라'는 팻말을 들고 시위를 벌였다고 하자. 술값을 받기 전에 명예훼손죄로 고소당할 수 있다. 받을 술값이 있다고 해도 그 사람의 명예를 훼손한 점에 대해 따로 책임을 져야 한다. 억울하겠지만 명예훼손법이 현실에서 그와 같이 작동한다.

단순히 법적인 처벌을 피하기 위해 '미디어와 법'을 알아야 하는 것은 아니다. 법적인 처벌을 받지 않으면서 표현 활동, 언론 활동 또는 미디어를 이용한 활동을 적극적으로 수행하기 위해 '미디어와 법'을 알아야 한다. 더 적나라하게 말하자면 언론소송을 피하면서 언론 활동을 할 수 있는 법적 지식을 쌓자는 것이다. 설령 소송을 낭하더라노 패소하지 않을 방법을 미리 알고 표현 활농, 언론 활동을 하자는 것이다. 다른 사람의 명예를 훼손했다는 법적인 책임을 추궁당하지 않고 표현하려면 어떻게 해야 하는가? 현행 법률이나 법원의 판례에 비추어볼 때 취재 과정에서 주의해야 할 점은 무엇인가? 공적인 사항이나 공적인 인물에 대한 비리를 취재해서 보도하고 싶은데 법적으로 주의할 점은 무엇인가? 굳이 언론인이 아니더라도 일반 시민으로서 사회적 쟁점을 발굴해서 일반인들과 공유하려면 법적으로 어떤 점을 주의할 것인가?

미디어와 법을 알아야 하는 세 번째 이유는 공동체 구성원으로서 소양과 자아실현을 위한 바탕을 마련하기 위해서다. 권리를 주장하기 위해서, 혹은 법적인 처벌을 피하고 언론 활동을 수행하기 위해 법을 공부해야만 하는 것은 아니다. 법은 해당 공동체의 규범에 대한 윤리적 고민과 현실적 집행력 간의 교집합이다. 법을 윤리규범의 '최소한'이라고도 평가하는데, 공동체 구성원들의 법과 윤리에 관한 소양을 반영한 것이 해당 사회의 실정법일 것이다. 토론과 논쟁을 통해 구성원들의 민의를 반영하는 법률을 제정해야 한다는 신념이 강한 사회에서 특정 집단에 특혜를 주거나 소수집단의 권익을 배제하는 따위의 법률을 제정하지는 못할 것이다. 절차와 과정의 정당성을 중시하는 사회라면 '날치기'로 법률을 통과시키려는 그릇된 시도는 벌어지지 않을 것이다. 법에 관한 공부는 존엄한 존재로서 자아에 대한 각성을 이끌고, 나아가 해당 사회 공동체의 법에 관한 집단적 소양을 제고함으로써 결과적으로 자아 발현, 서로를 더 존중하는 공동체를 유지하는 데 기여할 것이다. 이 장에서는 '미디어와 법' 중에서 언론과 시민의 일상적 표현을 통해 제기될 수 있는 '인격권' 부분에 한정해 몇 가지 쟁점을 다루어 보기로 한다.

2. 표현의 자유와 언론, 미디어의 자유

1) 표현과 언론의 자유, 미디어와 법

미디어와 법에서는 무엇을 다루는가? '미디어와 법'은 '언론과 법'이라는 말과 같은가? '표현과 법'은 또 무엇인가? 다소 혼란스러울 수 있다. 그러한 혼란은 일정 부분 헌법 조문에서 비롯된다. 현행 '대한민국헌법'은 1987년 헌법 제10호로 전부 개정되었다. 제21조를 '표현의 자유' 조항이라고 부른다. 제21조 제1항은 "모든 국민은 언론·출판의 자유와 집회·결사의 자유를 가진다"고 규정하고 있다. 제2항은 "언론·출판에 대한 허가나 검열과 집회·결사에 대한 허가는 인정되지 아니한다"고 규정했다. 조문의 구조와 내용으로 볼 때 '표현의 자유'는 언론·출판, 집회·결사의 자유를 뜻한다.

그런데 현실에서 표현의 자유는 언론言論의 자유와 같은 의미로 사용되기도 한다. 표현의 자유라는 말을 대신해서 사용될 때 '언론의 자유'는 글자 그대로 자신의 의견을 자유롭게 말이나 글로 표명할 수 있는 자유를 의미한다. 그 때 언론의 자유는 언론사의 자유, 언론매체의 자유, 언론인의 자유와 동일한 용어는 아니다. 신문이나 방송과 같은 미디어를 흔히 '언론매체'라고 부르므로 '미디어의 자유' 역시 '언론의 자유'와 개념적으로 구분된다. 영문으로 번역된 우리 헌법 제21조 제1항은 언론의 자유freedom of speech와 출판의 자유freedom of the press를 구분하고 있다. 조문이 도입된 배경을 보면 '언론의 자유'는 말이나 글을 활용한 표현의 자유, '출판의 자유'는 언론매체 또는 미디어를 이용한 표현의 자유를 뜻하는 것으로 볼 수 있다.

　1791년 발효된 미국의 수정헌법 제1조는 표현의 자유freedom of expression를 강하게 보장하고 있다. '언론의 자유'freedom of speech'와 '출판의 자유freedom of the press'를 구분했다. 1780~1790년대를 배경으로 만들어진 헌법이므로 당시 언론은 구두 표현, 출판은 인쇄된 표현을 보호하고자 하는 취지라고 해석되었다. 일본의 메이지헌법은 1890년 시행되어 1947년까지 존속했다. '대일본제국헌법'이라고도 불리는데, 제29조는 '일본 신민은 언론 저작 출판 집회 및 결사의 자유를 가진다'고 규정했다. 현행 일본 헌법은 1947년 시행되었는데 제21조에서 표현의 자유를 규정하고 있다. 제1항은 '집회, 결사 및 언론, 출판의 자유 기타 일체의 표현의 자유를 보장한다', 제2항은 '검열을 하면 안 된다. 통신의 비밀을 침해하면 안 된다'로 되어 있다. 1919년 발효된 독일의 '바이마르공화국헌법'은 제118조에서 '언론 출판의 자유'를 규정했다. '모든 독일인은 일반 법률의 제한 내에서 언어, 문서 출판, 도서, 기타의 방법에 의하여 자유로이 그 의견을 발표할 수 있다. 어떠한 노동 및 고용의 관계도 이 권리를 방해하지 못한다. 그 권리의 행사에 대하여 누구든지 저해하지 못한다'고 정했다. 현행 독일 기본법(헌법)은 제5조에서 '누구든지 자기의 의사를 말, 글 및 그림으로 자유로이 표현·전달하고, 일반적으로 접근할 수 있는 정보원으로부터 방해받지 않고 정보를 얻을 권리를 가진다. 출판의 자유와 방송과 영상으로 보도할 자유는 보장된다. 검열은 허용되지 아니한다'고 규정하고 있다. 독일의 기본법은 일반 법률, 청소년보호를 위한 법률, 개인적 명예권에 의해 표현의 자유가 제한된다고 규정하고 있다.

　1919년 3월 1일 일본 군국주의 강점하의 한국에서는 '기미년 독립만세운동'이 일어났다. 그 직후 중국 상해에 임시정부가 수립되었다. 1919년 4월 11일 임시정부법령 제1호로 '대한민국임시헌장'이 제정되었다. 제4조는 '대한민국의 인민은 신교 언론 저작 출판 결사 집회 신서 주소 이전 신체 급 소유의 자유를 향유 한다'고 규정했다. 1948년 우리 제정헌법은 제13조에서 '모든 국민은 법률에 의하지 아니하고는 언론, 출판, 집회, 결사의 자유를 제한받지 아니한다'고 규정했다. 아홉 번에 걸친 헌법 개정에도 불구하고 표현의 자유를 '언론·출판, 집회·결사'의 자유를 보장하는 내용으로 규정한 조문은 큰 틀에서 변하지 않았다. 다만, 언론·출판의 자유나 언론의 자유 그리고 표현의 자유 등에 대한 개념적 혼란을 정비할 필요성은 꾸준히 제기돼 왔다. 2018년 3월 26일 문재인 대통령은 제10차 헌법개정안을 발의했다. 2개월 후 국회에서 의결정족수 미달로 투표불성립, 처리되지 못했다. 그런데 이 개헌안은 현행 헌법 제21조의 '표현의 자유' 조항을 2개의 조문으로 나누고 제20조 제1항은 '언론·출판 등 표현의 자유는 보장되며, 이에 대한 허가나 검열은 금지된다'고 규정했다. '집회·결사의 자유'는 제21조로 따로 분리되었다. 이러한 개정은 '표현의 자유'가 언론·출판 등에 두루 미치고 있다는 점을 보다 분명하게 규정하려는 취지였다.

표현의 자유, 언론의 자유, 미디어의 자유 등 여러 개념들이 혼란을 일으키는 것은 헌법에 규정된 조문의 내용 때문이다. 위에서 살펴본 바와 같이 우리나라 헌법만의 문제는 아니다. 다른 나라들의 경우에도 언론과 출판, 언론과 출판과 집회와 결사의 자유, 보도의 자유와 알 권리 등을 표현의 자유의 범주로 설정하고 있다. 표현의 자유라고 간단하게 규정하지 않고 언론과 출판의 자유 등을 열거한 것은 헌법을 제정할 당시의 환경이 반영된 것이다. 즉 '언론의 자유'는 말로 하는 표현의 자유, '출판의 자유'는 인쇄물을 통한 표현의 자유를 염두에 두었다는 해석이 있다. 방송이나 전자 미디어가 등장하기 전에 의견을 표현하는 주요 수단은 신문과 잡지 등 인쇄미디어였다.

오늘날 언론법학자나 헌법학자들은 표현의 자유를 굳이 '언론speech'과 '출판press'의 자유로 구분할 실익이 없다고 본다. 신문과 방송 등 전통적인 미디어 외에 다양한 형태의 정보통신기술이 표현에 활용되고 있다. 1인 미디어의 활동도 활발하다. 법적인 언론사뿐만 아니라 일반 시민들도 여러 수단을 활용해 공동체에 유용한 갖가지 정보를 생산, 공급하고 있다. 따라서 우리는 언론·출판의 자유, 언론의 자유, 표현의 자유가 지금은 동일한 의미를 가지고 있다고 받아들여도 무방할 것이다. 다만, 표현의 자유나 언론의 자유는 '언론사의 자유', '언론매체의 자유', '신문의 자유', '방송의 자유' 또는 '미디어의 자유'와 똑같은 의미는 아니라는 점 정도를 유념하면 되겠다.

2) 언론·출판 자유의 의미와 한계

한국의 헌법재판소는 현행 헌법 제10호 '대한민국헌법'이 시행되면서 1988년 출범했다. 4·19 혁명 직후인 1960년 11월 시행된 헌법 제5호에 헌법재판소 규정이 도입되었으나 5·16 군사쿠데타로 첫발을 떼보지도 못했다. 헌법재판소는 1989년 9월 4일 표현의 자유와 관련한 중요한 결정을 선고했다. 현행 독일 기본법을 보면 '일반적으로 접근할 수 있는 정보원으로부터 방해받지 않고 정보를 얻을 권리를 가진다'는 문장이 나온다. 이를 '알 권리'라고 부른다. 독일 헌법은 표현의 자유에 '알 권리'가 포함된다는 점을 명문으로 규정한 것이다. 일본이나 한국의 헌법에는 그런 명문이 없다. 그럼에도 불구하고 한국의 헌법재판소는 표현의 자유에는 '알 권리'가 당연히 포함된다고 처음으로 판시했다. 1989년 헌법결정에서 헌법재판소는 도대체 뭐라고 말했을까?

한 시민이 군청에 조상의 묘가 있는 임야의 토지조사부 등 서류를 열람하고 복사하게 해달라고 여러 차례 청구했으나 거절당했다. 군청에서는 해당 임야는 국가 소유로 등기가 돼 있고 청구인의 상속재산이라고 볼 근거가 없다고 거절 사유를 밝혔다. 이에 해당 시민은 헌법재판소에 해당 군청의 행위가 위헌임을 확인해 달라는 헌법소원을 청구했다. 헌법재판소는 이 결정에서 군청이 그 시민의 서류 열람·복사 신청을 받아들이지 않은 것은 '알 권리'를 침해하여 위헌이라고 확인한 사건이었다. 이 사건 결정에서 헌법재판소는 다음과 같이 판시했다.

첫째, 헌법 제21조에 규정한 언론·출판의 자유는 '표현의 자유'다. 둘째, 언론·출판의 자유, 즉 표현의 자유는 사상이나 의견을 자유롭게 표명하는 발표의 자유와 사상이나 의견을 전파할 자유, 전달할 자유를 의미한다. 셋째, 표현의 자유는 개인이 인간으로서 존엄과 가치를 유지하고 행복을 추구하며 국민주권을 실현하는 데 필수불가결하다. 민주주의 국가에서 국민이 가진 가장 중요한 기본권의 하나다. 넷째, 사상이나 의견의 자유로운 표명은 자유로운 의사의 형성을 전제로 하며, 의사형성은 충분한 정보에 접근이 보장되어야 가능하다. 다섯째, 알 권리는 정보에 대한 접근·수집·처리의 자유를 의미하며 표현의 자유에 당연히 포함된다. 여섯째, 알 권리의 핵심은 정부가 보유하고 있는 정보에 대한 일반적 정보공개를 구할 청구권적 기본권이다. 일곱째, 알 권리는 헌법 제21조 제4항의 헌법유보, 제37조 제2항의 일반적 법률유보에 의해 제한될 수 있다. 즉 알 권리라고 하더라도 다른 사람의 사생활의 비밀을 침해하는 방식으로 행사될 수는 없다. 또 국가안보, 질서유지, 공공복리 등을 위해 필요할 때 알 권리는 법률로 제한될 수도 있다(헌법재판소 1989.9.4. 선고 88헌마22결정).

1989년 헌법재판소의 위 결정에서 보듯이 '언론·출판의 자유'는 표현의 자유를 의미한다. 표현의 자유는 개인의 인간으로서 존엄성을 구현하는 바탕이다. 국민주권을 실현하기 위해 반드시 필요한 것으로 민주주의 국가에서 가장 중요한 국민의 기본권이라고 할 수 있다. 이 부분을 조금 더 들여다보자. 도대체 표현의 자유와 민주주의가 무슨 관련이 있다는 말인가? 1998년 출판사의 등록취소사건을 다룬 헌법재판소의 결정은 이 쟁점에 대해 몇 가지 함의를 제공했다. 아무개는 출판사로 등록을 한 뒤 화보집을 하나 발행했다. 서울의 한 구청은 해당 화보집이 음란하고 저속하다며 출판사등록을 취소했다. 이에 아무개는 법원에 출판사등록을 취소한 구청의 행위를 취소해 달라는 재판을 청구했다. 재판 중에 아무개는 음란·저속한 출판물의 등록을 취소할 수 있도록 규정한 '출판등록법'이 헌법상 표현의 자유를 침해한다는 위헌여부판단 신청을 했다. 법원 재판부도 일리가 있다고 보고 헌법재판소에 위헌여부의 심판을 제청했다. 이 결정에서 헌법재판소는 언론·출판의 자유, 즉 표현의 자유가 어떤 중요성을 가지고 있는지 매우 정교하게 입장을 밝혔다.

첫째, 언론·출판의 자유, 즉 표현의 자유는 민주주의 체제에 있어서 필수불가결한 본질적 요소다. 공동체를 구성하는 개인이 자신의 사상, 의견을 자유롭게 표현할 수 없다면 그것은 민주주의 사회가 아니다. 각 구성원이 가진 사상을 자유롭게 교환할 수 있는 개방된 공간이 확보되지 않는 사회에서 민주주의의 정치는 기대할 수 없다. 민주주의는 해당 사회의 여러 가지 다양한 사상과 의견이 자유롭게 표출되고 교환되는 과정을 통해 사회 구석구석에 전달이 되고, 자유로운 비판과 토론이 활발하게 이루어져야만 꽃을 피울 수 있는 기제이기 때문이다.

둘째, 언론·출판의 자유는 자신의 인격을 발현하는 가장 유효하고 직접적인 수단이다. 더불어 공동체 생활을 하면서 알게 되고 생각한 내용을 자유롭게 밖으로 표출하고 다른 사람들과 소통함으로써 해당 공동체의 일원이 되는 데 언론·출판의 자유는 반드시 필요하다.

셋째, 언론·출판의 자유가 보장되지 않는다면 사상은 억제되고, 진리는 질식하게 된다. 한때 진리라고 생각했던 믿음이 오류라는 것이 밝혀지면서 새로운 믿음에 의해 대체되고 새로운 진리에 기존의 헛된 믿음이 자리를 양보하는 과정 속에서 문화적 진보가 이루어진다. 헛되고 오래된 것과 새롭고 참된 것 사이에 자유로운 토론이 보장되지 않는다면 해당 사회는 경화되고 진리 역시 질식당할 것이라고 본다. 따라서 진리를 추구할 권리는 우리 사회가 경직되지 않고 민주적으로 성장해 가기 위한 원동력이자 불가결의 필요요건이다. 언론·

출판의 자유가 진리 발견에 기초가 되는 것이다.

그러나 언론출판의 자유도 제한될 수 있다. 헌법재판소는 1988년 '출판사 등록 취소' 사건을 비롯한 몇 가지 결정에서 표현의 자유를 제한할 수 있는 경우, 제한을 하더라도 지켜야 할 원칙을 다음과 같이 제시했다.

첫째, 표현의 자유는 무제한의 것이 아니다. 공동체의 존립을 파괴하거나 다른 구성원의 인간성과 인격을 파괴하는 표현은 허용되지 않는다. 타인의 명예나 사생활, 공중도덕이나 사회윤리를 침해하는 것은 헌법적으로 허용되지 않는다. 같이 국가안전보장이나 질서유지, 공공복리를 위해 필요할 경우 법률로서 표현의 자유를 제한할 수 있다.

둘째, 표현의 자유에 대한 국가의 개입은 최소화되어야 한다. 어떤 표현이 가치가 없다거나 해롭다는 이유로 국가가 표현의 자유를 규제하는 것은 정당화되지 않는다. 대립하는 다양한 사상과 의견의 경쟁 메커니즘을 통해 표현의 해악이 해소될 수 없을 때 비로소 국가는 2차적으로 표현의 자유 영역에 개입할 수 있다. 즉 표현의 자유 영역에 대한 국가의 개입은 원칙적으로 2차적인 것이어야 한다.

셋째, 모든 표현이 시민 사회의 토론과 경쟁, 자기교정 기능에 의해 해소되지는 않는다. 어떤 표현들은 일단 표출이 되면 그 해악이 사상의 자유경쟁에 의해 해소될 수 없는 성질의 것도 있다. 다른 사상이나 표현의 표출을 기다려 서로 견주어본 뒤에야 해소되기에는 너무 심대한 해악을 지닌 것들이 있다. 이런 표현에 대해 국가의 개입은 1차적으로 용인되며 헌법상 언론·출판의 자유에 의해 보호되지 않는다. 2021년 2월과 3월에 헌법재판소가 선고한 일련의 결정에 따르면 '거짓 사실'로 다른 사람의 명예를 훼손한다면 국가가 개입해서 표현한 사람을 처벌해야 한다. 거짓이라는 것을 알고도 의도적으로 정보를 유통시키는 것은 표현 대상의 인격권을 침해할 뿐 아니라 자유민주주의 시스템에도 해악을 미치기 때문이다. 헌법재판소는 그러한 허위 표현은 사상의 자유

경쟁시장에 의해 그 해악이 해소되기를 기다릴 수 없고 국가의 형벌권이 작동해야 하는 영역에 속한다고 판단했다(95헌가16, 2016헌바84, 2015헌바438).

3) 미디어의 자유와 한계

언론·출판의 자유에는 '미디어의 자유' 혹은 '언론매체의 자유'도 당연히 포함된다. 우리 헌법재판소도 이 점을 분명하게 확인하고 있다. 정리하면 다음과 같다.

첫째, 언론·출판의 자유에는 언론매체의 자유, 미디어의 자유가 포함된다. 즉 언론·출판의 자유에는 의사 표현과 전파의 자유, 정보의 자유, 신문의 자유, 방송·방영의 자유가 포함된다고 밝혔다. 의사를 표현하거나 전파할 때 미디어는 어떤 형태가 되었든지 모두 가능하며 그 제한이 없다고 말했다. 담화·연설·토론·연극·방송·음악·영화·가요 등이나 문서·소설·시가·도화·사진·조각·서화 등 모든 형상의 의사 표현 또는 의사 전파의 매개체를 포함한다고 밝혔다.

둘째, 신문의 자유는 개인의 주관적 기본권으로서 보호되며 또한 '자유 신문'이라는 객관적 제도로서도 보장되고 있다. 여기서 객관적 제도로서의 '자유 신문'은 신문이 사적인 기업의 형태로 조직과 존립을 보장받고 신문의 논조와 경향, 정치적 색체, 세계관에 있어서 국가권력의 간섭과 검열을 받지 않는 자유롭고 독립적인 신문의 보장을 내용으로 한다. 민주주의 사회에서 자유롭고 다양한 의사가 형성되기 위해서는 독자적인 편집 이념과 논조를 가지고 상호 경쟁하는 다수의 신문이 존재할 것이 요구되기 때문이다.

셋째, 신문은 본질적으로 자유를 보장받아야 하나 공적인 기능을 수행할 것을 요구받는다. 즉 신문은 공정하고 객관적인 보도를 통해 민주적 여론 형성에 기여하고 국민의 알 권리를 충족시키는 데 기여해야 하며 그에 상응하는 공적 기능을 수행해야 한다.

넷째, 방송의 자유 역시 주관적 권리로서 성격과 객관적 규범질서로서 제도적 보장의 성격을 함께 가진다. 자유로운 의견을 형성하고 여론을 형성하기 위해 필수적인 기능의 수행을 보장받아야 한다. 즉 방송의 자유의 보호영역에는 국가의 간섭을 배제하고 방송프로그램을 통해 의견과 정보를 표현, 전파할 수 있는 주관적 자유권 영역이 있다. 또 그 자체만으로 실현이 어렵고 실현과 행사를 위해서는 실체적, 조직적, 절차적으로 무엇인가를 만들고 구체화하는 객관적인 규범 질서의 영역이 존재한다. 방송의 자유의 내용을 보면 방송 설립, 방송 운영 그리고 방송 편성의 자유, 즉 프로그램의 자유 등이 언급되며 그 중 방송 편성의 자유는 방송의 자유의 핵심으로 여겨지고 있다. 방송 주체가 외부의 압력이나 영향으로부터 자유롭게 자신의 언론으로서의 과제나 방식, 즉 방송프로그램의 선정, 내용 및 형식을 결정할 수 있는 자유를 말한다.

다섯째, 방송미디어의 특수성을 고려할 때 방송의 기능을 보장하기 위한 규율의 필요성은 신문 등 다른 언론매체보다 높다. 따라서 국회는 국민들의 다양한 의견을 반영하고 국가권력이나 사회세력으로부터 독립된 방송을 실현할 수 있도록 방송 제도를 선택할 수 있다. 이와 관련해 국회는 매우 광범한 권한을 행사해 방송의 설립과 운영에 관한 조직적, 절차적인 내용을 규정할 수 있다. 또 방송의 운영 주체의 지위에 대해서도 실체적인 규율을 할 수 있다.

여섯째, 방송은 민주주의의 존립과 발전을 위한 기초가 되는 언론의 자유가 실질적으로 보장되게 하는 데 기여하므로 방송미디어에 대한 규제를 해야 할 것인가, 방송에 대한 규제가 정당한가를 논의할 때는 방송사업자의 자유와 권리뿐만 아니라 방송을 이용하는 수신자의 이익과 권리도 고려해야 한다. 방송의 공적인 기능 때문이다(91헌바17, 2000헌바43등, 2002헌바49, 2005헌마165등, 2019헌바439).

4) 공적인 관심사에 대한 언론과 시민의 표현의 자유

미디어의 자유와 관련해 헌법재판소 결정 중에 눈여겨봐야 할 사례가 있다. 신문이나 방송은 그들의 활동이 민주주의에 기여한다는 이유로 '언론의 자유'를 보장받고 있다. 그렇다면 일반 시민이 정부정책이나 사회적 쟁점에 대한 비판적 의견을 제시할 경우 어떻게 될까? '쥐코 동영상'으로 알려져 있는 전직 대통령의 명예훼손과 관련한 사건이 있다.

김 아무개는 소규모 기업의 대표였다. 다른 사이트의 '쥐코 동영상'을 퍼가기 메뉴를 이용해 자신의 블로그에 게시했다. 영어로 제작된 25분가량의 동영상은 주로 이명박 전 대통령의 정책을 비판하는 내용이었다. 한반도 대운하 정책, 영어 몰입 교육 정책, '강부자 내각'과 땅 투기 논란, 일본과의 관계와 역사인식, 50개 생필품 가격 통제, 미국산 쇠고기 수입, 촛불집회에 대한 폭력적인 진압 방법, 외교문서상 번역 오류, 복지예산 삭감, 공공 부문 민영화에 대해 다루었다. 2008년 11월 당시 국무총리실장은 김 아무개를 정보통신망법상 허위사실을 유포하여 대통령의 명예를 훼손한 혐의가 있다며 서울 한 경찰서에 수사를 요청했다. 그는 명예훼손 혐의에 대한 기소의견으로 서울중앙지검에 송치되었다. 서울중앙지검은 그가 대통령을 비방할 목적으로 거짓 사실이 포함된 쥐코 동영상을 개인의 블로그에 게시하여 이명박 대통령의 명예를 훼손했다고 판단했다. 다만, 초범이고 직접 동영상을 제작하지 않았으며 소소한 개인 블로그에 게시했는데 그마저 이미 폐쇄한 점을 고려해 '기소유예처분'을 하였다. 이에 대해 김 아무개는 아무런 죄가 없는데도 기소유예처분을 하여 행복추구권 등을 침해받았다고 헌법소원심판을 청구했다. 이 사건 결정에서 헌법재판소는 2013년 12월 26일 다음과 같은 점을 확인했다(2009헌마747). 그리고 김 아무개에 대한 명예훼손죄를 물을 수 없다고 판단했다.

첫째, 언론매체는 국민들이 정치에 큰 관심을 갖고 적극적으로 참여하도록 역할을 수행해 왔다. 공공성과 사회성을 가진 사실을 국민들에게 전달해 알 권리에 기여하고 국민들의 활발한 비판과 토론을 가능하게 만들었다.

둘째, SNS와 블로그, 게시판 등 다양한 방식을 통해 시민 개인도 언론매체와 마찬가지 역할을 수행해 왔다. 개인의 표현 행위도 공공성과 사회성을 갖춘 사실을 전달하고 그에 대한 자신의 의견을 개진하는 방식으로 여론 형성과 공개 토론에 기여할 수 있기 때문이다.

셋째, 개인의 표현도 공공적·사회적·객관적인 의미를 지닐 경우 개인의 인격 형성, 자기실현, 정치적 의사 형성 과정에 참여하여 자기 통치를 실현하는 공적 성격을 아울러 가진다. 헌법적으로 이 점 또한 평가되어야 한다.

넷째, 표현의 자유와 명예의 보호는 인간의 존엄과 가치, 행복추구의 기초이자 민주주의의 근간이다. 상반되는 두 기본권을 조정할 때 피해자가 공인인지, 표현이 공적인 관심사인지, 피해자가 표현의 위험을 자초한 것인지, 객관적으로 국민들이 알아야 할 공공성과 사회성을 갖춘 알 권리의 대상으로서 여론 형성과 공개 토론에 기여하는지를 종합적으로 따져서 판단해야 한다.

다섯째, 공인이나 공적 관심에 대한 표현이라도 무제한 허용되지 않는다. 명백한 허위사실로 개인에 대해 악의적, 현저히 상당성을 잃은 공격이라고 여겨지는 표현은 명예훼손으로 처벌될 수 있다. 그와 같은 표현의 개인의 인격권을 침해하고, 여론 형성이나 공개 토론의 공정성을 훼손하며 정치적 의사 형성을 저해하기 때문이다.

여섯째, 공직자의 특정 정책에 대한 비판적인 언론보도 등은 표현의 자유가 폭넓게 보호된다. 또 공직자의 공무집행과 직접적인 관련이 없는 개인적인 사생활이라도 일정한 경우 공적인 관심 사안에 해당할 수 있다. 공직자의 자질·도덕성·청렴성에 관한 사실은 그 내용이 개인적인 사생활에 관한 것이라 할지라도 순수한 사생활의 영역에 있다고 보기 어렵다. 공직자 등의 사회적 활동에 대한 비판 내지 평가의 한 자료가 될 수 있기 때문이다. 또 업무 집행의 내용에 따라 업무와 관련이 있으므로 이 점에 대한 문제제기 내지 비판은 허용되어야 한다.

3. 표현의 자유와 책임

1) 표현으로 인한 인격권 침해

앞에서 이야기한 E씨 사례로 돌아가 보자. E씨가 물건을 사러 백화점에 간 것은 사실이다. 한 방송사가 백화점에서 쇼핑을 하는 그의 모습을 방송으로 내보냈다. 아무 문제가 없을까? E씨는 백화점에 간 사실을 다른 사람들에게 알리고 싶지 않았을 수 있다. 방송에서는 마치 E씨가 스트레스를 풀기 위해 백화점에서 물품을 구매하는 사람인 양 보도했다. 억울하지 않을까? F씨는 학교폭력을 행사한 적이 없었음에도 불구하고 언론사가 그의 사진을 잘못 게재하여 피해를 입었다. 만약 F씨가 학교폭력을 행사한 사람이라면 그 때는 그의 사진을 게재해도 무방할까? 무슨 질병을 앓았고 어떤 병원에서 치료를 받았다는 사실이나 누구와 이성교제를 했다는 사실을 다른 사람들에게 알리고 싶지 않았는데도, 언론이 보도하거나 일반 시민이 온라인 공간에 게시할 경우 어떻게 대응하면 좋을까?

어떤 경우든 표현의 대상이 된 사람들로서는 다른 사람들과 교류하고 사회생활을 하는 데 불편함을 느끼게 될 것이다. 다른 사람들 역시 표현의 대상이 된 사람에 대해 이전과는 다른 평가를 하게 될 가능성도 크다. 표현의 내용에 따라서는 이전의 평가보다 더 낮추어 볼 가능성도 있다. 이를 '사회적 평가의 저하'라고 말한다. 사회적 평가가 떨어졌다는 것은 무엇을 의미할까? 명성이 떨어졌다거나 얼굴에 먹칠을 당했다거나 이름이 팔렸다거나 호가 났다거나 속된 말로 '쪽팔렸다'는 표현이 "사회적 평가가 저하되었다"라는 것과 유사한 의미로 쓰일 것이다. 신뢰가 떨어졌다거나 신용을 잃었다거나 외면을 당한다거나 손가락질을 받는다거나 출입을 저지당하는 것도 어떤 사람의 사회적 평가가 떨어졌다는 것을 의미할 것이다. 우리 헌법 제21조는 '표현의 자유'를 기본권으로 보장하는 조문이다. 그런데 제4항은 언론·출판, 즉 표현의 자유를 보장하되 어떤 표현이 다른 사람의 명예나 권리를 침해할 때는 손해배상을 해야 한다고 규정하고 있다.

표현의 자유는 가장 중요한 기본권에 속하지만 절대적인 것은 아니라는 이야기다. 자신의 생각을 자유롭게 표현할 수 있지만, 그러한 표현에는 책임이 따른다. 함부로 표현을 했다가는 형사상 모욕죄와 명예훼손죄로 처벌받을 가능성이 높다. 또는 민사상 다른 사람을 모욕하고 명예를 훼손한 데 따른 민사상 책임을 질 수 있다. 초상권이나 사생활을 침해하였다는 이유로 법적 책임을 질 수도 있다. 표현하는 행위자가 언론사에 종사하는 사람이라면 형사, 민사상 책임 외에 그가 속한 언론사는 언론중재법에 따른 법적 책임을 질 수 있다.

앞서 이야기한 대로 표현의 자유, 혹은 언론·출판의 자유는 '대한민국헌법' 제21조가 보장하고 있다. 그런데 헌법 제10조는 "모든 국민은 인간으로서의 존엄과 가치를 가지며, 행복을 추구할 권리를 가진다. 국가는 개인이 가지는 불가침의 기본적 인권을 확인하고 이를 보장할 의무를 진다"고 규정하고 있다. 특히 '인간으로서의 존엄과 가치를 가진다'는 조문은 사람의 명예와 초상권, 음성권 등 시민들이 누리는 인격권의 가장 강력한 근거다. 표현의 자유든, 학문의 자유든, 예술의 자유든, 종교의 자유든 헌법 제10조에 의해 보호받는 시민들의 명예 등 인격권과 갈등을 할 경우 그에 따른 법적 책임을 저울질해 보아야 한다. 공적인 인물의 공적인 관심사에 대한 시민이나 언론의 표현이라면 그때는 공적인 인물의 명예권이 뒤로 물러서야 한다. 그와 다르게 만약 표현의 대상이 일반 사인의 사적인 내용에 관한 것이라면 표현을 멈추고 시민의 인격권이 안전하게 걸어갈 수 있도록 길을 양보해야 한다.

실질적이냐 아니면 선언적인 것에 불과하냐는 논쟁이 있지만, 우리 헌법 제21조 제4항은 "언론·출판은 타인의 명예나 권리 또는 공중도덕이나 사회윤리를 침해하여서는 아니된다. 언론·출판이 타인의 명예나 권리를 침해한 때에는 피해자는 이에 대한 피해의 배상을 청구할 수 있다"고 규정했다. 헌법이 표현의 자유에 대해 너무 세세한 책임까지 규정했다고 평가할 만한 내용이지만, 한편으로 한 사람의 명예나 권리는 다른 사람의 표현으로부터 보호를 받아야 한다는 표현의 자유와 인격권 간의 갈등을 조정하는 중요한 기준을 제시한 것으로 볼 수도 있다.

2) 모욕죄

해마다 다른 사람을 모욕한 죄로 처벌을 받는 사례가 크게 늘어나고 있다. 사례에서 본 A씨처럼 한강에서 사망한 의대생의 친구를 향해 수많은 사람들이 거친 댓글을 붙였다. 그들 중 적지 않은 사람들이 모욕죄로 고소를 당했다. 2014년 세월호 참변 때 민간 구조 활동을 벌였던 홍가혜 씨에 대해 거칠게 욕을 한 사람들의 경우도 마찬가지로 법적 책임을 져야 했다.

모욕죄는 우리 형법 제311조에 규정 돼 있다. 법문이 매우 간단하다. "공연히 사람을 모욕한 자"를 처벌한다. 1년 이하의 징역이나 금고, 또는 200만 원 이하의 벌금에 처하도록 규정했다. '공연히' 즉 '여러 사람들'이 보거나 들을 수 있을 상황에서 다른 사람을 '모욕'했을 때 처벌한다. 눈 깜짝할 사이에 모욕죄로 처벌될 수 있다. 버스나 전철을 타고 가다가, 사무실에서 회의를 하거나 동료들과 대화를 나누다가 누군가에 대해 욕을 했다면 모욕죄로 처벌을 받을 수 있다. 말이나 글로 일상생활을 하면서 다른 사람을 모욕한 경우가 많다. 최근에는 온라인에서 모욕죄로 처벌을 받는 사례들이 크게 늘었다. 뉴스나 SNS 게시물에 욕설로 댓글을 붙이는 경우, 온라인 커뮤니티 활동을 하다가 감정이 격해져서 욕설을 하는 경우, 특히 온라인게임을 하다가 상대방에게 욕설을 퍼부은 경우 등 모욕죄로 처벌을 받는 유형도 다양해지고 있다. 경찰관에게 욕을 했다가 모욕죄의 현행범으로 체포되는 사례들도 적지 않다. 아무리 화가 나더라도 여러 사람들이 보거나 들을 수 있을 때 누군가에게 욕설을 하면 안 된다. 상한액인 200만 원의 벌금형을 선고받은 사람들도 많다.

모욕죄는 '친고죄'이다. 피해를 당한 사람의 고소가 있어야 공소를 제기할 수 있다. 즉 가해자를 처벌하려면 피해자의 고소가 있어야 한다는 이야기다. 정치인들 중에는 1년 이하의 징역이 너무 짧다는 이유로 2년 이하의 징역형으로 처벌하자는 개정안을 낸 경우도 있다. 무엇보다 '친고죄'를 '반의사불벌죄'로 바꾸자면서 인터넷상의 모욕적 표현을 처벌하려는 '사이버 모욕죄'를 신설하려고 도모한 적도 있다. 일반 국민들의 표현의 자유를 대단히 크게 위협할 수 있는 입법적 발상이다. 반의사불벌죄는 명예훼손 부분에서 다시 다루도록 하자. 일본의 형법도 한국처럼 '공연히 사람을 모욕'한 자를 처벌하는 데 '구류'나 '과료'로 처벌한다. 일본도 모욕죄를 '친고죄'로 규정하고 있다.

그런데 '공연히 사람을 모욕한 자'를 '1년 이하의 징역이나 금고' 형으로 처벌할 수 있도록 한 것은 너무 과하지 않은가? 또는 너무 애매모호하지 않은가? 이런 의문에 대해 한국의 헌법재판소는 몇 차례에 걸쳐 헌법적으로 문제가 없다는 결론을 내렸다.

첫째, 모욕죄의 '모욕'은 명확성의 원칙을 침해하지 않는다. '모욕죄'의 '모욕'이란 사실을 말하지 않고 단순히 사람의 사회적 평가를 저하시킬 만한 추상적인 판단이나 경멸적인 감정을 표현하는 것이라고 규정했다. 모욕죄의 취지를 고려할 때 보통 시민들은 처벌의 대상이 되는 '모욕'이 무엇인지, 금지되는 행위가 무엇인지를 어렵지 않게 판단할 수 있고 법 집행기관도 자의적으로 해석할 염려도 없다고 판단했다. 명확성 원칙에 위배되지 않는다는 것이다.

둘째, 모욕죄로 가해자를 처벌하는 것은 가해자의 표현의 자유를 침해하지 않는다. 다른 사람의 경멸적인 표현으로 공격을 받는다면 피해자의 사회적 가치, 사회구성원으로서 생활하고 발전할 수 있는 가능성이 침해될 수밖에 없다. 따라서 모욕적 표현으로 사람의 명예를 훼손하는 행위를 분명히 금지시켜야 하고, 모욕죄는 피해자의 고소가 있어야 가해자 처벌이 가능하다는 점, 표현 행위가 형법 제20조에서 정한 '정당행위'에 해당할 경우 처벌하지 않는다는 점, 법정형의 "상한선이 비교적 낮다"는 점에서 모욕죄는 표현의 자유를 침해하지 않는다고 판단했다.

셋째, 한국은 혐오 표현에 대해 별도의 처벌 조항이 없는 상황인데, 혐오 표현 중 일부는 모욕죄로 처벌이 가능하다는 점에서 사회적으로 상당한 기능을 수행하고 있다. 또 한국 대법원은 무례하고 저속한 표현이더라도 객관적으로 피해자의 인격적 가치에 대한 사회적 평가를 저하시킬 만한 내용이 아니면 모욕죄로 처벌하지 않고 표현의 자유를 보장하려고 애쓰고 있다는 점도 상기할 필요가 있다.

한편, 소수의 헌법재판관들은 한국의 모욕죄의 '모욕'의 범위는 지나치게 광범위하고 세태를 비판하는 풍자와 해학을 담은 문학적 표현, 정중한 표현으로 비꼬는 표현, 인터넷상의 다소 거친 신조어 등도 모욕죄로 처벌받을 수 있다고 지적했다. 현행 모욕죄는 과잉 금지 원칙을 위배해 표현의 자유를 침해한다는 것이다. 새겨 들을 만한 지적이다(2009헌바199, 2012헌바37, 2017헌바456 등).

3) 명예훼손

우리나라는 헌법을 비롯해 여러 법률에서 '명예훼손'을 규정하고 있다. '헌법'에도 명예훼손이 규정돼 있다는 말은 제21조 제4항에서 규정한 '언론·출판은 타인의 명예를 침해하면 안 되고, 침해한 때 피해자는 피해의 배상을 청구할 수 있다'는 부분을 말한다. 민법은 제751조와 제764조에 명예훼손을 규정하고 있다. 타인의 명예를 해하면 손해를 배상할 책임이 있다는 것이다. 또 법원은 명예를 훼손한 자에 대해 손해배상을 하게 하거나 손해배상 대신 명예회복에 적당한 처분을 할 수도 있다. 손해배상과 명예회복에 필요한 처분을 동시에 하게 만들 수도 있다. 저작권법에도 명예훼손 규정이 있다. 저작자나 실연자는 권리 침해자에 대해 손해배상에 갈음하거나 손해배상과 함께 명예 회복을 위해 필요한 조치를 청구할 수 있다. 또 저작자나 실연자의 명예를 훼손한 자는 3년 이하의 징역이나 3000만 원 이하의 벌금형으로 처벌될 수 있는데, 이를 병과할 수도 있다. '언론중재법'은 언론이나 포털 등에 의해서 명예가 훼손되었을 때 적용하는 법률이다. 법률 전체가 언론에 의한 명예훼손 문제를 다루고 있다고 말해도 과언이 아니다.

'군형법'도 '상관 모욕 등'을 규정하면서 상관의 명예를 훼손할 때 징역이나 금고형으로 처벌하고 있다. 상관을 면전에서 모욕한 자는 2년 이하의 징역이나 금고, 공연히 사실을 적시해 상관의 명예를 훼손하면 3년 이하의 징역이나 금고, 허위사실로 상관의 명예를 훼손하면 5년 이하의 징역이나 금고형으로 처벌하고 있다. '정보통신망법' 제70조는 '사이버 명예훼손죄'를 규정하고 있다. 사람을 비방할 목적으로 정보통신망을 통해 공공연하게 사실을 드러내 다른 사람의 명예를 훼손하면 3년 이하의 징역이나 3000만 원 이하의 벌금, 비방할 목적으로 온라인에서 허위의 사실을 드러내 명예를 훼손할 때 7년 이하의 징역이나 10년 이하의 자격정지, 5000만 원 이하의 벌금에 처한다.

위와 같이 여러 법률에서 '명예훼손'을 다루고 있지만 가장 기본적인 명예훼손법은 아무래도 형법 제307조라고 볼 수 있다. 제307조를 '일반 명예훼손죄'라고 말한다. 제1항은 '공연히 사실을 적시하여 사람의 명예를 훼손한 자'를 2년 이하의 징역, 금고, 500만 원 이하의 벌금에 처한다. 여기서 '공연히'는 '공공연하게'와 같은 말로써 '여러 사람들에게' 정도의 의미를 가진다. 최소한 두

세 사람 이상의 다수를 의미하지만, 한 사람에게 이야기하더라도 그 사람이 다른 사람들에게 퍼뜨릴 가능성이 있다면 '공연히' 또는 '공공연하게'가 성립한다. 이를 '전파성의 법리'라고 한다. 2020년 11월 대법원은 '전파성의 법리'가 기존에 그랬던 것처럼 한국의 명예훼손 소송사건에 유효한 기준이라고 확인했다. 제2항은 '공연히 허위의 사실'을 적시해 사람의 명예를 훼손한 자를 처벌하는 데 5년 이하의 징역, 10년 이하의 자격정지, 1000만 원 이하의 벌금이다.

제307조에 따르면 허위사실을 드러내 다른 사람의 명예를 훼손하는 경우뿐만 아니라 '진실한 사실'을 적시해도 명예훼손죄가 성립한다. 물론 다 처벌되는 것은 아니다. 표현한 내용이 진실한 사실이고 오로지 공공의 이익을 위해 표현한 것이 인정이 되면 명예훼손죄로 처벌하지 않는다. 형법 제310조에 따라 '위법성이 조각'되기 때문이다. 명예훼손의 위법성이 조각되려면 반드시, 어떠한 경우에도 표현한 내용이 '오로지 진실'이어야 하는 것은 아니다. 1988년 한국 대법원은 '진실오신의 상당성 이론'을 명예훼손 재판에 적용하기 시작했다. 결과적으로 표현한 내용이 '진실하다는 입증'을 하지 못하더라도 (아마도 '허위'에 해당하더라도) 표현할 당시 진실이라고 믿을 만한 그럴듯한 이유, 혹은 상당한 이유가 있다면 '진실'한 것과 마찬가지로 명예훼손의 위법성을 조각해주기로 한 것이다. 특히 언론이 신뢰할 만한 다수의 취재원을 만나 취재하는 등 성실하게 최선을 다해 취재하고 보도를 했다면 결과적으로 오보로 드러나더라도 '진실오신의 상당성' 이론에 따라 명예훼손의 책임을 부담하지 않을 수 있다. 취재·보도 과정에서 시간에 쫓기고 수사기관처럼 강제로 정보원에게 접근해 정보를 획득할 수 없는 한계에도 불구하고 국민의 알 권리를 위해 노력하는 언론의 특성을 감안한 재판 방법이라고 할 것이다. 언론의 자유 확장에 크게 기여한 재판 기준이기도 하다.

명예훼손은 '사실'을 표현한 경우에 적용된다. 사실을 표현하지 않고 단순히 의견이나 평가, 감정을 표현한 경우에는 명예훼손죄가 적용되지 않는다. 대신

'모욕죄'가 적용될 수 있다. 사실에 관한 표현이 아니라면 명예훼손죄로 처벌할 수 없다는 이야기다. 그렇다면 '사실'이란 무엇이고 '사실과 의견'을 어떻게 구분할 것인가? '사실'은 가치판단이나 평가를 내용으로 하는 '의견'에 대치되는 개념이다. 시간과 공간적으로 구체적인 과거나 현재의 사실관계에 관한 진술을 의미한다. 또 그 표현한 내용이 증거에 의해 입증이 가능한 것을 말한다. 어떤 표현이 '사실'인지 '의견'인지를 구별할 때는 언어의 통상적인 의미와 용법, 입증 가능성, 문제가 되는 말이 사용된 문맥, 문제가 된 표현이 행해진 사회적 상황 등 전체적인 정황을 고려해서 판단한다(2016도19255판결).

한편 사망한 사람에 대해서 '허위사실'을 적시한다면 '사자 명예훼손죄'가 성립한다. 형법 제308조에 규정된 것인데 이에 대해서는 피해자의 가족 등의 고소가 있어야만 처벌이 가능하다. '친고죄'이기 때문이다. '언론중재법'도 언론에 의한 '사망한 사람의 인격권'을 보호한다. 사망 후 30년까지 언론보도에 의한 피해를 구제한다. 형법 제309조는 '정보통신망법'의 '사이버 명예훼손죄'와 거의 흡사하다. 정보통신망 대신 '신문·잡지 또는 라디오 기타 출판물'에 의해 사람을 비방하려고 사실 적시, 또는 허위사실 적시로 명예를 훼손한 자를 처벌한다. '출판물 명예훼손죄'라고도 말한다.

그런데 사람의 명예를 훼손한 것에 대한 처벌 중 '모욕죄'와 '사자 명예훼손죄'는 피해자의 고소가 있어야 처벌하는 '친고죄'다. 그 외의 '일반 명예훼손죄', '출판물 명예훼손죄', '사이버 명예훼손죄'는 '반의사불벌죄'로 규정돼 있다. 피해자의 고소가 없어도 제3자가 가해자를 처벌해 달라고 신고하면 가해자는 명예훼손죄로 처벌을 받을 수 있다. 다만 수사가 진행 중일 때는 물론 1심 법원에서 판결이 선고되기 전에 피해자가 가해자의 처벌을 원하지 않는다는 의사를 표시하면 더 이상 가해자를 처벌하지 못한다. 그래서 '반의살불벌죄'라고 한다. 일본에서는 모욕이든 명예훼손이든 모두 '친고죄'이다. 최고 권력자에 대한 비판적 언론보도나 시민의 합리적인 문제제기를 권력자의 측근들이 명예훼손죄로 형사처벌하려고 시도하는 일들이 자주 발생한다. 최고 권력자는 가만히 입을 다물고 있어도 측근이나 권력자에게 충성하려는 자들이 비판적인 시민이나 언론을 명예훼손죄로 처벌하는 데 팔을 걷고 나서기 때문이다.

한국의 헌법재판소는 2021년 2월 형법 제307조 제1항 진실적시 명예훼손죄, 제2항 허위사실 적시 명예훼손죄가 합헌이라고 선언했다. 3월에는 '정보통신망법' 제70조 제2항의 '비방목적 허위사실 명예훼손죄'도 합헌이라고 선고했다. 제1항의 '비방목적 진실적시 명예훼손죄'는 2016년 2월 이미 '합헌' 선고를 받았다. 한편 2021년 4월에 헌법재판소는 명예훼손죄를 '모욕죄'가 아니라 '반의사불벌죄'로 처벌하는 것 역시 '합헌'이라고 판단했다. 친고죄인 모욕죄와 달리 반의사불벌의 죄로 명예훼손 행위를 처벌하더라도 문제될 것이 없고, 국회의원들이 명예훼손죄를 반의사불벌죄로 입법한 것을 존중해야 한다고 판단했다(차례대로 2017헌마1113등, 2016헌바84, 2013헌바105등, 2015헌바438등, 2018헌바113).

4) 초상권

초상권은 헌법 제10조에서 비롯되는 인격권 중의 하나다. 사람은 누구나 자신의 얼굴을 비롯해 사회적으로 누구인지 알아볼 수 있는 신체적 특징에 대해 함부로 촬영되거나 그림으로 묘사되지 않을 권리를 가지고 있다. 또 공표되거나 영리적으로 이용당하지 않을 권리도 가지고 있는 데 이를 초상권이라고 한다. 그중에서도 얼굴은 개인의 인격주체성을 결정짓는 가장 기본적인 정보로서 공개될 경우 어떠한 개인정보보다 각인 효과가 크다. 자신의 뜻에 반해 신문이나 방송 등에 한번 공개가 되면 즉시 인터넷을 통해 다시 볼 수 있다는 점에서 초상권의 침해는 파급 효과가 대단히 강력하다(헌재, 2012헌마652; 대법원, 2021다219116).

초상권의 출발은 초상 본인의 동의 없이 촬영을 당하지 않을 권리에서 출발한다. 즉 함부로 다른 사람을 촬영해서는 안 된다. 현실에서는 촬영을 당하는지 여부를 인식하지 못하는 경우가 많으므로 '촬영거부권'이라는 것이 행사되기 어려울 수도 있다. 그러나 다른 사람이 자신을 촬영하고 있다는 것은 인식했다면 그에게 자신의 초상 촬영을 중단하라고 요구할 수 있고, 촬영자는 그의 의사를 존중해야 한다. 특히 공표 목적의 초상 촬영이라면 초상권자의 동의를 받아야 한다. 초상을 촬영해 상업적 목적으로 공표하거나 활용하려고 한다면 초상권자의 동의는 필수적이다. 그 경우에도 주의할 것이 있다.

대법원에 따르면, 타인의 얼굴 기타 사회통념상 특정인임을 식별할 수 있는 신체적 특징이 나타나는 사진을 촬영하거나 공표하고자 하는 사람은 그 사람으로부터 촬영에 관한 동의를 받고 사진을 촬영해야 한다. 사진촬영에 관한 동의를 받았더라도 문제가 생길 수 있다. 대법원은 동의하게 된 동기 및 경위, 사진을 공표의 목적, 거래관행, 당사자의 지식, 경험, 경제적 지위, 경제적인 대가의 적정성, 사진을 촬영할 당시 지금 공표하려고 하는 방법을 예견했는지 여부, 현재 공표 방식에 대해서도 동의했을지 여부 등을 종합적으로 고려해야 한다고 판단했다. 동의를 할 당시에 초상권자가 우리 사회의 일반적인 상식과 거래의 관행으로 볼 때 공표를 허용했다고 여겨질 수 있는 범위를 벗어나 그 사람의 초상을 공표하려고 한다면 초상권자의 동의를 다시 받아야 한다고 판시했다(대법원, 2021다219116).

그동안 초상권 침해는 주로 신문이나 방송 등 미디어에 의해 발생했다. 현행 '언론중재법'에도 피해가 구제되어야 할 인격권의 하나로 '초상권'을 규정하고 있다. 언론중재위원회가 편찬하는 연간보고서에 따르면 언론에 의한 '초상권침해' 조정 신청 사례도 상당하다. 명예훼손에 비해 그 수는 대단히 적지만 2018~2020년 3년 동안 조정이 신청된 건수는 132건이었다. 초상권 침해에 따른 손해배상 조정 평균액은 100여만 원 내외였다.

개선되고 있긴 하지만 아직까지 일반 시민의 초상권에 대한 언론인들의 인식과 각성은 매우 낮은 수준이다. 쇼핑을 하거나 식사를 하거나 동료들과 대화를 하거나 업무를 처리하는 일반 시민들의 초상을 아무 동의도 없이 상세하게 촬영해서 보도하는 사례가 많다. 사회적으로 비난을 받을 가능성이 있는 내용의 보도를 하면서 일반 시민들의 초상을 공개하는 경우가 잦다. 1980~1990년대에 사용했던 자료를 재구성해서 방송으로 내보내는 프로그램들이 적지 않다. 초상권의 '개념'이 없었던 시절에 촬영, 방송되었던 영상자료들인데 우스꽝스럽거나 희화화될 수 있는 장면에 활용되기도 한다. 시민들의 가진 인격권의 소중함을 고려할 때 매우 적절하지 않은 방식이라고 할 것이다.

5) 사생활 침해

우리 헌법 제10조는 제17조와 함께 국민의 ,'사생활의 비밀과 자유'를 보장하고 있다. 시민들은 자신의 사생활 활동이 다른 사람들로부터 침해를 받거나 함부로 공개되지 않을 권리를 가지고 있다. 나아가 자신에 대한 정보를 자율적으로 통제할 수 있는 적극적인 권리도 가지고 있다. 2005년 이후 헌법재판소가 별도의 개별적 기본권으로 인정한 '개인정보자기결정권'과 같은 기본권은 아니지만, 유사하고 겹치는 부문도 있다. 개인의 사생활의 비밀에 관한 사항은 공공의 이해와 관련이 있고 공중의 정당한 관심의 대상이 되지 않는 한 비밀로서 보호되어야 한다. 따라서 초상권과 마찬가지로 사생활의 비밀과 자유를 부당하게 침해하면 불법행위가 된다.

법원의 판례에 따르면, 사생활에 대한 침해는 공개된 장소에서 이루어졌다거나 민사소송의 증거를 수집할 목적으로 행해졌더라도 정당화되지 못한다. 표현의 자유와 사생활의 비밀과 자유라는 두 가지 이익이 충돌할 때 어떻게 조정을 할 것인가? 구체적인 사안에서 여러 가지 사정을 종합적으로 고려해서 이익을 형량하고 판단해야 한다. 우선 침해 행위 부문에서 살펴볼 것은 개인의 사생활을 침해하더라도 달성하려고 하는 목표나 이익의 내용, 그 중요성, 필요성과 효과, 보충성과 긴급성, 침해 방법의 상당성 등이다. 사생활의 비밀을 침해당한 피해자와 관련해서 고려해야 할 점은 침해를 당한 내용, 그 중요성, 피해의 정도, 피해를 입은 내용의 보호가치 등이다. 통상적으로는 '공적인 관심사'인지 여부가 사생활의 공개와 관련해 중요한 쟁점이 된다.

개인의 사생활을 공개했더라도 그 내용이 공공의 이해와 관련이 있고, 공중의 정당한 관심의 대상이 된다면, 그리고 그러한 공개가 공공의 이익을 위한 것이라면 표현의 내용과 방법을 고려해 법적인 책임을 지지 않을 수 있다. 위법성이 조각되는 것이다. 특히 고위공직자나 공직선거법에 따라 선출된 공인의 경우 일반인이 누리는 사생활의 비밀과 자유를 크게 양보해야 한다. 앞서 '쥐코 동영상' 사건에서도 살펴보았듯이, 공직자의 공무집행과 직접적인 관련이 없는 개인적인 사생활이라도 일정한 경우에는 '공적인 관심사'가 될 수 있다. 특히 공직자의 자질이나 도덕성, 청렴성에 관한 표현 사실은 공직자의 사회적 활동에 대한 의견이나 평가의 자료가 될 수 있다는 점에서 순수한 사생활의 영역이라고 보기 어렵다.

유의할 점이 있다. 언론이든 일반 시민이든 똑같이 주의해야 할 점 중에서 두 가지만 부언한다.

첫째, 범죄 사건과 관련한 사람의 익명 처리 문제다. 일반적으로 범죄 사건을 언론이 보도하는 것은 '공적인 관심사'로 간주한다. 범죄를 비판적으로 보도하고, 범죄행위에 대해 우리 사회가 어떤 규범을 가지고 있는지를 보도해 주기 때문이다. 또 사회적 규범을 위반하면 어떤 법적인 제재를 받게 되는지, 관련 범죄의 사회문화적인 여건은 어떠한지, 그에 대한 사회적 대응책은 무엇인지를 다룸으로써 여론 형성에 필요한 정보를 제공하는 역할을 수행하기 때문이다. 따라서 언론이 범죄 사건을 보도하는 것은 공공성이 있다. 그러나 범죄 사건을 보도하기 위해 반드시 범인이나 범죄 혐의자의 신원을 명시할 필요는 없다. 범죄 혐의자에 대한 언론의 보도가 범죄 자체에 대한 보도와 같은 공공성을 가진다고 볼 수 없다. 일반 시민이 관련된 범죄자에 대한 신상정보는 공적인 관심사나 국민의 알 권리의 대상이 아니라는 점이다. 이에 대한 예외로는 범죄 연루자가 공인으로서 국민의 알권리의 대상이 되는 경우, 특정강력범죄나 성폭력범죄를 저지른 피의자의 재범 방지 및 범죄 예방을 위한 경우, 체포되지 않은 범죄자의 검거나 중요한 증거의 발견을 위하여 공개수배의 필요성이 있는 경우 등에 극히 제한적으로 인정될 수 있을 뿐이다(대법원, 96다17257; 헌재, 2012헌마652).

둘째, 일반인은 물론 공적인 인물이라도 그의 '성적인 자기 결정권'과 관련해서 주의가 필요하다. 남녀 간의 성적 교섭은 인간 자유의 최종적이고 불가침한 영역으로 절대적으로 보호받는다. 유명한 연예인이나 정치인과 같은 공인들의 사생활은 일반인에 비해 더 많이 공개되어야 하지만, 공적인 인물들에게도 포기할 수 없는 사생활 영역이 존재한다. 특히 성적인 영역이 그러하다. 통상의 가족관계나 혼인, 이혼 사유 등에 비해 훨씬 더 보호의 정도가 강하다. 유명인에 대한 성적인 호기심 등은 정당한 공적 관심사에 해당하지 않는다. 언론을 통한 보도든, 일반 시민들의 온라인상의 사적인 표현이든 주의가 필요하다.

4. 타인의 권리 보호와 자신의 권리 찾기

자신의 생각을 자유롭게 표현할 수 있는 자유는 누구에게나 소중하다. 표현의 자유는 자아를 확인하고 자신이 추구하는 가치를 실현하는 가장 중요한 토대다. 표현의 자유는 자신의 내면에 사상이나 의견을 자유롭게 형성하고, 그렇게 만들어진 생각을 처벌의 위협 없이 자유롭게 밖으로 표출하는 것을 의미한다. 표현의 자유에는 표현하지 않고 침묵을 지킬 수 있는 자유도 포함된다. 표현의 자유는 한편으로 시민 개인의 자아를 완성하는 핵심이지만 다른 한편 그 사회의 민주주의를 유지하고 발전시켜 나가는 데 필수불가결한 요소다. 공동체의 쟁점에 대해 시민 각자는 자신의 의견을 표출하고 그러한 의견들이 모여서 여론을 형성하게 된다. 누구를 주권의 대리자로 선출할 것인지, 특정한 정책에 대해 찬성할 것인지 반대할 것인지, 어떤 제도를 어떻게 바꾸어갈 것인지에 대한 여론은 시민 개인의 표현의 자유로부터 비롯된다.

어떤 공동체든 당면한 쟁점에 대해 다수의 의견과 그렇지 않은 사람들의 의견이 존재한다. 일부는 아예 자신의 의견을 밖으로 표출하지 않고 침묵하기도 한다. 공동체의 다수는 의견의 소수자들이 그 표현을 억제당하지 않도록 소수를 배려해야 한다. 다수의 의견과 다르다는 이유로 소수를 침묵시키려 하거나 배척하려고 하면 안 된다. 오늘의 소수의견은 미래의 다수의견이라고 말한다. 다수파를 차지한 의견이 설령 유일한 진리인 것처럼 여겨질지라도 다수는 소수의 비판과 소수의견에 귀를 기울여야 한다. 그래야 다수가 추앙하는 규범과 진리가 딱딱한 빈 껍데기가 되거나 허위에 오염되지 않는다. 더욱이 소수를 모멸하고 조롱하거나 혐오하거나 차별하거나 소수에게 해를 입히자는 선동적 공격을 부추기면 안 된다. 그러한 모습은 가장 중요한 기본권의 하나로 보장되는 표현의 자유를 왜곡하는 것이다. 표현의 자유가 혐오 표현에 악용되지 않도록 스스로 경계해야 한다. 혐오 표현을 처벌하는 법률이 없다고 하여 혐오 표현이 사회적으로 용인되는 것은 아니라는 점을 인식해야 한다. 사회적 약자와 사회적 소수에 대한 혐오 표현은 가장 저열한 방식의 표현 행위다.

시민 개인의 표현의 자유, 언론의 자유뿐만 아니라 언론매체의 취재보도의 자유 또한 매우 소중하다. 언론은 시민이 자아를 실현하는 데 요긴한 정보 공급원으로서 역할을 하고 무엇보다 주권자의 알 권리를 대행하는 존재다. 우리 사회에서 언론의 취재·보도의 자유가 침해되지 않도록 언론 종사자는 물론 일반 시민들도 관심을 가지고 지켜보아야 한다. 우리 사회의 권력자와 자본의 부당한 힘의 행사가 언론의 취재·보도의 자유를 질식시키지 않은지 감시해야 한다. 나아가 언론 내부에서 언론인들의 자유롭고 독립적인 취재·보도를 억압하거나 언론사의 정치경제적 이익을 위해 진실을 왜곡하는 모습을 보이지 않는지 감시해야 한다. 한편 언론 중에는 공동체의 민주주의나 일반 시민의 이익을 위해 일한다기보다 언론 자신의 정치경제적 이익을 위해 편파적인 정보를 생산하고 이를 '시민의 알 권리'라는 이름으로 유통시키는 경우가 있다는 점을 잊어서는 안 된다. 언론도 언론에 주어진 표현의 자유를 왜곡, 남용하거나 오용하는 경우가 있다. 언론이 제공하는 정보를 액면 그대로 무조건 신봉하는 것은 바람직하지 않다. 여러 개의 다양한 언론매체를 이용해 정보를 획득한다면 어떤 언론의 정보가 더 유익하고 정확하며 공정한지 판별해 볼 수 있을 것이다.

다른 사람의 표현의 자유를 존중하는 것 못지않게, 자기의 표현으로 인해 다른 사람의 명예와 사생활, 초상권 등이 침해되지 않도록 주의해야 한다. 다른 사람의 명예를 존중해 주어야 그 시민 역시 적극적으로 자신의 의견을 자유롭게 표명하고 여론 형성에 참여할 수 있게 된다. 나의 표현의 자유는 다른 사람의 인격권 앞에서 일단 멈추어 서야 한다. 만약 상대방이 공직선거에 의해 선출된 공직자이거나 공직선거에 나선 후보자이거나 국가 사회의 중요한 정책 결정을 하는 고위공직자이고 그들이 하는 일에 관해 말하고 싶다면 용감하게 발언해도 된다. 그러나 상대방이 일반 시민이라면 그의 인격권을 침해하는 나의 발언에는 법적인 책임이 강하게 부과된다는 점을 상기해야 한다. 일반 시민에 관한 진실을 말하는 데도 주의가 필요하다. 그러한 발언은 시민의 사생활을 침해할 가능성이 크다.

시민이라면 누구나 자신의 표현의 자유가 소중하다는 점 외에, 다른 사람으로부터 자신의 부당하게 자신의 인격권을 침해당해서도 안 된다는 점을 늘 기억해야 한다. 다른 사람들이 자기의 명예를 훼손하거나 초상권을 함부로 침해하거나 사생활을 부당하게 공개하는 등의 피해를 입혔다면 그에 대해 분명히 대응하는 자세가 필요하다. 법적으로는 가해자를 상대로 민사상 손해배상을 청구하는 방식, 상대방을 형사적으로 처벌하는 방법, 정보통신망법에 따라 포털 등에 문제가 되는 정보를 삭제하거나 임시조치를 취해 달라고 요구하는 것 등 다양한 대응이 가능하다. 피해를 입힌 자가 만약 언론이라면 '언론중재위원회'를 통해 피해를 구제받는 것이 수월한 방법이다. 그 구체적인 방법은 각자가 적극적으로 찾아 볼 일이다. 원래 권리란 애써 찾고 굳세게 지키려는 자들의 편이다.

1 표현의 자유가 민주주의제도를 유지하는 데 '필수적이고 핵심적'인 역할을 한다는 점에 동의하는가?

2 시민은 누구나 사상과 의견을 자유롭게 표출할 수 있다고 한다. 사상이나 의견을 표현함으로써 발생할 수 있는 법적인 문제가 있다면 책임을 져야 한다는 점에 대해 아마도 수긍할 수 있을 것이다. 그렇다면 시민들이 사상이나 의견을 표현하기 전에 국가가 시민들이 표현하려고 하는 내용을 사전에 심사해서 표현이 가능한지 여부를 판단하는 것에 대해 동의하는가?

3 한국에서는 진실한 사실을 말해도 명예훼손죄로 처벌을 받을 수 있다. 한국의 헌법재판소는 2021년 2월 '진실 적시 명예훼손죄'가 헌법에 위반되지 않는다는 결정을 선고했다. 아마 사람들에게는 진실이라고 하더라도 외부에 함부로 알려져서는 안 될 사생활정보가 있다는 점도 고려가 되었을 것이다. 여러분은 이러한 헌법재판소의 판단에 동의하는가? 한편 허위의 사실(거짓, 거짓 사실)을 말하면 명예훼손죄로 처벌하는 형법 규정에 대해서도 한국의 헌법재판소는 위헌이 아니라고 결정했다. 사람을 비방할 목적을 가지고 온라인에서 허위의 사실을 표현해서 사람의 명예를 훼손할 때 상당히 무겁게 처벌하고 있다. 이에 대해서도 헌법재판소는 위헌이 아니라고 결정했다. 여러분은 이에 대해 동의하는가?

앵무새 죽이기 하퍼 리 지음, 김동욱 옮김, 2015, 열린책들

사람은 표현의 자유를 통해 자아를 실현하는 존재다. 표현의 자유를 통해 진리를 발견하고 다른 사람들과 어울려 민주주의 공동체를 유지해 나갈 수 있다. 사람은 피부색이나 인종, 정치적 신념, 종교의 다름, 문화 규범의 차이, 성별, 성적인 정체성, 종교 등을 이유로 부당하게 차별을 받거나 혐오의 대상이 되거나 물리적 공격을 받아서는 안 된다. 사회적 정의와 법적인 정의를 실현하는 데 인종과 피부색이 어떻게 작용하는가를 어린 소녀의 눈을 통해 들여다 보고 성찰할 수 있는 기회가 될 것이다.

말이 칼이 될 때: 혐오 표현은 무엇이고 왜 문제인가? 홍성수 지음, 2018, 어크로스

사람들은 자신도 인식하지 못한 사이에 다른 사람들을 혐오하는 표현을 할 수도 있다. 시민들의 표현의 자유를 소중하지만 그러한 표현으로 인해 다른 사람의 존엄한 존재가 깊은 상처를 입지 않도록 주의해야 한다. 이 책은 혐오 표현에 대한 다양한 사유 방식을 짚어보는 데 도움을 줄 것이다.

미국헌법과 인권의 역사: 민주주의와 인권을 신장시킨 명판결 장호순 지음, 2016, 개마고원

미국의 연방수정헌법 제1조와 표현의 자유와 관련한 미국 연방대법원 판결은 한국에 큰 영향을 미쳤다. 이 책은 표현의 자유와 관련한 여러 영역의 쟁점을 다룬 미국 연방대법원 판결을 소개하고 있다. 사건의 개요와 판결의 주요 내용 그리고 그 함의를 읽기 쉽게 서술하고 있다.

인터넷 표현의 자유 박아란 지음, 2014, 커뮤니케이션북스

이 책을 쓴 박아란 박사는 조선일보 기자를 지내고 미국 오리건대학교에서 표현의 자유 연구로 언론학 박사학위를 받았다. 이 책은 명예훼손, 모욕, 프라이버시, 음란, 저작권 등 언론법 분야의 여러 쟁점을 누구나 쉽게 이해할 수 있도록 성실하게 서술되었다. 특히 언론법의 쟁점을 "온라인"과 연결해 풀어 쓴 책이다.

표현의 자유 박용상 지음, 2002, 현암사

이 책을 쓴 박용상 변호사는 법원에서 판사, 헌법재판소에서 사무처장을 지냈다. 한국의 언론기본법에 반론권과 언론중재제도, 취재원 보호 규정이 도입되는 데 결정적인 역할을 한 것으로 알려져 있다. 이 책은 분량이 상당히 많으나 표현의 자유와 관련된 다양한 영역, 쟁점에 대해 깊이 있게 다루고 있다. 시간을 가지고 읽어볼 것을 권한다.

07

미디어 생산자와 노동

1. 생산자, 그리고 노동의 관점에서 접근하기

미디어 산업의 생산자들은 어떤 존재들인가? 그들의 일은 어떤 특성을 갖는가? 그들은 어떠한 노동문화와 노동 윤리를 형성해 왔는가? 그들은 어떠한 조건에서 일해왔으며, 그들이 처한 노동환경은 급격한 미디어 산업 및 기술 환경 변화 속에서 어떻게 달라지고 있는가? 이번 장에서는 이런 물음들에 대한 답을 찾아보려 한다.

미디어·콘텐츠 분야를 포괄하는 한국의 문화산업은 세계적 수준으로 성장해 왔으며, 특히 K팝을 비롯해 영화, 드라마 등 영상콘텐츠의 경우 글로벌 문화산업의 주류에 진입하고 있다고 평가될 만큼 양적·질적 성과를 올리고 있다. 아카데미상 수상, 빌보드 차트 1위, OTT 전 세계 드라마 1위, 세계 5위권의 게임 시장 등 여러 수치가 그것을 뒷받침하고 있다. 이와 함께 글로벌 시장에 널리 알려지게 된 K팝 아이돌 그룹, 영화감독, 배우들은 부와 명예를 축적하며 화려한 성공 신화를 쓰고 있으며, 이들과 관련된 기획사, 제작사, 플랫폼 기업 종사자들 또한 그 혜택을 함께 누리고 있다. 그런데 그 밖의 사람들은 어떨까?

개인 차원에서 조명을 받는 대중문화 스타들이나 엔터테인먼트·플랫폼 기업의 대표와 같은 소수의 성공한 사람들 외에도 미디어 산업에는 수많은 생산자들이 존재해 왔다. 눈에 띄지는 않지만 다양한 직군에 종사하는 인력들이 오늘날 미디어 산업의 성공을 떠받쳐 왔다고 해도 과언이 아니다. 그러나 한류의 성공 이면에서 묵묵히 제 몫을 다해온 그 생산자들에 대한 우리 사회의 관심은 상대적으로 부족했던 것이 사실이다. 미디어 산업 노동에 대한 연구는 매우 드문 편이고, 그 노동환경에 대한 체계적 조사나 연구가 본격화된 것도 최근의 일이다.

미디어 산업의 노동환경 문제가 사회적 이슈가 된 배경에는 여러 사람들의 죽음이 있었다. 2010년대를 전후로 터져 나온 작가의 죽음, 연출자의 죽음, 배우와 가수의 죽음, 게임개발자의 죽음 등 수많은 목숨을 대가로 치르고 나서야 사회적 인식에서도 변화가 나타나게 된 것이다. 이런 흐름 속에서 불공정계약으로 고통 받는 만화·웹툰작가들, 이른바 '노예계약'이라는 족쇄에 얽매여 신음하는 아이돌 연습생들 등의 문제가 공론화되기도 했다. 이러한 안타까운 사례들을 통해서 저임금, 살인적인 야근과 초과근무, 고용불안, 사회적 안전망의 사각지대에 놓인 종사자들의 취약성, 불합리한 생산관행과 노동문화의 문제 등 노동환경의 구조적 문제들이 알려지기 시작했고, 그에 대한 사회적 반성과 비판이 제기되기 시작했다.

미디어 생산자에 대한 전통적인 연구들은 주로 레거시 미디어인 신문, 방송, 영화 등의 분야에서 전문적으로 활동하는 기자, PD, 영화감독, 작가들을 중심으로 수행되어 왔다. 이러한 연구들은 제도권 '언론'에 속하는 조직 내에서, 그리고 비교적 고도화된 산업 내에서 이루어지는 뉴스나 방송·영상콘텐츠의 생산과정, 그 속에서 형성되는 노동문화, 조직문화, 직업의식의 특징 등에 주목했다. 이제 변화하는 환경에 맞춰 그 시각을 보다 확장시킬 필요가 있다. 콘텐츠 기획자, 방송작가, 배우, 댄서, 뮤지션, 아이돌 연습생, 만화·웹툰 작가, 게임 개발자, 디자이너, 애니메이션 작가, 1인 콘텐츠 크리에이터, 기술지원 스태프 등 미디어 환경 속에서 생산자로서 활동하고 있는 수많은 직업군들이 곧 '미디어 생산자'의 범주에 포함될 수 있다.

그런데 우리는 왜, 미디어 생산자들과 그들의 일에 대해 관심을 기울여야 하는 것일까? 단지 열악한 노동환경 문제를 해결하기 위해서인가? 미디어를 생산자와 노동의 관점으로 접근한다는 것은 무슨 의미가 있는 것일까? 그것은 대략 다음과 같이 정리할 수 있다.

첫째, 생산 주체와 노동의 구체적 양상, 그리고 노동환경에 대한 탐구는 결국 '미디어가 누구에 의해 어떻게 만들어지는가?'라는 질문을 통해 해당 산업의 본질적인 구조에 대한 보다 체계적인 이해를 가능케 한다. 둘째, 미디어 생산자와 노동에 대한 탐구가 확대되면, 우리는 미디어 산업을 둘러싼 기술, 산업 및 시장, 법제도, 정책, 이용자 문화 등이 미디어 산업에 구체적으로 어떤 영향을 주었는지, 그리고 해당 산업이 어떤 배경에서 변화해 왔는지를 파악할 수 있다. 셋째, 미디어의 지속가능성과 건강한 발전을 모색하는 데 도움이 된다. 미디어 생산자들이 갖춘 역량은 무엇이며, 그들의 일이 갖는 긍정적 가능성과 부정적 한계들은 각각 무엇인지를 이해함으로써, 우리는 좀 더 '좋은' 노동에 대한 규범적 가치 기준을 마련해 갈 수 있다. 또한 이를 바탕으로 생산자들의 직업이 갖는 가치를 높이고 그들의 노동을 존중하는 문화를 만듦으로써, 한류를 비롯한 미디어 산업에서의 성공에 따른 과실과 영광을 비로소 그들에게 되돌릴 수 있을 것이다.

2. 미디어 생산 주체와 노동의 특징

1) 미디어 노동에 대한 이론적 논의

미디어 생산 주체와 그들의 노동을 설명할 수 있는 이론적 관점들은 매우 다양하다. 여기서는 그중 크게 세 가지 흐름을 중심으로 살펴본다. 비판적 사회학 전통에서 설명해 온 현대 노동의 문제, '창의 산업'으로서의 미디어 산업 노동 문제에 주목해 온 창의 노동 논의, 그리고 보다 거시적 차원에서 오늘날 노동 주체와 노동 양상의 변화를 비판적으로 설명해 온 비물질 노동 및 디지털 노동 논의를 차례로 검토해 보자.

(1) 비판적 사회학에서 본 노동

비판적 사회학에서는 전통적인 산업시대의 노동 문제를 비롯하여 후기 자본주의 시대 노동 패러다임의 변화와 그에 따른 쟁점들을 다양한 방식으로 설명해 왔다. 대표적인 고전적 논의는 마르크스주의 관점에서 제기된 브레이버만Braverman의 노동과정론labor process theory이다.

브레이버만은 산업시대 노동과정의 구조적 개편과 기술혁신의 역사를 분석하면서, '자본의 노동 통제전략'이라는 차원에서 기술과 경영의 역사를 재해석했다. 그 핵심은 탈숙련de-skilling과 그에 따른 노동 소외alienated labor다. 탈숙련화 논의를 요약하자면, 산업화와 기술혁신으로 인해 기존에 정신노동과 육체노동이 결합된 형태였던 장인노동이 파괴되고 그것이 대규모 단순노동으로 대체된다. 이로 인하여 과거에는 결합되어 있었던 구상concept과 실행execution이 분리되고, 노동자들이 자율적으로 일을 수행하는 과정에서 얻을 수 있었던 '숙련'이 더 이상 가능하지 않게 됨으로써, 결과적으로 '노동 소외'가 발생한다는 것이다(Braverman, 1974; 임영호, 1999).

노동 소외란 인간의 활동인 노동이 스스로에게 낯설고 억압적인 외부적 힘으로 느껴지는 과정을 의미하며, 이는 자본주의 생산양식인 노동 분업division of labor에 의해 더욱 심화된다(Marx, 1844/2006). 즉 노동 소외는 자본가가 노동 과정의 수행을 통제함으로써 노동자들을 단순화된 작업만 수행하는 기계의 부수적 산물로 전락시킴으로써 발생한다. 찰리 채플린의 영화 〈모던 타임즈〉에서 묘사된 것과 같은, 컨베이어 벨트 위에서 이루어지는 단순반복적 노동이 그 전형적인 사례다.

한편, 20세기 후반 이후 노동사회학은 포스트포디즘Post-Fordism 시대의 노동 유연화와 노동 윤리의 변화에 주목했다. 특히 세넷Sennett은, 20세기 후반 미국사회가 후기 자본주의의 새로운 국면으로 전환되면서 관료제가 해체되고 노동 유연화가 진행되는 상황에 대해 상세히 논의했다. 유연성을 추구하는 노동조직과 문화가 확산되면서 노동자들에게는 급변하는 환경에 대한 적응, 민첩한 대응, 문제해결 능력, 원만한 인간관계가 강조된다. 인센티브 시스템 속에서 이들은 자발적으로 경쟁 시스템에 뛰어들어야 하고, 승자독식의 논리를 받아들여야 한다. 세넷은 이렇게 오늘날 직업과 노동의 성격이 바뀌면서, 전통적인 장인정신craftsmanship이 쇠퇴하게 되었다고 진단한다. 일 자체를 위해, 그것을 목적으로 일을 잘해내는 것을 가치 있게 인정해 주던 관습 속에서 장인들은 일을 통해 자부심을 얻을 수 있었다. 그것은 특정 분야에 대한 오랜 경험과 훈련을 필요로 하는 것이었으나, 이제 그러한 노동 윤리가 인정받지 못하게 된 상황인 것이다(Sennett, 2008).

이렇듯 후기 자본주의 시대는 장인모델이 아닌 적응력, 커뮤니케이션, 관리능력 등을 포함하는 능력주의를 중시하는 경향이 강해지며, 그에 따라 개인의 노동 윤리 또한 신자유주의적인 방식으로 변화한다. '기업가 정신'으로 무장한 개개인들의 철저한 자기관리가 미덕이 되고, 이들은 각자 자기 일을 책임지고 통제해야 한다. 또한 이들에게는 안정성을 추구하기보다 모험을 추구하며 위험을 감수하려는 자세가 요구된다. 이것이 자유로움, 자율성, 이동성과 연결되면서 한 직장에 얽매이지 않는 유동성이 바람직하고 자연스러운 노동 윤리처럼 받아들여지게 된다. 마침내 전통적 프로테스탄트의 노동 윤리는 사라진다. 포드주의가 일생에 걸쳐 노동 규율을 따르도록 요구했다면, 포스트포드주의는 수많은 노동자들에게 유연성, 적응력, 끊임없는 재탄생을 요구한다. 이에 따라 일에 대한 자유롭고 '자발적인 헌신'이 미덕으로 여겨지는 노동 윤리가 더욱 강화된다(Weeks, 2011).

그렇다면 오늘날 미디어 생산자들은 어떠한가? 비판적 노동사회학의 통찰을 참고하여, 우리는 급격한 기술 혁신, 경영 혁신을 비롯한 사회 시스템의 변화가 미디어 분야에서의 노동, 그리고 그 노동주체들이 특정한 노동 윤리를 형성하는 것에 상당한 영향을 끼쳤을 것이라는 점을 생각해 볼 수 있다.

(2) 창의 노동(creative labor) 논의

미디어 산업은 콘텐츠, 문화산업 등 유사한 영역들과 겹쳐 있으며, 다양한 맥락에서 조금씩 다른 용어로 불리기도 하는데, 2000년대 이후 미디어 산업은 주로 '창의 산업creative industry'이라는 개념을 통해 논의되었다. 창의 산업과 그 주체에 대한 담론은 1990년대 후반 영국 신노동당 정부의 정책기조에서 시작하여 창의 도시, 창의 계급 등에 대한 논의로 이어지면서 한국에까지 영향을 준 것으로 파악된다.[1] 이는 후기 자본주의 시대 경제적 가치를 새롭게 창출할 핵심 자원으로써 창의성을 기반으로 한 문화적·예술적 생산 활동의 가치를 재발견하고, 이를 '창의 노동'으로 불렀던 맥락에서 이해할 수 있다.

창의 노동 개념은 주로 영화, 음악, 방송, 신문과 잡지 등 제도화된 미디어 산업의 현장 연구들에서 많이 활용되었다. 관련 연구를 다수 수행한 헤스몬달프와 베이커에 따르면, 창의 노동은 '문화산업에서 주로 발견되는 상징적 가치를 만드는 일'(Hesmondhalgh and Baker, 2011)로 정의된다. 이 때 창의 노동은 미학적·표현적이면서 커뮤니케이션적인 노동으로 설명되며, 다수의 사람들에게 흥미롭고, 예술적이고, 젊고, 쿨cool한 일로 받아들여진다. 또한 노동과정 전반이 자율적이고, 유연하며, 위계적이지 않은 작업환경과 인간관계가 특징이다.

작가, 영화감독, 패션디자이너들과 같은 창의 노동자들은 지루하고 반복적인 노동의 거부와 예술가적인 낭만적 이상주의를 추구하는 존재로서, 평등한 젠더 관계 등 다양한 문화적 코드를 최신의 심미적 감각과 유행 속에서 다루려 한다. 이들은 일을 통한 자기표현과 자기실현의 이상을 중시하기에, 창의성, 자율성, 주체성에 높은 가치를 부여하며, 열정을 다해 일한다(박진우, 2011).

창의 노동자들은 예술가적 주체성과 전문가로서의 주체성을 동시에 가지고

---

1 창의 산업 논의는 1990년대 후반 영국 신노동당의 문화미디어체육부 신설과 함께 의해 추진된, 개인의 창의성과 지식재산을 기반으로 한 새로운 산업을 진흥해야 한다는 정책담론 차원에서 본격화되었다. 창의 산업의 범주에는 광고, 건축, 미술, 디자인, 영화, 음악, 공연예술, 텔레비전 및 라디오 등 미디어와 문화산업, 예술 영역들이 포함되었다. 한국에서도 유사한 정책들이 전개되어 김대중 정부의 지식기반경제, 노무현 정부의 창의 산업을 위한 창의 인재 육성정책 등을 거쳐, 2010년대 박근혜 정부의 '창조경제' 정책 기조로 이어졌다(정준희, 2014).

있다. 또한 자신이 생산한 문화상품에 대한 애착이 매우 강하고, 자신의 주관적 취향과 가치관을 강하게 반영하려는 경향이 있으며, 결과물에 자신의 '이름'이 부착되는 크레디트credit에 민감하다. 우리는 이러한 특성을 작가, 뮤지션, 기자, 연출가, 기획자, 프로그래머 등 수많은 미디어 산업 종사자들에게서 발견할 수 있다.

(3) 비물질 노동에서 디지털 노동까지

'비물질 노동immaterial labor'에 대한 논의는 현대 자본주의 체제를 비판하는 맥락에서 노동 문제를 분석했던 이탈리아 자율주의를 배경으로 등장했다. 전통적인 노동의 관념은 생계를 위해 어쩔 수 없이 해야 하는, 개인의 육체적 노력과 시간을 쏟아 임금과 교환하는 행위와 관련되었다. 그러나 비물질 노동은 그런 차원으로 노동 문제를 한정 짓지 않는다.

비물질 노동은 '상품의 정보적, 문화적 내용을 생산하는 노동'(Lazzarato, 1996)으로 정의된다. 여기서 '정보적 내용'은 주로 컴퓨팅과 네트워킹 기술을 활용하여 다양한 정보문화 재화를 생산해 내는 차원에 상응하며, '문화적 내용'은 기존에 '노동'으로 인식되지 않았던 문화적·예술적 차원과 관련되는 것으로서, 상품의 생산뿐만 아니라 유통 및 소비 과정에서도 생성될 수 있는 것으로 설명된다. 여기서 '비물질'의 개념 속에는 노동과정의 비물질적(정신적) 차원에 대한 강조, 그리고 그 생산물의 비물질적 특성이 함께 포함된다.

하트와 네그리(Hardt and Negri, 2004)는 지식, 정보, 문화, 소통 등을 생산하는 비물질 노동을 지적·언어적 노동과, 정동적affective 노동의 두 차원으로 구분했다. 지적·언어적 노동은 주로 아이디어나 상징, 이미지 등을 생산하는 노동이고, 정동적 노동은 육체적, 정신적 활력과 관련된 편안함, 흥분, 열정 등의 느낌을 제공하는 노동이다. 그들은 전통적 생산 관행의 변화, 지식재산과 같은 비물질적 재산의 중요성, 분산 네트워크 조직의 확산 등을 근거로 비물질 노동의 헤게모니를 강조한다. 이와 비슷한 맥락에서 푹스(Fuchs, 2010)는 지식 노동자들에 의해 수행되는 노동을 비물질 노동으로 설명한다. 그에 따르면 직접적 지식 노동은 시장에서 상품으로 팔리는 지식재와 서비스를 생산하는 노동으로서, 예컨대 소프트웨어, 데이터, 통계, 광고 등을 생산하는 것을 말한다. 간접적 지식 노동은 교육, 사회관계, 정동, 소통 등과 같이 자본과 임금노동의 존속을 위한 사회적 조건을 생산하고 재생산하는 노동을 의미한다.

요컨대, 비물질 노동은 정보와 의사소통을 수반하는 작업으로 상품의 정보적인, 문화적인, 정동적인 요소를 생산하는 노동을 의미하며, 관련 연구들은 전통적 산업 노동과 차별화된 새로운 차원의 노동들에 주목한다. 비물질 노동에 대한 논의는 신기술과 새로운 생산양식, 미디어 테크놀로지 환경, 문화적 관습, 커뮤니케이션 방식 등의 변화를 반영하여, 오늘날의 노동양식을 새로운 시각에서 재검토할 필요성을 제기했다는 점에서 의미가 있다.

한편, '디지털 노동digital labor' 또한 비판적 사회학과 마르크스주의 정치경제학의 영향을 받았다는 점에서 비물질 노동 개념과 유사한 성격을 띤다. 다만 디지털 노동의 개념에는 생산자들이 수행하는 창의적 지식 노동뿐만 아니라, 가치를 생산하는 데 동참하는 소비자들의 일상적 미디어 이용도 포함된다.

숄츠(Scholz, 2013)는 웹 기반의 새로운 작업환경 속에서 미디어 이용행위가 일종의 디지털 노동 성격을 띠게 되는 양상에 주목한다. 예컨대 페이스북, 트위터, 구글, 아마존 등과 같은 인터넷 플랫폼에서 이루어지는 사람들의 소비 행위나 '좋아요'를 누르고, 공유하고, 프로필을 업데이트하고, 게시물을 올리는 등의 일상적 활동들이 끊임없이 가치를 생산해 내면서 일종의 노동과 같은 역할을 수행한다는 것이다. 그러나 그들은 사실상 상품으로 거래되는 정보를 생산해 내고 있음에도 그 '노동'에 대한 보상을 받지 못한 채, 플랫폼 기업들만 돈을 벌게 된다.

이와 유사한 맥락에서 푹스(Fuchs, 2014)는 인터넷 프로슈머들의 활동이 곧 상품생산 활동이며, 그런 점에서 미디어 이용과 참여 자체가 곧 '수용자 노동 audience labor'이 된다고 주장한다. 그리고 유저들의 데이터와 소비 패턴 등 다양한 활동들이 광고주에게 상품으로 팔리는, 이러한 무임금 노동의 착취에 기반한 새로운 축적 모델이 오늘날 자본주의 시스템에 등장했음을 지적한다. 푹스의 논의에 따르자면, 직장에서뿐만 아니라 일상생활에서 쉬는 시간에 인터넷을 하면서도, 우리는 계속 일을 하고 있는 셈이 된다. 진정한 일과 여가의 경계, 일과 놀이의 경계는 여기서 무너진다.

이처럼 디지털 노동에 대한 논의들은 전통적 매스미디어의 틀을 벗어나, 인터넷과 SNS 등 디지털 영역에서 나타나고 있는 생산양식의 변화, 새로운 권력관계 등을 살펴보게 한다는 점에서 흥미롭다. 새로운 디지털미디어 환경 속에서, 정보와 콘텐츠들이 어떻게 생성되고 어떤 방식으로 가치를 창출하고 있는가? 그리고 여기서 수용자·이용자들의 활동이 어떻게 기업들의 이윤으로 치환되고, 나아가 노동으로 활용되고 있는가? 이러한 질문들은 생산자와 소비자의 개념이 뒤섞이고, 모두가 소비자인 동시에 생산자로서 역할을 하게 되는 디지털·온라인 미디어 환경 시대에 새로운 화두를 던지고 있다.

2) 미디어 생산자와 노동의 특징

앞서 살펴본 바와 같이, 미디어 생산자와 그들의 노동은 다양한 이론적 시각과 개념들을 통해 설명될 수 있다. 여기서는 기존의 연구들을 바탕으로, 다른 산업 노동과 차별화되는 미디어 생산 주체의 경향 및 그들이 수행하는 일의 성격과 노동 조건의 특징에 대해 알아본다.

(1) 일을 통한 자율성, 창의성, 자아실현의 추구

미디어 생산자들은 창의성과 독립성을 강조하고, 심미적·예술적 가치를 중

노칼라(No-Collar), 뉴미디어 시대 새롭게 등장한 생산자들

앤드류 로스가 설명하는 노-칼라 노동자들은 독특한 공동체 문화를 배경으로 등장했다. 그들은 초기 인터넷과 소프트웨어 개발자였던 해커들의 자율적 노동 윤리, 온라인을 중심으로 활동했던 기술 애호가들의 열성적 커뮤니티 문화, 정보의 자유로운 공유와 협력 등을 강조하며 자본주의와 상업성에 대한 비판적 태도를 공통적으로 가지고 있었다. 또한 그들은 자신의 일에 대한 자율적 통제권을 비롯해 자유로운 헤어스타일과 의복, 자유분방한 직장 문화를 강조했다. 그것은 전통, 안정성, 순응, 관습 등을 중시했던 기존 제조업이나 초창기 미디어 산업의 노동 문화나 가치지향성과 구별되는 것이었다. 특히 그들은 새로운 IT 산업구조에 적합한 자기 경영의 역량을 가지고, 유연하게, 일과 삶을 동일시하면서 일을 통해 열정과 개성을 발휘하려 했다는 점에서 미국 신경제(New Economy)를 이끄는 핵심 인력으로 주목받았다. 그러나 일에 극도로 몰입하는 성향은 역설적으로 그들을 위태롭게 만드는 요인이 되기도 한다. 일하는 과정에서의 즐거움이나 일의 가치, 그리고 궁극적으로 일을 통한 자아실현을 추구하는 이들은, 역설적으로 장시간 노동이나 낮은 임금을 비롯한 열악한 노동환경의 문제에 크게 신경 쓰지 않는 경향을 보였던 것이다. 따라서 과도한 노동으로 삶이 피폐해지거나, 충분한 임금을 받지 못한 채 열정을 빌미로 기업의 이윤 창출을 위해 착취당할 위험에 놓이기도 했다. 결과적으로 그들은 한편으로는 매우 화려하고 근사해 보이는 일을 하지만 다른 한편으로는 근원적 불안정성을 안고 있으며, 문화 트렌드, 노동 시장의 변화, 기술 환경의 변화에 취약하고 민감할 수밖에 없다.

시하며, 자신이 생산한 작품 혹은 콘텐츠에 대한 강한 애착과 열정을 보인다. 또한 자신의 일을 자율적으로 수행하려 하며, 일을 통해 자신만의 개성과 창의성을 발휘함으로써 일에서 의미와 가치를 찾으려는 경향이 강하다(Hesmondhalgh and Baker, 2011; 안채린, 2017). 말하자면, 이들에게는 일과 놀이, 노동시간과 일상생활 시간, 일과 취미 사이의 경계가 흐릿하며, 궁극적으로 일과 자신을 일치시킴으로써 일을 통한 자아실현을 추구한다는 점이 특징이다. 그런 점에서 미디어 생산자들은 일반적으로 돈을 벌기 위해서라기보다는 '좋아하는 일을 하기 위해서' 직업을 선택하는 경향이 강하다.

그렇다면 미디어 생산자들의 노동문화와 노동 윤리의 특징은 어떠할까? 이에 대해서는 앤드루 로스(Ross, 2003)가 말하는 '노-칼라No-Collar' 집단에 대한 논의를 참고할 수 있다. 1990년대 중후반부터 미국의 인터넷, 온라인 광고 등 뉴미디어 산업 영역에서 본격적으로 활동하기 시작한 이들은 기존의 노동자

이미지, 즉 블루칼라 또는 화이트칼라와 구별되는 '노-칼라'의 정체성을 가진 독특한 노동 주체다. 이들의 특징은 기존의 문화적 관습에 얽매이지 않고, 권위주의를 배격하며, 예술가적 창의성, 공유와 협력, 커뮤니케이션을 핵심으로 하는 노동문화를 형성했다는 점이다. 따라서 이들은 노동에 대한 관리감독을 수동적으로 받아들이기를 거부하고, 노동 과정을 자율적으로 선택하고 결정하려 했다. 또한 직장에서 지위를 나타내는 유니폼을 거부하고, 진보적 정치의식을 가지며, 자유로운 문화적 취향과 스타일을 표현하려는 경향이 강했다. 이들의 전반적인 성향은 보헤미안Bohemian적이고 예술가적이며, 자유분방함과 반문화counter culture, 청년문화 등을 자양분 삼아 성장했던 미국 서부 실리콘 밸리의 문화와 노동 윤리를 계승한 것으로 평가된다.

(2) 기업가적 노동 윤리

오늘날 미디어 생산자들은 신자유주의적 통치성의 핵심인 기업가적 노동 윤리를 내면화한 주체로 설명되기도 한다. 신자유의적 통치성이란, 기업적 형태가 사회구조를 관통하는 일반화된 원리로 확산되는 것을 의미한다. 푸코(Foucault, 2004)에 따르면 근대 규율권력에서 신자유주의적 권력으로의 전환은 복지국가에서 신자유주의 통치로의 이행이기도 하며, 이는 전 지구화, 자본의 초국적 흐름, 경쟁, 감세, 규제 완화, 민영화, 불평등과 불안정성 확산과 함께 나타난다. 이 과정에서 '경제적인 것'이 모든 통치 권력의 중심이 되고, '사회적인 것'이 축소된다. 그리고 시장경쟁의 원리에 따라 사회를 통치하려는 경향이 일반화된다(Yoshiyuki, 2009). 이러한 신자유주의적 통치 규범을 내면화해 스스로를 관리하는 규율적 주체는, 자신을 철저하게 경영하는 '자기 자신의 기업가'로서 시장원리를 내면화하고 그에 기초해 자기를 경영하는 경제적 주체로 거듭나게 된다. 결국 신자유주의에 대한 비판론에 따르면, 신자유주의적 통치는 사회를 시장원리로 완전히 뒤덮어 버림으로써 쉽게 조련가능하고 조작가능하고 통치가능한 주체들을 만들어낸다. 예컨대 정년보장제 철폐, 성과급 도입, 사회보장 축소는 사람들로 하여금 더욱더 자신의 경력을 계획·관리하고 역량을 증대시켜 한층 더 향상된 지위를 획득하고자 하는 기업가적 노동윤리를 내면화하도록 만드는 것이다.

신자유주의 통치성, 그리고 기업가적 마인드는 회사와 자신의 성장을 동일시하는 임금근로자들을 비롯해 미디어 분야에서 광범위하게 활동하고 있는 프리랜서들의 직업의식과 노동 윤리를 설명할 수 있는 단초가 된다. 미디어 생산자들은 혁신적인 삶과 노동 스타일, 일에 대한 열정과 헌신, 스스로 동기부여되었다는 특성 등으로 인해 많은 사람들로부터 선망의 대상이 된다. 그러나 기업가적 노동 윤리는 일에 대한 모든 것을 개인 스스로가 책임져야 한다는 논리를 정당화시킴으로써, 불공정계약이나 열악한 노동환경 문제를 감당해야 하는 취약한 노동자들에 대한 착취 구조를 더욱 강화할 우려가 있다. 한국사회에서 중요한 이슈가 되었던, 일에 대한 열정을 빌미로 청년들을 착취하는 '열정 페이' 문제 또한 이러한 구조적 맥락에서 이해할 수 있다. 오늘날 작가, 연출자, 뮤지션, 기술 스태프, 소프트웨어 개발자, 그래픽 디자이너 등 미디어 분야의 수많은 직군에서 활동하고 있는 청년 노동자들은 특히 이러한 열정 페이 문제로부터 완전히 자유롭다고 볼 수 없을 것이다.

(3) 유연하고, 불확실하며, 불안정한 노동

미디어 노동의 또 다른 특징은 프로젝트 기반의, 프리랜서 인력들이 다수를 차지하는, 매우 유연한 노동이라는 점이다(이용관·김혜인, 2015). 이러한 구조 속에서 제도권 언론사와 같이 상대적으로 직업 안정성을 보장받은 일부를 제외한 다수의 노동 주체들은 매우 불안정한 노동환경에 내몰리게 된다. 외주 제작이 늘어나고 프로젝트 및 임시 노동 형태가 일반화됨에 따라 이들은 계속해서 새로운 일거리를 찾아야 하며, 업무가 단속적이기 때문에 커리어의 미래를 안정적으로 예측하기 어려워진다. 또한 참여한 프로젝트에서 수익이 발생하거나 그 개인이 성공하기 전까지 충분한 급여를 제대로 받지 못하는 경우가 많기 때문에, 초기 기획 비용과 자기계발 및 훈련비용을 스스로 감당해야 한다는 부담이 있다.

한국사회에서 이루어지는 미디어 노동을 유연성의 확장과 불안정성의 전면화라는 차원에서 파악한 박진우(2011)에 따르면, 포스트포디즘 시대의 노동 유연화, 그리고 창의성을 강조하는 담론들은 더욱더 '경쟁적 개인주의'를 촉발하고, 노동시장 양극화를 심화시키고 있다. 그에 따르면 미디어 산업에서 노동 유연성의 확대는 정규직 진입 장벽을 높이고 비정규직·임시직을 확산시켰고, 일과 삶의 균형을 붕괴시키는 결과를 초래했다. 그와 동시에 노동 주체들에게는 창의성과 열정, 그리고 한 분야의 전문성보다는 다양한 위치에서 어떤 일이든 즉각 해낼 수 있는 역량을 강조하며, 성과급제와 유연근무제를 받아들일 것을 요구한다. 문제는 이러한 구조 속에서 고용안정성이 약화되고, 정규직/비정규직, 메이저/마이너 노동시장 사이의 분리와 격차가 심화된다는 것이다.

이처럼 미디어 생산자들의 노동 불안정성은 결국 산업구조의 양극화 및 노동시장의 양극화 문제와 맞물려 있다. 대기업들은 끊임없이 인수합병을 통해 수직계열화를 시도하고, 다른 기업들에 투자하는 등 다양한 방식의 제휴·협력을 추진한다. 그 반대편에는 대다수의 영세 기업들이 생존을 위해 분투하고 있으며, 허리층에 해당하는 중간 규모의 기업들은 사라져간다. 결국 미디어 노동자로서는 대기업에 들어가지 못할 경우 대부분 비정규직, 프리랜서로 활동해야 한다(Deuze, 2007). 이런 구조 속에서 미디어 노동자들은 일에서의 자율성 및 독립성, 수익 배분 협상에서의 권한, 임금협상 등에 있어서 권력 불평등으로 인한 수많은 불공정행위 또는 차별을 경험하게 된다. 특히 그 경험 양상은 소속 회사의 규모에 따라서, 회사 내 직급이나 직군의 성격, 젠더관계 등에 따라서 차이를 보이게 된다. 결과적으로 미디어 생산자들은 소수의 막강한 권력과 부를 누리는 사람들과, 그렇지 않은 대다수의, 불안정하고 취약한 사람들로 분화되기 쉽다.

(4) 기술·산업 환경에 따라 급격히 변화하는 노동

미디어 노동은 기술, 산업, 시장구조 등 거시환경 변화에 매우 민감한 영향을 받는다. 최근의 대표적인 사례로는 게임 산업을 들 수 있다. 2000년대 PC 온라인 게임을 중심으로 급성장하기 시작한 한국의 게임 산업은 2010년대 들어서 스마트폰을 비롯한 모바일 미디어의 확산, 모바일 애플리케이션 마켓의 확대, PC 게임에 대한 규제 강화 등의 맥락 속에서 급격하게 모바일 게임 시장 중심으로 재편되게 된다. 이 과정에서 기존에 50~100여 명 이상으로 구성되었던 게임개발조직은 3~5인 규모의 소규모 팀 단위로 나눠지고, 게임의 전체적인 생산주기가 짧아지게 된다. 이에 따라 개발 및 업데이트 주기가 짧아졌으며, 비용 절감을 위해 저임금 장시간 노동이 늘어나는 등 노동자들의 희생이 뒤따르게 된다(이상규, 2018).

이러한 게임 업계의 생산양식 변화는 기술 환경의 변화와도 맞물려 있다. 특히 '유니티Unity', '언리얼Unreal'로 대표되는, 매우 발전된 상용 게임엔진game engine이 무료로 보급되는 등 게임 생산에 필수적인 소프트웨어 도구 활용이 확장됨에 따라 기존에 필수적이었던 업무의 많은 부분이 자동화되고, '깃허브git hub'와 같은 협업 툴을 활용함으로써 업무 효율성이 증가했다. 여기에 게임 생산과정에 필요한 여러 자원들을 거래할 수 있는 '에셋 스토어asset store' 같은 플랫폼들이 생겨나면서 프로그래밍, 그래픽 작업 등의 일부를 쉽게 외주화하고 거래할 수 있는 환경이 조성되었다. 이처럼 기술 및 시장 환경의 변화가 산업의 노동시장 인력구조 및 노동 조직화 방식에 큰 변화를 가져오게 된 것이다.

최근 유튜브를 비롯하여 OTT 서비스가 전면화되고 있는 영상 콘텐츠 분야에서도 이러한 변화가 관찰된다. 방송이나 영화 분야에 종사하던 기존 인력들이 자신의 전문분야뿐만 아니라 기획, 촬영, 편집 등 여러 가지 역할을 동시에 수행할 것을 요구받거나, 드론과 같은 촬영 장비를 비롯해 새로운 소프트웨어 도구들을 익혀야 하는 부담을 안게 되는 현상이 대표적이다(이용관·김성준·이상규, 2021).

이처럼 미디어 생산자들은 5G, AI, 빅데이터 등 끊임없이 변화하는 기술 환경을 비롯해 산업구조 및 시장 환경 변화, 사회문화적 트렌드의 변화 등에 매우 민감하며 또한 취약하다. 이와 함께 그들이 갖춰야 할 역량, 노동조직화, 노동문화, 생산방식 등이 함께 변화하기 때문에, 미디어 생산자들은 거시적 환경변화에 지속적으로 발 빠르게 대응해갈 것을 요구받고 있다.

3. 미디어 노동의 불안정성

1) 미디어 노동 문제의 쟁점화

앞서 살펴본 바와 같이, 미디어 생산자들은 그들이 가진 예술가적·기업가적 노동 윤리를 바탕으로 창의성, 자율성, 개성 등을 중시하고 일을 통해 자아실현을 추구해 왔다. 그러나 역설적으로 그들은 위태롭고 불안정한 노동구조 속에서 일에 대한 열정을 빌미로 착취당할 위험성에 놓여 있는 취약한 존재들일 수도 있다. 특히 2010년대 이후 사회적 이슈가 된 시나리오 작가, 연출자, 게임 개발자들의 죽음을 비롯해서 아이돌 연습생들의 노예 계약, 웹툰 작가들의 불공정거래 피해 등의 문제는, 취약한 위치에 놓인 이들의 열악한 노동환경이 미디어 산업 전반에 자리 잡고 있었다는 것을 뼈아프게 드러낸 바 있다.

미디어 산업에서 노동의 문제가 본격적으로 드러나게 된 데는 여러 가지 구조적 요인이 작용했을 것으로 보인다. 우선, 미디어 장르와 시장의 다변화 및 확대 속에서 경쟁이 치열해진 상황을 고려해볼 수 있다. 최근 디지털 온라인 기반의 영상 콘텐츠를 비롯한 게임, 애플리케이션 등 콘텐츠 시장의 폭발과 함께 유통 플랫폼 또한 확대되었다. 미디어 시장은 글로벌 차원으로 통합되고 있으며, 누구나 미디어 콘텐츠를 생산하여 유통시킬 수 있는 기술 환경이 뒷받침되면서, 결과적으로 미디어 생산에 참여하는 주체들이 크게 확대되고 있다.

이는 필연적으로 글로벌 시장에서의 경쟁 격화로 이어진다. 비즈니스 시각에서 보자면 비용을 줄이고 속도경쟁에서 앞서나가야 하는 압박이 거세지는 것이다. 시장경쟁에서 살아남기 위해서 점차 소수의 경영자, 기획자, 창작자의 역할을 제외한 나머지 대부분의 노동은 유연화되고, 자동화되며, 파편화되어 거래 가능한 형태로 변화하게 된다. 또한 소수의 인력들에게 다양한 업무를 동시에 수행할 수 있는 역량이 요구된다. 따라서 외주화, 프리랜서화가 확대되고, 고용안정성이 낮아지며, 시장에 참여하려는 인력들이 많기에 보다 적은 수익을 견딜 수 있는 열정적인 인재들이 선호된다. 이러한 일련의 변화들이 법제도의 사각지대에서 불공정하고 착취적인 노동 관행들을 만들고 또 정당해 왔던 것으로 볼 수 있다.

그렇다면 미디어 생산자들의 취약성, 그리고 미디어 노동의 구조적 문제들을 어떻게 이해할 것인가? 여기서는 불안정성precarity 개념을 중심으로 미디어 노동 문제에 대해 분석적으로 접근해 보고자 한다.

불안정성은 일반적으로 '모든 형태의 불확실하고 보장되지 않은 유연한 착취'를 의미하며, 노동과 관련해서는 가사노동, 계약노동, 프리랜서, 자영업 등에 종사하는 사람들이 임시노동 형태로 인해 처하게 되는 취약한 상황을 지칭한다. 이는 평생고용에 기반을 둔 안정적 정체성, 예측 가능한 스케줄, 안정적 수입, 꾸준한 근무 리듬, 노동조합의 보호, 일과 여가의 분명한 구분, 복지, 사회적 안전망 등과 반대되는 상태를 지칭하는 개념으로 이해할 수 있다(채석진, 2016). 다시 말해서 안전, 보호, 예측 가능성 등과 반대되는 불안전, 취약함, 위험에 빠진 상태 등을 의미하는 것이다. 질과 프랫(Gill and Pratt, 2008)은 창의 노동자들과 예술가들이야말로 불안정성을 보여주는 전형적인 존재들이라고 설명했으며, 두즈(Deuze, 2007) 또한 불안정성이 미디어 노동의 고유한 특징이라고 설명하면서, 이것이 단지 직업적 불안정을 넘어 실존적 불안정으로 확장되고 있다고 설명한다.

불안정성은 인간의 실존적이고 보편적인 불안정함precariousness의 차원을 넘어서 정치적·경제적·사회학적으로 자원이나 권력의 차등화된 분배 구조 속에서 더 강화되는, 위계적이고 차별적인 개념으로 이해할 수 있다(Butler, 2009; Lorey, 2015). 즉, 인간은 본래적으로 불안정하지만, 특정한 사회구조 속에서 차등화된 정치권력 및 경제적·사회적 자원의 불균등한 분배에 따라 불평등한 구조 속에서 나타나는 것이 바로 프리캐리티precarity라 할 수 있다. 이에 따라 사회 구성원들 중 특권을 가진 일부는 안전하게 보호되는 반면, 그렇지 않은 타자들은 각종 위험에 노출되고 불안정해짐으로써 더욱더 취약해지는 차별적 관계가 발생하게 된다.

그러므로 중요한 것은 불안정성이 모든 생산자들에게 동질적으로 주어지는 것이 아니며, 차등화되고 위계화된 형태로 나타난다는 것이다. 결국 앞서 논의한 바와 같이, 유연화되고 양극화된 노동구조 속에서 불안정성 또한 미디어 생산자들 개개인들에게 매우 상이한 정도와 형태로 나타날 수 있다. 예컨대 불안정성은 누구나 똑같이 경험하는 것이 아니라 소속 회사의 규모, 활동 분야, 직군, 경력, 성별, 사회적 지위 등에 따라 차이를 보일 수 있다.

2) 노동 불안정성의 양상

(1) 고용 및 커리어의 불안

고용과 커리어 차원의 불안정성은 잦은 이직으로 인한 불안을 비롯해, 프로젝트나 팀 해체 시 회사를 나가야 하는 관행, 개인의 장기적이고 예측 가능한 커리어 형성의 어려움과 그에 따른 불안 등에 해당된다. 특히 미디어 콘텐츠 분야는 다른 분야에 비해 근속연수가 짧고 임시직 비율이 높으며, 일과 삶의 균형(워라밸)을 확보하기 어렵고, 고용 상태가 전반적으로 불안정하다. 또한 경력이 단속적이고 프로젝트 중심으로 직무가 빠르게 분화하고 또 변화하기 때문에, 다른 분야에 비해 경력을 유지하고 관리하는 것이 매우 어렵다. 게다가 수입이 적은 미디어 생산자들의 경우 생계를 위해 아르바이트 등 다양한 일을 동시에 하거나, 고용불안 속에서 스스로 더 과도하게 일을 하기 때문에 별도로 교육훈련 및 경력개발을 할 여유가 없고, 숙련자로서 성장할 기회가 제한된다. 이런 상황에서 특히 노동시장에 막 진입하는 청년층과 프리랜서들의 경우 더욱더 극심한 고용불안 및 임금 격차에 따른 피해를 받을 수밖에 없게 된다(이용관, 2016).

이와 관련된 주요 통계를 살펴보자. 먼저, 대중음악, 방송연예, 영화, 만화 분야 종사자들이 포함된 『2021 예술인 실태조사』에 따르면, 전업 예술인의 비율이 55.1%, 예술경력 단절 경험률 36.3%, 전업 예술인들 중 프리랜서 비율은 78.2%인 것으로 나타났다. 미술, 공예, 무용, 문학 등 순수예술 분야 예술인들이 포함된 수치이기는 하지만, 전체적으로 전업 예술인의 비중이 낮고, 경력단절 경험 및 프리랜서의 비율이 상당히 높다는 것을 확인할 수 있다. 이러한 경향은 『2021 대중문화예술 산업 실태조사』에서도 유사하게 나타나고 있는데, 연기자, 코미디언, 성우, 연주자, 가수, 댄서, 공연예술가 등을 대상으로 한 조사에서, '대중문화예술 분야 이외에 다른 직업 활동(소득 활동)을 하고 있다'는 응답자가 44.5%로 나타났으며, 다른 직업 활동의 유형으로는 시간제 아르바이트 등 파트타임(37.1%), 강사 등 교육 관련직(27.2%), 상점이나 소규모 점포 운영 등 자영업(14.9%) 등으로 나타났다.

그런데 고용안정성의 문제는 단지 고용계약의 형태, 즉 정규직/비정규직의 차원으로만 판단하기는 어렵다. 『2021 방송제작 노동환경 실태조사』에 따르면 방송 산업 노동자의 8.2%가 계약해지 또는 해고의 경험이 있었던 것으로 나타났으며, 그 주된 이유는 편성 취소 및 프로그램 축소/폐지(37.0%), 제작비 삭감 등 예산 부족(18.5%), 이유 모름(10.9%) 등으로 나타났다. 정규직 비율이 90% 이상으로 상당히 높은 게임 산업의 경우도 크게 다르지 않다. 『2020 게임 산업 종사자 노동환경 실태조사』에 따르면 프로젝트 중단 또는 팀 해체 이후 예상되는 조치에 대해서, 해고(4.9%), 권고사직(17.9%), 대기발령(10%) 등으로 응답한 종사자 비율이 전체의 30% 이상으로 나타났다. 이는 미디어 산업에서의 고용불안이 단지 근로계약의 형태로 결정되는 것이 아니라, 생산관행 및 조직문화, 노동문화 등과도 밀접하게 연관되어 있다는 점을 시사한다.

(2) 불공정 거래와 열악한 처우

프리랜서 노동의 비중이 높은 미디어 생산자들의 특성상 이들은 자주 이직하고, 프로젝트 단위로 일하기 때문에 조직화, 세력화되기가 어렵다. 신문이나 방송과 같은 전통적 매스미디어 산업에서는 언론노조가 존재해 왔으나 주로 정규직 중심일 수밖에 없었다. 따라서 미디어 생산자들은 기업과의 계약이나 거래에서 교섭력이 약하고 불리한 위치에 처하는 경우가 많다.

대표적인 사례로 대중음악 아티스트와 연습생들에 대한 불공정계약 문제가 있다. 소위 '노예 계약'으로 불리는 불공정계약을 통해 기획사가 가수들의 활동을 오랜 기간 통제하면서, 사생활 침해, 불투명한 수익분배, 계약 파기에 따른 높은 위약금 요구 등 불공정 행위가 만연했다는 사실이 드러났으며, 많은 대중문화 팬들이 이를 비판했다. 2009년, 공정거래위원회는 이 문제를 바로잡기 위해 최초의 전속계약기간을 최대 7년으로 제한하고, 연예인들의 권익을 보장하기 위한 '대중문화예술인 표준전속계약서'를 공시했다(이충훈, 2013). 그러나 여전히 많은 배우 및 가수들, 청소년 연습생들이 상대적으로 약한 협상력으로 인해 피해를 보는 사례들이 적지 않은 것으로 알려져 있다.

한편, 웹툰 작가와 플랫폼 또는 에이전시 사이에 발생했던 여러 불공정거래 문제 또한 이슈가 되었다. 일례로 2018년 웹툰 작가들을 대상으로 실시한 설문조사에 따르면, 회사 측의 판단에 따른 연재 서비스의 강제 종료, 해외에서 발생한 수익에 대한 미정산, 회사가 지나치게 많은 몫을 가져가는 수익분배 방식, 마감시간을 넘겼을 때 벌금 부과 등의 불공정행위가 발생했던 것으로 나타났으며, 이러한 여러 형태의 불공정행위를 경험했다는 작가들의 비율이 53%로 나타났다(조일영, 2019.10.18).

이것은 표준서면계약서를 작성하지 않거나, 임금체불 등 계약을 제대로 이행하지 않는 관행과도 관련된다. 『2021 방송제작 노동환경 실태조사』에 따르면, 방송 산업 노동자들의 67.7%만이 서면계약을 경험했고, 표준계약서 사용 경험은 50%, 표준계약서를 아는 비율(인지율)은 68.2% 정도에 그치는 것으로 나타났다. 또한 보수 체불 경험을 한 노동자들도 6%에 달했으며, 그 주된 이유는 제작비 등 예산 부족(25.4%), 회사 또는 사업주 개인의 파산(23.9%), 고의적인 보수 미지급(22.4%) 등으로 나타났다.

『2021 대중문화예술산업 실태조사』에 따르면, 대중문화 스태프들의 경우 22.8%가 임금 체불 경험이 있다고 응답했고, 그에 대해서는 피해를 감수하고 기다리거나(69.2%), 받기를 포기한다(24.2%)는 비중이 높았던 반면 노동부 진정이나 민사소송 제기 등 법적 대응을 한다는 응답은 17.6%로 나타나 불공정행위에 대한 뚜렷한 대응책이 여전히 부족함을 확인할 수 있다.

미디어 생산자들에 대한 열악한 처우는, 낮은 수입에서도 확인할 수 있다. 이는 산업분야, 직군, 성별, 연령 등에 따라 매우 차등화된 형태로 나타난다. 김종진(2020.12)에 따르면, 국내 공공부문 방송사 프리랜서 실태조사를 수행한 결과, 조사대상 전체 인원 가운데 비정규직/프리랜서 비율이 42%이고, 특히 프리랜서들 중 71%가 여성, 34.2%가 작가 직종에 종사하는 것으로 나타났다.

월평균 임금에 있어서도 프리랜서들의 경우 리포터(98만 원), 캐스터(120만 원), 수화(122만 원), 자료조사(137만 원), 방송진행(149만 원) 등으로 매우 낮게 나타났다. 또한 『2021 대중문화예술산업 실태조사』에 따르면 연기, 무용, 가창, 연주 등의 영역에서 활동 중인 대중문화 예술인들의 월평균 개인 소득은 약 236.9만 원이며 그중 대중문화예술 활동으로 인한 소득은 157.4만 원으로, 스태프들의 경우 월평균 개인 소득은 약 241.7만 원이며, 그중 본업과 관련된 소득은 212.1만 원 수준인 것으로 조사되었다.

(3) 일상생활의 불안정성

노동환경의 질을 결정짓는 중요한 요소 중 하나가 바로 노동시간이다. 프로젝트 기반으로 일이 진행되기에 마감과 집중 노동이 필수적이고, 또한 일에 모든 노력과 열정을 쏟아 부을 것이 강요되는 미디어 산업 현장에서는 극심한 초과근무와 야근이 빈번하게 발생하는 것으로 알려져 있다.

제작 기간 중 밤샘 촬영 및 편집 등으로 장시간 노동이 잦은 것으로 알려진 방송 산업의 경우, 『2019 방송제작 노동환경 실태조사』에 따르면 주 평균 노동시간이 58.5시간 정도로 나타났다.[2] 2018년 7월부터 시행 중인 개정 근로기준법에서 정하는 주 52시간 노동 제한을 넘어서는 수치다. 또한 웹툰 작가들의 경우 하루 평균 10.5시간, 일주일 평균 5.9일을 일하는 것으로 나타났다(『2021 웹툰 작가 실태조사』).

게임 산업의 경우도, 중요한 마감을 앞두고 진행되는 '크런치 모드crunch mode'로 불리는 업계 특유의 집중 초과근무 관행과, 종사자들을 '갈아 넣는다'

---

2 『2021 방송제작 노동환경 실태조사』에서는 주 평균 노동시간이 43.9시간으로 크게 감소한 것으로 나타났다. 이렇듯 급격하게 노동시간이 줄어든 것은 주 52시간제 도입이 확산된 결과로 볼 수도 있지만, 2020년부터 이어진 코로나19로 인하여 방송 제작이 위축되거나 프로젝트 일감들이 감소한 데 따른 영향이라고 해석할 수도 있다.

라고 표현될 만큼 촉박한 생산일정과 극심한 노동 강도로 악명높다(이상규, 2018). 『2020 게임 산업 종사자 노동환경 실태조사』에 따르면 지난 1년 간 크런치 모드를 경험한 비율은 23.7%이며, 크런치 모드에서 노동은 평균적으로 7.5일간 지속되고, 한 번에 지속된 총 노동시간의 평균은 25.4시간으로 만 하루를 넘기는 것으로 나타났다. 또한 게임 산업 노동자들의 91%가 일로 인하여 두통, 눈의 피로, 근육통, 요통 등에 시달리고 있다고 응답했다.

미디어 노동의 이러한 관행은 이처럼 필연적으로 '워라밸'을 무너뜨림으로써 정신적·육체적 건강을 극도로 악화시키고, 일상생활 전체를 불안정하게 만들 수밖에 없다. 특히 살인적인 스케줄과 극심한 감정노동에 내몰리기 쉬운 배우, 가수 등 연예인들의 경우 단지 육체적 피로의 차원에 그치는 것이 아니라 정신건강 차원에서도 큰 어려움에 처하는 경우가 많으며, 극단적으로는 자살로 이어지는 문제들이 나타나고 있다(채지영, 2020).

(4) 탈숙련과 노동의 의미 상실

20세기 산업사회의 노동을 분석했던 브레이버만의 논의에 등장한 '탈숙련' 문제는 오늘날 미디어 노동에서도 확인되고 있다. 산업 현실에 조금만 가까이 다가가면, 앞서 살펴본 비물질 노동이나, 창의 노동 담론이 그렸던 이상적인 노동의 형태는 그다지 많지 않다는 것을 알 수 있다. 영화나 드라마 촬영 현장, 작가들의 작업 현장, 대중음악 종사자들의 공연 현장은, 창의성과 개성을 표출하는 공간일 수 있지만 대부분 치열한 육체노동이 반복되는 현장인 경우가 많다.

이런 특성을 잘 보여주는 사례가 게임 노동이다. 게임 노동은 모니터 앞에 앉아서 수행되는, 지극히 창의적이고 정신적인 노동으로 여겨질 수 있다. 그러나 오늘날 게임 생산과정은 상당히 고도화되고 분업화된 조직문화 속에서, 수익성을 최우선 목표로 설계된 '확률형 아이템 뽑기'와 같은 비즈니스 모델

BM을 중심으로 기획·관리된다. 또한 게임 개발 과정은 '검증된 유명 IP(지식재산)를 바탕으로 한 MMORPG 장르'와 같은 흥행 공식에 따라 철저한 사업계획 속에서 만들어진다. 〈리니지〉와 같은 게임 시리즈들은 그런 점에서 최근까지 한국 게임 대기업의 주 수익원이 된 소위 '양산형 게임'의 표본이 된다. 글로벌 시장경쟁이 치열해짐에 따라 대기업뿐만 아니라 중소규모의 개발사에서도 리스크를 줄이고 수익성이 검증된 특정한 게임생산 모델을 뒤따르게 되었다. 이와 같이 게임 자체에서 차별성을 만들기 어려운 구조에서는 비용 절감 및 속도 경쟁이 중시되고, 이는 결국 게임 노동자들의 희생을 필요로 하게 된다.

이제 게임 생산자들은 자신만의 창의적 아이디어나 개성이 담긴 독창적 게임을 만들기보다는, 마치 과거 산업시대 공장노동자들이 그러했던 것처럼 주어진 매뉴얼과 절차에 따라 최대한 효율적으로 신속하게 자신에게 할당된 파편적 업무들을 수행해야 한다. 한 분야에서 고도의 전문성과 숙련을 추구하는 장인정신보다, 그때그때 주어지는 다양한 일들을 신속하게 수행할 수 있는 멀티태스킹 능력과 협조적 태도가 더욱 강조되는 노동 문화가 형성된다. 여기에 기술혁신을 통해 상용 게임엔진을 비롯한 소스코드 관리 시스템, 이슈 트레킹 및 협업 툴 등 업무를 효율화해 주는 수많은 기술들이 보급되다 보니, 신입 노동자들일수록 특정 분야에서 숙련을 쌓고 전문성을 키울 기회는 점차 줄어들게 된다. 그리고 이러한 노동 경험들이 축적되며 탈숙련과 그에 따른 일의 의미 상실, 즉 노동 소외 문제를 일으키게 되는 것이다(이상규, 2018). 이는 비단 게임업계의 문제만이 아니라, PPL 등 협찬을 통해서만 제작이 가능한 방송 드라마나 예능 프로그램 제작인력들이나, 공연예술이나 애니메이션 제작 현장에서 의사결정에 참여하지 못한 채 사실상의 지휘 통제를 받아가며 노동자로서 일하는 수많은 프리랜서들도 충분히 경험할 수 있는 일이다.

상용화된 자동화 기술들이 인력을 대체하고, 저비용 속도 경쟁의 시장 상황이 계속되는 한, 대다수의 미디어 생산자들은 숙련자가 되지 못한 채 파편화된 업무들만을 수행하며, 외주화, 플랫폼화된 노동의 현실을 받아들여야 할지도 모른다. 이것이 문제가 되는 이유는 창의성, 자율성, 열정, 일을 통한 자아실현 등 미디어 노동을 통해 추구하던 긍정적 가치들이 부정되고, 일 자체의 의미가 상실될 수 있기 때문이다. 극소수의 기획자, 창작자, 엔지니어, 예술가 등을 제외한 대다수가 이런 상황에 내몰리고 자신의 일로부터 의미를 찾기 어려워질 수 있다는 점, 이것이 미디어 생산자들이 처한 노동 구조의 가장 약한 고리라 할 수 있다.

지금까지 살펴본 노동 불안정성의 문제는 여러 가지 구조적 맥락을 바탕으로 하고 있다. 예컨대 시장변화에 따른 경쟁의 격화 속에서 기업들의 이윤추구 논리가 무엇보다 우선시되었던 상황을 비롯해, 미디어 산업 전반에 만연했던 불공정거래 관행과 그에 대한 방조, 회사의 실적을 앞세우고 그 구성원 개인들의 건강·휴식·여가생활과 가족들을 존중하지 않았던 문화, 남성중심적 조직 문화, 성공과 실패에 따른 양극화를 너무 쉽게 용인했던 문화 등 여러 요인들이 복합적으로 작용한 것으로 볼 수 있다. 미디어 생산자가 처한 노동 불안정성 문제에 대응하고, 노동의 본래적 가치를 회복하기 위해서는 이렇듯 불안정성을 야기해 온 중층적 문제의 현실을 보다 냉정하게 파악할 필요가 있다.

4. 미디어 노동의 가치 회복을 위하여

1) 노동환경 개선을 위한 노력들과 구조적 한계

앞서 살펴본 바와 같이, 미디어 산업을 둘러싼 환경 변화 속에서 그 생산자들을 불안정하게 만드는 여러 문제점들이 발견되고 있다. 최근 이런 문제들에 대응하여 노동환경을 개선하고 생산자들의 권익을 보호하기 위한 여러 노력들이 전개되어 왔다.

정부 정책 차원에서는, 첫째로, 문화산업 분야 전반에 만연했던 불공정계약 및 불공정거래 관행을 개선하고 약자들의 권익을 보호하기 위하여 표준계약서를 제정 및 보급하는 노력을 이어왔다. 대표적인 예로 방송작가 집필계약(2017), 뮤지션과 배우 등이 포함된 대중문화예술인들의 전속계약(2018), 대중문화 분야 연습생(견습생) 표준계약(2019), 애니메이션 산업 분야(2019) 등에 대한 표준계약서들이 있다. 2020년 기준 영화, 방송, 출판, 공연예술 등을 포함하여 미디어를 포함한 문화산업 분야 10개 장르에서 61개의 표준계약서가 보급되고 있다(송수혜, 2020). 표준계약서의 활용은 강제되는 것이 아니라 권고되는 것이므로 그 규제의 정도는 약하다. 그러나 예술인복지법, 문화산업진흥기본법 등에 그 사용이 권고되고 있으며, 정부나 공공기관들은 각종 보조금을 활용한 지원 사업 혜택에 있어서 표준계약서를 활용하는 기업이나 개인들을 우대하고 있다.

둘째, 근로기준법 개정을 통해 일주일 최대 52시간으로 노동시간을 제한하는 노동시간 단축제도, 즉 '주 52시간제'가 시행되었다. 이는 장시간 노동에 따른 각종 폐해를 해소하고, 노동생산성 향상과 일자리 창출이라는 긍정적 효과를 목표로 2018년 7월부터 미디어 콘텐츠 분야를 포함한 전 산업에 적용되기 시작했다. 정부는 이 제도의 도입을 계기로, 그동안 영화, 방송, 게임 산업 등에서 관습적으로 이루어졌던 과도한 초과근무와 밤샘 노동으로 인한 일과 생활 균형의 붕괴 문제가 개선될 것으로 기대하고 있다.

셋째, 프리랜서 예술인들 및 문화산업 노동자들에게 사회적 안전망을 제공하려는 목적으로 '예술인 고용보험제도'가 도입되었다(2020년 12월). 이 제도는 그동안 불안정한 고용과 불규칙한 수입, 그리고 활동 기회의 제약으로 인하여 매우 취약한 상황에 놓여 있던 미디어 생산자들과 예술가들 중 일정한 자격요건을 갖춘 사람들이 실직 상태에 놓였을 때 실업 급여를 받을 수 있도록 설계되었다. 순수예술인들뿐만 아니라 공연, 방송, 만화 등 다양한 장르에 속한 예술가들과 실연자들, 그리고 제작 스태프 등이 이 제도의 혜택을 받을 수 있을 것으로 예상된다(고용노동부, 2020.12.9).

넷째, 노동의 문제를 파악하고 해결하기 위한 목적에서 체계적으로 정례화된 조사 및 통계자료를 생산하기 시작했다. 미디어 생산 인력들을 포괄하는 조사로는, 2015년부터 격년으로 시행되고 있는 '대중문화예술산업 실태조사'가 유일했으나(배우, 코미디언, 리포터, 연주자, 가수, 무용가, 방송작가, 방송 및 음악 스태프 등 포함), 2018년부터 출판, 만화, 영화, 게임, 애니메이션 등 주요 산업 영역들의 노동자들을 대상으로 시행되는 '콘텐츠 산업 창의 인력 실태조사'가 실시되고 있다.

미디어 기업들 또한 이러한 취지에 공감하여 노동환경 개선을 위해 다양한 노력을 해왔고, 일정 부분 성과를 거두기도 했다. 각종 실태조사에 따르면 서면 표준계약의 활용은 계속해서 증가하고, 부당 해고나 불공정행위 등의 사례는 조금씩 감소하는 것으로 나타나고 있다. 주 52시간제도 또한 정착되어 가고 있으며, 고용안정성 및 일과 생활의 균형을 보장하기 위한 변화가 조금씩 확대되고 있다. 특히 노동시간과 관련해서 큰 비판을 받았던 IT 및 게임업계의 경우, 그간 '공짜 야근'의 주범으로 지적되었던 포괄임금제도를 폐지하는 기업들이 늘어나고 있고, 주4일 근무제를 부분적으로 도입하는 등 노동시간의 합리적 운영에 힘쓰기 시작했다. 또한 연봉인상, 성과급 지급 및 복지 강화 등의 긍정적 변화들도 나타나고 있다.

그러나 이와 같은 노력에도 불구하고, 아직 미디어 산업의 노동환경 개선은 갈 길이 먼 것으로 보인다. 표준계약서의 경우 강제력이 적고, 변화하는 산업 현실에 맞추어 계속 수정보완이 필요하기 때문에 실효성이 낮다는 지적들이 계속되었다. 주 52시간 제도의 경우 여전히 방송이나 게임 산업 등에서 주 52시간을 넘기는 노동시간이 유지되거나, 근태 상황을 투명하게 기록하지 않는 등의 문제가 발생하는 것으로 알려졌다. 일례로 2020년 화섬식품노조 IT 위원회(네이버, 넥슨, 스마일게이트, 카카오지회)가 IT 및 게임업계 종사자들을 대상으로 자체 설문조사한 결과, 응답자의 32%가 지난 6개월 사이 주 52시간을 넘겨 일한 적이 있다고 답했다(민주노동화섬식품노조IT위원회, 2020). 다른 한편으로는 최근까지도 '주 52시간 제도는 콘텐츠 업계의 현실에 맞지 않는다'며 관련 사업자 협회 및 단체들에서는 유연근로제의 대폭 확대 또는 주 52시간제의 콘텐츠 분야 예외 적용을 주장하고 있다.

반면에 미디어 생산자들 스스로 노동조합을 결성하는 등 조직화, 세력화하여 교섭력을 높이려는 노력을 전개하기도 했다. 예술인 소셜 유니온, 뮤지션 유니온, 방송스태프노조 등이 대표적이며, 절대로 노조가 생겨날 수 없을 것으로 예상되던 게임 산업 분야에서도 최근 들어서 점차 노동조합이 늘어나고 있다. 이들은 주 52시간 제도의 안착을 비롯한 노동시간 단축, 표준계약서 활용 및 고용안정성 확보, 임금체불 등 불공정거래 시정, 임금 인상, 직장 내 괴롭힘이나 성폭력 문제 해결, 복지 강화 등 노동환경 의제와 관련하여 조직적으로 대응해 왔다. 그 외에도 노동환경 개선을 위한 상담 및 신고창구를 마련하거나, 실태조사를 기획하고 그에 참여하는 등 다양한 활동들을 수행해 오고 있다. 그러나 노조활동의 경우 특정 기업이나 장르의 벽을 넘어서 산업 전반에 영향을 끼치기에는 아직 미약하다는 점, 이미 강력하게 세력화된 기성 노조들과의 협력적인 연대가 아직 부족하다는 점 등에서 한계를 나타내고 있다.

보다 근본적인 문제는 노동환경과 생산 관행을 개선하려는 정부와 업계, 그리고 노동자들 스스로의 노력에도 불구하고, 긍정적 변화들은 강력한 노조가 존재하는 소수의 대기업 등 메이저 영역에서만 나타나고 있다는 점이다. 양극화된 산업구조 속에서 영세한 사업체에 소속된 대부분의 노동자들이 여전히 고용불안, 저임금, 중노동의 위험에 처해 있다. 2020년 기준 『콘텐츠산업통계』에 따르면 국내 콘텐츠 분야 사업체의 91.6%는 종사자 10인 미만의 규모이고, 87.2%가 연매출액 10억 원 미만인 것으로 나타나, 여전히 국내 미디어 콘텐츠 분야는 극소수의 성공한 메이저 기업들과, 그렇지 않은 대다수의 영세 기업으로 나뉘어 있다는 것을 확인할 수 있다. 이런 양극화 구조 속에서는 노동환경의 문제 또한 양극화된 상태로 머물 수밖에 없다.

2) 노동 주체성 회복과 사회적 지지

그렇다면 미디어 생산자들이 구조적 불안정성을 극복하고, 미디어 노동이 '보다 나은' 노동이 되도록 하기 위해서는 무엇이 필요할까?

무엇보다 중요한 것은, 미디어 노동자들이 자율적이고 창의적인 노동 주체성을 확보하고 유지할 수 있어야 한다는 것이다. 물론 이러한 이상적 목표는 기업의 이윤 추구 논리와 시장질서 속에서 계속 굴절되고 훼손될 수밖에 없다. 그러나 좋아하는 일을 한다는 것의 의미, 일에서 획득할 수 있는 즐거움, 미디어 생산물이 갖는 가치 등을 생각한다면 미디어 생산이라는 노동이 갖는 본연의 가치와 이상적 지향점은 계속해서 추구되어야 할 것이다. 이를 위해서는 구체적으로 다음의 방법들을 생각해 볼 수 있다.

첫째, 변화하는 미디어 환경과 기술을 적극 활용함으로써 분업화, 자동화 속에서 고립되고 파편화된 노동이 발생시키는 탈숙련과 노동 소외 문제를 극복하는 전략이다. 게임엔진과 같은 상용화된 소프트웨어 도구들은 업무의 많은 부분을 자동화하고 인력이 하던 일을 대체함으로써, 일부 직군들에 대한 노동 수요를 감소시키고 결과적으로 그들을 불안정하게 만들 우려가 있다. 다른 한편으로는 플랫폼들이 미디어 콘텐츠의 생산과 유통 구조 전반에서 막강한 영향력을 행사하며 시장을 통제하는 절대적 권력을 행사하고 있다. 구글이나 애플의 모바일 애플리케이션 마켓을 비롯해 유튜브와 같은 동영상 서비스OTT, 네이버나 카카오와 같은 플랫폼들의 사례가 그러하다. 그렇지만 다른 시각에서 보면, 최근 플랫폼 환경변화나 기술혁신은 과거 자본과 기술력을 갖춘 전문가 등 일부 집단에서만 접근 가능하던 영역에 대한 진입 장벽을 낮추고 다수의 아마추어 인디 생산자들, 스타트업들이 생산과 유통에 뛰어들 수 있는 기회를 열어주기도 했다. 수많은 유튜브 콘텐츠 크리에이터들이 참신한 기획과 다양한 협업 전략들을 통해 새로운 수익 모델을 구축해가고, 소프트웨어·게임 분야의 애플리케이션 개발자들이 새로운 산업 영역을 개척하고 있는 사례들에서 우리는 과거와 구별되는 새로운 노동 주체, 새로운 노동 양식을 계속해서 발견해가고 있다. 이들은 새로운 미디어와 기술 환경이 마련해 놓은 토대 위에서 그것을 자신들만의 방식으로 적극적으로 전유함으로써, 레거시 미디어나 기존 대기업들과 차별화된 새로운 생태계를 만들고 있다.

둘째, 미디어 생산자들 사이의 보다 적극적인 연대와 협력이 필요하다. 새로운 시장 생태계에서 활약할 수 있는 기회를 확보하는 것만큼이나, 조직화된 형태로 힘을 결집시킴으로써 노동자로서의 권익을 보호할 수 있는 장치들을 마련하는 것도 중요하기 때문이다. 그러나 전통적인 언론노조의 형태를 제외하고는, 최근까지 미디어 콘텐츠 분야에서는 노조가 탄생하기 어려웠다. 임시 고용의 비중이 높고 프로젝트 단위로 제작이 이루어졌으며, 개인 프리랜서들의 활동 비중이 높았기 때문이다. 그보다 더 중요한 원인은 미디어 생산자들이 스스로를 조직화 가능한 '노동자'로 인식하는가의 문제였다. 이들의 직업적 정체성은 예술가, 기술자, 기업가, 노동자 등으로 개인적 맥락에 따라 매우 상이하며, 한 개인 내에서도 다양한 정체성들이 중층적으로 자리 잡고 있는 경우가 많다. 이 때문에 각자가 일을 통해 추구하는 바가 매우 다르고, 집중 초과근무의 필요성, 주 52시간제 적용의 타당성, 회사와 자신을 동일시하는 정도, 노동자로서의 자의식 등에 있어서 매우 다양한 인식의 스펙트럼이 존재한다. 이러한 요인들이 미디어 생산자들 간의 적극적 연대와 세력화를 어렵게 만들고 있는 것이다. 그럼에도 노동 불안정성의 문제를 극복하기 위해서는 연대와 협력을 위한 지속적인 노력이 필요해 보인다. 그것이 꼭 노조의 형태가 아닌 SNS나 플랫폼 등 네트워크를 통한 느슨한 공동체의 형태라 할지라도, 노동환경의 이슈와 문제점들을 지속적으로 공유하고 공감대를 형성하는 것만으로도 변화를 이끌어낼 수 있는 자원들을 발견할 수 있을 것이다.

셋째, 미디어 산업 정책 차원에서 생산자와 노동 패러다임으로의 전환을 모색하고, 노동정책에 대한 윤리적·규범적 목표를 구체적으로 설정할 필요가 있다. 앞서 살펴본 바와 같이, 최근 정부는 여러 방면에서 노동자들의 권익을 보호하고 노동환경을 개선하려는 노력을 이어가고 있다. 그러나 정책의 근원적 목표 차원에서 보면 노동의 자리는 여전히 빈약하다. 한류 정책을 예로 들어 보자. 정부는 '2020년 신한류 진흥정책 추진계획'을 통해 한류의 '지속가능성'을 확보하기 위한 정책방안을 제안한 바 있다. 여기서 '지속가능한 한류 확산의 토대 형성'을 목적으로 제시된 정책 추진계획들에는 한류협력위원회 구성, 한류 관련 통합정보망 구축, 한류 소비층 확대 및 국제 문화교류 증진, 한류 콘텐츠에 대한 저작권 보호 강화 등이 포함되어 있다. 그러나 이러한 전략들이 결국은 한류의 성장과 팽창을 위해 산업적 토대를 공고하게 만드는 것이 핵심 목표라는 점에서 한계가 있다.[3] 지속가능성을 위한 정책에서도 산업 진흥이 최우선 목표로 전제되어 있다는 점은, 지난 20여 년간의 한류를 포함한 문화 산업 정책이 지향해 온 '산업 편향성'에서 벗어나지 못하고 있음을 보여준다. 결국 이러한 정책적 패러다임 속에서 '노동'은 여전히 빠져 있는 셈이다. 진정으로 미디어 산업, 콘텐츠 산업, 나아가 문화산업과 한류의 지속가능성을 도모

---

3 한류는 그 눈부신 성장에도 불구하고, 지나치게 경제적 성과에만 몰두함으로써 문화적 가치를 간과했다는 점, 지나친 수출지향성 및 팽창주의로 인해 외국 문화에 대한 상호존중이나 쌍방향 교류가 부족했다는 점, 그 때문에 중국이나 일본 등 인접 국가와의 외교 갈등 속에서 리스크를 드러냈다는 점 등이 한계로 지적되어왔다. 한류의 지속가능성을 위한 정책에서 이러한 기존 한류 정책의 한계에 대한 반성이 전혀 없다는 것이 놀랍다.

하고자 한다면, 생산자와 노동의 관점에서 정책의 근본적 방향 설정이 다시 이루어져야 할 것으로 보인다.

끝으로, 노동의 가치에 대한 더 높은 사회적 인정과 존중이 필요하다. 노동에 대한 수많은 기존 연구들에 나타난 바와 같이, 노동환경 이슈는 단순히 경제적 분배에 대한 이익집단의 요구로 인해 발생하는 것이 아니며, 인간으로서의 존엄성과 권리에 대한 문제에 가깝다. 경쟁력을 갖춘 또는 운 좋게 선택받은 극소수의 기업이나 집단을 제외한 대다수의 미디어 생산자들은, 한류의 글로벌한 산업적 성공에 보이지 않는 곳에서 크게 기여해 왔음에도 응당 받아야 할 사회적 관심과 존중을 받지 못했다. 그들은 양극화 구조 속에서 지속적으로 배제되고, 사회적 안전망의 사각지대 속에서 열악한 노동환경과 불공정거래의 폐해를 견뎌야 했다. 이제 노동이 단지 생업의 수단이 아니라 수많은 긍정적 가치와 결부되어 있다는 점을 고려하여 '좀 더 좋은 노동', '좀 더 근사한 노동'의 기준과 규범을 만들어가야 할 때다.

1 영상, 웹툰, 대중음악, 게임 등 미디어 산업의 주요 영역별로 생산자 직군이 어떻게 구성되어 있는지 알아보고, 주요 직군들의 특징이 각각 어떻게 다른지 비교해 보자.

2 미디어 분야와 다른 분야 노동의 차이점은 무엇인가? 비교분석하여 설명해 보자.

3 미디어 생산자들은 어떤 점에서 불안정해질 위험에 놓여 있는가? 그들의 노동이 불안정해지는 구체적인 요인들이 무엇인지 검토해 보자.

4 미디어 산업의 노동환경을 개선하기 위한 법제도적 차원에서의 정책들에는 무엇이 있었는가? 그러한 정책들을 통해 실제로 노동환경이 과거에 비해 얼마나 개선되었는지 알아보자.

더 읽어 볼 책

뉴캐피털리즘: 표류하는 개인과 소멸하는 열정 리처드 세넷 지음, 유병선 옮김, 2009, 위즈덤하우스

20세기 후반부터 본격화된 포스트포디즘 시대의 새로운 자본주의 문화가 사회적 가치관과 조직문화, 노동문화에 어떤 변화를 불러일으켰는지를 상세하게 논의한 책이다. 새로운 자본주의 경영 시스템과 노동 윤리가 전통적인 프로테스탄트 노동 윤리와 장인정신을 어떻게 대체하게 되었는지, 그 속에서 안정적이고 예측가능했던 사람들의 서사narrative가 어떻게 불안정한 방향으로 붕괴되었는지를 비판적으로 논의한다.

제국의 게임: 전 지구적 자본주의와 비디오 게임 닉 다이어-위데퍼드·그릭 드 퓨터 지음, 남청수 옮김, 2009, 갈무리

오늘날 대표적인 미디어 산업인 게임을 주제로, 비판적 정치경제학의 관점에서 글로벌 게임 산업의 시장구조에서부터 게임 노동자의 특징과 노동환경 문제, 게임 이용자들의 참여문화, 시대를 대표하는 게임에 대한 비평적 분석까지, 게임을 통해 논의할 수 있는 거의 모든 사회과학적 논의들을 풍요롭게 풀어내는 책이다. 마르크스주의, 이탈리아 자율주의, 푸코 등에 관한 이론적 논의들에서부터 구체적인 기업 및

게임들의 사례연구까지 다양한 연구 성과들을 담고 있다.

창의 노동과 미디어 산업 데이비드 헤스몬달프·사라 베이커 지음, 안채린 옮김, 2016, 커뮤니케이
션북스

미디어 산업 노동과 관련된 다양한 이론적 배경들을 소개하면서, 동시에 음반, 잡
지, 방송 산업에 대한 풍부한 질적 사례연구의 성과들을 다루고 있다. 특히 창의 노
동으로서 미디어 산업 노동의 특징, 창의 노동자들의 자율성과 정체성 문제, 미디어
생산자들이 경험하는 노동과정의 양상과 갈등들, '좋은 노동'과 '나쁜 노동'을 구별
하는 기준에 대한 규범적 논의 등 미디어 산업 노동을 둘러싼 중요한 이슈와 쟁점들
에 대해 상세하게 논의하는 책이다.

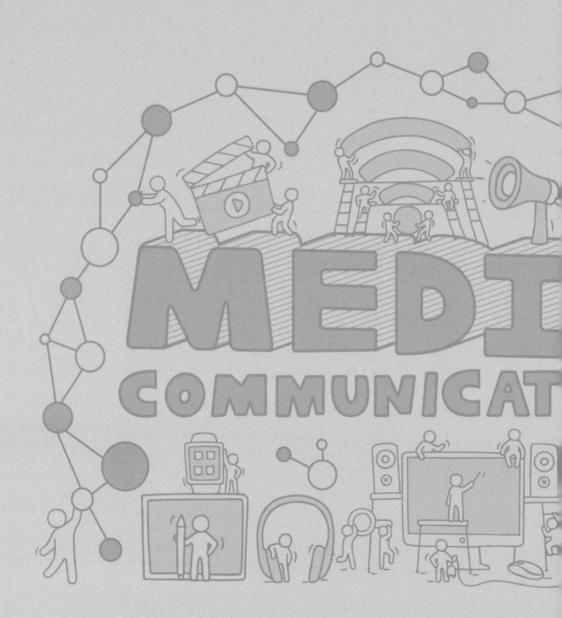

제3부
미디어와 문화

08

미디어와 대중문화, 소수자, 젠더

MEDIACOMMUNICATION

1. 미디어, 문화, 대중

아침에 일어나자마자부터 사람들은 핸드폰을 켜서 인터넷에 접속해 어제 무슨 일이 있었는지, 최근 방영한 콘텐츠에 관한 이야기는 무엇이 있었는지 살펴보거나 종일 텔레비전이나 라디오를 틀어놓기도 하고 이동하는 와중에도 웹툰이나 유튜브 영상을 띄워놓거나 음악이나 오디오북을 듣기도 한다. 콘서트장이나 영화관을 가는 것, 드라마나 만화책을 보거나 책을 읽는 행위, 최근에는 유튜브나 OTT에 접속해서 콘텐츠를 (찾아)보는 것, 그리고 이를 통해 가치관이나 개념을 형성하는 것, 나아가 이에 대한 이야기를 나누고 이와 관련한 무언가를 만드는 것, 이 모든 것은 문화의 영역에서 일어나는 일들이다. 이는 사람들이 즐거움을 추구하는 행위들이기도 하면서 동시에 사회적인 의미를 구성하고 담론의 투쟁이 일어나는 장소로 기능하므로 매우 중요하다. 그리고 그 때문에 문화에 대해서는 단순히 즐기거나 소비하는 대상으로서뿐만 아니라 의미를 구성해 내는 생동하는 장으로서의 비판적 접근이 필요한 것이기도 하다. 본 절은 미디어와 문화, 그리고 대중과의 관계를 각각 그 기본적인 개념에서부터 핵심 논의들을 아우르며 살펴보고자 한다. 학술적이고 이론적인 개념들과 관점들에 대한 접근과 더불어 이러한 논의들을 통해 변화하는 미디어 생태계에 대한 고려를 포함하여 대중문화가 개인의 정체성에서부터 전 세계 산업에 이르기까지 오늘날의 사회에서 지니는 의미와 생각할 지점까지를 함께 고민하는 것 또한 중요할 것이다. 먼저 문화를 바라보는 관점들에 대한 본격적인 논의에 앞서 학술적인 개념으로서 문화와 대중은 우리의 일상과 매우 밀접한 관계를 맺고 있으면서 동시에 정의가 쉽지 않은 개념들임에도 불구하고 쉽게 사용하는 단어들이기도 하다. 이에 그에 대한 개념 정의들과 그 정의를 둘러싼 논의를 살펴보는 것이 필요하다.

1) 문화, 대중은 무엇인가?

문화는 정의가 매우 어려운 개념이다. 표준국어대사전은 문화를 '자연 상태에서 벗어나 일정한 목적 또는 생활 이상을 실현하고자 사회 구성원에 의하여 습득, 공유, 전달되는 행동 양식이나 생활양식의 과정 및 그 과정에서 이룩하여 낸 물질적·정신적 소득을 통틀어 이르는 말. 의식주를 비롯하여 언어, 풍습, 종교, 학문, 예술, 제도 따위를 모두 포함한다'고 정의하고 있다. 이 정의만 보았을 때는 문화의 범위가 무엇이고 문화가 무엇을 의미하는지 분명하게 인지하기가 쉽지 않다. 마치 인간의 모든 행위가 문화에 포함되는 것처럼 보이기도 한다.

문화는 어떻게 정의되느냐에 따라 다양한 의미를 지니고 있으며 문화의 개

넘을 살펴보기 위해서는 논의되는 맥락을 잘 살펴보아야 한다. 문화는 광의의 의미로는 국어사전의 개념처럼 이해할 수 있으나 '문화'가 논의되는 맥락을 고려한다면 훨씬 더 섬세하게 들여다보고 다양하게 정의될 수 있는 개념이다. 가령, 문화를 어떻게 보는지 그 관점에 따라 학자들은 문화의 정의를 달리하기도 했다. 후에 나올 문화와 문명의 전통에서 매튜 아놀드는 문화를 "인간 사고와 표현의 뛰어난 정수의 의미"라고 생각했다. '뛰어난 정수'라는 표현이 지칭하는 바, 이러한 정의에서 본다면 문화는 뛰어난 것을 판별하고 감상할 수 있는 능력, 함양해야 하는 교양과도 직결되는 것으로서 논의될 수 있다. 그리고 이 때문에 산업혁명 이후의 사회에서 관점에 따라 '문화'를 대중문화와 대립되는 고급문화의 개념으로 한정하는 경우도 있었다. 다른 한편으로 사회학 또는 인류학적 관점에서는 문화를 상징체계, 생활양식 등으로 정의하기도 한다. 인간이 사회의 구성원이 되기 위해 그 사회에 존재하는 상징체계를 습득하게 되는데 이것이 문화이며 이를 받아들이는 것은 곧 해당 상징체계가 반영하고 있는 규범을 습득하게 되는 것으로 이어진다. 이러한 관점은 후에 살펴보게 될 분류 중의 하나인 레비-스트로스 등의 구조주의자들의 논의와도 연결된다.

이렇게 다양하게 정의될 수 있고 관점에 따라 논의가 달라질 수 있기 때문에 레이먼드 윌리엄스는 문화를 "영어 단어 중 가장 난해한 단어들 중 하나"로 지칭한 바 있었다. 현재의 문화 논의에 큰 영향을 끼쳤고 영국의 문화적 전통 하에서 문화의 개념을 풍부하게 했으며 후에 문화연구에도 지대한 영향력을 행사한 윌리엄스는 문화를 여러 차원에서 정의했는데, 이를 정리해 존 스토리(Storey, 2015)는 기본적으로는 크게 세 가지로 정의했다. 첫 번째로, 문화는 '지적·정신적·심미적 능력을 계발하는 일반 과정'을 의미한다. 이 경우에는 위대한 철학자, 시인들 등 문화에서 지적이거나 미학적인 관련 요소들을 지닌 사람들에 대해서만 이야기하는 경우이다. 두 번째로 문화는 '한 인간이나 한 시대, 혹은 한 집단의 특정한 생활방식'을 가리킨다. 이 경우에는 교육, 여가, 스포츠 또는 종교적 축제까지 포함되게 된다. 마지막으로 문화는 '지적 산물이나 지적 행위, 특히 예술활동을 일컫는다' 이는 소설, 오페라, 발레 등을 포함하여 의미를 만들어내는 텍스트나 문화적 행위 등을 말한다. 존 스토리(Storey, 2015)에 따르면 우리가 흔히 대중문화를 이야기할 때는 윌리엄스의 위의 세 가지 정의 중 두 번째와 세 번째 정의를 사용한다. 두 번째는 살아 있는 문화로서 실천 행위를 포함하며 세 번째는 흔히 팝, 만화, 영화 등 문화적 텍스트들을 지칭하게 된다.

윌리엄스는 그 외에도 '감정 구조'라는 개념을 제시하여 문화의 개념이 이해되는 데 큰 영향을 미쳤다. '감정 구조'는 문화가 지니고 있는 삶의 감각, '특수하고도 특정적인 색'으로서 감정 구조이면서 세대의 문화, 특정한 시대, 계급의 살아 있는 문화이다. '문화적 과정'은 이때 중요한데, 가령 문화적 텍스트를 분석할 때는 단순히 모든 것과 분리된 텍스트로서 해당 대상을 바라보는 것이 아니라 그것을 생산한 제도, 사회구조에 대한 분석과 연관되어야 하는 것이다. 그런데 문화의 정의, 문화에 대한 논의와 관련하여 윌리엄스는 『문화와 사회』의 서문에서 "문화라는 개념과 그 용어가 근대에 보편적으로 사용된 것은 흔히 우리가 산업혁명이라 부르는 시기에 영어권에서 비롯되었다는 것이 이 책의 주된 원칙이다"라고 기술하고 있다. 이는 다시 한번 문화에 대한 학술적 논의들이 어떠한 과정과 맥락에서 전개되어 왔는지에 대한 매우 중요한 시사점을 상기시킨다. 오늘날 우리가 보편적으로 사용하고 있는 문화에 대한 여러 차원의 논의들은 산업혁명 이후, 자본주의 사회의 도래와 그리고 무엇보다 '대중'의 출현과 매우 밀접한 관련을 맺고 있는 것이다.

그렇다면 대중은 어떤 대상을 지칭하는가. 문화에 관한 논의들과 함께 부상했던 '대중'의 개념 또한 결코 쉽게 정의될 수 없는 것이다. 산업혁명 직후 부상했던 대중은 19세기 말에서 20세기 초에는 부정적인 관점에서 바라보아지기도 했다. 대중의 수동성을 전제로 한 초기 대중에 대한 논의들은 대중들이 상업문화 또는 대량문화에 매우 취약하고 쉽게 영향받을 수 있는 존재라고 생각하고 바라보았으며 이들의 판단력과 분별력을 의심했다. 그러나 이후 여러 논의들을 거치면서 대중의 개념은 논쟁적인 것이 되었으며 능동성을 획득하고 다양한 관점에서 논의되게 되었다.

문화이론과 연관하여 피스크(Fiske, 2002)는 대중이란 하나의 고정된 범주가 아니며 객관적 실재가 아니라는 점을 지적했다. 이는 대중이라는 개념이 다양한 개인들, 각기 다른 성격을 지닌 개인들이 속한 범주로서 대중의 유형이 가변적이고 달라질 수 있으며 여러 사회적 범주를 가로지르고 있고 여러 대중의 유형들 사이를 옮겨 다닐 수 있는 것임을 의미하기도 한다. 피스크는 그래서 대중을 "변화하는 일련의 사회적 충성"이라고 지칭하기도 한다. 원용진(2016)의 논의에 따르면 대중은 영어 단어로는 mass 또는 popular로 정의될 수 있으며 이때의 mass로서 대중의 정의는 '많은 수의 사람, 익명성에 빠진 불특정 다수, 삶에 대해 수동적 태도를 갖는 존재'를 의미하고 popular로서 대중의 정의는 '많은 수의 사람, 사회 내 피지배 위치에 있는 사람, 지배와 피지배 간 갈등 과정에서 피지배를 경험하는 집단의 총합'을 의미한다. 그 외에도 스토리(Storey, 2003)는 대중문화popular culture의 관점에서 논의할 때 대중문화는 신화화된 시골의 '민속문화folk culutre' 또는 산업사회에서 발생한 도시 노동계급의 '군중문화mass culture'로 볼 수 있다고 지적한다.

즉 같은 대중이라는 단어로 어떤 맥락에 따라 해석되는지에 따라 그들의 문화가 달리 읽힐 수 있는 것이며 popular로서의 대중과 관련한 지배와 피지배의 관계는 결코 단순한 것이 아니라 성별, 지역, 계급, 세대, 교육수준 등과 관련하여 매우 복잡하고 다양한 영역에 걸쳐 발생하는 것이다. 피스크는 대중문화가 문화산업의 생산물과 일상생활이 만나는 지점에서 대중에 의해 형성되며 그들에 의해 만들어지는 것이지 수동적으로 그들에게 강요되는 것이 아니라는 점을 강조한다. 즉 이 지점에서 대중이라는 단어의 의미에는 능동성이 포함되어 있고 대중은 지배집단에 의해 어느 정도 결정될 수 있지만 지배집단은 대중이 구성하는 의미를 완전히 통제할 수 없고 대중들이 무력한 주체가 아님이 중요한 지점인 것이다(Storey, 2015; Turner, 1992). 이러한 맥락에서 문화와 대중, 대중문화에 대해 논의를 했을 때 대중에 대한 접근을 어떻게 할 것인지, 문화를 향유하는 주체를 누구로 볼 것인지, 대중문화는 어떤 지점에서 형성되고 어떻게 의미를 획득한다고 볼 것인지 등에 따라 문화와 대중문화를 바라보는 관점들은 매우 다르게 전개되었다.

2) 문화, 대중문화를 바라보는 관점들

이 절에서는 문화에 대한 논의가 활발히 전개되었던 시기들을 중심으로 문화 또는 대중문화를 바라보는 다양한 관점들을 살펴보고자 한다. 각각의 관점들은 각기 다른 철학적, 학문적 전통 속에서 논의되었으나 유사한 고민들과 성찰점들을 안고 있기도 했다. 하나하나의 관점들이 매우 깊고 풍부하게 논의될 수 있는 것들이나 여기에서는 주로 스토리(John Storey, 2013; 2015)와 원용진(2016)의 논의와 정리를 중심으로 가장 핵심적인 개념을 바탕으로 살펴볼 것이다.

(1) 비판적 자유주의자들의 관점

밀(John Stuart Mill, 1806~1873년), 토크빌(Charles Alexis de Tocqueville, 1805~1859년) 등 비판적 자유주의 전통 안에 포함되어 있는 학자들은 산업사회로 이행하면서 대중사회가 도래했다고 지적했다. 정치사상가들이자 철학자였던 이들이 바라보는 새로운 사회는 매우 우려스러운 것이었는데 대중사회의 도래는 '잘못된 평등'에 대한 관점을 바탕으로 한 민주주의가 만연할 수 있다는 문제점을 지닌다고 이들은 생각했다. 즉, 계몽 정신과는 거리가 있는 책임지지 않는 개인들이 등장함으로 인해서 민주주의의 제도들은 다수로서의 대중의 힘에 따른 새로운 전체주의를 낳게 될 수 있고 이를 통해 대중은 스스로를 억압하거나 다른 사람을 억압할 수 있다고 생각했던 것이다.

이들은 다수의 횡포를 우려했는데 시장이 발달하고 교육이 폭넓게 이루어지며 매체의 수용이 일반화됨으로써 사회는 점차적으로 획일화의 가능성이 높아지게 되었으며 다수로서 대중의 의견이 중요해지고 대중의 의견에 반대하는 개인들은 살아남기가 어려워지게 될 수 있다는 관점이었다. 개인의 자율성을 중시하고 다수의 전제를 경계했던 이들에게 봉건사회에서 대중사회로의 이행에 있어서 대중에 대한 교육의 확장과 대중 매체는 계몽 정신과는 거리가 먼 것이었다. 이 관점에서는 비록 어쩌면 대중들이 잠재적으로는 다양성을 유지할 수 있을지 모르나 다수결이 기준이 됨으로써 소수의 의견이 무시될 수 있고 낮은 수준의 균질화된 취향이 만연할 수 있으며 대중의 평판, 상업적 성공 등이 중요해지는 상황이 올 것이라는 지적이었다(원용진, 2016).

(2) 문화와 문명

아널드(Mathew Arnold, 1822~1888년), 리비스(Frank Leavis, 1895~1978년). 엘리엇(T.S.Eliot, 1888~1965년) 등은 문화의 개념에 대중문화는 끼어들 수 없다고 생각했으며 문화의 위기로서 대중문화를 이해하는 관점을 지니고 있었다. 매슈 아널드는 근대적인 대중문화론에 많은 영향을 끼친 인물이었다. 그는 문화와 연관되어 특히 산업화를 부정적으로 바라보았으며 속물적 성격을 지닌 중간 계층의 성격이 노동계급까지 이어지기 때문에 '문화화된 소수'가 '문명화된 대중'을 만들고 통제해 나가야 한다고 지적했다. 앞서 문화의 개념에 대한 논의에서도 잠시 살펴봤던 바와 같이 '뛰어난 정수'로서의 문화를 생각했던 아널드에게 그의 관점에서 문화는 최고의 것을 찾는 과정이고 지식체계이면서 신의 의지, 인간의 이성이 작동하는 것이었다. 따라서 아널드의 문화 정의에는 다수가 추종하는 대중문화는 포함될 수 없었다. 이러한 아널드의 관점을 이은 리비스와 엘리엇은 대량 문화로서 미국 문화가 유입되고 확산되던 1930년대의 유럽을 문화적 위기의 시대로 바라보았다. 미국 문화가 유럽으로 진출하면서 미국의 영향력이 증대했으며 유럽 문화의 우월성이 인정받지 못하게 되었다고 본 것이다. 동시에 이들은 대중문화가 문화적으로 무질서를 야기한다고 생각했다. 대중문화가 확산되는 현상은 공동체의 위기와도 연결되며 전통 사회에서 공유되고 있던 문화들이 대중문화에 밀려 사라지고 있음을 의미하기도 했다. 이때 이들이 생각했던 공유되고 있던 문화, 즉 '공유 문화'는 산업혁명 이전에 존재하던 것으로서 상업적 이해관계가 없는 것이었으며 문화적 황금시대의 산물을 의미하는 것이었고 산업혁명 이후의 대중문화는 이러한 것들을 파괴하는 것이었다. 이때 영화, 라디오, 신문, 광고 등의 대중미디어는 핵심적인 비판 대상이었는데 이들을 통해 문화적 퇴행이 초래되고 있기 때문이었다(Storey, 2015; 원용진, 2016).

(3) 문화주의

문화주의는 특히 영국적 전통하에서 논의가 진행되었으며 문화와 문명의 관점을 지니고 있던 리비스 학파와는 차이점을 지니고 있었지만 동시에 이론적 영향을 받은 부분들로 인해 좌파 리비스주의라고 불리기도 했다. 윌리엄스 (Raymond Williams, 1921~1988년), 톰슨(Edward Palmer Thompson, 1924~1993 년), 호가트(Richard Hoggart, 1918~2014년) 등이 대표적인 학자들로 이야기되며 이들은 공통적으로 한 사회의 문화를 분석함으로써 그 사회에서 사람들이 공유하는 사상, 행동 등을 재구성할 수 있다고 보는 태도를 취했다.

그 이전까지의 대중문화 논의는 주로 지배 문화와 관련된 부분을 다뤘으나 문화주의는 피지배계급의 문화, 대중이 만들어내는 문화에 관심을 가졌다. 즉, 지배 체제를 견고히 만드는 문화 또는 생각하지 않는 다수가 중요하고 소수의 의견이 묵살되는 지배적인 문화가 아니라 아래로부터의 문화의 가능성에 관심을 가졌던 것이다. 문화주의에서는 이러한 피지배계급의 문화가 지배계급의 문화에 대항했음을 강조하면서 새로운 사회를 만들어내는 데 있어서 어떤 역할을 할 수 있는지를 보고자 했으며 그렇게 다른 관점을 취하는 과정에서 문화의 개념 정의가 풍부하게 진행되었다. 문화주의는 문화에 대한 논의들을 통중매체에서는 항상 자신들의 수용자에게 교양 있는 사람이 되지 못한다고 해서 부끄러워하지 말라고 이야기한다. 그들은 그들 나름대로 성숙함을 달성할 수 있기 때문이다. 이 말 자체는 사실이지만, 이들 대중매체가 할 수 있는 이야기는 아니다. 왜냐하면 이들의 접근법이 자신들의 주장 자체를 훼손하고 있기 때문이다. (…) 그런데 여기에는 새로운 강조점, 즉 물질적이고 새로운 것에 대한 탐욕의 정서가 강조된다. 즉 〈당신의 감성을 위해〉라는 제목에 "이 프로그램을 통해 당신은 많은 돈을 벌 수도 있다"라는 문구가 가미되는 식이다. 이런 식의 결합은 최근 방송 프로그램의 흐름이기도 한데, 내밀한 개인사를 대중에게 공개하여 그것을 통해 몇 사람이 '승리'해서 상금을 획득하는 방식이 바로 그것이다. 여기에는 요즘 젊은이들이 자신의 친구들과 어울릴 때 듣곤 하는, 대중음악 레코드판에서 들을 수 있는 저속한 동류의식이 스며들어 있으며, 그것은 다수의 대중이 좋아하는 것이라면 어떤 것이든 가장 좋은 것이며 나머지는 '인텔리'들의 단순한 일탈 정도로 치부되는 정서라고 할 수 있따. 이들 프로그램은 자신들에 대한 비판에 대해 "사람들의 삶 속에 녹아 있는 기쁨과 슬픔을 담백하게 드러낸다"고 변명하곤 한다. 더불어 이들은 자신들의 프로그램이 "새롭고, 매력적이며, 놀랍고, 센세이셔널한데다가 열정적이고, 더불어 사람들에게 후한 보상을 해준다"고 이야기하기도 한다.

대부분의 대중문화 상품은 결국 D.H. 로렌스가 이야기한 것처럼 '진정한 삶에 반하는' 모습을 갖게 될 수밖에 없다. 대중문화 상품에는 타락한 화사함, 부적절한 매력과 비도덕적인 요소로 가득하다. 앞서 보았던 예시들을 돌이켜보자. 보통 대중문화는 진보란 곧 더 많은 물질을 소유하게 되는 것, 평등이란 도덕심을 하향 조정하는 것, 자유란 책임을 회피한 채로 끊임없이 쾌락만을 추구할 수 있게 하는 기반이라는 세계관으로 치우치는 경향이 있다. 이들이 보여주는 세계는 대리만족의 세계이자 구경꾼의 세계로, 이들은 수용자들의 가슴이나 머리를 진정으로 사로잡을 만한 내용물을 제공하는 경우가 거의 없다. 대중문화 상품으로 인해 더욱 긍정적이고 풍요로우며 사람들이 공동으로 만드는 종류의 오락물, 즉 많은 수고를 들인 만큼 많은 것을 얻게 되는 그런 문화는 씨가 마르게 된다. 이들이 보여주는 세계는 참을 수 없는 가식으로 가득 차 있다. 그리고 이런 문화는 두 가지 방식, 즉 제멋대로 행동하고자 하는 욕망과 결과는 받아들이려고 하지 않는 경향에 영합하고 있는 것이다. 소수의 대형 방송사가 생산하는 이와 같은 대중문화 상품은 매일 수많은 사람들에게 공급되고 있으며 이들의 영향력은 광범위할뿐더러 매우 획일화되어 있다.

(호가트. 1957/2016. 『교양의 효용(The uses of literacy)』. 이규탁 옮김. 『오월의 봄』, 495~508쪽).

해 문화란 무엇인가의 질문에서 문화는 어떻게 형성되고 재구성되는가의 질문으로 이동하는 토대를 제공했다.

이 관점의 시사점으로 매우 중요한 것으로서 이러한 논의들을 통해 문화의 정의는 고정된 것이 아닌 형성되고 변화하는 것으로서 역동성을 포함하게 되었으며 문화들은 수직적인 것이 아니라 수평적인 것으로 여겨지게 되었다. 즉 좋은 문화 또는 나쁜 문화가 있거나 고급문화와 저급 문화가 있는 것이 아니라 다양한 문화들이 존재한다는 것이다. 또한 문화주의의 관점에서의 가장 큰 특징은 대중문화의 가치를 설명하고자 했다는 점이며 이 관점은 이후의 영국 문화연구에 큰 영향을 미치게 된다. 문화주의는 노동계급의 문화 향유가 지녔던 사회적 역할을 조망하고 그에 대한 기대를 버리지 않는다. 다만 변화가 생기고 있음에는 주목하지만 그 변화를 긍정적, 또는 부정적으로 볼 것인지에 대한 부분은 각 학자마다 약간씩 입장을 달리 하기도 한다.

다른 한편으로 문화주의 논의에서는 구조주의를 비롯해 마르크스주의와의 관계도 중요한데, 문화주의는 구조주의에 대해서는 일견 대립하며 구조주의가 사회적 구조의 결정성을 지나치게 강조한다는 점을 비판한다. 한편으로 마르크스주의로부터는 영향을 받았음을 인정하면서도 전통적 마르크스주의에서 제시하는 '문화는 물질적 토대의 반영'이라는 테제에는 반대 입장을 취하며 문화적 영역은 경제적 영역으로부터 상대적으로 독립적임을 강조한다. 문화주의에서는 대중문화는 상업성이 강조되는 대량생산 문화와 구분되어야 하며 모든 대중문화를 적대시해서는 안 됨을 지적하고 대중문화의 정치성을 강조한다. 즉 문화를 사회적인 것으로 정의하여 '삶의 방식'으로 인식했고 문화의 중요성을 강조한 것뿐만 아니라 문화의 개념을 확장하고 재정의해서 문화 영역을 넓히는 작업을 수행했던 것이다(Storey, 2015; 원용진, 2016). 글상자의 내용은 리처드 호가트의 『교양의 효용』 중 「오늘날의 대중문화 요약」의 '결론' 부분이다. 문화주의의 관점을 잘 드러내고 있는 해당 내용은 21세기의 대중문화 논의에서도 시사하는 바가 크다.

(4) 마르크스주의

마르크스주의는 복잡하며 논쟁적인 관점들을 형성하므로 하나의 결로 설명하기는 매우 어렵다. 마르크스주의에서는 역사의 단계들을 특정한 생산양식으로 규정하는데 해당 생산양식에 따라 노예사회, 봉건사회, 자본주의사회 등으로 정의할 수 있다고 보았다. 이 중 새로운 생산양식인 자본주의사회로 돌입하면서 물질주의적 규범이 사람들의 생활을 지배하게 되었고 자본주의 사회에서는 자본가들의 지배를 영속화시키기 위해 이들과 맞지 않는 문화는 사라지게 된다. 따라서 자본주의 사회의 문화는 유산 계급과 그를 지지하는 정치세력의 이익에 충실한 방향으로 작동한다. 문화는 경제 제도와의 관계 속에서 설명되게 되며 기존의 민속문화 등은 자본주의와 결합하지 않는 한 존재하기 어렵게 된다고 보았다. 그리고 대중문화는 이 과정에서 주류 문화의 위치를 차지하면서 자본주의 사회를 견고하게 해주게 된다(Storey, 2015; 원용진, 2016). 마르크스주의는 대중문화에 대한 접근에 있어서 마르크스주의 내부의 입장과 성격에 따라 관점들을 약간씩 달리하기도 한다.

원전에 충실한 입장에서의 고전적 마르크스주의는 대중문화에 대해 어떤 텍스트, 실천행위 등에 대해 이해하거나 설명하기 위해서는 그것이 생산된 역사적 시기와 상황에 입각해서 분석해야 한다는 입장을 취한다(Storey, 2015). 이 관점에 따르면 지배계급의 사상은 각 역사적 단계에서 지배적인 사상이 되며 자본주의 사회에서 경제적으로 지배적인 계급은 정신적으로도 지배적이다. 물적 생산수단을 통제하는 계급이 지적 생산수단도 통제하게 되며 지배계급은 이러한 과정을 통해 자신들의 이익이 사회의 이익이고 자신들의 사상을 보편적이고 타당한 것처럼 보이게 만든다. 마르크스주의에서는 정치경제학적 문화론의 입장에서 문화기구는 대부분 자본에 종속되어 있으며 이러한 문화기구들은 지배계급을 대변하게 됨을 지적한다. 이는 곧 대중들이 소비하는 문화 상품이 지배 이데올로기와 문화산업의 재생산에 기여를 하게 된다는 점을 의미한다. 고전적 마르크스주의와 달리 수정된 마르크스주의 관점에서는 문화적 영역의 상대적 자율성을 인정하며 마르크스와 엥겔스의 사상에는 이데올로기의 일방적인 면이 아니라 투쟁의 가능성들이 내포되어 있음을 지적한다. 즉, 문화는 물질적 영역의 단순 반영이 아니며 능동적 역할이 존재한다는 것이다. 비록 문화 영역이 역사의 전개 과정에서 주된 원동력이 될 수는 없지만 참여 주체들 사이에서 상호작용의 도구가 될 수 있고 그러한 과정에서 역할을 수행할 수 있음을 이야기하며 이를 단지 계급투쟁 또는 경제적인 것으로만 설명할 수 없음을 논의한다.

(5) 구조주의

구조주의는 문화를 분석의 대상으로서 본다. 즉 대중문화의 내용을 텍스트로 파악하고 이에 대한 분석을 수행하는 것이다. 대표적인 학자들로 소쉬르(Ferdinand de Saussure, 1857~1913년), 레비-스트로스(Claude Lévi-Strauss, 1908~2009년), 바르트(Roland Barthes, 1915~1980년), 알튀세르(Louis Althusser, 1918~1990년) 등이 있다. 이들의 연구들은 소쉬르는 언어학자로서 언어를 통한 의미의 측면에 관심을 가졌고, 레비-스트로스는 인류학자로서 인간 사회를 유지하는 질서의 측면에, 바르트는 문화연구가로서 문화 상품의 소비와 문화를 통해 사회에서 작동하는 신화의 측면에, 알튀세르는 마르크스주의 이론가로서 자본주의의 질서 등에 주요한 관심을 가지는 것으로 서로 접근이 다르기는 하지만 기본적으로 인간 개개인의 의식을 넘어선 질서를 찾아간다는 점에서는 공통점을 지닌다. 공통적으로 이들의 관심은 '구조'에 대한 것으로서 표면적인 현상의 아래에 존재하면서 그것을 가능하게 하는 체계로서의 심층구조를 밝혀내고자 했다. 구조주의는 역사를 인간이나 인간 이성의 문제가 아닌 인간의 조건, 구조의 문제로 바라보았다.

소쉬르는 언어에 대해 통시적 접근이 아닌 공시적 접근으로 옮겨가면서 언어가 의미를 내는 방식을 언어 구조를 통해 살펴보았다. 레비-스트로스는 원시 사회가 친족에 대한 분류 체계를 통해 정체성을 구성하고 있고 차이를 바탕으로 의미들이 발생한다는 점을 지적했는데 이때 문화적, 사회적인 행위의 여러 형태들을 언어체계와 유사한 방식으로 분석했다. 바르트는 대중문화에 대해 의미의 생산과 순환의 메커니즘으로서 의미 작용의 과정들을 살펴보았고 기호의 표면적인 의미인 외연Denotative과 기호에 덧붙여지는 사회적, 문화적, 역사적 의미인 내포Connotative의 개념을 통해 신화Myth가 어떻게 만들어지고 소비되는지를 분석했다. 그리고 이때 바르트에게 영화, 광고, 사진, 드라마들 등은 신화, 즉 지배이데올로기를 싣고 있는 미디어이며 신화는 대중문화 생산 물들에 의해 만들어지기도 하나, 한편으로는 그 이전부터 존재하는 것으로서 수용자들이 대중문화를 접하면서 다시 확인하고 재생산하는 과정을 거치게 된다. 알튀세르는 이데올로기 개념을 이론화시키기 위한 다양한 논의들을 전 개했는데 이후 문화연구의 영역을 형성하는 데 영향을 주었으며 이데올로기 적 국가기구의 하나로서 대중문화를 논의하고 가족, 학교, 종교, 대중문화 등 이데올로기적 국가기구들을 통해 자본주의적 생산양식이 필요로 하는 윤리나 가치 규범들이 만들어지고 사회 문화적 제도의 실천들 속에 이데올로기가 이 미 들어가 있음을 지적했다(Storey, 2015; 원용진, 2016).

(6) 후기구조주의

후기구조주의는 구조주의를 계승하는 측면과 구조주의를 넘어서는 측면을 포함한다. 문화의 영역에서 후기구조주의의 논의와 관련해서는 철학적인 관 점이 어떻게 변화되는지를 살펴보는 것이 중요하다. 후기구조주의는 이성적 주체, 온전한 주체에 대해 반대 입장을 취하고 있는데 구조주의가 주체를 구조 를 담는 그릇으로 바라보았다는 점에서 구조주의는 후기구조주의가 반대하는 합리적 주체의 개념에 대해 먼저 문제제기를 했고 이런 점에서 후기구조주의 는 구조주의와 유사한 지점을 지닌다. 그러나 후기구조주의는 구조주의가 구 조중심주의라는 점을 비판하며 구조의 우월성을 지나치게 강조하고 있다는 점을 지적한다. 후기구조주의는 지식이나 언어에 있어서 새로운 이론 및 인식 론을 논의하며 인간을 담론 속에서 파악하거나 인간 외부의 타자성에 의해 형성되는 존재로 본다. 후기구조주의에서는 모든 형태의 '중심주의'를 비판하며 해체한다. 서구 철학에서는 오랫동안 플라톤의 이데아론과 같이 초월적 진리의 존재를 이야기해 왔으나 후기구조주의에서는 절대적 진리가 환상임을 논의하며 그동안 의문시되지 않았던 진리의 영역에 반기를 든다. 즉, 후기구조주의는 기존의 진리를 해체하며 이를 권력 작용으로 파악했다(Storey, 2003, 2015; 원용진, 2016).

후기구조주의 관점은 숨겨진 구조가 있다는 생각을 거부하는데 이 관점에서 의미는 과정 속에 존재하는 것이다. 즉 구조주의에서는 기표가 기의를 만들어낸다고 보았지만 후기구조주의에서는 기표가 기의를 만들어내는 것이 아니라 더 많은 기표들을 만들어내게 된다고 보았고 이에 따르면 의미는 매우 불안정하게 된다. 후기구조주의는 언어가 기표 기의, 기호로 구성된다고 보았던 구조주의의 논의와 달리 이를 더 복잡하게 파악하고 있다. 후기구조주의의 대표적인 학자로는 데리다(Jacques Derrida, 1930~2004년)와 푸코(Michel Paul Foucault, 1926~1984년)를 들 수 있다. 데리다는 구조주의 언어학자였던 소쉬르와 달리 기호의 성격을 묘사하기 위해 '차연difference'의 개념을 사용했는데 기호에 있어서 차이에 의해 의미가 발생되기는 하지만 그 의미는 지속적으로 연기된다는 것이다. 이는 '사전찾기'의 개념으로 설명할 수 있는데 한 기호의 의미를 알기 위해 다른 기호가 사용되지만 의미는 마무리 되지 않고 이 과정에서 의미는 고정되지 못하며 기표는 기의로 곧바로 이어지지 않고 연쇄적인 기표의 고리로 이어지며 다른 기표들을 불러내는 것이다. 푸코는 권력과 지식의 관계에 관심을 가지고 계보학적 분석을 통해 담론 형식에 그 관계가 어떻게 작용하는지를 논의했고 어떻게 권력이 담론을 통해 작용하는지를 보여주고자 했다. 푸코는 권력이 지배계급의 소유물이나 억압하는 부정적인 힘이 아니라 생산적인 것으로 바라보아야 하며 일종의 전략 지대로 작용함을 지적했고 담론 또한 권력에 완전히 영합하거나 반하여 일어나는 것이 아니라 담론이 권력의 도구이자 효과일 수도 있지만 저항의 거점이며 대항 전략의 시발점이 될 수도 있는 복잡하고 불안정한 과정임을 논의했다. 문화, 대중문화에 대한 논의에서 후기구조주의는 문화에 있어서의 안정적인 상태의 이분법적인 논의들에 대한 해체, 주변화되어 있던 것, 특정한 규범에서 소외되어 왔던 영역에 대한 발견과 그 정치성에 대한 논의가 가능하게 하는 데 영향을 주었다.

(7) 포스트모더니즘

후기구조주의와 포스트모더니즘은 종종 혼용되는 경우도 있으나 문화적 측면에서 논의할 때의 다른 결을 고려하여 별도로 포스트모더니즘을 살펴보고자 한다. 포스트모더니즘은 오늘날 대중문화에 대한 논의에서 두루 쓰이고 있는 용어이며 팝음악에서부터 다국적 자본주의의 문화적 상황에 대한 분석에까지 활용되기도 한다. 포스트모던이라는 용어는 1870년대부터 문화적 의미로 존재했으나 현대적 의미의 포스트모더니즘은 1950년대 말에서 1960년대 초에 이르러 시작되었다. 이때 포스트모더니즘은 기존의 예술 양식에 대한 거부로서 고급문화와 대중문화의 구분이 무너지면서 생긴 새로운 다원주의를 의미하기도 하고 보편적 대서사들의 특권적 지위에 대한 거부로 보기도 한다. 포스트모더니즘의 배경으로는 1960년대 미국에서 베트남 전쟁 이후 역사의 진보에 대한 회의가 생기게 되면서 사회의 도덕과 질서에 대한 신념이 상실되었던 것과 관련이 있다는 관점이 있고 서구사회의 지적 위기와 연결되어 있다고 보는 관점도 있다. 그리고 모더니즘과의 관계에서, 포스트모더니즘은 1960년대에 이르러 이전에는 반항적이었던 모더니즘이 규범화되어 버리고 자본주의 세계에서 또 다른 고급문화로서 누리는 지위, 부르주아 문화가 되어버린 모더니즘에 대한 비판을 전개하며 모더니즘이 지녔던 전복의 힘이 고갈되었다고 지적한다.

이러한 지점에서 1950년대와 1960년대의 영미권의 팝아트는 대중문화와 고급문화의 구분을 단호하게 거부하며 앤디 워홀의 사례에서 볼 수 있는 바와 같이 상업미술과 비상업미술의 구분을 거부하기도 했다. 이들은 진짜 미술은 그 시대 지배계급의 취향에 의해 정해질 따름이라고 주장했으며 록웰도 이러한 관점에서 미술은 사람이 무엇을 미술로 인식하느냐에 달려 있음을 이야기했다. 반면에 제임슨은 포스트모더니즘을 다국적 또는 후기 자본주의의 지배문화로 보기도 한다. 후기 자본주의 시기의 문화는 다국적 기업의 세계에 대한 지배를 정당화해주는데 포스트모더니즘 문화가 그 역할을 하며 포스트모더니즘 문화는 상품 논리에 함몰되어 있는 것으로 보는 것이다. 이러한 관점에서는 문화는 완전히 자율성을 상실한 것으로 소비로 점철된 일상과 전혀 간극이 없는 채로 존재하고 포스트모더니즘 문화는 깊이가 없는 것이고 역사성이 소멸되며 주체는 분열되어 있는 것으로 정의되기도 한다. 이러한 포스트모더니즘을 둘러싼 다양한 논의는 의미가 무엇인지, 의미와 쾌락과의 관계, 의미와 권력과의 관계에 관심을 가지는 것이라고 볼 수 있다(Storey, 2003, 2015; 원용진, 2016).

2. 문화와 위계

지금까지 살펴본 바와 같이 문화, 대중문화와 관련해서 여러 가지 논의들이 존재한다. 그런데 문화를 바라보는 관점에서는 단지 철학적인 접근에서 차이를 보였을 뿐만 아니라 사회가 변화하는 과정에서 문화의 위치성에 대한 논의 또한 활발히 전개되기도 했다. 산업사회가 도래하면서 대량 문화로 당대 새롭게 등장했던 문화를 바라보는 관점에서도 드러난 바 있듯 대중문화의 위치성은 고급문화와 저급문화의 관계로 흔히 치환되었다. 이 관점은 이미 이 안에 더 우월한 문화와 덜 우월한 문화가 있음을 전제하고 있으며 좋은 문화와 그렇지 않은 문화를 나누고 있음을 의미했다. 그렇다면 어떤 기준으로 문화를 구분했던 것일까. 이 기준들이 중요한데 이때 대중문화를 '저급한' 문화로 파악하는 관점에는 계급의 문제가 내재되어 있음을 생각해 볼 수 있다.

앞서 살펴본 것처럼 문화의 개념에는 여러 의미가 있으나 문화라는 용어가 사회적으로 널리 사용되기 시작하던 시기의 문화 개념은 산업혁명 이후의 대량생산 시대가 도래했던 것과 밀접한 연관을 맺는다. 유럽에서 대중문화에 대한 논의를 시작하던 당시에는 상업적인 바탕에서 시작되어 급격하게 영향력을 확대하던 미국의 문화에 대한 경계가 있었고 과거에 존재했던 이미 지나간 문화들에 대한 향수가 존재했다. 대량생산되어 상업적 이윤을 추구하는 것으로서의 대중문화는 따라서 상대적으로 부정적이고 저급한 것으로 취급받았다. 고급문화와 대중문화를 나누는 경우, 대중문화는 대량생산되는 상업적인 것이었고 고급문화는 개별적인 창조활동의 결과로 여겨졌다. 이때 고급문화는 도덕적인 것, 미학적인 것으로 이야기되지만 대중문화는 도덕성, 미학적인 논의의 대상이 아니며 진지하게 검토할 만한 내용이 없는 것으로 치부된다.

당시 대중문화에서 흔히 강조되었던 속성들은 대량성이나 저급한 것, 상업성과 연관된 것, 과거에는 존재하지 않았다가 대중이 주요 사회의 구성원이 되면서 만들어진 것—발명된 것 등으로 볼 수 있다. 이때 대중문화는 종종 문화산업이 만들어낸 것으로 이해되기도 하고 상업주의 문화, 경제적 이윤 창출을 위하는 문화로 비판받기도 한다. 그리고 이러한 관점들은 오늘날의 상업 문화를 바라보는 데 적용되기도 하고 자본과의 관계에서는 특히 비판적으로 검토될 필요가 있기도 하다. 그러나 대중문화를 해당 관점에서만 볼 수 있을까. 대중문화에는 문화산업을 거치지 않거나 상품화되지 않은 문화들도 존재하며 또는 문화산업의 상품이 그 의도대로 읽히지 않는 경우들도 존재한다. 그리고 매우 중요하게도 시대에 따라 대중문화의 개념은 변화할 수밖에 없었다. 역동적인 것이다. 가령 영화에서 오늘날 고전으로 이야기하는 수많은 영화들이 당시에는 대중들을 위한 영화이기도 했고 지금은 대중적인 것으로 이야기되는 콘텐츠들이 한때는 극히 소수만을 위한 하위문화적 성격을 지니고 있기도 했다. 따라서 이러한 부분에 대한 성찰 없이 대중문화를 모두 저급한 것으로 보는 관점은 계급적인 것으로 고급문화를 통해 대중을 배제시키는 것, 미국식 대량문화를 대중문화로 바로 치환하여서 보는 관점, 대중문화를 위로부터 아래로 강요되는 것으로 보거나 수용자들을 수동적인 존재들로 바라보는 관점과도 연결된다.

앞선 절에서 대중의 개념을 통해서 잠시 살펴본 바와도 같이 지배 체제 또는 고도로 자본화된 사회에서 문화 산업과의 권력관계는 존재하지만 대중들은 무조건적으로 순응적이거나 무력한 존재들이 아니다. 따라서 대중문화에는 늘 반동의 가능성이 내재되어 있다는 점이 중요하다. 지배적인 힘은 분명히 존재하고 대중문화에서 주체 형성은 다양한 형태의 지배적 입장에 동조하는 형태로 이루어질 수 있다. 그러나 대중문화를 분석함으로써 지배적 조건들을 밝혀낼 수 있으며 지배집단에 이익이 되는 상황들에 저항할 수 있는 실천들이 존재한다. 피스크(Fiske 2002)는 일상생활이 대중문화의 실천을 통해 구성되며 약자의 창조성을 통해 드러난다고 언급했다. 그런데 이 약자의 창조성은 권리를 박탈하는 시스템에 저항하면서 시스템의 자원을 이용하는 창조성이고, 일상생활의 대중문화는 투쟁 혹은 쾌락에 동기를 둔 것인데, 이때 쾌락은 사람들이 자신들의 사회적 경험의 의미를 생산하는 즐거움, 권력의 사회적 규율을 회피하는 즐거움인 것이다. 자본주의의 불균등한 발전은 그 의도 여부와 무관하게 다양한 집단과 다양한 삶의 방식들을 생산했다.

가령 분명히 상업자본에 의해 추동되는 문화 환경이라고 해도 사회 주체들의 의식과 실천이 변화한다면 그것을 계속 외면할 수는 없는 것이다. 이는 지금까지 대중문화의 역사 안에서 수차례의 저항과 실천들을 통해 증명되어 온 바 있다. 따라서 대중문화는 고정된 것이 아니며 대중 매체 내용에 대한 수용자들의 해독은 일방적인 것이 아니라 다양하게 이루어진다. 대중문화는 생산과 수용과 소비의 맥락, 즉 문화 산업, 담고 있는 내용, 수용하는 사람들의 조건, 주체가 형성되는 과정을 모두 포함한 것이다. 그리고 대중문화를 논의함에 차이와 권력의 문제는 핵심적인 것이지만 동시에 이는 문화적인 것을 넘어서 정치적이고 사회적인 것에 대한 인식과도 결부되며 순응과 저항, 협상 등과 연관 지어 이 내부의 역동성을 파악하는 것이 중요하다. 단지 문화를 우열의 관점이나 대립의 관점으로 보는 것을 넘어 문화와 대중의 일상적인 실천과 저항 가능성에 대한 것, 수많은 다양한 목소리들이 발화할 수 있는 것으로 바라보는 지점에 문화를 논의하는 것의 의미가 존재한다.

3. 소수자와 미디어

오늘날 미디어와 대중문화의 영향력은 미디어의 환경이 변화하며 미디어가 더 이상 분리된 것이 아니라 늘 접합되어 있는 것으로 우리의 일상에 깊이 스며들어 있으며 동시에 시공간을 초월하고 있다는 점에서 고민해 볼 수 있다. 이는 개인의 정체성, 가치관의 형성과 관련된 부분에서부터 전 세계적인 문화의 전파에까지 그 확장이 일어나고 있음을 의미한다. 그리고 이때 앞서 살펴본 문화에 대한 논의와 관련하여 기존의 지배적인 가치관, 이분법적인 접근에서 벗어난 논의, 사회에서 배제되어 왔고 비주류화되어 왔던 영역에 대한 관심의 확장과 논의는 중요할 뿐만 아니라 필수적으로 요구되는 것이다.

소수자는 사회 내에서 다른 집단에 비해 열세에 있음, 즉 권력관계 내에서 상대적으로 취약한 위치에 있는 집단을 뜻한다. 이는 사회에서의 지배적 기준에 의해 차별받거나 억압받는 주체들을 의미한다. 가령 가부장제 사회에서의 여성, 이성애 중심주의 사회에서의 성소수자, 백인 중심 사회에서의 유색인종

등이 소수자로 이야기될 수 있을 것이다. 즉, 사회의 지배적 가치, 사회에서 정해놓은 정상성의 범주에서 벗어난 이들이며 이들은 본질적으로 소수자인 것이 아니라 사회적 기준들에 의해 소수자가 된다. 소수자의 개념은 특정 사회와 문화, 정치적 상황에서의 상대적인 구성으로 권력의 관계에서 파악된다.

미디어에서 제시되는 내용은 사회적 구성의 결과이고 고정되어 있지 않으며 변화한다. 그런데 중요한 점은 미디어는 사람들의 삶에 영향을 미치는 기준들과 여러 가지 판단의 준거가 되는 단서들을 제공한다는 것이다. 사회에서 판단 기준이 되는 인식의 틀이 미디어를 통해 구성되고 규정되므로 미디어 내용이 어떤 내용을 담고 있으며 어떤 기준을 제시하는지 살펴보는 것이 매우 중요하며 이는 결국 '타자'에 대한 인식과 시선이 구성되는 것과 연관된다. 현대 사회에서 미디어는 그 내용에 따라 사람들이 세계관을 형성하고 자유, 공정성, 정상성, 정의, 평등 등에 대한 관점을 구성하게 되는 주요한 기준이 된다.

사람들의 정체성은 계급, 지역, 성별, 세대, 인종, 민족, 성적 지향 등 다양한 지점에서 복합적으로 구성된다. 그런데 이 구성은 결코 평등하지 않으며 질적으로도 동질적인 관계들보다 훨씬 더 이질적인 관계들이 복합적으로 교차하며 기반을 형성한다. 그리고 그 가운데에 우위를 점하는 것 또는 '정상적인 것'처럼 보이는 가치들이 등장하며 이때 그 기준에 맞지 않는 범주에 포함되는 대상들은 사회적인 질서 유지에 있어서 위협으로 제시되거나 사회에서 배제된다. 미디어의 내용물들이 구성되는 방식에 있어 비판적 관점을 가진 수용자들에 의한, 사회의 변화에 의한 문제제기와 반동의 가능성은 존재하나 기본적으로는 지배적 가치를 대변하는 성향이 있으며, 앞서서 사회변혁을 꾀하기보다는 헤게모니적 질서를 공고히 하고자 하는 경향을 띤다. 이러한 문제점들은 궁극적으로는 누구의 시선에서 구성되는 누구의 미디어(콘텐츠)이고 이때 발화 가능한 주체들은 어떤 존재들인가의 문제로까지 이어지게 된다.

즉 소수자에 대한 논의에서 미디어가 사회의 권력관계에서 어떤 입장을 대변하고 있으며 오늘날의 지배적인 문화는 누구의 문화인가의 질문이 끊임없이 제기되어야 하는 것이다. 특히 미디어의 개념과 형태가 급격하게 변화하고 있는 상황에서 소수자, 사회적으로 약자인 이들에 대한 고정관념과 부정적인 이미지가 어떻게 형성되어 왔는지에 대한 논의, 그와 관련된 담론이 만들어내는 권력의 지형은 비판적으로 검토되어야만 한다. 미디어의 효과 자체에 대해서는 의견이 분분할 수 있고 어느 정도까지 개개인들의 판단에 영향을 미치는지를 측정하는 것 또한 여러 논의가 있을 수 있다. 그러나 현대사회에 미디어를 둘러싼 환경이 변화하고 있으며 영향력이 복잡하게 행사되고 있다는 점은 명백하며 반복적으로 미디어를 통해 나타나는 소수자들에 대한 이미지 재현이 어떤 부정적인 신화를 생산/재생산 하는지에 대한 논의는 수많은 이론가들을 통해 이미 검토되어 온 바 있다. 지속적인 문제제기들로 인해 최근 문화의 영역에서, 일부 서구 대중문화에서의 재현의 차원에서 인종적, 성적지향, 젠더 등과 관련된 부분에서 고정관념을 재생산하지 않고 재현하는 것에 대한 논의 또는 제작 과정에서 평등함에 대한 부분을 어떻게 확보할 것인가 등에 대한 고찰이 이루어지고 있지만 아직도 지배적인 이데올로기를 해체하기에는 부족하다고 볼 수 있을 것이다. 다음 절에서는 소수자의 문제와 관련하여 가장 핵심적일 수 있는 젠더, 섹슈얼리티의 문제를 문화, 미디어와 연관되는 맥락에서 짚어볼 것이다.

4. 젠더, 섹슈얼리티와 미디어

1) 젠더, 섹슈얼리티와 문화연구, 미디어 재현

우리는 여러 다양한 미디어의 여러 텍스트들을 통해 성에 관한 재현들을 접한다. 미디어는 '여성성'과 '남성성'에 대한 관점들을 끊임없이 제시하며 '정상적인' 또는 '이상적인' 여성의 범주와 남성의 범주들을 만들어낸다. 미디어를 통해 우리는 성별과 성역할에 대한 관념들을 학습하고 성정체성과 관련한 지배적인 태도들을 전달받는다. 문화연구에서 미디어와 젠더의 관계를 다루는 것은 여성이 미디어에서 어떻게 대상화되고 어떤 모습으로 재현되는지, 여성성 또는 남성성의 실제적인 현실과 미디어의 재현 등에는 어떤 차이가 있는지, 나아가서는 이와 관련된 수용의 차원 등에 대한 문제제기를 바탕으로 한다.

기존에는 문화와 관련된 주류 분과들, 미디어와 관련된 논의들에서 젠더, 섹슈얼리티의 문제는 핵심적으로 제시되는 의제는 아니었다. 그러나 1970년대 페미니즘의 제2의 물결 이후에 젠더는 학문적 의제가 되었으며 1980년대가 되면 중요한 분석의 한 범주가 된다. 페미니즘은 제1물결, 제2물결, 제3물결 등으로 주로 후세대들의 편의에 의해 분류되기는 하나 이에 대해서는 여전히 여러 관점들이 존재한다. 현재 진행되고 있는 페미니즘의 내용을 제4의 물결로 볼 것인지 또는 이전의 흐름들의 연장선에서 볼 것인지 등에 대한 논의들은 현재진행형이다. 페미니즘의 세부적인 분류는 수없이 다양하다. 자유주의, 마르크스주의, 사회주의, 급진주의, 정신분석학, 문화주의 그리고 여러 포스트 학문들과 관계되는 페미니즘 논의들 등은 여성의 억압에 대해 각기 다른 접근을 제시한다. 억압의 원인에 대한 분석과 핵심 문제제기, 해결의 방안들이 다르게 제시되는 것이다(Tong, 1998). 그러나 이들이 상호 배타적이라고 볼 수는 없으며 각기 다른 논의를 펼치지만 교차되거나 상호 보완적인 양상을 보이기도 한다. 그리고 페미니즘은 벨 훅스의 말대로 '목소리 찾기'라고도 볼 수 있다. 이는 앞선 절에서 소수자의 문제와 연관 지어 살펴본 것처럼 억압당해 온 주체들의 발화 가능성과 연관되어 각각의 논의들은 그 발화 가능성을 각기 달리 탐색하거나 서로 보완적인 관점들을 주고받는다.

페미니즘과 퀴어 이론을 바로 동치시킬 수는 없으나 젠더와 섹슈얼리티에 대한 문제제기에는 중요한 교차 지점들을 지닌다. 텔레비전의 성소수자 재현 문제를 논의하며 건틀렛은 미국과 영국의 주류 텔레비전이 과거에는 재현하지 않았다가, 복장도착, 성별역할 전환 등과 같은 코믹한 장치로 성소수자의 재현을 이용하고 이후에는 악당 또는 피해자로 재현하는 것에 대해 문제제기를 한다. 즉, 성소수자들은 아예 재현되지 않다가 특정 방식으로 재현되고 이는 사회적으로 끊임없이 생산/재생산되는 고정관념과 편견들과 연관된다. 이러한 미디어의 차별적인 재현 방식은 여성들의 경우에는 과잉 재현/과소 재현, 그리고 특정 방식(예: 성적대상, 현모양처, 팜므파탈 등)으로 재현되는 것과 유사한 지점들을 지닌다. 그리고 그 재현 방식은 결국 무엇이 여성이고 무엇이 남성인지를 규정하고 이성애적 규범을 정상성으로 규범화한 상황에서의 이분법적 섹슈얼리티의 재생산을 의미한다.

섹스와 섹슈얼리티, 젠더의 문제는 단순화해서 이야기할 수 없으며 매우 복잡하다. 버틀러의 경우에는 섹스와 젠더 섹슈얼리티를 구분했던 지점들을 해체하며 젠더는 생물학적 성이 아닌 일종의 문화적 성과물임을 강조하기도 한다. 관련 논의들은 결코 쉽지 않으나 다만 섹슈얼리티와 젠더의 문제가 오늘날 몸의 가시성이 끊임없이 증가하며 대중문화의 영역에서 재현의 문제들이 더욱 커지는 현실에서 미디어와의 관계 속에서 살펴보아져야 한다는 점은 확실하다.

2) 미디어 연구와 페미니즘

주류 미디어 학계에서는 오랫동안 젠더를 하나의 사회적 범주로 고려하지 않거나 사소한 것으로 치부해 왔다. 이 때문에 페미니즘의 비판으로부터 미디어 연구 분야 역시 자유로울 수 없었다. 페미니즘과 미디어 연구가 만나는 지점은 젠더가 재현되고 협상되며, 구성되고 변화할 수 있는 장으로 미디어를 비판하고 분석하며 개입하는 것이며 페미니스트 미디어 연구자들은 다양한 방법론과 접근법을 활용하면서 성차별적인 재현 방식, 불평등한 미디어 산업구조와 노동시장, 여성 수용자들의 쾌락과 욕망, 정체성 등을 분석하고 대안적 재현 양식의 생산 가능성을 탐색하고 실천하고자 했다. 페미니즘 자체가 시대적 변화와 함께 다른 의미로 분화, 성장하면서 다양한 이론적 접근들이 존재하듯이(Tong, 1998) 미디어 연구 또한 이론적, 분석적 성장을 거듭해 왔고 하나로 정의하기 불가능할 만큼 다양한 내용들을 담고 있기 때문에 페미니스트 미디어 연구는 그 내용에 있어 다양하고 이질적인 경향을 띄고 있다(이나영 외, 2013).

페미니스트들에 의한 미디어 비판의 역사는 본격적으로는 20세기 중, 후반 소위 페미니즘 제2의 물결의 시기로부터 시작되었다.[1] 당시 미디어의 영향력이 날로 확대되어 가던 상황에서 페미니즘 연구자들은 다양한 대중매체와 젠더 불평등을 연관 지어 논의를 전개했다. 서구 페미니스트들의 미디어에 대한 본격적인 비판의 출발점은 베티 프리던의 『여성의 신비The Feminine Mystique』 (1963)에서부터 시작되었다. 이 책에서 프리던은 학업을 마친 지 15년이 지난 친구들과의 인터뷰로부터 제2차 세계대전 이후 미국에서 여성이 사회적으로 받아들일 수 있는 유일한 정체성은 '주부-어머니'의 정체성이었다고 주장했다. 미디어, 광고 등의 텍스트에서 여성은 이와 같은 제한된 위치로 재현되었고 이는 여성들의 불행을 초래했다. 미디어에서는 여성의 자리가 가정이며 가사노동과 육아에서 만족을 찾을 수 있다고 주장했지만 프리던과 다른 여성들의 경험은 그보다 많은 욕망들을 드러내고 있었다. 따라서 프리던은 여성들이 교육과 직업을 추구할 수 있는 더 많은 기회의 필요와 가족 구조 등에 대한 개혁을

---

1 페미니즘의 제1물결은 매우 광범위한 기간들을 포함하는데 주로 서구를 중심으로 전개되었던 여성의 참정권을 얻기 위한 투쟁을 의미한다.

주장했다. 당시 이 책이 미국에서 대중적인 성공을 거두면서 정치권에서 여성의 지위에 주목했고 1963년에 동일임금법이 제정되었다(Harvey,2020). 세계적인 차원으로는 유엔의 여성을 위한 10년(1975-1985)이 여성 종속과 관련된 주제들에 있어서 수많은 논의를 불러일으켰으며 억압의 원천 중 하나로서 미디어의 역할이 주목받기 시작했다. 이 시기의 미디어에 대한 분석들은 미디어가 사회에서 여성에 대해 행하는 차별의 패턴, 즉 미디어 콘텐츠의 부재를 통해 여성을 사소화하거나 비난함으로써 그들의 "상징적 전멸"에 기여한다는 것을 발견했다(Gallagher, 2003).

1960년대 서구는 물질적으로는 풍요로워졌으나 빈부격차의 심화, 인종차별 문제의 사회적 대두 등으로 인해 소수인종 및 시민권의 문제 등이 떠올랐으며 신좌파, 성소수자 권리 운동, 반전운동 등이 활발하게 전개되었다. 이 시기의 서구 여성들은 남성들과 비교적 동등하게 자라왔다. 같은 공간에서 공부하며 자라났고 의식화되었으며 사회 부조리에도 함께 맞서 투쟁했다. 그러나 함께 공부하고 사회적 부조리에 투쟁했던 동료들과의 관계, 그 내부에서 경험한 성폭력과 성차별은 여성들로 하여금 혁명, 사회변화, 평등, 진보 등에 대한 사고를 재고하게 했다. 이 과정에서 여성이라는 이유로 받게 되는 부당한 대우와 폭력의 경험이 개별적인 것이 아니며 사회구조적인 문제임을 인식하게 되었고 이때 '개인적인 것이 정치적인 것'이라는 슬로건이 탄생하게 되었다. 이 문장은 서구에서 대중적으로 사용되면서 여성 개개인들의 경험이 사회적, 정치적인 구조와 연관되어 있다는 인식에서 출발했으며 이를 해결하기 위해서는 의제화와 연대, 집단행동이 필요함을 담고 있는 것이기도 했다(이나영 외, 2013). 이 시기의 제2의 물결에서는 성, 생식, 그리고 규범들이 어떻게 여성에 대한 차별적 대우와 억압에 기여하는지에 대한 논의, 피임과 임신중단을 포함한 여성의 신체에 대한 더 큰 자율성을 위한 권리, 여성들이 종속되는 지배적인 성 권력 시스템인 가부장제의 억압적인 도구들에 대한 비판들 등이 함께 전개되었고(Harvey, 2020) 이러한 과정에서 미디어를 비롯한 문화 생산물들에 대한 비판도 두드러졌다. 앞서 살펴본 '개인적인 것이 정치적인 것'이다는 표현이 대중화되면서 기업·법률·언론·정치권 내에서 역사적으로 '여성 문제'로 치부됐던 것을 고려할 필요가 부각된 것도 이 시기였다. 이러한 개인의 정치화는 개념적 틀을 전환시켰을 뿐만 아니라 가정폭행 생존자들을 위한 여성 쉼터 개방에서부터 강간을 반대하는 조직, 직장 내 성희롱을 범죄화하기 위한 법정 투쟁에 이르기까지 새로운 제도적 관행을 만들어냈다(Harvey, 2020).

그러나 초기 페미니스트 이론은 계급, 나이, 성, 종교, 인종 국가의 측면에서 여성들 사이의 차이들을 간과하면서 여성 억압의 공통점을 강조했다는 한계를 지녔다. 당시 페미니즘 논의에서의 배타적 성격으로 인해 페미니즘에서 논의하는 '우리'라는 개념에 의문이 제기되었다. 즉, 백인, 이성애자, 중산층 여성의 상태를 모든 여성의 상태에 결부시킨 이론의 문제점은 북미에서는 흑인 및 라틴계 여성주의자들로부터, 영국에서는 흑인 및 아시아 여성주의자들에 의해 강조되었는데 이러한 비판들은 서로 맞물리는 정체성들에 대한 논의를 불러일으켰다. 가령, 흑인 여성들이 겪는 또는 라틴계, 아시아계 여성들이 겪는 성차별 경험은 인종차별의 경험과 분리될 수 없는 것이었다. 유색인종 여성들은 인종차별의 맥락에서 성차별을 경험하는데 이는 백인 여성들이 짊어지지 않는 추가적인 부담을 갖게 된다고 말할 수는 없는 것이지만 그들이 짊어진 것과는 전혀 다른 부담을 짊어진다고는 말할 수 있는 것이었다 (Gallagher, 2003). 이후 이와 관련하여 더 급진적인 분석들은 제3세계 페미니스트 학자들로부터 나왔으며 이들에 의해 다른 의제들이 부각되면서 더 넓은 사회적, 경제적, 문화적 맥락 안에서 페미니스트 논쟁을 재배치하기 위한 시도가 이루어졌다.

여전히 구분이 어려운 부분이 존재하나 흔히 제3의 물결로 불리었던 페미니즘의 한 가지 중요한 경향은 자연, 성별, 정체성, 성, 이단적 정상성에 대한 일반적인 생각들에 도전하는 것이었다. 이는 학술적으로는 앞서 문화이론에서도 살펴본 바 있었던 포스트(후기)구조주의의 부상과 1990년대 학계에서 전개되었던 포스트모던과 포스트식민주의 사상과도 연결된다. 이 물결에서 페미니스트는 그 이전까지 자연화되어 받아들여졌던 친숙한 이분법들에 도전했다. 포스트식민주의 페미니즘은 서구 중심의 지식 체계가 어떻게 '제3세계 여성'이라는 정체성을 재현하고 구성해 왔는지 분석하고 현재의 전 지구적 상황을 비판하고자 했다. 이 관점에서 미디어에 대한 문제제기는 서구 중심적인 미디어에서 비서구 여성들이 재현되는 방식, 미디어 텍스트에서 인종적 타자들이 재현되는 방식, 인종적 소수자를 바라보는 내부의 식민성의 문제, 서구적 기준의 아름다움이 전 세계적으로 규범화되는 문제 등에 대한 논의를 동반했다(이나영 외, 2013). 또한 성별과 정체성에 대한 페미니즘의 문제제기는 유전학, 호르몬, 그리고 신체 차이를 기반으로 한 사람들 사이의 불평등에 대한 생물학적 설명 등을 통해 교육, 정치, 경제 기관을 통해 성별과 성이 어떻게 사회화되는지를 탐구했다. 남성다움과 여성다움의 규범적 표현과 관련된 이미지, 내러티브, 상징의 순환들, 남성과 여성에 대한 이러한 이야기들을 말하고 다시 이야기함으로써, 성별 수행에서 무엇이 받아들여질 수 있는지, 또한 이해할 수 없는 것이 무엇인지 논의의 장이 마련되었다. 이와 관련하여, 주디스 버틀러(Butler, 1990)는 성별 정체성과 이성애가 어떻게 규범화되는지에 대한 분석에서 무엇이 여성적이고 남성적인 행동인지에 대한 관념이 형성되는 것은 신체에 대한 본질적인 진실보다는 수행의 반복을 통해서라는 것을 보여준다. 비록 불평등한 권력관계 안에서 이에 대한 논의는 쉽지 않지만 성에 대한 이러한 이해들은 미디어에 대한 개입의 기회들을 제공한다(Harvey, 2020). 다른 한편으로 이 시기에 전개되었던 페미니즘 논의들은 신자유주의와 소비자주의의 맥락들에서 이야기되기도 한다. 중요한 것은 이 시기에도 페미니스트 미디어 연구는 그 위치성이나 접근 방식에 대한 입장들, 제기되는 질문들은 광범위하고 다양했으나 미디어가 불평등에 어떻게 기여하는지를 밝히고 미디어에 개입할 수 있는 지점들을 탐색한다는 점이 강조된다.

최근에는 페미니즘의 논의에서 소셜 및 디지털미디어의 확산, 네트워크 활동, 세계 여러 지역에 사는 여성들 사이의 초국가적 상호작용, 포스트 페미니즘을 포함한 현대 미디어 환경의 다양한 트렌드와 연결 지어 흐름을 설명하고자 하는 시도들도 존재한다. 이는 변화하는 미디어 환경에 대한 고려가 포함된 것이며 여성에 대한 폭력과 차별이 새로운 미디어 기술과 변화하는 미디어 환경에서 변용되는 양상, 그에 대한 저항의 가능성에 대한 논의들도 아우르고 있다. 그리고 페미니스트 담론이 대중의 영역으로 돌아오면서는 성폭력, 생식권에 대한 위협, 성별 임금 격차, 성차별적 언어와 행동, 그리고 수많은 분야에서 여성의 과소 대표성에 대한 논의들이 다시 부상하고 있다. 이러한 논의는 마치 페미니즘의 2물결을 떠올리게도 하지만 생물학적 범주가 아닌 사회적, 문화적 범주로서의 논의가 전개되었던 후기구조주의의 영향에도 불구하고 다시 본질주의로 되돌아가는 성향 또한 지니고 있음을 볼 수 있다(Harvey, 2020). 페미니즘과 미디어에 대한 논의는 여전히 현재진행형이며 페미니스트 미디어 연구에 중요한 것은 페미니즘을 '평등한 권리에 대한 것'으로 — 단순하게 — 이야기할 때조차도 해당 권리가 발생하는 사회적, 문화적, 경제적, 정치적 맥락에 따라 매우 복잡하다는 점이다. 이때 미디어를 둘러싼 논의에서 페미니즘의 교차성 논의는 통찰력을 제공한다.

교차성Intersectionality은 인종과 성별을 별개의, 상호 배타적인 범주로 간주하는 경향이 유색인종 여성에 대한 이중 억압의 축으로 어떻게 경험되는지를 설명하지 못한다고 주장했던 킴벌리 크렌쇼(Crenshaw, 1989)에 기인한 개념이다. 크렌쇼의 통찰력과 교차성 개념은 일반적으로 페미니즘의 2물결 이후와 연관되지만, 이 관점의 논의들은 페미니즘 이론들 사이의 확실한 구분이 얼마나 부정확한지 다시 한번 보여주기도 한다. 인종, 계급, 성별, 종교, 나이, 성, 능력에 따라 경험과 정체성이 영향을 받는다는 주장은 이미 제시된 바 있었다. 억압의 경험에 걸친 연대보다는 단일 문제에 초점을 맞추는 정치적 제스처는, 성별과 인종으로 살아온 경험에 대해 말할 필요가 있는 흑인 여성들에게 효과가 없을 것이라는 논의들이 존재했다. 콜린스(Collins, 2008)는 이러한 억압의 중요한 시스템을 '지배의 매트릭스'로 지칭하며, 이는 우리가 특권과 종속의 경험을 연속적으로 살아온 것처럼 개념화할 수 있게 하는 관점이라고 본다. 교차성 접근은 또한 억압된 사람들이 구조적 불평등에 도전하려고 할 때조차 다른 사람들의 억압을 영속시킬 수 있다는 것을 인식한다. 이러한 차이와 서로 다른 조직들과 지역사회가 경험하는 상대적 힘, 특권 및 한계화의 인식은 중요한 페미니스트 미디어 연구의 주제이다(Harvey, 2020). 미디어에 대한 연구는 그것의 모든 복잡성에 대한 억압을 고려할 필요가 있기 때문에 단일 문제가 아니라 광범위한 관점들에서 대규모 협력과 민주적인 포용을 전제로 한 교차성 접근법을 필요로 하는 것이다.

마지막으로 미디어 콘텐츠와 관련된 페미니즘 논의에서 1970년대 이후의 미디어 재현에 있어서의 "성애와 고정관념"에 대한 정량적 내용 분석으로부터 여성들의 목소리가 미디어에서 어떻게 배제되어 왔는지에 대한 질적 분석에 이르기까지 미디어에서 여성을 다루는 방식은 여성을 간과하거나 혹은 여성에 대해 말하는 경향으로 이루어져 있으며 이는 미디어에서 여성의 목소리가 결여되어 있음을 의미한다(Gallagher, 2003). 또한 앞서 살펴본 문화에 있어서의 고급문화-대중문화의 이분법적 구분에 있어서 후이센(Huyssen, 1986)은 이러한 좋고 나쁜 것을 전제로 하는 이분법적 구분에 성별에 대한 고려 또한 스며들어 있으며 19세기 후반 문화적 현대화의 세기 전환기에 정치, 심리학, 미학 담론이 대중문화와 대중을 여성으로 치환하는 경향을 보였다는 점을 지적한다. 이러한 지적은 다시 문화의 의미와 그 의미를 둘러싼 맥락들을 비판적으로 성찰해야 함을 시사한다.

문화의 영역에서 중요한 이슈는 우리는 문화/대중문화를 어떤 관점에서 바라볼 것이며 이때 문화가 구성해내고 있는 요체는 무엇인가 하는 점이다. 문화는 젠더를 비롯한 인종, 연령, 장애, 종교 등의 지속적인 헤게모니 투쟁의 장으로서 권력관계가 개입하는 곳이며 지배 이데올로기가 작동하지만 균열의 가능성이 내제되어 있는 곳이다. 따라서 미디어를 통해 생산되는 대중문화물들에 대해서는 누구의 관점에서 어떻게 만들어지고 있는지, 누구의 목소리가 발화 가능한지에 대한 끊임없는 비판적인 검토가 요구되며 그러한 노력들에 의해 기존의 틀에서 벗어나야 대안적인 상상이 가능한 문화에 대한 논의가 시도될 수 있을 것이다.

1 오늘날 대중문화는 어떤 문화인가? 앞서 제시된 호가트의『교양의 효용』결론에서 논의하고 있는 바에 대해 동의하는가 또는 동의할 수 없는가? 만일 동의하거나 동의하지 못한다면 그 이유는 무엇인지 생각해 보고 현대사회의 대중문화에 대해 본인의 생각을 정리해 보자.

2 '좋은 문화' 또는 '나쁜 문화'는 존재하는가? 만일 존재한다면 그 기준은 무엇인가? 오늘날 문화를 판단하는 기준들은 어떠한 것들이 있고 어떤 맥락에서 해당 기준들이 작동하는지 토의해 보자.

3 미디어에서 제시하는 '정상성'의 기준들은 어떤 것들이 있는지 생각해 보자. 현재 한국 미디어에서 비가시화되거나 소외되고 있는 대상들은 어떤 존재들이며 그들이 미디어에서 소외되거나 왜곡되는 이유들을 생각해 보자.

더 읽 어 볼 책

디지털미디어와 페미니즘 이희은 외, 2018, 이화출판

미디어와 페미니즘의 관계와 관련된 최신의 논의들을 풍부한 사례들을 통해 접해볼 수 있다. 디지털미디어와 몸, 소셜미디어와 젠더, 디지털미디어 산업과 노동과 여성 등의 큰 주제들을 관통하며 현재 한국사회의 미디어와 젠더 관련 지형들을 살펴보는 데 도움을 준다.

문화연구의 렌즈로 대중문화를 읽다 김낙호 외, 2018, 컬처룩

오늘날 대중문화의 영향력과 파급력은 매우 크다. 이 책은 다양한 대중문화 현상들과 문화산업의 변화를 아우르며 주요 쟁점들을 구체적이고 세밀하게 짚어내는 책이다. 특히 웹툰, 힙합, 리얼리티 쇼, 텔레비전 드라마, 게임, K-POP, 엔터테인먼트 산업, 아이돌, BJ/크리에이터, 문화산업에서의 미디어 노동 등의 주제를 다루고 있으며 대중문화를 문화연구의 관점에서 고찰한다는 점에서 문화, 대중, 미디어를 이해하고자 하는 사람에게 큰 이점을 제공한다.

대중문화 비평, 한 권으로 끝내기 아서 아사 버거 지음, 박웅진 옮김, 2015, 커뮤니케이션북스

이 책은 대중문화를 비평하는 데 있어서 좀 더 이론적이고 방법론적인 접근들에서부터 구체적인 분석 사례까지를 제시하며 학술적 논의와 비평을 포괄한다. 대중문화를 독해하는 데 있어 핵심적인 주요 이론들 또한 제시되므로 어떻게 대중문화를 비평할 수 있을지 학습할 수 있도록 도움을 준다.

09

미디어와 이데올로기

MEDIACOMMUNICATION

1. 파편화된 이데올로기 시대의 미디어

이데올로기는 매우 다양한 형태로 우리 주변에 존재한다. 시대를 넘나드는 종교와 사상, 철학으로부터 특정 사회의 정치체제와 과학기술 그리고 평범한 사람들의 일상에서 접하는 소소한 문화에 이르기까지 그 범주는 매우 넓다. 흔히 이데올로기라고 하면 사회주의나 자유주의 등 정치 제도를 떠올리지만, 역사적으로 보면 매우 다양한 이데올로기들이 소멸과 탄생, 분화 등을 반복하며 다양한 형태로 우리의 일상에 영향을 미친 것을 알 수 있다. 실제로 1990년대 공산국가들의 붕괴로 인해 이데올로기 시대의 종언이 선언되기도 했으나, 오늘날 우리는 젠더, 인종, 세대 및 민족주의, 지역주의 등 다양한 이데올로기들의 층위가 과거에 비해 더욱 복잡하게 얽혀 있는 사회를 살아가고 있다. 과거 나치 독일에서 미디어를 선전의 도구로 활용하기 이전부터 당대의 가치들은 미디어를 통해 공유되고 재생산되었다.

이데올로기의 복잡성만큼이나 미디어 역시 급격히 다양화되고 있다. 불과 20여 년 전만 하더라도 신문, TV, 라디오 등의 매스미디어가 사회적 담론을 생산하는 핵심 기제로 간주되었지만, 인터넷과 스마트폰 등의 보편화로 인해 특정 미디어가 이데올로기를 독점하는 시대는 지났다. 하지만 이러한 미디어 환경의 변화가 스튜어트 홀이 주장한 바, '미디어는 이데올로기 재생산의 중요한 도구다'라는 명제를 부정하는 것은 아니다. 오히려 새로운 미디어 환경은 이데올로기의 미시적 분화와 다차원적 이데올로기의 등장을 촉발하였다. 그뿐만 아니라 과거 수동적일 수 밖에 없었던 미디어 수용자들이 적극적인 미디어 제작자가 되어 다양한 이데올로기들을 확대재생산하고 있다. 표면적으로 보면 다양성이 보장되고 민주적 미디어 환경이 된 것 같지만, 전 세계적으로 특정 이데올로기에 편향된 정치·사회·문화적 현상들이 오히려 증가하는 현실을 부정하기 어렵다. 국수주의, 네오나치, 백호주의, 아시아인 혐오, 젠더 혐오, 능력주의 등이 대표적인 사례인데, 이러한 이데올로기들은 오늘날 온라인 미디어 환경에서 '확증편향적' 미디어 소비 행태를 통해 재강화되고 있다. 이 장에서는 미디어와 이데올로기의 관계를 조망해 보고, 미디어를 이데올로기적 관점에서 분석한 사례들을 통해 비판적 미디어 수용의 가능성을 모색하고자 한다.

2. 이데올로기란 무엇인가?: 마르크스와 그람시

이데올로기는 매우 다양한 의미로 사용되는데, 그것은 해당 개념의 모호성에서 비롯된 것이다. 이데올로기의 어원은 'idea(관념)'와 '-ology(과학)'의 합성어로 보는데, 즉 '사회를 바라보는 관념적 과학' 정도가 원뜻이라 하겠다. 한국

사회에서는 흔히 '이념理念'이라는 단어와 등치되는 개념으로 받아들여지는데, 일반적으로 이념은 '이상적으로 여겨지는 생각이나 사상 혹은 견해'를 일컫는 표현이다. 미디어 연구 분야 중에서도 특히 문화연구적 전통에서 이데올로기는 매우 중요한 이론적 개념으로 간주되었다. 물론 90년대 초 전 세계적으로 냉전 시대가 막을 내리면서 이데올로기의 시대는 사실상 끝났다는 주장들이 여기저기서 쏟아져나왔지만, '오늘날의 사회가 이데올로기로부터 자유로운가?' 하는 질문에 단호하게 '그렇다'라고 답할 수 있는 사람은 많지 않을 것이다. 물론 오늘날의 이데올로기는 헤게모니나 담론, 가치 혹은 철학 등과 같은 좀더 탈구조적post-structured이고 부드럽게softened 변형된 개념으로 사용되기도 한다.

이데올로기와 유사한 개념은 서양철학에서 오래전부터 존재한 것으로 알려져 있지만, '이데올로기'라는 용어가 학술적으로 처음 등장한 것은 1801년 프랑스 유물론자 데스튀트 드 트라시Destutt de Tracy의 『이데올로기 개론Eléments d'idéologie』에서였다. 그러나 관념적 차원에 머무르던 이데올로기 개념을 오늘날과 같이 논쟁적 차원으로 끌어들인 장본인은 바로 독일의 철학자 카를 마르크스Karl Marx였다. 일반적으로 마르크스주의에서는 프롤레타리아로 불리는 노동계급이 갖는 사회적 관념이 경제적 토대와 같은 사회구조에 의해 영향을 받게 되는데, 이 과정에서 지배계급의 이데올로기가 사회구조적 모순과 한계를 은폐하고 사회구성원들에게 허위의식을 정당화한다고 간주한다. 마르크스는 1846년 그의 저작 『독일 이데올로기Die Deutsche Ideologie』에서 "모든 이데올로기는 역사에 대한 왜곡된 이해이거나, 역사에 대한 완전한 추상화 작업일 뿐"이라고 주장한 바 있다. 즉, 정통 마르크스주의에서 언급하는 이데올로기는 주로 현실을 왜곡하고 환영幻影, Illusion을 통해 권력자들의 행동을 정당화하며, 민중들에게는 허위의식False Conciousness을 심어주는 일종의 사회적 통제 메커니즘이나 신념 체계를 의미한다. 수식하는 표현을 통해서 알 수 있듯이 마르크스주의에서의 이데올로기는 당대 정치체제를 투영한 부정적 의미로 통용되었다. 예를 들어 자본가들이 산업사회를 지배하는 이데올로기 중 하나는 자본가들의 이익에 부합하는 행위를 마치 보편적 인류와 사회 전체의 이익에 기여하는 것인양 포장하여 그것을 자연스럽고 당연한 세계관으로 여기게끔 한다는 것인데, 이처럼 객관적으로 계급적 이해관계에 맞지 않는 사상적 모순이 바로 '허위의식'이며, 이러한 모순적 체계가 작동하게끔 하는 것이 바로 이데올로기다.

하지만 이데올로기에 대한 이러한 접근 방식은 이후 여러 한계에 직면했다. 우선 이데올로기를 부정적인 가치로 전제함으로써 마르크스 스스로가 대립항으로 설정했던 프롤레타리아의 대안적 정치나 이데올로기 역시도 부정할 수밖에 없는 모순에 직면하게 되었다. 또한 모든 사회적 문제를 경제적 계급의 문제로 환원함으로써 사회 문화 전반의 지형 변화를 유연하게 설명하는 데도 한계가 있었다. 이러한 초기 마르크스주의적 이데올로기 개념을 차용하여 대안적 모델들이 등장하였는데, 대표적인 것이 안토니오 그람시Antonio Gramsci의 헤게모니hegemony 개념이다. 이탈리아의 네오막시스트 사상가인 그람시의 헤게모니 이론은 문화와 권력 그리고 이데올로기를 연결하는 개념이다. 마르크스주의적 관점에서 이데올로기를 통한 권력관계의 고착화는 불평등과 차별적 사회현상들을 정당화한다. 하지만 이러한 이데올로기 이면의 권력을 파악하고 비판하여 저항하는 행위 역시 반권력적 이데올로기를 통해 이루어질 수 있다는 것이 그람시의 주장이다. 그람시는 마르크스의 부정적이고 일방향적인 이데올로기 개념에서 사회 구성원들의 동의를 통해 형성되는 일종의 '문화적 리더십cultural leadership'과 같은 헤게모니 개념을 소개하였다.

한 사회의 지배 집단은 그들의 가치관이 사회 구성원들에게 보편적인 사고 방식으로 받아들여지도록 적극적으로 추구하는데, 이것은 일방적 폭력에 의해서라기보다는 구성원들의 자발적 동의에 호소한다. 특히 학교나 종교기관,

미디어 등은 우리가 사회에 대한 사고방식을 생산하고 재현하는 대표적인 기관들이다(이에 대해서는 이후 알튀세르의 ISA 개념을 통해 좀 더 상세하게 다루도록 하겠다). 헤게모니 개념은 단순히 한 집단의 사상이 다른 집단에 강요되는 지배 이데올로기 개념과 다르다. 헤게모니의 지형에서는 사회의 여러 요소들이 각자의 영역을 확장하고자 하는 '헤게모니 투쟁'이 일어나는데, 이것은 우리가 일반적이고 상식적으로 받아들일 수 있는 수준에서 작동한다. 그람시는 헤게모니를 통한 가장 효과적인 통치 방법 중 하나가 사회 보편적으로 받아들이는 상식적인 가정을 형성하는 것임을 상기시킨다. 우리가 일반적으로 사회에 던지는 질문들 중 너무나 당연하게 여겨지는 것들, 예컨대 '왜 결혼을 해야 하지?', '결혼을 하면 왜 아이를 가져야 하지?' 등과 같은 것들은 의문을 제기할 필요가 없는 사회적 상식으로 오랫동안 존재해 왔다. 하지만, 지난 수십 년간 이러한 헤게모니에도 균열이 발생했고, '결혼은 꼭 하지 않아도 돼', '아이를 반드시 가져야 할 필요는 없어'와 같은 일종의 대항 헤게모니가 그 빈자리를 차지하고 있다.

이러한 헤게모니 이론은 사회적으로 당연시되어 온 상식적인 가정들이 사회적으로 구성된 것이라는 사실을 증명한다. 우리는 흔히 오랜 기간 사회적으로 받아들여 온 가치나 신념 혹은 전통 등에 대해 '자연스러운 것'이라는 인식을 가졌다. '자연'은 인간의 문명이나 사회와는 달리 주어진 것이기 때문에 그 자체로 절대적 가치를 지니는 것으로 인식된다. 따라서 한 사회의 가치나 신념 혹은 체계 등이 '자연스럽다'라고 정의되면, 그것은 절대적 가치를 지니기 때문에 비판의 대상이 되기 어렵다. 앞서 제시했던 사례를 들면 '결혼을 해서 아이를 갖는 것이 자연스러운 것'이라는 이데올로기가 사회적으로 보편화되면, 여러 가지 이유로 결혼을 하지 않은(못한), 결혼을 했더라도 아이를 갖지 않은(못한) 사람들은 해당 사회에서 '부자연스러운' 존재로 낙인이 찍히게 되는 것이다. 역사적으로 이러한 이데올로기의 자연스러움은 성차별, 인종차별 등과 같은 각종 편견과 차별적 행위를 정당화했다. 인종차별 이데올로기의 주요 근거 중 하나는 한 인종이 선천적·자연적으로 다른 인종보다 우월하다는 믿음이며, 성차별은 남성이 선천적·자연적으로 여성보다 우월하기 때문에 양자 간의 불평등이 오히려 자연스러운 질서의 결과라는 가정으로부터 비롯된 것이다.

하지만 헤게모니는 영구적인 개념이 아니기 때문에 이데올로기에 비해 유연한 적용이 가능하다. 그람시는 헤게모니가 하나의 완결된 개념이 아닌 사회적으로 형성되는 '과정'으로 이해했다. 이데올로기 개념에서 상정하는 지배 계급의 강압적 권력이 아닌, 사회구성원들의 동의를 통한 효과적 권력을 유지하기 위해서는 문화적 차원에서의 이데올로기적 상호작용이 지속적으로 필요하다. 정보가 통제된 과거 사회에서는 지배 이데올로기를 상식적·자연적인 것으로 포장하기가 한결 수월했다. 그러나 오늘날과 같이 모든 사람들의 경험과 생각이 실시간으로 공유되는 시대에는 모순투성이인 사회 현상과 그것을 이끌고 가는 지배 이데올로기에 대한 맹목적 복종을 기대하기 어렵다. 점차 많은 사람들이 주류 사회 담론에 의문을 제기하고, 그것에 저항한다. 때로는 사회적 조건의 변화로 인해 지배 이데올로기의 패권이 바뀌기도 한다. 결국 그람시는 헤게모니를 사회구성원들이 세계관에 대해 수정과 반박을 가하는 일상적인 투쟁의 과정으로 보았다. 그리고 이 과정은 사회가 존재하는 한 끊임없이 반복되며, 과거의 이데올로기적 가치가 전유appropriation와 재전유re-appropriation를 통해 새로운 가치로 변모하기도 한다. 가령 20세기 중반 아르헨티나 출신의 사회주의 혁명가였던 체 게바라의 유명한 초상화는 아이러니하게도 자본주의 사회에서 스포츠용품과 의류 및 식료품을 통해 폭발적으로 소비되었다. 이런 상황에서 체 게바라의 이미지가 내포하던 혁명적 이데올로기는 사라지고, 그의 잘생긴 외모와 반항아 같은 이미지만이 새로운 의미로 재전유된 것이다.

3. 이데올로기와 호명 개념: 루이 알튀세르

마르크스의 이데올로기 이론을 대안적으로 발전시켜 오늘날과 같은 현대 문화 이론의 핵심 개념으로 완성한 사람은 루이 알튀세르Louis Althusser다. 오늘날 이데올로기에 대한 논의는 일반적으로 마르크스주의에서 출발하는 경향이 있지만, 비판적 미디어 연구에서의 이데올로기 이론은 알튀세르와 홀의 영향이 크다. 알튀세르의 이데올로기에 대한 여러 논의들 중 미디어 연구에 가장 빈번히 등장하는 개념은 다름 아닌 '호명呼名, Interpellation'이다. 호명이란 그대로의 사전적 의미로 '이름을 부른다'는 것이다. 누군가의 이름을 부르는 단순한 행위를 알튀세르는 주체를 구성하는 상황으로 설명한다. 예를 들어 누군가 길을 걷는데, 누군가 뒤에서 '저기 잠시만요'라고 부르는 소리를 듣고 뒤를 돌아보는 상황을 가정해 보자. 알튀세르는 이처럼 누군가의 호명에 대해 반응하는 순간 이 사람이 '주체로 구성된다'고 주장한다. 이것은 주체가 수동적으로 구성된다는 관점에서 기인하는데, 즉 단순히 한 개인으로서의 존재가 이데올로기적 호명에 의해 '이데올로기적 주체'가 된다는 것이다. 알튀세르는 현대 사회의 이데올로기적 장치들(혹은 이데올로기적 국가기구Ideological State Apparatus)이 개개인을 주체로 호명하고, 이를 통해 자본주의 생산 시스템에 순응하는 주체들이 구성된다는 입장이다. 이것은 칸트식 자유의지를 가진 주체 개념과 대비되는 지점이다. 이데올로기적 국가기구는 정통 마르크스주의적 이데올로기 개념에서 진일보하여 정부, 군대, 경찰 등과 같은 억압적 국가기구로부터 분리된 개념이다. 이데올로기적 국가기구는 교육, 법, 종교, 정치, 문화, 미디어 등을 포함하는데, 이는 표면적으로는 강압적 성격을 띠고 있지 않지만, 사회 내 보편적 이데올로기를 형성하고 사적 영역에서 주체로서의 개인이 자기검열을 통해 이러한 이데올로기를 내면화함으로써 자연스럽게 주류 이데올로기 시스템을 공고하게 만든다는 것이다.

이러한 이데올로기적 국가기구는 시대에 따라 변모해 왔는데, 가령 중세 유럽에서는 교회가 이데올로기적 국가기구의 대표적 기관이었고, 근대 이후에는 학교를 비롯한 교육 시스템이 그 역할을 수행해 왔다. 그러나 현대사회에서는 신문이나 방송, 그리고 인터넷과 같은 미디어가 이러한 역할을 보다 효과적으로 수행하고 있다는 것이 많은 미디어학자들의 지적이다. 예를 들어 초기 영상 미디어라 할 수 있는 영화는 등장과 동시에 민족국가의 주체성 함양에 적극적으로 동원되었다. 가장 대표적인 사례가 독일 나치의 선전 영화들인데, 히틀러는 제1차 세계대전 패전국으로 사기가 떨어진 독일 국민들로 하여금 민족적 자긍심을 고취시키고 그것을 정치적 통치 수단으로 활용하기 위한 목적으로 레니 리펜슈탈이라는 영화제작자를 통해 〈의지의 승리Triumph of the Will〉와 같은 국가 선전 영화들을 대중화시켰다. 그 결과 독일 국민들은 위대한 아리아인으로서의 민족적 자긍심이라는 민족주의 이데올로기를 내재화하였고 이것은 독일이 제2차 세계대전을 야기하는 데 중요한 동력으로 작용했다. 제2차 세계대전 이후에는 전 세계적인 경제 호황과 텔레비전의 보편화로 인해 그야말로 광고의 시대가 펼쳐졌다. 쏟아져 나온 광고들은 기존의 정치 이데올로기가 아닌 '자본주의'라는 새로운 경제적 이데올로기로 '소비자'로서의 개인들을 호명했다. 광고에 등장하는 유명인들은 TV를 시청하는 시청자들의 눈을 응시하면서 '당신의 갈증… OO음료가 채워줍니다', '일상에서 벗어나고 싶나요? 지금 바로 OO항공으로 떠나세요' 등과 같은 메시지를 전달하는데, 이것이야말로 알튀세르가 언급한 호명 개념이 그대로 적용되는 사례들이다.

이러한 광고 전략은 여전히 유효할 뿐 아니라, 기술적 진보로 인해 보다 개별화된 호명이 발생한다. 가령 온라인 공간에서 사용자의 검색 기록이나 관심사, 혹은 쇼핑 기록 등을 알고리즘으로 분석하여 사용자의 관심사에 최적화된 광고들이 인터넷 페이지마다 제공되는 것은 더 이상 놀라운 일이 아니다. 전 세계에서 가장 많은 이용자들을 보유한 온라인 동영상 어플리케이션 유튜브의 경우도 알고리즘으로 관심사를 분석하여 사용자가 흥미를 가질 만한 영상들을 계속해서 추천하는 시스템으로 운영되고 있다. 이러한 환경은 다양한 이데올로기들이 혼재하는 웹 환경에서 사용자별 맞춤형 서비스를 제공한다는 점에서 호평을 받기도 했으나, 오히려 이러한 온라인 환경이 사용자로 하여금 오히려 제한적인 이데올로기에만 노출되게 함으로써 확증편향적 사고를 재강화하게 하고, 그로 인해 사회적 이데올로기의 양극화를 심화할 수 있다는 우려가 제기된다. 실제로 뉴스 알고리즘의 확대와 SNS를 통한 정보 전달의 보편화, 그리고 검증되지 않은 정보들이 뉴스의 형태로 쏟아져 나오기 시작한 2010년대 이후 사회적 이데올로기의 양극화 현상은 전 세계적으로 확산되고 있다. 이로 인해 극우 정치인들이 전면으로 등장하기 시작했고, 특정 국가나 난민, 인종적 소수자들에 대한 혐오 담론 및 비과학적이고 비이성적인 각종 음모론들이 마치 사실인 것처럼 사회 전반으로 퍼져나갔다. 2020년 초부터 전 세계를 강타한 코로나19 팬데믹 상황에서 정부의 방역 정책에 대한 불신과 그로 인한 마스크 및 백신 거부 등이 확산되는 데 이러한 확증편향적 미디어의 보편화가 영향을 끼친 것이 대표적 사례라 하겠다.

4. 이데올로기와 미디어의 관계: 스튜어트 홀

현대인들은 각종 사회 현상을 통해 살아가는 환경을 구조화하는 데 절대적으로 미디어의 영향을 받는다. 오늘날 미디어를 통하지 않고는 우리가 살아가는 사회를 제대로 이해할 수 없는데, 이는 대부분의 사회구성원들이 미디어를 통해 정치·경제·사회·문화적 정보를 얻고, 해당 분야의 최신 어젠다를 인식하며, 이를 통해 우리를 둘러싼 사회적 환경을 해독하고 판단하여 자신의 삶에 적용하는 것에서 알 수 있다. 이는 단순히 미디어 소비 행위가 사적영역에만 국한되는 것이 아니라 사회를 이해하고 판단하며, 이를 통해 개개인의 정치행위와 같은 공적영역에까지 영향을 끼친다는 점에서 거시적이며 구조적 행위로 이해할 수 있다는 것을 의미한다. 그뿐만 아니라 미디어가 생산하는 담론은 유년으로부터 성인에 이르기까지 일정한 형태의 사회화를 위한 외적인 준거의 틀을 제공해 준다는 점에서 사회구성원들에게 중요하게 인식된다. 이런 맥락에서 미디어는 기본적인 사회 규범이 재현되고 소비되는 주요한 공론장으로 볼 수 있다. 미디어는 우리에게 사회적 상호작용과 각종 사회제도가 구체적으로 반영된 모습들을 구현해 내며, 이러한 행위를 매일 반복함으로써 사회적 정의를 광범위하게 형성하는 데 중요한 역할을 한다. 그러므로, 미디어는 무엇이 '정상'이고 무엇이 '비정상'인지를 규정하는 일종의 감별사 역할을 한다. TV 드라마들은 '정상 가족'이나 '정상 결혼'을 정의하고, 각종 뉴스에서는 '정상 사회' 혹은 '정상 정치'를 상정하며, 예능 프로그램들은 '정상'과 '비정상'의 차이를 통해 웃음을 유발한다.

미디어의 여러 형태 중 특히 '언론(저널리즘)'적 기능은 민주주의 사회에서 정치와 시민사회를 연결하는 주요 통로이며 동시에 입법/사법/행정의 3권분립 체제에서 감시와 견제의 역할을 하는 '제4부The Fourth Estate'라는 정형화된 개념을 전제하고 있다. 물론 온라인 미디어 환경이 전방위적으로 확산되면서 전통적인 저널리즘 미디어의 역할이 많이 축소되고 있다는 관점도 존재하나, 여전히 신문이나 방송과 같은 레거시 미디어(정통 미디어, 물론 그것이 전달되는 플랫폼은 뉴미디어 환경에서 매우 다양해졌지만)가 생산하는 담론의 사회적 파급력은 한 사회의 이데올로기를 확대재생산하는 데 있어 중요하게 작용한다. 미디어 담론은 주로 이항대립적으로 구조화되고 체계화된 사회적 의미들을 선택하고 재구성함으로써 한 사회의 '상황 정의'를 생산하는데, 이러한 상황 정의의 이면에 이데올로기가 작동한다. 미디어와 이데올로기의 관계에 대해 미미 화이트Mimi White는 1987년 그의 저서에서 "미디어는 동시대에 존재하는 다양한 가치와 주장에 대해 다른 태도를 보이며, 이에 따라 현실의 특정한 측면을 선택적으로 강조하거나 축소함으로써 궁극적으로 사회 공동체의 지배적이고 선호하는 가치를 재생산한다"고 주장한 바 있다. 다시 말해, 이데올로기에 의한 미디어 담론은 특정한 방식으로 현실을 재현하여 자연스럽고 당연한 것으로 재구성하는데, 이는 한 사회구성원들이 공유하는 문화적 분류체계에 의해 가능한 것이다.

사회적 지배질서와 이데올로기를 재생산하는 주체로서 언론의 기능은 서구의 미디어 연구자들에게 오랜 기간 중요한 연구 주제로 인식되었다. 특히 비판적 미디어 연구에서 지배권력을 확대재생산하는 미디어의 이데올로기적 기능에 대해 많이 다루었는데, 최근의 주요 연구들을 통해서도 민주주의 사회에서의 미디어의 역할에 대한 다양한 관점에서의 논의가 여전히 활발하게 진행 중이라는 사실을 확인할 수 있다. 많은 미디어 연구자들이 세부적으로 제시한 언론의 민주적 역할들은 조금씩 다르지만, 중첩되는 요소들을 정리해 보면 결국 '정치적 정보를 제공함으로써 공론의 장을 형성하고 사회적 공감대를 이끌어내는 것'으로 요약할 수 있다. 그리고 이러한 언론의 정치적 메커니즘은 '담론화'라는 개념으로 설명할 수 있다. 즉, 언론에 의해 생산되는 뉴스는 단순한 사실의 기계적 전달이 아닌 헤게모니 투쟁에 이용되는 사회적 담론의 형태로 볼 수 있으며, 이러한 미디어 담론은 사회적 권력관계 내에서 형성되는 일정한 담론 관행에 의해 지속적으로 확대재생산된다는 것이다.

영국의 대표적인 문화연구자 스튜어트 홀은 헤게모니 개념을 매스미디어 환경에 적용하였다. 홀에 따르면 헤게모니는 사회적 권력 그 자체보다 권력을 얻고 유지하기 위한 수단에 가깝다. 그는 방송이나 신문과 같은 매스미디어야말로 현대사회에서 헤게모니의 주요 실천 중 하나인 '문화적 리더십'이 발현되는 주요한 공간이라고 주장한다. 다시 말해 매스미디어는 사회적 지배 계급들의 가치와 문화, 도덕을 대중화함으로써 권력과 부와 지위를 영속시키기 위해 사용하는 도구에 가깝다는 것이다. 매스미디어는 세상을 반영하는 투명한 창이라기보다 특정한 관점으로 세상을 재현represent하는 사회적 실천 기제이며, 따라서 미디어를 통해 전달되는 내용들은 사회적으로 구성되는 것이라 할 수 있다. 오늘날 거대 미디어 기업들은 주요 사회 기관들의 어젠다를 사회 구성원들에게 전달하는 통로의 역할을 하기 때문에 다른 사회 집단에 비해 자신들에게 유리한 정치적·사회적·문화적 아이디어의 내용을 왜곡하거나 확대 혹은 축소해서 재현할 수 있다. 따라서 매스미디어의 관점이 곧 사회 구성원들의 관점을 형성하는 구성주의적 구조의 한계가 있다. 물론 이러한 매스미디어에 누가 '대표성'을 부여했는가 하는 문제는 또다른 토론의 주제다. '재현'에 관한 논의는 현실 세계에 존재하는 '현실'과 미디어가 표현하는 '현실'의 관계에서 시작되는데, 이 둘 사이에는 사회 권력이나 이데올로기가 개입될 수 있는 여지가 존재한다.

홀은 일상적 미디어로서의 텔레비전을 있는 그대로의 현실 세계를 반영하는 장치가 아니라 사회적으로 구성된 이데올로기를 재현하는 메커니즘으로 이해해야 한다고 주장한다. 앞서 언급한 바와 같이 미디어는 특정한 방식으로 사건을 재현하는 권력을 가지고 있다. 따라서 텔레비전 미디어 텍스트를 통해 사회의 현상이나 사건들이 어떤 방식 혹은 패턴으로 재현되는지를 분석하는 것은 매우 중요하다. 이것은 미디어를 통해 생산되는 사회의 지배이데올로기를 이해하는 근본적인 출발점이다. 일반적으로 커뮤니케이션 연구자들은 미디어가 지배이데올로기적 관점에서 크게 벗어나지 않는 범위를 '상식'으로 전제하고 그것에 의존한다고 주장한다. 그 결과 현대사회에서 미디어의 재현이 과거 독재국가 전체주의 사회에서와 같이 폐쇄적인 것은 아닐지 모르나, 사회적 헤게모니의 기반이 되는 기본적인 스토리텔링을 확대재생산하는 경향을 부정하기는 어렵다. 이러한 배경에서 텔레비전 텍스트를 분석할 때, 우선 텔레비전 미디어의 특성과 한계를 이해한 다음 특정 프로그램이나 장르가 제작되는 사회적 맥락을 이해해야 한다는 것이다. 따라서 미디어를 제대로 분석하기 위해서는 단순히 대중과 국가 간 권력 갈등이나 정치적 어젠다에 집중하는 연구보다는 사회적 계층이나 구조, 권력관계나 역사적 배경, 지배적 언어나 문화 등 복잡다단한 사회 관계에 대한 다차원적이고 치밀한 분석 방법이 필요하다.

그러나 이데올로기 생산 통로로서의 미디어에 대한 관점에 대해 미디어 산업계에서는 미디어의 생산물에 대해 단순히 대중들의 필요나 유행을 반영하는 것이라고 반문한다. 즉 미디어 담론은 이데올로기에 의해서 형성되는 구조화된 결과물(미디어 구성주의)이 아니라, 사회구성원들의 암묵적 합의를 반영하는 거울에 불과(소박실재론)하다는 것이다. 현대사회에서 매스미디어는 상업적 이익의 극대화를 위해 구조화되어 있기 때문에 굳이 특정한 이데올로기에 매몰될 이유가 없다는 것이다. 일례로 과거의 매스미디어는 지배이데올로기에 반한다는 이유로 게이나 레즈비언 같은 성소수자들의 재현을 금기시했으나, 최근에는 LGBTQ 등의 성소수자 캐릭터가 각종 드라마나 광고에 자주 등장하는데, 그러한 배경에는 정치/사회 이데올로기의 변화보다 시장의 확장성에 대한 필요needs가 더 강력하게 작용했다는 주장을 들 수 있다. 하지만 이러한 경우에도 '돈만 되면 무엇이든 상품화할 수 있다'는 배금주의拜金主義, mammonism 이데올로기의 영향으로부터 자유로울 수 없다는 한계는 여전히 존재하는데, 특히 사회 영역이 점차 세분화되는 현대사회에서 이데올로기는 더 이상 정치적 구호와 같은 거대 담론으로 존재하는 것이 아닌 일상생활의 미시적 영역에서 상식과 정상이라는 이름으로 도처에 존재하게 되었다.

미디어와 이데올로기의 관계는 사회구조와 미디어의 변화에 따라 변모해왔다. 앞서 언급한 바와 같이 과거 봉건사회나 민주주의 이전의 권위주의 정부 시기에는 국가권력이 매스미디어를 이데올로기적 국가기구ISA 중 하나로 관리하면서 일종의 체제 선전 도구로 활용한 측면이 크다. 이후 신자유주의 경제체제의 확산과 경제성장, 그리고 가정용 텔레비전과 같은 미디어 문화의 대중화 등이 맞물리면서 국가 차원의 정치 이데올로기보다 경제 이데올로기가 미디어 산업을 장악하게 되었다. 대량생산된 제품을 더 빨리, 더 많이 팔기 위한 광고가 사람들의 근원적 욕망을 최대한 자연스럽게 자극하고자 다양한 이데올로기적 메시지를 전달하였다. 그리고 온라인 환경과 모바일 미디어와 같은 개인화된 미디어가 보편화된 지금은 브로드캐스팅Broadcasting, 방송의 시대에서 내로우캐스팅Narrowcasting, 협송의 시대로 급격히 변모하면서, 미디어가 생산하는 이데올로기 역시 매우 미시적 단위로 세분화되어 개개인을 이데올로기적 주체로 호명한다. 그리고 이러한 미디어 환경으로 인해 확증편향적 미디어 소비가 가속화됨에 따라 결국 사회구성원들은 양극화를 넘어 다극화된 사회를 우려할 수밖에 없다. 획일화된 이데올로기적 미디어의 시대로부터 벗어났지만 새로운 고민거리에 직면한 셈이다.

정리하자면 민주화된 현대사회에서 미디어는 권력이나 지배이데올로기의 단순한 대리인이 아니다. 오늘날 지배이데올로기는 미디어 수용자들에게 일방적으로 강요되지 않는다. 다만 문화의 장으로서의 미디어를 통해 다양한 이데올로기가 공유되고 유통된다는 사실은 여전히 유효하다. 다양한 미디어 텍스트 분석 사례들을 통해 지금까지의 이론적 기반의 내용들을 보다 구체적으로 설명하도록 하겠다.

5. 미디어 이데올로기 분석의 사례

1) 한국 언론과 반공 이데올로기

대한민국은 민주공화국이다. 하지만 민주주의에 대한 여러 관점들을 보수와 진보라는 틀로 양분화한다면 가장 두드러지게 나타나는 부분 중 하나는 '반공주의'에 대한 입장차일 것이다. 1948년 남한의 단독 선거를 통해 민주공화국으로 수립된 대한민국 정부는 반쪽짜리 정통성이라는 콤플렉스를 극복하기 위해 적대적 반공주의를 민주주의와 동일시했다. 군부 독재 시대를 거치면서 한국의 반공주의는 민주주의보다 강력한 사회 이데올로기로 자리잡았지만, '공산주의자는 처단해야 한다'는 감정적 구호 외에 사상적 배경이 전무했기 때문에 그 공허함을 메우고 적대세력을 가시화하기 위해 국가보안법과 같은 법제적 장치와 학교나 언론과 같은 이데올로기적 국가기구ISA의 반공교육을 통해 폭력적 억압을 정당화했다. 결국 군부 독재 시기를 지나면서 한국사회는 민주주의와 반공주의를 동전의 양면처럼 인식하고, 오히려 민주주의보다 우선시되는 국가적 이데올로기로서의 반공주의를 규범화하고 내재화하게 되었다.

제도적 민주화를 쟁취한 1987년 이후에도 보수 정치 세력은 여전히 북한의 공산정권과 친북 좌파로부터 국민들을 지키는 유일한 이데올로기로서의 반공주의를 최우선 가치로 내걸었는데, 이것은 민주주의 이상의 사회적 가치로 포장되었다. 특히 반공주의 형성 과정에서 모든 이슈를 '피아彼我' 혹은 '선악善惡'의 문제로 보는 이분법적 인식은 통합보다는 배제의 정치를 야기했는데, 이것은 상대의 의견을 존중하고 정치적 교섭과 토론을 통해 사회적 합의를 이끌어내는 민주주의적 실천을 가로막는 가장 근본적인 요소들이다. 결국 이러한 과정에서 냉전·반공 세력은 스스로를 자유민주주의를 수호하는 애국집단이자 공산주의로부터 국민들을 보호하는 집단으로 정의하면서 정체성을 재강화했고, 이로 인해 '냉전적 반공주의는 민주주의의 실천적 담론'이라는 새로운 형태의 정치적 명제가 자리 잡게 되었다.

그렇다면 이러한 반공주의는 어떻게 한국사회의 보편적 이데올로기로 자리잡게 되었을까? 해방 이후 한국사회에서의 반공 이데올로기는 언론/미디어 담론을 통해 사회적 언어로 확대재생산되어 왔다. 이데올로기적 국가기구ISA로서의 언론은 반공 이데올로기를 자연스럽게 사회적 의제로 확장했을 뿐 아니라, 정규교육과정의 영향에서 벗어나 있거나 더이상 학교를 통해 이데올로기적 교육을 행사할 수 없는 사회 구성원들에게 효과적인 재교육 장치로서의 역할을 수행했다.

(1) 민주화 이후 반공 이데올로기

87년 6월 항쟁 이후 한국사회는 대통령 직선제라는 제도적 민주화를 쟁취했지만, 3당 합당 이후 김영삼을 필두로 한 일부 민주화 세력이 기존의 보수 기득권 체제에 흡수되면서 새로운 형태의 반공 이데올로기와 이념 공세(이른바 '한국형 매카시즘')의 밑그림이 그려지게 되었다. 1987년에는 대선 투표일 전날 KAL기 폭파범 김현희를 압송 입국시켜 모든 신문의 1면을 뒤덮었고, 1992년에는 대선 직전 안기부가 간첩 이순실 및 남로당 사건에 대한 긴급 발표를 통해 선거에 결정적인 영향을 끼쳤다. 특히 1992년 14대 대통령선거 막판 김영삼 후보는 '김대중 후보의 정치 노선과 사상이 의심스러우며, 심지어 북한정권의 도움을 받고 있는 것으로 추정된다'는 이른바 '색깔론'을 본격적으로 활용했다.[1] 이것은 1970~1980년대 군부독재 시대 당시의 '색깔 족쇄'의 개념과는 다소 다른 형태라 할 수 있는데, 과거 군부독재 시대의 색깔론이 국가보안법 등을 앞세운 국가적 폭력에 의해 구분되고 억압된 것이었다면, 1987년 민주화 항쟁 이후 색깔론은 이미 오랜 군사독재 정권의 사상 교육에 길들여진 국민들의 내재화된 자기검열과 분단국가의 이항 대립('우리 편' 아니면 '적의 편')적 이데올로기에 의해 재생산되는 것이었다. 그리고 이러한 색깔론의 재생산은 언론에 의해 대중화되고 사회적 담론으로 확대되었고, 이 과정에서 언론은 스스로 권력적 입지를 견고하게 만들었다.

---

1 ≪한겨레≫, 1992.12.16. "전국연합에 격려금 보낸 김영삼 대표".

이 와중에 1988년 창간한 신생 언론 ≪한겨레≫는 대다수 언론과는 달리 당시의 냉전적 공안 통치를 정면으로 비판하고 있다. 사실 1990년대 이후 한국의 언론 시장에서 ≪한겨레≫의 차별화된 이념적 관점은 타 언론들과 확실히 구분되는 대척점을 이루어왔다. ≪한겨레≫의 이념적 관점을 극명하게 보여주는 대표적인 사설이 바로 1991년 12월 28일 보도된 "북한을 아직도 적으로 본다?"이다. 해당 사설에서 ≪한겨레≫는 서울사회과학연구소 사건에 대해 '공안통치', '냉전시대적 판결'이라는 프레임으로 '학문과 사상의 자유' 영역을 침해하지 말 것을 요구했다. 이 과정에서 법관과 학자, 법치주의와 사상의 자유라는 이분법적 구도 확립을 통해 ≪한겨레≫의 주요 비판의 대상이 정부와 보수정당, 그리고 사법부임을 분명히 했다.

> 남쪽의 민자당 정권은 장기 집권을 위해 민족문제를 정략적으로 이용하려 든다는 비판을 받고 있고, 북한의 정권도 내부의 정치·경제적 어려움을 풀고 국제적 고립을 벗어나기 위해 남북문제에 기댄다는 점에서는 남쪽의 정권처럼 비판받아야 한다. (후략) (≪한겨레≫ 1991.12.28. "북한을 아직도 '적'으로 본다?")

특히 위 사설은 한국의 노태우 정권과 북한의 김일성 정권의 적대적 공생관계를 지적하는 내용으로, 보다 민주화된 사회로 도약하기 위해서 냉전적 대립관계를 청산하고 레드컴플렉스red-complex를 극복해야 한다고 주장한다. 이러한 ≪한겨레≫의 등장은 그람시의 헤게모니 투쟁의 관점에서 이해할 수 있는 새로운 미디어 현상이라 하겠다.

(2) 김대중·노무현 정부: 반공 이데올로기의 확장

2000년대는 최초로 정권 교체에 성공한 김대중 정부와 노무현 정부로 이어지는 기간으로 한국 민주주의 역사에 여러 가지 희망과 숙제를 남긴 시기로 평가받는다. 2000년대 들어 언론을 통해 반공/종북 담론이 본격적으로 재생산된 것은 노무현 정권부터다. 특히 대통령 선거가 있었던 2002년에 '좌파'라는 키워드가 전년 대비 세 배 가까이 치솟았는데, 상당수가 당시 대통령 후보였던 노무현과 그의 공약을 수식하는 데 사용된 것으로 추정된다. 실제 빅데이터 미디어 분석 사이트인 빅카인즈(www.bigkinds.or.kr)를 통해 분석한 결과, 2000년대 종북 담론의 핵심 키워드 중 큰 비중을 차지하는 것이 바로 '청와대'와 '노무현'이었다. 이는 2000년대 이전 어느 정권에서 찾아보기 힘든 현상으로 그만큼 주류 언론들의 노무현 정부에 대한 이념적 기사 생산이 활발했다는 것을 방증한다.

이 과정에서 주목할 만한 점은 보수 언론이 반공 담론을 끊임없이 제기하는 과정에서 불특정다수에게 친북·좌파라는 '의사 정체성pseudo identity'을 부여하여 이념적 공격의 대상으로 삼는다는 것이다. '운동권 출신', '386 정치인', '전교조', '민노총', '민노당', '노동계', '참여연대', '민변' 등은 말할 것도 없거니와 'FTA 반대론자', '환경운동단체', '신자유주의 반대론자', '반미주의자' 등도 친북·좌파 담론에 포함된다. 더 나아가 '노무현 정권' 자체가 하나의 거대한 친북·좌파라는 정체성으로 간주되어 끊임없는 사상 검증의 도마에 올라야 했다. 그리고 그러한 '의사 정체성'으로 인해 대한민국이라는 '국가 정체성'이 흔들린다고 주장한다. 이러한 의사 정체성은 노무현 정권 초반에는 사건이나 인물 중심으로 간접적으로 담론화되었지만, 정권 후반부로 갈수록 직접적인 표현으로 담론화되었다.[2] 그리고 이러한 이념 공세가 거세질수록 노무현 정권에 대한 비판 양상은 정책에 대한 논리적 토론이 아닌 사상 검증에 따른 이념적

---

2 ≪중앙일보≫ 2005.10.15. "다음에는 북한 체제를 지지할 참인가", ≪중앙일보≫ 2006.6.17. "반미친북의 선전장 된 6·15 행사", ≪동아일보≫ 2006.10.12. "북의 실체에 국민의 눈 가린 좌파정권", ≪동아일보≫ 2006.10.18. "머리카락 보이는 정부 내 적화 동조세력", ≪중앙일보≫ 2006.12.23. "남은 1년이 걱정스럽다".

편가르기 형태로 변모하였다.

(3) 이명박 정부: 반공 이데올로기의 보편화

2008년에는 10년 만에 정권이 교체되어 이명박 정권이 들어섰다. 이명박은 대통령 후보 시절부터 지지층 결집을 위해 철저하게 반공·종북 담론을 활용했다. 그는 후보 시절 '이번 대선은 친북 좌파 세력과 보수 우파 세력의 대결'[3]이라고 천명할 만큼 반공 이데올로기를 이용했다. 그리고 보수 언론들은 노무현 정부 마지막까지 색깔론으로 반공 이데올로기의 불씨를 살렸다.[4] 정권을 차지한 이명박 정부는 취임 2개월여 만에 '광우병 사태'라는 위기를 맞이하는데, 잠시 움츠러들었던 보수 언론들은 전열을 가다듬고 반공·종북 담론으로 위기를 모면하고자 했다. 자연스레 친북·좌파 관련 보도는 노무현 정부 당시보다 더 많이 생산되었다. 사실 광우병 파동은 당시 박근혜 한나라당 대표도 '국민의 소리를 들어야 하며, 이념의 문제는 아니다'[5]라고 정부를 비판한 바 있듯이 보수 진영에서 프레임을 잡지 못하고 우왕좌왕했던 이슈다. 하지만 촛불집회 주최 측의 이념적 성향이 보도된 이후 모든 보수 언론들은 일제히 미국산 쇠고기 수입을 반대하는 주장에 대해 '친북·반미' 논리로 반박하기 시작했다. 특히 ≪동아일보≫는 2008년 후반부까지 광우병 촛불집회의 배후 세력과 그들의 이념적 배경에 대한 기사를 사설, 칼럼, 기획보도 등을 통해 보도하는 집요함을 보였다.[6]

---

3 ≪경향신문≫ 2007.8.30. "이명박 후보, 색깔론으로 대선 치르려나".
4 ≪동아일보≫ 2007.5.20. "'좌파 노(盧)정권의 무능, 국민이 몸으로 겪었다', ≪동아일보≫ 2007.6.10. "북한 노동신문과 DJ-노(盧)의 일치된 목표", ≪동아일보≫ 2007. 1.22. '노(盧)정권 안중에는 국민도, 북한 주민도 없다'
5 ≪경향신문≫ 2008.5.11. "'박근혜 전 대표조차 질타한 쇠고기 색깔론.'"
6 2008.5.9. '광우병 촛불집회 배후세력 누구인가'. 2008.6.17. '언론을 아군과 적군으로 가르고 날뛰는 좌파운동권', 2008.6.18. '아이들을 좌파 홍위병으로 키우는 전교조', 2008.7.11.

6일 청계광장 촛불집회를 주도한 '미친소닷넷'도 전국교직원노동조합과 민주노 동당에서 활동한 사람이 운영자다. 일부 세력이 벌이는 '광우병 공포 세뇌'는 북 한의 선전선동과도 무관하지 않은 것 같다. (중략) '효순이 미선이'에서부터 광우 병 괴담까지 촛불집회를 주도하는 세력의 코드는 친북 반미다(≪동아일보≫ 2008.5.9. "광우병 촛불집회 배후세력 누구인가").

이들 반미 좌파세력의 공통점은 법을 제멋대로 무시하고 위반하는 '법치주의 부 정 세력'이란 사실이다. 폭력시위로 무정부(無政府) 상태를 획책한 세력이다. 한 용진 김동규 씨는 각각 반국가단체인 민족민주혁명당과 한총련 사건으로 유죄를 선고받은 전력이 있다. (중략) 반전 반자본주의 노동자 운동단체인 '다함께' 소속 김광일 씨도 국가보안법 위반 전력이 있다(≪동아일보≫ 2008.8.2. "광우병 시 위 주도한 사람들의 면면").

위 사설에서도 보듯이 보수 언론의 반공·종북 담론은 대부분 단순한 논리 에 의해 만들어진다. '집회주동자가 전교조와 민노당에서 활동했다'는 사실과 '광우병 공포 세뇌가 북한의 선전선동과도 무관하지 않은 것 같다'는 믿음이 결합해서 순식간에 '친북·반미'라는 종북 담론을 만들어낸다. 또한 그들의 위 법전력(대부분 국가보안법 위반)을 폭로하고 해당 단체의 불법성과 폭력성을 강 조함으로써 그들에 대한 부정적 담론을 형성하고, 반대 급부로 반공 이데올로 기의 정당성과 우월성을 반증한다. 반면, 김대중-노무현 정권 동안 종북 담론 사설을 상대적으로 많이 다루지 않았던 ≪한겨레≫와 ≪경향신문≫은 이명박 정권이 시작된 2008년부터 본격적으로 보수 언론과 정권의 종북 담론에 대한

"광우병 선동세력, 사회 마비-정부 전복을 노렸다", 2008. 8. 2. '광우병 시위 주도한 사람들 의 면면', 2008. 0.25. "촛불시위 주도한 실천연대의 김정일 충성맹세."

반박 사설을 쏟아냈다. 특히 광우병 사태는 진보 언론의 비판 대상이 정치권력에서 보수 언론으로 확장되고 또 이것이 표면화된 중요한 전환점으로 작용했다.

더 가관인 것은 이른바 보수 언론의 행태다. 괴담 색출의 선봉으로는 만족하지 못하고, 색깔론까지 동원해 쇠고기 협상을 비판하면 좌파로, 광우병 우려를 제기하면 반미로 낙인찍는다. 황우석 사태 때, 진실 규명 노력을 좌파 반국가주의자로 내몰던 행태와 다르지 않다(≪한겨레≫ 2008.5.6. "국민을 바보로 아는 정부와 보수 언론").

또 하나 분명해진 것은 친미를 넘어선 숭미(崇美)와 굴욕 외교에 대한 비판·반대를 반미로 몰아서는 안된다는 사실이다. 졸속협상으로 검역주권을 내주고도 희희낙락하는 대통령에 대해 국민이 분노하는 것은 지극히 정당하다. 그런 잘못을 저지르고도 대미 읍소, 구걸외교로 일관하는 정부를 비판하는 것은 공화국 시민의 권리이자 의무다(≪경향신문≫ 2008.6.13. "반미주의에 대한 우리의 시각").

(4) 박근혜 정부: 반공 이데올로기의 대중화

2013년 박근혜 정권 출범 이후 곧바로 '통합진보당 내란음모 사건'이 발생하자 보수 언론들의 반공·종북 담론 생산은 절정에 이른다. 통진당 내란음모 사건이 불거진 2013년 8월부터 같은 해 12월까지 '종북(친북)' 관련 기사는 총 2412건 보도되었는데, 이는 2000년에서 2012년까지 12년 동안 생산된 '종북' 관련 보도의 합계보다 많은 수치다.[7] 이후 2014년 세월호 1주기부터 등장한

---

7 언론진흥재단에서 제공하는 빅데이터 서비스 빅카인즈 분석을 통해 해당 데이터를 추출하였고, 이는 동일한 키워드 검색 조건을 입력하는 확인이 가능하다. http://tools.kinds.or.kr/

세월호 관련 시위의 종북 좌파 개입설, 2016년 사드 배치 관련 친북·반미 담론 생산 등 종북 담론은 정권 내내 활발하게 재생산되었음을 확인할 수 있다. 특히 ≪동아일보≫는 종북 담론 관련 뉴스를 가장 공격적으로 생산했는데, 2010년부터 2016년까지 총 231건의 사설을 보도했다. 이는 같은 기간 ≪중앙일보≫, ≪경향신문≫, ≪한겨레≫의 관련 사설 보도량을 합친 것보다 훨씬 많은 수치다. 또한 ≪동아일보≫는 단순히 보도의 숫자만 증가한 것이 아니라 친북·종북의 대상을 사회 전방위적으로 확장하고, 과거에 비해 보다 과격한 표현의 사용 빈도가 증가한 것으로 나타났다.[8] 좌파 진영을 수식하는 표현으로 '사기꾼', '먹튀', '꼴통' 등의 용어를 사용함으로써 해당 이념 논쟁에 대해 감정적으로 격앙되었음을 드러낸다.

2010년대 들어 대중화된 반공 이데올로기의 또 다른 특징은 친북·종북 세력을 가시화하기보다 사회에 떠도는 유령처럼 곳곳에 존재할 수 있는 어떤 존재로 비가시화한다는 점이다. 이렇게 보이지 않는 종북 세력 대한 담론은 구별하기가 힘들뿐만 아니라 언제 어디서 한국사회를 뒤집어놓을지 모른다는 사회적 불안을 야기한다. 불안감이란 대부분 직접 경험한 것보다는 간접적으로 접한 정보들에 의한 것들, 더 나아가 잘 알지 못하는 것 그리고 보이지 않는 것에 대한 막연한 두려움이다. 불확실성과 두려움은 사회 전반에 급속도로 확대되는데, 이것을 가장 효과적으로 전달하는 것이 바로 언론이다. 친북 좌파에 대한 공포를 극대화하는 또 하나의 방법은 그들이 한국사회에서 권력을 장악하는 것을 가정하여 불안한 미래에 대한 상상력을 자극하는 것이다. 2017년 1월부터 본격화된 극우 단체들이 유포한 가짜뉴스fake news에 등장하는 이야

---

8 ≪동아일보≫ 2010.6.14. "대한민국 뿌리 흔드는 세력은 용서 말자"; ≪동아일보≫ 2012.3. 27. "종북주의 색깔 뭉개고 넘어가는게 반국가다"; ≪동아일보≫ 2012.7.18. "종북 국고 사기꾼의 금배지 언제까지 봐야 하나"; ≪동아일보≫ 2012.12.17. "세금 27억 먹튀 이정희, 종북 본색인가"; ≪동아일보≫ 2014.12.27. "진보냐 꼴통좌파냐, 기로에 선 야권".

기들 – 이를테면 '북한 공작원들의 청와대 침입설', '서울시청 지하에 북한군 1개 대대 잠입설' 등 – 도 궁극적으로는 휴전국으로서 한국이 가진 근본적인 불안감을 자극하는 사례들이다. 종북 실체의 비가시화는 담론 생산 주체의 입장에서는 오히려 입증의 책임으로부터 자유로운 상황을 야기했으며, 이로 인해 정치적 이념의 영역에만 머무는 것이 아닌 언제 어디서 나타날지 모르는 신화적 존재로 담론화되었다.

(5) 반공 이데올로기와 언론의 공생관계

해방 이후 사회 구성원들의 이념적 지향점의 차이에서 시작된 언론의 종북 담론은 반공 이데올로기의 관점에서 어긋나는 모든 사회 구성원들에 대해 '애국가'를 거부하고 '태극기'를 부정하는 세력으로 규정짓는 잣대가 되었다. 그리고 이 과정에서 반공 이데올로기의 이념적 공허함은 '친미주의', '보수기독교', '파편적 유교사상' 등으로 채워졌다. 대표적으로 2017년 '대통령 탄핵'이라는 지극히 정치적이고 법리적인 이슈에 대해 '태극기', '성조기', '보수 기독교', '어버이연합', '엄마부대' 등과 같은 비본질적 요소들이 반공 이데올로기와 뒤섞여 탄핵 반대 담론의 한 축을 형성했던 현상은 그동안 한국 언론들이 확대재생산했던 반공 이데올로기의 결과물이다.

반면 ≪한겨레≫, ≪경향신문≫과 같은 진보 언론들은 보수 언론들의 이념 공세에 대해 대항 헤게모니를 생산하는 양상을 보인다. 특히 보수 언론의 종북 담론에 대해 '색깔론', '종북 딱지', '종북 몰이', '공안 정국' 등의 프레이밍으로 대항 담론을 형성한다.[9] 이 과정에서 보수 언론의 '친북 좌파' 대 '보수 우

---

9 ≪경향신문≫ 2011.9.9. "이성과 상식 대신 색깔론이 지배하는 국회"; ≪한겨레≫ 2012.3.11. "정부 폭력에 저항하는 주민을 종북으로 몰지 말라"; ≪경향신문≫ 2012.3.12. "본질 벗어난 강정 해군기지 논쟁"; ≪경향신문≫ 2012.3.25. "또 부는 색깔론, 역풍으로 심판당한다"; ≪경향신문≫ 2012.5.16. "통진당에 대한 비이성적 색깔론을 경계한다"; ≪경향신문≫

파', '애국 세력' 대 '종북 세력' 등과 같은 이분법적 프레임에 대해 진보 언론들은 '이성' 대 '비이성', '상식' 대 '몰상식', '본질' 대 '비본질', '미래' 대 '과거' 등의 대립적 프레이밍으로 맞선다.

하지만 보수와 진보 양측이 공통적으로 내세우는 프레임이 있는데, 바로 '민주주의'라는 가치에 대한 접근이다. 보수 언론에서는 친북·종북 세력이 한국의 민주주의를 위협한다고 주장하지만, 진보 언론들은 보수 세력의 종북 몰이가 민주주의를 퇴보시킨다고 주장한다. 보수 언론들이 민주주의를 '(법과 위계)질서', '(사회적) 체계', '국가'적 담론으로 인식하는 반면 진보 언론들은 민주주의를 '(사상과 표현의) 자유', '정의', '(권력의) 평등'적 가치로 상정하고 있다. 이러한 차이는 2016년 박근혜 정부 국정농단 사건으로 인해 대통령 탄핵안이 국회에서 가결되자 탄핵에 찬성하는 측과 반대하는 측 모두 '민주주의를 지키자'라는 유사한 구호를 외치며 광장으로 모인 것으로도 확인할 수 있는데, 진보 진영에서는 '민주주의'와 관련된 핵심 가치에 대해 '시민', '자유'라고 보는 반면, 보수 진영에서는 '민주주의'의 핵심 가치로 '반공', '국가', '친미'를 든다. 박근혜 전 대통령 탄핵과 관련된 핵심 이슈인 문화인 블랙리스트와 관련해서도 진보 진영과 사법부는 민주주의를 위협하는 중대한 범죄행위로 정의했지만, 일부 보수 단체들은 '빨갱이들 관리하는 블랙리스트가 왜 잘못이냐'라고 반문한다.[10] 그들에게 반공 이데올로기는 민주주의와 동일한 가치이기 때문이다.

한국사회에서 보수 언론이 생산하는 반공 이데올로기와 진보 언론이 생산하는 대항 헤게모니의 핵심 요소는 다음과 같이 정리해 볼 수 있다. 우선 반공 이데올로기의 주적 대상은 궁극적으로 북한의 공산당 정권과 추종 세력인 친북 좌파로 추정되지만, 친북 좌파의 세부적 대상은 사회적 정황에 따라 가변적

2012.6.8. "6월항쟁 25주년과 비민주적 종북몰이"; ≪한겨레≫ 2013.2.25. "아무데나 종북 딱지 붙이지 말라는 법원의 경고"; 2015.3.31. "어린이 밥그릇까지 종북 딱지 붙이나".
10 ≪연합뉴스≫ 2017.1.21. "탄핵반대 태극기집회… 블랙리스트 만든 게 무슨 죄냐."

이다. 예를 들어, 1990년대 친북 좌파는 주로 한총련과 같은 대학의 운동권 단체와 지하조직 등으로 규정되었지만 2000년대 들어서는 좌파 정권과 촛불집회, 한미FTA 반대운동, 제주해군기지건설 반대 환경운동단체 등 다양한 형태의 사회운동 및 집단들이 종북 담론의 대상이 되었다. 또한 반공 이데올로기가 상정하는 권위의 주체는 사법부 및 국가권력인데, 이것 역시 이념적 사안에 따라 바뀔 수 있는 대상이다. 예컨대 노무현 정권에서의 국가권력과 박근혜 정권에서의 국가권력에 대한 보수 진영의 입장은 근본적으로 다르다. 반면 진보 언론이 상정하는 권위의 주체는 시민과 지성(대학과 학자 등으로 대표되는) 그리고 학생들이다. 반공 이데올로기에 있어서 권위가 발현되는 주체적 공간은 사법기관 혹은 정보기관과 같은 곳이지만, 대항 헤게모니에서 권위가 발현되는 공간은 대학이나 광장과 같은 곳으로 재현된다. 따라서 한국 언론을 통해 생산된 반공 이데올로기는 사실상 민주주의와는 무관한 가치들을 생산해 왔다고 볼 수 있다. 이 지점에서 1990년대 이후 언론을 통해 한국사회에서 유통된 반공 이데올로기는 명확한 대상 없이 변형이 가능하여 정치적으로 활용하기 쉬운 기득권의 권력 유지 도구에 불과했다는 결론을 내릴 수 있다.

2) 국뽕 예능 속 민족·국가 이데올로기

바야흐로 글로벌 시대다. 이는 인적/물적/지적 교류를 포괄하는 개념으로 2000년대 이후 가속화되어 왔다. 초고속 인터넷망과 스마트 미디어의 대중화, 그리고 항공여행의 보편화 등으로 문화적 경계의 문턱은 점차 낮아지고 있다. 특히 인적 교류의 측면에서 볼 때, 오늘날 한국사회에서 외국인은 더이상 낯선 존재가 아님은 자명한 사실이다. 법무부의 2020년 자료에 따르면, 국내 체류 외국인의 수는 252만 4656명으로 전체 국민 중 4.9%를 차지하였으며 이 수치는 해마다 증가하고 있다. 또한 '미등록 체류' 외국인은 대략 40만 명 정도로 추산되는데, 이들까지 포함하면 현재 한국에 거주하고 있는 외국인은 전체 인구수의 5%를 훌쩍 넘긴다. 그러나 외국인 인구 증가와 별개로 외국인에 대한 인식은 점차 정형화되는 경향이 있다. 가령 TV 프로그램이나 온라인 콘텐츠 등에서 대부분의 외국인이 매운 음식을 먹지 못하는 동시에 한국 음식 전반에 대한 애정을 갖고있는 외국인으로 비춰지듯 말이다. 미디어의 재현 representation이 기존에 경험해 보지 못한 새로운 사회 구성원과의 권력 관계 형성에 미치는 영향을 고려할 때, 미디어를 통한 외국인 인식의 정형화는 중요한 의미를 갖는다.

최근 미디어를 통한 외국인 재현은 주로 관찰 예능의 형식으로 이루어지는 추세다. MBC every1의 〈어서와, 한국은 처음이지?〉, JTBC 〈나의 외사친〉, MBN 〈헬로우 방 있어요?〉 등이 대표적이다. 이들은 기존의 온정주의적이거나 희화화된 재현과는 달리 외국인들을 예능 프로그램에 등장시켜 그들의 모습이 아닌 그들의 눈에 비친 한국의 긍정적 모습을 재현하고 있다. 이러한 예능 프로그램의 외국인 재현은 기존의 '딱딱한' 형식과 반대로 예능 프로그램의 포맷을 그대로 차용하여 '가볍게' 이루어진다. 이는 기존의 민족주의적 외국인 재현 관행이 최근 들어 '연성화軟性化'되었음을 시사한다. 인터넷 커뮤니티에서는 이러한 프로그램들이 '국뽕' 예능으로 통칭되기도 한다. '한국적인 가치가 세계적으로 인정받을 때 드는 왠지 모를 뿌듯한 기분'을 뜻하는 말인 '국뽕'이라는 관용어가 오늘날 사회 전반으로 확산된 '연성화된 민족주의'를 매우 잘 드러낸다.

민족주의는 한국의 근현대사에서 강력한 지배 이데올로기로 작용했다(Shin, 2006). 여전히 민족주의가 한국사회와 국민적 인식에 미치는 영향은 강력하다. 한국의 민족주의는 일제시대의 저항적 담론으로부터 비롯되었지만, 독립 이후에는 발전국가 이데올로기와 결합하면서 전지구화와 함께 세계 속 경제력을 갖추어야 한다는 일종의 경제담론으로 포장되었다. 그리고 이것은 이주민의 유입과 미디어의 재현을 통해 인종적 이데올로기로도 확산되었다. 혹자들은 한국의 민족주의가 단군 이후 반만년의 역사를 가진 전통적 이념이라는 착각을 하는데, 단편적으로 삼국시대의 신라와 백제가, 고려시대 귀족과 양민이, 조선시대의 양반과 천민이 모두 동질적 민족 관념을 가졌을리 만무하다. 그런 측면에서 한국의 민족주의는 그 역사가 의외로 매우 짧다.

2000년대 전지구화 흐름의 기조로 인해 한국에서의 이주 노동자, 결혼이주 여성, 그리고 외국인 유학생의 유입이 급증하였다. 그에 따라 언론에서 이주민들에 대한 뉴스가 나오기 시작하는데, 뉴스에 등장하는 이주민들은 '한국인의 보살핌을 받아야 하는 이주민', '한국에서 고난받고 좌절하는 이주민'등의 이미지로 정형화되어 다루어졌다. 이러한 미디어의 정형화된 재현은 국내 이주민들에 대해 고정된 이미지를 형성하게 되고, 그들을 '불쌍한 이방인'으로 타자화한다. 언론의 이런 기조는 다큐멘터리, 교양/시사 프로그램 등을 거쳐 점차 예능 프로그램으로 영역을 확장해가면서 재현의 양상도 조금씩 변모해왔다.

한국사회에서 외국인들이 예능 프로그램에 등장한 것은 명절 특집 프로그램이 거의 최초였다. 이를 한국화된 평가 예능 프로그램이라 정의할 수 있는데, 한복을 입고 올드한 한국의 대중가요를 부르는 결혼이주여성처럼, 설이나 추석 같은 한국의 대명절 특집 프로그램에 외국인이 출연하여, 한국 노래를 얼마만큼 잘 부르는지 평가하고, 한국 음식을 잘 먹는 모습 등 한국에 얼마나 잘 적응하는지를 시청자들이 보고 평가하는 형식의 프로그램들이 외국인이 출연한 예능의 시초였다. 여기서 주목할 점은 외국인 출연자들의 노래 실력보다는 한국어를 얼마나 잘하고 재미있게 하는지 등의 요소가 외국인들을 평가하는 기준이었다는 점이다. 또한 '한국 사람 다 됐네'라는 표현이 의미하는 것처럼, 한국에 외국인들이 얼마나 잘 동화되었는지를 보여주는 프로그램들이 대부분이었다.

최근에는 외국인+여행+관찰, 이 세 요소를 결합한 외국인 여행 예능 프로그램의 포맷을 통해 방송에서 외국인들을 접할 수 있는데, MBC every1 〈어서와, 한국은 처음이지?〉(2017.07.27.~방영중)가 외국인 관찰 예능 프로그램의 전형적 사례라 할 수 있다. 한국에서 생활하는 유명 외국인들이 자신의 고향 친구들을 한국에 초대하여 여행을 하는 형식을 취하며, 이 과정에서 외국인 친구들이 한국 문화를 체험하게 하는 관찰 예능 프로그램이다. 〈어서와, 한국은 처음이지?〉는 MBC 본 채널이 아닌 케이블 채널인 MBC every1에서 방영함에도 불구하고 높은 시청률과 시청자들의 호평을 받으며, 파일럿으로 방영되었다가 정규 방송으로 편성된 인기 프로그램이다. 비슷한 시기에 방영된 tvN의 〈서울메이트〉, 그리고 MBN의 〈헬로우, 방 있어요?〉 등도 유사한 포맷의 콘텐츠로 구성된 방송프로그램들이다. 사실 이러한 프로그램들은 〈영국남자〉와 같은 외국인들이 한국의 음식이나 문화를 경험하는 것을 보여주는 유튜브 콘텐츠의 영향을 받았으며, 상당 부분의 포맷과 콘텐츠가 중첩된다.

(1) 음식 문화

그렇다면 이러한 프로그램들의 정형화된 콘텐츠들이 내포하는 민족주의/국가주의적 이데올로기에는 어떤 것들이 있는지 하나씩 들어보도록 하자. 우선 이러한 외국인 관찰 프로그램들에서 공통적으로 등장하는 한국의 음식문화는 바로 '매운 음식'이다. 불닭볶음면, 불족발, 매운 닭꼬치, 떡볶이 등과 같은 음식들을 외국인들이 먹는 장면들이 빈번히 등장하는데, 그중 가장 많은 비중을 차지하는 것은 단연 '불닭볶음면'이다. 불닭볶음면은 한국인들도 대부분 먹기 힘들 정도의 매운 인스턴트 음식인데, 이것은 한국의 음식문화 체험이라기보다 일종의 '도전'로 방송에서 묘사된다는 점이 주목할 만하다. 불닭볶음면이 등장하는 예능 세 가지 모두, 이와 관련하여 '도전'이라는 자막을 사용하는 것을 볼 수 있다. MBC every1 〈어서와, 한국은 처음이지〉(12회 러시아편. 2017.

10.12 방영)에서는 '겁 없는 러시아 친구들의 매운 라면 도전!'이라는 자막을, tvN 〈서울 메이트〉(25회 2018.5.5 방영)에서는 '외국인들에게 큰 도전과제인 매운 볶음면'이라는 자막을 사용하여 매운 음식을 먹는 행위에 '도전'이라는 의미를 부여한다.

이러한 자막의 사용은 한국 사람들이 일상에서 접하는 매운음식이 외국인들에게는 평범한 경험이 아닌 어려운 도전으로 받아들여지는 것을 의미하며, 그에 따라 한국 시청자들로 하여금 경험적 우월감을 느끼도록 한다. 이렇듯 자막과 외국인 출연자들의 반응을 통해 한국인들의 우월감을 자극하는 형식은 세련된 방식으로 나르시시즘을 재현하는 방식으로 볼 수 있다. 외국인들의 불닭볶음면 도전 후 예능 프로그램들은 공통적으로 한국인 패널들의 반응을 보여주는데, 유명 셀레브리티들로 구성된 한국인 패널들은 외국인 출연자들이 매운 음식을 먹을 때면 "매워서 힘들텐데 …"와 같은 안타까운 감탄사를 내뱉고는 하는데, 이러한 반응은 매운 음식에 익숙한 경험자로서의 한국인이 매운 음식에 약한 존재로 묘사되는 외국인들을 걱정하는 듯 하지만, 그 이면에는 그들보다 문화적으로 우위에 위치하는 것처럼 보여지도록 하는 장치로 작동한다. 좀더 직접적인 연출도 등장하는데, 일부 프로그램에서는 매운 음식을 먹는 외국인들로부터 "이런 음식을 먹는 한국인들 대단하다. 나도 좀더 노력해서 매운 음식을 더 잘 먹고 싶다"는 평가를 직접 유도해냄으로써 한국인 시청자들의 실질적 인정욕구를 충족시킨다.

매운 음식과 더불어 외국인에게 국한된 '도전'의 의미를 가진 것으로 포장된 한국의 식문화는 '날 것으로 먹는 음식'이다. 한국인들에게는 싱싱한 것으로 대표되는 회, 산낙지, 육회와 같은 음식은 식문화가 다른 외국인들에게 매우 낯설게 여겨진다. 날것으로 섭취하는 음식 중 회나 육회보다는 '산낙지'가 여러 방송의 소재로 자주 등장하는 것을 확인할 수 있는데, 이는 산낙지의 경우 접시에 손질되어 나와 입에 들어가는 순간까지 살아 움직이고 있는 것에서 오는 시각적 임팩트가 크기 때문이다. 시청률 경쟁에서 살아남기 위해 자극적인 요소들을 이용하고자 하는 예능 프로그램들이 충격적 비주얼을 가진 산낙지를 다른 음식보다 자주 등장시키는 것은 전혀 이상한 일이 아니다. 실제로는 산낙지를 전혀 먹지 못하는 한국인이 꽤 많음에도 불구하고, 방송에서는 마치 외국인 출연자들은 그들이 외국인이기 때문에 먹지 못하는 것처럼 재현된다. 그리고 해당 프로그램을 시청하는 한국인 시청자들은 본인도 산낙지를 잘 먹지 못하는 사람임에도 불구하고 외국인들이 경험하는 이상한(?) 음식에 대한 반응을 통해 나르시시즘을 느끼게 된다.

여기서도 어김없이 '도전'이라는 부분을 강조한다(심지어 해당 단어가 들어간 자막을 볼드체로 표기한다). 이같은 표현은 한국의 음식 문화를 어렵지만 배워야 하는 가치로 환원시킨다. 원래 낙지와 같은 연체동물을 음식으로 접하는 것이 흔치 않은 외국인들에게 요리되지 않은 살아있는 낙지를 먹는 것은 그 자체로 두려움과 공포의 과정이 될 수 있다. 하지만 한 번 먹어보고 나서는 공통적으로 모두 만족해 하는 반응을 보이는 장면으로 귀결된다. 이러한 서사를 통해 산낙지는 섣불리 도전하기엔 쉽지 않지만, 막상 경험하고 나면 만족하게 되는 한국 식문화의 우월성으로 포장된다. 처음 접하는 음식에 도전하며 겁에 질린 외국인들의 모습은, 매운 음식을 먹을 때와 마찬가지로 한국인들로 하여금 그들을 걱정하는 것과 동시에 한국인들이 그들보다 우위에 있음을 확인하는 나르시시즘적 판타지 장치로 작동하는 것이다.

(2) 놀이 및 여가문화

외국인 관찰예능 프로그램들에서는 모두 한국만의 독특한 놀이 문화에 대해서 소개하는 공통점도 발견된다. 특히 한국은 인구밀도가 높고 인구의 도시 집중화 현상이 심화된 특징들로 인해 놀이 문화가 대부분 실내에서 이루어진다. 방송에서 한국의 독특한 놀이 문화를 즐기기 위해 외국인 출연자들이 방문하는 곳은 주로 동물 카페, 디저트 카페, 노래방, 그리고 PC방 등이다. 외국에는 찾아보기 힘든 여가 활동 장소이지만, 한국에서는 대중적 장소들이라는 공통점을 가지고 있다. 이러한 공간들을 찾아 다니며 공통적으로 외국인 출연자들이 보이는 1차적 반응은 자신의 나라와 한국을 비교하며 놀라움을 표현하는 것이다. 예를 들어 애견 카페에 방문한 모로코 출연자들(MBC every1 〈어서와 한국은 처음이지?〉, 65회 2018.12.13.방영)은 애견카페가 없는 모로코에 대해 이야기하며 모로코에선 '찬반 문제가 있는 이슈'가 한국에서는 대중적으로 받아들여지고 있음에 놀란다. 〈어서와 한국은 처음이지?〉 6회(2017.8.31.방영)에서 고양이 카페에 방문한 독일인들은 독일에서는 이런 카페가 불법이라고 이야기한다. 그에 따라 스튜디오에 있던 독일인 패널은 독일은 동물보호법이 엄격하여 불가능할 것이고, 그렇기 때문에 독일인에게 이러한 고양이 카페는 굉장히 생소한 문화라고 부연 설명한다.

자신의 출신 국가와 한국이 어떻게 다른지를 이야기 한 외국인 출연자들은 이어서 이러한 한국에서의 경험이 얼마나 특별한지에 대해 언급하며, 한국의 이색적인 문화에 대해 감탄하는 모습을 보인다. 그러나 이러한 반응의 이면을 들여다보면 한국인들이 나르시시즘을 느끼는 것이 타당한가 하는 의문이 든다. 왜냐하면 대부분의 유럽이나 북미권 국가에서는 엄격한 동물보호법으로 인해 동물을 사육하거나 사람들에게 공개된 장소에 보여주는 것 등이 매우 제한적이다. 자칫 동물들이 스트레스를 받는 환경에 노출될 수 있기 때문이다. 실제로 〈어서와 한국은 처음이지?〉 6회(2017.08.31.방영)에서도 나타나듯이, 독일 출연진들은 자신의 나라에는 이러한 동물 카페가 있다면 '바로 동물보호단체에서 올거야'라고 이야기한다. 하지만 이내 출연진들과 패널들의 반응을 통해 한국의 동물 카페는 긍정적인 것으로 포장된다. 다시 말하자면 한국의 동물 카페 등이 이색적일 수는 있지만, 동물 보호 관련법의 사각지대에서 동물학대의 여지가 있는 문화를 그저 신기하고 우월한 문화로 포장하는 것이 바람직한지는 여전히 의문이다.

한국의 고유한 놀이 문화로 소개되는 소재는 노래방과 PC방과 같은 실내 놀이 문화로도 이어진다. 대부분의 외국인 출연자들이 처음으로 한국의 노래방에 가보는 경험을 하는 콘텐츠에서 그들은 저렴한 가격과 매우 대중적이라는 점 등을 장점으로 평가한다. 하지만 이러한 노래방 문화의 이면에 존재하는 한국 여가활동의 어두운 면은 방송 어디에서도 부각되지 않는다. 예컨대 강준만(2008)은 지적 훈련이나 심미안이 필요하지 않은 '단순 오락적 성격'을 띠고 있는 한국 노래방 문화의 특성을 비판한 바 있고, 문지현(2016)은 노래방과 관련하여 '자발성과 창의성의 부재'로 인해 진정한 여가 문화의 의미를 잃어버린 한국사회에 대해 비판한 바 있다. 또한 한국의 노래방이 일본의 가라오케에서 유래했다는 사실에 비추어본다면, 이것을 한국의 자랑스러운 문화로 소개할 만한가에 대해서는 의문을 가질 수 밖에 없다. 마찬가지로 MBC every1 〈어서와 한국은 처음이지?〉 69화(2019.1.10.방영)에서 내내 '시골 청년'으로 묘사되는 스웨덴 청년들이 놀라움을 숨기지 못하는 한국의 PC방 역시 그 이면에는 한국사회의 여가 활동 환경의 부재와 관련한 발전 양상을 가지고 있을 것으로 볼 수 있으며, 놀이터나 공원의 부재로 인한 '키즈카페'의 증가 역시 비슷한 맥락에서 바라볼 수 있을 것으로 여겨진다. 이처럼 방송에서 긍정적으로 강조되어 드러나는 한국의 실내 놀이 문화 속에는 경쟁이 치열하고 매우 바쁘게 돌아가는 한국사회에서 놀이문화와 레저환경이 부족하다는 어두운 그늘이 존재한다. 우월함으로 포장된 한국의 실내 놀이 문화가 오히려 한국사회에 만연한 치열한 경쟁 구도와 바쁘게 돌아가는 구조적 문제에 대한 경각심을 망각하게 만들 수 있다는 점에서 신중하게 접근되어야 한다.

(3) 역사 인식 강요

한국의 문화를 체험하는 것이 주된 목적인 예능 프로그램에서 한국의 '역사', 그중에서도 일제강점기와 그 이후 일본과의 불편한 외교관계를 꽤나 깊이 있게 다룬다는 점 역시 주목할 만하다.

tvN 〈서울메이트〉 32회(2018.6.23 방영)에서는 한국에서 유학 중인 핀란드인 로따가 등장하며 광화문 일대를 걸어다닌다. 명성황후가 일제세력을 몰아내려다가 일본 자객들에게 살해되었음을 설명한 후, 곧이어 한국의 촛불시위와 그 이후, 시민들의 청소로 인해 깔끔했던 거리를 언급하며 한국의 시민의식에 대해 이야기 한다. 스튜디오의 한국인 패널들은 외국인인 로따가 한국의 역사에 대해 잘 알고 있음을 기특해하며, 그 장면에서 '로따가 대견스러운 모니터 이모 and 삼촌'이라는 자막이 나온다. 우리의 것을 배우는 외국인에게 기특함을 느끼는 모습은, 단연 외국인 출연자보다 '더 잘 알고 있는' 한국인으로서의 우월함을 내포하고 있음을 시사한다.

MBC every1 〈어서와, 한국은 처음이지?〉 70회에서는 일제 강점기 역사를 찾아서 서울역사박물관에 방문하는 외국인 출연진에 대한 내용이 나온다. 방송 중 출연진들의 관심사는 '일제 강점기'임을 자막으로 강조하며 '진지한 자세로 배워나가는 일제 강점기'라는 자막을 사용하기도 한다. 〈어서와, 한국은 처음이지?〉 109회에는 노르웨이 출신의 출연자들이 직접 독도를 방문하는 여행기를 그린다. 독도 전시관에 들러 일본의 잘못에 대해 이야기하며, '일본이 빼앗으려' 하는 독도에 대해 설명한다. 동시에 스튜디오의 외국인 패널인 알베르토 역시 '18세기 일본 고지도에 독도는 조선땅이라고 표기되었다'는 점을 언급하며 독도는 한국의 땅임을 강조한다. 외국인들이 그저 지나치기 쉬운 분쟁인 독도에 대해 공부하고 방문하는 모습을 보며 한국인 패널들은 '관심가져 주니까 고맙네요'와 같은 반응을 드러내며 동시에 '기특하네요… 고맙고'와 같은 반응을 보인다. '멋있다'며 스튜디오에서 박수갈채가 나오기도 한다.

이러한 예능 장면들 속의 공통점은 모두 한국의 역사를 이야기할 때 대립항으로서의 '일본'에 대해 부정적으로 언급한다는 것이다. 또한 한국 역사를 다루는 출연자들은 모두 백인으로 재현되는데, 이는 평소 한국사람들이 하고 싶었던 주장을 한국인보다 우월하다고 여겨지는 백인들의 입을 빌려 전달하는 장치로 해석할 수 있다. 또한 한국의 역사에 대해 이야기하는 외국인들의 신분 또한 주목할 만하다. 핀란드 편에서 등장한 로따는 핀란드의 역사보다 한국의 역사를 더 좋아하는 학생이며, 노르웨이편의 출연진들은 교사이며 독도에 대해 제일 많이 입을 여는 출연진은 역사교사. 그렇기 때문에 그들이 방송에서 하는 말은 객관적일 것이라는 신빙성을 갖게 된다. 외국인들의 한국 역사에 대한 지식에 대해 스튜디오의 한국인 패널들은 공통적으로 감탄과 고마움, 그리고 마치 어린 학생을 대하는 것 같은 기특함을 느낀다. 이러한 한국인 패널들의 반응은 외국인 출연자들보다 더 많이 '알고 있는' 사람이기에 가능한 반응들이다.

이러한 관찰예능을 접할 때 한 가지 염두에 두어야 하는 사실은 출연자로서 외국인들의 행동은 모두 객체로서 자신이 보여지고 있음을 인식하는 데서 기인한다는 점이다. 그 증거로 MBC every1 〈어서와, 한국은 처음이지?〉 109회의 마지막 장면에서 장난을 친 뒤 "우리 TV에 나오는데 이러지 말았어야 해"라고 말하는 모습을 찾아볼 수 있다. 그들이 방송 속에서 하는 모든 행동과 말은 한국의 시청자들이 보고 있다는 전제하에 이루어지는 것이다. 미셸 푸코가 『감시와 처벌』에서 주목한 것처럼, 객체는 자신들이 보여지고 있다는 것을 인식하여 항상 자기검열을 하고 있다는 사실을 적용할 수 있다. 마치 CCTV 아래에 선 사람처럼 그들은 보는 사람들의 시선을 의식할 수밖에 없다는 것이다. 그리고 이러한 자기검열은 한국 생활을 오래한 외국인일수록 더 강화되는데, 스튜디오에서 한국 문화를 처음 경험하는 외국인들을 평가하는 알베르토의 경우 한국인의 관점을 내재화하여 외국인들을 바라보는 대표적 사례다.

마지막으로, 흔히 '국뽕' 예능이라 불리는 예능 프로그램의 출연진 대다수는 서구권 백인 남성들인데, 이는 한국인들에게 선망의 대상인 서구 백인 남성에게 한국의 문화와 역사를 인정받는 애국적 나르시시즘과 관련이 있음을 보여주며, 그 심리적 기저에는 우월한 이방인인 백인 남성으로부터 자신의 존재를 인정받고자 하는 욕구가 강하게 자리하고 있음을 유추할 수 있다. 이러한 프로그램들은 외국인의 시선을 통해 한국 시청자가 보고자 하는 한국의 긍정적인 면들을 짜깁기해서 연출하는 콘텐츠라는 점에서, 여기에 재현된 한국사회는 '구성된 한국constructed korea'이라 할 수 있다. 이와 같은 외국인 관찰 예능의 인기 이면에는, 백인 남성들로 대표되는 외국인들이 한국 문화에 대해 기대하고 체험하면서 보여주는 긍정적인 반응들을 보며 한국 시청자들이 느끼는 뿌듯함과 자기 만족감이 자리잡고 있다. 이러한 요소들이 지상파방송뿐 아니라 유튜브와 같은 뉴미디어 영역에서도 외국인 관찰예능 포맷 프로그램들이 끊임없이 재생산되는 핵심적인 요소다. 바로 이 지점에서 예능 프로그램이 연성화된 민족주의 이데올로기 확대재생산 도구로 전락할 수 있음을 알 수 있으며, 민주사회 시민들의 비판적 미디어 수용이 얼마나 중요한지 알 수 있다.

6. 미디어와 이데올로기의 미래

현재 우리가 살아가는 사회, 그리고 향후 도래할 사회는 더이상 카를 마르크스가 이데올로기 개념을 역설했던 인쇄미디어의 시대도, 알튀세르나 스튜어트 홀이 활동했던 영화나 텔레비전의 시대도 아니다. 미디어는 세분화/다양화되고 제작자와 수용자의 경계는 더욱 모호해지고 있다. 여기에 더해 미디어 이용시간과 일상과의 경계 역시도 흐려지고 있다. 스마트폰으로 대표되는 일상적 미디어의 등장으로 인해 현대인들은 언제 어디서든 원하는 정보와 서비스에 선택적으로 접근할 수 있다. 그뿐만 아니라 스스로가 미디어 콘텐츠의 제작자가 되어 유튜브와 SNS 등에 영상이나 새로운 정보 혹은 일상의 소소한

면들을 어렵지 않게 업로드하고 그것에 대한 반응을 통해 지구 반대편의 사람들과 교류할 수도 있다. 그야말로 미디어가 일상화되고, 일상이 미디어화되는 시대가 도래한 것이다. 이러한 미디어 환경에서 '기존의 이데올로기 이론은 여전히 유효한가 ⋯ 아니면 새로운 미디어 환경에 맞는 이론을 찾아 나서야 하는가' 하는 질문은 미디어를 공부하는 사람들이 당면한 주요 과제 중 하나다.

1960년 동서냉전의 정점에서 '이데올로기의 종언The end of ideology'을 주장했던 다니엘 벨의 예언은 구소련의 붕괴와 중국의 문호 개방 등 사회주의 국가들의 몰락으로 어느 정도 맞아떨어지는 듯 했다. 그러나 그 이후 이데올로기는 분화와 변이를 통해 끈질기게 생존하는 바이러스처럼 새로운 환경에도 쉽게 적응하며 생명력을 이어가고 있다. 한 가지 분명한 사실은 미디어 환경의 급변에도 불구하고 여전히 사회 구성원들은 다양한 이데올로기의 영향을 받고 있으며, 오히려 수동적 이데올로기 수용자에서 벗어나 능동적 이데올로기 생산자로서의 역할까지 수행하고 있다는 것이다. 이는 각종 정치적·경제적·사회적 이슈에서뿐만 아니라, 일상의 다양한 문화와 삶의 방식에 이르기까지 넓은 범위에 걸쳐 발견되는 현상이다. 최근 '가짜뉴스' 논란도 자세히 들여다보면, 검증되지 않은 수많은 뉴스 생산자들의 확증편향적 정보 짜깁기와 무분별한 미디어 생산·소비 메커니즘이 그 중심에 있다. 그리고 이러한 미디어 환경에서 이데올로기는 더이상 정치적 수사나 거대 담론이 아닌, 미시적이고 일상적인 언어로 연성화되어 생산되고 소비된다. 어쩌면 우리는 이데올로기가 종언된 시대가 아닌, 모든 것이 이데올로기화된 시대를 향해 나아가고 있는지도 모른다. 그리고 만약 그것이 현실이 된다면 그 중심에는 스마트폰보다 더 일상화된 미디어들이 자리잡고 있을 것이다.

1 일상에서 당연하게 여겨지는 이데올로기 중 미디어를 통해 확대재생산되는 것들을 찾아보고, 사회적/역사적 맥락에서 그러한 이데올로기는 어떤 역할을 했는지 고찰해 보자.
2 한국사회에서 민주주의는 반공주의와 동일시될 수 있는 절대적 이데올로기인가? 둘 중 사회적으로 더 선호되는 가치와 그 이유는 무엇인가?
3 소위 '국뽕'이라 불리는 민족주의 이데올로기를 소재로 생산되는 미디어 콘텐츠는 어떤 것들이 있으며, 이에 대한 대중의 반응은 문화적으로 어떻게 해석할 수 있을까
4 미디어 플랫폼이 다양해지면서 우리 사회는 과거의 획일적 이데올로기로부터 벗어나고 있는가? 아니면 다양한 미디어가 생산하는 이데올로기의 영향을 더 많이 받게 되었는가?

더 읽 어 볼 책

문화, 이데올로기, 정체성: 스튜어트 홀 선집 스튜어트 홀 지음, 임영호 옮김, 2015, 컬처룩

영국의 대표적인 문화연구자 스튜어트 홀의 고전적 글을 모아 '선집' 형태로 출간한 저서이다. 지배 이데올로기의 일상성과 자연스러움은 미디어라는 제한된 틀과 체계화된 방식에 의해 확대재생산된다. 저자는 재현representation을 비롯한 다양한 문화적 개념을 통해 이를 구체적으로 분석하고 비판적 관점을 제시한다.

이데올로기 김광현 지음, 2014, 열린책들

사회에서 '당연한' 것으로 받아들여지는 문화적 구성 요소로서의 이데올로기를 실천적 사례들을 통해 조망한다. 집단적이면서 익명성에 의해 확산되는 이데올로기는 각 개인의 사고방식과 가치관에 강력한 영향력을 발휘한다. 그리고 이것은 가족, 학교, 대중문화, 미디어, 소비행위 등 다양한 사회적 집단 혹은 행위로 표출된다. 저자는 이데올로기야말로 인류가 만들어 낸 가장 창의적인 역설이자, 인간의 위선이며 위대함이라고 지적한다.

루이 알튀세르의 이데올로기 루크 페레터 지음, 심세광 옮김, 2014, 앨피

마르크스의 이데올로기 이론을 발전시켜 오늘날 문화이론의 핵심 개념으로 완성한 루이 알튀세르(Louis Althusser, 1918~1990)의 이데올로기 개념에 대한 해설서이다. 원서를 통해 알튀세르 이론에 접근하기 어려운 대학 초년생들에게는 좋은 입문서가 될 수 있다. 그뿐만 아니라 알튀세르의 영향을 받은 피에르 마슈레, 테리 이글턴, 레이먼드 윌리엄스 등의 후기 이데올로기 이론과 실천적 성찰도 엿볼 수 있다.

10

미디어 이용자와 팬덤 연구

21세기 디지털 시대에 미디어 이용자와 팬덤의 위상은 날로 높아지고 있다. 이는 미디어 기술을 활용한 이용자들의 콘텐츠 생산능력과 소비 능력이 자본주의 사회를 움직이는 주요한 동력으로 부상하고 있기 때문이다. 그런데 이런 미디어 이용자 또는 팬이 커뮤니케이션 연구 초창기부터 중요한 연구 대상으로 주목되었을까? 미디어 이용자에 대한 초기의 낮은 관심은, 지금도 학계에서 관행적으로 사용되는 '수용자'라는 단어에서 간접적으로 드러난다.

대학을 막 입학한 학생이라면, 일반인에게 생소한 '수용자受容者'라는 용어에 고개를 갸우뚱할 것이다. 우리는 '독자reader', '관객spectator' '청취자audience', '시청자viewer' 같이 미디어 유형에 따른 개별 이용자 명칭이 있지만, 이들을 총칭하는 대표어는 일상용어에 없다. '수용자'는 미디어 이용자를 총칭하는 영어 audience를 한국어로 번역한 학술용어이다.

새로운 미디어가 등장하면 그 이용자의 이름도 새롭게 만들어지곤 하는데, 인터넷의 등장 이후, 이용자user라는 용어가 일반화되고 있다. 본론에서 더 상세히 설명하겠지만, 필자는 현재의 미디어 환경뿐만 아니라 그동안의 미디어 이용자연구의 성과를 고려해 볼 때 '이용자'라는 용어가 더 적절하다고 생각해서 이 용어를 택했다. 과거 연구와 이론을 기술할 경우 이따금씩 불가피하게 '수용자'라는 용어가 사용되고, '이용자'라는 용어와 동시에 등장해도 당황하지 않기를 바란다. 덧붙여서, 이 장에서 이용자는 '미디어 이용자'를 주로 뜻하며, 이때 미디어는 신문, 방송, 인터넷과 같은 물질적, 법적, 경제적 토대를 지닌 제도화된 미디어로 한정하고자 한다.

이 장에서는 커뮤니케이션 분야에서 미디어 이용자에 대해, 그리고 열성적 미디어 이용자인 팬덤 연구에 대해 어떤 연구가 이뤄졌고 어떤 이론과 쟁점이 제기되었는지 개괄할 것이다. 이를 위해 먼저 1절은 서구 주류 커뮤니케이션 연구에서 이용자 이론을 커뮤니케이션 모델, 효과연구, 이용과 충족연구로 나눠 살펴볼 것이다. 2절은 문화연구의 부상과 문화연구 전통의 능동적 이용자 이론을 살펴보고, 3절에서는 서구 팬덤 연구의 전개와 팬덤 문화의 특성에 대해 논의할 것이다. 4절에서는 한국 팬덤 연구의 전개와 특성을 고찰하면서 여러 관련 쟁점을 다룰 것이다.

1. 주류 커뮤니케이션 연구와 미디어 이용자 이론

1) 커뮤니케이션 모델과 미디어 이용자 개념

'수용자'라는 우리말 용어는 처음 어디서 어떻게 기원하게 된 걸까? 1970년대 말 한국 커뮤니케이션 개론서에 처음 등장한 이 용어는 해롤드 라스웰

Harold Lasswell이 1948년 제시한 커뮤니케이션 모델과 연관된다. 라스웰은 커뮤니케이션 연구를 '누가who 무엇을say what 어떤 채널로in which channel, 누구에게 to whaom, 어떤 효과with what effect로 전달했는가'에 관한 것으로 설명한다. 즉, 그는 커뮤니케이션을 '송신자Sender가 메시지Message를 특정 채널Channel을 통해 수신자Receiver에게 전달하여 효과Effect를 일으키는 행위'로 정의한다. 이것이 그 유명한 라스웰의 S-M-C-R-E 모델이다. 이때 메시지를 받는 리시버 receiver를 한국에서는 수신자로 번역했고, 이후 '수용자'로 바뀌어서 모든 미디어 이용자를 대표하는 학술 용어로 한국에서 자리 잡았다.[1]

모든 용어가 그렇듯 '수용자'라는 말도 특정 시대의 사회문화적 산물이다. 이 용어는 매스미디어가 지배적이던 20세기 중반에 커뮤니케이션 학문 분야가 시작된 것과 관련된다. 라스웰의 커뮤니케이션 모델도 당시 주류 미디어인 신문, 영화, 라디오, 텔레비전 같은 매스미디어를 염두에 둔 것이었다. 따라서 당시 커뮤니케이션의 연구 관심은 매스커뮤니케이션이 이용자에게 일으키는 메시지 효과에 집중되었다. 1950년대 당시, 영화 등으로 전쟁에서 군인의 사기를 올리려는 정부의 관심이나, 미디어 이용자 수를 높이려는 신문사, 영화사, 방송사의 관심, 또는 어린이와 청소년 등에게 미칠 매스미디어의 영향에 대한 사회적 우려와 관심 등은 '매스미디어의 효과연구'를 커뮤니케이션 연구의 주류로 만들었다.

2) 미디어 효과연구와 미디어 이용자 이론

아날로그 기술시대의 매스미디어 환경에서는 제한된 미디어 종류와 채널

---

1   영어권에서는 '청중'을 뜻하는 audience가 '수용자'에 상응하는 용어이다. 한국에서 '수용자'는 주로 학계에서 사용되지만 영어권에서 'audience'는 일상어이면서 학술용어로 사용된다. '수용자' 용어는 일본 번역어의 영향이라고 추측되는데, 일본은 audience를 うけて(受け手)로 번역하고, 미디어 이용자를 총칭하는 대표어로 사용한다. 직역하자면, '받는 측'이라는 뜻이다.

수로 인해 이용자들의 선택 폭은 좁았다. 따라서 이용자들은 이미 대규모로 확보된 시청자나 독자라는 의미에서 이른바 '포획된 수용자captive audience'라고 칭해질 정도였다. 따라서 학문적 관심은 제한된 메시지(콘텐츠)와 그 효과에 집중되고, 미디어 이용자 존재에 대한 관심은 적었다. 미디어 효과연구가 마치 미디어 이용자 연구와 동일한 것인양 여겨졌다. 그렇다면 미디어 효과연구들은 미디어 이용자를 어떻게 가정하고, 미디어 이용자에 대해 어떠한 지식을 생산하고 있었을까?

매스미디어가 발달한 미국에서 가장 활발했던 초기 미디어 연구는 매스미디어의 강력한 효과를 암묵적으로 가정했다. 특히 라디오가 전시 체제에서 효과적인 선전 매체로 활용되었던 역사적 경험 이후, 다수의 사회 지도층과 지식인들은 특히 어린이, 청소년, 여성, 교육받지 못한 계층의 이용자들이 쉽게 미디어 내용에 휘둘릴 것이라고 여겼다. 영화가 청소년에 미치는 효과에 관한 1920년대 연구가 커뮤니케이션 연구의 효시였던 점이 그것을 잘 보여준다.

미디어 효과연구는 단지 학문적 동기에서만 이뤄진 것은 아니다. 미국의 매스미디어 효과연구는 이윤을 높이기 위한 광고주와 매스미디어 기업의 지원뿐만 아니라, 전시 체제나 냉전 체제에서 미디어를 유리하게 활용하려는 미국 정부의 지원하에 수행되었다. 따라서 초기 미디어 효과연구는 대체로 기존 권력 질서를 공고히 하는 정책지향적이고 기업친화적 관점에서 수행되었고, 국내외를 막론하고 미디어 이용자를 조작 또는 설득의 대상으로 취급하는 경향을 드러냈다(Thussu, 2006/2009). 이처럼 미디어 효과연구는 '이용자의 관점'이 아니라, 주로 미디어 소유주나 국가, 그리고 메시지 제작자의 관점에서 이뤄졌다.

초기 미디어 효과연구가 매스미디어의 강력한 효과를 가정하게 된 것에는, 1950년대 이후 사회과학을 지배한 행동주의 과학의 실증연구 패러다임의 영향을 무시할 수 없다. 행동주의 패러다임은 '파블로프의 개'의 모델처럼, 인간의 행위를 '자극stimulus에 대한 반응response'으로 간주하고, 사회현상과 인간 행위를 관찰과 측정을 통해 계량화하여 가설을 검증하는 실증적 방법을 취한다. 이를 미디어 연구에 단순화시켜 적용하면, '메시지'를 일종의 '자극'으로 취급하고, 미디어 이용자에게 나타난 '반응'을 '효과'로 간주하는 것이다. '자극-반응 모델'은 미디어 이용자를 다양하고 복잡한 관계를 지닌 사회적 존재이자 의미 생산자가 아니라, 메시지라는 자극에 반응하는 수동적 존재로 가정하는 것이다.

매스미디어 이용자들을 이렇게 수동적인 존재로 가정하게 만든 또 다른 영향은 1950년대와 1960년대 사회학에서 유행한 '대중사회이론'에서 찾을 수 있다. 대중사회론은 도시에 사는 개인을 타인과 유대 없이 삶을 영위하는, 고립되고 분산된, 익명의 이질적인 존재로 여기며, 그 집합을 '대중mass'으로 개념화했다. 이때 '대중'은 비판적인 공중publics과 달리, '비판적 사고 능력이 부족한 수동적인 사람들'이라는 부정적인 의미를 내포한다. 대중사회론자들은 현대사회는 대량 생산과 대량 소비사회 아래 이러한 대중으로 이뤄진 '대중사회mass society'라고 주장했다. 이러한 시각에서 보면, 매스미디어 이용자는 대량 메시지를 대규모로 전달하는 '매스미디어'의 직접적이고 강력한 영향 아래 놓인, 취약한 수동적 존재가 된다.

하지만 매스미디어의 강력한 효과에 대한 일반적인 믿음과 달리, 실제 조사 연구결과는 매스미디어 효과의 강력함을 입증하기보다는 의문을 갖게 하는 결과가 연달아 발표되었다. 대표적으로, 사회학자인 라자스펠트Lazarsfeld가 이끄는 연구진이 1948년 발간한 『미국 선거 캠페인 효과연구The People's Choice 1948』는 매스미디어가 이용자의 태도를 바꾸기보다는 기존 태도를 강화reinforcement하는 효과만을 지닌다고 주장했다. 이로써 미디어의 '한계효과이론' 또는 '선별효과이론'이라는 명칭이 대두되었다. 그렇다고 이러한 소효과 이론이 미디어 이용자를 '능동적인 존재'로 인식하게 만들지는 않았다. 미디어 이용자는 여전히 반응하는 존재로 다뤄지고, 연구의 관심은 메시지의 효과에 놓였다.

커뮤니케이션 연구가 더욱 활발해지면서, 미디어의 제한된 효과이론들은 다시 미디어 효과가 작지 않다는 미디어의 중효과와 그 효과가 크다는 미디어의 강효과 이론들의 도전을 받게 되었다. 예를 들어, 매스미디어가 미디어 이용자에게 어떤 이슈에 대해 특정 입장을 택하도록 만들지는 못하지만, '무엇'이 이슈인지를 인식시키는 데는 영향을 끼친다는 '의제설정이론agenda setting theory'은 대표적인 중효과 이론이다. 한편, 조지 거브너George Gerbner가 제시한 '문화계발이론cultivation effects theory'은 대표적인 강효과 이론이다. 거브너는 메시지의 '즉각적이고 직접적인' 효과가 아니라 장기적인 효과를 살펴볼 때, 미디어 내용이 이용자의 현실 인식을 계발하고 구성하는 효과를 발견할 수 있다고 주장한다. 예를 들어, 드라마에서 주로 흑인 범죄자가 등장하고, 이러한 드라마에 자주 그리고 장기간 노출(시청)하게 된다면, 시청자들은 실제 현실 세상도 흑인 범죄자로 가득 찼다고 인식하게 된다는 것이다.

미디어 효과연구는 영향력의 크기에 대해서는 서로 다른 결과들을 내놓고 있지만, 이들은 미디어 이용자를 메시지의 영향력을 드러내는 수동적 '대상'으로 놓고 '미디어의 관점'에서 이용자를 바라보는 공통점을 지닌다. 이러한 효과연구 중심의 미디어 커뮤니케이션 연구들에서 이용자에 대한 시각에 근본적인 변화가 일어난 것은 바로 '이용과 충족 연구'가 부상하면서부터다.

3) 이용과 충족 연구(Uses and Gratifications Research)의 등장

주류 커뮤니케이션 학계에서 새로운 관점의 연구가 1960년대 등장했는데, 이른바 '이용과 충족' 접근의 연구이다. 대표적 연구자인 엘리후 가츠Elihu Katz는 기존 효과연구는 '미디어가 사람들에게 무엇을 할 것인가?What do the media do to people?'라는 관점이었다고 비판하면서, 이제 커뮤니케이션 연구는 '사람들이 미디어로 무엇을 할 것인가?What do people do with the media?'라는 관점으로 전환되어야 한다고 주장했다. 메시지 접촉자 또는 미디어 이용자를 '수동적'인 존재로 취급한 기존 효과연구와 다르게, 이들 이용과 충족 접근의 연구자는 미디어 이용자를 자신의 욕구, 동기 또는 목적을 충족시키기 위해서 미디어를 선택적으로 이용하고 다루는 '능동적'인 행위자로 간주한다.

이러한 관점에서 시작된 이용과 충족 연구들은 다음과 같은 전제 위에 출발한다. 첫째, 이용자의 미디어 이용은 목적 지향적, 의식적 행위이다. 이는 두 번째 전제로 이어지는데, 이용자는 미디어와 관련해서 자신의 욕구나 필요를 인지하고 있다는 것이다. 셋째, 이용자의 목적을 충족하는 데 있어서 서로 경쟁하는 여러 미디어와 콘텐츠들이 존재한다. 이러한 가정 위에서, 이용과 충족 연구는 이용자가 어떠한 욕구와 동기(독립변인)에서 미디어를 이용하게 되고, 또 그 이용 결과에 따른 충족(종속변인)이 무엇인지 밝히고자 한다(Katz, Blumler & Gurevitch, 1974).

이용과 충족연구가 주류 커뮤니케이션 연구에서 이룩한 성과는 한마디로 이용자의 '능동성'에 대한 인식이라고 할 수 있다. 그런데 미디어 이용자를 총칭하는 영어의 audience와 달리, 우리말의 미디어 '수용자'나 '이용자'는 각각 '수동'과 '능동'의 의미적 편향성을 지니고 있어서 '이용과 충족 연구'가 제기한 관점 전환을 표현하는 데 곤란을 겪게 된다. 다시 말해, 영어에서는 수동적인 오디언스passive audience에서 능동적인 오디언스active audience로 오디언스에 대한 인식이 전환되었다고 쓸 수 있지만, 한글에서 '수동적 수용자에서 능동적 수용자로 인식 전환'이라고 쓰면 '수동적 수용자'는 동어반복적이고, 능동적 수용자'는 모순어법처럼 이상하게 들릴 수 있다. 이는 '이용자' 용어에서도 마찬가지여서, '능동적 이용자'는 능동적이지 않은 이용자가 있는가라는 의문을 생기게 하는 동어반복적 표현이고, '수동적 이용자'는 모순어법 같다. 이러한 곤경을 넘어서기 위해, 수동적 이용은 습관적이거나 타성적 이용의 성격이 강하고, 능동적 이용은 목적의식이 강한 적극적인 이용이라는, '정도의 차이'로 바라볼 필요가 있다. 사실 모든 미디어 이용자는 이 두 면모를 모두 지니고 있으며, 이용자와 이용 상황에서 달라질 수 있다.

이용과 충족 연구는 주류 커뮤니케이션 연구의 관점과 접근에 획기적인 변화의 계기를 마련했지만, 이론적 가정에서 다음과 같은 중대한 문제점을 지닌다. 첫째, 미디어 이용자를 욕구 충족을 추구하는 목적지향적, 의식적, 그리고 자율적 존재로만 가정하는 문제이다. 사람들은 습관적이고 무의식적이고 때론 타율적 존재이기도 하다. 우리는 습관적으로 TV를 켜고, 때로는 무의식적 관행이나 사회적 영향에 의해 미디어를 이용하기도 한다.

둘째, 미디어 이용의 동기를 대리만족이나 현실도피와 같이 주로 개인의 심리차원에서 찾는 문제이다. 그 결과 사회구조적이고 문화적인 맥락에서 고려될 수 있는 미디어 이용 효과도 모두 개인 차원의 욕구 충족 효과로 치환되어 버린다. 예를 들어, 가부장제적 가족주의를 화목하고 이상적인 가족으로 반복해 제시하는 드라마든 비혼 1인 가구의 삶을 긍정적으로 제시한 드라마든, 사회적 변화는 고려하지 않고 모두 시청자의 '대리만족' 욕구를 충족하는 동일 효과로 설명하게 된다.

셋째, 미디어 이용의 원인을 개인의 욕구(또는 동기, 필요) 충족에 대한 기대로 취급하기 때문에, 미디어 이용은 결국 얼마나 잘 욕구를 충족시켰는가라는 기능주의적 관점으로 해석하는 한계를 지닌다. 즉, 미디어와 그 콘텐츠가 사회에 논쟁이나 변화를 불러 일으키는 것처럼, 미디어와 이용자 사이, 이용자 집단들 사이의 권력관계나 갈등이나 변화는 이용과 충족의 접근에서는 고려되기 어려워, 결과적으로는 기존 질서를 유지하는 관점에서 연구가 이뤄지기 쉽다. 그 결과, 이용과 충족 연구는 리얼리티 쇼든 드라마든 먹방 콘텐츠든 미디어 형식과 콘텐츠의 차이에도 불구하고 일반적 연구결과(예를 들어, 환경감시 욕구, 오락적 욕구, 대리만족 욕구, 현실도피 욕구, 상호작용 욕구 등)에서 벗어난 새로운 이론과 결과를 발견하기 힘들다.

이러한 한계에도 불구하고, 주류 커뮤니케이션 연구에서 이용과 충족 연구가 이룩한 '능동적'인 이용자 인식은 매우 중요하며, '이용자 연구'를 독립된 영역으로 발전시키는 데 초석을 마련했다. 현재까지도 이용과 충족 연구는 활발하게 이뤄지고 있으며, 특히 인터넷과 소셜미디어와 같이 새로운 미디어가 등장할 때면 특히 성황을 이룬다.

다음 절에서는 실증적인 주류 커뮤니케이션 패러다임을 비판하며 등장한 문화연구는 무엇이고, 미디어 문화연구는 미디어 이용자에 대해 어떠한 주장과 논의를 전개하며 미디어 이용자에 대한 이해를 확장하고 있는지 살펴보자.

2. 문화연구와 능동적 이용자 이론

1) 비판적 문화연구의 부상과 그 특성

미국에서 시작된 실증 커뮤니케이션 연구가 커뮤니케이션 분야를 확립해갈 때, 유럽에서는 비판적 시각으로 접근하는 커뮤니케이션 연구가 1970년대 새롭게 등장했는데 그 대표적인 것이 '문화연구Cultural Studies'였다. 문화연구는 특히 미디어 이용자에 대해 가장 풍부하고 깊이 있는 연구들을 제시하며 새로운 커뮤니케이션 연구전통을 형성해가기 시작했다. 그럼 문화연구는 어떤 점에서 새로운 커뮤니케이션 시각이었으며, 미디어 이용자에 대한 이해를 어떻게 바꿔놓았을까?

문화연구는 1964년 영국 버밍햄 대학에 설립된 '현대문화연구소'에서 시작되었는데, 1970년대 말 스튜어트 홀Stuart Hall이 연구소장을 맡으면서 특히 미디어와 관련된 문화연구가 활발히 이뤄졌다. 문화연구는 문화를 상징과 기호의 의미 체계이자 의미를 생산하는 모든 실천으로 취급한다는 점에서, 문화는 곧 커뮤니케이션 실천이며 체계를 의미한다.[2] 문화연구에서 진행된 미디어 문화연구는 미국의 주류 커뮤니케이션과 분명히 대조되는 다음과 같은 특성들을 지닌다.

첫째, 문화연구는 미디어 이용자를 특정한 역사적 및 사회문화적 맥락에서 복잡한 사회적 관계 속에서 행위하는 존재로 이해하기 때문에, 이용자가 처한 다양한 맥락을 중시한다. 예를 들어, 〈오징어게임〉 드라마를 동일하게 시청하더라도 시청자의 경험과 드라마 의미는 세계적 공통성뿐만 아니라, 시청자가 속한 국가나 지역과 같은 상이한 정치사회적 환경과 경험, 상이한 경제적 위치, 종교 문화 등의 특정 맥락을 고려하며 이뤄져야 한다는 것이다. 따라서 문화연구는 미디어 행위자를 맥락에서 떼어내어 분석 대상으로 관찰 및 측정하고 수량화해서 가설 검증하는 주류 커뮤니케이션의 접근과 대조되며, 미디어 이용자의 맥락을 드러낼 수 있는 질적 연구방법들(심층인터뷰, 구술사, 참여관찰 등)을 선호하는 경향을 보인다.

둘째, 문화연구는 미디어 콘텐츠 같은 미디어 산물을 단지 그 생산자의 의도에 따른 결과물이기보다는, 그 생산자가 의식하지 못하는 문화적 가치와 관행들, 그리고 기술적·경제적·사회적·정치적·담론적 조건들이 함께 작용하여 만들어진 복합물로 여긴다. 일례로, 한국 드라마와 영화에서 유독 가족이 많이 등장하는 이유 중 하나는 드라마 제작 관행뿐만 아니라 작가와 감독이 시청자와 함께 공유하고 있는 한국사회의 가족에 대한 감정, 규범, 담론들이 무의식적 코드로 작용한 때문일 수 있다. 따라서 뉴스 기사든 또는 유튜브 동영상이든 모든 미디어 산물들은 단순한 '메시지'가 아니라, 특정 코드들에 의해 여러 감정들과 다양한 의미들로 짜여 구성된 '텍스트text'로 취급된다. 문화연구

---

2 한국인들은 일상에서 '실천'이라는 말을 흔히 '이론, 믿음, 가치관 등의 추상적인 것을 실재 행동으로 옮기는 것'이라는 협소한 의미로 사용하지만(이때 영어로 praxis에 가까움), 학계에서 실천은 '인간의 구체적 활동이나 행위'라는 넓은 의미를 지닌다(영어로는 practice로 번역). 특히 문화연구는 목적하지 않은, 또는 무의식적으로 이뤄졌어도 인간의 모든 구체적 활동을 '실천'이라고 부른다는 점을 유념할 필요가 있다.

의 이러한 시각은 이후 부호화/해독 모델에서 더 상세히 설명될 것이다.

셋째, 문화연구는 의미의 형성, 공유, 경합 등의 모든 과정이 권력관계 차원과 무관할 수 없다고 본다. 일례로, 미디어 콘텐츠에서 비혼모나 성소수자와 같은 사회적 약자를 어떻게 그려내는가는 그 자체로 특정한 의미를 시청자에게 전달할 수 있으며, 사회적 인식과 제도 변화에 영향을 줄 수도 있다. 따라서 문화연구 접근에서 이뤄지는 모든 미디어 커뮤니케이션 연구는 기존의 권력질서에 던지는 함의를 중요한 연구 관심사나 내용으로 포함한다. 이런 점에서 문화연구는 객관성이나 중립성을 표방하지 않으며, 문화의 정치적 성격을 중시하고 약자powerless의 관점에서 이뤄지는 비판적 학문의 정체성을 내세운다.[3]

넷째, 문화연구는 단일한 분과학문이기보다는 사회학, 인류학, 철학, 문학 등을 교차하고 또 포함하는 '학제적inter-disciplinary' 연구의 특성을 띤다. 따라서 제도적 학과의 형태보다는 '문화연구 협동 과정' 형태로 존재하거나, 각 분과학문 내부에 문화연구 접근방법으로 존재한다. 그래서 미디어 커뮤니케이션 학문 분야에서 진행되는 문화연구는 미디어 커뮤니케이션 연구이기도 하지만, 흔히 '문화연구' 또는 '미디어 문화연구'로 불린다. 이후 이어질 적극적 미디어 이용자 연구와 팬덤 연구는 바로 이러한 문화연구 관점과 전통을 토대로 형성되기 시작했다.

2) '부호화/해독' 모델과 미디어 이용자

문화연구는 기본적으로 인간을 삶의 경험 속에서 의미를 생성하는 능동적

3 문화연구는 정치를 제도권의 권력투쟁이라는 협소한 정의를 넘어, 일상에서 보통사람들의 문화적 의미와 행위가 권력질서의 영향을 받으며 동시에 영향을 주는 것으로 본다. 따라서 문화가 권력질서와 맺는 관계나 그것에 끼치는 영향은 모두 문화의 정치(학)이라고 표현하며 문화연구의 핵심 사안으로 여긴다.

인 존재로 보지만, 미디어 이용자는 대기업이 소유하고 생산하는 매스미디어 콘텐츠를 받아 소비해야 한다는 점에서 1970년대까지만 해도 미디어 이용자를 상당히 취약한 존재로 여겼다. 그 결과, 미디어 문화연구는 미디어 텍스트에 작동하는 이데올로기를 분석하고 비판하는 문화연구가 주를 이뤘다. 그러나 이러한 상황은 1980년에 스튜어트 홀의 「부호화/해독encoding/decoding」 논문이 발간되면서 크게 변화되기 시작했다.[4]

스튜어트 홀은 매스커뮤니케이션 과정이 라스웰 모델처럼 일방적 메시지 전달 과정이 아니라, 메시지/텍스트 제작 행위와 소비 행위가 메시지/텍스트를 통해 영향을 주고받는 순환 과정으로 본다. 다시 말해, 메시지는 미디어 생산자의 지식, 가치, 경험, 사회적 관계, 특정 미디어의 기술적 상황 등의 여러 복합적 조건과 자원을 토대로 '부호화'(제작)되고 또 상이한 조건과 자원을 지닌 미디어 이용자에 의해 특정 의미로서 '해독'(소비)되어 즐거움과 의미를 발생하는 것이다. 더구나 스튜어트 홀이 강조한 대로, 언어와 이미지가 본래 여러 의미로 이해될 수 있는 '다의성polysemy'을 지니기 때문에, TV 프로그램은 이미 단일한 의미가 아닌 여러 의미로 해석될 수 있는 의미 구성체이다. 이로써 이 모델은 생산자가 의도한 프로그램 의미가 이용자가 해석한 의미와 동일하다는 일치를 보장할 수 없다는 점을 이론화하고 있다. 다시 말해, 부호화/해독 모델의 커다란 기여는 바로 매스미디어 이용자가 콘텐츠를 여러 방식으로 해석할 수 있다는 이론적 근거를 마련한 점이며, 수동적인 이용자라는 가정에 정면 도전한 것이다.

동일한 콘텐츠가 상이한 사회적 위치와 경험을 지닌 이용자에 따라 다른 의미로 읽힐 수 있음을 예시적으로 보여주기 위해 스튜어트 홀(Hall, 1980:

---

4 홀(Hall)의 「기호화/해독」 논문은 원래 1972년 소논문(monograph)으로 발표되었지만, 1980년에 북 챕터로 재발간 되면서 널리 알려졌다.

136~138)은 세 가지 해독 유형decoding position을 예시로 제시했는데, 이것이 이후 미디어 이용자 연구의 활성화에서 중대한 전환점이 되었다. 그 세 유형은 '지배적 해독dominant/hegemonic decoding' '반대적 해독oppositional decoding' '교섭적 해독negotiated decoding'이다. '지배적 해독'은 제작자가 부호화한 '선호된 의미preferred meaning'에 동의하며 해독하는 것이고, '반대적 해독'은 말 그대로, 프로그램의 의도된 의미를 꿰뚫어 보며 반대적으로 해독하는 것이다. 동의와 반대의 양극단 사이에 폭넓게 위치한 것이 '교섭적 해독'인데, 전반적으로는 프로그램의 의도된 의미에 동의하지만, 부분적으로 자기의 경험이나 지식에 비춰서 다르게 또는 반대적으로 해독하는 것을 가리킨다.

예를 들어, '노동자들의 파업으로 한국 경제가 하루에 수십억씩 손실을 보고 있다'는 메시지의 뉴스가 있다고 하자. 이를 본 어떤 시청자는 '아이고, 저리 파업하면 어째, 자기 이익만 우선하면 되나. 우리 국민 경제는 어쩌라고…' 하며 뉴스의 메시지에 동의하면서 파업에 부정적인 태도를 보일 수 있는데, 이런 경우가 '지배적 해독'이다. 또 어떤 시청자는 '맨날 저 뉴스는 국민 경제 들먹이면서 사실 기업 이익만 보호하고 있네. 파업이 보장된 권리인데도 마치 노동자들이 이기적으로 자기 이익만 챙기는 것처럼 보도하네. 노동자는 그럼 그냥 죽으라는 건가'라고 말하며 그 뉴스의 지배적 메시지에 '반대적 해독'을 할 수 있다. 그에 비해 '교섭적 해독'은 '사실 노동자의 노동환경과 보수가 열악하긴 하지, 산업재해로 매일 죽어 나가고. 그래도 저렇게까지 국민 경제에 피해가 있으면 안 되지. 국가 경제가 얼마나 중요한데…'라고 해석하는 경우를 들 수 있다.

홀의 이 세 가지 해독 유형은 큰 반향을 불러일으켰는데, 사실 세 가지 해독 유형 자체가 중요하기 때문은 아니다. 미학적 해석, 감정적 해석, 평가적 해석 등등 더 다양한 해독 유형이 있을 수 있다. 앞서 강조한 것처럼, 홀이 제시한 세 가지 해독 유형의 핵심은, 미디어 이용자가 주어진 대로 미디어 생산물의 의미를 받아들이는 수동적 존재가 아니라 자신의 경험과 사회적 위치에 따라 다른 의미로 해독할 수 있다는 점이다. 지금 우리들의 눈에는 너무도 당연한 이야기라고 생각되지만, 1980년 당시 이 짧은 논문은 미디어 이용자 연구에 중요한 이정표를 세웠다.

요약하자면, 스튜어트 홀을 통해서 '텍스트', '이용자', '해독' 등의 커뮤니케이션의 주요 개념들이 근본적으로 재설정되었다. 메시지 즉 미디어 '텍스트'는 기호학적으로 단일한 의미가 아닌 다의성을 지니며, '의미'는 텍스트에 고정된 것이 아니다. '미디어 이용자'는 수동적인 존재가 아니며, 텍스트를 해독하며 능동적으로 의미를 생성한다. 그리고 이용자의 텍스트 해독은 자신의 경험과 사회적 위치, 자신을 둘러싼 담론 등의 영향을 받아 이뤄진다. 그럼 이제 스튜어트 홀이 활짝 열어놓은 이용자 연구가 어떻게 발전되는지 살펴보자.

3) 능동적 이용자 이론의 부상

스튜어트 홀(Hall, 1980)의 「부호화/해독」은 버밍햄 대학의 현대문화연구소 소속이었던 데이비드 몰리David Morley에 의해 처음으로 미디어 이용자 연구에 적용되었다. 몰리(Morley, 1980)는 미디어 이용자가 자신의 상이한 사회적 위치에 따라, 동일한 TV 프로그램이라도 어떻게 다르게 해독하는지, 그리고 그 해독의 유형과 경향이 어떠한지를 집단인터뷰focused group interview 방법을 사용해 확인하고자 했다. 몰리의 저술에 제시된 인터뷰 내용을 보면, 이용자 집단에 따라 구별되는 해독 패턴이 분명히 감지되지만, 몰리는 그 결과를 설득력 있게 제시하는 데는 성공적이지 못했다.[5]

---

5 1990년대 말 미국에서 박사과정에 있던 필자가 몰리의 인터뷰 결과를 응답자의 사회적 위치(인종, 계급, 연령, 성별)를 기준으로 재분류하고 컴퓨터 프로그램으로 통계적으로 확인해 본 결과, 시청자의 사회적 위치에 따라 상당히 분명한 해독 패턴이 변별되어 나타났음을 발견하고 이를 논문으로 발표했다(Kim, 2004, 참조).

하지만 몰리의 연구 이후 다양한 사회문화적 맥락과 계급, 젠더, 인종, 섹슈 얼리티 경험 등에 따라 이용자가 미디어에서 다양한 의미를 생산하며, 그것이 이용자들의 정체성 형성, 현실 인식, 삶을 이해하는 데 특정한 영향을 지닌다 는 연구들이 봇물 터지듯 쏟아져 나왔다. 그중, 1980년대 중반에 수동적 이용 자 이론을 완전히 뒤엎으며 이른바 '능동적 이용자 이론active audience theory'을 부상시킨 학자가 등장하는데, 그가 바로 존 피스크John Fiske이다.

존 피스크는 스튜어트 홀과 데이비드 몰리에 이어, 의미를 생산해 내는 이 용자의 능동성을 더 분명하고 강하게 주장한다. 미디어 이용자의 능동성을 설 명하는 대표적인 예시로서 피스크(Fiske, 1987a, 1987b)는 가수 마돈나에 열광 하는 10대 소녀들의 해독을 소개한다. 세계적 스타인 마돈나는 무대에서 선정 적인 노출과 몸짓으로, 때론 남성들의 욕망을 풍자하듯 여성 속옷을 겉옷 위에 입은 채 자신의 성적 매력을 과시하면서 한편으로는 남성의 욕망의 대상이 되 려는 듯 연기하고, 다른 한편으로는 남성과 그들의 욕망을 조롱하는 모습과 도 발적인 노래도 동시에 제시한다. 이러한 마돈나에게서 10대 소녀팬들은 남성 에게 주목받는 성적 매력의 여성이 되라는 메시지가 아니라, 오히려 가부장적 이데올로기에 반항하는 즐거움과 여성의 힘 돋우기empowerment를 경험한다. 피스크는 이처럼 마돈나의 공연과 노래에서 가부장제의 지배 이데올로기에 저항하는 즐거움과 의미를 만들어내는 소녀팬들의 해독을 '저항적 해독 resistant reading이라 부르며, 이때 향유되는 즐거움을 '저항적 즐거움resistant pleasure'이라고 지칭했다.

피스크는 이용자가 의미를 만들어내는 행위 자체가 '즐거움'을 발생시킨다 고 강조하며, 이를 세 가지 유형으로 구분하는데 이들 즐거움은 중첩되어 일어 나기도 한다(1987b: 236~239; 1989: 47~64). 첫째는 '헤게모니적 즐거움 Hegemonic pleasure'으로서 미디어 이용자가 텍스트에서 현실의 지배적 가치를 인식하고 그에 공감하며 그에 부합하는 의미를 만들어낼 때의 즐거움이다. 이에 반해 두 번째의 '생산자적 즐거움productive pleasure'은 현실의 지배 이데올로기에 맞서거나 대안적인 의미를 텍스트에서 발견하고 의미를 만들어낼 때의 이용자의 즐거움이다. 이러한 즐거움은 정치적 차원에서 '저항적 즐거움'이라 부를 수 있다. 세 번째 즐거움은 롤로코스터를 탈 때나 스펙타클한 장면에서, 성관계에서 느끼는 쾌락 같은 즐거움jouissance인데, 피스크는 이것이 의미 차원이 아니라 몸의 차원에서 느끼는 즐거움이라서 지배 이데올로기의 영향에서 벗어나 있을 수 있다는 점에서 '회피적 즐거움evasive pleasure'이라고 부른다.

피스크가 이처럼 의미생산과 연관된 즐거움을 세 가지로 유형화 한 것 역시 학문적 유용성을 지닌다. 하지만 더욱 주목할 점은, 미디어 생산물에서 의미를 형성하는 행위 자체가 즐거움을 동반하는 행위이며, 그 즐거움이 세분화 가능한 다양한 성격을 가진다는 것이다. 나아가 메시지 해독에서 즐거움(감정)과 이데올로기의 관계를 새롭게 생각하도록 했다. 이로써 피스크는 미디어 이용자 연구의 논의를 '부호화/해독'에서 인지적(또는 이데올로기적) 차원만이 아니라, '즐거움'이라는 감정적 차원까지 확장시키며(김수정, 2010: 21), 이후 본격화되는 팬덤 연구에 중요한 이론적 기초를 제공했다.

그러나 피스크의 능동적 수용자 이론은 많은 비판 역시 불러왔다. 피스크는 이용자 모두 텍스트에서 자기 나름의 의미를 생산해 낼 수 있다는 점을 '기호학적 민주주의semiotic democracy'로 언급했는데, 특히 이 비유는 매스미디어와 이용자 간의 권력의 불평등을 은폐하고 호도하는 발언으로 공격의 빌미가 되었다(Duffett, 2013/2016). 피스크에 대한 학계의 비판을 요약해 보면, 첫째로, 피스크는 마치 이용자가 저항적 해독을 '일상적으로' 하는 존재인 양 취급함으로써 이용자의 힘power을 과장하고 이용자에 대한 낭만적 대중주의를 확산시켰다는 것이다. 둘째는 수용자들이 설사 그렇게 저항적 해독을 한다고 해도 그것이 곧 사회적 변화나 효과로 연결되는 것이 아닌데, 피스크가 이 둘을 동일한 것으로 다뤘다는 것이다. 그러나 사실 피스크는 "저항적 해독과 텔레비전의 즐거움은 대항적 정치나 사회적 행동으로 직접적으로 전환되지 않는다. 문화 영역은 상대적으로 자율적이어서 상호 간에 단순 인과관계로 연결되지 않는다"(1987b: 326)고 분명히 강조하며, 오히려 자신의 능동적 이용자 개념을 낭만적으로 해석하면 안 된다고 경고한다. 이런 언급을 보면, 1980년대 초까지 이데올로기 연구가 지배적이었던 미디어 문화연구에서, 피스크는 수동적 이용자 개념을 변화시키고 이용자 연구를 진작시키고자 의도적으로 도발적인 표현을 사용한 것일 수도 있다.

1980년대는 인터넷도 유튜브도 스마트폰도 없던 시대였던 만큼 당시 학자들이 미디어 이용자가 어떤 방식으로 능동적일 수 있는지를 가늠하거나 확인하기 쉽지 않았다. 그러나 현재와 같은 디지털 시대의 연구 관심은 미디어 이용자가 능동적 존재인가 수동적 존재인가가 아니라, 이용자의 '능동성이 발현되는 미디어 기술적 및 사회문화적 맥락 및 이용자의 실천은 구체적으로 무엇이고 이용의 성격은 무엇인지, 어떤 사회적 및 정치적 함의를 지니는가'로 옮겨가게 되었다. 그리고 그 중심에 열성적인 미디어 이용자, '팬'이 우뚝 서 있다. 이용자에 대한 미디어 문화연구는 팬덤 연구의 붐으로 이어졌다.

3. 서구 팬덤 연구와 팬덤 문화의 특성

팬덤은 현대 대중문화에 핵심 키워드 중 하나이다. '팬'은 흔히 특정 대상에 대한 애착이나 헌신을 지닌 개인을 가리킨다.[6] 그에 비해 '팬덤'이라는 용어는 개인 팬뿐 아니라 팬 공동체 집단, 팬층fanbase, 팬의 애정과 헌신적 행위들, 또는 이와 연관된 사회문화적 현상 등을 폭넓게 가리킨다. 여기서는 미디어 이

---

6 팬은 '광적인'이라는 단어 fanatic에서 유래되어 19세기 말부터 사용되었다.

용자 관점에서 '미디어 팬덤'에 한정하여 논의할 것이다. 이때 팬의 애착과 관심을 받는 대상을 '팬 대상fan object'이라고 지칭한다. 팬 대상은 해리포터 소설이 될 수도 있고, 마블 코믹스의 캐릭터일 수도 있으며, BTS일 수도 있다. 이렇게 보면, 20세기까지만 해도 소수처럼 느껴지고 하위문화라고 여겨지던 팬덤이, 21세기인 현재에는 정도 차이만 있을 뿐, 미디어 이용자 다수의 모습으로 간주된다.

전통적으로 팬덤 연구는 매스미디어를 통해 알려진 유명인이나 대중문화물을 대상으로 삼는 팬덤 연구였기 때문에, 미디어 커뮤니케이션 분야에서는 미디어 이용자 연구의 틀에서 접근되었다. 따라서 미디어 밖에서 형성되는 팬덤, 예를 들어, 경기장에서 주로 형성되고 실천되는 스포츠 팬덤은 적극적으로 연구되지 않았다. 그러나 여러 미디어가 융합하며 네트워크로 연결되고 다양한 소셜미디어로 포화된 21세기 디지털 시대에, 미디어를 통하지 않는 팬 대상의 발견과 팬덤 현상은 찾기 어려워졌다. 국내외에서도 새로운 팬덤(예를 들어, 케이팝 팬덤, 정치인 팬덤)이 대규모로 발생하고 중요한 사회현상으로 부상하면서, 팬덤 연구는 날로 확장되며 더욱 주목받게 되었다. 그렇다면 학자들은 팬덤에 대해 어떤 설명을 제공해 왔으며, 어떻게 팬덤을 이론화하고 있을까? 이를 위해, 먼저 팬덤 연구의 길을 닦은 헨리 젠킨스Henry Jenkins의 팬덤 연구를 살펴보고, 서구에서 팬덤 연구에서 주요 쟁점이 무엇인지 파악할 것이다. 그리고 한국에서 전개된 팬덤 연구를 검토함으로써 한국 팬덤 문화의 특징과 이슈를 알아보자.

1) 팬덤 연구의 서막

팬이란 결국 적극적인 미디어 이용자라는 점에서, 팬의 존재는 능동적 이용자 이론을 가장 분명히 방증해 준다. 미디어 이용자가 수동적이라는 커뮤니케이선 이론들의 가정에 전혀 동의할 수 없었던 팬덤 연구자들은 스튜어트 홀의 부호화/해독모델과 피스크의 능동적 이용자 이론의 계보를 이으며 팬덤 연구를 적극적으로 개진하게 된다.

특히 존 피스크(Fiske, 1992: 195~201)는 「팬덤의 문화경제」라는 논문을 발표하며 팬덤 연구에 이론적 자양분을 제공한다. 그는 미디어 이용자를 단지 소비자에 불과한 듯 취급하는 기존 통념을 뒤집으며, 미디어 이용 행위를 '이용자 생산성audience productivity'으로 재개념화하며 세 유형으로 제시한다. 첫째는 '기호적semiotic 생산성'인데, 앞서 논의한 마돈나 사례처럼, 팬들이 마돈나의 공연과 뮤직비디오에서 여성 파워라는 의미를 생산하며 해독하는 경우이다. 여기서 '기호적'이라는 말은 의미 해독을 뜻한다. 둘째는 '발화적enunciative 생산성'이다. 위의 예시를 계속 든다면, 팬이 마돈나의 뮤직비디오를 보며 혼자만 그렇게 생각하고 마는 것이 아니라 자기 친구에게 말하거나 (요즘이라면 인터넷 블로그나 트위터에서 자신의 리뷰를 공유하거나), 또는 마돈나를 상징할 만한 옷차림이나 장신구를 착용하며 그 의미를 표출하고 공유하는 행위 등이 포함된다. 세 번째는 '텍스트textual 생산성'인데, 팬들이 직접 새로운 텍스트를 창작하고 배포하는 생산성이다. 대표적인 것이 팬이 만든 '팬픽션fan fiction'인데, 해리포터 영화팬이라면 엔딩 이후를 상상하며 이야기를 만들거나, 줄거리를 바꿔보거나, 원작에 없던 캐릭터들 간의 로맨스를 다룬 이야기들을 만드는 것이 해당된다. 요즘에는 유튜브에 올리는 수많은 '밈 비디오meme video' 생산이 팬들의 텍스트 생산성에 해당될 것이다.[7] '팬덤의 생산성' 개념의 가장 큰 의의는 미디어 이용자의 '능동성' 개념을 지배 이데올로기에 저항하는 의미 생산이라

7 밈 비디오(meme video)는 미디어 이용자가 원본 콘텐츠 일부를 패러디, 모방, 리믹스, 비평 등의 다양한 방식으로 변형하거나 창작의 소재로 사용하여 주로 유튜브를 비롯한 소셜미디어에 대중적으로 유통하는 영상물을 말한다. 밈 비디오의 예시로 패러디 비디오, 커버댄스 비디오, 리액션 비디오 등을 들 수 있다.

는 인지적 '해독' 차원에서, 이용자의 미디어 활용이라는 '행위' 차원으로 넓혔다는 점이다.

팬덤 연구의 본격적인 서막을 알린 것은 현재 세계적으로 가장 유명한 팬덤 연구자인 헨리 젠킨스가 1992년 발간한 『텍스트 밀렵꾼들Textual Poachers』이었다.[8] 이 저서에서 젠킨스는 미국 텔레비전 드라마 시리즈인 〈스타 트렉Star Trek〉 팬들의 놀라우리만큼 다양하고 창의적인 활동을 드러냈다. 예를 들어, 인터넷도 없던 시절에 스타 트렉 팬들은 팬진fanzin[9]을 제작하고, 드라마가 담지 못했던 자신들의 관심사(예를 들어, 여성을 캡틴으로 등장시키거나, 동성애를 보여주는)를 팬픽션으로 표현하며 자신들의 문화적 및 사회적 정체성을 구축하는 활동을 했다. 또한 〈스타 트렉〉과 연관해 기존 곡의 가사를 바꿔 부른 팬들의 노래를 녹음해 배포하고, 〈스타 트렉〉 팬 대회를 개최하는 등의 다양한 참여 실천 또한 보여준다.

이 저서에서 젠킨스는 팬덤 공동체의 특징과 의의를 다음과 같이 정리 제시했다(Jenkins, 1992: 277~282). 첫째, 팬덤은 팬 대상이 되는 텍스트에 대해 감정적 가까움과 비판적 거리감을 동시에 지니면서 몰입하는 양태를 지닌다. 둘째, 팬덤은 애착을 지닌 팬 대상에 대해서도 비판적인 해석 활동을 보여주기도 하며, 셋째, 팬의 의견을 표현할 수 있는 권리를 방송사와 제작진을 향해 주장하는 등의 소비자 행동주의를 보여준다. 넷째, 팬덤은 공동체의 관심을 표현하는 자신들만의 텍스트 장르를 만들고, 대안적인 생산, 배포, 전시, 소비를 개발함으로써 특정 형태의 문화적 생산과 미학적 실천을 수행한다. 다섯째, 팬덤은 자신들의 공동체를 유토피아적 공동체로 이해함으로써 대안적 사회 공동

---

8   젠킨스는 팬들이 남의 사유지에 들어가 포획해 오는 밀렵꾼처럼 공식적인 드라마 텍스트를 자기 관심사에 맞게 변형해 다른 의미를 적극적으로 생성해 내는 문화적 실천 행위를 강조하기 위해, 드 세르토(de Certeau)가 사용했던 '밀렵꾼'이라는 용어를 책 제목으로 사용했다.

9   팬 잡지인 fan magazine을 줄여 만든 용어이다.

체로 기능한다. 이는 21세기 현재 팬덤 공동체에도 여전히 유효한 주요 특성이라고 할 수 있다.

젠킨스의 가장 큰 공로는 '수동적이고 얼빠진, 집착적 소비자'라는 미디어 '팬'에 대한 부정적인 이미지를 '저항적이고 생산적'이라는 긍정적인 이미지로 전복시킨 점이다. 일반 미디어 이용자도 수동적이라고 이해되던 매스미디어 시대에, 미디어 팬들의 이미지는 더욱 부정적이었다. 스타나 TV 텍스트에 많은 열정과 시간을 헌납하는 팬들에게 세상 사람들은 "제발 나가서 진짜 삶을 살라GET A LIFE!"는 충고를 하며 폄하와 무시의 눈길을 보냈다. 동서양이 다르지 않아서, 콘서트에 가는 10대에게 '쓸데없는 짓 그만하고 그 시간에 공부 좀 하라'는 어른들의 잔소리와 곱지 않은 시선은 1990년대 초반까지만 해도 흔했다. 요즘은 부모가 자녀와 함께 콘서트에 가는 모습들이 종종 보이지만, 이런 시대가 오기까지 학문적으로도 많은 도전이 필요했다. 젠킨스의 『텍스트 밀렵꾼들』은 팬덤 공동체들의 부단한 행위적 실천을 상세하게 제시함으로써, 미디어 이용자의 '능동성'을 의심했던 비판들을 수그러들게 했다. 나아가 젠킨스는 이용자 연구의 '비판적 해독' 패러다임을 팬들의 '수행' 패러다임으로 이행시키는 데 중요한 역할을 했다(Hills, 2002: 41; 김수정·김수아, 2015). 또한 창의적인 문화적 실천을 수행하며 정체성을 구축하는 공동체 팬덤을 제시함으로써, 팬덤 연구를 개인 팬보다는 팬덤 공동체 연구로 이끌었다.

하지만 젠킨스의 『텍스트 밀렵꾼들』은 (미디어 기업의) '지배'와 그에 대한 (팬의) '저항'이라는 이분법적 틀 속에서 모든 팬덤 공동체를 '저항자'로 취급함으로써, 마치 '팬덤은 아름답다'는 식으로 팬덤을 낭만화한다는 비판도 받는다(Gray, Sandvoss, and Harrington, 2007). 이러한 비판은 당시보다 요즘 팬덤 모습을 볼 때 더 설득력을 지닌다. 예를 들어, 자신의 아이돌 그룹의 노래를 인기차트 순위에 올리기 위해 스트리밍을 무한 반복하는 팬덤의 조직적 모습은 미디어 기업에 저항하는 모습이기보다는 자신의 스타를 위해 결과적으로는 엔터테인먼트 기업에 도움이 되는 협력적 관계를 보이기 때문이다. 또한, 팬덤 활동이 오히려 개성 있는 삶의 모습으로 인정받는 문화가 확대되면서, 미디어 기업과 엔터테인먼트사는 팬의 애정과 헌신을 부추기며 팬을 이윤창출과 마케팅 전략에 이용한다. 따라서 오랫동안 폄하되었던 팬덤에 대한 인식을 바로잡고 팬덤의 사회문화적 의미를 탐색하려는 젠킨스의 시도는 정당하지만, 팬을 진보적인 사회 존재로만 해석하는 '저항적 팬덤'의 시각은 한계로 지적될 수 있다.

2) 디지털 시대의 팬덤 문화

『텍스트 밀렵꾼들』 이후 지난 30년간 인터넷과 유튜브 등의 소셜미디어, 그리고 스마트폰의 등장이 보여주듯, 테크놀로지의 급속한 발전은 근본적이고 심대한 미디어 환경 변화를 초래했다. 그리고 이는 팬덤 실천의 규모와 성격, 양상 등에도 큰 영향을 끼쳤다. 젠킨스(2006)는 그 영향을 '컨버전스', '참여문화', '집단지성'이라는 세 개념을 통해 설명한다. 젠킨스에게 '컨버전스'는 단지 미디어 간의 융합이라기보다, 디지털 시대에서 미디어 이용자가 "새로운 정보를 찾아내고, 서로 흩어진 미디어 콘텐츠 간의 연결을 만들어내도록 촉진하는 문화적 변화"(2006: 18)를 의미하며, 이 과정에서 기존의 미디어 콘텐츠가 다른 미디어로 옮겨지는 컨버전스의 현상을 일컫는다. '참여문화'는 미디어 이용자들의 이러한 적극적인 관여가 보여주는 문화양식을 지칭한다. '집단지성'은 온라인 커뮤니티에 참여한 이용자들이 긴밀한 상호작용을 통해 서로의 전문성을 결합하고 활용하는 과정에서 발현하는 커뮤니티의 집단적 능력을 말한다. 젠킨스는 상호 연관된 이 세 개념을 통해, 팬덤 공동체의 생산능력이 한층 강화되어 생산과 소비의 경계를 허물고, 온라인 팬덤 커뮤니티를 가장 완벽하게 집단지성을 실현하는 공간 중 하나로 변모시키고 있음을 주장한다.

이 세 개념을 동시에 구현하는 대표적 팬덤 실천을 설명하기 위해서

(Jenkins, 2006/2008)는 '트랜스미디어 스토리텔링transmedia storytelling' 개념을 제시한다. 이는 팬들이 미디어 플랫폼을 넘나들며 한 서사의 요소들을 여러 미디어에 걸쳐 체계적으로 분산시키면서도 동시에 통일되고 서로 조율된 엔터테인먼트의 경험을 창조해 내는 것을 말한다. 예를 들어, 마블 코믹스 기업이 개별 코믹 작품('스파이더 맨', '엑스맨', '아이언 맨', '캡틴 아메리카' 등등 무엇이든)의 캐릭터를 영화 시리즈로 옮겨와 기존 스토리와 캐릭터를 확장하고, 다시 이들을 〈어벤저스〉 같은 영화에서 새로운 조합으로 출현시켜 이야기 세계를 확장하면서도 공유하게 하는 양식을 들 수 있다.[10] 팬들은 자신이 선호하는 캐릭터를 쫓아 다시 새로운 매체나 새로운 이야기로 유입되며, 마블스의 세계관을 이해하기 위해서 개별 영화뿐 아니라 코믹이나 팬 사이트 등에서 캐릭터에 관한 이야기와 정보를 모으고 또 서로 짜 맞추며 이야기 세계에 몰입한다. 이 과정에서 일회적 이용자가 아닌 공통 세계관을 공유하는 팬덤을 형성하고, 세계관을 구성하는 수많은 이야기 전체를 이해하고자 하는 팬들의 욕망 속에서 팬들은 각자의 전문성과 지식을 교환, 조합, 공유하며 집단지성을 통해 적극적으로 이야기를 채워갈 뿐 아니라 새롭게 창작해 나간다. 엔터테인먼트 기업은 팬덤의 창작에서 아이디어를 얻거나 실제 작품으로 제작하여 이윤을 창출할 뿐만 아니라 팬들에게 효능감과 만족감을 준다. 이러한 순환과정을 활성화시키기 위해 이제 미디어 제작자들은 팬들이 채울 수 있는 빈 공간과 여백을 의도적으로 남겨두거나, 팬들이 이야기를 짜 맞출 수 있도록 정보의 편린과 복선들을 여러 미디어에 걸쳐 흩어놓음으로써 팬들의 흥미를 자극하며 역할과 목표 수행을 유도한다.

한국에서는 케이팝 그룹 중 '엑소Exo'와 그 팬들이 이러한 트랜스미디어 스

---

10 Henry Jenkins, https://henryjenkins.org/blog/2007/03/transmedia_storytelling_101.html
   (2007.3.21 업로드)

토리텔링의 세계관 개념을 가장 먼저 활용했다. BTS 역시 여러 앨범 시리즈와 미디어에 걸쳐 팬들이 찾아 구성해 낼 수 있는 여러 힌트와 파편적 상징들을 제공하며 음악 자체뿐 아니라 세계관의 공유로 팬들의 정체성을 강화하고자 했다. 이제 팬덤은 해석하고 전유하는 '열성적 이용자'에 머물기를 거부하고, '참여하고 연결하며 수행하는 자'로 변화했다.

이런 맥락에서 젠킨스는 트랜스미디어 스토리텔링이 미디어 컨버전스에 대한 소비자들의 새로운 반응이며, 소비자들에게 새로운 욕구를 불러일으키고 지식 커뮤니티의 능동적 참여에 의존하는, "세계를 만들어가는 하나의 예술에 가깝다"고 말한다(Jenkins, 2006: 43). 이 말에는 디지털 테크놀로지가 팬덤에게 더 많은 가능성을 줄 것이라는 그의 낙관적 전망이 드러난다. 이제 젠킨스는 제작자나 미디어 산업과 대립하는 저항적 팬덤이라는 기존 입장에서 벗어나, 디지털 테크놀로지 시대에 팬덤과 산업 간의 관계는 상호 공모적이거나 호혜적일 수 있음을 인정한다. 물론 젠킨스가 문화산업과 지배문화에 저항할 수 있는 팬 공동체의 모습에 대한 믿음을 버린 것은 아니다. 그는 만약 팬덤이 엔터테인먼트 창의 산업의 일부에 불과하게 된다면 팬덤은 의미 있는 문화 분석의 범주가 될 수 없으며, 그럴 경우 "팬덤의 미래는 없다"라는, 문화연구자의 비판적 관점을 여전히 강조한다(Jenkins, 2007: 361, 364).

디지털 시대의 팬덤 모습을 '컨버전스 문화'로서 새롭게 설명하는 젠킨스는 적극적으로 참여하는 21세기의 미디어 팬덤 문화와 실천을 이해하는 데 커다란 영향을 주었지만, 그의 낙관적인 해석에 대한 비판 역시 등장했다. 비판적 입장의 연구들은 테라노바(Terranova, 2000)가 제시한 디지털 경제 속의 '무임노동free labour' 개념에 주목한다. 이 개념에서 'free'는 한편으로는 어떠한 강제나 의무로부터 자유로운 자발적인 행위라는 의미를 지니지만, 다른 한편으로는 이윤을 창출해 주는 행위에 대해 어떤 보수도 받지 않기 때문에 무료라는 이중의 의미를 지니고 있다. 테라노바는 디지털 경제에서 생산되는 상품은 수

명이 짧고 비물질적인 성격을 갖고 있어서 노동의 산물이 아닌 것으로 여겨지기 쉽다고 지적한다. 그래서 채팅, 리뷰, 게시판 글쓰기, 메일링 리스트, 블로그 쓰기 등의 행위들이 사실상 인터넷을 작동시키고 유지시켜 주는 노동임에도, 대부분 무료로 제공되어 기업 자본으로 흡수된다는 것이다.

금전적 보상을 받지 못하는 무임 노동이 미디어 컨버전스 상황에서 필연적으로 발생한다는 테라노바의 지적은 기업과 팬들의 상호 호혜성을 새롭게 보게 한다. 팬덤 공동체가 수행하는 감정, 지식, 문화적 생산이야말로 가장 발전된 자본주의 형태인 디지털 경제를 내적으로 떠받치고 있는 '무임 노동'으로 볼 수 있기 때문이다. 따라서 '참여 문화'를 단순히 새로운 문화 생산 모델로 취급하거나, '집단지성'을 미디어 권력의 대안적 원천으로 찬양하는 것은 사안을 순진하게 본 것일 수도 있다. 그렇다고 팬들이나 일반 인터넷 이용자들의 무임 노동을 단순히 자본에 의한 '착취'로 이해하는 것 역시 단순한 평가일 수 있다. 이미 2013년 글로벌 기업인 아마존은 킨들 월드Kindle World 스토어를 열고, 팬들의 팬 픽션을 구매하여 온라인으로 판매하고 있다. 즉, 팬덤 실천으로서 팬 픽션을 생산했던 팬 작가들이 자신의 작품을 무료로 공유하기보다는 금전적 성공과 글로벌 작가라는 권위를 얻기 위해서 상품으로 생산 공급하며, 자본주의 이윤 시스템에서 소생산자로서 지위를 구하는 모습이 이미 서구에서는 익숙해지고 있다. 이런 점에서 보면, 일부 팬들은 이용당하는 대상이 아니라 이윤추구자로서 자본주의 시장에 '포섭'된다고 보는 편이 더 적확할지도 모르겠다.

이러한 점에서, 컨버전스 시대에 팬덤의 참여 문화를 낙관과 비관의 단순 이분법이 아니라, 급속히 전개되는 디지털 경제에서 다면적이고 복잡한 것으로 이해하고 접근할 필요가 있다. 팬덤에서 발견되는 생산과 공유의 즐거움 그리고 팬덤 구성원 간의 감사와 인정 자체로도 팬 헌신의 충분한 보상이라고 여기는 상호 교환의 원리와 윤리는 흔히 공동체 내부의 '선물 경제gift economy'

로 비유되곤 한다. 즉, 선물 경제는 팬들이 고수하려는 비영리적 문화 실천 윤리이며, 그들의 상호 호혜의 정신은 참여를 보장하고 연대를 형성하며 팬 정체성의 원천이 된다. 그러나 이것이 엔터테인먼트 산업과의 관계에서는 '무임 노동'의 기능을 한다. 이처럼 디지털 경제에서 팬덤의 '참여' 문화는 양가적 성격을 지니며 더욱 복잡해지고 있다.

3) 관심 경제와 미디어 이용자/팬덤

디지털 시대에 미디어 이용자, 아니 오늘날 대중은 쉽게 미디어를 다루고 수많은 컨텐츠를 만들 수 있으며 또 선택하는 위치에 있다. 불과 수십 년 전만 해도 미디어가 소수인 매스미디어 환경에서 이용자는 사회에서든 학계에서든 소홀히 취급되었고, 이용자보다 콘텐츠가 중시되었다. 그런데 이제 하루에만 수십억 동영상 및 소셜미디어 글들이 생산되는 무한대의 콘텐츠 속에서 기업들이 찾아 헤매고 귀하게 모실 만큼 미디어 이용자의 위상은 매우 높아졌다. 더 정확히 말하면, 무궁무진한 콘텐츠 속에서 미디어 기업은 제한된 이용자의 주목/관심을 끌어야 하는 절박한 상황이 되었다. 하지만 미디어 이용자의 힘도 제한이 있는데, 아무리 동시 다작업multitasking을 해도 이용자의 주목과 그 시간은 제한되어 있다는 점이다. 미디어 이용자의 하루 24시간의 제한된 시간 내 이용자의 주목attention은 이제 희소자원으로서 가치를 창출하는 원천이 되어, 현대 자본주의는 '관심 경제attention economy'[11]를 새로운 경제체제로 등장시키고 있다(Webster, 2014/2016).

이제 수많은 미디어와 콘텐츠 앞에서 이용자가 어떤 것에 관심을 주고 어떤 행위를 하는지는 미디어 기업뿐 아니라 모든 기업들의 중요 사안이 되었고, 그

11 주목 경제 또는 관심 경제로 번역되는데, 여기서는 주로 관심 경제를 사용하고 문맥에 따라 주목이라는 용어도 사용하였다.

에 따라 미디어 기업들은 이용자의 행태를 측정하는 기법을 개발하는 데 힘을 쏟고 있다. 웹스터(Webster, 2014/ 2016: 22~33)는 관심의 시장에서 개별 이용자의 관심과 그것을 얻으려는 미디어 사이를 조율하는 두 유형의 미디어 측정치를 설명한다. 하나는 전통적인 미디어 측정 기법으로서 미디어 산업의 '시장 정보 체제'에서 미디어 제도가 만든 신문구독률이나 TV 시청률 같은 미디어 측정치이다. 이 미디어 측정치를 통해서 미디어는 개별 이용자가 아닌 추상화된 거대 이용자 집단을 파악하고 관리하고자 한다. 그런데 이 '측정된 이용자'는 수치를 통해 개별 이용자보다 더 큰 권력을 행사하기 때문에 미디어 측정치를 둘러싼 경합이 벌어진다. 시청률에 노심초사하는 방송사의 모습을 떠올려 보라. 한편, 팬들 역시 다르지 않다. 주간 1위 곡 측정 방식에 스트리밍 수치가 반영된다는 것을 아는 팬들은 자신이 좋아하는 가수의 곡을 1위로 만들기 위해 단합하여 스트리밍을 무한 반복하며 '총공세'를 펼치기도 한다. 미디어 측정치는 제한적일지라도 이용자가 역으로 이용하는 수단이 될 때도 있다.

다른 한 유형은 디지털 시대의 주요 기법으로서, 이용자의 검색 결과와 추천 시스템과 같은 '이용자 정보 체제'에서 도출한 미디어 측정치이다(Webster, 2014/2016). 이 측정 기법은 그 자체로 측정하려는 것에 영향을 미쳐서, '좋아요'의 수가 단순히 인기도의 측정을 넘어 인기 그 자체를 만들고 확대하기도 한다. 다시 말해, 미디어 측정치가 미디어 이용자의 의사결정 과정을 구조화하고, 특정 방식의 결과물을 도출하기도 한다.

디지털 시대가 제공하는 무한대의 콘텐츠 환경은 흔히 이용자에게 늘 절대적인 선택 권력을 주는 것처럼 얘기되곤 한다. 그러나 미디어 이용자는 가능한 모든 자원을 파악할 수도 없거니와, 더구나 미디어 콘텐츠는 경험해 보지 않고는 알 수 없는 '경험재experience goods'이기 때문에 근본적인 딜레마에 처하게 된다. 이러한 딜레마 앞에 제공된 기법이 바로 '검색'과 '추천 시스템'인데, 앞서 설명한 대로 그것은 결코 중립적이지 않다(Webster, 2014/2016: 25~26). 이 추천 알고리즘에 대한 비판과 지적 속에서 이제 미디어 이용자들도 알고리즘의 편향 가능성을 눈치챘으며, 검색 역시 조작될 수 있음을 알고 있다.

결국, 관심의 시장에서 충성스러운 팬의 관심과 헌신을 불러오는 팬덤의 존재는 더 중요해진다. 이런 측면에서 보면, 적극적인 이용자인 팬덤의 참여 문화 모델과 컨버전스 컬처의 특성은 오히려 기업과 제작자에게 더 큰 유용성을 지닌 듯 보인다. 이제 기업은 적극적이고 헌신적이며 생산적인 팬덤을 가장 이상적 소비자 모델로 삼고, 팬덤의 정서와 행위, 공동체 조직방식을 살펴보며 팬덤을 활용하려는 전략을 세운다. 그래서 기존 상품 이미지에 스토리와 가치를 더해 브랜드 이미지를 만들고 이 과정에 이용자의 참여를 통해 세계관과 팬덤을 동시에 구축하는 기업의 모습은 미디어 기업만이 아닌, 스타벅스와 같은 소비재 기업에서도 발견된다. 이처럼 디지털 시대에 기업과 팬덤 문화는 복잡하게 얽혀 있다. 팬덤의 적극적 참여가 지니는 사회적 영향과 의미를 어떻게 평가해야 할지는 이론적으로 해결되는 것이 아니라 경험적 연구를 통해 밝혀야 하는 매우 복잡하고 어려운 문제가 아닐 수 없다.

4. 한국의 이용자/팬덤 연구의 전개와 특성

1960년대부터 시작된 한국 미디어 커뮤니케이션 분야에서 이용자 연구는 효과연구와 이용과 충족 접근의 실증적 주류 이용자 연구가 간간이 발표된 것과 달리, 문화연구 접근의 이용자 연구는 1990년대에 가서야 처음 등장한다. '팬 또는 팬덤' 키워드를 지닌 학술지 논문 역시 2000년 이후 뒤늦게 나타났다. 한국 문화연구에서 미디어 이용자 연구 역시 서구와 마찬가지로 시간이 지날수록 팬덤 연구가 주류를 형성하는 모습을 보인다. 문화연구 접근에서 이뤄진 미디어 이용자 및 팬덤 연구의 내용과 쟁점들을 간략히 살펴보자.

1) 초기 이용자 연구와 팬덤 연구

한국 문화연구의 초기 이용자 연구는 스튜어트 홀의 부호화/해독 이론을 토대로 살펴보는 연구가 다수를 이룬다. 이 연구들은 주로 텔레비전 시청자들이 드라마 텍스트에 부호화된 지배 이데올로기를 어떻게 그리고 어떤 방식으로 해독하는가에 관심을 가진다. 특히 한국에서는 가족을 서사에 중심에 놓는 드라마가 많은 까닭에, 젠더 관점에서 가부장적 이데올로기에 대한 여성 시청자의 해독에 주목하는 연구가 쉽게 발견된다. 사회적 반향이 큰 미디어 콘텐츠에 대해 이용자가 어떻게 의미를 생산하고, 그 의미의 성격과 한계가 무엇인지에 대한 연구는 이용자 인터뷰나 게시판 분석방법을 활용하며 현재에도 꾸준히 지속되고 있다. 특히, 2000년대 이후 한류와 케이팝 열풍으로 인해 미디어 이용자연구도 국경을 넘어 해외 이용자연구로 확대되었다. 따라서 문화연구의 관점 아래 이용자 연구는 해외 이용자가 자신의 사회문화적 맥락 속에서 한국 드라마를 어떻게 해독하는지, 그리고 해독된 의미가 이용자 정체성이나 사회의 권력 관계의 차원에서 어떠한 함의를 지니는지에 관심을 쏟는다.

팬덤의 경우, 서구에서는 주로 드라마와 영화 등의 허구적 텍스트 팬덤이 주류인 반면, 한국은 아이돌을 팬대상으로 하는 셀레브리티 팬덤이 주류를 이루기 때문에 아이돌 팬덤 연구가 많이 이뤄졌다. 본격적인 팬덤 연구의 시작으로는 '서태지' 팬클럽에 관한 김현정·원용진(2002)의 연구를 들 수 있다.[12] 이 연구는 피스크와 젠킨스의 팬덤 이론을 깊이 있게 논의하며 팬에 대한 일탈적이고 부정적인 이미지와 통념에 도전하려는 문제의식(Duffett, 2013/2016)을 공유하고, 팬을 문화 산업에 의해 동원되는 몰지각한 존재로 취급하는 인식에

---

12 한국 팬덤 연구의 효시로서 '서태지와 아이들'에 대한 청소년 이용자에 대한 하위문화연구(김창남, 1994)를 꼽을 수도 있다. 다만 당시까지도 젠킨스의 팬덤 연구가 소개되지 않은 상황이어서 '팬'이나 '팬덤 연구'라는 표현은 등장하지 않는다.

맞선다. 그리고 서태지 팬클럽이 팬덤 자신과 사회적 이슈에 대해서 담론을 생산하고 문화운동의 실천을 수행하는 주체임을 밝히며, 사회운동의 주체로서 팬덤의 변화 가능성을 강조한다.[13]

그러나 이처럼 저항적 정치성을 지닌 팬덤 문화가 21세기 한국 팬덤 문화의 지배적인 특성이라고 말하기는 어렵다. 아이돌을 중심으로 하는 한국 팬덤 문화의 진화과 그에 관한 연구들을 간략히 더 살펴보자.

2) 팬덤의 진화와 문화 정치

2000년 이후 아이돌 산업이라고 할 만큼 기획사가 배출하는 아이돌이 해마다 급속하게 늘어가며 한국 대중문화의 핵심 콘텐츠가 되어갔는데, 이 과정은 동시에 아이돌 팬덤이 대거 형성되는 과정이기도 했다. 1세대에서 2세대 3세대로 아이돌의 진화가 언급될 때, 동시에 팬덤 역시 그에 따라 진화해 갔다. 팬덤의 연령층은 여전히 10대와 20대의 아이돌 팬층이 주류이지만, 삼촌팬, 이모팬 등의 호칭이 보여주듯 성인층으로 팬덤의 외연은 확대되었고, 관련 팬덤 연구 역시 활발하게 이뤄졌다.

한국 팬덤 연구는 젠더 권력관계, 구체적으로는 섹슈얼리티와 젠더 규범의 측면에서 팬덤이 지니는 문화 정치에 지속적인 관심을 보였는데 이는 서구의 팬덤 연구와 크게 다르지 않다. 예를 들어, 젠더와 섹슈얼리티 측면에서 서구 팬덤 연구들은 여성 팬덤 공동체가 사회적으로 억압받는 섹슈얼리티의 해방적 표출 공간의 기능을 했다고 평가하는데, 한국의 여성 팬덤에 관한 연구 역시 여성 팬덤의 팬픽 활동에 대해 유사한 평가(김훈순·김민정, 2003)를 제시한다. 그러나 한국 여성 팬덤 문화에서 남성 아이돌의 "육체 및 섹슈얼리티에 대

---

13 1990년 말, 서태지 팬덤은 서태지 음악의 사전 심의 사건을 대중음악 산업 전체 차원의 '사전 심의' 문제로 제기하고 법적 폐지 운동을 벌였다.

한 향유와 여성의 쾌락 가능성"이 진단(정민우·이나영, 2009: 234)되기도 하지만, 여성 팬의 성애적 욕망은 사회적 규범과 제작자가 허용한 범위 내에서 표출되는 반응적 행위로서 평가(김수아, 2011)되기도 한다.

2000년대 중후반부터는 대량 생산된 아이돌 그룹 간의 경쟁이 치열해지면서, 아이돌의 성공에 팬덤의 헌신적 역할이 더욱 중요해지게 된다. 아이돌을 동경하고 열광했던 1990년대 후반 1세대 팬들과 달리, 2000년대 중후반 이후의 2세대 팬들은 스타를 '관리' 해야 하는 대상으로 취급하고 자신의 팬 활동을 스타의 앨범과 굿즈를 사주는 '고객일 뿐 아니라 (아이돌의) 매니저로서' 아이돌을 육성시키는 '엄마의 역할' 담론으로 정당화한다(정민우·이나영, 2009). 이처럼 기존의 성역할에 기초한 젠더규범적 담론이 아이돌에 대한 젊은 층 여성 주류의 팬덤 문화에서 작동하는 점은 주목할 만하다.

이러한 담론은 20대 신예 아이돌을 향한 중년의 여성 팬덤에서도 발견된다(김송희·양동욱, 2013). 이 여성 중년 팬덤은 자신들의 활동을 '스타 뒷바라지'로 표상하며 '나이든 여성 특유의 모성적 실천 형태'로 정당화함으로써 중년 여성의 역할 규범을 다시 내면화하고 안주한다. 물론 그 이면에는 젊은 팬들에게 밀리지 않으려고 자신들의 '돌봄' 실천력을 강조하며 팬덤 내부에서의 존재감을 확인하려는 욕망, 자신들의 구매력을 통해 존재감을 각인시키려는 욕망, 성애적 표출을 억제하며 모성적 활동으로서 자신들의 정당성을 사회로부터뿐만 아니라 자신의 가족들로부터 획득하려는 인정 욕망이 복잡하게 얽혀 팬덤 실천을 추동한다. 이처럼 아이돌 팬덤은 젠더 규범과 여타의 권력관계와 밀접히 연결되어 있다.

하지만 권력관계는 팬덤 내부에도 존재한다. 일반적으로 팬 대상에 대한 지식을 둘러싸고 팬덤 구성원 간의 '구별짓기'를 통한 위계질서가 있다는 점은 팬덤 연구에서 지적되어 왔다(윤경원, 2007). 그러나 디시인사이드 인터넷 사이트의 팬덤 커뮤니티 같은 경우는 커뮤니티 해체나 팬덤 공간의 소멸 가능성을 미연에 방지하기 위해 구성원 간의 친목을 금지하고 권력을 분산시키는 규율 수행을 보여주기도 한다(권지현·김명혜, 2014; 2015). 이처럼 팬덤 연구를 통해 국내 팬덤 문화와 실천 행위에 대한 이해는 더욱 심화, 확장되고 있다.

3) 산업 협력적 팬덤 문화와 시민 행동주의

한국의 아이돌 그룹이 미디어 산업과 문화에서 차지하는 지배적인 위상이 커질수록 아이돌 팬덤의 역할도 커지고 중요해졌다. 이는 팬덤과 아이돌 문화산업과의 관계가 '저항 또는 순응'이라는 기존의 이분법적 틀로 해석하기 어려운 복잡한 현상이 되었다는 점, 그리고 넘쳐나는 미디어와 콘텐츠 속에서 이제 팬덤이 사회로부터 무시받는 존재가 아니라 상당한 힘을 지닌 존재가 되었음을 의미한다. 한국 아이돌 팬덤은 스타의 앨범과 공연 티켓을 끊임없이 구매하며, 스타의 생일과 컴백을 기념하는 이벤트를 준비하고 선물하며 인기 차트 1위로 만들어주는 등, 스타 마케터로, 공연 평가자로, 비판 방어자로, 물질적 및 비물질적 헌신을 통해 다양한 역할을 수행한다. 팬덤 연구들은 아이돌 팬덤이 "단순히 능동적 행위자이거나 적극적인 소비자 기능을 하는 것이 아니라, 엔터테인먼트 산업의 생산 체제의 조건"(정민우·이나영, 2009: 236)이자, 아이돌 시스템을 작동시키고 재생산하는 비공식 부문이 되었다고 주장한다(김호영·윤태진, 2012).

그렇다면 엔터테인먼트 산업의 조건이자 비공식 구조로서의 팬덤의 위치와 역할을 어떻게 해석하고 평가할 것인가? 문화산업과의 관계에서 팬덤 활동의 성격은 훨씬 양가적이고 복잡하다. 예를 들어, 아이돌 영상물에 자막을 입혀 비공식적인 국제 유통을 활성화시킨 팬덤의 적극적인 디지털 생산 행위는 문화산업의 저작권 이익 침해로 여겨질 수 있지만, 오히려 국내 기획사들에게는 효과적인 초국가적인 마케터이자 배급자로 봉사하는 것을 의미한다. 즉, 한편으로는, 스타의 해외 팬덤이 무료로 스타를 함께 향유할 수 있도록 돕는 초국적 팬덤 공동체를 형성하는 것일 수 있지만, 다른 한편으로는 테라노바(Teranova, 2000)의 '무임 노동' 개념처럼 엔터테인먼트 기업이 팬덤 노동을 무료로 전유하여 마케팅 비용을 절감하는 것으로 평가할 수도 있다.

디지털 시대의 팬덤 문화는 팬 대상인 스타의 성공을 위해 더욱 미디어 산업과 밀접한 협력 관계를 갖는 측면이 있지만, 또 다른 차원에서는 새로운 시민 행동주의와 대안적 공동체로 발전 가능성을 드러낸다. 팬 조공 이벤트, 실시간 검색 순위 올리기, 공익 기부에 이르기까지 자신의 팬 대상을 위해 기획부터 참여, 선물 전달, 정산까지 그 프로젝트를 일사불란하게 성취해 내는 팬덤의 기획력, 조직력, 행동력은 한국 팬덤의 아비투스로 명명하고 싶을 정도로 한국 팬덤의 특징으로 꼽을 수 있다.[14] 특히 팬의 행동력과 체계적 조직력의 경험은 어떤 사회적 사건이 발생할 때 사회운동과 시민적 행동으로 빠르게 전환된다. 아이돌 그룹이 불합리한 관행과 제도로 인해 기획사와 분쟁이 발생할 때, 팬덤은 자신의 스타를 보호하고 불공정한 제도 폐지를 위해 싸움을 벌이는 경우가 종종 발생한다. 앞서 서태지 팬덤의 사전심의 문제제기나, 2000년대에 동방신기 팬덤이 아이돌 장기 계약의 부당성을 고발하고 공정거래위에 시정을 요구한 운동도 팬 행동주의의 대표적 사례로 볼 수 있다.

또한, 팬덤에서 가장 금기시했던 자신의 스타에 대한 비판이 팬덤 공동체 내에서 발생하는 모습도 시민 행동주의와 무관하지 않다. 2015년 이후 대중 페미니즘의 영향 아래, 여성 팬들은 남성 아이돌의 노래 가사에서 여성혐오적 발화를 짚어내며 사과와 재발 방지 등의 운동을 벌였다. 한국의 페미니즘과 아이돌 팬덤 모두 젊은 여성을 주축으로 하고 있기에, 페미니스트 정체성과 팬 정체성이 공존, 타협, 갈등, 경쟁 등을 겪는 것은 놀랍지 않다(김수정, 2018). 다

---

14 팬 조공은 팬들이 자발적 모금을 통해 스타에게 선물을 보내는 행위를 말한다.

만 두 개의 상이한 목적과 헌신이 때로는 팬덤 내부의 권력관계로 마찰을 일으킬 수도, 때론 페미니스트 행동주의로 결집되어 나타날 가능성 역시 상존한다.

성소수자, 여성, 장애인 약자 등에 대한 BTS의 사회적 메시지에 호응하여 BTS의 글로벌 팬덤인 아미ARMY가 적극적인 운동을 전개하는 모습(이지행, 2019)은 디지털 시대의 코스모폴리탄 시민운동이 어떻게 가능할 수 있을지에 대한 새로운 상상을 자극하며, 팬덤의 사회적 및 경제적 영향력뿐 아니라 그 정치적 위상도 새롭게 한다.

5. 미디어 이용자와 팬덤의 미래

이글은 매스미디어 시대에 미디어 이용자 연구가 1950년대에 주류 커뮤니케이션 전통에서, 그리고 1980년대에 문화연구 전통에서 시작된 것을 설명하며 출발했다. 지금 현재 우리는 스마트폰 하나로 디지털 네트워크로 연관되어 무한의 콘텐츠를 볼 수 있는 상황에 진입했다. 이러한 미디어 환경 변화 속에서 미디어 이용자에게 일어난 가장 큰 변화는 무엇일까? 초기 커뮤니케이션 학계를 들끓게 했던 '미디어 이용자는 능동적인가' 라는 질문은 이제 시대착오적 문구가 되어버릴 만큼 미디어 이용자의 자율성은 높아졌다. 미디어의 진화만큼 이용자 역시 진화하여, 콘텐츠의 소비자로만 존재하던 미디어 이용자의 모습은 찾아보기 어렵다. 이용자들이 생산한 콘텐츠와 미디어 기관이 생산한 콘텐츠가 섞여 분산된 우리의 관심을 놓고 경쟁한다. 하지만 우리는 알고리즘과 빅데이터 정보가 내 선호에 맞춰 골라주는 콘텐츠 배열 속에서 능동성의 의미를 다시 새로운 각도에서 생각해 봐야 하는 것은 아닐까? 미디어가 우리 이용자를 데이터화 하며 우리 자신에 대한 정의와 이해를 바꿔놓고 있는 것은 아닐까?

불과 20년 전만 해도 '정신 빠진 청소년' 정도로 치부되던 팬덤이 이제 BTS를 세계적인 그룹으로 만들 정도의 힘을 보여준다. 미디어 팬덤 연구가 이제는 문화적 약자로 팬덤을 옹호할 필요가 없을 정도로 팬덤의 권력은 막강해졌고, 많은 기업들이 미래 상품 구매자를 모두 자사 브랜드의 헌신적인 팬으로 만들려고 앞을 다툰다. 이제 우리는 팬덤 연구에서 무엇을 찾고 무엇을 말해야 할까?

제임스 웹스터James Webster는 디지털 시대에 모든 미디어 이용자가 파편화되고 분산 및 분화되어 각자의 편중된 문화 소비를 보이는 것 같지만, 놀라운 수준의 공통성을 나타내며 '대규모 중첩 문화' 현상을 보여주고 있다고 진단한다(2014/2016: 36). 이러한 관점에서, 알고리즘과 빅데이터 등의 미디어 측정치가 만들어내는 미디어 이용자의 모습은 실제 이용자/팬덤의 모습과 어떻게 연계되는 것인지, 그들의 의미, 즐거움, 권력 관계에 어떤 의미와 영향을 주는지 등은 앞으로 이용자/팬덤 연구가 계속 밝혀야 할 과제일 것이다.

항상 현실은 급작스럽게 우리를 덮치고, 관련 연구와 이론은 저만치 뒤처져 쫓아오는 것 같다. 이용자/팬덤 연구의 이론과 개념에 대한 비판적 사유와 성찰을 통해서만 우리는 지금의 현실을 잡아채고, 우리 자신과 사회에 대한 이해를 얻으며 다른 현실을 상상해 볼 수 있을 것이다.

| 알림 |
본 글의 여러 부분이 필자의 「수용자연구의 해독모델과 존 피스크에 대한 재평가: 수용자연구에 대한 비판적 성찰과 열린 논쟁을 위하여」(≪언론과 사회≫, 18권 1호, 2-46, 2010) 그리고 김수정·김수아 공저인 「해석적 패러다임을 넘어 수행 패러다임으로: 팬덤 연구의 현황과 쟁점」(≪한국방송학보≫, 29권 4호, 33~81, 2015), 두 논문을 토대로 작성 되었음을 밝힙니다.

1 여러분이 누군가 또는 무엇의 팬이 된 경험이 있다면 그 경험이 어떠했는지, 자신에게 어떤 의미였는지를 얘기해 보자. 그리고 이때 미디어는 어떻게 활용되었는지 발표해 보자.

2 오늘날 미디어 산업과의 관계에서 미디어 이용자는 얼마나 자율적이고 어떤 위치에 있는지 생각해 보자. 미디어 이용자의 파워는 어디에서 나온다고 생각하는지, 그것의 사회문화적 의미가 무엇인지 서로 토론해 보자.

3 팬덤의 문화정치란 무슨 뜻인지 생각해보자. 오늘날 팬덤 문화가 문화정치적 의미를 갖는다면 어떤 경우인지 사례를 서로 공유하고 분석해 보자.

4 한국의 팬덤 문화는 아이돌 팬덤이 주류를 차지하는데, 이 경우 스타와 팬덤 간의 권력관계가 어떤 양태로 전개된다고 생각하는지 의견을 나눠보자.

5 오늘날 알고리즘의 미디어 환경이 이용자 행위 또는 팬덤 문화에 어떤 영향을 끼칠 수 있는지 토론해보자.

팬덤문화 홍종윤 지음, 2014, 커뮤니케이션북스

2시간 정도면 모두 읽어볼 수 있을 만큼 얇은 소책자이다. 그러나 문화연구 맥락 속에서 팬덤 문화의 주요한 특징과 이슈를 간결하지만 알차게 구성하고 있어서, 초보자가 쉽고 흥미롭게 다가갈 수 있는 입문서이다. 주요 개념과 사례들이 소책자 속에 균형감 있게 제시되어 있다.

팬덤 이해하기 마크 더핏 지음, 2013, 김수정·곽현자·김수아·박지영 옮김, 2016, 한울엠플러스

영국 문화연구의 전통에서 나온 영미권의 팬덤 연구를 집대성하고 있는 책이다. 상세한 설명과 세심하고 성찰적인 논의를 깊이 있게 전개하는 두꺼운 책이다. 문화연구에 대한 기초 지식과 핵심 이슈들에 좀 익숙한 독자, 또는 팬덤을 깊이 있게 알고자 하는 독자라면 읽어 보길 추천한다.

관심의 시장 제임스 웹스터 지음, 백영민 옮김, 2016, 커뮤니케이션북스

이 책은 디지털미디어 환경에서 미디어 이용자가 어떻게 행동하는지를 이해하기 위해 이용자에게 영향을 미치는 모든 요인들을 '관심의 시장'이라는 통합적인 체계 속에서 접근하며, 수용자 형성과 관심 시장의 형성을 추적한다. 최근의 디지털 환경에서 미디어 이용자 연구가 고려해야 할 주요한 조건들을 이해하는 데 유익한 도서이다.

11

빅데이터와 알고리즘

1. 빅데이터의 시대

바야흐로, 빅데이터의 시대다. 소위 '4차 산업혁명'이 촉발하는 '지능정보사회'의 발전 속에서 빅데이터가 현재를 진단하고 미래를 예측하는 기반 기술로서 주목받고 있다. '산업혁명의 석탄과 철' 또는 '생물학의 현미경'과 같은 역할을 하리라는 기대나 '21세기의 원유'로 간주하는 비유가 더 이상 낯설지 않을 정도로, 빅데이터는 정치와 경제, 사회와 문화, 산업과 학문을 망라한 사회 전 영역에서 큰 관심을 받는 중이다.

통상적으로 빅데이터는 "상용 소프트웨어가 수집, 저장, 처리할 수 있는 범위를 초과하는 규모의 데이터"(Manyika et al., 2011.05.01.; Snijders, Matzat and Reips, 2012)를 말한다. 대다수 문헌에 따르면, 빅데이터의 특징은 데이터의 양

Volume과 데이터 형태의 다양성Variety, 데이터 생성 및 처리 속도Velocity의 '3V'
로 요약된다. 방대한 양의 정형, 비정형 데이터가 빠른 속도로 처리되는 것이
빅데이터라는 것이다. 학자에 따라 '3V'에 정확성(Veracity)이나 변환성
Variability, 시각화Visualization, 가치Value 등을 덧붙이는 경우도 있는데, 어느 경우
든 데이터가 규모와 종류, 처리 속도 면에서 증폭되어 새로운 함의를 가지게
되었다는 점이 공통으로 이야기된다.

그러나 빅데이터의 크기와 속도가 정확히 얼마이며, 어떤 유형의 데이터를
빅데이터에 포함할 수 있느냐는 한 마디로 규정하기 어렵다(McKinsey, 2011).
빅데이터를 속성이 아니라 대상으로서 명확히 범주화하기 어렵다는 뜻이다.
이 점은 빅데이터를 정의하는 다양한 방식에서도 드러난다. 가령, 간츠와 레
인셀(Gantz and Reinsel, 2011)은 "다양한 종류의 대규모 데이터에서 저렴한 비
용으로 가치를 추출하고 데이터의 초고속 수집, 발굴, 분석을 지원하도록 고안
된 차세대 기술 및 컴퓨터 시스템의 구성"으로 빅데이터를 정의했고, 가트너
(Gartner, 2012.06.21)는 빅데이터를 "향상된 시사점과 더 나은 의사 결정을 위
해 사용되는 비용 효율이 높고, 혁신적이며 대용량, 고속 및 다양성의 특성을
가진 정보 자산"으로 정의한다. 국가정보화전략위원회(2011)에 따르면 빅데이
터는 "대용량 데이터를 활용, 분석해 가치 있는 정보를 추출하고, 생성된 지식
을 바탕으로 능동적으로 대응하거나 변화를 예측하기 위한 정보화 기술"을 의
미한다. 이들 정의를 보면, 데이터셋 자체를 넘어 이를 구성하는 데 활용되는
물질적, 기술적 기반이나 활용 목적, 가치 등이 총체적으로 빅데이터로 간주되
고 있음을 알 수 있다.

이처럼 빅데이터는 맥락에 따라 다양한 의미를 지닌다. 빅데이터라는 용어
가 1990년대부터 이미 사용됐음을 고려하면(Lohr, 2013.02.01), 빅데이터는 특
정한 실체를 가리킨다기보다는 "데이터의 생성과 이용이 이전 시대와는 다른
규모와 방식으로 진행됨을 표상"(윤영민, 2018: 21~22)하는 사회적 용어라 할 수

있다. 실제로 많은 학자들이 빅데이터는 데이터 양의 폭발적 증가만을 의미하는 것이 아니라 '사회적 현상'이자 '담론'이라고 이야기한다. 빅데이터는 "컴퓨터연산computationality을 근간으로 하는 디지털 정보처리와 네트워크 테크놀로지의 발전이 만들어낸 기술지형technoscape의 변화를 지칭하는 상징적 표현"(이재현, 2013: 128)이자 그것의 출현이 초래하는 '무엇을what, 어떻게how, 왜why'라는 질문들에 대해 답을 제시하는 새로운 패러다임이라는 것이다(Kitchin, 2014; Lazer et al., 2009; Golder and Macy, 2014; 한신갑, 2015에서 재인용). 이들은 따라서 빅데이터를 단순히 새로운 자료로서 간주하는 것이 아니라 데이터가 수집·저장·분석·처리·활용되는 과정의 역동적인 상관관계 및 외부와의 끊임없는 상호작용에 주목하고, 빅데이터가 인간의 삶과 세계에 어떠한 방식으로 의미를 부여하고 있는지를 살피는 것이 중요하다고 말한다.

실제로 빅데이터는 단순한 대규모 자료의 의미를 넘어 지식의 구성 방식을 결정하고, 취향을 조정하며, 미디어 생산의 관습을 바꾸어놓는 등 사회문화적 실천을 매개하는 논리로서 우리 가까이에 존재하고 있다. 이 장에서는 이러한 빅데이터의 모습을 미디어커뮤니케이션학의 관점에서 살펴볼 것이다. 이를 위해 먼저 빅데이터의 논리를 수집·저장과 분석·처리·활용의 측면으로 나누어 정리한다. 전자와 관련해서는 데이터 모델링의 구조를, 후자와 관련해서는 알고리즘의 논리를 설명할 것이다. 다음으로 빅데이터가 어떻게 활용되고 있으며 이와 관련하여 제기되는 이슈들은 무엇인지 살펴본다. 구체적으로, 미디어커뮤니케이션학 분야에서 학술적 방법론으로서 빅데이터를 어떻게 다루고 있는지, 그리고 미디어 산업 분야에서 빅데이터가 어떻게 활용되고 있는지를 검토할 것이다. 나아가 이 장에서는 빅데이터와 알고리즘의 전면적 침투에 대한 비판적 담론을 소개한다. 이들 담론을 통해 빅데이터를 혁신의 첨병이자 도구로 바라보는 관점을 넘어 빅데이터를 다양한 관점에서 이해하는 계기를 마련할 수 있을 것이다.

2. 빅데이터의 논리: 데이터 모델링과 알고리즘

데이터의 생성과 이용 과정이 오늘날 빅데이터라는 이름으로 특히 주목받는 이유는 무엇일까? 일반적으로 데이터란 어떤 객체나 사건에 대해 묘사 description한 것을 말한다(Alavi and Leidner, 2001; OECD: 2008; 윤영민, 2018 등). 참조나 분석을 위해 수집된 사실들facts과 통계치statistics들이 모두 데이터이고, 이들 자료를 만들고 정리하는 일은 과거에도 존재했다. 이를 빅데이터라는 이름으로 부르게 된 것은 디지털 기술 발전에 따라 "예전에는 한 번도 양화 quantified된 적이 없었던 세계의 많은 측면을 데이터로 만드는 것"이 가능해지고(Mayer-Schonberger and Cukier, 2013) 이 데이터를 처리, 분석할 수 있는 능력이 향상한 데 힘입은 바 크다(boyd and Crawford, 2012; Lazer et al., 2009).

레이저와 래드퍼드(Lazer and Radford, 2017)는 특히 네 가지 측면에서 현대인의 삶이 전면적으로 데이터화하는 계기가 확산되었다고 말한다. 첫째, 구글 Google, 페이스북Facebook, 트위터Twitter와 같은 온라인 공간에서의 디지털 생활 비중 자체가 커졌다. 이들 공간에서는 필연적으로 이용자 기록이 데이터화된다. 둘째, 사람들의 활동이 디지털 흔적digital traces을 남기고 이것이 기록, 보관된다. 휴대전화 통화 기록이나 투표 기록, 납세 기록 등이 모두 분석 대상이 되고 있다. 셋째, 오프라인 생활이 점차 디지털화되고 있다. 구글 북스Google Books처럼 컴퓨터 시대 이전의 출판물들이 디지털로 전환되는 사례가 이를 보여준다. 넷째, 특정 목적을 가지고 인간의 행동을 측정하는 일이 증가하고 있다. 특정 유형의 트윗tweets이 모니터링되거나 스마트폰을 활용해 다양한 환경 데이터ambient data가 수집되는 경우가 대표적인 사례이다.

이처럼 거의 모든 영역에서 인간 행위가 정형, 비정형 형태의 분석 가능한 데이터로 전환되고 있는데, 중요한 것은 인간 삶의 '데이터화datafication'를 위해서는 인간의 행위나 흔적을 수집, 저장하고 분석, 처리하는 과정이 필수적이라는 것이다. 관련하여 윤영민(2018)은 데이터화의 특징을 세 가지로 제시한 바 있다. 그가 제시한 특징은 △데이터화는 의도성을 갖고 이뤄지고, △상당한 비용이 수반되며, △대개 실무적 요구business needs를 만족시키기 위해 진행된 다는 점이다. 즉, 데이터화는 조직의 목표에 맞는 전략을 세우고 이에 부합하는 모형data model을 수립하며, 목표에 적합하게 저장된 데이터를 가시적인 자원으로 전환하는 과정과 필연적으로 연결된다. 이 과정은 기술적으로 중립적이라기보다 인간의 가치판단과 개입을 필요로 한다. 데이터 모델링과 알고리즘에 대한 논의를 통해 이를 확인할 수 있다.

1) 빅데이터의 수집과 저장: 데이터 모델링[1]

데이터 모델링은 다양한 활동과 정보, 맥락 등을 추상화 과정을 통해 전산적으로 저장 및 관리가 가능한 데이터베이스 형태로 변환하는 과정을 의미한다. 데이터 모델링은 일반적으로 개념적 모델링conceptual modeling과 논리적 모델링logical modeling, 물리적 모델링physical modeling의 세 과정을 포함한다. 개념적 모델링은 데이터화해야 할 자료를 추상적 수준에서 개념화하고 그 관계들의 구조를 정립하는 활동을 의미한다. 논리적 모델링은 개념적 모델로부터 도출되는 데이터의 저장 형태를 테이블 또는 트리tree 형태로 디자인하는 것을 의미한다. 물리적 모델링은 논리적 모델을 설계도 삼아 특정한 소프트웨어와 최적 기술을 동원하여 실제로 데이터베이스를 구축하는 것을 의미한다.

개념적 모델링에서 주류적 형태로 자리 잡은 패러다임은 개체-관계 모델 Entity-Relationship ER model이다. 1976년 피터 첸Peter Chen이 제안한 ER 모델은 자료화하려는 현실의 현상을 실체entity와 실체 간의 관계, 그리고 실체의 속성

---

1 데이터 모델링과 관련한 설명은 이소은·박찬경·강민지(2020) 중 2장을 참고하여 서술했다.

attribute으로 추상화하는 패러다임을 뜻한다. 이러한 패러다임하에서 다양한 환경을 포괄하는 높은 추상 수준에 비해 간단하게 데이터베이스를 도식화할 수 있다.

논리적 모델링 단계의 주류적인 패러다임은 관계적 데이터 모델relational data model이다. 이 모형은 1970년 IBM에 재직하던 코드E.F.Codd가 제안한 후 1970년대 후반 IBM의 산호세 연구소와 U.C. 버클리 대학의 연구를 통해 발전해 왔다. 2차원 테이블(릴레이션relation)과 릴레이션 간의 관계를 나타내는 값(릴레이션 키relational key)으로 데이터를 구조화하는 것을 골자로 한다.

논리적 모델 구성 이후의 물리적 모델링 과정은 거의 전적으로 컴퓨터 공학의 영역이다. 관계적 모델은 대부분 SQLStructured Query Language 언어를 기반으로 하는 관계형 DBMSDatabase Management System로 처리된다. 최근에는 비정형 데이터가 광범위하게 사용되면서 새로운 패러다임 또한 주목받고 있다.

물리적 모델링 과정이 공학적 관심의 대상이라면, 개념적 모델링과 논리적 모델링은 데이터에 대한 인문사회과학적 접근과도 밀접하게 관련된다. 이 두 과정을 통해 원자료가 단순화되고 특정한 구조가 부여됨으로써 정보의 선택, 소실, 재창조 등이 이루어지기 때문이다. 원자료를 컴퓨터가 인식할 수 있는 형태로 바꾸는 '데이터화' 과정은 원자료의 모호성과 과학적 엄밀성 간의 긴장 사이에서 인식론적 선택을 하는 과정에 가깝다(Hockey, 2004). 현상 중 무엇을 데이터 모델에 포함되는 '유의미한 실체'로 다룰 것인지, 이들 간의 '관계'는 어떻게 구성할 것인지, 모델에 포함되기 어려운 정보들을 어떻게 반영할 것인지의 문제에 끊임없이 봉착하기 때문이다. 가령, '뉴스 빅데이터'를 구축하는 과정에서는 기사와 기자, 언론사, 사진, 하이퍼링크, 광고 등 다양한 정보값들 중에서 무엇을 택해 어떤 관계로 규정해 저장할 것인가의 문제가 대두한다. 기사가 수정될 경우에는 이를 하나의 기사로 볼 것인지, 만약 그렇다면 시간에 따른 변화를 데이터 모델에서 어떻게 표현할 것인지 등의 문제가 생길 수도 있다.

　이러한 문제는 현실이 본질적으로 가지는 애매함fuzziness과 데이터 모델링이 추구하는 비모호성unambiguousness의 차이(Pierazzo, 2019)를 보여준다. 현실에 명확함을 강제하는 과정에서 데이터베이스의 효율성과 목적성에 맞추어 정보를 취사선택하거나 단순화하는 것이 필수적이지만, 이 과정에서 모델 설계자의 주관이 개입될 수 있으며 현실을 과도하게 단순화함으로써 데이터베이스의 보편성을 잃을 수 있는 것이다. 모델링 과정에서 기대하는 결과에 맞추어 원자료를 취사선택하거나, 기대에서 벗어난 결과를 발생시키는 모델을 오류로 가정하고 수정하는 편향 등이 발생할 수도 있다. 빅데이터는 현실을 망라하기보다는exclusive 선택과 배제의 과정을 통해 만들어지는 셈이다.

2) 빅데이터의 분석, 처리와 활용: 알고리즘

　수집된 데이터를 처리, 분석, 재가공하는 측면에서는 알고리즘의 역할이 필수적이다. 알고리즘이란 문제를 해결하기 위한 절차나 방법을 뜻하는 말로, 컴퓨터과학 등에서는 통상 "데이터를 처리하는 데 필요한 절차, 방법, 명령어를 정의한 규칙의 집합"을 의미한다. 코왈스키(Kowalski, 1979)는 보다 간명하게 알고리즘이 논리logic와 통제control라는 두 요소로 구성된다고 규정하는데, 논리는 문제 해결을 위해 사용되는 지식knowledge을, 통제는 문제 해결 전략problem-solving strategy을 의미한다. 즉, 알고리즘은 특정 영역에서 축적된 지식을 활용하여 문제를 해결하는 데 동원되는 절차들을 규정해 놓은 것이라 할 수 있다. 구글이 온라인 검색 시 중요 정보를 노출하기 위해 하이퍼링크 구조를 가지는 문서의 상대적 중요도에 따라 가중치를 부여하는 '페이지랭크PageRank' 방식을 적용하거나 네이버가 송고된 기사 수, 송고 시점, 기사의 최신성 등을 고려하여 상위 노출 뉴스를 결정하는 것 등이 모두 알고리즘의 사례라 할 수 있다. 컴퓨터 프로그램 또한 정교한 알고리즘들의 집합에 해당한다.

중요한 것은 알고리즘이 진화하고 있다는 점이다. 이재현(2019)은 기계적 연산 모델의 알고리즘, 즉 알고리즘이 입력된 데이터를 기계적으로 처리해 출력하는 체계를 '1단계 알고리즘'이라 지칭하면서 현 시대가 보다 역동적인 '2단계 알고리즘'의 체계로 전환되고 있다고 주장한다. 그가 이야기하는 '2단계 알고리즘'은 RNNRecurrent Neural Network, LSTMLong Short-Term Memory이나 CNN Convolutional Neural Network과 같은 기계학습machine learning의 논리에 따라 데이터와 이를 처리하기 위한 명령어의 구분이 사라진 상태를 말한다. 기계학습은 "경험을 통해 데이터를 학습하도록 컴퓨터를 프로그래밍함으로써 자세한 프로그래밍을 별도로 할 필요가 없도록 만드는" 컴퓨터과학의 한 분야이다 (Samuel, 1959). 개발자가 프로그래밍하지 않아도 기계가 데이터를 학습해 지식 또는 과업수행 방법을 스스로 익히도록 하는 것이다. 그 기반이 되는 것은 알고리즘이 논리를 구성하는 데 사용되는 지식의 양이 빅데이터로 불릴 만큼 많아진 데 있다. 지식의 양이 충분히 많다면, 기계가 스스로 가장 합리적인 문제 해결 전략을 구성해 낼 수 있다는 가정 속에서, 알고리즘은 처음의 논리로 정보(데이터)를 처리하고, 이 정보를 다시 논리로 구성해 내는 단계에 이르게 되었다. 빅데이터를 기반으로 알고리즘을 복합적으로 활용해 새로운 알고리즘을 만들어내는 것이 가능해진 것이다.

'2단계 알고리즘'은 기계가 스스로 주어진 데이터 세트에서 연관성이나 패턴을 찾아내 의미를 확인하고, 이를 근거로 가장 높은 확률로 다음 행위를 예측하는 '자동화'의 논리라 할 수 있다. 자동화의 논리는 인간의 개입을 최소화하기에 객관적이고 정확해 보이지만, 편향bias을 내포할 수밖에 없다. 하오 (Hao, 2019.02.04; 오세욱, 2021에서 재인용)는 그 이유를 세 가지로 설명한다. 첫째는 해결 과제의 틀 짓기 측면에서 생기는 편향이다. 알고리즘은 연산 가능한 것만을 데이터로 변환하기 때문에 '사랑', '신뢰'와 같은 개념을 일정 부분

억지로 치환할 수밖에 없다. 둘째는 데이터 수집 과정에서 현실의 일부만이 수집되거나 다양한 편향을 포함할 수 있다는 점이다. '흑인', '백인', '아시아인'과 관련된 데이터를 수집하는 과정에서 인종에 대한 편향된 정보를 그대로 반영할 수 있다. 셋째는 데이터를 준비하면서 자동화를 위한 변인으로 특정한 속성들을 선택할 수밖에 없다는 것이다. 가령, '신뢰도' 예측을 위해 나이, 수입 등의 데이터를 고려하지만, 현실은 이와 다르거나 보다 복잡한 요인들이 작용할 수 있다.

아울러 중요한 문제는 '1단계 알고리즘'이 인간의 통제하에 있는 데 비해 '2단계 알고리즘'은 때때로 인간이 이해하거나 통제할 수 있는 수준을 벗어난다는 점이다. 이와 관련해 고피(Goffey, 2008; 이재현, 2019에서 재인용)는 알고리즘을 기계적 담론으로 보아야 한다고 주장한다. 알고리즘은 인간이 개발한 것이지만, 인간이 읽는 기호체계와는 달리 컴퓨터와 같은 기계가 읽고 실행하는 기호체계로서 독특한 지위를 가진다는 것이다. 빅데이터와 기계학습이 활용되어 고도로 자동화된 알고리즘은 추론할 수는 있지만, 경험적으로 확인할 수 없는 형태로 그 과정이 '블랙박스화'된다. 자동화의 과정이 비가시화되면서 알고리즘은 종종 통제 불가능하거나 통역 불가능한 형태로 인간 세계에 존재하게 된다.

구체적으로, 이재현(2016)은 기계학습 알고리즘인 알파고와 이세돌 9단의 바둑 대결 결과가 인간과 기계 사이의 통역 불가능성incommensurability을 보여준 사례라고 평가한 바 있다. 그는 인간 이세돌이 복기를 하려 해도 그 상대가 없다는 점에서 소통 불가능성ex-communication을, 인간의 바둑 이론으로는 알파고의 수를 설명해낼 수 없다는 점에서 공재 불가능성incompossibility을, 비인간 행위자와의 대화 상황처럼 언어를 공유하지 못한다는 점에서 외계-소통xeno-communication을 보여준다며 고도로 자동화, 지능화된 알고리즘이 가지게 되는 소통의 문제를 설명한다. 알고리즘이 고도화되면서 이러한 통역 불가능성은 더욱 커질 것으로 보인다. 알고리즘이 지식이자 문제해결 전략이라는 것은 알고리즘이 여러 대안 중 하나이며 사회적 판단과 선택을 반영한다는 것인데, 그 선택과 판단 과정이 인간이 이해, 인지할 수 있는 범위를 넘어선 기계의 지식과 논리로 대체되어 가는 셈이다. 빅데이터와 자동화 알고리즘의 효용 못지않게 그 이면에도 관심을 가져야 하는 이유이다.

3. 빅데이터 및 알고리즘과 미디어 커뮤니케이션

디지털 환경에서 발생하는 수많은 인간, 비인간의 기록과 흔적들은 데이터 모델링의 과정을 통해 수집·저장되고, 이를 목적에 맞게 처리·분석·가공하는 알고리즘을 통해 다시금 문화화, 가시화된다. 빅데이터가 대규모 자료의 의미를 넘어 다양한 현상이자 사회적 담론으로 존재하게 되는 것은 이 지점에서다. 이와 관련한 이슈들은 빅데이터와 알고리즘이 사회적으로 활용된 다양한 사례를 통해 드러날 것이다.

그렇다면 빅데이터와 알고리즘은 어떻게 활용되고 있을까? 지식 생산의 도구로써 활용되는 측면과 미디어 생산 및 유통의 기반으로 활용되는 측면을 살펴보고 관련 이슈를 생각해 보자.

1) 지식 생산의 새로운 방법론으로서 빅데이터

먼저 주목해 볼 지점은 빅데이터화와 함께 자료를 다루는 일 자체가 일종의 '과학'으로 등장하게 되었다는 점이다. 방대한 데이터 속에서 일정한 규칙이나 패턴, 상관관계를 찾는 것이 예측 분석predictive analytics 측면에서 가지는 강점이 두드러지면서, 기존의 연구 설계 방식인 연구자의 통찰, 연구 질문, 이론 검중 등의 과정보다 "데이터에서 탄생한born from the data" 통찰을 얻는 방식 (Kitchin, 2013)이 주요한 과학적 방법론으로 부상했다.

그 출발점이 됐던 것은 구글의 '독감 추세 예측Google Flu Trends; GFT'이다. 독감 관련 검색어의 구글 검색 빈도를 추적해 독감 유행 시기를 예측한 것이 미국 질병관리본부의 예측보다 더 정확했음이 밝혀지면서 빅데이터의 효용에 관한 관심이 급증했다. 이듬해에 GFT의 방법론에 대한 논문이 ≪네이처Nature≫지에 발표되면서(Ginsberg, Mohebbi, Patel, Brammer, Smolinski, and Brilliant, 2009), 빅데이터는 데이터 주도data-driven 과학이라는 새로운 연구 패러다임의 출현을 가져왔다(Aronova et al., 2010; Callebaut, 2012). 이러한 추세는 사회과학 분야에도 확산하여 "컴퓨터 연산 사회과학computational social science"(Lazer et al., 2009)이라 불리는 새로운 연구 경향이 생겨나는 데 이른다. 자료 수집과 처리가 어려웠던 텍스트 분석 연구(Craig, 2013; Michel et al., 2011)나 전통적인 조사자료의 문제점을 빅데이터를 통해 진단하는 경우(Ansolabehere and Hersh, 2012)가 대표적이다.

이들 연구는 "충분한 데이터만 주어진다면, 숫자가 스스로 말을 한다"(Anderson, 2008)라는 인식을 기반으로 한다. 데이터 자체로부터 패턴이나 규칙성이 드러나기에 "이론의 종말"(Anderson, 2008)을 이야기해도 된다는 믿음이다. 산업이나 경영 분야에서 빅데이터로부터 분석의 '깊이'가 만들어지거나, 자료 생성과정이 달라지면서 이종 자료 간 연계가 가능해지는 토대가 만들어졌다는 점에서 빅데이터 방법론이 이바지한 점은 높이 평가할 만하다.

그러나 많은 학자들은 연구방법론으로서 빅데이터가 지닌 한계 또한 비판한다(boyd and Crawford, 2012; Burke and Kraut, 2013; Hargittai, 2015; Ruths and Pfeffer, 2014). 이들의 비판은 크게 세 가지로 요약된다.

첫째, 데이터의 크기가 충분히 크면 오류가 없을 것이라 가정하지만, 이미 빅데이터는 균질적이지 않으며, 편향을 내포하고 있다. 트위터 이용자가 '모든 사람'을 대표하지 않는 점이 대표적이다. 트위터 이용자는 나이, 지역 등에서 매우 편향된 집단일 수 있으며, 이용자 중에는 자신의 의견을 적극적으로 게시하는 사람과 '눈팅'만 하는 사람이 불균등하게 섞여 있을 수 있다. 사회적인 디지털 격차로 인해 온라인에 특정 언어의 정보가 특정 지역을 중심으로 구성되고 있다는 점도 고려되어야 한다. 구글의 정보가 북반구를 중심으로, 주로 영어로 작성된다는 점이 대표적인 예이다.

둘째, 분석 측면에서 알고리즘을 통해 빅데이터로부터 찾아내는 패턴이 허위적이거나 자기 충족적일 수 있다. 입력 변수-출력 변수 간 관계가 사실은 제3 변수 영향력 내에 있거나 대안적 계수가 존재할 수 있다. 주가지수(S&P 500)와 방글라데시의 버터 생산량 사이에서 높은 상관관계를 찾은 경우처럼 실제로는 아무 관련이 없는 것들 사이에 연관성을 부여하는 의사 상관관계 apophenia의 문제가 발생할 수 있다(Leinweber, 2007).

셋째, 빅데이터와 관련해 비판받아 마땅한 점들은 공개되지 않는다. 빅데이터를 축적하는 기업들은 법적·사업적·윤리적 이유로 데이터 접근을 엄격히 제한하고 있어 빅데이터와 알고리즘의 작동을 내부자가 아니면 알기가 어렵다. 이러한 빅데이터의 비접근성inaccessibility(Salganik, 2018)은 과학적 연구방법론의 투명성과 재현 가능성을 가로막는 요인이다.

나아가 앞서 설명했듯, 빅데이터와 알고리즘 기반 지식이 통제 불가능하고 통역 불가능한 형태로 발전했을 때의 문제를 생각해 볼 수 있다. 봇들이 자신들만 소통할 수 있는 언어를 만들어 특정 개념을 더욱 쉽게 이해하고 업무를 더 효율적으로 처리하거나(Mordatch and Abbeel, 2017), 거래 효율화를 위해 만들어진 챗봇이 다른 봇들과 대화하기 위해 인간이 사용하지 않는 언어를 만들어낸 사례는(Lewis, Yarats, Dauphin, Parikh, and Batra, 2017) 인간의 접근 범위를 넘어서거나 인간이 이해할 수 없는 형태로 지식이 구성될 수 있음을 보여준다. 최근에는 딥러닝 알고리즘을 기반으로 영상 이미지나 등장인물의 표정,

보도 자료 등을 자동 분석하는 시도들이 늘고 있다(e.g. 윤호영, 2021; 정금희·윤호영, 2021 등). 이러한 연구방법이 고도화할수록 그 의미와 한계를 어떻게 평가할 것인지의 물음 또한 커뮤니케이션학의 과제로 대두할 것이다.

지식 생산 방법론으로서 빅데이터와 알고리즘이 지닌 장단점을 종합하면, 데이터의 양 자체보다는 이의 속성을 알고 정확하게 분석함으로써 데이터에 내재한 패턴과 그것이 의미하는 바를 명확히 구분하는 것이 중요할 것이다. 데이터의 가치가 맥락과 의미, 구조의 해석을 통해 패턴을 발견해 가는 과정에 있음을 인식하고, 우리 삶과 맞닿아 있는 사회기술적 시스템socio-technical system으로서 빅데이터를 바라볼 필요가 있다는 지적(신동희, 2015)을 참고할 만하다. 지식 생산의 완전한 도구는 없으며, 중요한 것은 변화된 자료 환경 속에서 무엇을 어떻게 수확할 것인가(boyd and Crawford, 2012)이기 때문이다.

2) 미디어 생산 및 유통의 논리로서 알고리즘

미디어 커뮤니케이션 관점에서 빅데이터 및 알고리즘에 주목해 볼 수 있는 두 번째 지점은 빅데이터와 알고리즘이 미디어 생산 및 유통의 새로운 논리로 부상했다는 점이다. 20세기 말, 컴퓨터가 단순 연산 장치에서 이미지, 텍스트, 영상, 음향 등 다양한 미디어 요소들을 처리하는 '미디어 처리장치media processor'로 발전하면서 전통적인 미디어 제작 기술(회화, 사진, 영화, 영상, 음악 등)이 컴퓨터 소프트웨어로 전환되는 "소프트웨어화softwarization"(Manovich, 2013/2014)가 진행되었다면, 오늘날 미디어는 "알고리즘화algorithmification"(오세욱, 2018)하고 있다. 물론, "소프트웨어화"의 단계에도 알고리즘은 존재했다. 소프트웨어 구동을 위해 기존 미디어의 논리를 알고리즘으로 규정하는 절차가 필요하기 때문이다. 아날로그 문서를 본떠 워드 프로세서를 구현하고, 그 형식을 인간이 활용했던 것이 대표적인 사례이다. 이러한 수준을 넘어 "알고리즘화" 단계에서는 알고리즘이 소프트웨어화의 결과로 축적된 데이터를 학습하여 기존 미디어의 논리를 벗어나 '자동으로' 미디어를 생산하거나 운용하는 모습이 대두한다. 가령, 다음과 같은 사례들이 축적된 빅데이터와 이를 학습한 알고리즘이 만들어내는 새로운 미디어 생산 및 유통의 "알고리즘화" 사례이다.

(1) 생산 영역

미디어 생산 측면에서는 기계학습의 한 방법인 딥러닝deep learning을 활용해 텍스트 뉴스, 영상 뉴스, 영화, 드라마, 소설, 음악, 회화, 게임 등 미디어 콘텐츠들이 자동으로 만들어지는 사례들이 속속 등장하고 있다(오세욱·최순욱, 2017). 〈표 11-1〉은 이의 대표 사례들을 종합한 것이다.

가령, 2015년 7월, 구글이 공개한 시각화 소프트웨어 딥드림deep dream은 사진, 회화 등을 디지털 이미지로 저장한 후 '파레이돌리아pareidolia'라는 이름의 알고리즘을 이용해 이미지에서 패턴을 찾고 강화하고 특정 요소를 중심으로 데이터를 재구성하여 추상화를 만들어낸다. 딥드림이 만들어낸 이미지는 구글의 표현처럼 '인공지능이 꿈을 꾸는' 듯한 독특한 미학을 선보인다. 딥드림 제너레이터[2]를 활용해 딥스타일Deep Style과 신스타일Thin Style 메뉴를 통해 이미지를 자동으로 변환해 볼 수 있다. 〈선스프링Sunspring〉은 2016년 RNN 기반의 인공지능 벤저민이 쓴 시나리오를 바탕으로 만들어진 8분짜리 영화이다. 인터넷에 공개된 1980~1990년대 공상과학 영화의 대본을 기계가 학습하여 시나리오를 만들어냈다. 영화에 대한 평단의 평가는 갈렸지만, 인공지능이 이야기를 창작하는 공상과학의 이야기가 과학적 사실이 되었다는 데서 그 의의를 찾아볼 수 있다. 알고리즘이 데이터를 분석하고 중요한 부분을 찾아내 기사를

---

2 https://deepdreamgenerator.com/

표 11-1 알고리즘을 통한 미디어 생산 사례

분야	사례	결과	학습데이터	작동방식
텍스트	현인강림(賢人降臨)	책	책 2권	인공지능만으로 자동 작성
	컴퓨터가 소설을 쓰는 날	소설	소설 1,000편	사람이 줄거리 틀을 짜고 인공지능이 적합한 문장 완성
	WHIM 프로젝트	미니 내러티브	검색으로 확보한 웹자료	짧은 문장 생성 후 사람의 피드백 평가 반영
	딥비트(Deepbeat)	랩 가사	12,500곡의 랩 가사	사람이 선택한 특정 주제에 따라 기존 랩 가사 짜깁기
영상	선스프링 (Sunspring)	영화각본	과거 SF영화 대본 수십 편	등장인물 이름만 사람이 정하고 나머지는 자동생성
	모건(Morgan)	영화 예고편	공포영화 100편 예고편	인공지능이 10분 가량의 장면 추출 후 사람이 최종 편집
음악	이아무스(Iamus)	현대 클래식 음악	과거 클래식 음악 테마	사람이 악기 종류와 곡의 길이만 선택하고 자동 생성
	플로 컴포저(Flow Composer)	현대음악	13,000여 곡의 현대음악	사람이 선택한 곡 스타일에 맞춰 자동생성 후 사람이 편곡
회화	딥드림(Deep Dream)	회화	수백만 장의 과거 그림	기존 패턴과는 다른 패턴으로 이미지 조작
뉴스	퀼, 워드스미스, 연예뉴스 로봇 등	텍스트 뉴스	과거 기사	데이터로 치환 가능한 미리 지정된 내용의 기사 자동 작성
	위비츠, 우칫 등	영상 뉴스	이미지 및 영상 DB	이미 확보한 영상과 요약된 텍스트 뉴스를 자동 매칭

자료: 오세욱·최순욱(2017: 78).

자동으로 작성하고 리포트하는 '로봇 저널리즘robot journalism'도 이미 보편화되었다. 로봇 저널리즘은 스포츠, 재난, 금융, 선거 보도 등 속보성이 필요한 분야에서 특히 널리 활용되는 중이다. 알고리즘을 활용해 촬영 영상을 자동으로 선택하고 보정하는 모습 또한 어렵지 않게 찾아볼 수 있다. 2022년에는 미국 콜로라도 주립 박람회 미술 대회에서 AI 프로그램인 '미드저니Midjourney'가 그린 그림 〈스페이스 오페라 극장Space Opera Theater〉이 1위에 올라 논란이 되기도 했다. 미드저니 외에 '달리Dall-E', '스테이블 디퓨전Stable Diffusion' 등 텍스트

그림 11-1 딥드림을 활용해 생성한 이미지(위)와
조던 필(Jordan Peele)이 딥페이크로 자신의 얼굴을 오바마의 얼굴로 합성한 영상(아래)

자료: https://deepdreamgenerator.com

자료: https://www.youtube.com/watch?v=cQ54GDm1eL0

만 입력하면 이미지를 만들어주는text-to-image 인공지능 기술이 대거 등장하면
서 미디어 생산 영역의 "알고리즘화"는 더욱 심화하는 중이다.

딥페이크deepfake나 생성적 적대 신경망Generative Adversarial Network: GAN을 활
용하여 만들어진 인물이 '가상 인플루언서virtual influencer'로 활동하는 등 빅데

이터를 기반으로 알고리즘이 생성한 재현물은 이미 우리 일상에 자연스레 자리 잡고 있다. 텍스트나 이미지를 생성, 보정하는 기술이 어플리케이션으로 상용화된 경우도 많다. 이처럼 미디어 생산이 "알고리즘화"하는 것은 어떤 의미가 있는 것일까?

최순욱과 오세욱, 이소은(2019)은 딥페이크 기술 및 사례를 이미지 조작의 역사적 계보 속에서 탐색하면서, 딥러닝 알고리즘에 의한 재현물이 "심층적 자동화deep automation"의 논리에 따라 만들어진다는 점에 주목한다. 알고리즘 재현물은 인간의 손이 만들어낸 매뉴얼 재현물이나 디지털 테크놀로지가 만들어낸 디지털 재현물과 생산 논리 및 역량 측면에서 본질적 차이가 있다는 것이다. 인간이 이미지를 생산하던 시대에는 예술가가 지닌 심상과 기술technics의 구현이 중요했다면, 이러한 과정이 "소프트웨어화"된 디지털 테크놀로지 시대에는 예술가가 지닌 심상과 이를 인공물artefact로 만들어내는 사회적 과정the social process(스타일과 방법, 절차 등)이 분리되면서(Floridi, 2017) 테크놀로지가 제공하는 메뉴 중 무엇을 택하는가 하는 "선택의 논리logic of selection"(Manovich, 2001)가 중요해졌다. 이미지를 구성하기 위해 중요한 것은 창작의 기술이 아니라 소프트웨어를 얼마나 잘 조작하느냐, 이를 통해 주어진 요소들을 얼마나 잘 섞어내느냐인 것이다. 이와 비교하여 딥러닝 시대에는 선택의 논리마저 자동화되면서 예술가나 조작자의 역량이 아닌 데이터의 품질이 중요해진다. 그림을 잘 그리거나 사진을 잘 찍거나 포토샵을 잘 다루지 않아도, 일정 수준 이상의 GPU를 장착한 컴퓨터와 학습이 잘될 만한 데이터, 개방형 라이브러리에 공개된 딥페이크 알고리즘을 활용하면 누구나 영상을 만들어낼 수 있는 것이다. "심층적 자동화"의 논리하에서는 '어떤 데이터를 활용해 어떤 유형의 재현물을 만들 것인가'라는 판단만 있으면 이외의 과정은 모두 알고리즘이 자동으로 수행할 수 있다.

빅데이터를 학습하여 알고리즘 체계가 만들어내는 텍스트는 구성 요소들의

표 11-2 이미지 조작 기술의 계보적 특징과 핵심 논리

구분	매뉴얼 재현	화학적 재현	디지털 재현	알고리즘 재현
형식	회화	아날로그 사진 아날로그 영상	디지털 사진 디지털 영상	디지털 사진 디지털 영상
조작기법	투시원근법, 유화	암실기법, VFX	이미지 생성, 합성	기계학습
조작도구	화구	암실 도구, VFZ 장비	포토샵, 컴퓨터 그래픽 프로그램	딥러닝 알고리즘, GPU
수행자	전문가(화가)	전문가(사진가 등)	일반인, 전문가	일반인, 기계
수행자 역량	상상력, 테크닉	상상력, 테크닉	상상력, 테크닉	데이터 선별(양, 품질)
핵심논리	창작(creation)의 논리	수정(modification)의 논리	선택(selection)의 논리	심층적 자동화(deep automation)의 논리

자료: 최순욱·오세욱·이소은(2019: 358).

분절과 재조합이라는 혼종성을 특징으로 한다. 완결된 텍스트로서의 정체성보다는 뉴스 기사나 사진, 이야기 등이 데이터 단위로 해체, 저장되고 이들 중 어떤 요소들을 연결, 재조합할 것이냐의 논리가 더 중요하다. 이에 이재현(2018)은 "고도의 알고리즘을 근간으로 하는 컴퓨터 연산에 의해 생산되는 텍스트"를 "포스트-텍스트post-text"라 규정하는데, 결국, 이 '포스트-'의 속성이 무엇인가를 구체화하는 것이 커뮤니케이션학의 과제가 될 것이다.

가령, 플로리디(Floridi, 2018)는 딥페이크가 만들어낸 이미지가 날조fake도 모조counterfeit도 아닌 새로운 유형의 이미지 복사본copy을 만들어내는 데 주목하면서 이를 "에크타이프ectype"라 부를 것을 제안한 바 있다. 그는 원본을 그대로 베껴내는 모조counterfeit나 원본 없이도 가짜를 재구성해내는 날조fake가 원본archetype이 지닌 원본성originality과 본원성authenticity 중 어느 것도 실현하지 못하는 것과 비교하여, 원본성에 의존하되 본원적 가치를 실현하지 못하거나, 원본은 없지만 본원적 가치를 실현하는 경우를 "에크타이프"라 정의했다. 딥페이크가 만들어낸 영상은 원본이 존재하지만 진짜는 아니라는 점에서 이

전의 텍스트와 구별되는 에크타이프라 할 수 있다는 것이다.

20세기의 텍스트 분석이 원본성과 대비하여 실재real를 얼마나 현실적으로 재현하느냐의 문제, 혹은 재현물이 지닌 본원성의 의미가 무엇인지를 탐구하는 것이었다면, 알고리즘 시대의 텍스트 분석은 원본성과 본원성 둘 중 하나가 결여된 재현물을 어떻게 경험하고 이해해야 하느냐는 물음을 우리에게 새롭게 던져준다. '미드저니'가 만들어낸 그림은 예술적 가치가 있는가? 가상 인플루언서로 인해 피해를 받았다면 누가 책임을 질 것인가? 앞으로 우리는 알고리즘 생산물의 저자권authorship이나 저작권copyright이 누구의 것인지, 창의성의 근원은 어디에 있는지, 책무성을 누구에게 부과할 수 있는지를 재현된 내용과 재현한 사람, 재현한 수단 사이에서 가늠해야 할 것이다. 알고리즘 생산 과정의 "심층적 자동화" 때문에 이를 구분하고 결정하기란 쉽지 않다. '심층적 해결 방안'을 찾는 것은 커뮤니케이션학의 과제로 남아 있다.

(2) 유통 영역

미디어 유통 측면에서는 추천 알고리즘의 활용이 확대되고 영향력 또한 커지고 있다. 추천 알고리즘은 과거 이용 기록을 바탕으로 특정 콘텐츠를 이용자가 좋아할 확률을 계산한 후 이에 따라 콘텐츠 추천 순위를 서열화하는 기술이다. '페이지랭크' 방식을 활용한 구글의 검색 알고리즘이나 '시네매치cinematch'라 불리는 넷플릭스의 추천 알고리즘 등이 대표적이다.

구체적인 논리는 서비스별로 차이가 있지만, 추천 알고리즘은 기본적으로 '내용 기반 필터링content-based filtering'과 '협업 필터링collaborative filtering'의 두 원리로 작동한다. 내용 기반 필터링은 이용자의 과거 기록을 활용하여 이용했던 아이템과 비슷한 것을 추천하는 방식이다. '아이언맨'과 '토르'를 시청한 이용자에게 다른 마블 영화를 추천하는 방식이 이에 해당한다. 협업 필터링은 이용자 간 또는 이용자-아이템 간 유사도를 분석하여 추천 대상과 비슷한 취향의

그림 11-2 내용 기반 필터링과 협업 필터링

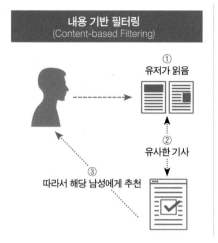

내용 기반 필터링
(Content-based Filtering)

① 유저가 읽음

② 유사한 기사

③ 따라서 해당 남성에게 추천

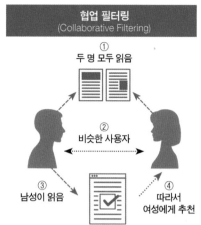

협업 필터링
(Collaborative Filtering)

① 두 명 모두 읽음

② 비슷한 사용자

③ 남성이 읽음

④ 따라서 여성에게 추천

자료: https://blog.daehong.com/237

이용자가 선호하는 아이템을 추천하는 방식이다. 특정 도서를 구매한 사람들이 구매한 다른 도서를 추천목록으로 보여주거나 연령대, 성별 정보를 기반으로 콘텐츠를 추천하는 사례가 이에 해당한다.

추천 알고리즘은 콘텐츠 유통의 맞춤화와 개인화, 효율화를 가능케 하고, 알고리즘 논리의 구성에 따라 콘텐츠 어뷰징을 막을 수도 있다는 점에서 산업적 효용이 있다. 유튜브의 '역주행' 콘텐츠들처럼, 콘텐츠의 롱테일long-tail 마케팅이 가능해지는 기반이 되기도 한다. 유튜브 이용자들의 시청 시간 중 70%가 추천 알고리즘에 의한 결과이고(Roose, 2019.3.29), 넷플릭스 시청 시간의 80%가 추천 시스템에 의해 결정되는 등(Chong, 2020.4.30), 추천 알고리즘은 미디어 이용자의 시간과 주목, 경제 자원을 통제하며 '플랫폼 산업'의 기반으로 작동하고 있다. '오늘도 알 수 없는 유튜브 알고리즘이 나를 이끌었다'라는 이용자 밈meme은 절대로 과장이 아닌 셈이다.

동시에, 추천 시스템은 다양한 논란을 낳고 있다. 추천 알고리즘에 의해 비숫한 콘텐츠에만 노출되는 "필터 버블 filter bubble"(Pariser, 2011/2011) 현상은 이용자의 기존 신념과 확증 편향을 강화하는 '반향실 효과 echo chamber effect'로 이어진다. 유사 콘텐츠의 반복적 이용과 확증 편향을 넘어 알고리즘이 특정 관점을 급진적으로 계발하고 강화할 수 있다는 논란도 제기된다. 알고리즘에 의한 '콘텐츠 극단화 content radicalization' 논란이 그것이다(이소은·최순욱, 2020). 콘텐츠 극단화는 가벼운 조깅 콘텐츠로 시작했는데 종국에는 마라톤을 보게 되고, 채식 요리법을 시청한 결과가 어느새 비건주의 veganism 콘텐츠로 연결되는 것처럼, 알고리즘이 이용자가 시청한 것과 유사하되 이보다 더욱 극단적인 내용을 추천함으로써 궁극적으로 이용자의 취향과 관계가 없거나 의도한 적 없었던 콘텐츠를 접하도록 하는 효과를 말한다.

실제로 알고리즘이 이러한 효과가 있는지는 학자들 간에 의견이 분분하지만, 이 논란은 추천 알고리즘이 콘텐츠 이용의 경로 pathway를 구성하는 힘이 있음을 보여준다. 이 힘은 미래의 취향과 불확실성을 '선제적으로 preemtively' 통제한다는 점에서 잠재적인 행동과 인식의 "성향 propensity"을 만들어낼 수 있다(Thrift, 2008). 이러한 효과를 마크 한센 Mark Hansen은 "피드-포워드 Feed-forward"라 이름 짓는다(Hansen, 2015). 21세기 미디어의 '데이터 수집, 분석, 예측'의 효과는 전지각적 차원에서, 지각, 의식 작용을 '사후의 일로' 밀어내며 인간의 인식과 행동을 '유인 afford'하는 방식으로 작동한다는 것이다. 추천 알고리즘에 의해 이용자 취향이 간파되는 것을 넘어 강화되거나, 데이터를 기반으로 사용자가 구매할 만한 물품을 예측하여 미리 포장과 선적을 준비하는 아마존의 예기 배송 시스템 anticipatory shipping 등은 모두 발생하지 않은 미래의 이벤트를 근거로 현재의 사태를 통제하는 알고리즘의 "선제 preemption"(Massumi, 2007) 효과를 보여준다.

추천 알고리즘에 의해 사회적 편향이 재생산된다는 비판도 제기된다. '흑인'을 검색어로 입력했을 때 부정적인 단어들이 자동 완성 단어들로 추천되거나

'의사'와 '간호사' 이미지 검색 결과 '의사'로는 남성의 사진을, '간호사'로는 여성의 사진이 더 상위에 정렬되는 사례 등은 추천 알고리즘이 사회적 편향을 답습할 수 있음을 보여준다. 구글 뉴스가 뉴스룸 크기나 지국의 수, 보도 범위 등을 순위 기준에 포함하는 등 전통적 뉴스 가치 기준을 중심으로 구성되어 신생 언론사나 전문지에 불리하게 작용할 수 있다는 연구 결과도 존재한다(Diakopoulos, 2014).

이처럼 알고리즘은 기존 미디어의 편집 논리editorial logic와 경쟁하는 새로운 지식 논리knowledge logic이자(오세욱, 2018) 행동 효과를 지닌 사회적 동인으로서 그 영향력을 확대하고 있다. 이는 미디어 환경과 산업의 논리를 재구성하면서 콘텐츠 개인화와 효율화의 발전을 이끌지만, 동시에 일상생활에 깊숙이 파고들면서 콘텐츠 이용의 다양성을 막고 사회적 편향을 재생산하며 특정한 성향을 만들어내는 기폭제가 되기도 한다.

이에 부작용을 최소화하기 위해 알고리즘의 공정성 및 신뢰성을 증진하려는 노력이 다양하게 전개되고 있다. '알고리즘 책무성algorithmic accountability,' '책임 있는 AI responsible AI', '설명 가능한 AI Explainable AI; XAI'와 같은 노력이나 빅테크 기업들을 중심으로 한 자율 규제 활동이 대표적이다. 알고리즘 개발에 활용된 데이터를 공개하거나, 알고리즘 편향을 측정하고 개선할 수 있는 '공정성 툴킷'을 개발해 오픈소스로 제공하거나, 알고리즘에 의해 출력된 결과를 이용자가 이해할 수 있도록 하는 방법론을 개발하는 활동 등이 이에 해당한다(황용석, 2021).

그러나 알고리즘이 고도화할수록 알고리즘 논리의 '블랙박스' 영역은 더욱 확대될 것이다. 2021년 9월, ≪월스트리트저널≫에는 "페이스북 파일the Facebook files"[3]이라는 탐사보도 시리즈가 게시됐다. 데이터 엔지니어로 근무하

---

3 https://www.wsj.com/articles/the-facebook-files-11631713039

던 직원의 내부고발을 토대로 작성된 이 기사는 알고리즘의 폐해와 이에 눈감아 온 빅테크 기업의 비도덕성을 적나라하게 보여줬다. 그러나 더욱 주목해야 할 점은, 페이스북 내부에서도 '블랙박스화된' 알고리즘의 작동을 정확히 알기 위해 수많은 연구를 진행하고 있다는 점, 그리고 내부고발자가 없다면 외부에서는 그 결과를 알 길이 전혀 없다는 점이다. 아울러 이 사건은 페이스북 알고리즘의 문제가 이용자 '참여 기반 랭킹engagement-based ranking'에 의존하고 있다는 점에서 이용자들 또한 알고리즘의 폐해에 조금씩은 책임을 지고 있음을 보여주었다(이소은, 2021). 소셜미디어에서 봇을 이용하여 정치 여론전을 펼치는 '컴퓨테이셔널 프로파간다computational propaganda' 행위나 검색 결과 순위를 높이기 위해 특정 키워드와 관련해 웹페이지가 과다 링크되게 조작하는 '구글바밍Google bombing'처럼 이용자가 알고리즘을 이용해 조작과 선동에 나서는 일은 더 이상 낯선 일이 아니다. 2020년 12월 말 공개된 챗봇 '이루다'에게 이용자들이 외설스러운 단어들을 남발했던 사례처럼 학습 데이터를 고의로 오염시키는 사례도 있다. 알고리즘을 악의적으로 이용하고 이를 통해 만들어진 콘텐츠를 무비판적으로 이용하는 사람들이 있는 한 알고리즘이 "자연스러운 인간의 욕구를 착취하는 연산 방식"(Tufekci, 2018.03.10)으로 존재하는 것은 지속될 수밖에 없다.

이를 고려하면, 알고리즘 책무성을 위한 기술이나 빅테크 규제에 앞서 알고리즘과 같은 복잡한 사회-기술적 시스템에 관해 계속해 질문을 던질 수 있도록 사회적 감시 체계를 갖추고 이 체계가 상시 작동하게 만드는 일이 중요할 것이다(이소은, 2021). 학술적으로는 미디어 커뮤니케이션 현상을 이해하는 데 빅데이터와 알고리즘에 대한 이해가 필수적임을 인지하고, 미디어 연구를 소프트웨어 연구, 나아가 알고리즘 연구로 발전시키는 자세가 필요하다. 알고리즘은 연계되는 데이터나 다른 요소들과 어떤 관계를 갖는지, 알고리즘이 어떤 사회적 조건에서 고안, 설계되는지, 알고리즘이 인간과 사회에 어떤 영향을 미치는지 비판적으로 탐구하는 시각이 그 내용이 될 것이다(이재현, 2013).

4. 빅데이터 및 알고리즘 비판 담론

이 지점에서 빅데이터와 알고리즘에 대한 비판 담론을 함께 살펴볼 수 있다. 많은 학자들이 빅데이터와 알고리즘의 독특한 매개 논리와 수행성performativity에 주목하고 그것이 초래하는 정치경제적, 사회적 문제와 효과들을 비판적으로 탐구하고 있다.

가령, 마이어-쇤베르거와 람게(Mayer-Schoenberger and Ramge, 2018/2018)는 빅데이터가 경제체제의 근본적 변화를 가져와 '데이터 자본주의'를 발명하기에 이르렀다고 이야기한다. 이들은 데이터가 '가격'의 역할을 축소한다는 점에서 산업혁명만큼이나 중요한 의미가 있다고 본다. 과거에는 소비자가 구체적으로 무엇을 얼마나 좋아하는지에 대한 자세한 데이터가 없었기 때문에 선호도 정보가 모두 가격으로 압축되었지만, 소비자 데이터가 쌓이면 이럴 필요가 없어진다는 것이다. 가격보다는 소비자 데이터를 분류하고 범주화하는 '온톨로지ontology'가 시장을 재구조화한다는 것이 이들의 주장이다.

사도우스키(Sadowski, 2019)는 빅데이터가 "정치경제적 체제political economic regime"라며 정치적인 측면에 관심을 기울인다. 데이터가 정치적인 통치governance 방식에도 변화를 가져오고 있다는 것이다. 그는 데이터가 가장 중요한 자본이 되면서 사람들은 기업 등 영리 조직을 넘어 정부, 공공기관 같은 비영리 조직까지도 데이터 기반으로 운영되기를 기대하고 이런 조직들도 이에 맞춰 변화하게 된다고 비판한다. '스마트 시티'는 데이터 기반 생활 플랫폼/양식이자 통치 양식의 대표적 사례이다. 쿨드리와 메이야스(Couldry and Mejias 2019)도 유사한 관점에서 이런 체제의 핵심 메커니즘이 "사회적 관계를 자본으로 바꾸는 것"이라고 설명한 바 있다.

반 다이크(van Dijck, 2014)의 논의는 이데올로기 차원으로 나아간다. 그는 데이터에 대한 맹신을 "데이터주의dataism"라고 표현하는데, 이는 데이터에 의해 생산된 지식과 사회적 질서를 다른 종류의 지식과 질서보다 우선시하는 사고 체계에 대한 비판이다. 이러한 사고 체계가 지배적인 사회에서는 사회 구성원들이 자신의 메타데이터metadata를 스스럼없이 기업이나 정부 기관에 제공한다. 이는 데이터 기술이 인간의 사회적 관계를 인문학적 소양보다 더 객관적으로, 더 잘 해석할 것이라는 잘못된 믿음에 근거한다. 정부, 산업계, 학계 모두 데이터주의의 잠식에서 벗어날 수 있도록 이러한 믿음을 해체하는 것이 시급하다는 게 그의 주장이다.

빅데이터와 알고리즘이 지닌 수행성performativity은 새로운 통치성governmentality의 발현으로 이어진다. 빅데이터가 통치성의 실현을 위한 지식-권력 체계로 존재하고 알고리즘에 의한 통치성이 시대정신mentalité으로서 헤게모니를 갖게 되는 것이다. 스티글러(Stiegler, 2015/2019)는 인공지능을 통해 구성되는 알고리즘 통치성과 이에 따른 자동화 사회automatic society의 구성을 통찰력 있게 설명한 학자이다. 그는 구석기 동굴 벽화부터 문자, 인쇄술, 월드와이드웹처럼 인간을 '외부화'하는 도구들이 인간을 근본적으로 변화시켜 왔음에 주목하면서, 빅데이터와 알고리즘, 인공지능과 같은 자동화 기계가 노동의 종말, 그리고 과학자와 지식인의 소외를 낳을 것이라 이야기한다. 알고리즘을 통해 작동, 통치되는 자동화 사회가 구성되고, 인공지능과 로봇 등이 하루 24시간, 1주일 내내 작동하는 무한노동 체제로 진입하면서 인간의 고용을 넘어 인간 자체가 부정되는 단계로 진화한다는 것이다. 그는 인공지능과 알고리즘이 내뿜는 '독'에서 벗어나려면 자동화 기계라는 '파르마콘pharmakon'[4]을 '약'으로 바

---

4 그리스어로 약(drug)과 독(poison)을 동시에 뜻하는 단어이다. 플라톤의 『파이드로스』에서

꿔내는 작업이 필요하다고 강조하면서, 노동의 종말에 의해 해방된 시간을 새로운 가치를 창출하고 노동을 재발명할 수 있는 문화를 위해 사용해야 한다고 주장한다.

그러나 현실은 창의적인 주체가 아니라 자동화의 논리에 포섭되거나 착취, 소외되는 '데이터 주체data subject'의 발명에 더 가까운 것 같다. 체니-리폴드(Cheney-Lippold, 2017)는 "알고리즘적 정체성algorithmic identity"이라는 개념을 통해 우리가 웹을 이용하는 동안 수집된 다양한 데이터가 우리의 정체성을 구성하고, 이것이 인구에 대한 '소프트 바이오폴리틱스soft biopolitics'로 이어진다고 지적한다. 개별 기록에 대한 범주화 작업은 인구를 범주화하여 통치하는 과정과 같다는 것이다. 개인들은 다른 사물들처럼 '데이터 구성물'로서 웹에서 이루어지는 타자와의 관계나 타자에 의한 발견으로부터 자신의 지위를 획득하는 데 익숙해진다. 이 과정에서 측정될 수 없는 주체는 사회적으로도 배제된다. 이에 따라 사회적 수준에서 데이터를 생성하는 자와 데이터를 수집하는 수단을 가진 자, 데이터를 분석할 수 있는 전문성을 가진 자, 그리고 이 모두로부터 소외된 자라는 데이터 계급이 구성된다.

데이터와 알고리즘의 통치는 지식과 정보 차원뿐 아니라 정동affect의 차원에서도 일어난다(김예란, 2013; Andrejevic, 2011). 김예란(2013)은 "사회적이고 집단적인 감정의 잠재가 일정한 방식으로 측정, 배치, 조정, 관리되면서 메타데이터로 전환되는 체제"가 구성되면서 '인지 자본주의'를 넘어 "정동 경제affective economics"가 구성되고 있음을 지적한 바 있다. 감정이 데이터화하고 정동이 알고리즘에 의해 통제되는 상황에서는 이데올로기의 왜곡이나 조작이

소크라테스는 문자가 우리의 기억을 보완해 주는 동시에 기억을 왜곡, 감퇴시킨다는 점에서 파르마콘과 같은 성질을 가졌다고 이야기한다. 이후 데리다가 파르마콘의 양면성 및 이중적, 대리보충적 성격에 주목하며 비확정성, 경계의 사유, 탈 중심, 차연과 같은 주요 사상을 설명하는 핵심 개념으로 사용하였다.

아니라 '감정 동원mobilization of affect' 자체가 사회적 진리로서 권위를 획득하게 된다는 것이다. 감정이 패턴화된 정보로 가시화될 때 마치 진실이 밝혀지는 듯한 환상을 가지게 되면서, 진리와 숙의는 수치와 그래프의 스냅숏으로 대체되고 만다.

5. 빅데이터론을 넘어서: 포스트-미디어학의 과제

지금까지 빅데이터와 알고리즘의 논리가 지식 구성이나 미디어 생산과 유통을 넘어 인간 주체성 및 정치사회경제적 효과와 관련됨을 살펴보았다. 빅데이터와 알고리즘이 사회문화적 실천을 매개하는 논리로 존재한다는 사실은 우리 자신과 삶이 빅데이터와 알고리즘의 논리 속에서 재구성되고 있음을 뜻한다. 전 사회의 전면적인 데이터화와 빅데이터를 통제 가능한 수준에서 배열하고 관리하는 알고리즘의 논리는 소위 '지능정보사회'를 이끄는 '엔진'이기도 하지만, 동시에 우리 삶의 조건이자 환경으로서 존재한다. 빅데이터와 알고리즘을 경제 성장의 도구로 바라보는 시각을 넘어 인간과 기계, 자연과 사회를 연결하는 시스템의 측면에서 바라보고(Parks, 2017; Peters, 2015/2018) 사회기술적socio-technical 관점에서 탐색해야 하는 이유가 여기에 있다. 빅데이터의 구성이나 알고리즘 논리가 고도화될수록 우리 삶과 매끄럽게seamless 연결되어 '비가시화'된다는 점에서 이들 기술을 '미디어 인프라media infrastructures'로서 바라보는 시각 또한 요구된다. 이는 기술을 "물질적인 형태인 동시에 담론적인 구성물"로 보는 시각을 말한다(Parks and Starosielski, 2015; 이희은, 2019에서 재인용). 빅데이터나 알고리즘의 기술적 특성이나 장점에만 주목하는 것이 아니라 이용자들이 이러한 기술적 조건과 마주하는 상황과 그로 인한 경험과 감각, 그리고 기술의 규율과 인간의 경험이 만들어내는 일상생활의 리듬에 함께 관심을 기울여야 하는 것이다(이희은, 2019).

　이 점에서 빅데이터와 알고리즘을 이해하는 것은 새로운 삶의 조건을 마주한 인간, 즉 '포스트휴먼'의 삶을 이해하는 과정과 맞닿게 된다. 빅데이터와 알고리즘에 대한 논의가 포스트휴먼의 삶에 대한 성찰과 윤리, 실천으로 나아갈 때 우리는 '포스트-커뮤니케이션학', 또는 '포스트-미디어학'의 토대로서 빅데이터론을 다시금 마주할 수 있을 것이다. 이를 위해서는 더 많은 질문과 과제의 발굴이 필요하다. 기술의 원리와 이의 활용, 기술 활용의 효과가 만들어지는 데 작동하는 여러 인간·비인간 주체들의 개입과 상상, 그리고 이 모든 요소의 상호작용을 비판적으로 탐구하고 이해하는 자세가 필요하다. 그것이 아마 '빅데이터의 시대'에 요구되는 커뮤니케이션학의 조건일 것이다.

1 빅데이터와 알고리즘의 영향력을 실감했던 경험을 떠올려 보자. 긍정적, 부정적 경험을 모두 떠올려 보고, 어떠한 논리에 따라 이러한 경험이 야기되었을지 검토해 보자.

2 이용자가 유튜브나 넷플릭스의 추천 알고리즘을 거부할 수 있을까? 있다면 어떤 방법을 통해서인지, 없다면 왜 그런지 생각해 보자.

3 알고리즘 생성 이미지를 활용한 가상 인플루언서가 '유느님'을 대체할 수 있을까? 대체 가능한 부분과 불가능한 부분을 유형화하여 논의해 보자.

4 월스트리트저널의 '페이스북 파일' 보도를 찾아보고, 빅테크 기업이 다루는 빅데이터와 알고리즘의 양면성을 논의해 보자. 기업의 성장을 막지 않으면서 '알고리즘 파워'를 견제할 수 있는 방안이 무엇인지도 생각해 보자.

인공지능과 딥러닝 마쓰오 유타카 지음, 박기원 옮김, 2015, 동아엠앤비

인공지능 개발과 발전 과정을 역사적으로 살펴보고, 관련된 이슈와 미래 전망을 다룬 책이다. 인공지능 기술에 대한 설명이 알기 쉽게 쓰여 있어 기초 지식을 쌓는 데 도움이 된다.

생각 조종자들 엘리 프레이저 지음, 이정태·이현숙 옮김, 2011, 알키

알고리즘을 통한 맞춤 정보의 제공이 콘텐츠 이용의 다양성을 제한하고 확증 편향으로 이어지는 현상을 "필터 버블"이라 개념화한 책이다. 인터넷의 가능성이 빅데이터 시대에 오히려 제한되고 상업화되는 모습을 보여준다. 10여 년 전에 발간된 책임을 고려하고, 저자가 제시하는 대안이 유효한지 생각하는 비판적 독해가 필요하다.

대량살상 수학무기 캐시 오닐 지음, 김정혜 옮김, 2017, 흐름출판

수학과 데이터, IT기술의 결합으로 탄생한 알고리즘 모델이 우리 삶의 다양한 영역

에 걸쳐 행사하는 영향력을 비판적인 관점에서 서술했다. '신'처럼 보이지 않는 방식으로 영향력을 행사하는 알고리즘이 '대량살상 수학무기'로서 어떻게 불평등을 확산하고 민주주의를 위협하는지를 '내부고발자'의 관점에서 알기 쉽게 설명했다. 빅데이터가 초래하는 윤리적 위험에 대해 생각해 볼 수 있다.

자동화 사회 베르나르 스티글러 지음, 김지현·박성우·조형준 옮김, 2019, 새물결
미래 지식과 노동을 조직하는 새로운 패러다임으로서 알고리즘을 논의한 책이다. 현실과 철학을 넘나들며 알고리즘적 미래를 독창적으로 진단하는 저자의 통찰이 돋보인다. 결코 읽기 쉬운 책은 아니지만, '알고리즘 인문학'의 사유를 위해 도전해 볼 만하다.

제4부
미디어의 변동

12

디지털 저널리즘, 진단과 전망

1. 저널리즘, 위기인가 변화인가

오늘날 뉴스 미디어들이 심각한 위기에 직면해 있다는 데 이견을 제기할 사람은 많지 않을 것이다. 디지털 시대의 도래 이후 신문 구독률과 광고 매출은 큰 폭으로 줄어들었다. 기존 수익 모델의 한계가 드러나면서 언론사들은 내일의 생존을 장담하기 어려운 상황이다. 뉴스를 생산하는 조직의 경제적 위기만 심각한 것이 아니다. 전통적 의미의 저널리즘이 겪는 신뢰의 위기도 만만치 않다.

영국 로이터 저널리즘 연구소가 매년 발간하는 '디지털 뉴스 리포트'는 국가별 뉴스 신뢰도를 조사해 발표한다. 이 조사에서 한국은 한동안 최하위 신세를 면치 못했다. 2022년 조사에서도 46개국 중 40위로, 여전히 전체 평균(42%)

보다 크게 떨어지는 30%의 신뢰도에 그치고 있다(최진호·박영흠, 2022). 기자 직업 집단 전체를 경멸의 대상으로 삼는 '기레기'라는 말이 일상적으로 쓰이는 현상도 두드러진다.

흥미로운 점은 신문 이용률이 현저히 감소했지만, 종이신문뿐 아니라 포털 등 다양한 경로를 통해 기사를 접하는 사람들을 모두 합친 비율은 여전히 높고 심지어 늘어난다는 사실이다.[1] 정치 편향 논란이 끊이지 않는데도 포털은 계속 뉴스를 메인 화면이나 모바일 환경에서 가장 눈에 띄는 자리에 배치한다. 뉴스는 여전히 사람들의 관심을 끌어모으는 인기 콘텐츠이기 때문이다. 유튜브와 팟캐스트 등 뉴미디어를 통한 시사 콘텐츠의 인기도 높다. 시사 정보에 대한 대중의 수요는 앞으로도 상당 기간 지속될 것으로 보인다. 위기이면서 인기이고, 불황인데 관심은 뜨거운 이 모순을 어떻게 해석해야 할 것인가.

저널리즘이라는 사회 제도의 관점에서 본다면 지금의 상황은 위기라기보다 급진적 변화를 겪는 과도기라는 표현이 적절할 수 있다. 뉴스를 생산하는 미디어 기업이나 전통적 저널리즘의 관점에서는 명백한 위기지만, 장기적으로 볼 때 이는 저널리즘의 패러다임이 바뀌는 것에 불과한지도 모른다. 본래 저널리즘의 형식과 성격은 시공간적 환경에 따라 바뀌며, 사회문화적 맥락에 따라 달라진다. 역사적으로 보더라도 저널리즘은 고정불변하지 않고 사회 변동에 따라 끊임없이 변화하는 사회적 구성물social construct이었다.

예컨대 18세기 미국에서는 정당의 후원을 받아 엘리트들에게 정치적 주장과 이데올로기를 전파하는 당파지party press가 언론의 전형이었지만, 19세기 이후로 언론이라고 하면 광범위한 대중 노동자 계급을 타깃으로 삼는 상업적 대중지popular press를 떠올리는 게 일반적이었다. 여기에는 산업혁명 이후 자

---

1 2002년 종이신문 열독률은 82.1%에 이르렀지만, 2021년에는 8.9%에 그쳤다. 하지만 종이신문을 포함해 컴퓨터, 스마트폰, TV 등 다양한 플랫폼을 통해 신문 기사를 접한 경우를 모두 합친 결합 열독률은 꾸준히 늘어나 2021년 89.6%를 기록했다(한국언론진흥재단, 2021a).

본주의의 발달로 인한 도시화와 대중의 형성이 결정적 영향을 미쳤다. 지금 우리가 보는 저널리즘의 뿌리가 바로 이 상업적 대중 언론이다.

오늘날 우리는 디지털 정보혁명으로 산업혁명 이후 가장 거대한 사회 변동을 경험하고 있다. 디지털 기술은 인간의 노동과 여가, 공동체의 조직과 유지, 정보의 생산과 유통 방식을 송두리째 바꾸는 중이다. 이런 근본적 사회 변환 속에서 저널리즘만 바뀌지 않을 리 없다. 지금 우리가 당연하게 받아들이는 저널리즘이 100년 뒤에는 매우 이상하게 보일 수도 있고, 100년 뒤의 저널리즘은 지금과 전혀 다른 모습을 하고 있을 가능성이 크다.

이렇게 본다면 지금 단계에서 저널리즘을 이해하는 작업의 열쇳말은 '변화'가 되어야 할 것이다. 실제로 생산부터 유통을 거쳐 소비까지 뉴스의 생애 주기 전체에 걸쳐 뉴스 생태계와 저널리즘 실천에 괄목할 만한 변화가 관찰되고 있으며, 근래 디지털 저널리즘 연구의 관심사는 이러한 변화를 추적하고 분석하는 데 집중돼 있다.

하지만 그렇다고 해서 변화의 의미를 과대평가하거나 기성 저널리즘의 모든 전통을 청산하려는 단절적 접근도 바람직하지 않다. 변화의 시기를 살아가는 우리는 거시적·역사적 변화 속에서 저널리즘을 유연하게 바라보는 시선을 갖추되, 저널리즘의 본령을 기준으로 바꿔나가야 할 요소와 지켜야 할 요소를 섬세하게 구분할 판단력을 갖춰야 한다. 변화를 명분 삼아 저널리즘의 근간을 뒤흔드는 시도까지 정당화해선 안 되며, 변화의 성격에 대한 정확한 평가와 판단이 필요하다는 이야기다.

이 장에서는 자욱한 안개로 한 치 앞이 보이지 않는 미디어정경 속에서 일상적으로 뉴스를 이용하는 시민들이 저널리즘을 비판적·종합적으로 이해하는 데 도움이 되는 필수적 지식을 함양하고자 한다. 이를 위하여 다음의 몇 가지 주제를 중심으로 한국 저널리즘과 관련된 쟁점들을 검토할 것이다.

첫째, 디지털 이후 저널리즘이 당면한 거시적 변화와의 관련성 속에서 저널리즘이란 무엇인지 살펴본다. 저널리즘의 경계와 규범적 원칙이 재고찰의 대상이 될 것이다. 둘째, 격변기를 통과하는 한국 언론의 실태를 진단한다. 양질의 저널리즘을 실현하기 위하여 해결해야 할 몇 가지 핵심 문제를 비판적으로 검토할 것이다. 셋째, 저널리즘의 미래를 위한 대응책을 고민한다. 언론과 시민 간의 관계가 재설정되는 맥락 속에서 한국 언론이 변화할 지점을 성찰한다.

2. 저널리즘의 정의와 경계

모두가 뉴스를 읽고 보지만 누구도 뉴스가 무엇인지 쉽게 설명하지 못한다. 언론 또는 저널리즘이라는 용어도 마찬가지다. 그 자체로 까다로운 개념이기도 하지만, 디지털 시대의 도래와 미디어 환경의 변화 이후 뉴스와 저널리즘의 경계가 모호해진 탓이 크다. 누구나 콘텐츠를 생산·가공하여 유통시킬 수 있는 1인 미디어 시대가 되면서 뉴스 생산의 진입 장벽이 현저히 낮아지고 저널리즘의 유형이 다변화되었기 때문이다.

전통적 의미에서 저널리즘은 '신뢰할 만한 출처로부터 얻은 정보에 기반하여 공적 의미나 관심을 갖는 현재의 사건, 인물 또는 상황에 대한 이야기를 구성하고 출판하는 것'을 가리키는 개념이었다(McQuail, 2013). 신문사·방송사 등 대규모 미디어 조직에 속한 프로페셔널 언론인이 공적 이슈와 관련된 사회적 사실을 취재하고 그 결과물을 객관적으로 기술하여 정기적으로 발행함으로써 불특정 다수의 수용자 대중에게 일방적으로 전달하는 콘텐츠, 또는 그러한 콘텐츠를 생산하는 행위가 바로 저널리즘이었다.

이처럼 과거에는 저널리즘의 의미가 비교적 뚜렷했고 언론과 언론이 아닌 것 사이의 경계가 명확했다. 물론 지금도 전통적 언론사가 제작하는 뉴스가 저널리즘의 대표 주자로 인식된다는 사실에는 변함이 없다. 그러나 새로운 저널리즘 실천들이 등장하고 높은 인기를 누리면서 어디서부터 언론이고 어디까지가 언론인지 답하기가 전보다 훨씬 어려워졌다.

예컨대 근거 없이 허위사실을 유포하는 유튜브 채널이나 정파적 이해를 노골적으로 반영하는 팟캐스트를 저널리즘이라 부를 수 있을까? 패널들이 출연해 온갖 시사 이슈에 관해 논평하는 종합편성채널의 시사 토크쇼는 저널리즘인가? 기존 뉴스를 이해하기 쉽게 정리 요약해 이메일로 보내주는 뉴스레터 서비스나 커뮤니티에서 화제가 된 이슈를 그대로 옮겨와 소개하는 큐레이션 미디어들은 어떤가? 일반 시민이 일상 속에서 마주친 재난이나 사고 현장을 사진으로 찍어 소셜미디어에 올리는 것과 뉴스의 차이는 무엇인가?

이처럼 전통적 뉴스와는 형식과 성격이 여러모로 다른 실천들은 과거에는 분명 저널리즘으로 분류되지 않았다. 자체 취재를 하지 않고 기존 콘텐츠를 재가공한다거나, 사실 확인보다 해석과 추측에 근거하고, 중립성이나 불편부당성impartiality보다 정파성을 추구하며, 공채를 통과하여 정식 훈련을 받은 기자가 아닌 일반인이 제작한 콘텐츠는 저널리즘으로서 자격 미달로 여겨졌다.

그러나 이제는 블로그와 소셜미디어, 유튜브 등 다양한 플랫폼에 아마추어들이 올리는 글과 동영상, 기존 뉴스 형식과 거리가 먼 다양한 콘텐츠들까지 저널리즘 범주에 포함시켜야 한다는 주장이 설득력을 얻고 있다. 웬만한 뉴스보다 높은 인기를 얻으며 공적 이슈에 대한 관심을 환기할 수 있다면 이들이 저널리즘이 아니어야 할 이유가 무엇이냐는 도발적 질문이 서서히 일종의 상식으로 받아들여지고 있다.

이들의 문제의식처럼, 저널리즘의 세계에 입장할 권리를 소수의 제도권 언론사와 프로페셔널 기자들이 독점해야 할 필연적 이유는 어디에도 없다. 저널리즘이라는 특권이 일부에 의해 배타적으로 독점되면서 그간 주류 언론사들이 엘리트주의에 경도되고 권력을 추종하며 다양성을 상실하는 등 많은 문제를 노출해 왔기 때문에, 적극적으로 저널리즘의 장벽을 낮춰 다양한 실천을 범주 안에 포함시켜야 한다는 주장에는 일리가 있다. 이 같은 과정에 '저널리즘의 민주화'라는 의미를 부여할 수도 있을 것이다.

그러나 디지털 이후 새롭게 등장한 뉴미디어 현상들 가운데는 차마 저널리즘으로 받아들이기 어려운 경우도 많은 게 사실이다. 기성 언론의 독점이 아무리 문제라 하더라도 소위 '가짜뉴스'라 부르는 허위조작정보disinformation를 무분별하게 유포하고 특정 개인이나 집단에 대한 혐오 표현hate speech을 남발하는 이들까지 인정할 수 있을까. 건강한 여론 형성을 위한 공론장을 훼손하여 사회 공동체에 혼란과 무질서를 가져오는 행위마저 용인할 수는 없을 것이다.

아무리 외연을 넓히고 패러다임이 바뀐다 하더라도 저널리즘이라면 마땅히 갖춰야 할 최소한의 필요조건들은 존재할 수밖에 없다. 저널리즘의 기본 원칙을 강조하는 건 과거에 대한 향수나 혁신에 대한 저항 때문이 아니다. 그것이 뉴스의 수요자인 시민 공중의 필요에서 비롯된 것이며 저널리즘의 목적을 달성하는 데 중요하기 때문이다(Kovach and Rosenstiel, 2021). 세부적 사항들은 사회 변화에 발맞춰 달라질 수 있겠지만, 저널리즘의 내용과 형식, 실천을 규율하는 신념체계 자체가 없다면 저널리즘은 여타의 정보 전달 행위들과 아무런 차별성을 가질 수 없으며 권위와 신뢰를 유지하기도 어렵다(Nerone, 2012).

3. 저널리즘의 규범적 원칙

오늘날과 같이 저널리즘의 경계가 흐릿해지기 전까지만 해도 저널리즘이라면 갖춰야 할 기본적 요건에 관해 오랫동안 이어온 사회적 합의가 존재했다. '저널리즘은 진실을 추구하고 권력을 감시하며 공론을 형성함으로써 민주주의 사회의 주권자인 시민과 공공의 이익에 봉사해야 한다'는 규범이 그것이다. 지금도 현장에서 기자들이 뉴스를 생산할 때 판단의 기준으로 삼고 학계와 시민사회가 뉴스를 연구·비평할 때 준거로 삼는 틀은 이러한 전통적 규범에 기초한다.

저널리즘의 규범적 원칙이 출발점으로 삼는 곳은 민주주의 정치체제에서 저널리즘이 담당하는 기능이다. 흔히 "민주주의 없이 저널리즘 없고, 저널리즘 없이 민주주의 없다"고 말할 정도로 민주주의와 저널리즘은 떼려야 뗄 수 없는 긴밀한 관계를 맺는다. 역사적으로 17~18세기 영국·미국·프랑스 등에서 민주주의와 자유주의를 옹호하는 세력이 절대왕정과 봉건적 구체제에 맞서 싸운 시민혁명 과정에서 저널리즘은 민주주의의 승리를 견인하는 데 중요한 역할을 수행했다(Conboy, 2004).

시민혁명의 승리 이후 제정된 미국 수정헌법 제1조가 '의회는 언론과 출판의 자유를 제한하는 법률을 제정할 수 없다'고 규정한 이유는 민주주의에서 저널리즘이 갖는 중요한 역할과 관련이 있다. 미국 헌법을 기초하고 나중에 대통령이 된 토머스 제퍼슨은 "신문 없는 정부보다 차라리 정부 없는 신문을 택하겠다"고 말하기까지 했다.

민주주의 사회에서 저널리즘의 역할은 시민이 스스로를 다스릴 수 있도록 필요한 정보를 제공하는 것이다(Kovach and Rosenstiel, 2014). 민주주의 정치의 요체는 자유로운 시민이 누구의 지배도 받지 않고 스스로를 다스린다는 데 있다. 언론은 이 핵심 과정이 제대로 작동할 수 있도록 정확하고 풍부한 정보를 제공하여 주권자로서 현명한 판단을 할 수 있는 '식견 있는 시민informed citizen'을 배양한다(Schudson, 2008). 언론으로부터 정보를 제공받아 역량이 강화된 이 '식견 있는 시민'들이야말로 민주주의 정치 과정의 주인공이다.

2016년 한국사회에서 JTBC와 ≪한겨레≫ 등 언론사들이 비선 실세의 국정 개입 의혹을 폭로한 보도가 대표적 사례라 할 수 있다. 이른바 '최순실 게이트'라 불린 사건이다. 언론의 역할이 없었다면 시민들은 베일에 가려진 비선 실세의 전횡을 끝내 모르거나 알게 될 때까지 훨씬 더 많은 시간을 필요로 했을 것이다. 촛불을 들고 일어나 탄핵을 이끌어낸 건 참여적 시민이었지만, 그들이 행동에 나설 수 있는 계기를 제공한 것은 민주주의가 위험에 처해 있다는 사실을 알린 언론이었다.

그렇다면 '식견 있는 시민'을 배양하고 건강한 민주주의 공동체를 건설하기 위하여 저널리즘은 구체적으로 무엇을 어떻게 해야 하는가? 미국의 언론학자 마이클 셔드슨은 다음의 여섯 가지 기능을 제시한다(Schudson, 2008).

첫째, 시민 공중에게 충분한 정보information를 제공해서 건강한 정치적 선택을 할 수 있도록 돕는다. 공동체가 당면한 위험과 기회, 시민들의 삶에 영향을 미치는 정부 정책의 내용과 의사결정 과정, 선거에 출마한 후보의 공약과 경력 등에 관한 정보를 알리는 역할이다.

이러한 역할을 제대로 수행하기 위해 기자는 검증과 확인을 거친 사실fact을 수집해 빠르고 정확하게 전달해야 한다. 저널리즘은 진실truth을 추구해야 한다고 말하지만, 어떠한 기자도 절대적 의미의 진실에는 영원히 가닿을 수 없다. 그렇다고 해서 진실에 최대한 가깝게 가려는 노력을 소홀히 해서는 안 된다. 미국의 언론인 칼 번스타인의 말대로 저널리즘은 '진실의 얻을 수 있는 최선의 버전the best obtainable version of the truth'을 제공해야 한다. 사실 확인과 정확성의 윤리는 저널리즘을 다른 종류의 커뮤니케이션과 구분짓고 더 높은 가치를 부여받도록 하는 핵심 요건이다.

둘째, 권력을 탐사investigation하는 기능을 수행한다. 저널리즘은 주권자인 시민들을 대신하여 권력을 감시·견제하는 기능을 수행한다. 대의 민주주의 체제는 선출된 대표가 주권자의 이익에 반하는 결정을 하거나 권력을 남용할 위험성이 상존한다는 한계를 갖는다. 주권자인 시민들은 생업에 바쁘기 때문에 상시적으로 권력 행사를 감시하거나 제어하기 어렵다. 그래서 언론이라는 제도를 두어 이 역할을 대신 전담하게 하는 것이다. 영국의 정치가 에드먼드 버크는 그래서 언론을 입법부, 사법부, 행정부와 더불어 민주주의가 필요로 하는 '제4부the fourth estate'라 부른 바 있다.

많은 이들이 언론을 '감시견watchdog'이라 부른다. 주인이 잠든 사이 도둑이 들지 않도록 집을 지키는 감시견처럼, 언론은 정부가 유능하고 정직하며 시민과 공공의 다양한 이익을 염두에 두고 정책을 결정·집행하는지 눈을 부릅뜨고 지켜볼 책임이 있다. 현대 사회에서 감시견이 지켜봐야 할 대상은 대통령과 국회의원 등 정치권력에 한정되지 않는다. 재벌 대기업으로 대표되는 경제권력, 검사와 판사, 고위공직자를 비롯한 관료권력 등 온갖 종류의 권력이 감시 대상에 포함된다.

셋째, 사안을 분석analysis한다. 저널리즘은 논리정연한 해석의 틀을 제공하여 시민들이 복잡한 세계를 이해할 수 있도록 돕는다. 분업화·전문화된 현대 사회를 살아가는 우리는 자기 분야가 아닌 영역에서 벌어진 일을 이해하는 데 어려움을 겪는다. 예컨대 법률 전문가나 경제 전문가가 아니면 법원 판결문이나 경제 정책의 의미를 파악하기 힘들다. 다양한 분야에서 벌어지는 복잡한 이슈를 평범한 이들의 눈높이에서 알기 쉽게 해설하고 특정한 관점에서 논평하는 저널리즘의 힘을 빌려 시민들은 세상을 이해하고 판단하게 된다.

넷째, 사회적 공감social empathy을 가능케 한다. 저널리즘은 다른 사회 구성원과 외부 세계에 관하여 이야기해 줌으로써 시민들이 타인의 관점과 삶을 이해할 수 있도록 돕는다. 같은 사회 공동체에 살고 있음에도 나와 다른 지역, 계층, 직업, 인종, 성별 집단에 속해 있는 이들에 대해 피상적 이해에 그치거나 무지로 인한 오해를 하는 경우가 많다. 저널리즘은 공동체 구성원들 간의 이해와 공감을 이끌어내는 가교 역할을 하며, 특히 목소리를 갖지 못한 사회적 약자와 소수자의 현실을 알려 시민들이 서로를 돌보게 만드는 힘을 가지고 있다.

다섯째, 공적 토론public forum의 장을 제공한다. 저널리즘은 시민들 사이의 대화와 토론을 통해 다양한 사회 집단의 시각을 매개하고 시민 참여를 촉진한다. 대의 민주주의 모델에서 시민들은 주기적인 선거를 통해 선출된 대표에게 주권을 위임한 뒤 정치 엘리트의 선택에 수동적으로 반응하는 '침묵하는 다수'에 머무른다. 그러나 민주적 자치는 개인적 선호의 집산이 아니라 자유롭고 평등한 시민들의 숙의deliberation를 통해 완성된다. 따라서 저널리즘은 공론장을 창출하고 토론의 중재자 역할을 함으로써 시민들 사이의 의견을 조정하고 공적 의지를 형성하여 대표자에게 전달하는 역할을 수행해야 한다. 집단 간 갈등이 심화되고 합의보다 주장을 내세우느라 바쁜 디지털 시대에 이러한 기능은 한층 더 중요해졌다.

여섯째, 시민을 정치 프로그램에 동원mobilization한다. 저널리즘은 민주주의의 정치적 과정에서 발생하는 다양한 정치 프로그램에 시민들이 참여하고 필요한 행동을 하도록 유도한다. 예컨대 투표에 참여하도록 독려하기도 하고, 촛불집회와 같은 정치 이벤트가 발생했을 때 관련된 소식을 전함으로써 관심을 증대시키기도 한다.

　요컨대 민주주의 사회에서 저널리즘은 주권자인 시민에게 충성하고 봉사해야 한다. 민주주의 사회의 상식으로 받아들여지는 '언론의 자유'는 언론이 이같은 사회적 책임을 다하는 데 따른 반대급부로서 주어지는 것이다. 취재·보도의 목적이 다른 데 있는 것이 아니라 시민이 필요로 하는 정보를 수집·제공하여 민주주의에 기여하는 데 있기 때문에 이러한 활동의 자유를 예외적으로 보장하는 것임을 언론인들은 명심해야 한다.

　물론 위에 열거한 역할과 수칙을 모두 철저히 지키는 이상적인 언론은 현실에서 찾아보기 어렵다. 그럼에도 규범적 원칙은 현실 속 실천을 수행하고 평가하는 준거로 작용한다는 점에서 중요하다. 이상적 목표에 최대한 가까이 다가가기 위해 노력하는 것과 처음부터 포기하고 외면하는 것 사이에는 큰 차이가 있다. 저널리즘 규범을 깡그리 무시하고 시민이 아닌 권력에 충성하거나 자기 사익만을 추구하는 활동은 저널리즘의 외피를 뒤집어쓰고 있다 하더라도 존중과 신뢰를 얻기 어렵다.

　문제는 근래 들어 한국사회의 지독한 이념적 양극화와 포스트-진실post-truth 시대의 도래가 저널리즘 규범에 큰 도전으로 작용하고 있다는 점이다. 확증편향에 사로잡혀 오로지 진영 논리에 따라 저널리즘의 효용성을 판단하거나, 규범적 틀 자체를 부정하지는 않더라도 그 내용을 정파적 유불리에 따라 자의적으로 해석하는 시민들이 늘어나면서 오랫동안 유지돼 온 규범적 합의가 무력해지고 있다.

　저마다 보고 싶은 뉴스만 보고, 믿고 싶은 뉴스만 믿는 시대에 '좋은 뉴스'의 기준을 정하고 지키는 일은 어려울 수밖에 없다. 거시적 역사 변동 속에서 저널리즘 규범도 끊임없이 변화한다고 볼 때 기존 규범을 절대시하는 시각도 바람직하지 않다. 그러나 아직 새로운 규범이 도출되거나 정립되지 않은 상태에서 저널리즘 실천을 규율해 온 원리를 포기하거나 무력화하는 접근은 무규범

상태anomie의 혼돈을 가져올 수 있다는 점에서 위험하다.

민주주의와의 관계 속에서 도출된 저널리즘의 전통적 규범이 실효성을 다했다고 볼 증거는 아직 없다. 정확한 사실에 기초한 정보 전달의 가치는 디지털 시대라 해서 쉽게 사라지는 것이 아니다. 우리가 민주주의 정치체제를 유지하며 살아가는 한, 권력을 감시하고 공적 토론을 매개하여 시민과 공익에 봉사하는 저널리즘을 필요로 한다는 사실에도 변함이 없다. 정신없이 변화하는 미디어 환경에서 우리는 저널리즘이 지켜야 할 가치를 정하거나 새로운 저널리즘의 옥석을 가려야 하는 상황에 자주 맞닥뜨리는데, 전통적 저널리즘 규범은 이때 판단의 기준으로 여전히 유효하게 쓰일 수 있다.

4. 한국 저널리즘의 주요 문제들

이제 현실 속 저널리즘으로 눈을 돌려볼 차례다. 한국 언론은 위에 열거한 규범적 원칙들로부터 얼마나 가까이, 또는 멀리 떨어져 있는가? 한국 언론에 대한 시민사회의 평가는 대체로 부정적이며, 언론계 내부의 평가도 후하지 않다. 왜 언론이 문제라는 지적이 끊임없이 제기되고 언론 개혁을 주장하는 목소리가 갈수록 높아지는가? 이 절에서는 그간 한국 언론의 문제로 지적받아 온 몇 가지 핵심 사안을 살펴볼 것이다.

1) 언론의 상업화

언론은 공적 기능을 수행하지만, 사적 기업의 형태로 운영된다. 공적 서비스를 제공하고 사회적 책무를 수행하면서도 동시에 이윤을 추구하며 경제적으로 자립해야 하는 모순적 성격을 갖는다. 현대 자본주의 경제 체제에서 뉴스가 시장에서 상품으로 거래되는 것 자체를 거부하기는 힘들다. 적절한 수익추구는 저널리즘에 활기를 불어넣고 뉴스의 품질을 향상시킬 수도 있다. 사기업 형태의 운영은 언론이 정부의 간섭으로부터 독립하여 권력을 자유롭게 견제할 수 있도록 해줬다는 점에서 적지 않은 유용성을 가져왔다.

그러나 과도한 상업화commercialization로 인해 언론의 이중적 정체성 사이에유지되던 균형이 무너지면서 이제는 효용보다 폐해가 더 커지고 있다(McChesney and Nichols, 2010). 상업화라는 개념은 사물이나 활동이 기존에 함축하고 있던 고유의 가치와 질적 수준을 포기하면서까지 수익성을 추구한다는 의미를 내포한다. 시민과 공익에 이바지하느냐를 따지는 저널리즘적 가치보다 수익을 극대화하는 비즈니스적 가치에 집중하게 되면서 뉴스의 성격도변화하게 된다. 그 변화는 당연히 저널리즘의 규범적 원칙을 배반하는 방향에가깝다.

미국에서 언론의 상업화는 19세기 대중지 시대부터 이미 시작된 것이었다. 1830년대 대중 노동자 계급을 타깃 삼아 1센트 동전 한 닢 가격으로 판매한 저렴한 신문을 이르는 '페니 프레스penny press'의 등장이 상업화의 서막이었다.

1890년대에는 대형 상업신문들이 출현하고 신문이 마케팅의 핵심 수단으로 대두되었다. 이 같은 상업화는 시장경제의 성장과 대도시의 발달 및 그로 인한 삶의 패턴 변화가 만들어낸 결과였다(Baldasty, 1992).

19세기 상업적 대중 언론은 대중이 흥미를 느낄 만한 범죄와 스캔들 등 자극적인 사건을 대문짝만 한 헤드라인과 이해하기 쉬운 언어로 기사화하며 성공을 거두었다. 이때부터 이미 시민들이 '필요로 하는 것'보다 '원하는 것'을 제공하는 데 몰두하는 선정적 보도는 상업화된 언론의 대표적 양태로 자리 잡았다. 당시 대중 신문에 연재된 만화에 등장한 노란 셔츠를 입은 꼬마yellow kid가 큰 인기를 끌었던 데서 선정적 보도를 '황색 저널리즘yellow journalism'이라고 부르는 전통이 만들어졌다.

오늘날의 상업화된 언론은 강력 범죄 수법을 상세하게 소개하거나 잔인한 교통사고 장면을 CCTV 화면으로 반복해서 보여주고, 선거 때 정책과 공약을 검증하기보다 여론조사 결과를 중심으로 어느 후보 지지율이 앞서가는지에 집중하는 경마식 보도horse-race journalism에 바쁘다. 전쟁 가능성을 과장하거나 긴장을 부추기는 보도로 사람들의 눈과 귀를 뉴스로 끌어모으는 '안보 상업주의'는 수익 극대화를 위해 국가 안보와 국민 안전마저 위협하는 가장 끔찍한 비즈니스 전략이다.

반면 시민들이 반드시 알아야 할 정보들, 예컨대 권력을 감시하거나 공동체의 위기를 분석하는 탐사기획보도는 줄어들게 된다. 많은 인력과 시간을 투입하므로 생산 비용은 많이 들지만 독자들의 주목과 수익을 확보하는 데는 별로 도움이 되지 않기 때문이다. 시장 논리에 의존하게 될수록 저널리즘의 공적 성격은 퇴색되고 시민들의 알권리도 충족되기 어려워진다. 언론사들이 풍족해질수록 민주주의는 빈약해지는 역설적 상황이다(McChesney, 1999)

언론이 광고주의 영향력 앞에 취약해지는 현상도 상업화의 부작용이다. 재벌 비판 보도를 지휘하다가 1991년 6월 갑작스럽게 경질된 동아일보 김중배 편집국장은 회사를 떠나며 "우리는 권력보다 더 원천적이고 영구적인 도전의 세력에 맞서게 되었다"면서 "가장 강력한 권력은 정치권력이 아니라 자본"이라고 선언했다. 독재정권과의 싸움밖에 몰랐던 한국 언론에 자본과 시장이라는 새로운 권력과의 싸움이 시작되었음을 처음으로 경고한 퇴임사였다.

이 '김중배 선언' 이후 30년이 지난 오늘날, 경고는 정확히 현실이 되었다. 한국 신문사 수익의 대부분은 구독료가 아닌 광고로부터 나온다. 2020년 기준으로 종이신문은 수입의 63.3%를, 인터넷신문은 수입의 66.2%를 광고에 의존하고 있다. 신문과 콘텐츠를 판매해 얻는 수입은 고작 20~30% 수준에 불과하다(한국언론진흥재단, 2021b). 독자보다 광고주의 눈치를 볼 수밖에 없는 구조다. 그림 12-1에서 보듯 한국언론진흥재단이 2021년 전국의 기자 2014명을 대상으로 조사한 결과에 따르면, 언론의 자유를 제한하는 요인으로 가장 많은 기자들(62.4%)이 광고주를 꼽았다(한국언론진흥재단, 2021c).

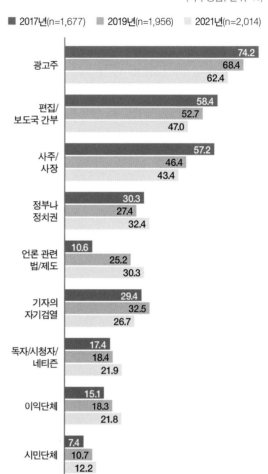

그림 12-1 언론의 자유를 직·간접적으로 제한하는 요인

(복수응답, 단위: %)

■ 2017년(n=1,677) ■ 2019년(n=1,956) □ 2021년(n=2,014)

	2017년	2019년	2021년
광고주	74.2	68.4	62.4
편집/보도국 간부	58.4	52.7	47.0
사주/사장	57.2	46.4	43.4
정부나 정치권	30.3	27.4	32.4
언론 관련 법/제도	10.6	25.2	30.3
기자의 자기검열	29.4	32.5	26.7
독자/시청자/네티즌	17.4	18.4	21.9
이익단체	15.1	18.3	21.8
시민단체	7.4	10.7	12.2

자료: 한국언론진흥재단(2021c).

오늘날 재벌은 정치권력까지 좌지우지하는 한국사회 기득권의 중핵이지만, 언론은 이들을 견제하는 '감시견'은커녕 충직한 '애완견' 역할을 할 뿐이다.

네이티브 광고(native advertising)

언론사와 광고주가 기획 단계부터 협업하여 마케팅 정보를 처음부터 특정 언론사나 미디어의 고유한 콘텐츠 형식에 맞춰 주문 제작하는 광고 유형을 말한다. 광고가 콘텐츠와 분리되어 별도 자리에 위치하지 않고 언론사의 뉴스 형식 또는 해당 사이트 형식을 그대로 빌려 실제 콘텐츠의 일부로 제작함으로써 이용자의 관심을 자연스럽게 유도한다.

네이티브 광고는 미디어 산업에 경제적 활로를 제공하고 수익 모델의 위기에 봉착한 언론사들에 새로운 자금원이 된다는 점에서 많은 기대를 모으고 있다. 콘텐츠와 확연히 구분되어 회피 대상이 되는 다른 광고들에 비해 광고 효과가 높은 것으로 알려져 광고주의 선호도 높다. 그러나 콘텐츠에 대한 광고주의 개입이 공공연해지는 데 대한 우려도 있다. 이 때문에 단기적 이윤 추구에는 도움이 되겠지만 저널리즘의 장기적 신뢰에는 치명적 위협이 될 거라는 부정적 전망도 제기된다.

재벌 대기업들은 광고주 중에서 압도적 비중을 차지하는 핵심 수입원이기 때문이다. 재벌의 부정부패와 관련된 뉴스가 사라지고 대다수 언론이 노동조합의 파업과 집회에 부정적인 보도를 하면서 친재벌 반노동 논조를 노골적으로 드러내는 이유가 바로 여기에 있다.

한때 언론사 내부에는 광고 수주가 뉴스 제작에 영향을 미치는 것을 막기 위하여 편집국과 광고국 사이에 상호 간섭을 금기시하는 문화가 있었지만, 이러한 장벽은 이미 사라진 지 오래다. 오히려 뉴스 제작 부문과 광고 영업 부문 간의 업무 교류와 협조가 장려되거나 당연시되고 있다. 뉴스와 광고가 융합되는 네이티브 광고가 디지털 시대 언론사의 주요 수익 창구로 인식되기도 한다. 이러한 변화 역시 언론의 상업화가 심화된 결과로 볼 수 있다.

2) 언론의 정파성

엄혹한 독재정권 시절 한국 언론과 권력의 관계는 비교적 단순했다. 정권이 언론을 일방적이고 수직적으로 통제하면 언론은 그대로 순응하는 방식이었다. 독재정권은 '보도지침'을 내려 보내 써야 할 기사와 쓰지 말아야 할 기사를 정해주었고 지시에 따르지 않는 언론사는 강도 높게 탄압하는 '채찍'을 가했다. 반대로 말 잘 듣는 언론사나 기자에게는 특혜를 제공하는 '당근'도 잊지 않았다.

그러나 1987년 민주화 이후 언론은 권력과의 관계에서 새로운 모델을 구축했다. 오늘날 언론은 정치권력의 지시를 일방적으로 따르기보다 이해관계가 일치하거나 독자층이 지지하는 특정 정당 또는 정파와 정치적 연합을 형성하는 정치 병행성political parallelism을 드러내고 있다.

언론이 동맹 관계를 맺은 정치세력에 유리한 보도를 하고 불리한 사안에 대해 침묵하는 등 적극적으로 이익을 대변하면, 이 정치세력이 정권을 잡았을 때 각종 권한을 활용해 우호적인 언론에 특혜를 제공하는 암묵적 계약 관계가 작동한다. 피후견 언론의 지지와 충성에 대한 대가로 후견 정치세력이 공적 자원을 배타적으로 할당하는 정치적 후견주의political clientelism가 작동하는 것이다.

예컨대 보수 언론은 언제나 보수 성향 정당을 편들고, 진보 언론은 늘 진보 성향 정당 편에 선다. 보수 언론은 보수 정당이 집권하면 노골적인 친정부 성향을 드러내고 그 대가로 종합편성채널 방송 사업권을 획득하거나 출신 기자들이 요직에 등용되는 등 특혜를 누리지만, 진보적인 정당이 집권하면 가장 비판적인 반정부 저항 언론으로 돌변한다. 좌우가 바뀌고 정도의 차이가 있을 뿐 진보 언론도 본질적으로 다르지 않다는 평가를 받는다.

정파적 언론들에겐 모든 사안이 진영 논리의 도구가 된다. 진영 논리 앞에서는 국익이나 국민 안전도 없다. 코로나19 바이러스가 확산될 때 정권에 반대하는 신문들이 국민 불안감을 자극하며 방역 당국의 발목을 잡았던 것이 단적인 예라 할 수 있다. 똑같은 남북 화해 정책이라 하더라도 우호적인 정권이 추진할 때는 찬사를 보내지만 적대적인 정권이 추진하면 흠집을 내거나 평가 절하한다.

정치적 독립성과 자율성을 파괴하는 정치 병행성을 극복하지 않는 한 언론은 양극화된 정치 갈등을 매개하는 수단으로 전락하고, 진영 논리에 매몰된 언론에 의해 다시 정치 갈등이 극대화되는 악순환이 반복될 수밖에 없다. 그럼에도 언론이 정치 병행성의 유혹에서 벗어나지 못하는 이유는 강한 정파성이 조직의 이익을 보장한다는 점에서 찾아야 한다. 후견 관계에 있는 정당이 집권하면 특혜 가능성이 높아지기도 하지만, 특정 정당과 후견 관계라는 사실 자체가 더 많은 독자를 끌어오고 수익이 증대되는 요인이 되기도 한다.

이념적으로 편향된 독자들이 강한 정파성을 바탕으로 자신이 지지하는 정파에 일방적으로 충성하는 언론을 객관적 언론보다 선호하기 때문이다. 이편도 저편도 아니어서는 어떤 독자도 만족시킬 수 없다. 보수 언론이 보수 정권을 비판하거나 진보 언론이 진보 정권을 비판하면 설령 그것이 사실 보도라 하더라도 독자들의 항의와 절독을 감수해야 한다.

반대로 진영 논리에 충실하여 독자들에게 카타르시스를 주는 언론은 뜨거운 응원과 관심을 얻을 수 있다. 상업적 관점에서라도 언론이 정치 병행성을 고수하는 게 도움이 되는 상황이다. 그러나 장기적으로 독자의 외연을 확장하거나 신뢰도를 향상시키려 한다면 정치 병행성은 치명적 부작용을 가져온다. 특정 정당을 일방적으로 편들면 그 정당을 지지하는 시민들을 충성 독자로 획득하는 대신 그들을 제외한 모든 시민들의 신뢰를 잃는 대가를 치러야 한다.

언론이 정파성을 갖는다는 것이 그 자체로 문제는 아니다. 완전한 객관성의 실현이 불가능하다면 편향성은 불가피한 것이며, 중립적 저널리즘이 꼭 바람직한 것도 아니다. 서구 언론도 뚜렷한 이념적 색채를 드러내거나 선거를 앞두고 지지하는 정당을 공개적으로 밝히기도 하지만, 문제라는 지적을 받지 않는다. 그렇다면 왜 한국 언론의 정파성만 문제 삼는 걸까?

한국 언론의 정파성은 '가치'에 편향된 것이 아니라 '진영'에 편향돼 있다는 점에서 서구 언론의 정파성과 차이가 있다. 한국 언론은 민주주의, 자유, 평등, 평화와 같은 일관된 가치 지향에 따라 지지하는 정파를 유연하게 결정하지 않는다. 반대로 지지하는 정파가 고정되어 있고, 그 정파의 이해관계와 유불리에 따라 가치와 입장이 수시로 바뀌는 것이다. 공익을 추구하는 저널리즘이라기보다 사익을 도모하는 이익단체에 가까운 행태다.

정파적 이해관계 때문에 사실 보도라는 저널리즘의 기본 원칙을 저버린다는 점도 문제다. "논평은 자유지만 사실은 신성하다"는 오랜 격언처럼, 아무리 이념적 편향성을 갖더라도 저널리즘이 사실을 왜곡해선 안 된다. 그러나 한국 언론은 지지하는 정파에 유리하도록 사실을 편의적으로 취사선택하거나 교묘하게 과장 또는 왜곡하는 경우가 많다. 정파적 이득을 위해 뉴스의 품질과 원칙을 희생하는 것이다.

유튜브 채널과 팟캐스트들은 전통적 언론보다 더 노골적인 정치 병행성과 진영 논리를 추구한다. 특정 정파에 유리한 허위조작정보나 음모론을 유포하기도 한다. 진영 논리에 심취한 시민이라면 이들에 열광할 수도 있겠지만, 이러한 유형의 콘텐츠가 저널리즘의 주류를 차지하는 사회에서 과연 건강한 공론장이 유지될 수 있을지 한 번쯤 생각해 볼 필요가 있다.

3) 포털에 종속된 언론

매스미디어 시대에 뉴스는 신문으로 읽고 방송에서 보는 것이었다. 정기구독하는 신문이 매일 아침 배달되었고 텔레비전으로 9시 뉴스를 보았다. 뉴스를 직접 생산한 미디어에서만 뉴스를 소비하던 시절이었다. 지금은 뉴스 소비 방식이 완전히 바뀌었다. 대다수가 뉴스를 생산하지 않고 유통하기만 하는 플랫폼platform에서 뉴스를 이용한다. 이제 뉴스를 "조선일보에서 봤어"라고 말하지 않고 "네이버에서 봤어"라고 말하는 시대가 되었다.

플랫폼을 통한 뉴스 소비는 디지털 이후의 세계적인 흐름이다. 플랫폼은 교통수단과 승객이 만나는 승강장처럼 공급자와 수요자가 참여해 각자 얻고자 하는 가치를 교환할 수 있도록 구축된 환경이나 인프라를 말한다. 이제 뉴스 영역에서도 서비스 공급자인 언론사와 수요자인 이용자들이 플랫폼을 매개로 만나고 있다.

한국에서는 포털사이트 네이버와 다음에서 대부분의 뉴스 소비가 이루어진다. 한국인의 69%가 검색엔진 및 뉴스 수집 사이트에서 뉴스를 이용한다. 언론사 홈페이지나 앱을 통해 뉴스를 이용하는 비율은 5%에 불과하다. 세계 어디나 마찬가지일 것 같지만, 사실 포털에 과도하게 편중된 뉴스 소비는 다른 나라에서 흔히 찾아보기 힘든 기형적 현상이다. 검색엔진 이용 비율이 비슷한 일본을 제외하면 유사한 소비 양태를 보이는 나라가 드물다(최진호·박영흠, 2022).

포털이 뉴스 서비스를 제공하기 시작한 건 1990년대 후반부터였다. 당시 언론사들이 헐값의 전재료를 받는 조건으로 공들여 취재한 기사를 통째로 넘기는 선택을 한 것이 결정적 패착이었다. 언론사들이 포털의 잠재력을 과소평가했던 것이다. 아직 종이신문이 많이 팔리던 시절에 인터넷과 모바일이 뉴스 소비의 주요 무대가 될 것을 예측하지 못했던 탓이다.

20년이 지나 상황은 완전히 역전되었다. 뉴스 생태계의 중심부에 있던 생산자들은 변두리로 밀려나 '공룡'이 된 뉴스 유통업자의 눈치를 봐야 하는 처지가 됐다. 이제 포털에 노출되지 않는 뉴스는 이 세상에 존재하지 않는 뉴스나 다름없게 됐다. 언론이 독자들과 만나려면 무조건 포털에 입점해야 한다. 언론사의 영향력과 수익은 언론사 자신의 노력보다 포털의 뉴스 추천 알고리즘과 정책적 의사결정에 의해 좌우된다. 불편한 진실이지만, 적어도 당분간 언론사들이 포털을 뛰쳐나가 디지털 뉴스 시장에서 독자 생존하는 건 불가능해졌다.

포털 중심의 뉴스 소비가 초래하는 가장 큰 문제는 언론과 시민 사이의 거리를 멀게 만든다는 점이다. 플랫폼은 서로 다른 영역에서 활동하는 뉴스 공급자와 수요자를 연결해 주지만, 달리 본다면 이미 연결되어 있던 두 주체 사

그림 12-2 디지털 뉴스 주 이용 경로: 검색엔진 및 뉴스 수집 사이트(단위: %)

국가	%
일본	69
한국	69
체코	52
대만	51
이탈리아	47
프랑스	45
인도	42
폴란드	41
크로아티아	41
튀르키예	41
스페인	39
인도네시아	38
그리스	37
브라질	37
루마니아	37
오스트리아	35
스위스	35
포르투갈	34
캐나다	34
남아프리카공화국	34
독일	34
홍콩	33
나이지리아	32
호주	32
헝가리	31
아일랜드	30
벨기에	29
아르헨티나	29
페루	29
불가리아	29
멕시코	28
말레이시아	28
태국	28
필리핀	27
슬로바키아	27
미국	25
네덜란드	25
콜롬비아	24
칠레	24
싱가포르	23
스웨덴	23
케냐	22
노르웨이	21
영국	19
덴마크	17
핀란드	16
46개국 평균	33

자료: 최진호·박영흠(2022)

그림 12-3 디지털 뉴스 주 이용 경로: 뉴스 웹사이트 및 앱(단위: %)

국가	%
핀란드	65
노르웨이	59
덴마크	52
스웨덴	48
영국	46
네덜란드	44
스위스	36
아일랜드	34
독일	31
벨기에	31
홍콩	29
체코	27
오스트리아	26
싱가포르	25
슬로바키아	25
호주	24
미국	24
크로아티아	22
그리스	22
캐나다	22
루마니아	21
헝가리	20
튀르키예	20
폴란드	19
불가리아	19
인도네시아	19
이탈리아	17
스페인	17
포르투갈	16
프랑스	15
칠레	15
남아프리카공화국	14
말레이시아	13
아르헨티나	13
나이지리아	13
인도	12
콜롬비아	12
대만	11
브라질	11
멕시코	11
페루	11
일본	10
케냐	10
태국	7
필리핀	7
한국	5
46개국 평균	23

자료: 최진호·박영흠(2022)

이에 플랫폼이 끼어드는 것이기도 하다. 이제 뉴스는 생산한 언론사와 분리된 상태로 플랫폼에서 개별 기사 단위로 유통·소비된다.

이런 뉴스 소비 환경은 자연스럽게 뉴스의 원산지에 대한 관심을 사라지게 만든다. 이제 뉴스 이용자들은 언론사라는 생산자와 뉴스라는 결과물 사이의 연결 고리를 인식하지 못하게 된다. 이용자들은 뉴스를 읽을 때 뉴스 공급처를 일일이 확인하거나 기억하지 않게 되고, 언론사에 대한 관심 자체를 잃어버리게 된다. 언론사들 역시 뉴스를 생산할 때 이용자의 장기적 신뢰 형성을 염두에 두지 않게 된다.

'좋은 뉴스'가 줄어들고 '나쁜 뉴스'가 늘어날 수밖에 없는 유통 구조도 문제점이다. 포털 메인 화면에 단순 속보나 선정적 가십 기사는 넘쳐나지만, 언론사가 오래 공들여 제작한 양질의 심층 기사는 접근성이 떨어진다. 클릭을 많이 받는 유형의 뉴스가 눈에 잘 띄는 곳에 배치되고 많이 추천되도록 설계되어 있기 때문이다. 언론사들이 적은 비용을 들여도 클릭을 많이 받는 뉴스를 더 많이 생산하고, 오랜 취재 노동과 창의적 기획을 요구하지만 클릭을 받기 어려운 탐사기획 보도 제작은 꺼리게 만드는 환경이다.

디지털 뉴스의 수익 기반은 광고이고, 광고비는 페이지뷰를 기준으로 정해진다. 클릭과 수익은 비례한다. 포털 뉴스 환경에서 언론사들은 클릭을 늘리기 위해 수단과 방법을 가리지 않았다. 자극적인 '낚시성' 제목을 달았고, 실시간 주요 검색어를 기사 본문에 억지로 끼워 넣었다. 클릭수를 늘리기 위한 목적으로 의도적으로 동일한 내용이나 제목의 기사를 반복적으로 포털에 전송하는 어뷰징abusing도 횡행했다. 포털에 입점만 하면 최소한의 클릭을 담보할 수 있게 되자 너도나도 언론사를 창업하면서 뉴스 미디어들이 기하급수적으로 늘어났고, 이들은 아무 취재 없이 기사를 베껴 함량 미달의 기사를 쏟아냈다.

포털 중심의 뉴스 유통과 소비 환경은 뉴스 생태계 전체의 질적 저하를 가져왔다. 그러나 전통적 언론사들이 실패의 책임을 포털에만 돌린다면 정확한 진단이나 해법 모색은 불가능할 것이다. 장기적 전략을 수립하거나 저널리즘 원칙을 견지하려는 노력 없이 근시안적 수익 논리에 매몰되어 트래픽을 늘리는 데 혈안이 되었던 언론사들 책임도 크다.

디지털 생태계는 끊임없이 변화한다. 지금은 포털이 뉴스 시장의 먹이사슬을 지배하는 '최상위 포식자'라 하더라도 그 지배가 영원할 순 없다. 언젠가 또 다른 플랫폼이 포털의 자리를 위협할 것이다. 그러나 포털의 시대가 끝나더라도 저널리즘이 플랫폼에 종속되어 자율성을 갖지 못하는 디지털 뉴스 시장 구조는 지속될 가능성이 크다. 플랫폼 중심의 뉴스 유통 구조에서 저널리즘의 가치를 구현하는 방안에 대한 새로운 고민이 필요한 시점이다.

4) 취재·보도 관행의 개혁

어느 직업 집단이든 오랜 기간 직무를 수행하다 보면 자연스럽게 표준화된 절차, 정형화되어 반복되는 행동, 암묵적으로 합의된 규범 등이 만들어지기 마련이다. 그렇게 했을 때 업무가 더 편리하거나 효율적이기 때문이다. 이것이 바로 관행routines이다. 기자 집단에도 매일 뉴스를 생산하는 과정에서 일상적으로 활용하면서 내부적으로 굳어져 당연한 것으로 수용되는 다양한 취재·보도 관행이 존재한다.

뉴스 생산 노동은 불확실성과의 싸움이다. 한정된 시간과 제한된 인적 자원을 가지고 무한한 정보 속에서 지속적으로 콘텐츠를 만들어내야 하기 때문이다. 마감시간 내에 정보를 발굴하고 가공해서 정해진 분량의 뉴스를 수용자들에게 제공할 수 있을지 알 수 없다. 관행은 이 불확실성을 해소하고 예측 가능한 범위 내에서 뉴스를 제작하기 위해 기자 집단이 경험 속에서 축적한 결과물이다.

문제는 뉴스 생산 관행이 뉴스의 내용에 영향을 미친다는 점이다. 생산자의 편의와 효율성에 초점을 맞추고 고착화된 관행이 사실을 왜곡하거나 누락하여 수용자의 편익을 해치고 저널리즘의 질적 수준을 떨어뜨린다는 지적이 제기되고 있다. 취재·보도 관행이 최근 언론 개혁 담론에서 가장 뜨거운 화두로 부상한 이유가 여기에 있다.

논쟁이 되는 대표적인 관행이 출입처beat다. 출입처는 청와대, 국회, 검찰, 경찰, 정부 부처 등 정기적으로 뉴스가 발생하고 정보를 얻을 가능성이 큰 길목에 기자를 상시 배치하여 해당 기관 관련 뉴스 생산을 전담하게 함으로써 신속하고 효율적으로 뉴스를 제작하기 위해 고안한 제도이다.

다른 관행들과 마찬가지로 출입처 제도는 나름의 목적과 합리성에 바탕을 두고 만들어졌다. 출입처 제도의 장점은 다음과 같다. 첫째, 물리적 근접성과 취재상의 편의를 통해 신속한 정보 입수가 가능하다. 둘째, 담당 출입처 취재원들과 밀접한 관계와 신뢰를 유지하여 풍부하고 깊이 있는 정보의 획득이 가능하다. 셋째, 기자들이 권력기관에 상주하며 감시함으로써 관료들의 정보 은폐와 왜곡을 방지할 수 있다.

그러나 출입처 제도는 많은 문제점도 함께 가지고 있다. 첫째, 취재 영역 간에 칸막이가 생기면서 출입처 밖에서 벌어진 일은 다루지 않으려는 관료주의가 형성된다. 둘째, 기자가 출입처의 논리에 동화되어 우호적인 기사를 생산하기 쉽다. 검찰과 정당 출입기자들이 자주 지적받는 문제이다. 셋째, 기자들이 기자실에서 함께 생활하며 비슷한 사고방식을 가지게 되거나 출입처에서 제공하는 보도자료를 받아쓰면서 획일적이고 개성 없는 보도가 양산된다. 넷째, 출입처 기자단이 비출입 언론사들에 정보를 제공하는 것을 막는 배타적 카르텔로 작동할 수 있다.

서구와 달리 한국의 출입처 제도는 기자가 출입처에서 마련한 기자실에 상주하는 형태로 운영되는 경우가 대부분이다. 기자가 담당 '분야'를 갖고 전문적으로 취재하는 방식은 계속 필요하겠지만, 특정 공간에 기자가 묶이는 방식의 출입처 제도는 의미를 잃고 있다. 희소한 자원으로서의 정보가 특정 공간에 집중되어 있고 소수의 매체가 이 공간을 점유함으로써 정보를 배타적으로 과점할 수 있던 과거 환경에 맞춰 형성된 관행은 미디어와 정보 유통 채널이 다변화된 디지털 시대에는 분명 적합하지 않은 측면이 있다. 꼭 필요한 소수의 권력기관을 제외한 대다수 공간 중심의 출입처를 폐지해 기자들이 자유롭게 취재할 수 있게 된다면 더 다채로운 뉴스들을 많이 만날 수 있게 될 것이라는 주장이 제기되는 이유다.

취재원의 편향도 자주 지적받는 관행이다. 언론이 취재 대상으로 삼는 정보원이 지나치게 정부나 공공 영역에 소속된 공식적 취재원 또는 엘리트 전문가들에 편중되어 있다는 비판이다. 뉴스에는 정부 고위 관료, 국회의원, 판·검사 등 법조인, 대학 교수, 기업 홍보 담당자 등이 인용되는 비율이 현저히 높다. 일반 시민과 노동자, 농민, 시민단체 운동가들의 목소리를 담으려는 노력은 예외적으로 이뤄질 뿐이다.

언론이 정부나 공공 영역 취재원을 자주 찾는 데는 나름의 이유도 있다. 정부만큼 많은 양의 신뢰할 만한 정보를 보유한 집단은 존재하지 않는다. 다양한 의사결정으로 국민의 삶에 미치는 영향도 크다. 엘리트 전문가들에 대한 의존도가 높은 것도 질 높고 정확한 정보 전달을 위한 목적에서 비롯됐다고 볼 수 있다.

그러나 이러한 취재원 선정이 관행으로서 반복되면 부정적 효과를 초래하게 된다. 정부라 해서 모든 계층과 집단의 이익을 공정하게 대표하는 것은 아니므로, 정부와 다른 의견을 가진 이들의 의견은 언론에서 찾아보기 힘들어진다. 게다가 2014년 세월호 참사 당시 관할 기관의 발표를 검증 없이 받아썼던 '전원 구조' 오보 사례에서 보듯, 정부나 공공기관의 발표에도 얼마든지 오류가 있을 수 있다. 엘리트 전문가 집단도 대체로 주류 기득권층의 입장을 반영할 가능성이 높다. 언론이 습관적으로 이들의 입에 의존하면, 소외된 집단이나 대안적 목소리는 지속적으로 배제될 수밖에 없다. 정보 분권화가 이루어지는 디지털 시대일수록 취재 채널은 다변화될 필요가 있다.

　취재·보도 관행을 개혁해야 하는 이유는 간단하다. 관행은 뉴스 생산의 수단에 불과한데, 그 수단이 뉴스를 제작하는 목적을 훼손하기 때문이다. 시민에 봉사하기 위한 뉴스를 효율적으로 만들기 위한 수단인 관행이 뉴스와 시민을 단절시키고 있다. '꼬리가 몸통을 흔드는' 일이다. 관행을 당연한 것으로 수용해 왔던 기자 집단은 뉴스 노동 과정에서 관행의 유지는 불가피한 것이라며 개혁을 거부하는 경향이 강하다. 몸에 밴 관행을 바꾸기 어려운 건 당연한 일이다. 그러나 저널리즘의 최우선적 충성 대상이자 뉴스의 소비자인 시민에게 최상의 서비스를 제공하는 데 방해가 된다면, 기자들도 한발 물러나 변화를 위해 노력할 필요가 있다.

5. 뉴스 이용자의 변화와 저널리즘의 대응

　저널리즘의 미래는 어떻게 될 것인가? 2016년 영국의 일간지 ≪인디펜던트≫는 종이신문 발행 중단을 선언하며 종이에 인쇄된 마지막 사설에서 "오늘 윤전기가 멈추고 잉크는 마르고 더 이상 종이 접히는 소리도 나지 않겠지만, 한 장이 끝나면 새로운 장이 시작되듯 ≪인디펜던트≫의 정신은 계속 이어질 것"이라고 밝혔다. 여기서 고유명사 ≪인디펜던트≫를 보통명사 '저널리즘'으로 바꿔 써도 무방할 것이다.

　앞서 저널리즘의 사회적 역할과 책임에 대해 살펴보았다. 그러한 기능을 수행하는 직업의 이름, 업무 성격, 생산하는 콘텐츠 형식, 소속된 조직 형태는 완전히 바뀔 수 있다. 더 이상 기자라 부르지 않고 뉴스의 형식을 취하지 않으며 언론사의 외형을 갖추지 않을 수 있다. 그러나 우리가 민주주의 정치체제에서 살아가는 한, 시민이 필요로 하는 정보를 전달하고 권력을 감시하는 역할을 하는 직업과 제도는 계속 존재할 것이며 또한 존재해야 한다.

언젠가 아무도 종이신문을 보지 않는 날이 올지 모르지만, 그것이 곧 저널리즘의 종말을 의미하는 건 아니다. 저널리즘은 규범과 책무라는 본질적 요소를 준수하는 동시에 사회 변동과 기술 혁신에 맞춰 주변적 요소를 유연하게 바꿔나가는 전략을 통해 지속가능성을 확보할 수 있다. 변화에 적절히 대응할 수 있다면 저널리즘은 소멸하지 않는다. 진화할 뿐이다.

한국의 전통적 언론은 성공적으로 진화 중인가? 지금까지의 성적표는 낙제점에 가깝다. 디지털 환경에 유연하게 적응함으로써 유튜브 채널을 비롯한 새로운 저널리즘 실천들에 맞서 비교우위와 경쟁력을 갖추지도 못했고, 저널리즘 규범을 엄격히 준수하여 전통적 언론의 필요성에 대한 사회적 동의를 얻어내는 데에도 실패했다. 이제 전통적 언론사들은 정보 생태계의 주류에서 밀려나 주변부를 서성거리는 존재로 전락하고 말았다.

언론사들도 난관을 극복할 방안을 찾기 위해 고심 중이지만, 정작 가장 시급하게 개선해야 할 지점에는 별다른 관심을 기울이지 않고 있다. 시민과의 불화를 해소하고 관계를 바로잡는 문제이다. 언론과 시민의 관계를 재설정하는 일은 디지털 이후 저널리즘이 당면한 가장 큰 도전이며 미래의 생존을 위해 한시바삐 해결해야 할 과제이다.

과거 '독자' 또는 '시청자'로만 불리었던 시민들은 언론이 제공하는 정보를 수동적으로 소비하던 과거 행태에서 벗어나 한층 고양된 주권 의식과 더 많은 참여를 통해 디지털 뉴스 생태계의 능동적 주체로 거듭나고 있다. 시민들은 특정 언론의 정보와 해석을 무조건 신뢰하기보다 다양한 매체를 조합한 다중적 소비를 통해 주체적으로 정보를 취합하고 해석한다. 그래서 오늘날에는 뉴스 '이용자'라는 능동적 함의를 갖는 용어가 더 자주 사용된다.

과거에는 미디어가 집중 보도를 통해 사회적으로 공유되는 의제를 설정agenda setting해 주었다면, 이제는 반대로 시민들이 제기한 이슈를 미디어가 받아들여 의제로 삼는 역-의제 설정reverse agenda setting 현상도 자주 관찰된다. 댓글과 기사 공유를 통해 자신의 의견을 적극적으로 개진하고, 구독 거부, 항의 전화 등의 방식으로 언론에 압력을 가하며, 느슨하게 연결된 개인들의 연대체가 언론 개혁을 요구하기도 한다.

그러나 뉴스 이용자들의 위상과 영향력이 변화하는 속도와 비교할 때 전통적 언론과 종사자들의 인식 변화는 더디다. 저널리즘 영역에는 오랫동안 경합해온 두 개의 상충되는 이데올로기가 있는데, 숙련된 언론인의 배타적 통제를 통한 객관적 뉴스 전달을 강조하는 전문직주의 이데올로기와 시민들의 적극적 개입을 통해 더 많은 민주주의를 실현해야 한다는 시민 참여 이데올로기가 그것이다(Lewis, 2012). 기성 언론은 오로지 전자의 관성만을 고집하며 후자가 만들어내는 변화를 수용하는 데에는 인색하다. 일방적 뉴스 전달 시대에 형성된 '뉴스는 우리가 알아서 생산할 테니 가만히 받아 보기만 하라'는 오만한 태도와 독점적 생산 시스템을 좀처럼 바꾸려 하지 않는다.

언론이 소통 의지가 없으니 시민들의 불만이 클 수밖에 없다. 한국 언론의 신뢰도가 낮은 수준에 머물러 있는 것은 이 같은 언론과 시민 간 인식의 괴리와도 무관하지 않다. 이대로 가면 전통적 언론에 대한 불신과 외면은 돌이킬 수 없는 수준까지 심화될 것이다. 재기발랄하고 참신한 저널리즘 실천들이 색다른 재미와 통찰을 주지만, 이 역시 전통적 저널리즘이 확인해서 전달하는 정보를 기반으로 해야 가능한 일이다. 전통적 저널리즘의 역할 수행 없이는 새로운 저널리즘도 불가능하다. 언론에 대한 불신의 심화는 공론장의 타락과 민주주의의 위기로 이어질 위험성을 내포한다.

언론의 태도 변화와 적극적 대응이 필요하다. 민주주의 사회의 주권자인 시민은 저널리즘이 충성해야 할 으뜸가는 대상이다. 시민이 없다면 민주주의도 없고 저널리즘도 없다. 산업적 측면에서 본다면 고객이기도 하다. 이들이 존재하기 때문에 클릭도 발생하고 광고도 들어온다. 이렇게 본다면 언론은 시민의 존재를 외면해 온 지금까지의 행태를 반성하고 시민사회의 목소리에 귀 기울여야 한다. 뉴스 생산 과정 전반에 시민 참여와 협업을 획기적으로 증진하고 다양한 요구와 관심사를 반영해야 한다. 잘못이 있다면 사과하고 오해가 생기면 해명하며 뉴스의 배경과 맥락을 상세히 밝히는 등 대화의 접점도 늘려 나가야 한다.

시민들도 바뀌어야 할 점이 있다. '누가 나의 속을 후련하게 만들어주는가'를 기준으로 언론을 평가하고 '해장국 언론'만을 소비하려는 시민들이 많다(강준만, 2019). 관점이 다르거나 지지하는 정파에 불리한 기사에 과도한 욕설 댓글을 달거나 기자를 협박하는 이메일을 보내고, 온라인 커뮤니티나 소셜미디어에서 기자를 집단공격하는 온라인 괴롭힘online harassment을 벌이는 행태도 관찰되고 있다. 자신과 생각이 같은 언론은 무조건 '참언론'으로, 생각이 다른 언론은 덮어놓고 '기레기'로 간주하는 인식을 극복해야 한다. 지혜로운 뉴스 이용자로서 옳고 그름을 합리적으로 따지는 미디어 리터러시를 함양할 필요가 있다.

저널리즘 위기 담론은 수십 년째 계속되고 있다. 만성화된 위기 속에 미래에 대한 전망도 매우 비관적이다. 시민과의 왜곡된 관계 설정이 문제의 근본적 원인이다. 민주주의 사회에서 시민과 언론은 제로섬 게임처럼 경쟁하거나 대립하는 사이가 아니다. 서로 협력하고 도와주는 관계다. 언론은 시민과 동행하기 위한 혁신에 힘쓰고, 시민은 좋은 뉴스를 찾아서 소비하며 응원하는 노력을 함께 기울여야 한다. 언론과 시민의 '2인 3각' 관계가 먼저 이루어져야 급변하는 미디어 환경에서 저널리즘의 새로운 전망도 비로소 가능할 것이다.

1 저널리즘의 규정 방식과 경계 설정에 있어 정답은 없다. 각자 서 있는 입장과 관점에 따라 다양한 주장이 가능할 것이다. 뉴스를 이용하는 소비자인 동시에 커뮤니케이션을 공부하는 학생으로서 나만의 답을 구해보자. 오늘날의 변화하는 미디어 환경에서 저널리즘은 어떻게 정의되어야 할까? 저널리즘이라는 이름을 붙일 수 있는 최소한의 요건은 무엇일까?

2 이제 플랫폼은 뉴스 이용에서 빼놓을 수 없는 요소가 되었다. 플랫폼을 통한 뉴스 소비와 뉴스를 직접 제작한 언론사를 통한 뉴스 소비 사이의 가장 큰 차이점은 무엇인가? 평소 자신이 뉴스를 주로 이용하는 창구(포털, 웹페이지, 애플리케이션, 소셜 미디어, 유튜브, 팟캐스트, 종이신문, 지상파 방송 등)가 무엇인지 생각해 보고, 이용 창구의 차이가 뉴스 소비의 질에 미치는 영향은 무엇인지 말해보자.

3 전통적 저널리즘은 객관성, 공정성, 중립성, 신속성, 정확성 등의 가치를 표방하거나 추구해 왔다. 전통적 저널리즘의 다양한 가치들 가운데 디지털 시대에도 여전히 중요한 것은 무엇일까? 과거에는 중요하게 여겨지지 않았지만 디지털 시대에 새롭게 강조되어야 할 규범이나 가치는 무엇일까?

더 읽어 볼 책

저널리즘 모포시스 임종수 외 지음, 2020, 팬덤북스

오늘날 한국사회에서 기자 집단을 '기레기'라는 경멸적 언어로 부르는 현상이 일반화될 만큼 부정적 저널리즘이 만들어진 경로를 다각도로 밝히는 책이다. 생산조직, 언론인, 플랫폼과 테크놀로지, 수용자 등 저널리즘 영역을 구성하는 다양한 주체와 요소들이 '기레기' 현상으로 대표되는 위기의 저널리즘을 어떻게 만들어내는지 알 수 있다.

저널리즘의 기본원칙(개정 4판) 빌 코바치, 톰 로젠스틸 지음, 이재경 옮김, 2021, 한국언론진흥재단

현직 언론인 또는 언론인이 되고자 하는 이들의 필독서로 불리는 책이다. 디지털 이

후 급변하는 뉴스 환경 속에서 언론인이 반드시 지켜야 할 원칙과 윤리를 열 가지로 정리해 제시한다. 저널리즘의 위기 시대에 언론이 지켜야 할 것은 무엇이며 바꾸어야 할 것은 무엇인지 고민하는 이들에게 권할 만하다.

한국의 민주주의와 언론 조항제 지음, 2020, 컬처룩

한국 언론의 가장 큰 문제로 지적되는 것이 바로 정파성이다. 이 책은 민주화 이후 한국 민주주의 정치와 언론의 관계가 역동적으로 변화해 온 역사를 '미디어화'라는 이론적 관점에서 치밀하게 분석한다.

13

지금의 미디어 광고, 앞으로의 미디어 광고*

M E D I A C O M M U N I C A T I O N

광고의 디지털화·융합화·온라인/모바일화·지능화가 가속화되는 상황에서 미디어 광고를 어떻게 바라봐야 할지를 폭넓게 논의한다. 이를 위해 먼저 그동안 광고가 어떤 관점에 의해 논의돼 왔는지, 그리고 그것이 지금 시점에서 어떤 변화의 기로에 서 있는지 살핀다. 다음으로 광고를 새롭게 바라볼 수 있는 지점들을 발견하고, 그것을 토대로 광고 논의가 나아갈 방향을 설정한다.

1. 광고 논의를 논의하기

미디어와 광고[1]는 뗄 수 없는 관계다. 광고는 광고주가 특정 상품이나 서비

---

* 이 글의 내용은 연구자 개인의 견해로, 연구자 소속기관의 공식 견해와는 무관함을 밝힌다.

스, 브랜드 등에 관한 정보를 수용자에게 전달하여 구매활동을 유발하고 판매를 촉진하는 커뮤니케이션을 말한다. 광고주에게는 제품 판매 및 이미지 제고 수단으로, 수용자에게는 정보 전달 및 구매 촉진 채널로 기능해, 소비 수요를 진작하고 내수 시장 활성화에 도움을 준다. 광고주를 수용자와 연결하는 매개체는 미디어이다. 미디어는 콘텐츠에 대한 수용자의 관심을 구매하는 광고주로부터 수익을 얻는다. 특히 콘텐츠 이용에 대한 별도의 요금을 받지 않는 미디어들에게 있어 광고는 매우 중요하다. 광고는 (틀림없이) 미디어의 지속적 운영, 그리고 양질의 콘텐츠 제작을 위한 근간이 된다.

반면, 미디어와 광고를 바라보는 시선은 상당 부분 분리된 채 형성되어 왔다. 대표적으로, 관련 법은 광고를 미디어 콘텐츠와 분리하도록 강제한다. 방송법에 따르면 광고는 방송 프로그램과 혼동되지 않도록 명확히 구분(제73조 1호)돼야 한다. 이 때문에 프로그램광고나 토막광고처럼 프로그램 전·후나 사이에 붙는 광고뿐 아니라, 간접 광고나 가상 광고처럼 프로그램 안에 삽입되는 광고의 경우에도 광고와 프로그램의 구분이 불명확한 경우는 드물다. 방송 아닌 미디어에서도 상황은 크게 다르지 않다. 신문에서나, 잡지에서나, 인터넷 사이트에서나 광고는 다른 콘텐츠들과 대체로 구분된다. 콘텐츠 수용자들이 할 수 있는 한 광고를 피하려 함은 물론이다. 심지어 콘텐츠 창작자들에게조차도 광고는 자유로운 창작활동을 방해하는 것으로 여겨지기 일쑤다.

미디어와 광고가 뗄 수 없는 관계임에도 둘을 분리해서 보려는 (많은 정책입안자, 수용자, 창작자들의) 시선들이 팽배한 것처럼, 광고에 대한 논의 역시 양가적이다. 먼저, 광고 제작, 전략, 표현, 성과, 효과 등에 주목하는 광고계 논의들은 대체로 광고의 편에 서 있다. 그에 따르면 광고는 하나의 예술이자 창작물

---

1 이 글에서 광고는 미디어와의 연관 속에서 논의된다. 따라서 이후에 '광고'라고만 표기해도, 그것은 '미디어 광고'의 의미를 담고 있다. 물론 필요한 경우에는 '미디어 광고'라는 표기도 사용한다.

이며, 동시대를 대표하는 언어이다. 광고가 목표로 삼는 성과와 승리를 향하고, 광고의 신화를 확산하며, 그것을 위해 수용자에게 어떻게 더 친밀하게 다가갈 수 있을지 고민하는 것이 광고계 논의의 목적이다. 반면, 광고에 대해 비판적 관점을 취하는 논의들은 광고를 바라보는 사람들을 향해 선다. 자본주의의 형성과 발달 과정에 광고를 위치시키고, 그것이 자본주의의 정교하고 은밀한 언어로서 사람들의 욕망과 소비를 어떻게 자극하는지, 그 결과로 사람들의 의식과 인식 그리고 행동이 근본적으로 어떻게 변화할 것인지 살피면서 대안을 모색한다.

하지만 실제 광고는 그 중간 어디쯤에 있거나, 양쪽 모두에 있을 듯하다. 광고에 대한 논의를 거칠게 둘로 나눴지만 실제 논의들이 (거친 두 분류에서 다시) 셀 수 없이 많은 세부 논의들로 쪼개진다 했을 때, 그것들은 광고라는 코끼리 앞에 모여서 각기 다른 부분을 접하고 전체 코끼리를 가늠하는 장님들의 이야기에 다름 아니다. 모든 이야기가 코끼리에 대한 것임에는 틀림 없으나, 그 어떤 것도 한 마리 코끼리의 전부를 담지는 못한다. 이 글 역시 크게 다르지 않다. 다만 이 글은 광고에 대한 맹목적인 긍정이나 일방적인 부정의 시각에서 벗어나, 광고에 대한 관점이 고정될 수 없음을 전제한다. 그것은 시대와 공간에 따라, 사회적·문화적·정치적 상황에 따라, 그리고 기술이나 미디어 환경 변화에 따라 언제든 모습을 달리할 수 있다.

그럼에도 최근 광고의 디지털화·융합화·온라인 및 모바일화·지능화가 가속화되는 상황에서 광고의 유동성과 혼종성, 그리고 거기서 오는 광고의 가치나 의미 변화에 대한 해석은 부족한 실정이다. 지금, 여기에서 광고를 어떻게 바라봐야 할지를 폭넓게 논의하는 것이 이 글의 목적이다. '분석 대상으로서의 광고'가 아닌 '광고 논의'를 논의하는 데 초점을 맞추는 셈이다. 이를 위해 먼저 그동안 광고가 어떤 관점에 의해 논의되어 왔는지, 그리고 그것이 지금 시점에서 어떤 변화의 기로에 서 있는지 살핀다. 다음으로 광고를 새롭게 바라볼 수 있는 지점들을 발견하고, 그것을 토대로 광고 논의가 나아갈 방향을 설정한다. 광고에 집중됐던 관점들을 이야기하고, 새로운 관점을 이야기하기 위한 단서를 미디어 현상들에서 찾고, 관점을 새롭게 구성하는 것이 이 글의 대강이다.

2. 광고를 바라보는 기존의 관점들

광고를 바라보는 관점은, 광고가 지닌 각기 다른 가치에 주목한다. 가치는 '대상이 인간과의 관계에 의하여 지니게 되는 중요성'을 의미한다(국립국어원). 그러므로 광고의 가치는 곧 '광고가 우리에게 있어 얼마나 중요한지'를 말해주는 것이라 하겠다. 광고가 우리에게 중요한 무언가라면, 아마도 그것이 다양한 미디어를 통해 전달된다는 사실과 관련되기 때문일 듯하다. 물론 모든 미디어의 광고가 유사한 가치를 갖는 것은 아니다. 미디어에 따라 다르게 접근 가능하다. 동일 내용의 광고도 그것이 어느 미디어를 통해 전달되느냐에 따라 다른 가치를 지니고 다르게 평가될 수 있다. 이는 광고가 무엇을 보여주느냐 못지않게 무엇을 통해 보여주느냐도 중요함을 의미한다.

광고의 가치는 가변적이고 유동적이다. 광고의 여러 가치에 주목하는 관점도 마찬가지다. 그리고 관점이 각기 다른 가치에 기반해 형성된다 해도, 하나의 가치에 주목함이 다른 가치의 배제를 뜻하지는 않는다. 이 때문에 광고에 대한 기존 관점들을 분류하는 일은 그 타당성을 확신하기 어렵고, 혼종적이거나 상대적인 관점을 함께 담아내지 못하는 우를 범할 수 있다. 그럼에도 이 글에서는 광고를 바라보는 관점을 거칠게나마 정리하려 한다. 명확히 광고의 편에 서 있는 광고계의 논의, 즉 광고 제작, 전략, 표현, 성과, 효과 등에 주목하는 논의는 중점적으로 다루지 않는다. 대신, 광고를 바라보는 사람들을 향해 있는 논의들을 살핀다. 이러한 관점의 논의는 크게 광고의 경제적 가치, 공익적·공공적 가치, 문화적 가치에 보다 주목하는 관점으로 분류 가능하다.

1) 경제적 가치에 (비판적으로) 주목하는 관점

광고의 성과와 효과에 집중하거나, 광고계 중심으로 이뤄지는 광고 전략·표현 논의를 제외하면, 대체로 광고가 지닌 경제적 가치에 주목하는 관점은 광고를 비판적 대상으로 바라본다. 세부 논의 방향은 달라도, 비판적 관점은 광고가 만들어지고 소비되는 특정 사회의 시·공간적 맥락에 주목한다. 그에 따르면 광고는 진공 상태에서 존재하는 것이 아니다. 한 사회의 정치적·경제적·문화적 맥락 속에서 존재하며, 맥락으로 인해 그 모습과 활동이 규정되는 사회적 산물이다. 따라서 자본주의 속 광고의 본질을 규명하고 광고가 개인과 사회에 미치는 영향력을 파악하는 작업은 무엇보다 먼저 광고를 둘러싼 환경과의 연결 속에서 이뤄져야 한다고 본다(목수현 등, 1993; Ewen, 1976/1998; Jhally, 1987/1996; Williamson, 1983/2007).

광고를 맥락적으로 이해하기 위해 먼저 규명할 부분은 광고의 형성 과정이다. 산업생산이 정착되고 생산력이 증가함에 따라 소비의 문제가 대두되었고, 문제를 해결하기 위해 광고가 전면에 부상했다(전기순, 2008). 광고가 사회에 제도로서 보급되고 정착한 데에는, 당연히 광고의 도입으로 이익을 얻기 바라는 의도가 자리한다. 대량생산이 발전하고 시장 개념이 자리잡으면서 광고는 새로운 사회질서를 만드는 주된 수단이 되었다. 광고는 상품 판매 촉진이라는 초기 목적을 넘어 자본주의하 노동자들의 힘을 약화시키기 위해 노동자들 생활 속으로 확장되어 소비주의라는 새로운 세계관을 심어놓았다. 직·간접적으로 광고(주)의 경제적 도움을 받는 문화활동들은 상업화되고, 소비주의 가치관이 진실된 것으로 전파되었으며, 광고가 제시하는 것을 얻기 위한 고된 과정은 은폐돼 왔다(Ewen, 1976/1998). 광고와 사회, 그리고 자본주의와의 관계를 역사적으로 고찰함으로써 광고의 신화가 허구이거나 특정 측면만을 지나치게 강조하고 있음을 드러내는 것이 경제적 가치 비판론의 시작점이다.

그렇게 형성된 광고의 구체적인 텍스트text를 분석하는 경향에도 주목할 필요가 있다. 구조주의, 정신분석학, 기호학 등을 동원해 브랜드/상품의 의미를 만들어내는 광고의 구조와 더불어 그 구조가 어떻게 상품으로 하여금 기호로서 의미를 갖게 만드는지 분석하는 것이 광고 텍스트 논의의 대강이다. 물론 텍스트 분석이 단순히 한두 텍스트가 갖는 의미만을 드러내는 데 그치는 것은 아니다. 광고의 구조들이 어떻게 수용자로 하여금 의미생성 과정에 자발적으로 개입하게 만드는지를 보여주고, 광고가 소비사회에서 어떻게 핵심적인 이데올로기적 기능을 하고 있는지를 비판하는 수준으로까지 나아간다. 그에 따르면 광고는 수용자에게 상품만을 파는 것이 아니다. 상품과 수용자가 교환될 수 있는 구조를 제공하고, 그 속으로 수용자를 끌어들인 다음, 우리 스스로 상품이 되도록 만든다(Williamson, 1983/2007). 수용자가 그 과정에서 벗어나기 위해서는 광고의 진정한 의미 교환 방식을 파악하고, 그에 대한 비판적 거리를 유지해야만 한다.

다른 한 편으로, 광고의 숨은 의미나 의도만이 아니라, 광고를 통해 발생하는 경제적 이익이나 효과를 긍정적이지 못한 것으로 보는 시선도 존재한다. 광고가 절대적으로 나쁜 것이라기보다는, 지나칠 경우 나타날 수 있는 여러 부작용들에 대한 우려를 표명한다. 지나친 광고가 콘텐츠를 상업화한다, 긍정적이지 못한 경쟁을 심화하거나 과대광고로 인해 제품/서비스 가격 상승을 초래한다, 그 내용이 시청자들의 물질만능주의를 조장하고 잘못된 소비관을 형성하며 과소비를 조장할 수 있다는 등의 비판이 그것이다(강신규, 2019). 이와 같은 논리는 광고의 형식과 내용에 대한 정부 차원의 규제의 근거로도 작동한다. 하지만 광고가 '지나치다'는 것은 상대적인 개념으로, 어디부터 어디까지가 지나친 것인지에 대한 기준이 명확하지 않다는 점에서 논란의 여지가 있다.

경제적 가치 비판론은 광고가 생산 체제로서 자본주의의 중심적 요소를 부각시킴에 주목하며, 광고가 수용자에게 상품에 대한 여러 정보를 전달함으로써 수용자로 하여금 (해당 정보에 입각한) 합리적인 판단을 하게 하고 결국 건전한 소비를 할 수 있게 만든다는 광고의 신화를 해체하고자 한다. 신화 해체를 통해 드러내고자 하는 것은 광고 텍스트의 숨은 의미, 그리고 광고의 욕망이 지닌 본질이다. 광고가 어떻게 만들어지고, 그 안에 어떤 의도가 자리하며, 그것을 수용자가 어떻게 받아들여야 할지를 제공해 준다는 점에서 상기 논의들은 비교적 오래 전부터 이루어져 왔음에도 현재적 의미를 갖는다. 하지만 이제 광고는 훨씬 더 다양한 채널을 통해 사람들에게 가시적으로 다가가고, 역으로 그 형식과 내용은 점점 교묘·은밀해지고 있다. 광고가 주어지는 것이 아니라 정치적·경제적·문화적 의도를 갖고 사람들에게 다가오는 것이라면, 그 의도 또한 갈수록 복잡다단해지고 있다. 경제적 가치 비판론도 그 변화에 따라 더 섬세해지고 확장될 필요가 있다.

2) 공익적·공공적 가치에 주목하는 관점

두 번째는 광고를 통해 '공익적·공공적 가치'를 실현할 수 있다는 관점으로, 주로 지상파 방송광고 논의 등에 적용되어 왔다. 이 때 광고의 공익적·공공적 가치는 (그것을 담는) 미디어의 공익적·공공적 역할에서 비롯된다. 방송의 경우 사회 전반에 시장주의 가치가 확산되는 상황에서 위축되는 공공 부문의 유지를 위해 방송에 책무성을 담보하여 그 존재의 정당성을 확보하려 한 것이라 볼 수 있다(오하영·강형철, 2015). (일견 방송에만 해당하는 듯하지만) 방송만이 아니라 포털을 비롯한 다른 여러 미디어·플랫폼에도 공익적·공공적 역할을 부여하려는 시도가 있어왔고, 그러한 시도가 앞으로 계속될 것이라는 점에서 공익성·공공성과 연관해 광고를 논의하는 일은 매우 중요하다.

그러나 미디어의 공익성·공공성이 구체적으로 무엇인지에 대한 사회 차원의 합의나 공감대는 마련되어 있지 않다. 그동안 우리 사회가 현상의 하나로 미디어를 바라보는 관점 차이에 따라 공익성·공공성을 다르게 규정해 왔기 때문이다(심영섭·허찬행·전기철·김선아, 2013). 공익성·공공성을 광고에 적용한다 해도 마찬가지다. 물론 그 전에 광고가 공익적·공공적일 수 있는지에 대한 질문을 던져볼 필요가 있다. 사실 공익광고가 아닌 이상 하나의 콘텐츠로서 광고 자체가 공익성·공공성을 지닌 영상물이라고는 보기 어렵다. 오히려 광고는 일부 공익적·공공적일 수 있는 콘텐츠들과 달리, 사적인 이익을 얻기 위해 광고주가 제작한 영상물로 간주된다(고민수, 2011). 다만 일반 콘텐츠 사이사이 혹은 안에 포함되는 광고를 해당 콘텐츠와 분리해 생각할 수 없으므로, 광고가 갖는 본질과 쓰임새를 구분해 공익적·공공적 성격을 논의할 수 있을 뿐이다(심영섭·허찬행·전기철·김선아, 2013).

광고주의 사적 이익을 위한 영상물이라 해도, 광고는 양질의 콘텐츠 제작을 위한 재원으로 기능하면서, 콘텐츠 이용에 대한 경제적 부담 경감을 통해 시청자 후생을 증대할 가능성을 갖는다. 콘텐츠 질 담보, 그리고 (지상파 방송 같은) 일부 미디어의 보편적 서비스 제공과 다양성 제고를 위해 적정 수준의 광고 매출 확보는 필수적이다. 이처럼 쓰임새를 고려했을 때, 광고는 미디어 산업 발전을 통해 사회 전반의 이익을 위한 재정적 기반이 된다는 점에서 공익적·공공적이다. 그 밖에도, 방송에 한한 이야기지만, 광고 결합판매 제도(지상파 방송사들이 광고를 구매할 때, 지역 방송사나 종교방송사의 광고도 반드시 함께 구매하도록 하는 제도)를 통해 중소방송사를 지원함으로써 지역성과 다양성 구현에 기여하기도 한다(강신규, 2019).

하지만 광고가 미디어의 공익성·공공성을 오히려 훼손하는 경우도 있다. 가령, 과도하거나 적절하지 못한 광고는 콘텐츠 수용 흐름을 끊고 수용자의 몰입을 방해한다. 콘텐츠를 만드는 입장에서도 광고에 대한 고려는 창작의 필수 요소임과 동시에 장애 요소로 기능할 수 있다(강신규, 2020). 저널리즘 차원에서는 광고주 편향도 문제다. 광고주 편향은 단순히 광고주를 칭찬하거나 미화하는 것뿐 아니라, 그들의 주장을 검증 없이 받아들이는 행위, 관련된 개인들을 신비화하는 행위 등을 포함한다. 고용주-노동자와 같은 집단이나 세력 간 갈등관계에서 경제·산업 성장이나 안정, 시민들의 불편을 내세우는 것도 광고주 편향의 결과가 될 수 있다(심석태 등, 2013).

광고의 공익적·공공적 관점은 경제적 가치 비판론이 비판하는 지점과 상반되는 것처럼 보이지만, 상보관계인 측면도 있다. 경제적 가치 비판론의 일종의 대안으로서 작동할 가능성을 지니기 때문이다. 그렇기에 중요한 것은 둘 중 어느 관점에 우선순위를 두느냐가 아니라, 어떻게 광고를 통해 사적 이익과 사회적 이익을 조화롭게 만들어갈지에 대해 고민하는 일이다. 다른 한편으로, 광고의 공익성·공공성 확보 혹은 제고는 당장 경제적 이익으로 환원되지 않는다 해도, 사회의 건강한 발전과 관련된 영역이면서 중·장기적으로는 미디어 산업 성장에도 기여할 수 있다. 따라서 공익성·공공성은 지금까지 그래왔듯 향후에도 변함없이 지속돼야 할 광고의 가치이면서, 광고가 존재해 왔고 존재해야 할 중요한 이유라 할 수 있다. 그리고 광고가 지닌 공익적·공공적 가치의 제고는 그것이 미디어 산업 발전과 수용자에게 기여하는 공적이익을 확대하고, 광고로 인해 발생하는 공익성·공공성 훼손 가능성을 축소 또는 차단함으로써도 달성 가능하다(박찬표, 2002).

3) 문화적 가치에 주목하는 관점

문화적 가치에 주목하는 시선은, 말 그대로 광고가 동시대 사회의 문화를 반영함에 관심을 갖는다. 그에 따르면 광고 안에는 지금 여기를 살아가는 사회구성원의 욕구, 신념, 규범, 행동양식 등이 담겨 있다(de Mooij, 2013; Hung, Tse, and Cheng, 2012). 그리고 동시에 광고는 그 사회의 문화에 영향을 미친다(Pollay, 1986; Schudson, 1984). 그래서 광고에는 사회구성원들이 무엇을 필요로 하는지, 무슨 생각을 하며 어떻게 살아가는지가 녹아들어 있다. 광고가 문화와 상호 연관되기에, 그것을 사람들의 일상과 가치관에 영향을 미치는 중요한 문화 구성체로 이해할 필요가 있다. 광고-문화 간 밀접성은 경제적 가치 비판론이 광고에 주목하는 이유와도 관련된다. 그리고 그렇게 광고가 광범위한 영향력을 펼칠 수 있는 것은, 의도적으로 설득성이 강하고, 다양한 매체를 통해 반복적으로 전달되며, 전문적으로 고안되기 때문이다(김민환·김광수·심재웅·장은영, 2001).

문화와의 관련성이 큰 만큼, 잘못 제작되거나 그릇된 메시지를 담은 광고는 동시대 문화에 좋지 않은 영향을 미친다. 가령, 인간의 존엄성과 생명을 경시하거나, 폭력·범죄·반사회적 행동을 조장하거나, 지나친 공포감이나 혐오감을 조성하거나, 선정적이거나, 특정 인종·계층·젠더를 비하하는 등의 내용을 포함하는 광고는 수용자의 윤리적 감정이나 정서를 해칠 우려가 있다. 이상적인 사회상·가족상·인간형 등에 대한 지나친 강조는 자칫 수용자의 바람직하지 못한 가치관 형성이나 문화 수준의 획일화로 이어질 수도 있다. 설득효과가 강한 만큼, 광고가 초래할 우려가 있는 문화적 역기능에 대해서도 관심을 갖고, 그것을 비판적으로 읽어내기 위한 능력을 길러야 하는 이유다(강신규, 2020).

이상에서 살펴본 세 관점들은 별개로 논의 가능하면서도 상호 배타적이지 않다. 광고가 서로 어울릴 것 같지 않은 경제적 가치와 공익적·공공적 가치 그리고 문화적 가치를 동시에 지니는 혼성적 존재이기 때문이다. 그리고 경제적 가치 비판론이 광고의 '의도 및 효과'와 관련된다면, 공익적·공공적 가치에 주목하는 논의는 '활용', 문화적 가치에 주목하는 논의는 '의미'와 더 관련된다. 모두가 관찰하고 측정하기 용이하지 않은 광고의 가치에 주목한다는 공통점도 있다. 사실 경제적 가치 '비판론'이라 언급했지만, 다른 두 논의가 비판적인 시선을 갖지 않는 것도 아니다. 하나의 논의가 다른 논의들에 비해 우선하지 않음은 물론이다. 모두가 서로에게 크고 작은 영향을 미치며, 문화적·사회적·정치적 상황에 따라 하나의 관점이 다른 관점보다 더(혹은 덜) 설득력을 갖는, 그리고 때로는 조금씩 때로는 많이 변화하는 것이 세 관점의 관계다.

3. 변화의 흐름들

1) 전통적 미디어 광고의 쇠락과 디지털 미디어 광고의 급성장

2016년 디지털 광고비(4조 1547억 원)는 그동안 전체 미디어 광고에서 가장 큰 비중을 차지해 왔던 방송 광고비(4조 1351억 원)를 처음으로 추월했다. 그리고 디지털 광고비 중에서도 모바일 광고비는 그 어떤 다른 유형의 광고비보다도 성장폭이 크다(과학기술정보통신부·한국방송광고진흥공사, 2022). 하지만 아직까지 모바일 단말 이용률이 TV 이용률을 넘어서지는 못하고 있다. 물론 TV 이용률은 조금씩 줄어들고 있고(2010년 99.6% → 2022년 88.2%), 모바일 이용률은 모바일 광고비가 그렇듯 꽤 큰 폭으로 증가 중이다(2010년 31.3% → 2022년 85.0%). 인터넷(모바일 + PC)의 경우는 2022년 85.0%로 TV 이용률과의 격차를 좁히고 있으며, 머지않아 TV 이용률을 따라잡을 것으로 보인다(한국언론진흥재단, 2022).

물론 전통적 미디어 광고와 디지털 미디어 광고를 경쟁 관계로만 바라볼 일은 아니다. 새로운 미디어를 위시한 광고의 등장이 언제나 기존 미디어 광고의 쇠락을 뜻하지도 않는다. 설사 그렇다 해도 그 현상이 계속된다고 장담할 수는 없다. 하나의 미디어는 다른 미디어들과 끊임없이 서로 영향을 주고받으며 변화한다. 기존 미디어도 자신의 입지를 높이거나 새로운 미디어의 입지를 낮추기 위해 지속적으로 노력한다. 미디어 광고시장도 마찬가지다. 가령, 미국 주요 지상파 방송사, 광고주, 미디어 기업들이 참여하는 연례행사인 '업프론츠UpFronts'에서는 최근 디지털 광고시장을 노리는 기존 미디어 진영의 반격 시도가 두드러진다. 기존 미디어 진영의 디지털 광고시장 침투는, 전통적 - 디지털 미디어 광고 간 경계를 약화시키고 기존 미디어의 방식으로 디지털 미디어 광고를 다루는 방식을 보여준다. 하지만 이에 질세라 업프론츠의 대항마이자 뉴미디어 사업자들의 광고계약 행사인 '뉴프론츠NewFronts'에서는 전통적 미디어 광고시장으로의 영역 확대를 꾀하는 시도들이 발견된다.

이러한 사례에서 볼 수 있듯, 기존 미디어와 뉴미디어 간 광고의 경계는 점점 희미해지는 추세다. 그리고 당연하게도, 광고주들은 둘이 가진 고유의 강점들을 모두 얻고자 한다. 전통적 미디어 광고는 해당 미디어와 콘텐츠의 신뢰도를 기반으로 브랜드 안정성을 보장하고, 전국 단위로 도달할 수 있으며, 시장 확대 및 시장 내 메가트렌드 형성이 용이하다. 디지털 광고의 경우 보다 정교한 타깃팅뿐 아니라, 이용자 간 커뮤니케이션이나 브랜드 커뮤니케이션과 같은 지속적인 관계 형성을 통한 브랜드 자산 축적이 가능하다. 광고주들은 각각이 지닌 강점들을 살리고 단점들을 최소화해, 광고비를 기존 미디어와 뉴미디어에 함께 혹은 효율적으로 나눠 집행하기도 한다. 이는 전통적 미디어의 생존을 통한 미디어 시장의 적정한 경쟁 상황 조성, 그리고 나아가 미디어와 광고 생태계의 지속가능성을 담보하는 일로 이어질 수 있다(권예지·강신규, 2019).

2) 양방향·맞춤형 광고로의 변화와 이용자 데이터 활용

TV·라디오 방송광고, 신문광고와 같은 전통적 광고는 일 대 다수 노출 중심으로, 대형 광고주 중심의 헤드head 시장을 형성했다. 하지만 인터넷이 보편화되면서 이용자 의사개입을 통한 검색 중심의 정보전달 광고가 빠르게 성장한다. 이는 기존의 매스mass형 광고에 비해 진입 장벽이 낮았으므로, 자연스럽게 중소광고주 중심의 롱테일long-tail(꼬리에 있는 틈새 상품이 중요해지는) 시장 형성으로 이어졌다. 최근의 광고는 디지털 미디어·플랫폼을 중심으로 이용자 의사개입 없이 능동적인 광고나 필요 정보를 제공한다. 정보전달뿐 아니라 직접 구매를 유도하는 광고도 많다. 이러한 광고시장은 중소광고주뿐 아니라 개인까지 포괄하는 롱테일드 마이크로long-tailed micro(롱테일과 동시에 세분화되는) 시장으로서의 특징을 가진다(이종관, 2011).

롱테일드 마이크로 광고의 핵심 전략은 이용자 '데이터'에 기반해 맞춤형 광고를 제공하는 것이다. 기술 기반의 롱테일드 마이크로 광고 플랫폼은 각종 추적기술을 활용해 이용자 데이터를 추출하고, 추출한 데이터를 광고 제작 및 운영 전반에 활용한다. 이용자 데이터 활용 광고는 대화(후기, 트윗, 공유, 댓글, UGC 등), 쇼핑(검색, 블로그, 위치 및 맥락정보 등), 이용(사물인터넷, 모바일, 블로그 등) 등의 이용자 행위 데이터를 브랜드 활동(광고/PR 메시지, 프로모션, 콘텐츠, 트리거 이벤트, 온라인 고객지원 및 접촉기록 등)과 연결함으로써, 보다 유의미한 브랜드 결과(관심 유발, 구매, 충성도 형성 및 제고, 고객 및 브랜드 자산 축적 등)를 발생시키고자 한다(Malthouse and Li, 2017).

데이터는 애드테크AdTech를 만나 강력한 힘을 얻었다. 애드테크는 광의로는 광고와 관련된 기술을 총칭하지만, 협의로 (일단은) 이용자 데이터에 기반해 구매 행태를 예측하고 실시간으로 최적의 대상자를 타깃팅하도록 하는 기술을 말한다. 이제 광고주들은 애드테크를 통해 디지털 미디어·플랫폼에서 자신들이 원하는 콘텐츠에 적절한 광고를 실시간으로 배치할 수 있게 되었다. 사물인터넷IoT, 인공지능AI , 가상현실VR·증강현실AR 등의 기술과 데이터의 연계도 이뤄지고 있다. 사물인터넷으로 세상의 모든 것이 연결되고 인공지능이 그것을 완전히 파악하는 세상. 영화 〈마이너리티 리포트Minority Report〉(2002)에 등장했던 것처럼, 광고가 개인의 신상을 완벽히 파악하고, 이용 데이터에 기반해 사람들에게 완벽하게 타깃팅된 홀로그램 광고를 보여줄 시대도 머지 않았다.

데이터가 차세대 기술 기반 광고를 대표하는 키워드임에는 틀림없으나, 그

데이터(data)

데이터는 새로운 광고기술의 일부이면서, 다른 기술들을 작동하게 하는 근간이 된다. 수많은 이용자들에 의해 발생하는 데이터는 광고 플랫폼과 서비스를 통해 저장·분석된다. 하지만 축적된 데이터는 그 자체로는 쓸모가 없고, 그 안에서 의미를 캐낼 때 쓸모가 발생한다. 누군가가 데이터를 분석해 사용하는 목적은 크게 세 가지로 구분된다. 첫째, 공익을 위해, 둘째, 경제적 이익 추구를 위해, 셋째, 국가/기관이나 권력에 의한 추적·감시를 위해. 대부분의 광고 플랫폼이나 서비스가 이용자 데이터를 분석해 사용하는 목적은 두 번째다. 이용자들의 욕구나 경향 변화를 포착해 적절한 상품이나 서비스를 준비하고 제공하기 위해 데이터를 분석하는 것이다(김상민, 2016).

데이터를 구분하는 방식은 굉장히 다양하고, 무엇을 기준으로 하느냐에 따라 합의되지 않은 다양한 유형이 존재하나, 크게 두 축으로 구분된다. 한 축은 '데이터 구조'에 따른 유형으로, 구조화된(정형) 데이터와 비구조화된(비정형) 데이터로 이뤄진다. 구조화된 데이터가 대체로 정량 데이터로, 변하지 않는 것들, 명확하게 정의되고 검색되고 분석돼 오던 것들이라면, 비구조화된 데이터는 대체로 정성 데이터로 분류되며 상황과 맥락에 따라 변하는 것들, 기존 도구와 방법을 통해 처리·분석되기 어려운 것들을 말한다. 다른 한 축은 '데이터 출처'에 따른 유형으로, 콘텐츠 차원과 이용/자 차원의 데이터로 이뤄진다. 두 축을 교차해 그 안에 포함되는 것들을 정리하면 아래 표와 같다.

데이터의 유형

구분		데이터 출처에 따른 유형	
		콘텐츠 데이터	이용자 데이터
데이터 구조에 따른 유형	구조화된 데이터	· 제목, 장르, 시놉시스, 등장인물 등 · 분위기, 유머코드 등	· 성별, 연령, 지역 등 · 신용, 건강, 교육수준 등
	비구조화된 데이터	· 회차별·시퀀스별·신별 줄거리, 배경, 등장인물 행동·발언 등	· 성격, 감정, 느낌, 생체리듬 등 · 이용시간·양·횟수, 이용 습관, 이용 행위(대화, 쇼핑 등) 등

*자료: 이광석(2020); Big Data Framework(2019.1.9); Welglarz(2004) 등을 참고해 재구성.

렇다고 만능은 아니다. 구조화된 이용자 데이터가 애초에 이용자가 지닌 정보라면, 비구조화된 이용자 데이터는 말 그대로 이용자들의 이용 흔적을 담은 디지털 발자국 같은 존재이다. 발자국을 모두 모았을 때 그 결과가 취향이나 소비 행위와 관련된다고 보는 것은 일정 부분 타당하다. 그러나 이용 흔적의 모음이 본질적으로 취향을 형성 혹은 설명한다거나 소비로 곧장 이어진다고 보긴 어렵다. 더욱이 이용자의 실제 이용 행위가 반영된 것이라고는 해도, 그 행위가 실제 이용자의 이용 동기에서 비롯된 것인지, 이용자가 이용을 하면서 어떤 생각과 느낌을 가졌는지, 그 이용이 이용자 일상에서 어떤 의미를 갖는지 등에 대해 데이터는 설명해 주지 못한다. 결국, 새로운 광고가 활용하는 데이터는 이용자의 이용 행위를 통해 긁어모아 설득 메시지로 어떻게든 연결할 수 있는(물론 연결 못할 수도 있는) 자원일 뿐, 실제로 항상 '구매 행태를 예측'하거나 '최적의' 대상자를 타깃팅 가능하게 만들어준다고는 보기 어렵다.

프라이버시 이슈도 고려해야 한다. 데이터가 새로운 자원으로 광고(그리고 나아가 미디어) 시장에 기여한다는 생각은, 종종 그 데이터가 많은 개인들의 사적 정보로 구성돼 있다는 사실을 잊게 만든다. 디지털 미디어·플랫폼 사업자들도 이용자에게 맞춤형 콘텐츠나 광고 서비스를 제공한다는 명목하에 데이터를 수집하는데, 이는 여러 문제를 야기할 수 있다. 가령, 일부 업체들이 익명화된 데이터를 활용해 프라이버시 문제가 없거나 적다고들 이야기하지만, 알고리즘이나 기술 향상으로 익명화된 데이터를 다시 식별 가능한 것으로 바꾸는 일이 가능하다. 그리고 설사 익명화된 정보라 해도, 다른 데이터들을 통해 개인을 식별할 가능성도 있다. 이렇듯 데이터와 프라이버시 사이의 문제는 공동체적 가치와 경제적 가치 사이의 갈등, 나아가 공동체적 가치와 보안 가치 사이의 갈등과도 관련된다(김상민, 2016).

3) 콘텐츠의 광고화

새로운 미디어 환경의 도래와 함께 광고들은 전통적 의미에서 벗어나 콘텐츠와의 경계를 허물고 있다. 대표적인 예가 '브랜디드 콘텐츠branded contents'다. 기존 광고처럼 브랜드가 원하는 설득적 메시지를 전달하는 것이 아니라, 콘텐츠에 브랜드를 담아낸다. OTT 및 소셜 네트워크 서비스의 (라이브 스트리밍을 포함한) 동영상 기능 확대, 1인 창작자의 스타화·대형화, 모바일을 통한 짧은 동영상의 생산·소비 증가 등이 브랜디드 콘텐츠의 성장을 가속화하고 있다(최세정, 2018). (무형의) 콘텐츠에서 파생된 (유형의) 상품을 판매로 직결시키는 '미디어 커머스media commerce'도 화두다. 미디어 커머스는 미디어의 다양한 요소들을 커머스로 연계하는 모든 활동으로, M-커머스, T-커머스, V-커머스, 콘텐츠 커머스, 라이브 커머스, 소셜 미디어 커머스 등을 포함한다. 콘텐츠 안과 밖 광고, 콘텐츠 속 상품에 대한 홈쇼핑 채널 판매 등을 통해 콘텐츠 기획 단계에서부터 제작 이후까지 커머스에 대한 고려가 이루어지는 것이 미디어 커머스다. 수용자들이 가능한 한 광고를 피하려 하는 상황에서, 미디어·콘텐츠 제작자들은 수용자들로 하여금 콘텐츠와의 경계를 사라지게(혹은 모호하게) 함으로써 광고를 보게 할 방법을 꾸준히 모색해 왔는데, 그 최신판이 브랜디드 콘텐츠와 미디어 커머스다.

콘텐츠와의 경계를 허물면서 광고를 사라지게 만드는 경향이 나타나고 있다면, 실제로 눈 앞에서 광고가 안 보이게끔 하는 경향도 존재한다. 미디어 플랫폼의 '구독' 이야기다. 일정 금액을 지불하면 광고 없이 서비스를 이용하고 콘텐츠를 볼 수 있다. 유튜브처럼 광고 모델과 구독 모델을 동시에 지니는 서비스가 있는가 하면, 넷플릭스Netflix와 같이 구독 모델만을 지원하는 서비스도 있다. 이용자들은 조금 더 많은 비용을 냄으로써 광고를 눈 앞에서 말 그대로 치울 수 있고, 이제 광고는 경영학자 갤로웨이(Galloway, 2019.11.17)가 자신의 트위터에 썼듯, "가난한 사람들과 기술적으로 문맹인 사람들이 내는 세금 Advertising is a tax the poor and the technologically illiterate pay"이 되고 있는 것처럼 보인다.

하지만 구독을 통해 콘텐츠를 보면 정말 광고가 사라질까? 브랜디드 콘텐츠나 미디어 커머스화의 주된 효과는 미디어를 통해 전달되는 모든 것을 광고로 만들 수 있다는 데 있다. 지식재산권intellectual property: IP 에 기반한 다양한 연계 상품이나 브랜드가 이미 콘텐츠에 절묘하게 녹아들어 있다. 콘텐츠 외부의 콘텐츠로서 광고는 구독을 함으로써 나타나지 않게 할 수 있지만, (콘텐츠를 보기로 마음 먹는 순간) 이미 콘텐츠 내부에 스며든 광고로부터는 벗어날 수 없다. 콘텐츠 내 광고는 그것이 간접광고나 가상광고처럼 가시적인 것을 제외하면 드러나지 않는다는 점에서, 그리고 구독 등을 통해 광고를 걷어냈다고 생각하는 무방비 상태의 사람들에게 큰 방해없이 손쉽게 다가갈 수 있다는 점에서 가시적 광고보다 훨씬 문제적이다. 사람들이 광고 없는 서비스를 구독하는 순간, 진짜 광고의 순간이 펼쳐진다. 명시적 광고를 보지 않는다고 생각함으로써 진정한 광고의 세계로 진입한다.

광고와 콘텐츠 간 경계가 사라지는 상황에서, 이제 광고는 특정 미디어를 통해 수용자에게 다가가는 구체적인 대상만을 의미하지 않는다. 눈에 보이지 않는 광고라는 현상 자체가 우리에게 스며든다. 그리고 우리는 광고를 인식하지 못하게 된다. 콘텐츠의 광고화로 광고 아닌 콘텐츠를 찾기가 어려워진다. 과거 우리가 광고와 함께with 살았다면, 이제 우리는 광고 속에서in 산다. 광고화는 광고와 함께 살던 시대에서 광고 속에 사는 시대로 바뀌는 과정 한복판에 자리한다. 이러한 광고화의 확산은 광고가 우리의 미디어/콘텐츠 이용에 영향을 미치는 중요한 하나의 틀 혹은 방식이 됨을 나타난다. 광고의 영향력이 점증하는 현실에서 광고가 갖는 의미도 이전과는 달라질 수밖에 없다. 광고가 미디어/콘텐츠에 관여하고, 광고에 따라 미디어/콘텐츠의 입지와 구조가 재편되기도 하며, 광고가 연결하는 미디어/콘텐츠 환경이 우리 주변에 형성된다. 광고를 넘어서는 광고의 시대가 오는 것이다(강신규, 2019).

4. 광고를 바라보는 관점의 재구성

광고가 처한 환경 변화는 자연스럽게 광고를 바라보는 관점의 변화를 요청한다. 앞서 광고의 어떤 가치에 주목해 광고를 바라봐왔는지, 그리고 광고와 광고를 둘러싼 요소들이 어떻게 변화해 왔는지 살폈다면, 이제부터는 그것을 어떻게 바라봐야 할지에 대해 논의하고자 한다. 이는 앞서 다소 개별적으로 나열했던 내용들을 연결하고, 둘이 만날 수 있는 지점을 모색하는 일이기도 하다. 그렇다면 광고를 어떻게 바라봐야 할지를 논의하는 데 있어, 어떤 부분들을 고려할 수 있을까.

첫째, 광고를 구체적 대상이 아닌 하나의 현상으로 인식하면서, 그 현상을 구체적이고 가시적인 수준으로 논의할 수 있어야 한다. 이를 위해서는 광고의 재개념화 혹은 개념 확장이 필수적이다. 광고 개념을 새롭게 하거나 확장하는 첫 단계로는, 현재 광고가 담기는 전에 없던 미디어들의 재해석을 통한 수용 혹은 이식이 꼽힌다. 기존 광고를 단순히 새로운 미디어로 옮기자는 이야기가 아니다. 새로운 미디어의 논리와 형식에 맞게 변화시켜야 한다는 것이다. 기존의 광고 개념이 새로운 미디어와 함께 등장하는 현상으로서의 광고를 담아낼 수 없다면, 역으로 신규 미디어의 새로운 속성을 포함함으로써 광고 개념을 확장할 수도 있다. 앞서 언급한 디지털 미디어 광고의 약진, 양방향·맞춤형 광고로의 변화와 이용자 데이터 활용, 콘텐츠의 광고화 등을 고려한다면, 이제 광고는 예전처럼 미디어 단위로 나뉘지 않으며, 그 자체로 플랫폼이자 콘텐츠고, 정보이자 데이터 덩어리다. 그 모든 것을 고려하면서, 각 위상에 대한 다양하면서도 지속적인 이론적·방법론적 접근이 이뤄져야 한다.

둘째, 경제적 가치 확대의 필요성에 대한 인식이 요청된다. 경제적 가치와 공익적·공공적 가치는 상보관계에 있는 것임을 앞서 논의했다. 경제적 가치의 확대가 곧 공익적·공공적 가치의 하락이나 축소를 의미하는 것은 아니다. 물론 경제적 가치 확대에 있어 지나친 상업화 추구와 공익적·공공적 관점 도외시에 대한 경계 등이 전제될 필요는 있다. 하지만 경제적 차원의 문제를 고려 않음으로 인해 미디어의 안정적 재원 확보가 어렵다면, 이는 공익성·공공성하락의 원인으로 작용할 수 있다. 다른 재원 투입이 현실적으로 어려운 상황이라면, 더더욱 광고의 중요성, 그리고 광고 확대를 위한/통한 양질의 콘텐츠 확보에 둔감해져서는 안 된다. 경쟁에 맞는 비용효율성에도 신경을 써야 한다. 투자비용과 콘텐츠의 인기가 항상 비례하는 것은 아니나, 대체로 같이 가는 경향이 있다. 제작비가 많이 들면서도 인기 많은 콘텐츠 제작은 미디어가 주력해야 할 대표적인 일이다.

투자를 통해 콘텐츠의 질 제고와 인기 확보에 주력하고, 확보된 인기를 바탕으로 광고를 늘리고, 늘어난 광고로 획득한 재원을 다시 콘텐츠에 투자하는, 선순환 구조를 마련해야 한다. 요컨대 미디어는 오락성을 추구할 필요가 있다. 문제가 되는 것은 비정보적 콘텐츠가 아니라, 비합리적이고 재미가 없는 콘텐츠다. 양질의 오락 콘텐츠를 합리적인 비용으로 보다 많은 사람들에게 제공하는 일은 미디어 공통의 중요한 목표 가운데 하나이자, 미디어의 경제적 가치가 공익적·공공적 가치로 확장되는 시작점이기도 하다.

셋째, 수용자 지향이다. 여기서의 '지향'이란 광고 '소비자로서 수용자'에 대한 이해를 높이는 일과는 다른 차원의 것으로, 수용자 입장에서 광고를 어떻게 생각해야 하는지, 광고의 가치와 환경 변화를 어떻게 수용자들에게 인식시킬지 등에 대해 고려해야 함을 가리킨다. 다시 말해 소비자에서 수용자로, 나아가 수용자에서 공중으로의 인식 전환을 위한 노력이 요구된다. 기존의 광고가 어떤 콘텐츠에 광고를 붙일 것인가를 중심으로 집행됐다면, 앞으로는 어떤 수용자가 콘텐츠를 어떻게 받아들이는지를 중심으로 집행되어야 한다.

다른 한편으로, 광고가 지닌 개별 가치들에 대해, 또 그것들의 상호 연관 관계에 대해 수용자에게 알리는 일도 중요하다. 이는 광고의 가치에 대한 사회의 공통된 이해를 도출하는 첫걸음이면서, 광고시장을 활성화하고 콘텐츠 제작을 위한 재원을 마련하여 수용자에게 양질의 콘텐츠를 제공한다는 광고 진흥 논리의 (타당성이 아닌) 효용성을 확보하는 일과도 관련된다. 논리상에는 존재해도, 실천에는 존재하지 않았던 수용자를 실천적 차원으로 끌어올려 구체적 대상으로 인식해야 한다. 상상된 이용자가 아닌, 실제 이용자에 주목해야 한다. 다른 무엇보다 수용자에 대한 지향은 공익성·공공성을 경유해 사회적 가치 확대로 향하는 길이기도 하다(강신규, 2019). 그 연장선상에서 새로운 광고에 대한 수용자 차원의 리터러시 향상 논의도 지속돼야 한다. 그들이 보는 광고이고, 또 광고와 관련된 각종 데이터가 그들의 것이며, 광고가 그들만을 향하기 때문이다.

5. 광고의 미래와 우리의 준비

미디어 산업 내 구독경제의 영향력 점증 속에서도 여전히 광고는 파워풀하다. 디지털 기술을 내재화해 양방향·맞춤형으로 형질을 바꾸는가 하면, 어드레서블 TV 광고나 메타버스 광고처럼 새로운 유형을 만들어내기도 한다. 전통적 광고가 쇠퇴함에도 디지털 광고의 약진으로 광고의 전체 규모는 꾸준히 성장 중이다. 광고의 가시성이 확대되는 가운데, 다른 한 편에서는 광고의 사라짐도 목격된다. 이제 광고는 콘텐츠 사이에 끼어드는 별도의 콘텐츠만을 의미하지 않으며, 콘텐츠와의 경계를 허물고 그 속에 자연스럽게 녹아든다.

광고의 외적 팽창과 내적 교묘화·은밀화가 동시에 가속화되는 상황에서, 역동적으로 변화하는 광고를 붙들어 살피기 위한 상상력과 전망이 요구되는 시점이다. 그동안 광고를 바라보는 사람들을 향해 있는 논의들은 (가시적이라고까지는 할 수 없겠지만, 그리고 그것이 눈에 보이지 않는 구조와 신화 등의 영역까지 아우름에도) 비교적 구체적인 대상으로서의 광고에 주목해 왔다. 그렇기에 이미 이뤄진 일, 다시 말해 주변에서 발견된 징후를 토대로 논의가 이뤄져온 감이 있다. 물론 존재와 진행의 논리 자체가 고정되지 않은 광고의 징후를 살피는 일도 만만치는 않다. 감수성과 관찰력, 분석력이 상당히 필요한 일일 터다. 하지만 광고의 변화는 이제 눈으로 쫓을 수 없을 만큼 빠르고, 그것이 우리 사회와 일상에 미치는 영향 또한 갈수록 커지고 있다. 그렇기에 앞으로 필요한 광고 논의의 역할은 (이미 시작된 것은 물론이고) 아직 존재하지 않는 것, 아직 존재하지 않지만 앞으로 존재할 수 있는 가능성을 찾는 것일 필요가 있다.

1 어디서부터 어디까지가 '지나친' 광고일까. 경제적 가치 비판론뿐 아니라 공익적·
  공공적 가치론을 동원해 토론해 보자.
2 양방향·맞춤형 광고가 야기할 수 있는 문제점으로 교재에서 다룬 가짜 취향 형성,
  프라이버시 문제 외에 어떤 것들이 있을까.
3 구독형 미디어 플랫폼 서비스가 보여주는 비가시적 광고의 사례를 찾고, 그것이 플
  랫폼의 비즈니스 모델 진화와, 그리고 이용자들의 광고에 대한 인식 형성에 어떤 영
  향을 미치는지 살펴보자.
4 아직 존재하지 않지만 존재할 가능성을 찾기 위한 상상력을 동원해 현상으로서의
  광고를 어떻게 구체화·가시화할지, 그것을 위해 필요한 것은 무엇인지 종합적으로
  정리해 보자.

더 읽어 볼 책

광고와 대중소비문화 스튜어트 유엔 지음, 최현철 옮김, 1998, 나남

  자본주의 사회에서 광고의 본질이 무엇이며, 이들이 수행하는 역할이 무엇인가를
  비판적인 관점에서 조명한다. 산업화 과정에서 생산력 증가에 따라 소비의 문제가
  대두되는 과정에서 광고가 어떻게 등장했는지, 새로운 사회질서를 만드는 데 광고
  가 어떻게 활용되었는지, 그 결과 대중소비문화가 어떻게 형성되었는지를 깊이 있
  게 분석한다.

광고의 기호학: 광고 읽기, 그 의미와 이데올로기 주디스 윌리암슨 지음, 박정순 옮김, 2007, 커
뮤니케이션북스

  오늘날 대표적인 기호로서 광고가 사회 체계의 일부로서 사회를 반영하며, 신화와
  이데올로기를 끊임없이 재생산하고 있음을 분석한다. 소쉬르, 레비-스트로스, 마르
  크스, 알튀세르 등의 사상이 갖는 구조주의적 아이디어와, 프로이드 및 라캉의 정신
  분석학적 아이디어가 광고의 기호학적 분석 과정에서 어떻게 연결될 수 있는지를
  보여준다. 광고 비판론과 함께, 기호학적 분석의 정석을 보여주는 책이라고도 할 수
  있다.

광고비평의 이해 김영찬 지음, 2004, 한울아카데미

광고를 단순히 소비자에게 일정 영향을 미치는 마케팅의 핵심 도구로 보는 대신, 정치적·사회적·이데올로기적 함의가 있는 문화적 텍스트이자 실천으로 파악한다. 책은 크게 세 부분으로 구성된다. 제1부에서는 광고비평의 당위성 및 가능성에 대한 논의를 시작으로 광고비평에 동원되는 질적 연구방법들에 대해 고찰하고, 광고비평이 이론적·방법론적으로 기대 온 문화연구의 지형도 내에 광고비평을 위치시킨다. 제2부에는 이론과 방법론의 측면에서 기호학적 접근방법을 적용한 글들이 수록돼 있다. 제3부에서는 기호학이 아닌 다른 연구방법을 동원해 광고비평의 새로운 지평을 열어가는 여러 시도들을 보여준다.

14

영상미디어 콘텐츠

현황과 쟁점

MEDIACOMMUNICATION

영상미디어 콘텐츠 산업은 디지털 혁신과 글로벌 교류 확대의 영향을 많이 받고 있는, 빠른 변화를 경험하고 있는 미디어 분야 중 하나다. 전통적으로 영화와 방송 산업으로 구분되어 각자 고유의 영역을 발전시켜 온 영상미디어 콘텐츠 산업은 디지털 스크린을 통한 영상 소비의 확대와 인터넷 연결을 통한 영상 유통의 확대 속에서 분야 간 경계가 약화되며 융합되고 있다. 산업적으로는 영상 한류의 확산 속에서 시장의 확대를 경험하고 있으며, 문화적으로도 다양한 개인 창작자의 성장은 물론 영상 콘텐츠 이용의 글로벌 확대에 따른 갈등 등 쟁점들이 부상하고 있는 영역이다.

이 글에서는 기존의 영상미디어 콘텐츠의 핵심 영역으로서 영화, 방송, 그리고 새롭게 부상하는 온라인 영상미디어가 디지털-온라인 기술에 의해 재구성되는 현황을 크게 1인미디어 중심의 변화와 OTT 중심의 변화로 나누어 정리하고, 각각의 변화로 인해 나타나는 쟁점들을 비판적으로 검토하고자 한다.

1. 영상미디어 콘텐츠 생태계의 재구성을 어떻게 볼 것인가

영상미디어 콘텐츠 산업은 디지털 혁신과 온라인 커뮤니케이션의 발전 속에서 크게 변화하고 있는 영역 중 하나다. 디지털 스크린 중심의 미디어 소비가 확대되면서 온라인 동영상 서비스가 성장하고 있고, 전통적인 영화와 방송의 경계는 점차 약화되고 있다. 코로나19 판데믹은 극장 중심의 영상 소비 문화에 균열을 가져왔고, OTT 서비스의 약진은 영화와 방송영상 소비의 시간적 경계를 흐리게 하고 있다.

미디어 양식modality의 측면에서 영상, 특히 동영상은 시각과 청각이 결합된 복합 감각을 요구하는 핵심 미디어로서 오랜 기간 발전해 왔으며, 개별 미디어 산업별 구분 속에서 나름의 영역 들을 형성해 왔다. 그동안의 미디어 연구 영역에서 영상에 대한 논의의 지형은 기본적으로 이러한 구분의 틀 속에서 산업 지형의 개별적 특성에 대한 논의들로 분화하여 진행되어 왔다.

미디어의 통합이 확대될수록, 개별 미디어의 차이보다 콘텐츠 자체가 만들어내는 변화의 영향력이 확대된다. 영화의 수용자나 방송의 수용자나 모두 디지털 스크린 앞에 앉아서 같은 기기로 영상을 소비한다. 대신 디지털 스크린은 거실의 대형 TV스크린과 PC-태블릿의 중간 규모 스크린, 그리고 스마트폰 등 모바일 스크린으로 분화하고 있으며, 이들은 생활 시간 속에서 자신의 위치를 잡고 있다(그림 14-1 참조).

또 하나의 큰 변화는 영상의 전달 방식이 온라인 통신망을 통한 스트리밍으로 수렴되고 있다는 점이다. 스트리밍 방식으로 전달되는 영상은 과거의 전달 방식과 비교하여 보다 폭넓은 동시 확산과 지리적 접속의 확대를 가져온다.

그림 14-1 영상미디어 콘텐츠의 재묶음화

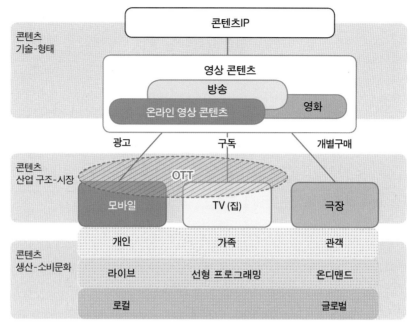

자료: 이상규·이성민(2020), 『콘텐츠 산업 트렌드 2025』, 한국문화관광연구원.

국경의 경계는 온라인 세계 속에서 과거보다 손쉽게 흐려질 수 있다. 국경의 경계를 넘은 영상이 늘어날수록, 우리의 미디어스케이프mediascape, 즉 시청각 적 풍경을 구성하는 '이국적' 요소들이 범람하게 되고, 이는 우리의 정체성을 재구성하는 중요한 동력이 된다.

영상 한류라 할 수 있는 한국의 영상 콘텐츠의 글로벌 확산은 이러한 글로 벌 미디어스케이프의 변동 속에서 나타나는 하나의 사례라고 할 수 있다. 분 명 문화산업 분야의 압축 성장의 과정 속에서 축적된 역량과 산업적 성숙이 만 들어낸 우수한 작품이 전 세계인의 취향을 충족시킨 측면이 있으나, 온라인 주 도의 미디어스케이프 변동이 가능하게 한 취향의 유동성이 이러한 변화의 저 변에 깔린 요인이었음도 부인할 수 없다. 영상 한류는 오히려 앞으로 벌어질,

글로벌 미디어스케이프 변동의 하나의 방향성을 선제적으로 보여주는 징후에 가깝다.

이 글은 영상 산업, 그리고 문화와 관련해서 우리가 주목해야 할 핵심적인 변화의 성격을 이해하기 위해, 기존에 존재하던 영상의 지형을 개괄하고, 그 변화의 핵심 요인들을 살펴보고, 그 변화가 만들어낸 특징들 속에서 앞으로의 영상 산업과 문화의 변동에 대한 각자의 관점을 만들 수 있는 기회를 마련하는 것을 목표로 하고 있다. 미디어와 사회의 관계를 일별하는 큰 틀의 작업 안에서, 영상 산업과 문화 전반을 총체적으로 이해하기 위한 기본적인 논의를 제시하고, 이에 대해 함께 고민할 내용 들을 검토하고자 한다.

2. 영상미디어 콘텐츠의 현황과 특성:
방송, 영화, 온라인 영상을 중심으로

한국 영상미디어 콘텐츠의 지형은 전통적으로 방송과 영화를 중심이 형성되어 있다. 온라인 기반의 디지털 영상 콘텐츠 창작이 활성화 되면서 온라인 영상도 중요한 분야로 성장하기 시작했다. 특히 온라인 기반의 OTT 서비스의 성장은 기존의 방송과 영화 시장의 경계를 뒤흔들며, 온라인 영상의 위치를 재조정하는 동력으로 작용하고 있다.

1) 방송

한국의 방송은 라디오에서 시작해서 텔레비전으로 확장하고, 케이블TV와 IPTV의 출범 등 전송 수단의 변화 속에서 다채널화라는 변화를 겪으며 현재에 이르고 있다. 한국 방송 미디어에서 영상의 시작은 1957년 HLKZ-TV가 등장한 것을 출발점으로 삼을 수 있다. 이후 1961년 국영방송 KBS TV가 출범하면서 본격적인 텔레비전 시대를 준비하기 시작했다. 지상파, 즉 전파를 전달 수단으로 삼는 텔레비전 방송은 1964년 TBC TV의 개국, 1969년 MBC TV의 개국을 통해 3사 경쟁 환경이 마련되며 본격적으로 성장하기 시작했으며, 1980년대 언론통폐합 과정에서 공영방송 중심의 재편이 나타났다가, 1990년대에 들어서면서 다시 민영방송이 출범하며 공·민영 경쟁기가 시작되었다.

이후 종합유선방송의 출범은 영상의 전달 수단이 전파가 아닌 유선 통신망을 통하는 방식으로의 변화를 가져오며, 기존의 지상파 방송사 중심의 과점화된 채널을 확장하는 다채널 시대를 열어주었다. 또 2009년 IPTV가 출범하면서 디지털 온라인 기반의 방송 및 VOD 소비가 확대될 수 있는 미디어 환경이 마련되었다.

한국 방송의 특징 중 하나는 공공성이라고 하는 이념이 한축으로 자리 잡아 왔다는 점일 것이다. 공영방송이 오랫동안 방송 산업의 중심을 차지해 오면서, 방송의 공익적 역할도 중요한 정책 이념으로서 존재했다. 상업방송으로서 민영방송이 출범하고, 유료방송을 통해 다채널화가 이루어졌음에도, 방송은 공적 책무를 갖는 미디어로서 사회적으로 인식되어 왔다.

현재까지도 공영방송은 한국의 방송 시장의 특징을 규정하는 중요한 제도라고 할 수 있다. 수신료를 기반으로 운영되는 KBS뿐 아니라, 상업 활동을 통해 재원을 확보하지만 운영에 있어서의 공영성을 준수하는 MBC, 교육 전문 공영방송인 EBS에 이르는 다수의 공영방송이 현재 중요한 방송콘텐츠의 주체로서 자리 잡고 있는 것이다.

방송영상 콘텐츠의 상업적 가치와 시장성에 대한 인식은 1995년 다채널화가 이루어진 이후에 점진적으로 확대되어 왔다. 방송영상 콘텐츠의 상업적 성과가 확장되면서, 방송사들은 기업으로서 성장의 기회를 맞이했다. 유료방송 시장이 개화했음에도, 방송영상 콘텐츠의 영향력은 오랫동안 지상파 사업자에게 집중되어 있었다. 2000년대의 다수의 뉴미디어 방송 플랫폼(DMB, 위성방송, IPTV 등)이 등장할 때마다, 지상파 사업자들의 콘텐츠를 재송신하는 이슈는 해당 플랫폼의 경쟁력을 좌지우지할 정도의 중요한 요소로 인식되었다.

방송영상 콘텐츠에 대한 주목이 증가하고, 해외 판매의 성과들이 높아지면서, 방송 콘텐츠의 상업적 가치에 대한 인식은 더욱 확대되었다. 드라마 한류는 시장성을 가진 문화상품으로서 방송 콘텐츠의 가치를 보여주는 대표적인 사례다. 〈겨울연가〉와 〈대장금〉은 2000년대 초반 한류를 대표하는 작품들이다. 이들의 성과를 시작으로 방송콘텐츠의 시장성에 주목하고, 이 규모를 확장하며 사업적 성취를 확대해나가려는 시도들이 본격화되었다.

방송의 시장성이 확인되면서, 유료방송 사업자의 약진도 나타나기 시작했다. TVN으로 대표되는 CJENM 계열의 방송채널들이 젊은 층의 관심을 받기 시작하고, 2009년 종합편성채널이 출범하면서 보다 상업화된 방송 영상 시장의 경쟁이 확대되었다. 다양한 채널들의 경쟁 속에서 유료방송 및 종합편성 채널에서도 의미 있는 성과를 거두는 작품들의 제작이 확대되기 시작했고, 지상파 중심의 방송의 영향력 구조 역시 변화하기 시작했다.

방송 콘텐츠 산업의 성장은 콘텐츠 제작비용의 증가를 가져오기 시작했다. 가장 중요한 영향을 준 변화는 한류를 통한 해외 판매 수익에 대한 기대였다. 한국 내수 시장만을 고려한 콘텐츠 제작 규모는 PPL을 포함한 국내 광고 시장에 의해 그 규모가 제한될 수밖에 없었다. 특히 한국은 비디오, VOD와 같은 2차 판권 시장이 오랫동안 충분한 규모로 자리 잡지 못했기 때문에 이러한 광고 비즈니스 중심의 수익 구조가 지속되었다.

2000년대 이후에 해외 판매의 증가, 그리고 2010년대 이후 VOD 등 2차 판권 시장의 성장을 계기로 한국 방송영상 콘텐츠는 점차 그 제작 규모를 확대할 수 있었다. 해외 판매를 염두에 둔 대형 콘텐츠의 기획이 2010년대 이후 성공을 거두면서 한국은 일상적으로 소비되는 적은 제작비 중심의 드라마뿐 아니라, 보다 큰 규모의 콘텐츠를 생산할 수 있는 기반을 구축하기 시작했다.

중국 시장은 특히 2010년대 초반의 방송영상 산업 성장에 있어서 중요한 역할을 했다. 〈별에서 온 그대〉가 중국에서 큰 성공을 거두면서 콘텐츠 판매의 확대와 중국 자본의 국내 콘텐츠 투자 확대, 관광과 연계된 다양한 비즈니스 확장의 가능성이 함께 열리기 시작했다. 한국 예능 콘텐츠에 대한 수요가 늘어나면서 콘텐츠 직접 수출뿐 아니라 포맷 수출은 물론 플라잉 PD란 형태로 현지 제작 역량을 높여주는 형태의 협력 역시 강화되었다. 중국에서의 방송 한류는 한국의 방송 산업의 도약을 위한 중요한 변화였다.

다만 사드 배치 이후 한한령이 심화되는 과정에서 이러한 중국 중심의 콘텐츠 해외 진출 시도에 큰 제약이 나타나기 시작했다. 중국 시장을 염두에 두고 기획되었던 다양한 콘텐츠들이 어려움을 겪었다. 이미 대형화된 콘텐츠 기획을 국내 시장만으로 소화화기엔 한계가 있었고, 타 지역의 판매 실적은 빠른 경제 성장을 이어온 중국을 대체하기엔 충분하지 않았던 것이다.

이를 해결해 준 것이 바로 OTT 서비스인 넷플릭스의 역할이었다. 넷플릭스의 국내 영상 콘텐츠에 대한 투자와 수급 확대는 대형화된 국내 방송영상 제작이 지속될 수 있는 새로운 해외 시장으로서의 기회를 가져다주었다. 다만, 넷플릭스가 오리지널 콘텐츠를 직접 제작 유통하는 주체로서 자리 잡기 시작하면서, 전통적인 방송 산업 중심의 영상 산업에 온라인 미디어의 영향력이 확대되는 변화가 가속화되기 시작했다. 또한 글로벌 플랫폼 서비스가 국내 제작 콘텐츠의 IPIntellectual Property, 지식재산권 를 독점하는 계약이 늘어나면서, 콘텐츠IP 유출 우려와 제작 기반의 지속가능성 확보에 대한 고민도 본격화되었다.

2) 영화

한국의 영상 콘텐츠에서 가장 오랜 역사를 이어오고 있는 것은 바로 영화이다. 한국 영화는 식민지 시기의 무성 영화 제작이 시작되는 등 초기 영화 산업의 성장 과정을 이미 경험한 세대들이 존재했다. 본격적인 영화 시장의 형성은 1950년대 후반 이후 한국전쟁의 피해를 복구하고 경제 성장을 시작하며, 도시화가 확대되기 시작하면서부터였다.

1960년대는 한국 영화 산업이 본격적인 대중매체로서 부상하는 중요한 시기였다. 산업화를 통한 경제의 성장과 도시로의 본격적인 이주는 도시의 대중문화로서 극장 중심의 영화 소비를 확대하는 중요한 계기가 되었다. 영화의 대중적 인기가 높아지면서 감독과 배우 등의 인기가 높아졌고, 지금까지도 인정받는 유의미한 작품들이 등장할 수 있었다. 1960년대 한국 영화 산업의 성장은 영상 콘텐츠 분야의 역량을 축적하는 출발점이었다는 점에서 주목할 만한 부분이다.

1970년대와 1980년대는 한국 영화에 있어서는 어려운 시기였다. 권위주의 정부하에서 검열 등 표현의 자유의 제약이 지속되면서, 한국 영화를 외면하는 관객이 늘어나기 시작했다. 한국 영화의 경쟁력이 약화되는 가운데 할리우드 영화의 영향력은 국내에서 크게 늘어나기 시작했다. 이러한 국내 경쟁력의 약화는 이후 영화 시장에 대한 개방 요구가 늘어나는 과정에서 해외 사업자에 의한 국내 시장 종속에 대한 우려를 높이는 배경 중 하나였다.

1990년대는 한국 영화의 중요한 도약의 시기였다. 경제성장을 통해 형성된 광범위한 중산층의 소비 여력을 바탕으로, 새로운 창작의 시도들이 본격화되며 한국 영화 산업의 도약을 일으키는 기반이 되었다. 비디오 산업의 성장 속과 유료방송 다채널 시대의 개막은 2차판권 시장의 형성에 대한 기대를 불러일으키며 영상 산업에 대한 투자를 확대시키는 계기가 되었다. 새로운 창작자들이 영화 산업에 진출하기 시작하며 영화 시장은 성장의 기회를 맞이하기 시작했다. 영화 시장 개방에 대한 압박이 높아지는 가운데, 이를 경쟁력 강화의 계기로 삼으려는 정책적 노력이 나타났고, 이는 영화진흥기금과 영화진흥위원회와 같은 정책 기반의 형성으로 이어졌다.

2000년대 멀티플렉스의 도입과 대기업의 영화 시장 진출은 산업의 지형을 급격히 변화시켰다. 극장 산업은 멀티플렉스 체인을 중심으로 과점화되기 시작했고, 늘어난 스크린은 한국형 블록버스터 전략과 와이드릴리즈 전략을 가능하게 하는 기반이 되었다. 영화의 관객이 늘어나면서 한국 영화는 새로운 흥행의 기록들을 세워가기 시작했다. 천만 관객의 기록은 상징적으로 한국 영화 시장의 규모를 보여주는 변화였다. 한국은 세계에서 가장 자주 극장에 가는 관객의 힘을 토대로 세계 6위 규모의 영화 시장으로 성장했다.

2010년대 이후 한국 영화의 블록버스터 전략이 확대되면서 CG/VFX의 활용이 늘어나기 시작한 것도 중요한 변화였다. 무엇보다 CG기업들은 중국의 영화 시장 성장을 계기로 관련 프로젝트 수주를 확대하며 성장의 기회를 맞이했다. 이는 한국 영화의 해외 서비스 수출이 늘어나는 중요한 계기가 되었을 뿐 아니라, 국내 영상 산업의 '표현의 범위'를 확장하는 중요한 계기가 되었다. 특히 이들 CG/VFX기업이 해외 수주 중심의 사업구조의 불안정성을 극복하기 위해 자체 IP 확보 노력을 이어가면서, 〈신과함께〉와 같은 웹툰 기반 영상화가 확대되는 중요한 분기점을 마련했다.

TV VOD 시장의 성장도 2010년대 이후 중요한 변화 중 하나였다. 국내 영화 시장에서 극장 관객 수는 포화에 달했고, 정체된 성장을 극복하기 위한 수단으로서 4DX, 아이맥스 등 특수관 매출의 확대와 함께 새로운 가능성을 보여준 것이 TV VOD 시장의 성장이었다. 극장에서 VOD로의 2차판권 확장에 있어서 철저한 홀드백을 유지하던 해외 시장과 달리, 한국에서는 TV VOD를 통한 프리미엄 VOD 매출의 확대를 위해 그 시기가 1달 수준으로 앞당겨져 있었다. 주로 TV와 연결되어 있는 유료방송 플랫폼을 통한 영화 판매는 영화 산업의 매출 확대를 위한 중요한 부분의 하나로 성장하고 있었다. 이러한 VOD를 통한 영화소비는 OTT 중심의 영상 소비의 습관을 미리 준비하는 과정이기도 했다.

영화 산업에서의 중요한 변곡점은 코로나19의 확산과 함께 나타났다. 사회적 거리두기로 인해 극장 방문이 극도로 제한되면서, 극장 중심의 영화 산업의 구조에 균열이 나타나기 시작했다. 온라인 플랫폼을 통한 영화 개봉이 확대되면서, 기존에 TV VOD를 통해서 보였던 영화 소비 습관의 변화가 보다 전면화될 수 있는 환경이 마련된 것이다. 이후 극장에서 볼만한 영화의 특수관 중심의 소비를 통한 극대화된 영상 경험의 확대로 이어졌고, 극장에서 볼 영화와 TV로 소비할 수 있는 영화를 구분하며 선택하는 새로운 관객의 움직임이 나타나고 있다.

OTT를 통한 영상 공급이 늘어나면서 영화의 정의에 대한 새로운 고민도 시작되고 있다. 전통적으로 극장에서 상영되는 것을 전제로 한 영상에 영화란 개념을 부여해 왔으나, 다수의 영화 감독들이 OTT로 진출해서 드라마를 제작하기 시작하면서 이러한 인식에 균열이 나타나기 시작한 것이다. 온라인 기반의 영화 소비가 늘어나는 상황에서 극장 중심으로 오랫동안 유지되어 왔던 영화 생태계의 변화를 어떻게 바라볼 것인지는 앞으로도 중요한 논의의 주제가될 것이다.

3) 온라인 영상

인터넷의 성장은 기존의 방송과 영화가 중심이 되던 한국의 영상 콘텐츠 산업에 중요한 변화를 가져왔다. 디지털미디어의 발전은 영상 제작 기술의 대중화를 가능하게 했다. 영상 제작 및 편집을 위한 장비는 고가의 전문 장비 중심에서 보다 대중화된 촬영 장비와 소프트웨어화되는 편집 기술의 확산으로 이어졌다. 여기에 더하여 온라인 동영상 공유를 가능하게 하는 서비스들의 성장은 영상 제작과 유통의 주체를 확장시키는 중요한 기반이 되었다.

초기 온라인 영상의 성장을 주도한 것은 아마추어 창작자들이었다. 기존 주류 미디어에서 영상을 선보일 기회를 갖지 못했던 새로운 창작자들이 온라인 플랫폼을 기반으로 새롭게 성장하기 시작했다. 영상 유통을 위해서 초고속 인터넷망이 필요하다는 점에서 한국은 온라인 영상 유통에서 사실상 선발 주자의 역할을 했다. 아프리카TV와 같은 스트리밍 서비스는 초기 온라인 영상 산업을 이끄는 중요한 시작점이었다. 특히 별풍선과 같은 수익 모델의 도입은 초기 스트리머의 정착에 중요한 역할을 했다. 다만 이러한 온라인 방송 시장의 확대되고, 무엇보다 주류로 성장하기 까지는 더 오랜 시간이 필요했다.

온라인을 통한 VOD의 소비는 2000년대에는 주로 불법화된 방식이 주류를 이루었다. 온라인 콘텐츠를 유료로 소비하는 문화는 2010년대 중반 이후에 본격화 되었고 그 이전까지는 의미 있는 수익을 거둘 수 있는 공간으로 인식되지 못했기 때문에 이 분야에서 전문적인 별도의 창작 주체가 성장하긴 어려웠다. 이런 점에서 온라인 부문은 기존의 영화와 방송 영상 콘텐츠의 후속적 유통이 이루어지는 시장으로 인식되고 있었다.

이러한 흐름에 변화를 가져온 것은 유튜브의 성장이었다. 기존에 UCC란 이름으로 주목을 받은 온라인 영상의 제작과 유통은 유튜브의 성장과 함께 보다 대중화되었다. 유튜브의 성장에는 초고속 모바일 인터넷의 성장을 통한 소비 기반의 확대, 스마트폰의 확산에 따른 영상 제작 수단의 보편화, 온라인 미디어 성장에 따른 광고 시장의 이동이 가져온 새로운 수익화 기회의 확대가 맞물린 결과였다. 유튜브는 크리에이터에게 광고 수익을 공유하는 방식으로 플랫폼에 참여하는 이들이 지속적인 활동을 이어갈 수 있는 기반을 마련해 주었다. 온라인 영상이 수익화로 이어질 수 있는 기반이 마련되면서, 온라인 영역에서 활동하는 독자적인 콘텐츠 창작의 주체들이 등장하고 성장할 수 있게 되었다.

온라인 영상 콘텐츠의 독자적 성장은 이 분야의 창작자들의 분화로 이어졌다. 기존의 아프리카TV 등 스트리밍 미디어를 기반으로 성장한 라이브 방송 중심의 스트리머와, 편집된 영상 업로드를 통해 수용자를 만나는 크리에이터로의 분화가 대표적이다. 온라인 영상 콘텐츠는 상호교류가 가능한 인터넷 환경의 특징을 반영하여 적극적인 수용자의 참여가 활성화되는 것을 특징으로 하고 있으며, 주로 스트리머 들은 이러한 수용자 반응을 적극적인 콘텐츠 요소로 활용하며 영상 콘텐츠에서 수용자의 위치를 변화시키기 시작했다.

유튜브를 비롯한 온라인 영상 콘텐츠의 성장이 확대되면서, 보다 전문적인 창작의 주체들이 온라인 영상에 참여하기 시작했다. 기존의 방송사업자들이 디지털 스튜디오의 형태로 온라인 플랫폼 전용 영상들을 제작하기 시작했고, 온라인 유통을 전제로 하는 신규 디지털 스튜디오들이 스타트업으로서 등장해서 성장하기 시작했다.

특히 '숏폼'이라는 형태의 영상 소비에 대한 관심이 높아지면서, 콘텐츠의 장르 역시 보다 확대되기 시작했다. 웹드라마, 웹예능과 같이 기존의 온라인 영상에선 시도되지 못했던 장르들이 보다 짧은 형태로 보다 적극적인 마케팅과의 연계 등을 통해 수익 모델을 확보해 나가면서 자리를 잡기 시작했다. 웹드라마와 웹예능은 기존에 점차 대형화되어 신규 창작자가 기회를 갖기 어려웠던 방송 중심의 영상 시장에 새로운 창작자의 혁신적인 시도들이 활발하게 나타날 수 있는 기회를 마련하기 시작했다. 무엇보다 전문화된 제작자들이 온라인 시장에 참여하기 시작하면서, 온라인 영상은 방송-영화의 부차적인 부문이 아닌, 가장 많은 사람이 적극적으로 소비하는 중요한 시장으로서 자리 잡기 시작했다.

이러한 변화에 기름을 부은 것은 바로 OTT로 불리는 온라인 기반의 영상 서비스의 성장이었다. 온라인 구독 기반의 영상 서비스들이 성장하면서, 영상 소비의 중요한 전달 수단으로서 인터넷의 중요성은 보다 높아지기 시작했다. 무엇보다, 이들이 기존이 방송과 영화의 전문적인 콘텐츠를 유통하는 것이 그치지 않고, 스스로 온라인 오리지널 콘텐츠의 제작의 주체로 나서기 시작하면서 기존의 영화-방송-온라인 영상의 경계가 약화되기 시작했다.

4) 소결

지금까지 한국 영상 콘텐츠 시장의 가장 중요한 영역이라 할 수 있는 방송, 영화, 온라인 영상의 지형을 역사적 흐름에 따라 개괄적으로 살펴보았다. 이 과정에서 온라인 미디어가 영상 콘텐츠의 핵심적인 위치를 차지하고 있으며, 영화-방송-온라인의 경계가 점차 흐려지고, 융합적인 영상 콘텐츠 산업의 지형이 형성되고 있음을 확인할 수 있었다.

다음으로는 이렇게 변화한 산업의 지형을 '미디어'의 변화와 '콘텐츠'의 변화로 나누어 각각 살펴보고자 한다.

3. 영상 '미디어'의 새로운 지형

1) 온라인화: 온라인 유통 중심의 산업 재구성

영상 콘텐츠의 전달 수단인 미디어 지형의 변화에서 중요한 것은 온라인이 전달 수단으로서 핵심적인 위치를 차지하기 시작했다는 점이다. 이러한 융합은 기존에 영화-방송의 형태로 미디어 별로 구분되어 있던 영상 산업의 지형을 '빅스크린' 지향의 대형 콘텐츠를 소비할 수 있는 플랫폼의 성장과, 숏폼으로 대표되는 보다 새로운 유형의 콘텐츠 생산-소비 문화의 확산으로 나누어 살펴볼 수 있다.

(1) 빅스크린 지향의 롱폼 시장의 융합

먼저 빅 스크린 지향의 롱폼 시장의 융합과 성장을 살펴볼 수 있다. 온라인 동영상서비스OTT의 성장은 기존에 영화와 방송으로 구분되어 있던 빅스크린 중심의 영상 소비의 창구를 온라인을 중심으로 집중화시키고 있다. 특히 코로나19의 확산으로 인해 극장 관객이 줄어들면서, 가정의 디지털 스크린 중심의 영상 소비의 습관이 보다 확대될 수 있는 기회가 마련되었다. 위드코로나 시대의 개막과 함께 영화 시장의 회복이 기대되고 있고, 극장의 압도적인 시각 경험을 기대하는 사람들이 여전히 존재한다는 점에서 극장 산업 자체의 약화를 논하기엔 다소 이를 수도 있다. 그럼에도 한국 영화 시장은 이미 관객 수 규모에 있어서 세계 1위 수준의 연간 4.3회 관람 습관을 가진 관객을 토대로 시장 확대에 포화를 맞이하고 있고, 점차 특수관 매출과 부가수익 중심의 접근을 통해 대안적인 수익화를 고민하고 있는 상황이었다. 이런 점을 고려할 때, 집에서 소비할 수 있는 수준의 영화와 극장에서 특수관 매출을 일으키며 관람할 수 있는 블록버스터 작품과의 간극은 점차 벌어질 수 있는 환경이 마련되고 있는 것이다.

TV 스크린의 대형화와 스마트화도 이러한 변화의 중요한 변수라고 할 수 있다. 가정 내 TV의 주요 스크린 크기가 55인치 이상으로 대형화되는 경향이 나타나고 있으며, 이들은 온라인 직접 연결이 가능한 스마트 TV형태를 갖추기 시작했다. 기존에 온라인 연결을 위해 별도의 셋톱이 필요했던 환경에서 직접 연결이 가능해지면서 TV앞의 '관문'의 역할을 했던 IPTV 등 유료방송 플랫폼의 위치에 대한 고민이 시작되고 있는 것이다. 이러한 변화를 대표적으로 보여주는 것이 삼성과 LG 등 주요 텔레비전 제조사가 제공하고 있는 광고 기반의 무료 영상 서비스인 FASTFree Adsupported Television의 성장이다. FAST 서비스는 글로벌 시장에서 점차 성장세를 보이고 있으며, 유료 구독 중심의 시장 확대의 제약을 넘어설 수 있는 광고 플랫폼으로서의 강점을 내세워 새로운 이용자 확대의 기회를 바라보고 있다. 온라인에 직접 연결된 디지털 빅스크린이 가내에 위치하게 되면서, 롱폼 영상 소비의 핵심 기반이 점차 통합되고 그 시각적 경험의 크기도 확대되고 있는 것이다.

(2) 숏폼 영상의 성장과 플랫폼 경쟁

스마트폰과 모바일 초고속 인터넷이 열어준 숏폼 영상 시장의 성장은 영상 산업의 근간을 바닥에서부터 변화시키고 있다. 앞서 빅스크린 지향의 롱폼 콘텐츠가 기존의 방송영상 및 영화 제작-배급 사업자들이 중심이 되는 다소 전통적인 주체들의 대응의 영역이라면, 모바일 미디어 중심의 숏폼 영상 시장은 아마추어 사업자들로부터 다양한 콘텐츠 제작 주체가 보다 다양한 장르를 두고 실험과 경쟁을 벌이는 용광로 같은 영역으로 변화하고 있다.

1인미디어로 불리우던 크리에이터 시장은 점차 조직화된 스타트업과 스튜디오 중심으로 성장하고 있고, 이들은 유튜브 등의 광고 수익을 기초로 하되, 구독자 확보를 바탕으로 적극적인 팬덤과의 소통을 통한 IP비즈니스로의 확장을 시도하고 있다. 주로 키즈 콘텐츠 크리에이터 분야에서 이러한 IP비즈니스의 확장이 두드러지게 나타나고 있는데, 대표적인 사례로 〈흔한남매〉를 들 수 있다. 지상파 방송의 개그맨 출신의 크리에이터가 유튜브에서 큰 인기를 얻으며, 이들의 캐릭터를 IP로 확장한 콘텐츠와 상품들이 광범위한 인기를 얻으며 수익화에 성공하고 있는 것이다.

이러한 비즈니스적 지속가능성의 확보는 기존에 없던 새로운 영상 제작의 활성화를 가능하게 했다. 콘텐츠의 장르도 전통적인 서사극과 예능 등의 기준을 벗어나서 교육, 브이로그, ASMR 등 다양한 장르적 실험이 나타나기 시작했다.

모바일 영상 소비의 확대와 더불어 다양한 창작 주체의 성장은 플랫폼의 분화와 경쟁의 확대로도 이어지고 있다. 숏폼 영상 플랫폼인 틱톡의 성장이 대표적이다. 틱톡은 누구나 쉽게 짧은 영상을 제작할 수 있는 크리에이터 툴을 제공하는 방식으로 새로운 젊은 창작자들의 바이럴 공간으로서 확고한 위치를 차지하기 시작했다.

크리에이터가 중심이 되고 팬덤의 힘이 중요해지면서, 이들을 규합하는 미디어의 역량이 엔터테인먼트 영역을 넘어서 커머스와 마케팅 등 다양한 산업과 이종 결합하는 현상이 확대된 것도 이러한 숏폼 플랫폼의 성장의 중요한 배경으로 자리 잡고 있다.

(3) 온라인 영상의 확장과 플랫폼의 분화

플랫폼의 분화에서 눈여겨볼 대상 중 라이브 스트리밍 플랫폼과 공연 영상 플랫폼도 함께 살펴볼 필요가 있다.

코로나19의 확산은 비대면 공연이라는 새로운 시장을 열어주었고, 기존에 오프라인에서만 제공되던 공연 부문에 영상화 중심의 새로운 소비문화를 가능하게 했다. 이러한 공연 영상을 팬덤 규합의 중요한 계기로 생각했던 기업들은 이를 일종의 팬덤 플랫폼으로 확장하기 시작했다. 기존의 아이돌 중심으로 성장하던 브이라이브와 같은 엔터테인먼트 특화 영상 플랫폼이 공연 영상 소비 등 팬덤 활동의 전체 흐름을 포괄하는 서비스로 확장하게 되는 변화가 나타난 것이다.

이러한 팬덤 플랫폼의 성장과 공연의 영상화는 기존에 오프라인 영역으로 분화되어 있던 음악 산업과 영상 산업의 연계를 보다 강화하는 흐름으로 이어지고 있다. 이미 음악 산업에서 유튜브 등 영상의 활용은 활발하게 벌어지고 있었던 상황에서, 이를 보다 팬덤을 중심으로 특화해서 제공할 수 있는 서비스의 분화를 통해 해당 영역의 전문화가 나타나고 있는 것이다.

또다른 분화의 양상은 '라이브' 서비스에서 확인할 수 있다. 1인 크리에이터 중심의 영상 콘텐츠는 편집된 영상을 제공하며 광고 기반의 비즈니스를 전개하는 유튜브 방식의 콘텐츠 비즈니스뿐 아니라, 한국에선 아프리카TV, 미국에선 트위치로 대표되는 '스트리머'들의 '후원' 기반의 플랫폼의 확장으로 나타나고 있는 것이다.

이러한 변화는 온라인 기반의 영상 플랫폼이 스트리밍 방식으로 수렴하되, 다양한 제공 형식과 수익 모델 등을 바탕으로 분화(노창희, 2020)하는 양상으로 지속될 것이라 예상할 수 있다. 디지털이 가진 융합적 특성은 스트리밍 중심으로 수렴된 영상미디어에 팬덤의 단위와 필요에 따라 보다 전문화되고 분화될 수 있는 기반을 마련해 주고 있다.

2) 글로벌화: 유튜브, 넷플릭스 등 글로벌 플랫폼의 성장

영상미디어의 지형에서 중요하게 바라보아야 할 것은 바로 이들 플랫폼의 국경의 경계가 점점 더 흐려지고 있다는 점이다. 유튜브와 넷플릭스는 글로벌 미디어스케이프(아르준 아파두라이, 1995)의 지형을 변화시키는 가장 강력한 플랫폼으로 손꼽을 수 있다. 여기에 더하여 틱톡은, 앞서 두 플랫폼이 넘보지 못했던 중국 시장을 포함한 글로벌 서비스가 가능한 플랫폼이란 점에서 진정한 글로벌 미디어스케이프의 확장의 사례라고 볼 수 있을 것이다.

글로벌 미디어 플랫폼의 확장을 '미디어스케이프' 개념과 연결시키는 이유는 이러한 지형의 변화가 결국 새로운 콘텐츠 취향과 문화적 정체성을 가진 세대의 등장을 예비할 수 있는 기반이 되기 때문이다. 국경을 넘나드는 것이 쉬워진 온라인 환경에서, 이들 미디어는 다양한 국가의 창작자들로부터 콘텐츠를 '소싱sourcing'할 수 있는 역량을 토대로 스스로의 경쟁력을 확장하고 있다. 넷플릭스는 대표적으로 로컬의 제작 역량에 적극적으로 투자하며 자신의 약점인 오리지널 IP 확보의 기회를 갖고자 노력하고 있다. 이러한 글로벌 기업으로서의 현지화 노력과 IP 확보 노력의 결합은 기존엔 불가능했던 지역적 문화의 영상화와 글로벌 유통을 가능하게 하는 동력으로 작용하고 있다.

유튜브는 1인 크리에이터를 포함하는 다양한 지역의 창작자와 팬덤이 서로의 반응과 참여를 콘텐츠화 해서 공유할 수 있는 플랫폼으로서도 중요한 역할을 하고 있다. 다수의 국가들에서 나타나는 '리액션 비디오'와 같은 유형은 콘텐츠가 국경을 넘었을 때 나타날 수 있는 다양한 문화적 반응을 확인하고 대응할 수 있게 만드는 기반이 되고 있다.

이러한 미디어 플랫폼의 글로벌화는 근본적으로 영상 콘텐츠의 생산과 소비의 맥락을 바꾸고 있다는 점에서 여러 생각할 거리를 던져주고 있다. 기존의 영상미디어 이론에서 논의되던 문화제국주의의 논의와 글로벌 미디어 종속의 이론 틀을 적용하기에는, 이들이 활용하는 글로컬라이제이션 전략이 갖는 이중성을 파악하는 데 한계가 있다. 이런 점에서 지금의 '영상 한류'와 관련된 논의의 지형을 검토하는 것은 새로운 미디어 환경하에서의 비판적 접근의 의제를 정교화하는 데 있어서 중요한 역할을 할 수 있다.

분명한 것은, 글로벌 미디어 플랫폼들이 과거보다 훨씬 더 가깝게 사람들과 '직접적인' 관계를 맺기 시작했다는 점이다. 디즈니플러스의 '사업부'의 명칭은 바로 글로벌/DTCDirect to Consumer를 표방하고 있다. 넷플릭스 역시 글로벌 미디어 이용자에게 '직접' 연결된 대표적인 TC 영상 플랫폼이다. 과거에 배급사나 로컬의 영상 서비스를 경유해서 접해야 했던 글로벌 팬덤과 영상 콘텐츠가 직접적으로 연결되고 있고, 팬덤 활동의 데이터 역시 이러한 DTC 플랫폼을 통해 실시간으로 축적되고 공유될 수 있는 환경이 마련되고 있다. 문제는 이러한 '글로벌 DTC' 플랫폼은 여전히 서구 빅테크 기업을 중심으로 그 영향력이 유지되고 있다는 점이다. 글로벌 플랫폼은 다양한 지역과 국가의 문화를 접할 기회를 높여주고 있지만, 이러한 연결에 있어서의 의존도 역시 높이고 있다는 이중성을 갖는다.

4. 영상 '콘텐츠'의 새로운 지형

영상미디어의 지형 변화는 콘텐츠의 변화 역시 확대하고 있다. 콘텐츠의 변화는 크게 나누어 콘텐츠 IP를 중심으로 하는 변화와, 한류로 대표되는 글로벌 콘텐츠 생산-소비의 변화로 나누어 살펴볼 수 있다.

1) 콘텐츠 IP 중심의 변화

디지털미디어 환경의 변화가 가져온 영상 콘텐츠의 가장 큰 변화는 바로 '콘텐츠 IP' 개념의 부상이라 할 수 있다. 콘텐츠 IP란 원천 콘텐츠를 기반으로 다양한 장르 확장과 부가사업을 가능하게 하는 일련의 지식재산권 포트폴리오라고 정의할 수 있다(이성민·이윤경, 2016). 이러한 콘텐츠 IP는 디지털 구독 확대에 따른 '접촉' 중심의 콘텐츠 활용 확대와 콘텐츠 소비 주기의 연장에 따른 콘텐츠의 서비스화 현상에 의해 가속화되고 있다.

먼저 접촉 중심의 콘텐츠 소비는 기존에 상품 단위로 구매되던 불확실성이 높은 정보재로서 콘텐츠의 속성을 구독 서비스의 라이브러리 구성과 적극적인 '접촉'의 확대라는 현상을 가져오고 있다. 과거와 같은 콘텐츠 소비가 구매와 비구매의 1과 0의 관계라면, 이제는 일단 이슈가 되면 접촉해서 소비하다 도중에 중단하는 이탈의 현상이 확대되고 있는 것이다. 도중에 이탈하더라도, 일단 접촉이 나타나면 이는 콘텐츠에 대한 관심의 지수로 반영되며 이들 콘텐츠의 확장을 돕는 동력으로 작용한다. 이러한 구독 서비스는 콘텐츠 탐색의 비용을 낮추는 측면이 있으나, 선택에 대한 부담으로 인해 끊임없이 보다 안전한 선택으로 회귀하려는 압력을 제공하며, 이는 라이브러리의 검증된 '구작' 소비의 경향을 불러일으킨다. 이런 점에서 콘텐츠 IP의 부상은 보다 중장기적인 콘텐츠 라이브러리의 가치를 사업자들이 인식하게 만드는 계기를 마련하고 있으며, 콘텐츠는 늘 '시의성'의 문제와의 싸움에서, 과거의 작품들과 작품 소비의 맥락들 속에서의 경쟁이란 보다 복합적인 환경에 놓이게 된 것이다.

또한 이러한 라이브러리화는 기존 아카이브를 활용한 새로운 다큐멘터리 등 콘텐츠 유형의 확장으로도 이어지고 있다. 기존 영상자료를 확보할 수 있는 레거시 미디어의 강점이 발휘될 수 있는 지점이 바로 이런 아카이브의 측면이란 점에서, OTT 중심의 환경 변화 속에서 활로를 모색하던 사업자들에게 보다 많은 관심을 불러일으키고 있는 것이다.

다음으로 콘텐츠 IP 변화의 중요한 맥락 중 하나는 콘텐츠가 문화상품에서 '서비스'로 변화하고 있다는 점이다. 기존의 콘텐츠는 반복 소비가 제한되는 정보재로서 문화상품의 속성을 드러냈다. 그러나 디지털미디어 시대의 콘텐츠는 '끝나지 않는' '엔딩 없는' 작품들이 공존하는 상황에 접어들고 있다. 이를 먼저 보여준 것은 게임 산업이었다. 1998년에 시작된 리니지가 20주년을 넘어서 여전히 가장 강력한 IP로 자리 잡고 있는 상황은 단순한 구작 소비의 수준을 넘어서서 장기간 서비스 되는 콘텐츠의 가치를 인식하는 계기를 마련하고 있는 것이다.

영상 콘텐츠에서도 다양한 프랜차이즈를 통한 IP 생명력의 연장 시도는 과거부터 지속되어 왔다. 그러나 주로 한국의 맥락에서는 이러한 프랜차이즈화의 시도는 콘텐츠 IP 비즈니스의 확장과 더불어 본격화되는 상황이라 할 수 있다. 이러한 변화는 완결의 패러다임에서 연계의 패러다임으로의 변화(한국문화관광연구원, 2016)으로 통칭할 수 있는 것이다. 미디어 간 연계를 이어가며 콘텐츠 IP의 다양한 측면을 발굴하고 확장하며 팬덤과 지속적인 관계를 발전시키는 것이 콘텐츠 비즈니스의 핵심 역량으로 자리 잡기 시작하면서, 콘텐츠 산업은 점점 더 중장기 팬덤 연계가 중심이 되는 서비스적인 성격을 강화해 나가고 있다.

콘텐츠 IP가 다양한 산업으로의 확장성을 보여준다는 점 역시 '서비스'로서

그림 14-2 완결 패러다임에서 연계 패러다임으로의 변화

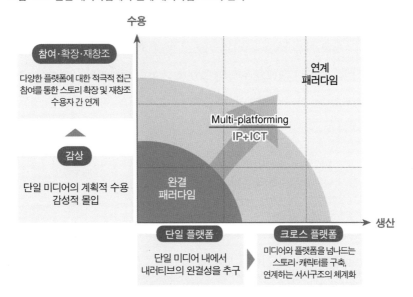

자료: 한국문화관광연구원(2016).

의 성격을 강화하는 동력이라 할 수 있다. 성공한 IP는 이제 일반적인 '브랜드'와 근본에서 큰 차이가 없는 역할을 담당한다. 콘텐츠 IP가 다양한 기업의 상품들과 협력을 통해 팬덤을 확장하며 가치를 창출하는 사례는 이제 손쉽게 발견할 수 있다.

이러한 콘텐츠 IP 활용의 확장은 영상 콘텐츠 산업의 가치사슬 변화로도 이어지고 있다. 가장 두드러지게 나타나고 있는 분야는 웹소설과 웹툰과 같은 원천 IP 확보가 중심이 되는 인수합병과 수직계열화 경향이다. 영상화의 시각 요소 반영이 확장되는 가운데, 투자를 정당화할 수 있는 팬덤이 확보된 원천 IP의 가치는 보다 높게 평가받고 있다. 또한 디지털미디어하에서 연계된 팬덤의 소비는 하나의 IP를 다양한 방식으로 경험하고 싶은 욕망으로 발전하고 있다.

웹툰과 웹소설 분야에 경쟁력을 가진 네이버, 카카오와 같은 IT기업이 영상화가 가능한 제작사를 인수하거나 신설하는 등 수직적 계열화를 강화하고 있는 현상도 주목할 만한 변화다. 이는 기존의 영상 콘텐츠 산업의 핵심 주체였던 방송과 영화 중심의 생태계가 국내 플랫폼 기업의 영향력과 결합되는 변화를 가져오고 있다. 이러한 변화는 중장기적으로 산업의 지형에 많은 영향을 가져올 것이다.

2) 글로벌 미디어스케이프의 변화와 한류

디지털 온라인 기술이 바꾸어 놓은 영상 콘텐츠 산업의 융합과 변화는 특히 글로벌 미디어스케이프의 지형의 변화로 이어지고 있다. 글로벌 DTCDirect to Consumer 전략을 가능하게 하는 온라인 영상 서비스OTT의 확장은 전 세계에 다양한 국가의 콘텐츠를 공급하는 새로운 영상 소비의 환경을 마련하고 있는 것이다.

넷플릭스와 같은 글로벌 텔레비전의 성장은 이러한 미디어스케이프의 변동을 가속화하는 주요한 요인이라 할 수 있다. 자체 IP가 상대적으로 부족했던 넷플릭스는 미국 중심의 콘텐츠 제작과 IP 확보의 한계를 극복하면서 진출 국가들에서의 현지화 전략을 연계하는 방식으로 현지 콘텐츠의 제작에 집중 투자해 왔다. 이러한 '오리지널' 콘텐츠의 제작은 지속적인 실험과 확장 속에서 해당 국가뿐 아니라 주변 지역으로의 파급이 가능한 권역별 콘텐츠 장르의 리더십을 갖는 분야들에 보다 집중적인 투자가 나타나는 과정으로 이어졌다.

한국은 이러한 넷플릭스의 집중 투자의 대상으로서 아시아 권역에서 높은 파급력을 갖는 드라마가 선택되었고, 이는 한국 드라마 산업의 지속적인 '대형화' 전략과 맞물리며 국내 방송영상 제작 규모를 급격히 확대하는 동력으로 작동했다. 그리고 이러한 투자의 결과는 2021년 〈오징어게임〉의 글로벌 흥행을 통해 분명히 드러났다.

　중요한 것은 넷플릭스와 같은 OTT가 현지화 전략의 전개 속에서 다양한 국가의 콘텐츠를 제작하고 배포하는 시도를 확대하면서, 우리의 미디어스케이프의 구성 요소가 보다 더 넓은 지역적 범위로 확대되고 있다는 것이다. 전통적으로 로컬 콘텐츠 중심의 소비가 강했던 방송 산업과 달리, 글로벌 OTT 서비스는 영상 소비의 국가별 다양성을 높이는 동력을 마련하고 있다. 한국에서도 OTT를 통해서는 스페인, 인도, 싱가포르, 폴란드 등의 국가의 작품을 접하는 일이 어려운 일이 아니다. 이를 뒤집어 말하면, 전 세계적으로 한국의 콘텐츠를 미디어 풍경에서 접할 수 있는 사람의 수도 증가하고 있다고 볼 수 있다. 한국 콘텐츠의 글로벌 노출이 확대되는 가운데서, 국내 콘텐츠의 대형화 경향이 이어지면서, 보다 중장기적으로 한국 콘텐츠의 해외 소비가 늘어날 수 있는 미디어 환경이 마련되어 있는 것이다.

　다만, 이러한 콘텐츠 유통의 확장이 가져올 수 있는 변화에 대한 전망은 이중적이다. 한편으로는 한국 콘텐츠의 해외 진출 확대가 가져올 국가이미지의 개선이나 한국의 창의적 역량에 대한 주목 등의 긍정적 효과를 기대해 볼 수 있다. 다른 한편에서는 글로벌 OTT에 대한 콘텐츠 단순 납품이 이어지면, 우리가 글로벌 기업의 오프쇼어링off-shoring 전략에서의 하청기지로 전락해 버릴지 모른다는 우려도 있다.

　글로벌 OTT를 통해서 다양한 나라의 문화에 노출이 되면서 과거에 문화적 할인cultural discount 현상으로 보았던 문화적 차이에 의한 어떤 매력의 감소가 오히려 문화적 매력의 요소로 바뀌어나갈 가능성도 나타나고 있다. 이 과정에서 오히려 각 지역의 문화적 코드가 상품화되는 과정 역시 나타나고 있다. 이는 한국의 제작 요소 시장에 해외 기업의 관심으로도 이어질 수 있다. 한국의 감독, 배우, 작가 등이 해외의 주요 기업들과 협력하는 방식이 늘어나면서, 오히려 국내에서는 일종의 인력과 역량의 유출이 나타날 수도 있는 것이다.

보다 근본적으로, 이러한 글로벌 미디어스케이프의 변화는 글로벌 커뮤니케이션을 둘러싼 많은 이론적 논의들에 대한 근본적인 재검토를 요구하는 변화다. 한류는 주변국가에서 중심국가로 문화의 흐름이 나타날 수 있다는 점을 보여준 대표적인 사례로서 문화제국주의론을 반박하는 근거로 제시되지만, 정작 한국 콘텐츠의 확산에 대해서 자국 문화에 대한 침투로 바라보는 비판적 시선을 전 세계에서 만나볼 수 있다. 영상의 해외 유통이 확대되는 새로운 디지털 온라인 기반의 미디어 환경에서 영상 문화의 세계화가 갖는 의미에 대한 논쟁이 보다 치열해져야 하는 이유도 여기에 있다.

한국 영상 콘텐츠 소비 지역의 확대는 문화 다양성에 대한 고민의 필요성도 높여주고 있다. 일부 작품에 대해서 해외 이용자들이 자국 문화의 잘못된 재현의 방식에 대한 비판의 목소리를 높이는 사례가 늘어나고 있다. 아시아 지역의 범위를 넘어, 한국 콘텐츠의 소비 범위가 확대되면서, 이러한 비판적 반응을 드러내는 지역적 범위 역시 확대되고 있다. 향후 문화 다양성에 대한 감수성을 갖추는 일은 영상미디어 콘텐츠의 지속가능한 성장을 위한 중요한 과업이 될 수 있을 것이다. 〈오징어 게임〉의 성공을 계기로, 한국 문화에 대한 관심의 범위가 세계 전체로 확대되고 있으며, 이러한 콘텐츠의 경험을 통해 '문화적 장벽'이 조금씩 허물어지고 있다. 앞으로 더 다양한 콘텐츠를 창작할 수 있는 기반을 마련하고, 서로의 차이를 존중하는 방식으로, 더 넓은 지역의 사람들과 소통해 나갈 수 있기 위한 노력이 필요할 것이다.

3) 영상미디어 콘텐츠 제작 유통 시스템의 변화

OTT 중심의 시장 재편 속에서 온라인 기반의 영상 소비 문화가 확산되면서, 영상미디어 콘텐츠 산업의 제작과 유통 구조에도 변화가 나타나기 시작했다. 유통 측면에서는 온라인 동영상 서비스, 즉 OTT 기반의 VOD 형태의 이용이 크게 확대되었다. 이러한 흐름은 제작 영역에서의 변화도 촉발하고 있다. OTT가 콘텐츠 유통과 소비의 핵심 축이 되면서 특히 방송영상 영역에서 한국형 스튜디오 시스템이 나타나고 있는 것이 대표적이다.

기존의 방송영상 콘텐츠 제작-유통의 구조는 방송사업자를 중심으로 개별 독립영상 콘텐츠 제작사가 연결된 형태였다. 방송 편성이 콘텐츠가 세상에 공개되는 핵심 경로였기 때문에 방송사업자는 강력한 영향력을 행사할 수 있었다. 그런데 OTT가 등장하면서 변화가 나타났다. 온라인과 해외라는 새로운 유통의 기회가 생기면서, 콘텐츠에 경쟁력을 가진 기업이 보다 높은 협상력을 가질 수 있게 된 것이다. 또한 OTT '오리지널' 콘텐츠를 통해 새로운 콘텐츠의 생애주기의 출발점이 마련되었다.

이에 더하여, '콘텐츠 IP'와 '연계 중심'의 기획의 중요성도 높아지고 있다. 구독형 VOD(주문형 비디오) 유형의 콘텐츠 소비 방식이 사람들의 서비스에 대한 애착을 높이고 체류 시간을 늘리는 데 중요한 역할을 하면서, 그 핵심 자원인 콘텐츠 IP의 중요성이 높아지고 있는 것이다. '스튜디오'는 바로 이러한 변화 속에서 콘텐츠를 기획하고, 제작 주체와 자원을 연결시키며, 글로벌 시장을 포함한 전략적 유통 계획을 수립하는 역할을 담당하는 주체로 부상하기 시작했다. 이때의 스튜디오 시스템이란, 정규화된 '스튜디오' 조직이 제작을 총괄 관리하는 체계적인 시스템을 구축하는 것을 의미한다.

한국형 스튜디오 시스템의 원형은 스튜디오드래곤으로부터 찾을 수 있는데, CJ E&M의 드라마 제작부분을 분할한 자회사로 설립된 스튜디오드래곤은 출범 당시 다수의 독립 제작사를 인수하고, 스스로는 일종의 중간지주회사와 같은 역할을 담당하는 구조를 갖추었다. 제작 시장은 작가와 감독 중심의 제작사가 자율적으로 주도하게 하되, 사업을 효율적으로 관리하고 규모의 경제를 만들어내는 일은 스튜디오가 담당하는 방식이었다. 이를 통해 콘텐츠 창작의 양적 규모를 늘림으로써 제작의 효율화를 가능하게 했고, 정규화된 기획

PD들이 지속적으로 콘텐츠를 기획하고, 이를 단일 방송사가 아닌 다수의 채널과 협상하며 공급하는 방식을 시장에 정착시켰다.

이전까지의 한국 영상 콘텐츠 산업의 제작-유통 구조는 과점화된 방송 사업자가 콘텐츠 기획 영역에서 영향력을 발휘하고, 이를 IPTV, 케이블TV 등 유료 방송 시장에서 유통하며, 개별 독립제작사들이 방송사업자와 연계하는 방식이 주류를 이루었다. OTT의 등장으로 유통 플랫폼의 경로가 다양화되는 과정에서 등장한 '스튜디오'들은 기존의 방송사업자의 위치에서 제작의 자원들을 모으는 구심점이 되고 있다. 다수의 제작 부문의 연결을 통해 달성한 규모의 경제를 통해 안정적인 콘텐츠 수급을 이어가면서, 그 안정성 위에서 창의적인 콘텐츠 창작이 이어질 수 있는 구조를 만들어내는 것이 앞으로 스튜디오들에게 놓인 핵심 과업이 될 것이다.

5. 영상미디어 콘텐츠의 주요 쟁점

영상미디어 콘텐츠는 전통적인 영화와 방송이 중심이 되던 안정적인 산업 구조에 균열이 나타나고, 온라인 중심의 새로운 혁신 주체의 성장과 미디어 환경의 글로벌화라는 큰 변화를 맞이하고 있다. 이러한 변화에서 다음과 같은 몇 가지 쟁점들을 발견할 수 있다.

먼저 1인 미디어의 성장이 가져오는 변화에 대한 것이다. 1인 미디어의 성장은 분명 콘텐츠 공급의 다양성을 높이고 콘텐츠의 장르 분화를 확장하는 새로운 변화라 할 수 있다. 그러나 온라인 플랫폼의 알고리즘에 따른 필터버블의 현상과, 수익화를 위한 콘텐츠 제작의 '쏠림' 현상이 가져오는 소비의 획일화 문제가 오히려 대두되는 상황이다.

온라인 환경에서의 유해 콘텐츠의 보호와 같은 문제도 점차 부상하고 있다.

콘텐츠의 공급이 이용자 자율에 맡겨지는 상황에서, 아직 콘텐츠 선택을 위한 원칙이 확립되지 않은 아이들이 직접 콘텐츠를 선택해서 보는 상황이 만들어 낼 문제에 대해선 논쟁이 계속되고 있다. 유튜브와 같은 플랫폼은 이를 앱 분리, 즉 유튜브 키즈라는 플랫폼을 별도로 마련하고, 이를 철저히 부모의 통제 하에 놓은 방식을 취하고 있다. 반면 대부분의 플랫폼들은 키즈 계정을 별도로 운영하는 계정 분리의 형태를 취하고 있는 상황이다. 이러한 선택들이 실제 콘텐츠 수용의 환경에서 적절히 작동할지, 이를 여전히 자율적인 선택의 문제로 이해해야 할지, 이를 해결하기 위한 보다 정밀한 이용자 교육 등의 노력이 필요한지에 대한 논의가 필요한 시점이다.

영상 콘텐츠 산업의 글로벌화의 확장에 대해서도 긍정적인 면과 부정적인 면이 공존한다. 대형 드라마 중심의 글로벌 진출 확장이 가져온 새로운 성장의 기회는 긍정적인 부분이지만, 이러한 성장이 대부분 글로벌 OTT에 의존하고 있다는 점에서, 국내 미디어 사업자들의 경쟁력 약화가 중장기적으로 가져올 산업 기반의 위축에 대한 우려의 목소리도 높은 상황이다.

무엇보다 전통적으로 공영적 콘텐츠의 생산의 기반으로 여겨오던 공영 방송의 위상이 흔들리는 상황에 대한 고민도 깊어지고 있다. 이는 한편으론, 방송에 부여되어 오던 '공적 역할'에 대한 시각을 보다 보편적으로 확장해서, 미디어의 공공영역과 민간-상업 영역의 구분에 대한 새로운 질서의 확립의 필요성을 요구하는 상황이기도 하다. 미디어를 단위로 하는 공공성의 판단에서 벗어나, 콘텐츠를 단위로 하는 공공성의 지원이 필요할 수도 있는 상황인 것이다. 다만 이러한 변화는 필연적으로 다시 '공공성의 판단'의 주체가 누가 될 수 있는가라는 질문을 낳게 된다.

우리는 영상미디어 콘텐츠 환경의 변화 속도가 유례없이 빠른 시대를 살고 있다. 디지털 기술이 가져온 혁신이 콘텐츠 생산과 유통, 소비 전반에 영향을 가져오면서, 과거의 미디어 이론과 논의에서 주로 관심의 대상이 되어 오던 전체적인 구도와 지형에 근본적인 변화가 나타나고 있다. 영화와 방송의 경계가 흐려지고, 온라인 영상의 범위가 크게 확대되는 상황 속에서, 우리의 미디어 이론과 방송-영화를 둘러싼 논의의 범위는 새롭게 조정될 필요가 있다.

물론 이러한 조정이 과거의 이론과 논의들의 폐기를 의미하는 것은 아니다. 오히려 우리의 학문 영역에서 오랫동안 논의되어 왔던 이론들을 현 시점에 맞게 다시 검토하고, 새로운 발견의 도구로서 활용하기 위한 노력들은 보다 중요해지고 있다. 텔레비전과 가족 미디어에 대한 논의로부터 지금의 개인 미디어 중심의 재편에 대한 인사이트를 도출하고, 미디어 공공성에 대한 논의로부터 지금의 미디어 환경에서 새로운 공공성의 방향에 대한 논의를 도출하고, 문화제국주의론과 국제커뮤니케이션 관련 논의로부터 가져온 이론의 틀들을 지금의 시대에 맞게 새롭게 적용하려는 노력들이 적극적으로 필요한 상황이다.

그럼에도, 이러한 새로운 문제의 발견은 철저히 변화하는 현상에 대한 천착으로부터 시작해야 한다. 지금 우리 주변을 둘러싸고 있는 영상미디어 환경의 특성들을 경험적으로 관찰하고, 이들로부터 새로운 논의의 단초를 찾는 작업을 시작해야 할 때다.

1 글로벌 OTT 중심의 영상 콘텐츠 소비가 확대될 때 '문화적 할인cultural discount'은 어떻게 달라질까? 문화의 차이가 불편함이 아닌 매력으로 소구되는 시장에서 문화적 전유cultural appropriation에 대한 논쟁은 어떻게 변화해 나갈까?

2 영화와 방송, 온라인 영상의 경계가 약화되는 가운데 각각의 산업과 문화는 어떻게 달라질까? 극장은 여전히 영화 산업의 중심의 역할을 담당할 수 있을까? 전통적인 방송 사업자는 변화된 환경에서 공공성의 기반으로 여전히 역할을 할 수 있을까?

3 영상미디어 콘텐츠의 이용환경이 변화하면서, 이용자의 리터러시의 중요성도 높아지고 있다. 온라인에서 보다 다양한 방식으로 제공되는 콘텐츠의 홍수 속에서 이용자가 갖춰야 할 핵심 역량에는 어떤 것이 있을까?

21세기 한국영화 한국영상자료원 엮음, 2020, 앨피

영상미디어 콘텐츠의 핵심 분야인 한국 영화 산업의 역사적 발전 과정과 분야별 주요 현황과 이슈, 산업 정책과 기술 변화, 주요 통계와 연표 자료 등을 담고 있는 책으로 한국 영화의 과거, 현재, 미래를 종합적으로 이해할 수 있는 기반을 제공한다.

넷플릭스 세계화의 비밀, 라몬 로바토 지음, 안세라 역, 2020, 유엑스 리뷰

글로벌 OTT 서비스로서 넷플릭스가 만들어낸 변화를 기술과 제도, 이용자의 변화 등의 관점에서 검토하는 책으로, 스트리밍 기술 기반으로 탄생한 '초국가적 텔레비전'이 갖는 의미를 국제 커뮤니케이션과 미디어 문화 연구의 관점에서 바라볼 수 있는 기회를 제공한다.

15

게임의 능동적 이용자성과 게임문화의 형성

M E D I A C O M M U N I C A T I O N

1. 게임과 게이머

게임은 현대에 들어와 더 이상 청소년들의 또래 문화나 오락거리로만 여겨지지 않는다. 게임은 스마트폰의 대중화와 이로 인한 이용자층의 확대로 대중화되었다고 판단된다. 국내 게임 시장 전체 규모는 표 15-1에서 나타나듯 2020년 기준 18조 8855억 원으로 최근 10년 동안 2013년을 제외하고 높은 성장세를 유지했다. 특히 2020년 한국 경제 성장률은 −1%인데 반해, 전년 대비 21.3%나 상승한 게임시장은 국내 콘텐츠 산업에서의 큰 영향력을 발휘하고 있음을 보여준다.

미디어의 발달과 스마트폰의 보급으로 인하여 게임의 대중화가 이루어졌음에도 불구하고 여가 문화로서의 게임의 사회적 인식은 그리 긍정적이지 않다.

그림 15-1 국내 게임시장 전체 규모 및 성장률(2011-2020)

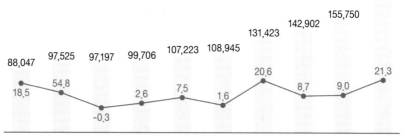

(단위: 억 원, %)

□ 매출액 ─●─ 성장률

188,855

155,750
142,902
131,423
108,945
107,223
99,706
97,197
97,525
88,047

18,5   54,8   -0.3   2,6   7,5   1,6   20,6   8,7   9,0   21,3

2011년 2012년 2013년 2014년 2015년 2016년 2017년 2018년 2019년 2020년

자료: 한국콘텐츠진흥원(2021). 『2021 대한민국 게임백서』.

이는 비단 국내에만 한정된 것은 아니다. 글로벌 콘텐츠 산업으로 크게 성장한 온라인/모바일 게임의 경우 '과몰입', 더 나아가 '중독'과 같은 부정적 함의를 담고 있는 용어와 결합하면서 공포나 두려움의 대상에서 벗어나지 못하고 있다. 다시 말해 게임의 산업적 성장과 달리, 사회적으로 게임을 바라보는 시각은 일반적으로 이에 맞춰 성장하지 못하고 있는 추세다. 언론보도를 통해 만들어지는 게임의 이미지는 사행성을 조장하고, 청소년의 폭력성을 높이거나 범죄의 요인이 되는 방식으로 서사화되고 있다. 그렇기 때문에 게임을 이용하는 이용자들의 경우 자신의 문화 생활의 일부로 게임을 인정하지 않거나 이를 하나의 문화 경험으로 인식하지 못하는 경우가 많다. 심지어 세계보건기구는 국제 질병분류의 제11차 개정안에 게임장애game disorder를 정식 질병으로 등재하기 위한 논의를 진행하고 있다.

이처럼 우리는 일상적으로 게임을 수행하고 있지만, 사회적으로 모순된 반응을 동시에 목도하고 있다. 게임에 대한 사회문화적 시각의 형성을 분석하기 위해서는 기본적으로 게임이라고 하는 미디어에 대한 학문적 접근을 시도하는 것이 필요하다. 그렇다면 게임의 사전적 의미는 무엇인가? 게임은 단순히 '놀이'에 불과한가. 여기서 우리는 게임이 의미하는 바를 조금 더 상세히 분석할 필요가 있다.

게임의 사전적 의미는 실제로 '놀이'에서 시작했다. '놀이'에 관한 논의를 담은 카이와(Caillois, 1958; 1979)나 하위징하(Heuizinga, 1994)의 저술에서 우리는 게임학의 원류를 찾을 수 있다. 그러나 본문에서 사용하는 '게임'이라는 용어는 놀이를 넘어서 특정 목적성을 갖고 가상현실 안에서 창조해 낸 프로그램을 통한 놀이를 말한다. 즉 기술적, 물리적으로 조작 가능한 프로그램이 존재하고 규칙과 소재, 테마를 가진 서사(혹은 목표)를 가진 놀이를 '게임'으로 명명한다.

게임의 역사가 상대적으로 다른 미디어에 비해 길지 않듯 게임에 대한 진지한 학문적 관심의 역사도 상대적으로 짧을 수밖에 없다. 그러나 게임을 문화연구라는 틀로 크게 나누어보면 게임과 게이머는 미디어 '텍스트'와 '수용자' 연구로 논의될 수 있다. 무엇보다 게임 연구에서 주목해야 하는 것은 게임이 가진 상호작용성이다. 최근 생산과 수용의 경계가 흐려지는 형태의 텍스트가 생산되고 있지만 게임은 이용에 있어 반드시 이용자들의 주체적인 '행위성'이 수반되는 미디어다. 수동적으로 바라보기만 하면 되는 영화나 텔레비전에 비해 게임은 사람이 적극적으로 반응해야 하고(조형적 행위, 즉 키보드, 조이스틱 혹은 마우스를 조작해야 하고), 사람이 행위하지 않는 한 텍스트가 완결되지 않는다(윤태진, 2007: 107). 이러한 게임의 상호작용성은 텍스트 연구만으로는 한계를 가진다. 결국 문화연구로서 게임 문화 현상을 바라보기 위해 우리는 텍스트뿐만 아니라 수용자(게이머)에 집중할 필요성이 있다.

1) 텍스트로서의 게임

수용자로서의 게이머를 이해하기 위해서 우리는 게임이 가지는 특수한 텍스트성을 먼저 이해하는 것이 중요하다. 게임의 텍스트가 무엇을 지칭하는지에 대해서 통일된 견해가 없다는 것으로 판단된다(윤태진, 2007). 분명한 것은 게임의 텍스트는 영화처럼 고정되고 구체적인 형태는 없으나 게이머에게 일정한 역할을 부여하는 특성을 갖는다는 것이다. 게이머는 게임 제작자가 설정해 놓은 이야기의 구조 안에서 완결되지 않은 틈을 메우며 이야기를 만들어나간다. 결론적으로 게임은 텍스트적으로 상호작용성이라는 큰 특성을 가지며 게이머의 적극적인 참여와 의사결정, 프로그램의 피드백 없이는 내용이 구성되지 않는다.

영화나 드라마 분석에 있어서 수용자 연구가 이루어지는 이유는 텍스트 자체만으로는 중층적 의미를 모두 파악할 수 없기 때문이다. 더구나 게임의 경우에는 의미의 해석이 다른 매체의 텍스트보다 더 유연하다고 볼 수 있다. 특히 이러한 유연성은 해석의 차이가 아니라 행위의 차이라고 윤태진(2007)은 지적한다. 즉 게임에 참여하여 아직 해독되지 않은 텍스트를 완결 짓는 것은 게임의 '행위'에 방점이 있다는 것이다. 게이머는 결국 수용자임과 동시에 '제한된 텍스트 생산자'라 할 수 있다.

여기서 '제한된 텍스트 생산자'라 함은 게임 텍스트가 본질적으로 가지고 있는 '상호작용성' 때문이다. 게임 속에 등장하는 내러티브는 기획자가 기획한 설정이다. 다시 말해 게임 개발자에 의해 게임 속 텍스트의 내러티브는 닫혀 있다. 단지 게이머가 그 안에서 자신의 조작을 통해 상호텍스트성을 수행할 뿐이다. 즉, 게임 속에는 완벽한 열린 결말이나 게이머 각자의 취향에 따라 무한히 생산될 수 있는 텍스트는 존재하지 않는다. 이렇듯 게임 속 반 구조화된 설정 앞에서 게이머는 이러한 관계를 받아들이고 게임을 플레이하고 있기에 '제한된 생산자'라 칭할 수 있다. 수용자의 행위성은 게임의 가장 중요한 매체적 특성이다. 그러나 앞서 밝혔듯, 게임에 참여하는 게이머의 생산적 특성 역시 제작자의 기획 범주를 벗어날 수는 없다. 그러므로 우리는 게임텍스트의 중충적 구조를 이해할 필요가 있다.

아세스(Aarseth, 2003)는 그의 논문 「놀이 연구: 게임 분석에 대한 방법론적 접근법Playing research: Methodological approaches to game analysis」을 통해 게임 텍스트의 구조를 세 가지 차원으로 구분한 바 있다. 바로 플레이 차원(게이머의 조형적 행위, 전략, 동기 등), 구조 차원(게임 규칙, 플레이 규범), 세계 차원(레벨 디자인, 허구적 내용 등)이다. 윤태진(2007: 112)은 아세스의 논의를 수정하여 게임 텍스트의 중충적 구조를 세 가지로 나누었는데, 가장 토대가 되는 층위를 게임의 내러티브 구조라 칭했다. 게임은 내러티브가 분명히 존재하며 장르 연구 또한 동시에 이루어지고 있는 것으로 보아, 객관적 텍스트로서의 게임 구조를 무시할 수는 없다는 것이다. 게이머나 게이머의 조형적 행위(플레이)가 없어도 게임은 텍스트로서 이미 존재하고 있다.

두 번째는 게임 세계 층위이다. 이 층위에서는 게임을 지배하는 규칙이 존재하고 내러티브 구조를 감싸는 영상과 디자인, 음향이 존재한다. 또한 게임 세계는 선택적이며 상호작용적이다. 게이머가 적극적으로 참여하여 내러티브를 완성하는 지점도 여기이다. 마지막 구조는 바로 이 두 층위를 감싸는 '맥락'이다. 즉 게임과 게이머 사이의 끊임없는 상호작용을 통해 만들어질 때 그 상호작용의 시·공간적 맥락은 의미생산 과정에 결정적 영향을 준다. 게임 텍스트에서 맥락은 게임 산업적·정책적 맥락도 될 수 있으며 게이머가 처한 환경 등 거시적인 것과 미시적인 요소 모두를 포함한다. 결론적으로 게이머는 이러한 여러 가지 맥락에 의해 텍스트와 상호작용을 주고받으며 반구조화된 게임의 내러티브 완성을 위해 몰입하게 되는 것이다.

이러한 게임 텍스트의 특성으로 말미암아 게임 연구에서 텍스트 분석만으로는 게임문화에 대한 전반적 이해가 제한적일 수밖에 없다. 결국 게임문화를 하나의 완성된 텍스트로 이해하기 위해서는 수용자(게이머)에 대한 전반적인 고찰이 필요하다.

그림 15-2 게임텍스트의 중층적 구조

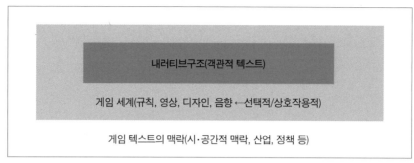

내러티브구조(객관적 텍스트)

게임 세계(규칙, 영상, 디자인, 음향 ←선택적/상호작용적)

게임 텍스트의 맥락(시·공간적 맥락, 산업, 정책 등)

자료: 윤태진(2007: 112).

2) 능동적 수용자로서의 게이머

문학 텍스트에서는 세계관과 등장인물이 주어지고, 등장인물이 어떠한 행동을 취하거나 어떠한 상황에 놓이면서 플롯이 생성된다. 그러나 앞서 논의한 바와 같이, 게임이라는 텍스트는 원작자와의 내러티브 구조 안에서 게이머의 주체성과 자발적 참여를 필요로 완성된다. 결국 이러한 특수성을 바탕으로 하는 게임연구에서 연구자들은 '능동적' 수용자로서의 게이머에 초점을 맞출 필요가 있다.

수용자로서의 게이머에 대한 연구는 게임을 '놀이'로 연구한 호이징하의 『호모 루덴스Homo Ludens』(Huizinga, 1994)와 카이와의 『놀이와 인간Man, Play, Games』(Caillois 1958/1979)을 시초로 하여 전개되었다. 게임을 '놀이'로 볼 때, 게임의 핵심은 어려움을 찾아 목표를 해결함으로써 느끼는 내면적 만족이고, 따라서 주어진 게임 텍스트뿐만 아니라 게임을 즐기는 인간에 주목할 필요성을 제시한다.

아세스(2003) 역시 게임은 앞서 언급했듯 규칙, 물적·기호적 체계, 게임 플레이 등 세 가지 요소로 이루어져 있기 때문에 '텍스트적'으로만 볼 이유는 없다고 주장하며 율(Juul, 1999) 또한 내러티브로만 게임의 특성을 설명하는 것은 게임의 본질을 잡아내지 못하는 것이라고 설명한다(윤태진, 2007: 115, 재인용). 이는 '좋은 스토리'의 게임뿐만 아니라 게이머에게 '좋은 경험'을 주는 게임이 무엇인지를 찾는 것이 중요하다는 것이다. 다시 말해 '누가 게임을 하고, 그들은 왜 게임을 하는가? 그리고 게임 플레이로부터 무엇을 얻는가?'에 주목하는 것이 수용자, 즉 게이머 연구의 출발점이라 할 수 있다.

관객의 참여 없이 내러티브가 진행되는 영화와는 달리 게임의 내러티브 진행을 위해서는 게이머의 플레이가 필수적이다. 따라서 게이머는 게임의 소비자인 동시에 제한된 생산자이다. 이는 플레이를 통해 게이머는 내러티브에 직접 참여하며 제한적인 조작을 통해 캐릭터나 성격, 행위를 설정할 수 있기 때문이다.

이러한 게이머의 참여적 특성 때문에 게이머에 관련된 연구는 능동적 수용자론으로 자연히 초점이 맞추어져 왔다. 그러나 이는 "텍스트를 해독하고 능동적으로 행위 한다" 이상의 설명력을 제시하지 못했다. 결국 대두된 것이 바로 '주체'와 '욕망'이라는 개념을 이용한 게이머 연구이다. 즉, 사람들로 하여금 게임을 하게끔 만드는 것은 현실 세계와 게임 세계의 차이에서 오는 괴리감을 메우기 위한 욕망이며, 게임에 많은 노력과 시간을 들이는 것은 게임 플레이에서 오는 즐거움 때문이라는 것이다(강신규, 2006: 38~42).

프로이드는 즐거움은 인간행위의 동기라 말한 바 있다. 이처럼 즐거움이란 인간의 행위구조에 무의식적으로 내포된 요소일 수 있는 것이다. 특히 게임이라는 매체는 이러한 즐거움을 느낄 수 있게 만드는 놀이 문화의 구조를 바꾸어 놓았으며 놀이 환경의 구조를 변화시키는 배경이 되었다. 특히 게임 하드웨어의 발전으로 인하여 더욱 리얼해지는 3D, VR 콘솔/온라인 게임들은 시청각적인 자극과 더불어 플레이어가 직접 참여하는 상호작용적인 진행으로 기존의 미디어와는 다른 감각적 즐거움을 제공하고 있다. 주체와 욕망, 그리고 즐거

표 15-1 다차원적인 정체성을 지닌 게이머

정체성	게이머	관련 개념
(제한된) 생산자	게임 조작	반구조화된 게임 텍스트
주체	욕망의 충족, 즐거움의 경험	주체의 의도된 중단/몰입
응시자	구경, 대화	게임 내/외적 교류

움은 수용자이자 게이머를 문화 이론적으로 이해하는 데 중요한 개념이 된다.

게이머는 게임에 참여하기 위하여 컴퓨터와 콘솔, 스마트폰 등을 켜고 그 게임에 접속한다. 그 순간 게이머는 게임 세계 안으로 입장할 수 있다. 그러면 게임은 게이머를 주체로 호명하며 주어진 인터페이스를 통해 적극적으로 상호작용함으로써 게임의 텍스트를 완성해 나간다. 게이머는 게임이 시키는 대로 움직이고 있다고 생각하게 될 경우 게임 세계를 통제할 수 있다는 즐거움을 잃을 수 있다. 그러므로 게임 텍스트는 플레이어가 '주체'로 느낄 수 있도록 하는 장치를 필요로 한다. 그것이 바로 게임이 나를 어떤 존재로 만드는 과정, 즉 '주체의 형성'이다(윤태진·나보라, 2005).

게이머 주체가 게임 세계 안에서 욕망의 충족과 즐거움을 느끼며 게임을 지속하게 만드는 기제는 몰입immersion, flow을 통해 이루어진다. 이러한 몰입은 게임이 주는 즐거움을 얻기 위해서 게임이 요구하는 설정된 주체를 게이머가 수용함으로써 이루어진다. 게임의 설정에 따른 상상적 '주체'를 형성하기 위해, 게이머는 의도적으로 자신의 주체를 중단한다. 이를 박상우(2009)는 '주체의 의도된 중단'으로 부른다. 결론적으로 게이머는 의도적으로 자신의 현실적 주체를 중단시키며, 게임 텍스트의 설정된 주체를 받아들임으로써 게임을 조작하게 된다. 이러한 물리적 행위(마우스나 키보드, 패드의 조작)를 통해 게이머는 게임 세계의 주체가 된 듯한 환상을 가지며 게임에 몰입한다. 이러한 일련의 과정이 바로 '주체의 형성'이며 이는 게이머가 게임 세계에 몰입하게 되는 중요한 기제로 작동하게 된다. 결국 게이머는 영화에서처럼 '동일시'만으로 게임 세계에 발을 들일 수 없으며 그보다 더 다차원적인 정체성을 가진 채 행위하게 되는 것(윤태진, 2007)이다.[1]

2. 여성과 게임 그리고 여성 게이머

한국콘텐츠진흥원(2020)의 『게임이용자 실태조사』에 따르면 만 10세에서 65세를 대상으로 2019년 6월 이후 게임 이용 여부를 조사한 결과, 2020년에 게임을 이용하는 전체 이용자의 비율이 70.5%에 달하는 것으로 나타났다.

전체적인 게임 이용률뿐만 아니라 2020년 여성 게임 이용자의 이용 비율(67.3%) 또한 남성 게임 이용자 비율(70.5%)과 거의 차이 나지 않는 것으로 나타났다.

그동안 디지털 게임을 비롯한 게임은 주로 남성의 것으로 여겨져 왔다. 이는 게임의 주요 내용을 이루고 있는 전투, 경쟁, 갈등, 그에 따르는 폭력성 등의 속성이 남성성Masculinity의 영역으로 논의되었으며, 이는 당연이 여성성Femininity과는 상반된다는 인식이 지배적이었기 때문이다(Diez, 1998; Flanagan, 2004: Ivory, 2004; 전경란, 2009: 165 재인용). 그러나 게임문화가 성숙하면서 게이머로서 여성의 비중이 점점 더 커지고 있는 것으로 조사되고 있다. 앞서 언급했듯 국내 게임 이용자의 경우 조사대상 남성의 70%, 여성의 60% 이상이 게임 경험이 있으며, 이 비중은 해마다 커지고 있는 것으로 나타나고 있다는 것은 표면적으로 게임은 특정한 성의 전유물이 아닌 것임을 보여준다.

---

1 이러한 다차원적인 게이머의 주체성을 윤태진(2007: 119)은 생산자, 주체, 관계인으로 설정하고 있으며, 이를 토대로 필자는 생산자 대신 (제한된) 생산자, 관계인 대신 응시자로 수정하여 본 책에서 제시하고자 한다.

그림 15-2 전체 게임 이용률(2016-2020)

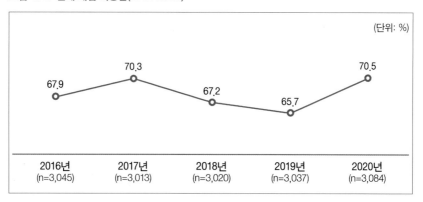

자료: 한국콘텐츠진흥원(2020). 『게임이용자 실태조사』

 그럼에도 불구하고 우리가 주목해야 할 것은 디지털 게임과 관련한 연구나 산업적인 관심사가 여전히 여성 게이머를 예외적인 존재로 간주하고 있다는 점이다(전경란, 2007). 이는 기본적으로 게임이 남성 게이머를 중심으로 제작되거나, 소녀들이 소년 게임을 하지만 소년들이 소녀용 게임을 하지 않는다는 사례(Gillen, 1994)를 통해 분명히 제시된다.

1) 게임과 젠더 문제

 국내에서 게임과 게이머의 젠더 문제에 관련된 연구는 초기와는 달리 최근 들어 젠더 편향적이었던 이용자층의 확장으로 이전까지 예외적인 존재로 규정했던 여성 게이머에 관련된 연구 또한 적극적으로 이루어지고 있는 것으로 보인다. 초기의 게임연구가 게임의 부정적 효과연구나 게임 산업의 현황 기술이 주종을 이루고 있었다는 사실(강경석 1999; 김민규·홍유진, 2004)에 근거할 때 게임연구와 관련하여 여성 이용자 주체를 다룬 논문이 증가하고 있다는 것은 매우 고무적인 일이다.

표 15-2 응답자 특성별 전체 게임 이용률(단위: %, n=3,084, 중복 응답)

구분		연령대					
응답자 특성	전체	10대	20대	30대	40대	50대	60~65세
전체	70.5	91.5	85.1	74.0	76.6	56.8	35.0
남성	73.6	92.8	93.2	79.6	78.5	54.8	37.0
여성	67.3	90.0	76.2	68.0	74.5	58.7	33.1

자료: 한국콘텐츠진흥원(2020), 『게임이용자 실태조사』.

초기 여성과 게임하기에 대한 연구는 여성 게이머와 남성 게이머의 정체성을 구분하고 이러한 젠더 정체성을 기반으로 젠더 이분법적 게이머의 특성을 다루었다는 점에 있어 한계를 갖는다. 특히 게임이 모바일 플랫폼으로 이식되기 전까지 컴퓨터와 PC방 등 게임에 연관된 특수한 장소성이 남성중심적이었다는 점은 게이머로서의 여성을 '예외적인 존재'로 규정하게 만들었다. 이 때문에 게임을 이용하는 젠더에 따라 게이머의 정체성이 달라질 수밖에 없고, 선호 장르 또한 성별 차이가 뚜렷하게 드러나고 있다는 것이 이러한 연구들의 특성이다. 예를 들어 장윤경(2005)의 경우 다사용자 온라인 롤플레잉게임 MMORPG에서 캐릭터 구성을 통한 젠더 정체성과 관련하여 연구했는데, 이 연구의 경우 온라인 게임의 익명성에 주목하면서 새로운 젠더 정체성을 실험할 수 있는 공간으로 게임을 해석했다는 데 의의가 있으나 온라인 게임의 공간을 '남성 중심적인 영역'으로 한정시켜 남성 게이머를 심층적으로 분석한 한계점을 지닌다.

반면 전경란(2007)의 경우 심층 인터뷰를 통해 흔히 남성 장르로 여겨지는 게임의 여성 게이머들이 고 레벨에 이르기까지 왜 게임을 지속하고 어떻게 게임을 경험하고 수용하며, 그리고 이들에게 게임하기는 어떤 의미가 있는지를 이해하고자 했다. 여성 게이머들은 게임 공간에서 거부와 배제를 다양한 방식으로 경험하는 것으로 해석한 이 연구는 수용자로서의 여성 게이머를 하나의 정체성으로 단편화한 것이 아닌, 다양한 측면을 가진 다층적 주체로 분석했다는데 의의가 있다. 이 연구는 또한 여성 게이머들이 남성성의 영역이라고 여겨지던 주제의 게임을 적극적으로 즐기면서 스스로 게임 공간의 진정한 주인이 될 수 있다는 가능성을 엿보고 있으며 여성 또한 게임하기라는 문화적 실천을 하고 있다는 결론을 내림으로써, 여성들의 게임 행위에 대한 주체적 의미를 부여하고 있다.

전경란(2009)은 이뿐만 아니라 여성 게이머들이 선호하지 않을 것으로 알려진 싸움이나 경쟁, 살인과 전쟁과 같은 장르를 남성들만큼이나 여성 게이머 또한 욕망하고 있는 것을 밝히고 있다. 그의 연구에서 주목할 점은 이처럼 사회적으로 정형화된 여성 게이머에 대한 시선이 결과적으로 여성들에게 게임 속의 상황에서 차별과 배제를 경험하게 만든다는 것이다.

2014년 게임문화에 있어 여성이 배제되고 있다는 사실이 사회적으로 가시화된 #게이머게이트 사건[2] 이후 여성 게이머에 대한 차별적 시선에 대한 문제제기가 미디어문화연구를 통해 지속적으로 시도되었다. 범유경·이병호·이예슬(2017)은 게임 〈오버워치〉 내에서의 여성 게이머에 대한 폭력적 발화를 분석함으로써, 게임 상에서 존재하는 성별 고정관념을 분석한 바 있다. 이 연구에 따르면 남성 게이머들은 여성 게이머가 '게임하기'에 적합하지 않은 존재임을 지속적으로 혐오발화를 통해 확인했으며, 기존의 남성적 공간(게임)을 점유하고자 하는 여성 게이머들을 배제하고자 했다. 김지윤(2020) 또한 〈오버워치〉를 플레이하는 여성 게이머들을 인터뷰하면서 기존의 게임문화가 여성을 어떤 식으로 배제하고 있는가에 대한 차별지점을 가시화하고, 그들의 몸과 게

---

2   여성 인디게임 개발자인 조이 퀸(Zoe Quinn)에 대한 게임 커뮤니티의 집단 테러행위. 게임의 순수성과 페미니스트인 여성 게임 개발자를 서로 대항 지점에 놓고, 여성혐오가 가시화된 대표적 사례라 볼 수 있다.

임이라는 매체와 연결하여 상호작용하는 방식을 민속지학을 통해 연구했다.

국내에서 이루어지고 있는 게임문화와 젠더연구의 흐름을 통해 우리는 게임이라는 미디어가 게임을 소비하거나 수행하는 주체의 젠더에 따라 다르게 경험될 수 있다는 것을 알 수 있다. 이러한 젠더 편향적인 경험은 공적 공간뿐만 아니라 사적 공간에서의 게임이라는 미디어가 주로 남성에 의해 통제되고 있다는 사실과 연관된다. 특히 게임 내에 등장하는 여성 캐릭터들의 과도한 성적 대상화에 대한 비판적 지적은 게임뿐만 아니라 다른 미디어(영화, 드라마, 만화 등)에서도 지속적으로 발생하는 문제점이기도 하다.

2) 이스포츠와 여성 게이머

한국콘텐츠진흥원(2020)의 『이스포츠 실태조사』에 따르면, 2019년 기준 국내 이스포츠 산업 규모는 1398.3억 원으로 추산된다. 이스포츠는 국내에서 게임단 예산이 가장 큰 비율을 차지하고 있고, 방송 분야 매출과 인터넷/스트리밍 매출 등이 그 뒤를 잇고 있다. 주목할 만한 점은 이스포츠 산업이 2015년 이후 급격하게 성장하고 있다는 점이다. 이는 스트리밍 플랫폼의 증대와 게임 종목사의 대형 투자 요인이 큰 것으로 나타났다.

이스포츠는 전자 스포츠를 뜻한다. 이스포츠 진흥에 관한 법률에 따르면, 이스포츠란 "게임물을 매개로 하여 사람과 사람 간에 기록 또는 승부를 겨루는 경기 및 부대활동"이라고 정의된다. 강신규(2019)에 따르면 이스포츠는 "경기장, 선수 간 경쟁, 규칙 등의 스포츠적 요소"뿐만 아니라 "프로게이머나 팬덤"과 같은 요소가 결합되어 있기 때문에 엔터테인먼트로 분류할 수 있다고 말한다. 이스포츠는 대표적인 게임문화 중 하나다. 게임을 '하는 것'뿐만 아니라 게임을 '보는 것' 즉, 게임에 대한 하나의 서브컬쳐로서 존재했던 이스포츠는 이제 또 다른 장르로 주류화되었다고 해도 과언이 아니다.

이스포츠는 1999년 최초로 '99 프로게이머 코리아 오픈'이 투니버스에서 방영되면서 공식화되었다고 볼 수 있다(강신규, 2019: 292). 이후 이스포츠 리그가 국내에서 지속적으로 열리기 시작하면서 2000년 게임 전문 채널인 '온게임넷'이 설립되고 프로게임단이 만들어지기 시작했다. 이처럼 이스포츠는 한국이 최초로 중계방송을 시작하면서 전 세계적으로 확산된 게임 문화다. 현재는 이스포츠의 수용자(즉, 시청자)층의 확대로 인하여 정식 스포츠의 영역의 범위로 확장되고 있다.

문제는 이스포츠의 영역이 게임과 마찬가지로 젠더적으로 여성 게이머를 이질적인 존재로 규정하고 있다는 데 있다. 한혜원과 박미리(2014)는 이스포츠 중계에 나타난 여성 게이머에 대한 정체성을 연구하면서, 여성 게이머의 비율이 높아지고 있는 데 비해 온라인 게임을 중심으로 한 이스포츠의 영역에서 프로게이머의 여성 비율이 현저히 낮을 뿐만 아니라 이를 재현하는 방식도 성적 정체성을 중요하게 다루고 있음을 지적한다. 이스포츠 리그 중계에서 나타나는 담화 방식이 여성 프로 게이머의 경우 몸과 이미지에 대한 묘사가 양적으로 많았다는 것이다. 반면 남성 프로 게이머의 경우 게임을 진행하는 경력 및 팀 전체의 분위기, 경기력을 위주로 해설한 것으로 나타났다.

2016년 6월, 당시 17세의 한국 여성 프로게이머인 "게구리" 김세연이 넥서스컵 예선에 참가하는 동안 오버워치를 플레이하면서 조준 지원 소프트웨어(핵)를 사용한 혐의를 받은 사건이 있었다. 오버워치는 블리자드 엔터테인먼트의 멀티플레이어 1인칭 슈팅(FPS) 게임이다. FPS게임이란 화면의 1인칭 시점에서 적을 총기류 등으로 슈팅shooting하여 적을 섬멸하면 이기는 게임(김상중, 2009)을 말하는데 2020년 PC게임 이용자 중 FPS게임[3]을 이용하는 이용자

---

3 최초의 FPS 게임은 1973년에 개발된 메이즈 워(Maze War)로 알려져 있다. 그리고 1991년에 등장한 울펜슈타인 3D(Wolfenstein 3D)부터 슈팅이 중심이 된 게임 방식이 자리 잡게 된다. 총이나 칼로 사람을 죽이는 액션은 당시 1인칭 FPS가 전혀 없던 게이머들에게 충격적인

의 비율이 18.7%(한국콘텐츠진흥원, 2020)를 차지할 정도로 대중적 게임이라 할 수 있다. FPS게임은 현재까지 높은 공격성과 높은 게임 중독성의 요소를 가지고 있다고 간주되어 학계에서도 공격행동에 관한 연구나 실험에 자주 이용되어왔다.[4] FPS게임의 경우 소규모 전투에서 대규모 기갑전투까지 전쟁을 게임에 도입해 피와 살이 튀는 그래픽 영상과 잔인하고 잔혹한 가상 게임 공간을 창출해 낸 것으로 평가된다(정창덕, 2007).

특히 FPS게임은 남성향 게임 장르로 정형화된 역사를 갖는다. 골드스타인(Goldstein, 2005)에 따르면 폭력적인 오락물은 기본적으로 소년과 남성의 흥미를 끄는 기제로 맥락화되어 온 역사를 갖는다. 그런데 그 흥미의 강도는 소년들 혹은 남성들이 주로 집단 속에 있을 때 더욱 강해진다는 것이다. 남성은 대체로 패를 이루어서 공포영화나 권투 경기를 보러 가지 혼자서 가는 경우는 드물다고 한다. 일종의 폭력성을 함께 향유하는 이러한 사교활동은 소년들과 남성들의 동료의식을 형성해 주며, 남성으로서의 정체성을 공유하는 장이 된다는 것이다. 골드스타인은 소년들이 서로 어울려 폭력적인 디지털 게임을 하는 것도 그러한 맥락에서 이해할 필요가 있다고 주장한다.

이러한 젠더-편향적인 게임의 역사로 인하여 FPS게임을 플레이하는 게이머의 성별은 전형적으로 '남성'일 것이라는 대중적 인식이 확산되어 있는 것도

것이었다. 특히 사체에서 나오는 유혈도 굉장히 현실적이어서 최초로 잔인한 요소가 포함된 19세 이상 게임의 시초가 되었다. 1994년에는 FPS에 호러(horror) 요소를 가미한 둠(Doom)이라는 PC게임이 등장하여 FPS게임의 대중화에 큰 기여를 한다. 둠은 당시 MS-DOS와 함께 전 세계적으로 가장 많이 복사된 소프트웨어라는 이야기가 나돌 정도로 북미를 넘어 남녀노소, 국가를 불문하고 사랑을 받았다. 1995년에 등장한 퀘이크(Quake)는 본격적으로 3D FPS 전쟁의 시위를 당겼고, 1998년 출시된 하프라이프(Half-Life)는 마치 영화를 보는 듯한 완성도 높은 연출로 FPS 역사의 한 획을 그었다(주영혁·김상훈, 2011).

4   특히 청소년과 폭력적 콘솔/온라인 게임과 공격성과 연관된 연구는 국가적/교육학적 차원에서 많이 연구되어 왔다.

사실이다. 특히 2016년 있었던 게구리 핵 의혹 사건은 게임 커뮤니티에서 여성 게이머가 자주 접하는 성차별의 전형적인 예라 볼 수 있다. 한국 아마추어 오버워치 팀 아티즌의 멤버였던 게구리는 광범위한 정확성과 속도로 게임을 플레이했고, 프로게이머들과 팬들은 그녀의 게임 플레이기 진짜인지 아니면 조준지원 소프트웨어를 사용한 속임수인지 의심하기 시작한 것이다. 아티즌이 경기에서 승리하는 동안, 상대팀인 디지니스의 두 선수는 게구리의 부정행위를 공개적으로 비난했다. 두 선수 모두 자신의 주장이 거짓일 경우 오버워치 리그를 그만둘 자신이 있다고 주장했을 정도였다. 특히 Strobe의 경우 "칼 들고 찾아간다"라는 발언을 하면서 논란의 중심이 되었다. 그러나 조사 후 블리자드는 게구리가 게임 플레이를 지원하는 소프트웨어를 사용하지 않았음을 공식적으로 인정했고, 그럼에도 불구하고 논란이 지속되자, 게구리는 인벤을 통해 모니터링 되는 스튜디오에서 오버워치를 하는 자신의 플레이를 스트리밍했다. 이 사건은 게구리의 명성을 회복하는 데 도움이 되었지만, 이 혐의를 둘러싼 논의는 이스포츠 세계에서 만연한 성차별에 관한 논쟁을 촉발시켰다.

　게임과 이스포츠의 영역 안에서의 여성 게이머에 대한 차별과 배제의 문화는 기본적으로 게임문화를 맥락화하여(사회구조적으로) 살펴볼 필요성이 있다는 것을 보여준다. 게임이라는 미디어, 매체성이 가지고 있는 남성성은 기본적으로 미디어 테크놀로지가 가지고 있는 기술성이 어떠한 방식으로 구성되었는지를 먼저 분석해야 한다. 코딩이나 프로그래밍과 같이 게임을 구성하는 요소들은 기본적으로 남성적인 영역에서 사회화되는 경향을 보인다. 이러한 방식은 결과적으로 여성의 존재를 게임의 영역에서 주체가 아닌 타자로 주변화하고, 이 때문에 여성은 이 영역에서 자신의 경험을 축적할 기회도 얻지 못한 채, 타인의 시선으로 판단될 수밖에 없는 존재가 될 가능성이 '높아진다.' 이로 인해 여성이 게임을 너무 잘하거나 이에 대한 전문적인 능력이 평균치를 웃돌 때, 사회는 이러한 상황을 '예외적인 케이스'로 간주하게 되는 것이다.

3. 게임과 게이미피케이션(gamification)

게임은 이용자의 수행성을 중점적으로 두고 논의되어 온 역사를 가지고 있으며, 텍스트의 형식 또한 이용자의 플레이를 통해 이루어지는 '능동적 이용자성'이 내재되어 있다. 게임의 경우 이러한 능동적 이용자성을 다른 텍스트 형식에서도 차용하여 확장적으로 이용되기도 한다. 특히 '게이미피케이션'이라는 용어는 2000년대 초반 닉 펠링N.Pelling이 제안한 신조어로 밝혀져 있다(권보연·류철균, 2015: 101). 게이미피케이션이란 '비-게임의 상황에서 게임의 요소를 이용(Deterding et al, 2011)'하여 이용자로 하여금 즐거움을 얻게 하는 방식을 의미한다.

데이비드 팔레트David Parlett는 놀이가 갖고 있는 형식성에 주목하면서 게임은 형식을 갖는다고 말한 바 있다. 특히 게임의 목적은 목표를 달성하기 위한 경쟁이며, 정해진 장비와 승리를 얻어내는 절차를 통해 형식화된 놀이임을 강조한다(윤형섭 외, 2012). 게임에서는 규칙과 승부 경쟁이 주요한 요소로 자리 잡고 있으며 그 목적은 '즐거움'이다. 그러나 이러한 게임에서 가장 중요한 요소는 행위자로서의 '플레이어player'라고 할 수 있다. 게이미피케이션이란 이러한 게임의 특징적 요소들을 다른 장르에 이식하여 게임이 가지고 있는 다양한 효과들을 최대화하려는 목적을 갖는다. 앞서 밝혔듯 게임은 규칙을 갖고 그 안에서 행위하는 행위자(게이머)가 존재하는 장르, 콘텐츠 및 텍스트이기 때문이다.

본 장에서는 게임이 게임이라는 장르 이외에도 '주체'의 참여도에 따라 다양한 결과와 경험의 축적을 가져올 수 있게 새로운 게임성을 생산해 내는 '게이미피케이션'에 대해 논의하고자 한다. 이용자들이 완결된 텍스트를 그대로 수용할 수밖에 없는 영화나 방송프로그램에 게임성을 포함시키는 과정은 그것을 시청하거나 수용하는 측면뿐만 아니라 직접 반응해야 하는 선택적 요소를 내재한 채 진행된다. 이는 이용자(혹은 기존의 수용자)의 수행을 동반하지 않는 한 텍스트가 완결될 수 없다는 특성을 지니고 있다는 것을 의미한다. 게이미피케이션은 게임이 아닌 텍스트에 제한된 생산자의 역할을 부여하는 것을 뜻하며 게이미피케이션에서 '제한된 생산자', 즉 게임에 참여하는 게이머의 존재가 중요한 위치를 차지한다는 것을 뜻한다. 다시 말해 게이미피케이션은 이에 참여하는 참여자, 조작적 행위를 지속하는 게이머의 행위를 통해 완성되는 생산적 성격을 갖는다.

1) 게이미피케이션과 오디션 프로그램

오디션 프로그램이란 출연자들에게 다양한 과제를 제공하고 그들의 경쟁을 통해 승자에게 보상을 제공하기 때문에 기본적으로 텍스트에 게임적 요소를 내재하고 있다. 오디션 프로그램은 "리얼리티 프로그램의 계보에 '경연' 형식을 도입한 장르"(최소망·강승묵, 2012: 122)로 유형화 된다. 리얼리티 프로그램은 '개인 혹은 집단의 생활에서 발생한 사건의 변화 과정을 기록'하여 '리얼리티 효과와 오락적 가치'를 극대화 한 것으로 정의할 수 있다(류철균·장정운, 2008: 38). 오디션 프로그램에서 경쟁이라고 하는 게임적 요소는 다양한 후보 및 참가자들을 대상으로 단계적인 과제를 부여하고, 이 과제를 해결해 나가는 과정을 통해 시청자들의 즐거움을 확장시킨다.

그러나 오디션 프로그램에서 경쟁에 참여하는 인물들은 출연자들로 한정된다. 다시 말해 프로그램에서 게임적 요소를 수행하게 되는 주체는 프로그램 내부에 등장하는 인물들이다. 이러한 인물들을 조작할 수 있는 힘이 시청자들에게 온전히 주어지는 경우는 드물다. 예를 들어 국내의 대표적인 오디션 프로그램인 〈슈퍼스타K〉나 〈위대한 탄생〉과 같은 프로그램은 경쟁요소를 기본적으로 가미하지만 이러한 경쟁에 시청자들이 개입할 수 있는 요소와 장치는 모바일 투표가 가능한 본선 생방송을 제외하고는 없다. 시청자들은 참여자들의 경쟁 과정을 지켜보고, 생존경쟁을 통해 생산되는 긴장관계에서 즐거움을 찾는다.

이러한 구조는 오디션 프로그램의 게이미피케이션 요소가 텍스트 안에서만 작동하는 것으로 분석할 수 있다. 다시 말해 이 프로그램에서 시청자들은 텍스트 외부의 주체(시청자)를 텍스트 내부의 요소로 이끌어올 수 없다는 한계를 갖는다. 물론 소셜미디어의 활용을 통해 오디션 프로그램을 통한 토론이나 활동, 투표 등의 행위는 시청자들이 프로그램에 부분적으로 관여할 수 요소로 작동할 수 있으나 프로그램의 진행 과정, 즉 텍스트 내부에 필수적인 요소로 작용하진 못한다.

게이미피케이션이라는 것이 단순히 게임적 요소를 게임이 아닌 장르에 이식하거나 혼합한 것으로 정의한다면 텍스트 외부에 존재하는 게이머를 배제하는 결과를 초래한다. 그러나 게임이 텍스트 내부에 존재하는 인물이 아닌, 외부의 플레이를 행할 수 있는 다양한 주체들을 텍스트를 조작하는 하나의 행위자로 위치시키고 그들을 게이머로 호명할 수 있는 장치들을 지니고 있는 하나의 장치로 이해한다면, 게이미피케이션의 정의는 확장될 수 있는 가능성을 갖게 된다. 무엇보다 시청자들의 참여정도를 극대화할 수 있는 미디어 환경의 변화와 그들의 미디어 수행능력의 향상은 게이미피케이션에 있어 게이머의 위치를 변화시키고 이를 통해 방송 프로그램의 텍스트 변형 가능성을 극대화하며 시청자의 생산성을 향상시킨다는 점에서 매우 중요한 '환경적 요인'을 갖게 된다.

소셜미디어의 발달로 인한 초연결 미디어 생태계의 등장은 시청자의 방송 프로그램 참여도를 일정정도 높일 수 있게 되었다. 실시간으로 방송되는 프로그램에 시청자들의 피드백이 적용되고, 자신이 수행한 미디어 행위를 프로그램을 통해 다시 시청할 수 있는 초연결 미디어 환경은 단순히 시청자들을 수용자의 위치로만 한정 지을 수 없도록 만든다. 특히 인터넷의 생활화가 이루어진 현 시점에서 디지털미디어를 사용하는 행위는 자신이 위치한 물리적 공간의 영역을 넘어서 자신의 관심을 웹이라는 공간에 적극적으로 표현할 수 있는 기회를 제공한다. 스마트 폰, 노트북 등 일상생활에 필수적인 미디어라고 할 수 있는 것들은 이전에 비해 다양한 테크놀로지의 복합된 형태, 일방향(수용)보다는 쌍방향(수용 및 생산)적인 이용 등의 양상을 보이며 변화하고 있다. 이제 디지털미디어는 이동성을 지니며 타인과 소통할 수 있는 공간을 현실적으로나 가상적으로 확장시켰고, 이용자 중심으로 선별적인 인적 네트워크 구성을 가능하게 만들고 있다.

예를 들어 〈프로듀스 101〉의 방송 서사는 자신의 원하는 연습생의 데뷔를 목표로 하여 투표라는 게임적 규칙을 시청자들에게 제공하고, 그들을 '국민 프로듀서'로 호명함으로써 게임에 참여할 수 있는 기회를 제공한다. 이 프로그램은 11명의 아이돌 그룹 멤버로 선발되는 것이 연습생의 자질로만 이루어지지 않는다는 점에서 시청자들을 연습생의 후원자이자 이 프로그램의 내러티브 생산자(결과를 완성시킨다는 점에서)인 〈국민 프로듀서〉로 위치시킨다. 등급평가(레벨 테스트) 이후 시청자들은 연습생 11명에게 투표할 수 있는 기회를 첫 번째로 제공받게 되는데, 이러한 투표방식은 고정적인 것이 아니라 약간씩 변화한다. 처음에는 11명을 투표할 수 있는 방식이지만 3차에선 두 명, 4차에선 한 명 만을 투표할 수 있다.

특히 투표 이후에 방송되는 순위발표식은 국민 프로듀서로 하여금 전략적 투표를 수행하게 하는 다양한 장치들을 제공한다. 첫 번째 시즌이 2차까지 11명을 선택하고, 3차와 마지막 투표에서만 자신이 가장 응원하는 연습생 한 명에게 투표하게 한 것과는 달리 〈프로듀스 101 시즌 2〉는 3차 투표에서 2명에게[5] 투표할 수 있도록 했다. 그리고 마지막 생방송 투표의 경우 중간 순위가 발표되고 마지막 데뷔 멤버가 확정되는 방식이다.

〈국민 프로듀서〉로의 호명은 자신이 후원하는 연습생들을 알리고 투표를 통해 데뷔 시켜야 하는 큰 목표를 이루기 위한 시청자들의 적극적인 행위를 동반한다. 국민 프로듀서들은 이 프로그램을 통해 특정 연습생들을 육성하여 아이돌로 데뷔시키는 목표를 위해 충실히 투표하고 동영상을 시청하며 '서포트(홍보)'하는 임무를 맡게 된다.

일반적으로 게임에 참여하는 게이머들은 능동적인 조작행위를 통해 즐거움을 획득하며 이러한 조작행위는 게임 생산자가 기획한 내러티브에서 구조 및 결과(엔딩)의 변화를 게이머의 주체적 수행성을 통해 변화를 초래할 수 있다는 점에서 게이머와 게임 텍스트 간의 상호작용성을 갖는다. 이처럼 〈프로듀스 101〉에서 국민 프로듀서로 호명된 시청자들은 제공되는 프로그램 외부의 서브 텍스트 이외에도 시청자가 스스로 서브 텍스트를 생산할 수 있는 스프레더블 미디어 환경에서 더욱 주체적으로 스토리의 변형transformation에 참여하며 프로그램과 상호작용하게 된다.

방송의 게임적 서사는 시청자로 하여금 투표에 참여할 수 있는 다양한 경로의 미디어 환경을 통해 그들의 행위 범주를 확장시킨다. 이뿐만 아니라 그들은 자신이 좋아하는 연습생들을 데뷔시키기 위하여 적극적으로 미디어 실천을 수행한다. 소셜미디어를 통한 홍보뿐만 아니라 크라우드 펀딩을 통한 대외 노출, 팬덤의 확장, 나아가 시청자들이 직접 퀘스트를 만들어 또 다른 게이미피케이션을 생산하기도 하는 것이다.

---

5   이러한 투표 방식은 견제픽(견제+PICK)이라는 새로운 투표방식을 만들어내기도 했다. 견제 픽이란 단순히 가장 좋아하는 연습생에게 투표를 하는 것이 아니라 자신이 좋아하는 두 명 혹은 세 명을 제외하고 실질적으로 당선될 가능성이 낮은 연습생에게 투표를 실시하면서 비슷한 순위의 견제가 되는 연습생들에게 표가 가지 않도록 하는 전략적 투표방식을 의미한다.

2) 게이미피케이션과 세계관 확장, 메타버스

〈포트나이트〉에서 공연하는 트래비스 스콧의 아바타
자료: https://youtu.be/wYeFAIVC8qU

2017년 에픽게임즈Epic Games가 제작한 3인칭 슈팅게임 〈포트나이트Fortnite〉는 트위치 시청자 수 상위권을 꾸준히 유지하고 있는 글로벌 게임 중 하나다. 캐릭터를 만들어 가상의 공간에서 플레이를 하는 〈포트나이트〉는 2018년 닌자Ninja라는 게임 스트리머가 래퍼 드레이크Drake와 함께 플레이를 하는 방송을 하는 등, 연예인들이 직접 게임을 플레이하고 스트리밍 하는 등의 확장된 게이밍의 모습을 다각도로 보여주었다.

코로나19Covid19의 확산으로 대면 공연이 불가능해진 2020년 4월, 이 게임의 가상공간에 또 다른 미국의 랩퍼 트래비스 스콧Travis Scott[6]이 게임 플레이도 아닌, 자신의 단독 콘서트를 진행했다. 트래비스 스콧의 아바타가 공연 퍼포먼스를 하는 동안 1200만 명 이상의 〈포트나이트〉 플레이어 아바타들이 하늘을 나는 장면은 그야말로 장관이었다. 현재 유튜브에서도 트래비스 스콧이 진행한 〈포트나이트〉 가상 콘서트를 시청할 수 있다. 이는 코로나19로 인하여 변화하는 공연 상황을 보여주는 단편적인 예가 되었다고 해도 과언이 아니다. 게임의 가상공간이 단순히 '게임을 플레이 하는 것'뿐만 아니라 자신의 아바타를 통해 공연도 즐기고, 축구도 할 수 있으며, 춤도 출 수 있는 등 현실의 '거울세계'로 존재하게 된 것이다.

---

6 미국 휴스턴 출신의 랩퍼. 1992년생으로 카니에 웨스트 등 유명한 가수들과 작업하며 대중적 인기를 구가했다.

이러한 게임 내 공간, 혹은 온라인으로 상호작용이 가능한 가상적 공간에 대해 메타버스Metaverse라고 명명한다. 최근 팬데믹으로 인한 비대면 상호작용과 관련해 자주 쓰이긴 했지만 메타버스는 지금 막 생겨난 새로운 단어는 아니다. 지금으로부터 30년 전 메타버스라는 용어는 닐 스티븐슨Neal Stephenson[7]의 SF소설 『스노우 크래쉬Snow Crash』에서 처음 등장했다. 그는 이 책을 통해 '아바타'라는 용어를 탄생시켰을 뿐만 아니라 실제 세계에 부합하는 '인터넷 기반의 3D 가상세계'를 메타버스라고 정의 내렸다(한혜원, 2008). 간단히 말하자면 메타버스는 세계를 나타내는 용어인 유니버스Universe에 '초월한', '더 높은' 이라는 뜻을 가진 접두어 메타Meta를 결합시킨 용어다. 이를 우리나라 말로 풀이하면, '현실 세계를 기반으로 하지만 이를 초월하여 만들어진 또 다른 세계' 정도로 풀이될 수 있다.

메타버스는 소프트웨어로 만들어진 그래픽 맵으로, 실제로 존재하지 않지만 경제적이나 사회적 활동이 현실세계와 유사한 가상세계를 의미하기 때문에 거울세계Mirror world라 불리기도 한다. 미국의 미래 가속화 연구재단Acceleration Studies Foundation에서 2006년 발표한 '메타버스 로드맵'에는 메타버스라는 가상 세계는 "가상적으로 확장된 물리적 현실과 물리적으로 영구화된 가상 공간의 융합(ASF, 2006; 한혜원, 2008: 319 재인용)"이라고 설명하고 있다. 메타버스를 분석하고 이에 관한 유형화를 시도한 한혜원(2008: 320)은 메타버스가 "다수의 사용자가 동시 다발적으로 접속할 수 있으며 아바타를 통해서 사용자의 페르소나를 작동시킬 수 있어야 하는" 인터넷 기반의 공간이라고 분석하고 있다.

트래비스 스콧이 게임 〈포트나이트〉에서 자신의 아바타를 통해 실시간 온

---

7 1959년생의 미국 작가. 1992년 가상의 분신 아바타와 가상세계의 구체적인 모습을 예언한 내용의 『스노우 크래쉬』를 집필했다.

라인 공연을 진행한 것은 메타버스의 가상세계와 행위성을 보여주는 단적인 예다. 그러나 가상세계는 현실 세계와 유사할 뿐 실재를 그대로 반영하지는 않는다. 트래비스 스콧의 아바타는 현실의 그를 반영한 것일뿐 온라인 공간 속 하나의 또 다른 정체성으로 존재한다. 다만 메타버스가 현실 세계와 가장 직접적으로 연결되는 지점은 이것이 닫혀 있는 '완성품'이 아니라는 사실이다. 메타버스는 그곳을 이용하는 이용자와 플레이어들의 행위를 통해 '살아 움직이는' 유기적인 세계다.

트래비스 스콧의 〈포트나이트〉 공연이 주목을 받기 전, 메타버스에 관한 현상학적 연구는 〈세컨드 라이프Second Life〉(2003)에서부터 시작됐다. 〈세컨드 라이프〉는 소셜미디어가 나타나기 전 메타버스의 세계가 현실화된 최초의 가상세계로 평가받는다. 소셜 게임이자 온라인 커뮤니티인 〈세컨드 라이프〉는 이를 제작한 린든랩lindenlab의 대표인 필립 로즈데일Philip Rosedale이 〈스노우 크래쉬〉에 묘사된 가상 세계를 컴퓨터 그래픽 환경으로 구현하려는 계획이었다고 밝힌 바 있다. 〈세컨드 라이프〉는 2003년 출시되어 3년 동안 100만 이용자를 확보하면서 전 세계적인 주목을 받았다. '제2의 삶'에서 이용자들은 현금으로 환전할 수 있는 가상 코인을 벌어들이거나, 개인적 네트워크의 확보뿐만 아니라 가상공간에 사업까지 수행할 수 있다.

〈세컨드 라이프〉의 플레이어들은 가상공간에서 자신의 아바타를 통해 다양한 일상 활동을 지속한다. 〈세컨드 라이프〉는 당시 다른 소셜 게임에 비해 자유도가 굉장히 높은 편[8]에 속했는데, 이는 이용자들의 창조성을 발휘하게 만들었다. 유저들은 아이템을 제작하여 돈을 벌거나, 여행을 하거나, 인맥을 넓히거나 엔터테인먼트를 즐길 수 있었다. 심지어 아바타의 스킨을 추출하여

---

8 이로 인해 〈세컨드 라이프〉는 상반된 평가를 받기도 했다. 이는 목적성이 강한 타 게임에 비해 자유도가 현저히 높고 명확한 목표가 주어지지 않아 이용자들의 초반 적응이 어렵기 때문인 것으로 판단된다.

포토샵을 이용해 맞춤 제작도 가능해 자신만의 독특한 아바타를 만들 수 있었다. 한동안 미국에서는 〈세컨드 라이프〉에서 벌어지는 다양한 사회적 관계에 대한 연구가 계속됐는데, 가상과 현실 세계에서의 관계가 서로 영향을 주며 상호작용한다는 점에서 주목할 만한 연구 성과가 지속되었다.

코로나19와 관련하여 메타버스가 주목받기 시작한 것은 우연이 아니다. '무한한 자유'라고 하는 것은 실제 현실과 닮아 있지만, 코로나19 상황에서 그 자유는 현실임과 동시에 현실화될 수 있는 일상이 되었기 때문이다. 이러한 상황은 '하고 싶어도 할 수 없는' 인간의 욕망을 실현시켜 줄 수 있는 공간에 대한 소구로 이어졌다.

이는 메타버스와 공연업계의 협업에서 두드러지게 나타난다. 코로나19로 인해 크게 타격을 받을 수밖에 없었던 공연 업계는 이를 타파할 방안으로 메타버스의 활용을 주된 전략으로 삼았다. 2020년 11월에 데뷔한 SM엔터테인먼트의 에스파는 기존에 공통된 세계관을 통해 앨범을 시리즈로 묶고, 이를 곡으로 풀어낸 엑소-NCT를 잇는 또 다른 세계관, 즉 A/UAnother Universe or Alternative Universe의 탄생을 또 한 번 보여준다. 여기서 에스파 멤버들은 가상공간의 또 다른 '나'가 존재하고 이들과 연결되어 있다고 (잠재적) 팬들에게 소개한다. (기획된 세계관임이 틀림없긴 하지만) 2D로 표현된 가상공간 속 멤버들은 현실세계의 에스파에게 정신적으로 지지를 보내며, 함께 라이브 방송도 진행하는 등 다양한 활동을 할 거라는 콘셉트를 사전 영상을 통해 보여주었다. 게임 플랫폼에서 시작된 메타버스가 이제 그 모습을 다양하게 변화시키면서 일상에 접속하고 있는 것이다.

특히 얼굴 인식과 증강현실, 3D기술을 이용해 아바타를 만들고 소셜네트워크 서비스를 제공하는 〈제페토ZEPETO〉(2018)의 부상은 메타버스의 진화된 모습을 보여준다. 전체 이용자 가운데 80% 이상이 10대 이며, 2020년 10월 기준 글로벌 누적 가입자가 1억 9000만 명을 돌파한 〈제페토〉는 하이브 엔터테인먼트와 YG엔터테인먼트 및 JYP엔터테인먼트 등으로부터 투자를 유치했다.

코로나19로 인해 팬 사인회를 대면으로 개최할 수 없게 되어 YG엔터테인먼트는 제페토라는 가상공간에서 블랙핑크의 팬사인회를 개최했다. 여기에 무려 4600만 명이 참가했다. AR 기능을 통해 만든 팬들의 아바타와 블랙핑크의 아바타는 제페토에서 만나 '셀카'를 찍고 인증을 남길 수도 있다. 블랙핑크는 이에 그치지 않고 피처링을 담당한 셀레나 고메즈Selena Gomez의 아바타와 함께 제작한 안무 영상도 공개했는데 2021년 1월 기준 공식 유튜브에서 9600만 회 이상 조회된 것으로 나타났다.

코로나19가 공연 업계에 타격을 준 것은 사실이지만, 이것이 직접적으로 메타버스 탄생으로 연계된 것은 아니다. 메타버스는 가상공간에서의 '또 다른 나'의 탄생과 더불어 끊임없는 상호작용성에 대한 욕망에서 비롯된 것이다. 우리는 이미 (사라졌지만 곧 부활할) '싸이월드'와 '페이스북' '인스타그램'과 '트위터' 등의 소셜 네트워크를 통해, 일상에서 인간이 끊임없이 말하고 누군가의 반응을 욕망한다는 사실을 너무나도 잘 알고 있다. 이는 형태만 변화했을 뿐 인간의 가장 원초적인 욕망 중 하나다.

인터넷이 탄생하던 그 순간부터 이용자들은 세상과 주체(나)의 연결로 인한 관계성을 지속적으로 생산해 내는 '상호작용성'에 주목해 왔다. 사람들은 게임에서, 소셜미디어에서, 혹은 포털 사이트에서 다양하게 자신의 페르소나를 변형시키며 상호작용한다. 이러한 방식은 특히나 일대일 대면이 불가능하거나, 물리적 거리 혹은 공간의 문제로 만날 수 없는 방식의 사회적 관계에 대한 소구를 가능하게 했다. 공연업계가 미디어를 통한 가상의 상호작용parasocial interaction에 유독 주목하는 것은 이러한 연유에서다. SM엔터테인먼트는 이전부터 홀로그램 공연이나 버블 서비스와 같은 프라이빗 메시지를 활용해 상호작용성과 이를 통한 가상의 친밀성intimacy을 만들어 내는데 집중해 왔었다. 실제로 이러한 아바타의 등장과 메타버스의 활용이 공연에 어떠한 영향을 미칠지 아직 그 향방은 알 수 없지만, 분명 이러한 공연형태가 새로운 '매개성'과 '관계성' 그리고 팬과 스타의 관계를 지속적으로 변화시킬 것이라는 점은 확실하다.

이런 점에서 영국의 가상밴드 고릴라즈Gorillaz의 행보는 눈여겨볼 만한 사례다. 고릴라즈는 1998년 영국에서 결성된 가상밴드로, 카툰으로 캐릭터화된 멤버들은 다들 개인의 역사성을 가진 채 뮤직비디오, 소셜 미디어, 다큐멘터리 영화 등으로 팬과 소통을 지속한다. 팬들은 일방적으로 음악을 수용하는 것이 아니라 고릴라즈와 쌍방향 커뮤니케이션을 통해 상호작용한다. 이것이 만들어내는 친밀감은 팬들의 몰입을 훨씬 더 증가시킨다. 물론 고릴라즈는 메타버스가 아닌 현실에서 활동하는 가상적 아바타일 뿐이지만 우리는 이를 통해 메타버스가 지향하는 세계의 단면을 읽어낼 수 있다.

메타버스는 현실을 반영하지만 현실과 같지 않고, 현실의 또 다른 모습이라 할 수 있을 것이다. 이곳에서 생산되는 상호작용은 현실의 상호작용을 완전히 대체하지 않는다. 메타버스에선 현실세계와의 다른 형태의 상호작용성을 만들어낼 뿐이다. 메타버스가 존재한다고 해서 현실세계로 나오지 않는 이용자들은 없을 것이며, 가상세계에서의 만남이 전면적인 인간관계를 대체하여 존재하지도 않을 것이다. 다만 인간은 또 다른 세계인 메타버스에서 접속을 통해 꾸준히 친밀감을 형성해 나갈 것은 확실하다. 다시 말해 미래의 메타버스는 소셜미디어 플랫폼의 진화된 버전으로 존재하게 될 가능성이 높다.

우린 메타버스라는 용어에 익숙하지 않을지 몰라도, 그 세계에서 일어나는 일들에는 이미 익숙하다. 코로나19로 인해 라이브 공연을 하지 못하자 인스타그램, 유튜브, 페이스 북 등 소셜미디어 플랫폼에서 진행했던 #togetherat home (#투게더앳홈)과 같은 공연방식은 트래비스 스콧의 포트나이트 공연과 유사한 방식을 띄고 있다. 다른 점이 있다면, 우리의 아바타가 그곳에 존재한다는 것이다. 내가 만든 나의 페르소나가 '바로 그곳에 함께 존재'한다는 사실, 그것이 아마도 소셜미디어 플랫폼과 게이미피케이션의 좀 더 진화된 방식일 것이다.

1 게임을 처음 접했던 경험을 떠올려보자. 사회에서 담론화되는 게임하기에 대한 재현과 자신의 경험을 비교해보자. 만약 게임을 한 번도 접해보지 않았다면 그 이유는 무엇인지도 함께 논의해보자.

2 게임하기뿐만 아니라 게임을 생산하는 장field에서도 젠더 위계가 존재한다고 말할 수 있는가? 위계가 존재한다고 생각한다면 이유가 무엇이며 그렇지 않다면 왜 그렇게 생각하는지 서술해보자.

3 오디션 프로그램 이외에도 적용될 수 있는 게이미피케이션의 사례를 들고, 게이미피케이션의 적용이 이 사례에 미친 영향을 토론해 보자.

4 메타버스는 미래에 우리의 일상을 변화시킬 것이라고 생각하는가? 현재 일상적으로 접할 수 있는 메타버스의 사례를 통해, 미래의 일상이 어떻게 변화할 것으로 예상되는지 토론해 보자. 특히 커뮤니케이션 도구로 메타버스가 갖는 미디어의 의의를 고찰해 보자.

더 읽어볼 책

디지털게임 · 게이머 · 게임문화 전경란 지음, 2009, 커뮤니케이션북스

이 책은 현대 문화를 읽을 수 있는 코드로 게임을 이해하고자 하는 책이다. 특히 게임의 요소에서 절대적으로 빠질 수 없는 게이머와 그들의 게임하기, 그리고 게임문화를 함께 관찰한다. 이로 인해 변화하는 미디어 전경을 함께 공부할 수 있다.

게임포비아 강신규 외 지음, 2013, 커뮤니케이션북스

이 책은 게임포비아 담론의 핵심 기제를 살피고, 이에 대한 사회적 효과를 분석하는 글이라 할 수 있다. 특히 게임에 대한 공포 조성은 정치적 산물이자 권력의 효과임을 보여주며, 뉴미디어인 게임이 포비아의 대상이 되는 사회적 기제들을 분석한다. 이를 통해 현재까지 사회적으로 담론화되었던 게임에 대한 공포, 혹은 두려움들에 대한 비판적인 시각을 갖출 수 있다.

앨리스 리턴즈 한혜원 지음, 2016, 이화여자대학교출판문화원

게임 안에서 나타나는 여성 캐릭터들을 떠올리면 어떤 생각이 먼저 드는가? 『앨리스 리턴즈』는 〈툼 레이더〉의 라라 크로프트를 시작으로 뉴미디어 콘텐츠에서 나타난 여성 캐릭터를 총체적으로 분석한다. 이 책은 게임뿐만 아니라 〈인터스텔라〉, 〈마션〉과 같은 SF 영화에서의 여성 캐릭터와 대중적 성공을 거둔 사례들을 분석하고 있다. 무엇보다 이 텍스트에서 게임뿐만 아니라 이용자와 상호작용할 수 있는 방식으로 캐릭터와 스토리텔링, 젠더와의 관계를 확장적으로 살펴볼 수 있다.

나는 게이머입니다. 아, 여자고요 딜루트 지음, 2020, 동녘

이 전까지의 텍스트가 학술적 연구를 중심으로 진행되었다면, 이 책은 여성 유저의 게임하는 이야기를 생생하게 기록하고 있다. 여성혐오가 만연한 온라인 게임판에서, 좋아하는 게임을 플레이하면서 겪었던 차별에 대한 경험담을 나누고 이런 피해가 왜 사라지지 않는지 고민하는 이야기들을 담았다. 게임업계와 커뮤니티를 오랫동안 관찰하며 서술한 이 책은 한 권의 거대한 에스노그래피다.

참고문헌

제1장 배경으로서의 미디어, 전경으로서의 미디어

루만, 니클라스. 2007. 『사회체계이론』. 박여성 옮김. 한길사.

핼린, 다니엘 C.·파올로 만치니. 2009. 『미디어 시스템 형성과 진화: 정치-미디어 3모델』. 김수정·정준회·송현주·백미숙 옮김. 한국언론진흥재단.

매클루언, 마셜. 2012. 『미디어의 이해』. 김상호 옮김. 커뮤니케이션북스.

아파두라이, 아르준. 2004. 『고삐 풀린 현대성』. 차원현 외 옮김. 현실문화연구.

옹, 월터 J. 2018. 『구술문화와 문자문화』. 임명진 옮김. 문예출판사.

볼터, 제이 데이비드·리처드 그루신. 2008. 『재매개: 뉴미디어의 계보학』. 이재현 옮김. 커뮤니케이션북스.

바우만, 지그문트. 2022. 『액체 현대』. 이일수 옮김. 필로소픽.

시버트, 프레드. 1999. 『언론의 4이론』. 강대인 옮김. 나남.

이니스, 해럴드 애덤스. 2022. 『제국과 커뮤니케이션』. 김지원 옮김. 컴북스캠퍼스.

Carpini, M. X. and B. A. Williams. 2011. *After Broadcast News: Media Regimes, Democracy and the New Information Environment*. Cambridge: Cambridge Univ. Press.

Echeverría, G. 2020. *Towards a Systemic Theory of Irregular Migration: Explaining Ecuadorian Irregular Migration in Amsterdam and Madrid*. IMISCOE Research Series. Cham: Springer.

제2장 미디어와 인간

김예란. 2020. 『마음의 말』. 컬처룩.

주보프(S. Zuboff). 2020/2021. 『감시 자본주의 시대: 권력의 새로운 개척지에서 벌어지는 인류의 미래를 위한 투쟁(The Age of Surveillance Capitalism: The Fight for a Human Future at the New Frontier of Power)』. 김보영 옮김. 문학사상사.

하버마스(J. Habermas). 1962/2004. 『공론장의 구조장 변동: 부르주아 사회의 한 범주에 관한 연구(The Structural Transformation of the Public Sphere)』. 한승완 옮김. 나남출판.

Bösel, B. and S. Wiemer. 2020. *Affective Transformations: Politics - Algorithms - Media*. Meson Press.

Castells, M. 2000. *The Rise of The Network Society: The Information Age: Economy, Society and Culture*. Wiley.

Howard, J. 2020. *Lie Machines: How to Save Democracy from Troll Armies, Deceitful Robots, Junk News Operations, and Political Operatives*. Yale University Press.

Papacharissi, Z. 2014. *Affective Publics: Sentiment, Technology, and Politics*. Oxford University Press.

Williams, R. 1977. *Marxism and literature*. Oxford University Press.

제3장 근현대 한국사회의 미디어정경

간디, 릴라(Leela Gandhi). 1998/1999. 『포스트식민주의란 무엇인가(Postcolonial Theory: A Critical Theory)』. 이영욱 옮김. 현실문화연구.

강명관. 1999. 「근대 계몽기 출판운동과 그 역사적 의의」. ≪민족문학사연구≫, 14호.

≪경향신문≫. 2007.3.12. "'불법복제 천국' DVD시장 고사 … 20세기폭스 등 철수". https://www.khan.co.kr/national/national-general/article/200703122214401

공보부 조사국. 1964. 『공보활동에 대한 실태 및 의견조사결과』. 공보부 조사국.

권보드래. 2000. 『한국 근대소설의 기원』. 소명출판.

_____. 2010. 「1910년대의 이중어 상황과 문학 언어」. ≪한국어문학연구≫, 54집.

기든스(A. Giddens). 1990/1991. 『포스트 모더니티(The Consequences of Modernity)』. 이윤희·이현희 옮김. 삼영사.

김근수. 1973. 『한국잡지 개관 및 호별 목차집』. 한국학연구소.

김기정. 2003. 『미구의 동아시아 개입의 역사적 원형과 21세기 초 한미 관계 연구』. 문학과지성사.

김병문. 2012. 「주시경의 근대적 언어 인식에 관한 연구」. 서울대학교 박사학위논문.

김병오. 2012. 「1960~80년대 해적판 레코드 대중화 과정 연구」. ≪공연문화연구≫, 24권.

김봉희. 1994. 「한국 개화기 書鋪에 관한 연구」. ≪한국문헌정보학회지≫, 27집.

김종철. 2003. 「근대초기의 독서론」. ≪독서연구≫, 10집, 77~100.

김성민. 2017. 『일본을 禁하다: 금제와 욕망의 한국대중문화사, 1945-2004』. 글항아리.

김영희. 2009. 「한국전쟁 기간 미국의 대한(對韓) 방송활동」. ≪한국언론학보≫, 53권, 2호.

김병문. 2011. 「주시경의 근대적 언어 인식에 관한 연구」. 연세대학교 박사학위논문.

김행선. 2009. 『6·25전쟁과 한국사회 문화변동』. 선인.

곽차섭. 2000. 『미시사란 무엇인가』. 푸른역사.

루도비코(Alessandro Ludovico). 2017. 『포스트디지털 프린트: 1894년 이후 출판의 변화(Post-digital print: the mutation of publishing since 1894)』. 임경용 옮김. 미디어버스.

문지영. 2009. 「자유주의: 체제 수호와 민주화의 이중 과제 사이에서」. 강정인 외. 『한국 정치의 이념과 사상』. 후마니타스.

미뇰로(W. Mignolo) 2011/2018. 『서구 근대성의 어두운 이면: 전 지구적 미래들과 탈식민적 선택(The Darker Side of Western Modernity)』. 김영주·배윤기·하상복 옮김. 현암사.

박용규. 2006. 「일제하 지방신문의 현실과 역할」. ≪한국언론학보≫, 50권, 6호.

박찬승. 2009. 『언론운동』. 독립기념관 한국독립운동사연구소.

박찬표. 1997. 『한국의 국가형성과 민주주의』. 고려대학교 출판부.

박태균. 2006. 『우방과 제국, 한미관계의 두 신화』. 창비.

백원담·강성현 편. 2017. 『열전 속 냉전, 냉전 속 열전: 냉전 아시아의 사상심리전』. 진인진.

사이토 준이치(齋藤純一). 2000/2009. 『민주적 공공성(公共性)』. 윤대석·류수연·윤미란 옮김. 이음

엘세서(T. Elsaesser). 1988/2002. 『디지털 시대의 영화(Cinema futures: cain, abel or cable?)』. 김성욱
        외 옮김. 한나래.

오영숙. 2007. 『1950년대, 한국영화와 문화담론』. 소명출판.

유선영. 1992. 「한국 대중문화의 근대적 구성과정에 대한 연구」. 고려대학교 박사학위논문.

_____. 1995. 「객관주의 100년의 형식화 과정」. ≪언론과 사회≫, 10호.

_____. 2011. 「커뮤니케이션학의 두 패러다임: 주류커뮤니케이션학과 비판커뮤니케이션학」. 한국언
        론정보학회 편. 『현대사회와 매스커뮤니케이션』(전면 2개정판). 한울엠플러스.

_____. 2016. 「시각기술로서 환등과 식민지의 시각성」. ≪언론과 사회≫, 24권, 2호.

윤건차. 1987. 『한국 근대교육의 사상과 운동』. 청사.

윤대협·김기훈 2016. 「문화의 지배; 시장개방, 경제위기와 문화산업정책의 정치경제」. ≪동서문제연
        구≫, 28권, 4호.

윤상길. 2007. 「통신의 사회문화사」. 유선영 외. 『한국의 미디어사회문화사』. 한국언론재단.

_____. 2008.4.9. "소문(所聞)의 소리 소문 없는 귀환(歸還)". ≪ACT!≫, 40호. https://www.mediact.
        org/web/media/act_list.php?code=Media&page=4&&mode=emailzine&flag=emailzine&searc
        h=소문&subno=2095

_____. 2010. 「개항 이후 1910년대까지 인천지역사회 내 광고의 사회제도적 의미」. ≪인천학연구≫,
        13호.

_____. 2011a. 「'식민지 공공영역'으로서의 1910년대 ≪每日申報≫」. ≪한국언론학보≫, 55권, 2호.

_____. 2011b. 「1960년대 전반기 한국 유선방송사업의 운영과 전국유선방송협회 활동의 의의」. ≪한
        국언론정보학보≫, 80호.

_____. 2011c. 「한국 텔레비전 방송 기술의 사회 문화사」. 한국언론학회 편. 『한국 텔레비전 방송 50
        년』. 커뮤니케이션북스.

_____. 2017. 「1960년대 박정희 정부 공보선전 정책의 정치적 성격」. ≪한국언론학보≫, 61권, 6호.

_____. 2019a. 「1960년대 중후반기 박정희 정부의 유선방송 일원화 사업에 대한 연구」. ≪한국언론학
        보≫, 63권, 1호.

_____. 2019b. 「1970년대 한국 유선방송의 이행기적 양상」. ≪언론정보연구≫, 56권, 1호.

_____. 2019c. 『19세기 동아시아 통신 네트워크와 국제 정치』. 동북아역사재단.

_____. 2019.2.27. 「총독부 언론통제에 '소문'으로 저항 … 3·1운동 후 지하신문 쏟아져」. ≪기자협회
        보≫. http://www.journalist.or.kr/news/article.html?no=45872

_____. 2020a. 「1980년대 '유선방송관리법' 제정과정에 대한 역사적 연구: 입안부처의 변화와 주요 쟁

점을 중심으로」. ≪언론정보연구≫, 57권, 4호.

_____. 2020b. 「1980년대 정부의 일본TV방송 전파월경 대책과 부산사회의 반응」. ≪항도부산≫, 40호.

_____. 2020c. 「1980년대 유선비디오방송 붐의 역사적 배경」. ≪언론정보연구≫, 57권, 1호.

_____. 2021. 「1970, 80년대 한국 정부의 외국방송 전파월경 통제: '북한의 전파방해' 논란과 한일 간 외교교섭을 중심으로」. ≪한국언론정보학보≫, 109호.

원우현 편. 1982. 『유언비어론』. 청람.

이상길. 2005. 「'새로운 커뮤니케이션사'를 위하여: 연구방법론에 관한 성찰을 중심으로」. ≪커뮤니케이션이론≫, 1권 2호.

이상길·윤상길·김정환·이성민·김성중. 2020. 『방송박물관 건립 및 운영방안에 관한 연구』. 방송통신위원회.

이성민·윤상길. 2020. 「1950년대 대출력 송신소 건설을 둘러싼 담론과 방송현실」. ≪커뮤니케이션이론≫, 16-1호.

이순진. 2014. 「국가에 의한 영화 제작의 역사와 국립영화제작소: 정부 영화 제작 기구와 민간 영화산업의 관계를 중심으로」. 한국영상자료원 편. 『지워진 한국영화사: 문화영화의 안과 밖』. 한국영상자료원.

이시다 히데다카(石田英敬). 2016/2017. 『디지털미디어의 이해: 플랫폼과 알고리즘의 시대 읽기(大人のためのメディア論講義)』. 윤대석 옮김. 사회평론.

이연숙. 1996/2006. 『國語という思想: 近代日本の言語認識(국어라는 사상)』. 고영진·임경화 옮김. 소명출판.

이와부치 고이치. 2004. 『아시아를 잇는 대중문화』. 히라타 유키에·전오경 옮김. 도서출판 또 하나의 문화.

이원곤. 2019. 「가상공간에 관한 미디어고고학적 고찰」. ≪기초조형학연구≫, 20권, 2호.

장영민. 2020. 『한국 방송의 성장과 미국의 대한선전』. 선인.

_____. 2009. 「해방 후 '미국의 소리(Voice of Korea) 한국어방송'에 관한 연구(1945~1950)」. ≪한국근현대사연구≫, 50호.

_____. 2008. 「6·25전쟁기 '유엔군총사령부의 소리'(VUNC) 라디오방송에 관한 고찰」. ≪한국근현대사연구≫, 47호.

장일·윤상길. 2021. 『대중영화와 영화비평』. KNOU PRESS.

정준희. 2017. 「인공유물 연쇄로서의 미디어: 미디어 고고학적 문제 설정과 방법론을 통한 새로운 미디어연구의 가능성 평가」. ≪언론정보연구≫, 54권, 1호.

조한욱. 2000. 『문화로 보면 역사가 달라진다』. 책세상.

차재영. 2014. 「1950년대 미국무성의 한국 언론인 교육교류 사업 연구」. ≪한국언론학보≫, 58-2호

차크라바르티(D. Chakrabarty). 2000. 2014. 『유럽을 지방화하기(Provincializing Europe: Postcolonial Thought and Historical Difference)』. 김택현·안준범 옮김. 그린비.

채백. 2015. 『한국 언론사』. 컬처룩.

채백·허윤철·강승화·윤상길. 2021. 「3·1운동기 한국 간행물에 대한 역사적 재평가: '지하신문'이라는
　　개념에 대한 문제 제기」. ≪한국언론정보학보≫, 105호.

채지영. 2020. 『한류 20년, 성과와 미래전략』. 서울: 한국문화관광연구원.

최덕규. 2017. 「글로벌 전신네트워크와 서로전선의 가설」. ≪서양 역사와 문화연구≫, 제45호.

최장집. 2002. 『민주화 이후의 민주주의: 한국민주주의의 보수적 기원과 위기』. 후마니타스.

허은. 2008. 『미국의 헤게모니와 한국 민족주의』. 고려대학교 민족문화연구원.

有山輝雄. 2004. 「メディア史を学ぶということ」. 有山輝雄·竹山昭子 (編). 『メディア史を学ぶ人のた
　　めに』. 東京: 世界思想社.

Chatterjee, Patha. 2011. *Lineages of Political Society: Studies in Postcolonial Democracy*. New York:
　　Columbia University Press.

Eckstein, Lars. 2016. "Postcolonial Piracy." *Postcolonial Studies*, Vol. 23, pp. 161~177.

Elsaesser, T. 2004. "The new film history as media archaeology." *Cinémas: Journal of Film Studies*,
　　14(2-3), 75-117.

Fredric, T.C. Yu 1963. "Communications and Politics in Communist China." Lucian W. Pye(eds.).
　　Communications and Political Development, New Jersey: Princeton University Press.

Grossberg, L., E. Wartella, and D. C. Whitney. 1998. *Mediamaking: Mass Media in a Popular
　　Culture*. London: Sage Publication.

Marvin, Carolyn. 1989. "Experts, Black Boxes, and Artifacts: New Allegories for the History of
　　Electric Media." in B. Dervin, L. Grossberg, B.J. O'Keefe, and E. Wartella(eds.). *Rethinking
　　Communication Volume2: Paradigm Exemplars*. CA: Sage.

Murdoch, Graham. 1993. "Communications and the Constitution of Modernity." *Media, Culture &
　　Society*, 15(4).

Murray, R. and T. Wengraf. 1979. "Notes on Communication System." in A. Mattelart and S.
　　Siegelaub(eds.). *Communication and Class Struggle: Volume 1. Capitalism, Imperialism*. New
　　York: International General.

Nerone, J. 2006. "The Future of Communication History." *Critical Studies in Media Communication*,
　　23(3).

Sassen, Saskia. 1996. *Losing Control? Sovereignity in an Age of Globalization*. New York: Columbia
　　University Press.

Thevénet. 2011. "Piratage audiovisuel en Corée du Sud: le virage répressif d'une nouvelle puissance
　　culturelle." in Tristan Mattelart(ed.). *Piratages audiovisuels: Les voies souterraines de la
　　mondialisation culturelle*. De Boeck Supérieur.

제4장 민주주의와 미디어

이지호·이현우·서복경. 2017. 『탄핵광장의 안과 밖』. 책담.

조항제. 2020. 『한국의 민주주의와 언론』. 컬처룩.

핼린, 다니엘 C.·파올로 만치니(D. Hallin and P. Mancini) 2004/2009. 『미디어 시스템 형성과 진화』. 김수정 외 옮김. 한국언론재단.

Arguedas, A. R., C. T. Robertson, R. Fletcher, and R. K. Nielsen. 2022. "Eco chambers, filter bubbles and polarisation: A literature review." Available: https://reutersinstitute.politics.ox.ac.uk/sites/default/files/2022-01/Echo_Chambers_Filter_Bubbles_and_Polarisation_A_Literature_Review.pdf

Bennett, W. L., and S. Iyengar. 2008. "A new era of minimal effects? The changing foundations of political communication." *Journal of Communication*, 57, pp.707~731.

Bennett, W. L., and A. Segerberg. 2012. "The logic of connective action. Information." *Communication and Society*, 15(5), pp.739~768.

Bruns, A. 2019. "Filter bubble." *Internet Policy Review*, 8(4).

Cohen, J., and A. Fung. 2021. "Democracy and the digital public sphere." in L. Bernholz, H. Landemore and R. Reich(eds.). *Digital technology and democratic theory* Chicago, Il: The Univ. of Chicago Press, pp.23~61.

Curran, J. 2005. "Mediations of democracy." in J. Curran and M. Gurevitch(eds). *Mass Media and Society, 4th edition*. London: Arnold, pp.122~149.

Czingon, C., A. Diefenbach, & V. Kempf. 2020. "Moral universalism at a time of political regression: A conversation with Jürgen Habermas about the present and his life's work." *Theory, Culture & Society*, 37(7-8), pp.11~36.

Drale, C. 2004. "Communication media in a democratic society." *Communication, Law & Policy*, 9, pp.213~235.

Green, J. E. 2015. "On the co-originality of liberalism and democracy: Rationalist vs. paradoxicalist perspectives." *Law, Culture & the Humanities*, 11(2), pp.198~217.

Hayes, D. & M. Guardino. 2010. "Whose Views Made the News? Media Coverage and the March to War in Iraq." *Political Communication*, 27(1), pp.59~87.

Hofmann, J. 2019. "Mediated democracy: Linking digital technology to political agency." *Internet Policy Review*, 8(2).

Josephi, B. 2013a. "De-coupling journalism and democracy: Or how much democracy does journalism need?" *Journalism*, 14(4), pp.441~445.

_____. 2013b. "How much democracy does journalism need?" *Journalism*, 14(4), pp.474~489.

Mazzoleni, G., & W. Schulz. 1999. "'Mediatization' of politics: A challenge for democracy." *Political

Communication, 16, pp.247~261.

Nerone, J. 2012. "The historical roots of the normative model of journalism." *Journalism*, 14(4), pp.446~458.

Nechushtai, E. 2018. "From liberal to polarized liberal? Contemporary U.S. news in Hallin and Mancini's typology of news systems." *The International Journal of Press/Politics*, 23(2), pp.183~201.

Nieminen, H. 2016. "Media and democracy from a European perspective." DOI: https://doi.org/1 0.1093/acrefore/9780190228613.013.66.

Schudson, M. 2005. "Autonomy from what?" in R. Benson & E. Neveu(eds.). *Bourdieu and the journalistic field.* Cambridge: Polity Press, pp.214~223.

_____. 2009. *Why democracies need an unlovable press.* Cambridge, UK: Polity.

_____. 2014. "How to think normatively about news and democracy." https://www.academia.edu/ 28188814/How_to_Think_Normatively_About_News_and_Democracy_How_to_Think_Norma tively_About_News_and_Democracy_The_Oxford_Handbook_of_Political_Communication

Splichal, S. 2018. "Publicness-privateness: The liquefaction of 'the Great Dichotomy'." *Javnost: The Public*, 1-2, 1-10.

Strömbäck, J. 2010. "Democracy and the Media: A Social Contract Dissolved?" https://www.research gate.net/publication/271326751_Democracy_and_the_Media_A_Social_Contract_Dissolved.

Waisbord, S. 2012. "Democracy, journalism, and Latin American populism." *Journalism*, 14(4), pp.504~521.

_____. 2017. "An argument for contrarian thinking." *Journalism Studies*, 18(10), pp.1224~1238.

Zelizer, B. 2012. "On the shelf of democracy in journalism scholarship." *Journalism*, 14(4), pp.459~473.

_____. 2018. "Resetting journalism in the aftermath of Brexit and Trump." *European Journal of Communication*, 33(2), pp.14~156.

제5장 미디어와 플랫폼 산업의 이해

구태언. 2018. 『미래는 규제할 수 없다』. 클라우드나인.

나준호. 2009. 『공짜경제학』. 원앤원북스.

맥아피·브린욜프슨(A. McAfee & E. Brynjolfsson). 2018. 『머신 | 플랫폼 | 크라우드-트리플 레볼루션의 시대가 온다(Machine, Platform, Crowd: Harnessing the Digital Revolution)』. 이한음 옮김. 청림출판.

바그디키언(B. H. Bagdikian). 2009. 『미디어 모노폴리(The New Media Monopoly)』. 정연구·손정은 옮김. 프로메테우스.

샌델(M. J. Sandel). 2010. 『정의란 무엇인가(Justice: What' the right thing to do?)』. 이창신 옮김. 김영

사.

앤더슨, C.(C. Anderson). 2009. 『프리: 비트 경제와 공짜 가격이 만드는 혁명적 미래(Free: The Future of a Radical Price). 정준희 옮김. 랜덤하우스.

이상기. 2009. 「분석적 마르크시즘의 공과: '마르크스주의 경제학'과 '신고전파 경제학'의 방법론 논쟁을 통한 미디어/커뮤니케이션 정치경제학의 방향 찾기」. 《한국언론정보학보》, 통권 45호. 한국언론정보학회.

자유주의경제학연구회. 1994. 『시카고학파의 경제학』. 민음사.

장행훈. 2009. 『미디어 독점: '시민 케인'에게 언론을 맡길 수 없다』. 한울엠플러스.

한국언론진흥재단. 2020. 『언론수용자조사』.

한국정보화진흥원. 2018. 데이터 주권 부상과 데이터 활용 패러다임의 전환. *IT & Future Strategy*, 5호, 1~28.

Antonell, C.(ed.). 1992. *The Economics of Information Networks*. North-Holland, Amsterdam.

Bird & Bird LLP. 2017. *Building the European Data Economy: Data Ownership* (WHITE PAPER). European Commission.

Coase, R. H. 1960. "The Problem of Social Cost." *The Journal of Law and Economics*, Vol.3, pp.1~44.

Demsetz, H. 1968. "Why Regulate Utilities?" *Journal of Law and Economics*, Vol.11, April, pp.45~56.

Evans, D. & R. Schmalensee. 2007. "The Industrial Organization of Markets with Two-Sided Platform." *Competition Policy International,* 3(1), pp.151~179.

Fraunhofer. 2016. *Industrial Data Space: Digital Sovereignty over Data.*

Graef, I. 2018. "When Data Evolves into Market Power: Data Concentration and Data Abuse under Competition Law." in Moor & Tambini. *Digital Dominance.* Oxford University Press, pp.71~97.

Khan, L. 2017. "Amazon's Antitrust Paradox." *The Yale Law Journal*, pp.710~805.

Moore, M. & D. Tambini(eds.). 2018. *Digital Dominance.* Oxford University Press.

Stigler, G. 1962. "What Can Regulators Regulate?: The Case of Electricity." *Journal of Law and Economics*, Vol.5, October, pp.1~16.

_____. 1968. "The Theory of Economic Regulation." *Bell Journal of Economics and Management Science*, 2, pp.3~21.

Williamson, O. 1968. "Economics as and Antitrust Defense: The Welfare Tradeoffs." *American Economic Review*, 58, pp.18~36.

제6장 미디어와 법

이승선. 2013. 『표현 자유 확장의 판결』. 커뮤니케이션북스.

_____. 2014. 『표현의 자유를 구속하는 열 가지 판결』. 커뮤니케이션북스.

_____. 2020. 「'공인'이란 누구인가?」. 한국언론법학회. ≪언론과 법≫, 제19권 제2호, 115~162쪽.

_____. 2021. 『언론중재법, 자유냐, 인권이냐?: 잘못되면, 시민도 못 지키고 언론도 망가진다』. 커뮤니케이션북스.

_____. 2022. 「헌법 제21조 제4항은 살았는가, 죽었는가」. 세계헌법학회 한국학회. ≪세계헌법연구≫, 제28권 제1호, 117~153쪽.

제7장 미디어 생산자와 노동

고용노동부. 2020.12.9. 「12월 10일부터 예술인 고용보험 시행[전자매체본]」. 대한민국 정책브리핑. https://www.korea.kr/news/pressReleaseView.do?newsId= 156425862(2021.3.30 확인)

김종진. 2020.12. 『방송사 비정규직과 프리랜서 실태: 공공부문 방송사 프리랜서 인력활용』. 한국노동사회연구소.

마르크스(K.Marx). 1844/2006. 『1844년의 경제학-철학 수고(Pariser Manuskripte: ökonom. philo. Ms. aus d. Jahre 1844). 강유원 옮김. 이론과 실천.

민주노동화섬식품노조IT위원회. 2020. 『판교 IT·게임 노동자 노동환경 실태조사결과 보고서』.

박진우. 2011. 「유연성, 창의성, 불안정성: 미디어 노동 연구의 새로운 문제 설정」. ≪언론과 사회≫, 19권 4호, 41~86쪽.

브라이버만(H. Braverman). 1974/1993. 『노동과 독점자본: 20세기에서의 노동의 쇠퇴(Labor and monopoly capital: The degradation of work in the twentieth century)』. 이한주·강남훈 옮김. 까치.

세넷(R. Sennett). 1998/2002. 『신자유주의와 인간성의 파괴(The Corrosion of Character: The Personal Consequences of Work in the New Capitalism)』. 조용 옮김. 문예출판사.

_____. 2006/2009. 『뉴캐피털리즘: 표류하는 개인과 소멸하는 열정(The Culture of New Capitalism)』. 유병선 옮김. 위즈덤하우스.

_____. 2008/2010. 『장인: 현대 문명이 잃어버린 손(The craftsman)』. 김홍식 옮김. 21세기북스.

안채린. 2017. 『창의노동』. 커뮤니케이션북스.

요시유키(S. Yoshiyuki). 2009/2014. 『신자유주의와 권력: 자기-경영적 주체의 탄생과 소수자-되기(新自由主義と權力)』. 김상운 옮김. 후마니타스.

윅스(K. Weeks). 2011/2016. 『우리는 왜 이렇게 오래, 열심히 일하는가? 페미니즘, 마르크스주의, 반노동의 정치, 그리고 탈노동의 상상(The problem with work)』. 제현주 옮김. 동녘.

이상규. 2018. 「디지털 창의 노동자는 어떻게 불안정성에 대응하는가?: 한국의 게임 개발자들을 중심으로」. 서울대학교 대학원 박사학위논문.

이용관·김혜인. 2015. 「콘텐츠 분야의 종사자 특성별 근로조건 변화 분석」. ≪문화정책논총≫, 29권 1호, 192~215쪽.

이용관. 2016. 「콘텐츠 분야 근로환경 분석」. 한국문화관광연구원.

이용관·김성준·이상규. 2021. 「콘텐츠산업 프리랜서 노동연구」. 한국문화관광연구원.

이충훈. 2013. 「대중문화예술인 표준전속계약서의 문제점 및 개선 방향」. ≪문화·미디어·엔터테인먼트 법≫, 7권 1호, 51~76쪽.

임영호. 1999. 『기술혁신과 언론노동: 노동과정론에서 본 신문 노동의 역사』. 커뮤니케이션북스.

정준희. 2014. 「디지털 창의노동의 명암」. 한국언론학회 (편), 『디지털 사회와 커뮤니케이션』. 커뮤니케이션 북스.

조일영. 2019.10.18. "일방적 계약해지, 이상한 수익분배구조? 웹툰 작가 불공정거래 계약 해결방안은?"[전자매체본]. https://post.naver.com/viewer/postView.nhn?volumeNo=26421591&memberNo= 28980604(2021.3.30 확인)

채석진. 2016. 「테크놀로지, 노동, 그리고 삶의 취약성」. ≪한국언론정보학보≫, 79, 226~259쪽.

채지영. 2020. 「대중문화예술인 자살문제 대응정책 연구」. 한국문화관광연구원.

푸코(M. Foucault). 2004/2012. 『생명관리정치의 탄생(Naissance de la biopolitique: cours au Collège de France, 1978-1979)』. 오트르망 옮김. 난장.

하트·네그리(M. Hardt and A. Negri). 2004/2008. 『다중: 제국이 지배하는 시대의 전쟁과 민주주의(Multitude: War and democracy in the age of empire)』. 조정환·정남영·서창현 옮김. 세종서적.

Butler, J. 2009. *Frames of War*. London, N.YVerso,

Deuze, M. 2007. *Media work*. Polity.

Fuchs, C. 2010. "Labor in Informational Capitalism and on the internet." *The Information Society*, 26. pp.179~196.

_____. 2014. *Digital Labour and Karl Marx*. Routledge.

Gill, R. and A. Pratt. 2008. "In the Social Factory?: Immaterial Labour, Precariousness and Cultural Work." *Theory, Culture & Society*, 25(7-8), pp.1~30.

Hesmondhalgh, D. and S. Baker. 2011. *Creative Labour : Media work in three cultural industries*. Routledge.

Lazzarato, M. 1996. "Immaterial Labor." in Paolo Virno and Michael Hardt(eds.). *Radical Thought in Italy : A Potential Politics*. Minneapolis: University of Minnesota Press, pp.133~150.

Lorey, I. 2015. *State of Insecurity : Government of the Precarious*. Translated by Aillen Derieg. London: Verso.

Ross, A. 2003. *No-collor: The humane workplace and its hidden costs*. Philadelphia: Temple University Press.

Scholz, T. 2013. "Why does digital labor matter now?" in T. Scholz(eds.). *Digital Labor: The Internet as playground and factory*. Routledge.

제8장 미디어와 대중문화, 소수자, 젠더

데브루, 이언(Eion Devereux). 2014. 『미디어의 이해』. 심두보 옮김. 명인문화사.

스토리, 존(John Storey). 1996. 『문화연구의 이론과 방법들』. 박만준 옮김. 경문사.

_____. 1998. 『문화연구란 무엇인가』. 백선기 옮김. 커뮤니케이션북스.

_____. 2001. 『대중문화와 문화연구』. 박만준 옮김. 경문사.

_____. 2003. 『대중문화란 무엇인가』. 유영민 옮김. 태학사.

에드거, 앤드류(Andrew Edgar)·세즈윅, 피터(Peter Sedgwick) 엮음. 『문화이론사전』. 박명진 옮김. 한
        나래.

원용진. 2016. 『새로 쓴 대중문화의 패러다임』. 한나래.

이동연. 2005. 『문화부족의 사회: 히피에서 폐인까지』. 책세상.

이나영 외. 2013. 『다시보는 미디어와 젠더』. 이화여자대학교출판부.

피스크, 존(John Fiske). 2002. 『대중문화의 이해』. 박만준 옮김. 경문사.

터너, 그레엄(Graem Turner). 1992. 『문화 연구 입문』. 김연종 옮김. 한나래.

통, 로즈마리(Rosemarie Tong). 1998. 『페미니즘 사상』. 이소영 옮김. 한신문화사.

한국언론정보학회. 2011. 『현대사회와 매스커뮤니케이션』. 한울엠플러스.

호가트, 리처드(Richard Hoggart). 1957. 『교양의 효용』. 이규탁 옮김. 오월의 봄.

Gallagher, M. 2003. "Feminist Media Perspective." In A. Valdivia(ed.). *A Companion to Media Studies*. Oxford: Blackwell Publishing.

Harvey. A. 2020. *Feminist Mdeia Studies*. Cambridge: Polity Press.

제9장 미디어와 이데올로기

김광현. 2014. 『이데올로기』. 열린책들.

김동노. 2010. 「한국의 국가 통치전략으로서의 민족주의」. ≪현상과인식≫, 34(3), 203~224쪽.

김세은·김수아. 2008. 「다문화사회와 미디어의 재현: 외국인 노동자 보도 분석」. ≪다문화사회연구≫,
        1(1), 39~73쪽.

김하늘. 2019. 「한국 청년세대의 외국인 예능 프로그램 수용에 관한 비판적 연구: '애국적 나르시시즘'
        의 명명(명명) 가능성을 중심으로」. 한양대학교 대학원 미디어커뮤니케이션학과 석사학위 논문.

손희정. 2015. 「우리 시대의 이방인 재현과 자유주의적 호모내셔널리티」. ≪문화과학≫, 81, 364~386쪽.

이명현. 2009. 「텔레비전 오락프로그램에 재현된 결혼이주여성」. ≪다문화콘텐츠연구≫, (1), 57~79쪽.

이택광. 2019. 「관음증 시대의 욕망: 1인 미디어는 어떻게 주체를 바꾸는가」. ≪실천문학≫, 141~149쪽.

주재원. 2016. 『민족주의와 미디어의 공공성』. 커뮤니케이션북스.

_____. 2017. 「민주화 이후 한국 언론의 반공 담론 연대기」. ≪언론과 사회≫, 25(3), 158~220쪽.

페레터, 루크. 2014. 『루이 알튀세르의 이데올로기』. 심세광 옮김. 앨피.

한건수. 2003. 「"타자만들기": 한국사회와 이주노동자의 재현」. ≪비교문화연구≫, 9(2), 157~193쪽.

홀, 스튜어트. 2015. 『문화, 이데올로기, 정체성: 스튜어트 홀 선집』. 임영호 옮김. 컬처룩.

Anderson, B. 1983. *Imagined communities*. London: Verso.

Althusser, L. 1971. "Ideology and Ideological State Apparatuses." in *Lenin and Philosophy and Other Essays*. Translated by Ben Brewster. New York and London: Monthly Review Press.

Cohen, S. 2018. *Media, Ideology and Hegemony*. Chicago: Haymarket Books.

Eagleton, T.(ed.). 1994. *Ideology*. New York and London: Longman Press.

Em, H. 1999. "Minjok as a modern and democratic construct: Sin Chaeho's historiography of Korea." in G. Shin., & M. Robinson(eds.). *Colonial modernity in Korea*. Cambridge. MA: Harvard University Asia Center, pp.336~361.

Hall, S. 1996. "The Problem of Ideology: Marxism without Guarantees." in David Morley and Kuan-Hsing Chen(eds.). *Stuart Hall: Critical Dialogues in Cultural Studies*. New York and London: Routledge, pp.25~46.

Hall, S.(ed.). 1997. *Representation: Cultural Representations and Signifying Practices*. London: Sage.

Lacan, J, 1988. *The seminar of Jacques Lacan, Book I Freud's Papers on Technique 1953~1954*. London & New York W. W. Norton & Company.

Foucault, M. 2008. *The Birth of Biopolitics: Lectures at the College de France 1978-1979*, translated by Graham Burchell. London: Palgrave.

Shin, G. 2006. *Ethnic nationalism in Korea*. Stanford. CA: Stanford University Press.

White, M. 1987. "Ideological analysis and television." in R. C. Allen(ed.). *Channels of Discourse: Television and Contemporary Criticism*. The University of North Carolina Press, Chapel Hill and London, pp.163~170.

Wodak, R. and M. Reisigl. 1999. "Discourse and racism: European perspectives." *Annu. Rev. Anthropo.* 28. pp.175~199.

Sturken, M. and L. Cartwright, 2017. *Practices of Looking: An Introduction to Visual Culture*(3rd Edition). New York: Oxford University Press.

제10장 미디어 이용자와 팬덤 연구

권지현·김명혜. 2015. 「인터넷 팬 커뮤니티의 규율권력이 어떻게 행사되는가?: 디시인사이드 '주군의 태양' 갤러리의 사례를 중심으로」. ≪사이버커뮤니케이션학보≫, 32(2), 5~50쪽.

김송희·양동옥. 2013. 「중년 여성들의 오디션 출신 스타에 대한 팬덤 연구: 팬심의 구별짓기를 중심으로」. ≪미디어, 젠더 & 문화≫, 25권, 35~71쪽.

김수아. 2011. 「남성 아이돌 스타의 남성성 재현과 성인 여성 팬덤의 소비 방식 구성」. ≪미디어, 젠더 & 문화≫, 19권, 5~38쪽.

김수정. 2010. 「수용자연구의 해독모델과 존 피스크에 대한 재평가: 수용자연구에 대한 비판적 성찰과 열린 논쟁을 위하여」. ≪언론과 사회≫, 18권 1호, 2~46쪽.

_____. 2018. 「팬덤과 페미니즘의 조우: 페미니즘 관점에서 본 팬덤 연구의 성과와 쟁점」. ≪언론정보연구≫, 55권 3호, 47~86쪽.

김수정·김수아. 2015. 「해석적 패러다임을 넘어 수행 패러다임으로: 팬덤 연구의 현황과 쟁점」. ≪한국방송학보≫, 29권 4호, 33~81쪽.

김창남. 1995. 「청소년집단의 하위문화적 특성에 대한 연구」. ≪한국언론정보학보≫, 5호, 210~249쪽.

김현정·원용진. 2002. 「팬덤 진화 그리고 그 정치성: 서태지 팬클럽 분석을 중심으로」. ≪한국언론학보≫, 46권 2호, 253~278쪽.

김호영·윤태진. 2012. 「한국 대중문화의 아이돌(idol) 시스템 작동방식」. ≪방송과 커뮤니케이션≫, 13권 4호, 45~82쪽.

김훈순·박동숙. 2002. 「현실과 상징세계의 여성의 삶: 여성 TV 수용자의 인식을 토대로」. ≪프로그램/텍스트≫, 6호, 159~94쪽.

쑤쑤(D. K. Thussu). 2006/2009. 『국제커뮤니케이션: 연속성과 변화(International communication: Continuity and change)』. 배현석 옮김. 한울엠플러스.

웹스터(J. Webster). 2013/2016. 『관심의 시장(The marketplace of attention)』. 백영민 옮김. 커뮤니케이션북스.

이지행. 2019. 『BTS와 아미컬처』. 커뮤니케이션북스.

정민우·이나영. 2009. 「스타를 관리하는 팬덤, 팬덤을 관리하는 산업: '2세대' 아이돌 팬덤의 문화실천의 특징 및 함의」. ≪미디어 ,젠더 & 문화≫, 12권, 191~240쪽.

젠킨스(Jenkins, H.). 2006/2008. 『컨버전스 컬처(Convergence culture: Where old and new media collide)』. 김정희원 옮김. 비즈앤비즈.

홍종윤. 2014. 『팬덤문화』. 커뮤니케이션북스.

Fiske, J. 1987a. "British cultural studies and television." in R. Allen(ed.). *Channels of Discourse*. London: Methuen.

_____. 1987b. *Television culture: Popular pleasures and politics*. London: Methuen.

_____. 1989. *Understanding Popular Culture*. Boston: Unwin Hyman.

_____. 1992. "The cultural economy of fandom." In L. A. Lewis(ed.). *The Adoring audience: Fan culture and popular media*. New York, NY: Routledge, pp.30~49.

Gray, J., C. Sandvoss, and C. L. Harrington. 2007. "Introduction: Why study fans?" in J. Gray, C. Sandvoss and C. L. Harrington(eds.). *Fandom: Identities and communities in a mediated world*. NY: New York University Press, pp.1~16.

Hall, S. 1980. "Encoding/Decoding", in S. Hall D. Hobson, A. Lowe, and P. Willis(eds.). *Culture, Media Language*. London: Hutchinson.

Hills, M. 2013. "Foreword." in M. Duffett(ed.). *Understanding fandom*. London: Bloomsbury, pp. vixii.

Jenkins, H. 1992. *Textual poachers: Television fans and participatory culture*. London: Routledge.

_____. 2007. "Afterword : The future of the fandom." in J. Gray, C. Sandvoss, and C. L. Harrington (eds.). *Fandom: Identities and communities in a mediated world*. NY: New York University Press, pp.357~364.

Katz, E., J.G. Blumler, & M. Gurevitch. 1974. "Uses of mass communication by the individual." in J. G. Blumler & E. Katz(eds.). *The uses of mass communicaiton: Current perspectives on gratifications research*. Hills: Sage, pp.19~32.

Kim, S. 2004. "'Rereading David Morley's the 'Nationwide' audience." *Cultural Studies*, 18(1), pp.84~108.

Morley, D. 1980. *The 'Nationwide' audience*. London: BFI.

Terranova, T. 2000. "Free labor: Producing culture for the digital economy." *Social Text*, 18(2), pp.33~58.

제11장 빅데이터와 알고리즘

김예란. 2013. 「빅데이터의 문화론적 비판」. ≪커뮤니케이션 이론≫, 9(3), 166~204쪽.

마이어쇤베르거·람게(Mayer-Schoenberger and Ramge). 2018. 『데이터 자본주의: 폭발하는 데이터는 자본주의를 어떻게 재발명하는가(Reinvents capitalism in the age of Bigdata)』. 홍경탁 옮김. 21세기북스.

스티글러(B. Stiegler). 2015/2019. 『자동화 사회 1: 알고리즘 인문학과 노동의 미래(La société automatique: L'avenir du travail)』. 김지현·박성우·조형준 옮김. 새물결.

신동희. 2015. 『빅데이터러지』. 커뮤니케이션북스.

오세욱. 2018. 「알고리즘화: 미디어의 핵심 논리로서 알고리즘」. ≪언론정보연구≫, 55(2), 74~111쪽.

_____. 2021. 『알고리즘의 블랙박스』. 북저널리즘.

오세욱·이소은·최순욱. 2017. 「기계와 인간은 커뮤니케이션할 수 있는가?」. ≪정보사회와 미디어≫, 18(3), 63~96쪽.

오세욱·최순욱. 2017. 「미디어 창작도 기계가 대체하는가?」. ≪방송통신연구≫, 97, 60~90쪽.

윤영민. 2018. 「비판 데이터론 서설」. ≪한국지역정보화학회지≫, 21(4), 21~50쪽.

윤호영. 2021. 「사람에서 컴퓨터 자동화로의 연결을 위한 탐색: 객체 인식 딥러닝 알고리즘 YOLO4, 자세 인식 프레임워크 MediaPipe를 활용한 음악 프로그램의 여성 신체 대상화, 선정적 화면 검출 연구」. ≪한국언론학보≫, 65(6), 452~481쪽.

이소은. 2021. 「증오와 분열 부추긴 알고리즘: 페이스북 '악마화' 넘어 알고리즘 견제 방안 논의해야」. ≪신문과방송≫, 2021년 12월호. URL: https://blog.naver.com/kpfjra_/222588882563

이소은·박찬경·강민지. 2020. 『뉴스의 데이터화: 형식과 실천, 인식』. 한국언론진흥재단.

이소은·최순욱. 2020. 「유튜브의 콘텐츠 극단화: 알고리즘이 만드는 '현실'일까 '신화'일까」. ≪2020 해외 미디어 동향》, 봄호.

이재현. 2013. 「빅데이터와 사회과학」. ≪커뮤니케이션 이론≫, 9(3), 127~165쪽.

_____. 2016. 「피드-포워드: 21세기 미디어, 화이트헤드, 포스트-현상학」. ≪사이버커뮤니케이션학보≫, 33(3), 201~237쪽.

_____. 2018. 「포스트-텍스트: 알고리즘 시대의 텍스트 양식」. ≪언론정보연구≫, 55(4), 175~215쪽.

_____. 2019. 『인공지능 기술비평』. 커뮤니케이션북스.

이희은. 2019. 「5G 이동통신과 미디어 테크놀로지의 물질성: 인프라로서의 미디어 네트워크를 향한 탐색적 연구」. ≪문화와 정치≫, 6(2), 233~262쪽.

정금희·윤호영. 2021. 「장난감과 혼자 노는 어린이': 자동화된 얼굴탐지 영상분석을 통한 장난감 중심 유튜브 키즈 동영상의 사회성 고찰」. ≪커뮤니케이션 이론≫, 17(1), 54~107쪽.

최순욱·오세욱·이소은. 2019. 「딥페이크의 이미지 조작: 심층적 자동화에 따른 사실의 위기와 푼크툼의 생성」. ≪미디어, 젠더 & 문화≫, 34(3), 339~380쪽.

프레이저(E. Pariser). 2011. 『생각 조종자들(The filter bubble: How the new personalized web is changing what we read and how we think)』. 이정태·이현숙 옮김. 알키.

피터스(J. D. Peters). 2015/2018. 『자연과 미디어: 고래에서 클라우드까지, 원소 미디어의 철학을 향해 (The marvelous clouds: Toward a philosophy of elemental media)』. 이희은 옮김. 컬처룩.

한신갑. 2015. 「빅데이터와 사회과학하기」. ≪한국사회학≫, 49(2), 161~192쪽.

황용석. 2021. 「편향으로부터 자유로울 수 없는 알고리즘: 원인 찾으려는 개발사의 선제 노력 필요해」. ≪신문과방송≫, 2021년 8월호. URL: https://blog.naver.com/PostView.naver?blogId=kpfjra_&logNo=222456508992

Alavi, M., and D. E. Leidner. 2001. "Knowledge management and knowledge management systems: Conceptual foundations and research issues." *MIS Quarterly*, 25(1), pp.107~136.

Anderson, C. 2008. "The end of theory, will the data deluge makes the scientific method obsolete?" *Wierd*. URL: https://www.wired.com/2008/06/pb-theory/

Andrejevic, M. 2011. "The work that affective economics does." *Cultural Studies*, 25(4-5), pp. 604~620.

Ansolabehere, S. and E. Hersh. 2012. "Validation: what big data reveal about survey misreporting and the real electorate." *Political Analysis*, 20(4), pp.437~459.

Aronova, E., K. S. Baker, and N. Oreskes. 2010. "Big science and big data in biology: from the international geophysical year through the international biological program to the long term ecological research (LTER) Network, 1957-Present." *Historical Studies in the Natural Sciences*, 40(2), pp.183~224.

boyd, d. and K. Crawford. 2012. "Critical questions for big data: provocations for a cultural, technological, and scholarly phenomenon." *Information, Communication & Society*, 15(5), pp.662~679.

Burke, M. and R. Kraut. 2013. "Using Facebook after losing a job: differential benefits of strong and weak ties." Paper presented at the CSCW '13, San Antonio, TX.

Callebaut, W. 2012. "Scientific perspectivism: a philosopher of science's response to the challenge of big data biology." *Studies in History and Philosophy of Science Part C: Studies in History and Philosophy of Biological and Biomedical Sciences*, 43(1), pp.69~80.

Cheney-Lippold, J. 2017. *We are data: Algorithms and the making of our digital selves*. New York: New York University Press.

Chong, D. 2020.04.30. "Deep dive into Netflix's recommender system: how Netflix achieved 80% stream time through personalization." *Towards Data Science*. URL: https://towardsdata science. com/deep-dive-into-netflixs-recommender-system-341806ae3b48

Couldry, N. and U. A. Mejias. 2019. "Data colonialism: rethinking big data's relation to the contemporary subject." *Television & New Media*, 20(4), pp.336~349.

Craig, D. J. 2013. "The ghost files." *Columbia Magazine*, Winter(2013-14), pp.16~23.

Cukier, K. and V. Mayer-Schoenberger. 2013. "The rise of big data: How it's changing the way we think about the world." *Foreign Affairs*, 92(3), pp.28~40.

Diakopoulos, N. 2014. *Algorithmic accountability reporting: On the investigation of black boxes*. Tow Center for Digital Journalism: Columbia Journalism School.

Floridi, L. 2017. "Digital's cleaving power and its consequences." *Philosophy & Technology*, 30(2), pp.123~129.

_____. 2018. "Artificial Intelligence, Deepfakes and a future of ectypes." *Philosophy & Technology*, 31(3), pp.317~321.

Gantz, J. and D. Reinsel. 2011. "Extracting value from chaos." *IDC Iview*, 1142(2011), pp.1~12.

Gartner. 2012.6.21. "The importance of 'Big Data': a definition." URL: https://www.gartner.com/ en/documents/2057415/the-importance-of-big-data-a-definition

Ginsberg, J., M. H. Mohebbi, R. S. Patel, L. Brammer, M. S. Smolinski, and L. Brilliant. 2009. "Detecting influenza epidemics using search engine query data." *Nature*, 457(7232), pp. 1012~1014.

Goffey, A. 2008. "Algorithm." in M. Fuller(ed.). *Software studies: A lexicon*. The MIT Press, pp. 15~20.

Golder, S. A. and M. W. Macy. 2014. "Digital footprints: opportunities and challenges for online social research." *Annual Review of Sociology*, 40, pp.129~152.

Hansen, M. B. N. 2015. *Feed-forward: Twenty-first-century media*. Chicago and London: The University of Chicago Press.

Hao, K. 2019.2.4. "This is how AI bias really happens and why it's so hard to fix. MIT Technlogy

Review." URL: https://www.technologyreview.com/2019/02/04/137602/this-is-how-ai-bias-really-happensand-why-its-so-hard-to-fix/

Hargittai, E. 2015. "Is bigger always better? Potential biases of big data derived from social network sites." *The Annals of AAPSS*, 659, pp.63~76.

Hockey, S. 2004. "The history of humanities computing." in S. Schreibman, R. Siemens, and J. Unsworth(eds.). *A companion to digital humanities*. Oxford: Blackwell, pp.3~19.

Kitchin, R. 2013. "Big data and human geography: opportunities, challenges and risks." *Dialogues in Human Geography*, 3(3), pp.262~267.

_____. 2014 "Big Data, new Epistemologies and paradigm shifts." *Big Data & Society*, 1(1), pp.1~12.

Kowalski, R. 1979. "Algorithm = Logic + Control." *Communications of the ACM*, 22(7), pp.424~436.

Lazer, D. and J. Radford. 2017. "Data ex machina: introduction to big data." *Annual Review of Sociology*, 43, pp.19~39.

Lazer, D., A. Pentland, L. Adamic, S. Aral, A. L. Barabasi, D. Brewer, … and M. Van Alstyne. 2009. "Social science. Computational social science." *Science*, 323(5915), pp.721~723.

Leinweber, D. J. 2007. "Stupid data miner tricks: overfitting the S&P 500." *The Journal of Investing*, 16(1), pp.15~22.

Lewis, M., D. Yarats, Y. N. Dauphin, D. Parikh, and D. Batra. 2017. "Deal or no deal? end-to-end learning for negotiation dialogues." arXiv preprint arXiv:1706.05125.

Lohr, S. 2013.2.1. "The origins of 'Big Data': an etymological detective story." *The New York Times*. URL: https://bits.blogs.nytimes.com/2013/02/01/the-origins-of-big-data-an-etymological-detective-story/

Manovich, L. 2001. *The language of new media*. Cambridge, MA: The MIT Press.

_____. 2013. *Software takes command*. New York and London and New Delhi and Sydeney: Bloomsbury.

Manyika, J., M. Chui, B. Brown, J. Bughin, R. Dobbs, C. Roxburgh, and A. H. Byers. 2011.5.1. "Big data: The next frontier for innovation, competition, and productivity." *McKinsey Digital*. URL: https://www.mckinsey.com/business-functions/mckinsey-digital/our-insights/big-data-the-next-frontier-for-innovation

Massumi, B. 2007. "Potential politics and the primacy of preemption." *Theory & Event*, 10(2). URL: https://muse.jhu.edu/article/218091/summary

Mayer-Schönberger, V. and K. Cukier. 2013. *Big data: A revolution that will transform how we live, work, and think*. Houghton Mifflin Harcourt.

Michel, J. B., Y. K. Shen, A. P. Aiden, A. Veres, M. K. Gray, Google Books Team, … and E. L. Aiden. 2011. "Quantitative analysis of culture using millions of digitized books." *Science*,

331(6014), pp.176~182.

Mordatch, I. and P. Abbeel. 2017. "Emergence of grounded compositional language in multi-agent populations." arXiv:1703.04908.

OECD. 2008. "Glossary of statistical terms." URL: https://www.oecd-ilibrary.org/economics/oecd-glossary-of-statistical-terms_9789264055087-en

Parks, L. 2017. "Infrastructure." L. Ouellette and J. Gray(eds.). *Keywords for media studies*. New York: New York University Press, pp.106~108.

Parks, L., and N. Starosielski(eds.). 2015. *Signal traffic: Critical studies of media infrastructures*. Champaign: University of Illinois Press.

Pierazzo, E. 2019. "How subjective is your model?" in J. Flanders and F. Jannidis(eds.). *The shape of data in digital humanities: Modeling texts and text-based resources*. London, UK: Routledge, pp.117~132.

Roose, K. 2019.3.29. "YouTube's product chief on online radicalization and algorithmic rabbit holes." *The New York Times*. URL: https://www.nytimes.com/2019/03/29/technology/youtube-online-extremism.html

Ruths, D. and J. Pfeffer. 2014. "Social media for large studies of behavior." *Science*, 346(6213), pp.1063~1064.

Sadowski, J. 2019. "When data is capital: datafication, accumulation, and extraction." *Big Data & Society*, 6(1), 2053951718820549.

Salganik, M. J. 2018. *Bit by bit: Social research in the digital age*. Princeton University Press.

Samuel, A. L. 1959. "Some studies in machine learning using the game of checkers." *IBM Journal of Research and Development*, 3(3), pp.210~229.

Snijders, C., U. Matzat, and U. D. Reips. 2012. ""Big Data": big gaps of knowledge in the field of internet science." *International Journal of Internet Science*, 7(1), pp.1~5.

Thrift, N. J. 2008. *Non-representational theory: Space, politics, affect*. London and New York: Routledge.

Tufekci, Z. 2018. 3. 10. "YouTube, the great radicalizer." The New York Times. URL: https://www.nytimes.com/2018/03/10/opinion/sunday/youtube-politics-radical.html

Van Dijck, J. 2014. "Datafication, dataism and dataveillance: big Data between scientific paradigm and ideology." *Surveillance & society*, 12(2), pp.197~208.

제12장 디지털 저널리즘, 진단과 전망

강준만. 2019.12.8. 「[강준만 칼럼] '기레기'라고 욕하는 당신께」. ≪한겨레≫.

최진호·박영흠. 2022. 『디지털 뉴스 리포트 2022 한국』. 서울: 한국언론진흥재단.

코바치·로젠스틸(B. Kovach and T. Rosenstiel). 2021. 『저널리즘의 기본 원칙(The Elements of

Journalism, 4th Edition)』. 이재경 옮김. 한국언론진흥재단.

한국언론진흥재단. 2021a. 『2021 언론수용자 조사』. 한국언론진흥재단.

_____. 2021b. 『2021 신문산업 실태조사』. 한국언론진흥재단.

_____. 2021c. 『2021 한국의 언론인』. 한국언론진흥재단.

Conboy, M. 2004. *Journalism: A Critical History*. Sage Publications.

Lewis, S. C. 2012. "The tension between professional control and open participation: journalism and its boundaries." *Information, Communication & Society*, 15(6). pp.836~866.

McChesney, R. 1999. *Rich Media, Poor Democracy: Communication Politics in Dubious Times*. Urbana: University of Illinois Press.

McChesney, R. and J. Nichols. 2010. *The Death and Life of American Journalism: The Media Revolution That Will Begin the World Again*, PA: Nation Books.

McQuail, D. 2013. *Journalism and Society*, Thousand Oaks, CA: Sage.

Nerone, J. 2012. "The historical roots of the normative model of journalism." *Journalism*, 14(4). pp.446~458.

Schudson, M. 2008. *Why Democracies Need an Unlovable Press*. Polity Press.

제13장 지금의 미디어 광고, 앞으로의 미디어 광고

강신규. 2019. 「디지털 미디어 시대, 방송광고 가치의 재구성」. ≪방송문화≫, 2019년 봄호, 48~63쪽.

_____. 2020. 「방송영상미디어 광고」. 강형철 외. 『방송영상미디어 새로 읽기』. 나남, 345~373쪽.

고민수. 2011. 「미디어렙제도에 관한 쟁점과 입법적 과제」. ≪헌법판례연구≫, 12호, 105~135쪽.

과학기술정보통신부·한국방송광고진흥공사. 2022. 『2022 방송통신광고비 조사 보고서』.

권예지·강신규. 2019. 「'UpFronts 2019'와 'NewFronts 2019'를 통해서 본 통합 마케팅의 필요성」. ≪미디어 이슈 & 트렌드≫, 22호, 47~60쪽.

그레이·로츠(J. Gray and A. Lotz). 2011/2017. 『텔레비전 연구』. 윤태진·유경한 옮김. 커뮤니케이션북스.

김민환·김광수·심재웅·장은영. 2001. 「광고의 문화적 가치연구: 개화기부터 현재까지」. 김민환·김광수·이상돈. 『한국방송광고의 역사와 문화』. 한국방송광고공사, 149~227쪽.

김상민. 2016. 『디지털 자기기록의 문화와 기술』. 커뮤니케이션북스.

김운한. 2016. 『브랜디드 콘텐츠: 광고 다음의 광고』. 나남.

목수현 외. 1993. 『광고의 신화·욕망·이미지』. 현실문화연구.

박찬표. 2002. 『방송광고의 공공성·공익성 확보를 위한 주요국의 법·제도 연구』. 한국방송광고공사.

심석태 외. 2013. 『저널리즘의 7가지 문제』. 컬처룩.

심영섭·허찬행·전기철·김선아. 2013. 「방송광고판매의 공익적 특성과 제도화」. ≪한국방송학보≫, 27권 3호, 51~88쪽.

오하영·강형철. 2015. 「공적가치 인식에 따른 시청자 유형과 공영방송 제도 및 수신료에 대한 태도」. ≪한국언론정보학보≫, 69호, 139~169쪽.

윌리암슨(J. Williamson). 1983/2007. 『광고의 기호학: 광고 읽기, 그 의미와 이데올로기』. 박정순 옮김. 커뮤니케이션북스.

유엔(S. Ewen). 1976/1998. 『광고와 대중소비문화』. 최현철 옮김. 나남출판.

이광석. 2020. 『디지털의 배신: 플랫폼 자본주의와 테크놀로지의 유혹』. 인물과사상사.

이종관. 2011. 『스마트미디어 시대의 광고산업 변화』. 서울연구원.

잘리(S. Jhally). 1987/1996. 『광고 문화: 소비의 정치 경제학』. 윤선희 옮김. 한나래.

전기순. 2008. 『광고 커뮤니케이션의 문화이론』. 한국학술정보.

한국언론진흥재단. 2022. 『2022 언론수용자 의식조사』.

Big Data Framework. 2019.1.9. "Data types: Structured vs. unstructured data." URL: https://www.bigdataframework.org/data-types-structured-vs-unstructured-data/

de Mooji, M. 2013. "On the misuse and misinterpretation of dimensions of national culture." *International Marketing Review*, 30(3), pp.253~261.

Hung, K. Tse, C. H., and Cheng, S. Y. 2012. "Advertising research in the post-WTO decade in China." *Journal of Advertising*, 41(3), pp.121~146.

Malthouse, E. C. & Li, H. 2017. "Opportunities for and pitfalls of using big data in advertising research." *Journal of Advertising*, 46(2), pp.227~235.

Pollay, R. W. 1986. "The distorted mirror: Reflections on the unintended consequences of advertising." *Journal of Marketing*, 50(2), pp.18~36.

Schudson, M. 1984. *Advertising: The uneasy persuasion*. New York: Basic Books.

Weglarz, G. 2004. "Two worlds of data unstructured and structured." *DM Review*, 14(9), URL: http://www.dmreview.com/article_sub_articleId_1009161.html

국립국어원 (opendict.korean.go.kr)

스콧 갤러웨이(Scott Galloway) 트위터 (twitter.com/profgalloway)

제14장 영상미디어 콘텐츠

노창희. 2020. 『스트리밍 이후의 플랫폼: 미디어의 주인이 바뀐다』. 스리체어스.

아파두라이, 아르준(A. Appadurai). 1996/2004. 『고삐 풀린 현대성(Modernity at large: Cultural dimensions of globalization Vol.1)』. 차원현·채호석·배개화 옮김. 현실문화연구.

이상규·이성민. 2020. 『콘텐츠 산업 트렌드 2025』, 한국문화관광연구원.

이성민·이윤경. 2016. 『콘텐츠 지식재산 활용산업 활성화 방안 연구』. 한국문화관광연구원.

제15장 게임의 능동적 이용자성과 게임문화의 형성

강경석. 1999. 「컴퓨터게임의 몰입기제에 관한 연구」. 연세대학교 대학원 신문방송학과 석사학위논문.

강신규. 2006. 「디지털 게임과 게임 문화에 관한 연구: 디지털 게임이 생산해내는 경험과 의미를 중심으로」. 서강대학교 대학원 신문방송학과 석사학위논문.

김민규·홍유진. 2004. 「한국 게임연구의 성과와 향후 방향」. ≪게임산업저널≫ 3호, 9~46쪽.

권보연·류철균. 2015. 「국내 게이미피케이션 연구의 메타 분석」. ≪인문콘텐츠≫, 39호, 97~124쪽.

김지윤. 2020. "여성 게이머는 총을 쏠 수 있는가?: FPS 게임을 플레이하는 여성의 몸에 대한 현상학적 연구." ≪한국언론정보학보≫, 103호, 48~82쪽.

류철균·장정운. 2008. 「리얼리티 쇼(Reality Show)의 게임성 연구」. ≪인문콘텐츠≫, 13호, 33~48쪽.

박상우. 2009. 『컴퓨터 게임의 일반 문법』. 커뮤니케이션북스.

범유경·이병호·이예슬. 2017. 「〈오버워치〉, 그리고 다른 목소리 ― 게임〈 오버워치〉 내 여성 게이머에 대한 폭력적 발화 분석」. ≪공익과 인권≫, 17호, 283~337쪽.

윤태진·나보라. 2005. 「디지털 게임의 마법: '주체'와 '호명'의 환상」. ≪게임산업저널≫, 2005년 가을호, 63~80쪽.

윤태진. 2007. 「텍스트로서의 게임, 참여자로서의 게이머: 디지털게임의 문화연구적 접근」. ≪언론과 사회≫, 15권 3호, 96~130쪽.

윤형섭 외. 2012. 『한국게임의 역사』. 북코리아.

이동연 외. 2019. 『놀이에서 디지털게임까지 게임의 이론』. 문화과학사.

장윤경. 2005. 「온라인게임 캐릭터 구성을 통한 젠더정체성: 다사용자 온라인 롤플레잉 게임 마비노기에서의 게이머들의 경험을 중심으로」. 숙명여자대학교 대학원 여성학전공 석사학위논문.

전경란. 2007. 「여성 게이머의 게임하기와 그 문화적 의미에 대한 연구: 고 레벨 여성 게이머의 게임하기를 중심으로」. ≪사이버커뮤니케이션학보≫, 통권 제 22호, 83~117쪽.

_____. 2009. 『디지털 게임, 게이머, 게임문화』. 커뮤니케이션북스.

정창덕. 2007. 『유비쿼터스 컴퓨터 인터넷 윤리』. MJ미디어.

주영혁·김상훈. 2011. 「CJ 인터넷 서든어택(Sudden Attack)의 공격 및 방어전략」. ≪Korea Business Review≫, 14(3), 31~57쪽.

최소망·강승묵. 2012. 「텔레비전 오디션 리얼리티 쇼의 서사구조 분석」. ≪한국콘텐츠학회논문지≫, 12(6), 120~131쪽.

한국콘텐츠진흥원. 2020. 『2020 대한민국 게임백서』.

_____. 2020). 『게임이용자 실태조사』.

_____. 2020). 『이스포츠 실태조사』.

한혜원. 2008. 「메타버스 내 가상세계의 유형 및 발전 방향 연구」. ≪디지털콘텐츠학회≫, 제9권 2호. 317~323쪽.

한혜원·박미리. 2014. 「e-스포츠 중계에 나타난 여성 게이머의 정체성」. ≪한국컴퓨터게임학회 논문지≫, 27(3), 161~168쪽.

Aarseth. E. 2003. "Playing research: Methodological approaches to game analysis." paper presented at the Melbourne DAC 2003.

Aarseth. E. 2004. "Genre trouble: Narrativism and the art of simulation." in N. Wardip-Fruin and P. Harrican(eds.). *First person: New media as story, performance, and game.* Cambridge, MA: MIT Press.

Caillois, R. 1958/1979. *Man, Play, games.* translated bu M. Barash, New York: Schocken Books.

Deterding, S., D. Dixon, R. Khaled, and L. Nacke. 2011.Sep. "From game design elements to gamefulness: defining gamification." in Proceedings of the 15th international academic MindTrek conference: Envisioning future media environments. ACM, pp.9~15.

Gillen, M. 1994. "Game makers finally targeting girls." *Billboard*, 106(23)

Heuizinga. J. 1994. *Homo ludens.* Reinbek: Rowohlt.

Smart, J., J. Cascio, and J. Paffendorg. 2006. "Metaverse Roadmap, acceleration studies foundations." [Metaverse Roadmap Summit]. SRI International Menlo Park, Canada, 5-6.

찾아보기

지은이(수록순)

정준희 한양대학교 정보사회미디어학과 겸임교수로 '저널리즘의 이해'와 '미디어캡스톤디자인' 과목을 가르친다. 사회는 커뮤니케이션으로 구성되어 있다는 체계이론적 토대 위에서, 미디어의 물리적·기술적 차원과 사회적·제도적 차원이 어떻게 연결되어 있으며 이것이 저널리즘을 비롯한 구체적 커뮤니케이션 과정에 어떻게 영향을 미치는가를 연구한다. 특히 공영방송을 미디어의 기술적 차원과 사회적 차원이 가장 대표적으로 교직되는 제도적 접합 장치라고 간주하고 비교제도론적 시야에서 이를 연구해 왔다. 공저서인 『한국사회와 미디어 공공성』, 『BBC 미래전략』, 『미디어와 한국현대사』와 공역서인 『미디어 시스템 형성과 진화』, 『미디어파워』 등은 이런 연구 과정의 일환으로 출간됐다. 공영방송의 실천을 근거리에서 관찰하고 그에 능동적으로 참여하기 위해 〈MBC 백분토론〉, 〈KBS 열린토론〉, 〈TBS 정준희의 해시태그〉 등의 진행자이자 미디어-사회 비평자로서도 활동하고 있다.

김예란 서울대학교 언론정보학과와 런던대학교 골드스미스 컬리지에서 수학했고 현재 광운대학교 미디어커뮤니케이션학부 교수다. 현대 미디어 환경에서 진행되는 커뮤니케이션 문화와 사회 현상에 대해, 특히 주체의 윤리와 감수성의 사회적 실천에 대해 연구하고 가르친다. 저서 『말의 표정들』(2014), 『미디어와 공동체』(2018, 공저), 『마음의 말: 정동의 사회적 삶』(2020), *Routledge Handbook of Cultural and Creative Industries in Asia* (2019, 공저)와 여러 편의 글을 발표했다.

윤상길 서울대학교에서 '일제강점기 전화의 식민지적 용도와 배치'에 관한 연구로 박사학위를 받았고, 박사학위 기간 중 일본 도쿄대학에서 1년간 국제연수원으로 지내기도 하였다. 현재 신한대학교 미디어언론학과에서 부교수로 재직하면서 한국의 다양한 미디어(전화, 우편/전신, 방송기술, 유선라디오방송, 유선TV방송, 노래방, 신문용지, 극동올림픽, 옥외광고, 신문, 언론인, 통신교육, 신문사의 교육사업, 언론학사, 마을문고, 신문배달원, 방송 관련 시사만화, 국제방송, 방송정책의 가치규범 등)에 대한 연구를 하고 있다. 저서로는 『19세기 동아시아 통신네트워크와 국제정치』가 있고, 공저로는 『한국의 미디어사회문화사』(한국언론재단, 2007), 『한국 방송의 사회문화사』(한울엠플러스, 2013), 『한국 텔레비전 방송 50년』(커뮤니케이션북스, 2011), 『한국 신문의 사회문화사』(한국언론진흥재단, 2013), 『아시아 이벤트』(그린비, 2013), 『안재홍 언론사상 심층연구』(선인, 2013), 『언론사 문화사업의 역사와 사회적 의미』(한국언론진흥재단, 2014), 『3·1운동과 항일지하신문』(한국언론진흥재단, 2019) 등 10여 권이 있다. 논문으로는 「'식민지 공공영역'으로서의 1910년대 ≪每日申報≫」, 「1970, 80년대 한국 정부의 외국방송 전파월경 통제」, 「1980년대 유선비디오방송 붐의 역사적 배경」 등 40여 편을 발표했다.

조항제 서울대학교 대학원 언론정보학과에서 박사학위를 받았다. 한국콘텐츠진흥원 책임연구원, 미국 텍사스 대학교 방문교수를 지냈으며, 현재 부산대학교 신문방송학과 교수로 재직하고 있다. 주요 논저로는 『한국방송의 이론과 역사』(2008), 『한국방송의 역사와 전망』(2003), 『한국의 민주화와 미디어권력』(2003) 외 다수가 있다.

이상기 서강대학교에서 신문방송학을 전공했다. 동대학원에서 석사, 박사학위를 받았다. 한국언론진흥재단 연구위원을 거쳐 부경대학교 미디어커뮤니케이션학부 교수로 재직 중이다. 저널리즘, 연구방법론, 미디어경제학(디지털콘텐츠산업론), 인공지능시대의 창의성 등을 가르치고 있다. 한국언론정보학회의 창립 멤버로서 기획, 연구, 총무이사 등을 역임했다. 한국언론학회에서는 2019년부터 미디어경제경영연구회장을 맡고 있으며, 그 사이에 부울경언론학회장(2020-2021)으로도 활동했다. 2020년부터 BK21 교육연구단장(지역사회 혁신성장을 위한 데이터과학응용 인재양성사업단)으로서 빅데이터, 인공지능 등을 활용해 미디어산업은 물론 부울경 지역의 혁신성장 방안을 모색중이다.

이승선 연세대학교에서 신문방송학을 공부했다. 학사와 석사, 박사학위를 받았다. 이후 한국방송통신대학교에서 법학 학부과정을, 충남대에서 법학 석사와 박사과정을 마쳤다. 법학박사학위 논문의 주제는 '표현의 자유와 헌법재판'이다. 언론중재위원을 지냈다. 인터넷신문위원회의 기사심의위원, 한국인터넷자율정책기구의 정책위원 경험이 있다. 『표현 자유 확장의 판결』, 『표현의 자유를 구속하는 열가지 판결』, 『언론중재법, 자유나 인권이냐』 등의 저서가 있다. 명예훼손과 초상권, 프라이버시 침해 등의 주제에 관심이 많다.

이상규 서울대학교 언론정보학과에서 석사·박사학위를 받고 한국문화관광연구원에서 문화산업 정책연구를 수행했다. 현재 강원대학교 미디어커뮤니케이션학과 교수로서, 미디어 산업과 노동, 문화연구, 미디어 생산자와 이용자, 문화산업 정책 등을 공부하고 가르치고 있다. 저서로 『콘텐츠 지식재산(IP)과 가치사슬 변화 연구』(공저), 『콘텐츠 산업 트렌드 2025』(공저), 『미래의 직업 프리랜서』(공저) 등이 있으며, 국내외 학술지에 발표한 논문으로는 "Deepening Conditions of Precarity in the Korean Game Industry and Collaborative Strategies to Overcome Constraints," "Politicising digital labour through the politics of body," "Putting creative labour in its place in the shadow of the Korean Wave," 「게임 생산자의 노동 불안정성 연구」 등이 있다.

정사강 현재 이화여자대학교 커뮤니케이션미디어연구소 연구위원으로 있다. 영상커뮤니케이션, 문화연구, 젠더와 관련한 주제들에 관심을 가지고 연구하고 있으며 변화하는 미디어 생태계에서 생동하고 저항하는 다양한 주체들과 그 관계성들을 성찰적으로 탐구하고자 한다.

주재원 한동대학교 커뮤니케이션학부 교수다. 런던정경대(LSE)에서 미디어커뮤니케이션학으로 박사학위를 받았다. 미디어 공공성과 문화적 다양성, 사회권력과 미디어 담론 등이 주요 연구 분야다. 주요 저서로 『민족주의와 미디어의 공공성』(2016), 『한국 다문화주의 비판』(공저, 2016), 『커뮤니케이션의 새로운 은유들』(공저, 2014) 등이 있다. 최근 논문으로는 「매개된 배타적 담론과 혐오적 공론장의 재생산: 제주 예멘 난민 관련 포털 뉴스와 댓글 분석을 중심으로」(2022), "Hating journalism: Anti-press discourse and negative emotions toward journalism in Korea"(2021), 「만들어진 지역성: 상상된 고향과 내부 오리엔탈리즘」(2020) 등이 있다.

김수정 충남대학교 언론정보학과 교수다. 서울대학교 인류학과를 졸업하고 동 대학원에서 석사를, 샌디에이고 주재 캘리포니아 대학(UCSD)에서 커뮤니케이션 박사학위를 받았다. 텔레비전 콘텐츠와 이용자연구, 셀레브리티와 팬덤, 케이팝, 페미니즘 등 대중문화 현상과 문화이론을 연구해 왔다. 주요 저서로 『커뮤니케이션 다시 읽기: 경계를 가르는 관점들』(공저), 『TV 이후의 텔레비전: 포스트 대중매체 시대의 텔레비전 문화 정경』(공저), 『관점이 있는 한국 방송의 사회문화사』(공저)가 있으며, 『팬덤 이해하기』(공역)와 『미디어 시스템 형성과 진화』(공역) 번역서가 있다. 그 외 다수의 논문이 있다.

이소은 부경대학교 미디어커뮤니케이션학부 교수다. 서울대학교 언론정보학과를 졸업하고 동 대학원에서 석사와 박사학위를 받았다. 고려대학교 연구교수와 한국언론진흥재단 선임연구위원을 지냈다. 미디어와 콘텐츠가 일상생활에서 가지는 의미를 테크놀로지와 문화, 이용자의 관계 속에서 탐구하고 있다. 주요 저서로 『뉴스의 데이터화: 형식과 실천, 인식』(공저), 『데이터 테크놀로지와 커뮤니케이션 연구』(공저), 논문으로 「5G 시대 콘텐츠의 변화와 과제」, 「딥페이크의 이미지 조작」, 「기계와 인간은 커뮤니케이션할 수 있는가?」 등이 있다.

박영흠 한국언론진흥재단 미디어연구센터 선임연구위원이다. 서강대학교 신문방송학과를 졸업하고 동 대학원에서 석사와 박사 학위를 받았다. 경향신문에서 기자로 일했고, 지역신문발전위원회 전문위원, 협성대학교 미디어영상광고학과 교수를 지냈다. 저서로 『왜 언론이 문제일까?』(2018), 『지금의 뉴스』(2019), 『1987년 민주화 이후 30년, 한국의 언론과 언론 운동 성찰』(공저, 2018), 『저널리즘 모포시스』(공저, 2020) 등이 있고, 「한국 디지털 저널리즘의 사회적 형성: 디지털 뉴스의 상품화 과정에 대한 역사적 연구」(2018), 「법조 뉴스 생산 관행 연구: 관행의 형성 요인과 실천적 해법」(2020), 「포퓰리즘 시대의 저널리즘 윤리'(2022)」 등의 논문을 썼다.

강신규 한국방송광고진흥공사 미디어광고연구소 연구위원. 방송, 게임, 만화, 팬덤 등 미디어/문화에 대해 연구한다. 문화이론 전문지 ≪문화/과학≫ 편집위원, 문화체육관광부 게임문화포럼 위원, 한국게임정책자율기구 게임광고자율규제위원으로도 활동 중이다. 저서로 『아이피, 모든 이야기의 시작』(공저, 2021), 『서브컬처 비평』(2021), 『서드 라이프: 기술혁명 시대 새로운 라이프 스타일』(공저, 2020), 『게임의 이론』(공저, 2019), 『81년생 마리오』(공저, 2017) 등이, 논문으로 「커뮤니케이션 소비로서의 랜선문화: 브이로그 수용과 '랜선' 개념의 확장」(2020), 「게임화하는 방송: 생산자적 텍스트에서 플레이어적 텍스트로」(2019), 「메타/게임으로서의 '게임 보기': 전자오락 구경부터 인터넷 게임방송 시청까지」(공저, 2019) 등이 있다.

이성민 미디어-콘텐츠 정책 분야와 미디어 역사 분야에서 다수의 연구를 수행해 왔다. 주요 관심 분야는 디지털 혁신의 확산에 따른 콘텐츠 산업의 변화이다. 문화정책 분야의 국책연구기관인 한국문화관광연구원(2015.12~2020.8)에 재직하면서 콘텐츠 산업 현장의 변화를 정책의 언어로 담아내는 연구를 진행해 왔으며, 현재는 한국방송통신대학교 미디어영상학과에서 조교수로서 재직하고 있다. 주요 저서로는 『디지털미디어 인사이트 2023』(공저), 『오징어 게임과 콘텐츠 혁명』(공저), 『영상문화콘텐츠산업론』(공저) 등이 있으며, 주요 논문으로는 「넷플릭스의 초국적 콘텐츠 소구 전략: 〈오징어 게임〉에 나타난 장르적 보편성과 문화적 특수성의 이중적 상품화 구조 분석」(공저), 「한국의 초기 라디오 방송 문화 형성과 기독교 방송의 위치」 등이 있다.

장민지 경남대학교 미디어영상학과 교수다. 이화여자대학교 정치외교학과를 졸업하고 연세대학교 커뮤니케이션 대학원 영상커뮤니케이션 학과에서 석사와 박사학위를 받았다. 이후 한국콘텐츠진흥원 정책본부에서 선임연구원을 지냈다. 2015년 박사논문 「유동하는 세계에서 거주하는 삶: 20~30대 여성청년 이주민들의 집의 의미와 장소화 과정」으로 한국여성커뮤니케이션 학회 학술상, 2016년 「비인간 캐릭터에 대한 대중의 환상」으로 한국방송작가협회 한국방송평론상 최우수상을 수상했다. 주요 저서로는 『여자들은 집을 찾기 위해 집을 떠난다』(2021), 『섹슈얼리티와 퀴어』(2016)가 있다. 콘텐츠와 이용자, 그리고 글로벌 플랫폼과 팬덤, 젠더와의 연관성을 탐구하고 덕질하는 연구자다.

한울아카데미 2439

현대사회와 미디어커뮤니케이션(전면 3개정판)

ⓒ 한국언론정보학회, 2023

엮은이 • 한국언론정보학회
지은이 • 강신규 · 김수정 · 김예란 · 박영흠 · 윤상길 · 이상규 · 이상기 · 이성민 ·
　　　　이소은 · 이승선 · 장민지 · 정사강 · 정준희 · 조항제 · 주재원
펴낸이 • 김종수
펴낸곳 • 한울엠플러스(주)
편집 • 조수임

초판 1쇄 발행 • 1990년 9월 15일
개정판 1쇄 발행 • 1996년 3월 12일
제2개정판 1쇄 발행 • 2000년 8월 30일
전면 개정판 1쇄 발행 • 2006년 8월 5일
전면 2개정판 1쇄 발행 • 2011년 3월 3일
전면 3개정판 1쇄 발행 • 2023년 3월 20일

주소 • 10881 경기도 파주시 광인사길 153 한울시소빌딩 3층
전화 • 031-955-0655
팩스 • 031-955-0656
홈페이지 • www.hanulmplus.kr
등록번호 • 제406-2015-000143호

Printed in Korea.
ISBN 978-89-460-7439-2 93330

* 책값은 겉표지에 표시되어 있습니다.